Thomas Klie **Rechtskunde**
Lehrbuch Altenpflege

Thomas Klie

Rechtskunde

Das Recht der Pflege alter Menschen

9. überarbeitete
und aktualisierte Auflage

Vincentz Network

Die Deutsche Bibliothek – CIP-Einheitsaufnahme
Ein Titeldatensatz für diese Publikation ist bei Der Deutschen Bibliothek erhältlich

© 2009, Vincentz Network, Hannover / 9. überarbeitete Auflage

Das Werk einschließlich seiner Einzelbeiträge und Abbildungen ist urheberrechtlich geschützt. Jede Verwertung außerhalb der engen Grenzen des Urhebergesetzes ist ohne Zustimmung des Verlages unzulässig und strafbar. Dies gilt insbesondere für Vervielfältigungen, Übersetzungen, Mikroverfilmungen und die Einspeicherung und Verarbeitung in elektronischen Systemen.

Kleines Foto auf dem Umschlagrücken: Werner Krüper, Steinhagen

Druck: Kösel, Altusried-Krugzell

Gestaltung: BöHM Druckvorstufe, Ronnenberg

ISBN   3-86630-081-6
       978-3-86630-081-1

Inhaltsverzeichnis

Einführung 17
1. Subjektives und objektives Recht 22
2. Rechtsquellen. 23
3. Altersstufen im Recht. 27
4. Öffentliches Recht
   und Privatrecht. 30

I. Staatsbürgerkunde. 35
1. Staatsform der Bundesrepublik. . 36
2. Staatsorgane 38
3. Grundrechte 43
4. Exkurs: Grundrechtsgeltung in Heimen und die Charta der Rechte hilfe- und pflegebedürftiger Menschen 47
5. Europäische Union 50
6. Exkurs: Wahlen im Pflegeheim . . 54

II. Haftungsrecht. 57
1. Einführung in das Haftungsrecht 58
   a) Rechtliche Anknüpfungspunkte 63
   b) Die rechtliche Haftungsprüfung. 67
   c) Grundzüge der strafrechtlichen Haftung 81
      (1) Grundsätze 81
      (2) Wichtige Delikte 86
         (a) Vermögensdelikte 86
         (b) Nichtvermögensdelikte 87

d) Grundzüge der zivilrechtlichen Schadensersatzhaftung 92
2. Delegation ärztlicher Tätigkeiten an Pflegekräfte. 103
   a) Voraussetzungen. 103
   b) An welche Pflegekräfte darf delegiert werden? 111
   c) Welche ärztlichen Tätigkeiten dürfen delegiert werden? . . 113
   d) Verordnungs- und Handlungsverantwortung . . 118
   e) Auswahl, Anleitung und Überwachung der Pflegekräfte . . 122
   f) »Dienst- und Fachaufsicht« . 128
   g) Checkliste: Fehlerquellen in der Kooperation Pflegeeinrichtung – Arzt . . . 129
3. Pflegefehler 130
4. Geschäftsführung ohne Auftrag. 133
5. Schutz der Privatsphäre 136
   a) Schweigepflicht. 139
   b) Verschwiegenheitspflicht. . . 143
   c) Datenschutz 145
   d) Sozialdatenschutz 148
6. Sterbehilfe 150
7. Versicherungen 162
   a) Haftpflichtversicherungen . . 162
   b) Weitere Versicherungen. . . . 166
8. Risikomanagement. 168
9. Rechtsprechung zum Sturzrisiko 170

III. Betreuungsrecht und das Recht des demenziell und psychisch kranken alten Menschen 173

1. Einführung. 174
2. Freiheitsrechte psychisch Kranker 178
3. Verabreichung von Psychopharmaka 188
4. Achtsamkeit und »Aufsichtspflicht« 197
5. Betreuungsrecht. 210
   - a) Allgemeines 210
   - b) Errichtung einer »Betreuung« 211
   - c) Bestellung des Betreuers . . . 216
   - d) Aufgaben des Betreuers . . . 221
   - e) Einzelfragen der Betreuung . 223
6. Unterbringungsrecht 229
   - a) Freiheitsentziehung 229
   - b) Familienrechtliche Unterbringung 232
   - c) Unterbringung nach den Landesunterbringungsgesetzen . . . 235
   - d) Verfahren bei Unterbringung und unterbringungsähnlichen Maßnahmen 237
   - e) Übersicht zum Unterbringungsverfahren 240
7. Betreuung psychisch Kranker im ambulanten Bereich 243

IV. Sozialrecht. 249

1. Einführung. 250
2. Sozialversicherungen 255
3. Krankenversicherung 259
   - a) Aufgabe, Träger, Versicherte 259
   - b) Das Leistungssystem der Krankenversicherung. 261
   - c) Leistungen bei Krankheit. . . 264
     - (1) Ärztliche und zahnärztliche Behandlung 268
     - (2) Arzneimittel 271
     - (3) Heilmittel: ambulante Rehabilitation 273
     - (4) Hilfsmittel. 275
     - (5) Zahnersatz 281
     - (6) Krankenhauspflege und Rehabilitation 282
     - (7) Hospize 283
     - (8) Häusliche Krankenpflege 284
     - (9) Soziotherapie 291
     - (10) Spezialisierte ambulante Palliativversorgung SAPV 292
     - (11) Haushaltshilfe. 293
     - (12) Fahrtkosten 293
     - (13) Härtefälle 294
   - d) Reformen 295
     - (1) Integrierte Versorgung . . 295
4. Rentenversicherung 296
   - a) Formen der Alterssicherung. 298
   - b) Die gesetzliche Rentenversicherung. 299
5. Pflegeversicherung. 306
   - a) Zur Geschichte 306
   - b) Grundsätze und Ziele der Pflegeversicherung 307
   - c) Die gesetzlichen Grundlagen 310
   - d) Pflegebedürftigkeitsbegriff . 311
   - e) Stufen der Pflegebedürftigkeit. . 315
   - f) Reform des Pflegebedürftigkeitsbegriffes 318
   - g) Die Leistungen 319

(1) Leistungen bei häuslicher
    Pflege. 319
(2) Häusliche Pflege bei
    Verhinderung der
    Pflegeperson 326
(3) Pflegehilfsmittel und
    technische Hilfen 326
(4) Tages- und Nachtpflege . 329
(5) Leistungen für
    Pflegepersonen. 331
    Pflegezeit für Angehörige 332
(6) Leistungsverbesserungen
    für demenziell erkrankte
    Pflegebedürftige. 333
(7) Weiterentwicklung des
    Pflegerechtes:
    Pflegebudget und andere
    Modellprojekte. 335
(8) Kurzzeitpflege 337
(9) Heimpflege. 337
h) Wettbewerb und Qualität . . 341
i) Vergütung. 343
j) Osteuropäische Pflegekräfte 344
k) Zukunft der Pflege. 345
l) Pflegeberatung und
   Pflegestützpunkte 348
6. Unfallversicherung 350
7. Soziales Entschädigungsrecht . . 352
8. Wohngeld 353
9. Sozialhilfe und Grundsicherung 355
   a) Einführung 355
   b) Übersicht. 356
   c) Grundlagen der Sozialhilfe . 357
   d) Leistungen 360
      (1) Überblick 360
        (a) Grundsicherung
           im Alter. 360
        (b) Hilfen zum
           Lebensunterhalt. . . . 362
        (c) Hilfe zum Lebensunterhalt
           in Heimen 363
      (2) Leistungen in »besonderen
         Lebenslagen«. 364
        (a) Überblick 364
        (b) Hilfe zur Pflege 367
        (c) Hilfe zur Weiterführung
           des Haushaltes. 373
        (d) Altenhilfe. 375
      (3) Sozialhilfe in Heimen . . . 377
        (a) Heimkosten. 378
        (b) Barbetrag 381
   e) Einsatz von Einkommen
      und Vermögen 388
      (1) Einkommen 388
      (2) Vermögen 392
      (3) Heranziehung
         Unterhaltspflichtiger. . . . 393
      (4) Erbenhaftung. 394
10. Weitere sozialrechtliche
    Vergünstigungen 395
11. Steuererleichterungen 397
12. Beihilfen für Beamte. 399
13. Exkurs: Altenteilverträge. 401
14. Verfahrens- und
    Rechtsschutzfragen 403
   a) Rechtsschutz in der
      Sozialversicherung. 403
   b) Rechtsschutz in der
      Sozialhilfe 404

**V. Das Recht der
Qualitätssicherung und des
Verbraucherschutzes 409**

1. Menschen mit Pflegebedarf
   und ihr Schutzbedürfnis. 410
2. Qualitätssicherung 413
3. Das Heimrecht 422

    a) Geschichte und Zielsetzung 422
    b) Heim oder nicht Heim 425
    c) Mindestanforderungen 427
    d) Die Heimmitwirkung 431
    e) Geringwertige
       Aufmerksamkeiten 436
    f) Die »Heimaufsicht« 439
4. Qualitätssicherung und MDK . . 441
5. Heimvertrag und
   Verbraucherschutz 446
    a) Verbraucherschutzrecht 446
    b) Heimvertrag 448
       Kündigung
       des Heimvertrages 451
       Heimordnung 453
    c) Heimentgelt 459
    d) Pflegevertrag 462
   Checkliste zur Heimaufnahme . 463
6. Allgemeines
   Gleichbehandlungsgesetz 467

VI. Mietrecht 469

1. Bedeutung des Mietrechts
   für alte Menschen 470
2. Probleme während des
   Mietverhältnisses 471
    a) Miethöhe 471
    b) Modernisierung 472
    c) Untervermietung 474
    d) Tierhaltung 475
    e) Schneefegen 477
    f) Umbaumaßnahmen
       des Mieters 478
3. Beendigung des
   Mietverhältnisses 479
    a) Kündigung 479
    b) Tod des Mieters 485
4. Beratung für Mieter 486

VII. Gesundheitsschutzrecht 487

1. Einleitung 488
2. Arzneimittelrecht 489
    a) Arzneimittelgesetz 489
    b) Apothekengesetz 496
    c) Betäubungsmittelgesetz . . . 498
3. Infektionsschutz 500
4. Lebensmittelrecht 502

VIII. Erbrecht 505

Vorbemerkung 506
1. Grundsätze 506
2. Die gesetzliche Erbfolge 508
    a) Gesetzliche Erbfolge bei
       Verwandten 509
    b) Erbrecht der Ehegatten 511
    c) Erbrecht des nichtehelichen
       Kindes 512
3. Pflichtteil 513
4. Testament 513
    a) Inhalt von Testamenten 516
    b) Widerruf von Testamenten
       und Testierfähigkeit 517
5. Was ist bei Todesfällen
   zu beachten? 519
6. Erbschaftsteuer 522

IX. Arbeitsrecht 525

1. Einleitung 526
2. Arbeitsvertrag 529
3. Tarifvertrag 535
4. Betriebliche Beteiligung 537
5. Vergütung 542
    a) TVöD 542
    b) Mindestlohn in der Pflege . . 546

6. Urlaub und Arbeitsbefreiung . . 547
7. Entgeltfortzahlung
   im Krankheitsfall 551
8. Beendigung des
   Arbeitsverhältnisses 553
9. Arbeitszeugnis 559
10. Direktionsrecht. 561
11. Arbeitsschutz 564
    a) Die wichtigsten Arbeits-
       schutzregelungen 566
    b) Arbeitszeit und
       Zeitzuschläge 568
    c) Mutterschutz und
       Elternzeit. 572
    d) Jugendarbeitsschutz 574
    e) Unfallverhütung 575
    f) Medizingeräte-Verordnung . 579
    g) Arbeitsunfall 580

X. Berufsrecht 585

1. Entstehung des Berufs
   »AltenpflegerIn« 586
2. Berufsbild. 591
3. Ausbildung 596
4. Ausbildungsvergütung 602
5. Ausübungs- und Aufstiegsmöglichkeiten 603
6. Perspektiven der Pflegeberufe . 608

Literaturverzeichnis 614
Web-Adressen 622
Abkürzungsverzeichnis 623
Stichwortverzeichnis 627

Vorwort zur 9. Auflage

Die Zeitabstände werden kürzer, in denen die Überarbeitung der Rechtskunde ansteht: Der Gesetzgeber ruht nicht. Die Pflegereform 2008 hat zur Leistungsverbesserung und -erweiterung in der Altenpflege geführt und neue Angebote der Beratung und Unterstützung für Pflegebedürftige geschaffen.

Das Heimrecht wurde föderalisiert: Immer mehr Länder machen von ihrer Kompetenz Gebrauch, das Heimrecht selbst zu regeln. Interessanterweise heißt das dann nicht mehr Heimgesetz, sondern wie etwa in Nordrhein-Westfalen Wohn- und Teilhabegesetz oder wie in Schleswig-Holstein geplant das Selbstbestimmungsstärkungsgesetz.

2009 wurde ein Mindestlohn für die Pflegebranche verabschiedet und dem Gesetzgeber die Möglichkeit gegeben, den Mindestlohn festzusetzen oder festsetzen zu lassen. Auch die Rechtsprechung hat nicht geruht. Im Januar 2009 hat das Bundessozialgericht neue Grundsätze für die Ermittlung von Heimentgelten verkündet. Es liegen erste Urteile gegen Vermittler von osteuropäischen Pflegekräften vor. So war in dieser Rechtskunde viel zu aktualisieren und zu ergänzen.

Zwei Kapitel wurden völlig neu gefasst: Zum einen »Das Recht der psychisch Kranken und demenziell veränderten Menschen«. Die haftungsrechtliche Diskussion und auch die Diskussion um die Aufsichtspflicht wurden besonders berücksichtigt und ebenso die neuen Erkenntnisse fachlicher Art in der Begleitung von Menschen mit Demenz, etwa wenn es um die Vermeidung freiheitsentziehender Maßnahmen geht. Dadurch, dass es kein Bundesheimgesetz mehr gibt, wurde auch das Kapitel Heimrecht völlig neu gefasst. Es heißt jetzt »Das Recht der Qualitätssicherung und Verbraucherschutzrecht« und fasst alle Qualitätssicherungsregelungen in der Pflege zusammen. Hier werden auch die Expertenstandards behandelt, die Fragen von Veröffentlichungen von Prüfergebnissen und das neue »Heimrecht« der Länder.

Es wurden zahlreiche neue Fälle einbezogen, der Text durch Übersichten weiter veranschaulicht und es wurden hoffentlich alle Anregungen und auch die Kritik an der letzten Auflage berücksichtigt. Zu danken habe ich Manuela Berthold und Lisa Herbein, für die zuverlässige und engagierte Übernahme von Schreib-, Recherche- und Gestaltungsaufgaben und dem Verlag für die konstruktive und vertrauensvolle Zusammenarbeit. Zu danken habe ich auch Rechtsanwältin Maike Hassel, die insbesondere bei der Überarbeitung des Arbeits- und Erbrechts mitgewirkt hat.

Ich hoffe, dass das Buch weiterhin in Ausbildung und Praxis der Altenpflege kundig macht, sich für eigene, aber auch für Rechte der Pflegebedürftigen einzusetzen, sich zu orientieren und die Bedeutung des Rechts für den Alltag der Pflege und die Professionalisierung der Pflegeberufe zu erkennen.

Freiburg, April 2009
Prof. Dr. Thomas Klie

Vorwort zur 8. Auflage

In fünf Jahren hat sich eine Menge im Altenpflegerecht getan. Das Sozialhilferecht wurde grundlegend novelliert, der Tarifvertrag Öffentlicher Dienst hat den BAT abgelöst, das Betreuungs- und Mietrecht wurde reformiert und die Unfallversicherungen haben einen neuen Kurs der Gesundheitsprävention eingeschlagen. Darüber hat die Rechtssprechung nicht geruht: Ob im Haftungsrecht, ob im Betreuungsrecht, vor allem aber auch im Sozialrecht haben sich die Gerichte zu neuen und wichtigen Entscheidungen veranlasst gesehen. All das wird nun in der 8. Auflage berücksichtigt und für die Ausbildung von Fachkräften in der Altenpflege aufbereitet.

Manche Reformen stehen noch an: die noch für 2006 vorgesehene (kleine) Reform der Pflegeversicherung. Für das Heimrecht sind künftig die Länder zuständig, vorerst gilt es weiter, dann aber werden die 16 Bundesländer gefragt sein. Mit der 8. Auflage liegt nun wieder eine verlässliche Arbeitsgrundlage für Ausbildung und Praxis in der Pflege alter Menschen vor.

Zu danken habe ich Herrn Rechtsanwalt Andreas Klein für die Mitarbeit und der Überarbeitung des Kapitels Haftungsrecht, Frau Miruna Badea für die Berücksichtigung der Änderungen im Sozialversicherungs- und Mietrecht und Virginia Guerra für die geduldige und sorgfältige redaktionelle Arbeit. Und dem Verlag und dem ebenfalls geduldigen Lektorat sei herzlicher Dank gesagt für die nachsichtige und freundschaftliche Kooperation.

Für Anregungen und Kritik bin ich stets dankbar.

Freiburg im Juli 2006
Thomas Klie

Vorwort zur 7. Auflage

Die Neuauflage hat recht lange auf sich warten lassen und wurde von manchen Schulen schon ungeduldig erwartet. Autor und Verlag haben sich aber entschieden, den Abschluss von wesentlichen Gesetzgebungsverfahren für das Arbeitsfeld der Pflege alter Menschen abzuwarten. So kann nun die 7. Auflage recht aktuell sowohl das Pflegequalitätssicherungsgesetz als auch das 3. Änderungsgesetz zum Heimgesetz mit verarbeiten. Auch das Altenpflegegesetz nebst dem Beschluss des Bundesverfassungsgerichtes zur Suspendierung des Gesetzes werden berücksichtigt.

Aber auch neben diesen grundlegenden Gesetzen für die Altenpflege hat sich seit 1997, vor allem nach dem Regierungswechsel 1998, viel getan. Der Reformstau wurde aufgelöst? Immerhin gab es eine Reihe von Gesetzesänderungen:
- die Gesundheitsreform 2000,
- die Rentenreform 2001 nebst dem Grundsicherungsgesetz für ältere Menschen,
- die Reform des Mietrechts,
- Änderungen im Arbeitsrecht, etwa was befristete Arbeitsverhältnisse und die Teilzeitarbeit anbelangt,
- das SGB IX wurde verabschiedet (Rehabilitationsrecht).

Auch die Rechtsprechung hat nicht geruht; insbesondere im Zusammenhang mit dem SGB XI wurden wichtige Entscheidungen des Bundessozialgerichtes getroffen, die Auswirkungen für die Praxis der Altenpflege haben. Auch wird inzwischen mehr über Rechtsfragen in der Pflege geschrieben, der Kreis der Juristen, die sich der Altenpflege widmen, hat zugenommen.

All dies war in der Neuauflage zu berücksichtigen. Dabei sollte der Umfang des Buches nicht noch einmal weiter zunehmen. So haben Autor und Verlag sich dazu durchgerungen, einige Kapitel knapper zu fassen. Einige für die Anschaulichkeit und das Lernen sowie Nachschlagen wichtige Materialien sind nunmehr auf neuen Wegen zugänglich: Um die Rechtskunde den modernen Bedingungen unserer Informationsgesellschaft besser anzupassen, wird eine speziell eingerichtete und auf die Rechtskunde abgestimmte Nutzung des Internet, sprich der Website des Vincentz-Verlages (**www.vincentz.net/ wissenkompakt/rechtskunde.cfm**) angeboten. Die LeserInnen der Rechtskunde haben die Möglichkeit, Seite für Seite, Gesetzestexte, Übersichten, Materialien, einschlägige Urteile zu dem jeweils behandelten Stoff auf der Website des Vincentz-Verlages zu nutzen. Hierzu sind die auf dem Lesezeichen vorgestellten Symbole behilflich. Immer wenn so ein Symbol am Textrand vermerkt ist, gibt es entsprechende Informationen auf der Internetseite. Wird etwa auf einer Buchseite § 36 SGB XI angeführt (und das Symbol **P** ist am Textrand vorhanden), so kann auf der Website des Vincentz-Verlages, Rechtskunde Klie online, der Text des § 36 SGB XI aufgerufen werden. Wir sind gespannt, ob diese neue Konzeption auf entsprechende Resonanz stößt und freuen uns schon heute auf Ihre weitergehenden Anregungen, Ihre Kritik und Ihre Verbesserungsvorschläge.

Im Übrigen wurde das Konzept der Rechtskunde beibehalten: Es soll weiterhin ein Lehr- und Lernbuch sein mit vielen praktischen Fällen, didaktischen Wiederholungsfragen, Übersichten und Übungen. Es soll daneben aber auch seinen Wert als Nachschlagewerk behalten. Deshalb finden weiterhin Rechtsgebiete und Rechtsfragen Erwähnung, werden Literaturhinweise gegeben, die weniger auf die Vermittlung von Grundwissen setzen, sondern Praktikern, die Antworten auf Rechtsfragen suchen, Antworten oder Hinweise geben wollen. Im Unterricht an Altenpflegeschulen kann weiterhin in den einzelnen Kapiteln markiert werden, welche für die Ausbildung notwendig sind und welche eher der Fort- und Weiterbildung dienen. An den Altenpflegeschulen ist überall die Arbeit an neuen Curricula in vollem Gange. Die Ausbildungs- und Prüfungsordnung zum Altenpflegegesetz löst sich von einer Fächerorientierung und versucht, sie in Lernbereiche zu integrieren. Inwieweit das auch für das Fach »Recht« gelingen wird, bleibt abzuwarten. In der Rechtskunde wird versucht, nicht nur juristische, sondern durchaus auch pflegefachliche und pflegewissenschaftliche Gesichtspunkte aufzunehmen.

Zu danken habe ich bei der Arbeit an der 7. Auflage Virginia Guerra für die redaktionelle Mitarbeit, Markus Klie für die Entwicklung eines Internetkonzeptes, Gerda Arnold für die zuverlässige Übernahme der Schreibarbeiten und Klaus Mencke und Bettina Schäfer für die offene, vertrauensvolle und geduldige Zusammenarbeit.

Freiburg im August 2001
Thomas Klie

Aus dem Vorwort zur 1. Auflage

Im vorliegenden Buch werden möglichst verständlich und praxisnah die verschiedenen Rechtsgebiete dargestellt, die in der Altenpflege von Bedeutung sind. Dabei wird Altenpflege nicht nur als medizinisch-pflegerische Tätigkeit, sondern im Sinne ganzheitlicher Pflege als sehr viel umfassendere Aufgabe verstanden. Es werden daher beispielsweise nicht nur Haftungsfragen etwa bei Tätigkeiten aus dem pflegerischen und ärztlichen Aufgabenbereich besprochen. Vielmehr nehmen auch sozialrechtliche Themen einen weiteren Raum ein, da

Altenpflegekräfte in der Praxis auch eine gewisse sozialpädagogische Kompetenz benötigen.

Ein Anliegen des Buches ist es weiterhin, die Rechte des alten, pflegebedürftigen Menschen herauszuarbeiten, sei es beim Thema Heimgesetz im Hinblick auf Heimbewohner oder beim Thema »Recht der psychisch Kranken« für den Umgang mit »Verwirrten«.

Schließlich wird neben weiteren Gebieten das Arbeits- und Berufsrecht der in der Altenpflege Beschäftigten ausführlich dargestellt. Dies scheint u. a. auch deshalb angezeigt, da das Berufsbild staatlich anerkannter AltenpflegerIn vielerorts noch unbekannt ist, und Altenpflegekräfte nicht immer ihrer Qualifikation entsprechend eingesetzt werden.

Das Buch ist aus dem Unterricht in der Altenpflegeausbildung entstanden und primär auch für Unterricht und Fortbildung konzipiert. Es ist also zunächst ein Lernbuch. Entsprechend sind die einzelnen Abschnitte kurz gehalten, um ein Nacharbeiten zu erleichtern. Wiederholungsfragen, Fallbeispiele und Übersichten unterstreichen diesen Charakter.

Das Buch soll aber auch als Handbuch für die Praxis dienen, in dem präzise Antworten auf Rechtsfragen aus dem Alltag der ambulanten und stationären Altenpflege gegeben werden. Ein recht umfangreiches Stichwortregister soll den Gebrauchswert als Nachschlagewerk erhöhen.

Die meisten Menschen nehmen die Gesetze, nach denen sie leben, im Alltag kaum wahr. Rechtsfragen sind lästig. Recht ist kompliziert und unübersichtlich. Dieser Haltung begegnet man auch in der Praxis der Altenpflege. Gern wird an den Experten verwiesen. Dabei ist Recht ein wesentlicher Bestandteil unserer Wirklichkeit.

Nehmen wir Recht aber nicht wahr, so nehmen wir auch unsere eigenen und die Rechte anderer nicht wahr. Wie leicht kommt es in der pflegerischen Praxis zu an sich rechtlich unzulässigem Verhalten Betreuten gegenüber, wieviele sozialrechtliche Ansprüche werden älteren Menschen vorenthalten, obwohl sie ihnen trotz aller Kürzungen zustehen, wie oft werden arbeitsschutzrechtliche Vorschriften nicht beachtet. Die Rechtskenntnisse sind daher wichtig, um älteren Menschen »gerecht« zu werden. Ähnliches gilt auch für die in der Altenpflege Beschäftigten, die ihre Rechte und Pflichten kennen sollten.

Gesetze machen Menschen nicht satt. Erst dadurch, dass Rechte verteidigt werden, existieren diese Rechte überhaupt. In diesem Sinne möchte diese Rechtskunde auch dazu ermutigen, die eigenen und die Rechte anderer vermehrt wahrzunehmen und zu verteidigen.

Hamburg, 1983
Thomas Klie

Einführung

Das Ziel ist,

→ die Struktur des deutschen Rechts, insbesondere die Unterscheidung in »Zivilrecht« und »öffentliches Recht« sowie die unterschiedlichen »Rechtsquellen« zu erläutern,

→ den Umgang mit Recht in der pflegerischen Praxis zu reflektieren und Erklärungen anzubieten, die ein Abweichen von Recht »in Theorie« und der Wirklichkeit der Pflege verständlich machen.

Recht ist . . .

„Recht ist das, was in den Köpfen von Juristen vor sich geht!« (Wesel)

Recht, Gesetze, das sind für viele Pflegekräfte – und nicht nur für sie – Bücher mit sieben Siegeln, schwierig, langweilig, bisweilen Angst machend. Recht, das machen die Juristen, ob nun Richter in den verschiedenen Gerichten, Rechtsanwälte oder Staatsanwälte. Es liegt in ihren Händen, ob ich »Recht bekomme«, auch wenn ich »recht habe«. Die Sprache wirkt unverständlich und abstrakt.

„Mischen wir uns da ein bisschen ein . . ."

Es ist ein weit verbreitetes Gerücht, dass Recht schwierig sei. Zugegeben, es gibt schwierige Rechtsfragen, es gibt ebenso schwierige pflegerische und therapeutische Fragen. Wie in anderen Bereichen auch, ist es in manchen Fällen dringend anzuraten, sich fachlich, d. h. hier juristisch beraten zu lassen. Aber mit einem Grundstock an juristischem Wissen lassen sich viele Rechtsfragen verstehen, Rechte durchsetzen und wahrnehmen oder wenigstens die richtigen Fragen stellen. Erschreckend ist, wie viele Rechtsansprüche nicht wahrgenommen werden, wieviel Rechtsverzicht geleistet wird. Das Gerücht tut seine Dienste. Hierzu folgende »rechte Alltagsgeschichte«:

Eine rechte Alltagsgeschichte ...
Schwester Erika ist Altenpflegerin und 40 Jahre alt. Sie arbeitet seit zwei Jahren im Pflegeheim »Zur Kastanie«.
Sie arbeitet am liebsten in der Frühschicht. Diese beginnt um 6 Uhr. Nach Möglichkeit sollen alle Bewohner bis zum Frühstück, das um halb 9 beginnt, gewaschen sein. Das macht viel Arbeit, Zeit für ein persönliches Gespräch bleibt da nicht. Häufig steht sie ganz allein in einem Zimmer der Bewohner und muss die zum Teil schwer pflegebedürftigen Bewohner allein heben und umbetten. Für Schlaganfallpatienten ist das nicht ganz ungefährlich. Neulich hat sie vergessen, einen Rollstuhl zu arretieren und da wäre ihr beinahe ein Bewohner hingefallen. Heute spürte sie plötzlich einen stechenden Schmerz im Rücken. Sie muss sich irgendwie verhoben haben, aber sie arbeitet weiter. Beim Frühstück muss den Bewohnern zum Teil geholfen werden, das Essen zu sich zu nehmen. Bei manchen, die ihre Tabletten und Tropfen sonst nicht nehmen würden, werden diese in den Tee gemischt oder unter den Brei gerührt. Besonders unruhige Patienten werden in einen speziellen Stuhl gesetzt, der mit dem Tischbein verbunden ist. So können sie nicht mit einem Mal aufstehen und weglaufen. Zu Beginn der Schicht bekommen die Diabetes II-Patienten ihre Spritze. Als Altenpflegerin sieht sie es gar nicht gern, dass zum Teil auch Pflegehilfskräfte und sogar der Zivi die Spritze setzen, passiert ist aber bisher nichts.
In den letzten Jahren nimmt die Zahl der demenzkranken Bewohner deutlich zu. Hier müssen sie die Bewohner immer wieder überreden, doch dazubleiben und nicht den Wohnbereich zu verlassen. Ein besonders unruhiger Patient muss mit einem Bauchgurt am Rollstuhl festgehalten werden. Hier war neulich der Richter da, um sich den Patienten anzusehen.
Im Wohnbereichsteam versteht man sich eigentlich ganz gut. Vor kurzem war der MDK da und hat eine Qualitätsprüfung durchgeführt. Er hat in alle Pflegedokumentationen geschaut,

bei einzelnen Bewohnern haben sie sich sogar die Haut an den Beinen und am Gesäß angesehen. Das fanden manche Pflegekräfte eigentlich nicht in Ordnung.

Die Arbeitsbedingungen im Heim »zur Kastanie« werden auch nicht besser: der Heimleiter berichtete darüber, dass sie ihre Vorstellungen über eine Erhöhung der Heimentgelte in den Pflegesatzverhandlungen mit den Pflegekassen haben nicht durchsetzen können. Nun möchte man den Mitarbeitern das Weihnachtsgeld streichen und nur noch dann auszahlen, wenn das Unternehmen einen entsprechenden Gewinn gemacht hat. Auch die Bewohner haben unter den Einsparungen zu leiden: ihnen wurde das Taschengeld beziehungsweise der Barbetrag gekürzt. Nun fragen wir uns, ob wir vom Barbetrag eigentlich weiterhin noch die Zahnpasta und die Seife für die Bewohner einkaufen sollen. Da bleibt denen doch kaum mehr etwas übrig, um sich einen Wunsch zu erfüllen. Auch die Angehörigen sind zum Teil ärgerlich. Manche von ihnen haben das Taschengeld für ihre Bewohner verwaltet und da bleibt denen am Ende des Monats gar nichts mehr übrig.

Übung

Wo nimmt Schwester Erika ihre und die Rechte der HeimbewohnerInnen wahr bzw. nicht wahr?

Unterstreichen Sie die entsprechenden Textstellen.

Rechtswahrnehmung

Seine Rechte wahrzunehmen, Rechte durchzusetzen, ist nicht unbedingt leicht. Das hat verschiedene Hintergründe.

Einmal möchten wir mit Recht in unserem Alltag möglichst wenig zu tun haben. Dort, wo rechtliche Argumente ins Spiel kommen, verheißt dies nichts Gutes, stehen Konflikte ins Haus. In ein »gutes Leben«, ein »harmonisches« Zusammenleben passen keine juristischen Auseinandersetzungen. Ob in Familie, Freundschaft oder am Arbeitsplatz, meist wird das Argumentieren, Drohen, Ablehnen im Hinblick auf Recht als feindselig betrachtet. Aber es geht nicht immer »gerecht« zu, und es bestehen immer wieder Interessengegensätze.

Ein anderer Grund mag darin liegen, dass Recht häufig mit Herrschaft und Machtausübung verbunden wird und auch tatsächlich zusammenhängt. »Rechtliche Argumente« werden oft dazu benutzt, um Autorität abzusichern, sich durchzusetzen, Diskussionen zu beenden. »Es ist rechtlich aber so«, heißt es oftmals von seiten Vorgesetzter oder Eltern, und zwar auch dann, wenn sie vielleicht gar nicht Recht haben. Sich gegen autoritäres Verhalten und Disziplinierungen zu wehren – nicht »trotzig«, sondern »erwachsen« – fällt vielen schwer. Sich etwas nicht gefallen zu lassen, das kostet Kraft und Überlegung, häufig auch Solidarität. Privates Stöhnen über ungerechte Zustände ist da schon einfacher.

Ein weiterer Grund für die Schwierigkeit, Rechte durchzusetzen, mag in unserem eigenen Gerechtigkeitsgefühl liegen. Recht ist eine ganz wesentliche Orientierung für unsere Wahrnehmung im Alltag und im menschlichen Zusammenleben. Gerade in der Altenpflege müssen die dort Beschäftigten häufig unter Bedingungen arbeiten, die sowohl von ihnen als auch von alten Menschen als »ungerecht« empfunden werden. Für diese Bedingungen sind die MitarbeiterInnen nicht verantwortlich. Dennoch ist es belastend, macht es ein »schlechtes Gewissen«, wenn in der alltäglichen Routine die Rechte der auf Pflege angewiesenen Menschen nicht in der gebotenen Weise beachtet werden. Recht erinnert uns dann daran, dass wir oft etwas tun (müssen?), was wir selbst nicht »in Ordnung« finden.

Einführung

Wir können uns nicht überall rechtlich »korrekt« verhalten – keiner tut dies! –, wir können uns auch nicht überall wehren, aber Recht kann
- helfen, Wege aufzuzeigen, wie man sich (wenn es einem wichtig ist) wehren kann – **Emanzipation**,
- deutlich machen, wo wir Rechte anderer verletzen, ohne dies vor lauter Alltagsroutine immer zu bemerken – **Reflexion**,
- Hilfen anbieten, anderen zu ihrem Recht zu verhelfen – **Hilfe**,
- uns darauf hinweisen, wofür wir einzustehen haben – **Verantwortung**,
- eine Möglichkeit darstellen, Grundlagen des Zusammenlebens und -arbeitens verbindlich zu regeln – **Gestaltung**.

Einige wichtige Grundbegriffe

Bevor spezielle Rechtsfragen der Pflege alter Menschen erörtert werden, sollen einige juristische Grundbegriffe eingeführt und erklärt werden, die für das Verständnis der folgenden Kapitel von Bedeutung sind. Gleichzeitig soll eine kurze Systematisierung und Gliederung des Rechts vorgenommen werden.

1. Subjektives und objektives Recht

Schwester Erika nimmt eine Reihe von Rechten nicht wahr, Rechte bzw. Rechtsansprüche, die ihr oder den Bewohnern qua (= durch) Gesetz zustehen. Rechtsansprüche zu vermitteln, ist die eine Bedeutungsseite von Recht, subjektives Recht genannt (subjektiv = persönlich, lat.), z. B.

Subjektives Recht

- Ansprüche auf Pause während der Arbeitszeit,
- Ansprüche auf Mitbestimmung bei der Festlegung von Arbeitszeiten . . .

> Recht ist ein in einer Gesellschaft geltendes System garantierter Verhaltensregeln.

Gegenpart zu dem subjektiven Recht ist die Bedeutung des Rechts als objektives Recht (objektiv = sachlich, lat.). Unter objektivem Recht versteht man wertentscheidende Normen. Dazu gehört etwa der Grundsatz der Menschenwürde: ohne dass sich ein Mensch darauf berufen muss, haben alle staatlichen Instanzen aber auch die Menschen untereinander die Würde des anderen zu achten. Auch gehört der Schutz der Natur und der natürlichen Grundlage des Lebens zu den Verpflichtungen, an die wir alle und insbesondere der Staat gebunden sind. Gesetze enthalten solche Wertentscheidungen, die dann für alle verbindlich sind.

Objektives Recht

2. Rechtsquellen

Rechtliche Festlegungen, Rechtsnormen finden sich in unterschiedlichen Rechtsquellen (Rechtsquelle = Ursprung eines Rechtssatzes). Zu den wichtigsten Rechtsquellen, die verbindliche Verhaltensregeln enthalten, gehören: Gesetze, Rechtsverordnungen, Satzungen, Verträge. Daneben sind zu nennen: Gewohnheitsrecht[1] und Richterrecht.

Wichtigste Rechtsquellen

Verhaltensregeln, die für jeden (oder einen Teil der) Bürger verbindlich sind, werden vom Staat in Gesetzen festgelegt. Für die Verabschiedung von Gesetzen sind die Parlamente (Bundestag, Landesparlamente) zuständig.

Unterschieden wird zwischen Landesgesetzen, die vom Landesparlament erlassen wurden und nur in dem betroffenen Bundesland

Gesetze

---

1 Gewohnheitsrecht ist eine weitere Rechtsquelle, die heute jedoch kaum noch Bedeutung hat.

	Übersicht
Bundesgesetze	Erlassen vom Bundestag in Zusammenwirken mit dem Bundesrat z.B. Strafgesetzbuch Bürgerliches Gesetzbuch Sozialgesetzbuch
Landesgesetze	Erlassen von den Parlamenten der Länder z.B. Hamburgisches Psychisch-Kranken-Gesetz Nordrhein-Westfälisches Polizeigesetz Landespflegegesetz Sachsen Landesheimgesetz Baden-Württemberg

Bundesgesetze Geltung besitzen (z. B. Polizeigesetz, Wegegesetz) und Bundesgesetzen, die in der gesamten Bundesrepublik gelten.

Rechtsverordnungen Neben den Parlamenten kann auch die Exekutive für alle verbindliche Verhaltensregeln in Form von Rechtsverordnungen aufstellen, soweit sie hierfür durch ein Gesetz ermächtigt ist, Art. 80 GG. Die Verordnungen enthalten meist Detailregelungen zu Gesetzen. Der Gesetzgeber wäre überfordert, wollte er in jedem Gesetz alle Einzelheiten festlegen; diese Aufgabe wird häufig den Ministerien übertragen. So wurde beispielsweise im alten Heimgesetz allgemein Ziel und Zweck des Gesetzes formuliert: »Wahrung der Interessen der Bewohner«. In den Rechtsverordnungen zum Heimgesetz fanden sich Detailregelungen, z. B. zur baulichen Ausstattung, zur Mitwirkung der Bewohner in Heimbeiräten und zur personellen Ausstattung. (Inzwischen gibt es hierzu eine komplett neue Gesetzgebung, s. Kap. V, S. 422)

Satzungen Körperschaften des öffentlichen Rechts wie zum Beispiel die Kommunen, die allen bekannten Vereine und andere »juristische Personen« können zur Regelung ihrer eigenen Angelegenheiten für ihre Gruppe verbindliche Verhaltensregeln in Form von Satzungen aufstellen. So stellen alle Krankenkassen Satzungen über Versicherungsbeiträge und Mehrleistungen, die Berufsgenossenschaften Unfallverhütungsvorschriften, Sportvereine oder Berufsverbände Satzungen über Mitgliedsbeiträge und Gemeinden Benutzungsordnungen für gemeindeeigene Einrichtungen (z. B. Bibliothek) auf. Die Satzungen beinhalten verbindliche Verhaltensregeln (nur) für ihre Mitglieder (z. B. Mitglieder der Krankenkassen).

Zwei oder mehrere Personen können bestimmte Regelungen in Verträgen treffen. So wird in Kaufverträgen vereinbart, wieviel der Käufer für den Kaufgegenstand des Verkäufers zahlen muss; in Heimverträgen, auf welche Leistungen der Heimbewohner Anspruch hat. Die in Verträgen getroffenen Regelungen sind nur für die Vertragspartner verbindlich.

Verträge

Übersicht: Rechtsverordnungen und Satzungen

Rechtsverordnungen	Von den Regierungen oder einzelnen Ministern auf Grund gesetzlicher Ermächtigung erlassen; sie dienen der Ausführung der Gesetze, in deren Rahmen sie sich halten müssen. z.B. HeimMindBauVO
Satzungen	Rechtsvorschriften, die von Körperschaften des privaten oder öffentlichen Rechts für ihren Bereich erlassen werden. z.B. Unfallverhütungsvorschriften Vereinssatzung

Vielfach lassen sich Lösungen für Rechtsfragen nicht unmittelbar aus den Gesetzen ablesen. Stand beispielsweise in § 2 HeimG, dass zwischen Entgelt und Leistung kein Missverhältnis bestehen darf, so fragt man sich, was der Gesetzgeber unter »Missverhältnis« versteht. Um einen Rechtsbegriff in seinem Bedeutungsgehalt offenzulegen, bedarf es oftmals der Auslegung.

Rechtsauslegung

Was ist unter dem »allgemein anerkannten Stand in Medizin und Pflege« in § 11 SGB XI zu verstehen?
Im Gesetz wird dies nicht definiert. Der jeweilige Stand von Medizin und Pflege muss durch Auslegung ermittelt werden. Bewusst hat hier der Gesetzgeber im Jahre 1994 nicht im Gesetz festgelegt, was die geltenden Standards in der Pflege sind. Dies hätte ihn nicht nur

überfordert und das Gesetz überfrachtet. Es hätte auch den Fortschritt in der Pflege eher behindert. So arbeitet der Gesetzgeber an vielen Stellen mit sog. »unbestimmten Rechtsbegriffen«, die ausgelegt werden müssen. Was heißt »menschenwürdige Pflege«? Was heißt »Selbstbestimmung«? Was sind »angemessene Wünsche« von Antragstellern, die Sozialhilfe begehren?

Die Gerichte haben hier bestimmte Regeln entwickelt, wie Rechtsbegriffe auszulegen sind. Die Ergebnisse der Auslegungen können in Kommentaren nachgelesen werden, in denen Urteile und Lehrmeinungen zu den einzelnen Paragraphen zusammengestellt sind. Bei der Auslegung von Vorschriften gibt es häufig strittige Fragen. Die Gerichte haben bei der Rechtsauslegung eine große Bedeutung, da sie letztendlich entscheiden.

Insbesondere die obersten Gerichte legen durch ihre »ständige Rechtsprechung« z. T. verbindlich fest, wie bestimmte Vorschriften auszulegen und Gesetzeslücken zu schließen sind. Man spricht

Richterrecht

hier auch von »Richterrecht«. Von besonderem Gewicht sind die Entscheidungen des Bundesverfassungsgerichts, die die Verfassungswidrigkeit von Gesetzen und Urteilen für alle Gerichte, die Verwaltung und das Parlament verbindlich feststellen können.

Im Alltag sind vor allem Behörden mit der Auslegung von Rechtsvorschriften befasst, etwa wenn es darum geht zu entscheiden, ob in einer Wohngruppe für Menschen mit Demenz auch ohne ständige Anwesenheit einer Pflegefachkraft gearbeitet werden darf. Die Behördenleitung gibt ihren Bediensteten für die Auslegung von Gesetzen Auslegungshilfen an die Hand, Verwaltungsvorschriften genannt. Sie binden die Bediensteten in der Rechtsauslegung und wirken wie eine Dienstanweisung. Auch für die BürgerInnen sind

Verwaltungsvorschriften

die Verwaltungsvorschriften praktisch von größter Bedeutung, auch wenn sie rechtlich keine unmittelbare Geltung erlangen. Sie können aus Verwaltungsvorschriften allein zwar keine Ansprüche ableiten. Aber unter Hinweis auf das Gleichbehandlungsgebot (richtiger: Willkürverbot) aus Art. 3 GG, können sie verlangen, nicht schlechter als andere behandelt zu werden – und das heißt: nicht schlechter (ohne Grund) als in den Verwaltungsvorschriften vorgesehen. Andererseits gilt: Auch, wenn sich die Behörde streng an die Verwaltungsvorschrift hält, muss dies nicht immer rechtmäßig sein. Ein Gericht kann die Rechtmäßigkeit überprüfen und zum Ergebnis kommen: Die auf der Verwaltungsvorschrift beruhende Entscheidung der Behörde ist rechtswidrig. Wichtige Verwaltungsvorschriften für die Pflege sind etwa die Pflegebedürftigkeitsrichtlinien der Pflegekassen.

3. Altersstufen im Recht

Jeder Mensch ist von seiner Geburt an Inhaber von Rechten und Rechtsansprüchen sowie später auch Adressat von Pflichten. Er hat Anspruch auf Beachtung seiner Grundrechte, er kann erben und Eigentum und Vermögen erwerben. Rechtsfähig ist jeder lebende Mensch, unabhängig davon, ob er geistig gesund oder krank ist, bei Bewusstsein oder bewusstlos, ob er sich verständlich machen kann oder nicht.

Rechte und Pflichten

Rechtsfähigkeit

Von der Rechtsfähigkeit, die nach § 1 BGB mit der Geburt beginnt und mit dem Tod endet, zu unterscheiden ist die Geschäftsfähigkeit, d. h. die Fähigkeit, Rechtsgeschäfte einzugehen. Die volle Geschäftsfähigkeit beginnt mit dem 18. Lebensjahr und kann eingeschränkt werden oder gar entfallen bei Menschen, die sich »in einem die freie Willensbestimmung ausschließenden Zustand krankhafter Störung der Geistestätigkeit befinden«, § 104 BGB. Die fehlende Geschäftsfähigkeit hat aber keinerlei Einfluss auf die Rechtsfähigkeit.

Geschäftsfähigkeit

Von der Geschäftsfähigkeit zu unterscheiden ist wiederum die Deliktsfähigkeit, d. h. die Fähigkeit, für sein Handeln verantwortlich zu sein, § 828 BGB. Kinder bis zum 7. Lebensjahr sind deliktsunfähig, Minderjährige vom 7. – 18. Lebensjahr sind beschränkt deliktsfähig, d. h. sie sind nur dann für ihr Handeln verantwortlich, wenn sie entsprechend einsichtsfähig sind, d. h. die Folgen ihres Handelns absehen konnten. Kinder zwischen 7 und 10 sind nicht verantwortlich für Schäden, die sie bei einem Unfall z. B. mit einem PKW verursacht haben, sofern dies nicht vorsätzlich geschah. Vom 18. Lebensjahr an ist jeder Bürger voll verantwortlich für sein Tun. Nur

Deliktsfähigkeit

Übersicht: Altersstufen im Recht (Auswahl)

Lebensalter	Rechtsstellung
Geburt	Beginn der Rechtsfähigkeit, § 1 BGB, Geschäftsunfähigkeit (bis 7. Lebensjahr), § 104 Nr. 1 BGB, Deliktsunfähigkeit (bis 7. Lebensjahr), § 828 BGB.
7. Lebensjahr	Eintritt der beschränkten Geschäftsfähigkeit, §§ 106 ff. BGB, beschränkte Deliktsfähigkeit nach Bürgerlichem Recht, § 828 Abs. 2 und 3 BGB.
14. Lebensjahr	bedingte Strafmündigkeit, § 3 JGG, volle Religionsmündigkeit, § 5 S. 1 Gesetz über die religiöse Kindererziehung.
15. Lebensjahr	Ende des allgemeinen arbeitsrechtlichen Beschäftigungsverbots, §§ 7 Abs. 1; 8 ff. JuArbSchG.
16. Lebensjahr	Beschränkte Ehemündigkeit, § 1303 BGB, Pflicht zum Besitz eines Personalausweises, § 1 Gesetz über Personalausweise.
18. Lebensjahr	Volljährigkeit, volle Geschäfts- und Deliktfähigkeit, §§ 2; 828 Abs. 2 BGB, aktives und passives Wahlrecht zum Bundestag, Art. 38 Abs. 2 GG, Strafmündigkeit als Heranwachsender, §§ 1; 105; 106 JGG, Ende der arbeitsrechtlichen Schutzbestimmungen für Jugendliche, §§ 2 Abs. 2; 7 ff. JuArbSchG, Ende der unbeschränkten Unterhaltsberechtigung, §§ 1602 Abs. 2; 1615 f BGB.
21. Lebensjahr	volle strafrechtliche Verantwortlichkeit als Erwachsener, §§ 1 JGG; 10 StGB.
60. Lebensjahr	Ablehnungsrecht der Übernahme einer Vormundschaft, § 1786 Abs. 1, 2 BGB.
62. Lebensjahr	vorzeitige Altersrente für Schwerbehinderte, § 37 SGB VI.
63. Lebensjahr	vorzeitige Altersrente für langjährig Versicherte, § 36 SGB VI.
67. Lebensjahr	Allgemeine Altersrente in der Rentenversicherung, § 35 SGB VI.
70. Lebensjahr	Höchstgrenze für die Berufung in das Amt eines Schöffen, § 33 Nr. 2 GVG.

Übersicht

Rechtsfähigkeit	Fähigkeit, Träger von Rechten und Pflichten zu sein, § 1 BGB. Beginn mit Geburt Ende mit dem Tod Beispiele: – Kleinkind hat Anspruch auf Sozialhilfe, kann erben und Eigentum erwerben, – ein schwer dementiell erkrankter Heimbewohner hat Anspruch auf Schutz seiner Freiheitsrechte.
Geschäftsfähigkeit	Fähigkeit, Rechtsgeschäfte einzugehen, §§ 104 f. BGB. Volle Geschäftsfähigkeit beginnt mit 18 Jahren. Kann bei „krankhafter Störung der Geistestätigkeit" eingeschränkt sein oder entfallen. Beispiele: – ein Minderjähriger kann einen Vertrag über den Kauf eine Stereoanlage nicht wirksam abschließen, – ein schwer dementiell Erkrankter kann kein Zeitschriftenabonnement bestellen.
Deliktsfähigkeit	Fähigkeit, für sein Handeln verantwortlich zu sein, § 827 BGB. Volle Deliktsfähigkeit beginnt mit 18 Jahren. Kann bei „krankhafter Störung der Geistestätigkeit" oder Bewußtlosigkeit entfallen. Beispiele: – ein Kind stößt in einem Porzellangeschäft eine wertvolle Vase um. Zum Schadensersatz sind allenfalls die Eltern wegen Aufsichtspflichtverletzung verpflichtet, – ein schwer dementiell erkrankter Patient im Krankenhaus wirft die Zahnprothese eines Mitpatienten in die Toilette. Keine Schadensersatzpflicht.

Menschen, die aufgrund einer Krankheit oder wegen Bewusstlosigkeit die Folgen ihres Tuns nicht absehen können, sind deliktunfähig, § 827 BGB. Für die Schäden, die Deliktunfähige verursachen, haben bei Minderjährigen die Eltern im Rahmen ihrer Aufsichtspflicht einzustehen. Bei psychisch Kranken kann die Aufsichtspflicht auch dem Betreuer oder durch Vertrag einem Krankenhaus oder Heim obliegen (s. S. 197 ff.).

Im bundesdeutschen Recht werden neben den genannten auch noch eine Reihe von anderen Rechten und Pflichten an das Lebensalter geknüpft, die in der vorstehenden Übersicht zusammengefasst sind. Wichtig für die Pflege alter Menschen ist: Allein wegen seines Alters verliert kein Mensch bürgerliche oder (wesentliche) politische Rechte.

4. Öffentliches Recht und Privatrecht

Systematisch lässt sich das deutsche Recht in zwei Gebiete gliedern; in das öffentliche Recht und das Privatrecht.

Privatrecht

Im Privatrecht, auch Zivilrecht genannt (civis = Bürger, lat.), geht es um die Rechtsbeziehungen der BürgerInnen untereinander. Eine Vielzahl von Gesetzen enthält Regeln für den Umgang der BürgerInnen miteinander, sei es im Mietrecht, Ehe- und Scheidungsrecht oder im Arbeitsrecht. Der Gesetzgeber geht davon aus, dass die BürgerInnen für die Durchsetzung ihrer Rechte gegenüber den MitbürgerInnen selbst verantwortlich sind. Wichtig ist für das Zivilrecht, dass jede Privatperson die ihr zustehenden Rechte auch geltend machen muss, notfalls durch Anrufung der staatlichen Gerichte, denn: »Wo kein Kläger, da ist auch kein Richter«.

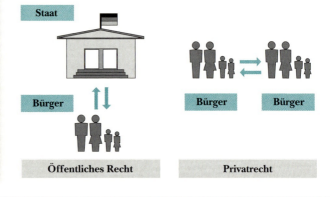

Öffentliches Recht und Privatrecht

Übersicht: Rechtsgebiete

Rechtsbereich	Regelungsbereich	Wichtige Gesetze
Öffentliches Recht		
Verfassungsrecht	Grundrechte, Staatsorgane, Wahlen etc.	Grundgesetz, Länderverfassungen
Verwaltungsrecht	Erlass von Verwaltungsakten, Anhörung von Bürgern, Amtshilfe etc.	Verwaltungsverfahrensgesetz
Kommunalrecht	Wahl des Gemeinderates, Aufstellung des Gemeindehaushaltes u. a.	Gemeinde- und Kreisordnungen
Polizeirecht	Aufrechterhaltung der öffentlichen Sicherheit und Ordnung	Polizeigesetze und Unterbringungsgesetze
Sozialrecht	Soziale Sicherung, Finanzierung sozialer Dienste u. a.	Sozialgesetzbuch I-XII,
Steuerrecht	Einkommens-, Umsatz- und Körperschaftssteuer	Einkommenssteuergesetz, Abgabenordnung, Körperschaftssteuergesetz
Arbeitsrecht (z. T. auch Privatrecht)	Mitbestimmung der Arbeitnehmer, Kündigungsschutz	Kündigungsschutzgesetz, Betriebsverfassungsgesetz
Arbeitsschutzrecht	Sicherheit am Arbeitsplatz, Schutz vor Gesundheitsschäden	Arbeitsschutzgesetz, Mutterschutzgesetz, SGB VII, Arbeitszeitgesetz
Strafrecht	Straftaten, Strafverfolgung	Strafgesetzbuch, Strafprozessordnung
Heimrecht	Mindestausstattung von Heimen, Aufsicht über Heime	Landesheimgesetze
Gesundheitsschutzrecht	Hygiene, Arzneimittelsicherheit, Lebensmittelkontrolle, Aufsicht über Berufsausübung/Ausbildung von Pflegekräften	Infektionsschutzgesetz, Arzneimittelgesetz, Lebensmittel- und Bedarfsgegenständegesetz, Gesundheitsdienstgesetze
Prozessrecht	Verfahren vor Gerichten	Zivilprozessordnung, Verwaltungsgerichtsordnung, Sozialgerichtsgesetz, Arbeitsgerichtsgesetz, Gesetz über die Freiwillige Gerichtsbarkeit, Strafprozessordnung
Privatrecht		
Mietrecht	Wohnungsmiete	Bürgerliches Gesetzbuch
Dienstvertragsrecht	Arbeitsvertrag, Kündigung eines Arbeitsverhältnisses, Arztvertrag	Bürgerliches Gesetzbuch
Kaufrecht	Kaufvertrag	Bürgerliches Gesetzbuch
Schadensersatzrecht	Haftung	Bürgerliches Gesetzbuch
Erbrecht	Erbfolge, Testament	Bürgerliches Gesetzbuch
Familienrecht	Betreuung	Bürgerliches Gesetzbuch

Öffentliches Recht   Im öffentlichen Recht geht es um die Rechte und Pflichten der »öffentlichen Gewalt« (z. B. Behörden, Regierung, Parlament, Gerichte) und deren Kontrolle. Die öffentliche Gewalt (der Staat) soll die Allgemeininteressen (das Gemeinwohl) vertreten. Im Interesse der Allgemeinheit kann der Staat gegen den Bürger bestimmte Maßnahmen treffen. Zwischen Staat und BürgerInnen besteht daher grundsätzlich ein Über-/Unterordnungsverhältnis. Der Staat kann, etwa durch polizeiliche Maßnahmen, Bußgelder oder Strafen, die in Gesetzen aufgestellten Verhaltensregeln durchsetzen. Andererseits ist der Staat verpflichtet, BürgerInnen gesetzlich festgelegte Leistungen, z. B. Sozialhilfe, zu gewähren. Das öffentliche Recht berechtigt Hoheitsträger, etwas zu tun – etwa Geschwindigkeitsbegrenzungen festzulegen – oder verpflichtet sie zu etwas – etwa Pflegegeld zu zahlen.

Übersicht
Staatliche Hoheitsgewalt geht aus von:

Verwaltung	Gesetzgebung	Rechtsprechung
Verwaltungsakt Verordnung Realakt (nicht formgebundenes Verwaltungshandeln)	Gesetz	Urteil Beschluss

Rechtsgebiete   Neben der Unterteilung der Rechtsordnung in öffentliches Recht und Privatrecht lässt sich das Recht noch feiner in Rechtsgebiete untergliedern und systematisieren. Einen Überblick über die für die Altenpflege wichtigen Rechtsgebiete, ihren jeweiligen Regelungsbereich und wichtige Gesetze will die Übersicht »Rechtsgebiete« auf Seite 31 vermitteln.

Wiederholungsfragen
1. Nennen Sie »Rechtsquellen« im deutschen Recht.
2. Was versteht man unter »Verwaltungsvorschriften«?
3. Worin besteht der Unterschied zwischen Delikts- und Geschäftsunfähigkeit?
4. Ist ein schwer dementiell erkrankter Mensch rechtsfähig?
5. Worin besteht der Unterschied zwischen öffentlichem Recht und Privatrecht?

Literaturhinweis
Wesel: Juristische Weltkunde, 10. Auflage, Frankfurt 2000

I. Staatsbürgerkunde

Das Ziel ist,

→ die wichtigsten Institutionen des Staates in ihrer Funktion und rechtlichen Ausgestaltung vorzustellen,

→ die Staatsform in der Bundesrepublik zu erklären,

→ die Grundrechte in ihrer Bedeutung für die Pflege herauszuarbeiten,

→ die Europäische Union und ihre Institutionen vorzustellen und ihre Bedeutung für die politischen und rechtlichen Rahmenbedingungen der Pflege herauszuarbeiten.

Rechtskunde, Thomas Klie; © Vincentz Network
GmbH & Co. KG, Hannover 2009; ISBN 978-3-86630-081-1

Im Kapitel Staatsbürgerkunde werden knapp und eher stichwortartig die Grundlagen und Grundbegriffe des deutschen Staats- sowie des Europarechts, soweit sie für das Verständnis von Zusammenhängen sowie für Prüfungen von Bedeutung sind, und die Grundrechte des Grundgesetzes dargestellt.

1. Staatsform der Bundesrepublik

Rechtsstaat

Die Bundesrepublik ist ein demokratischer und sozialer Rechtsstaat (Art. 20 GG).

Das Grundgesetz (GG) – die Verfassung der Bundesrepublik – enthält das Bekenntnis zur Rechtsstaatlichkeit. Ausdruck der Rechtsstaatlichkeit ist im Wesentlichen:

- **Bindung an Recht und Gesetz.**
  Die Gesetzgebung ist an die verfassungsmäßige Ordnung, Verwaltung und Rechtsprechung, an Recht und Gesetz gebunden. Sie soll nicht nur gesetzkonform, sondern auch »gerecht« handeln.
- **Freiheit des Bürgers.**
  Der Rechtsstaat hat dem einzelnen Bürger einen Bereich persönlicher Freiheit zu sichern. Ausdruck der Freiheitsrechte des Bürgers sind die Grundrechte.
- **Kontrolle der Staatsgewalt.**
  Durch unabhängige Gerichte soll garantiert werden, dass staatliches Handeln stets kontrolliert und auf seine Rechtmäßigkeit hin überprüft werden kann (Art. 19 Abs. 4 GG).

Demokratie

Alle Staatsgewalt geht vom Volke aus (Art. 20 Abs. 2 GG). Die Bundesrepublik ist i. W. eine repräsentative Demokratie, d. h. das Volk entscheidet nicht unmittelbar über politische Fragen, sondern gewählte Volksvertreter werden »für das Volk« tätig. Wesentlicher Bestandteil des Demokratiegebotes ist das Wahlrecht. Das Volk muss in allgemeinen, unmittelbaren, gleichen, freien und geheimen Wahlen Abgeordnete für die Parlamente wählen können.

Das Demokratiegebot erschöpft sich nicht in den Wahlen zu den Parlamenten (Bundestag, Landesparlamente, Kommunalparlamente). Zunehmend werden Formen sog. »direkter Demokratie« eingeführt: Volks- oder Bürgerbegehren und -entscheide, die inzwischen in (fast) allen Bundesländern vorgesehen sind. Daneben verlangt das Demokratiegebot danach, dass die wichtigsten Lebensbereiche ebenfalls demokratisiert werden, so die Arbeitswelt durch Mitbestimmung am Arbeitsplatz, so das Leben im Heim durch Mitwirkung der Heimbewohner in Heimbeiräten, so die Schulen und Universitäten durch Mitwirkung und Mitbestimmung der Schüler und Studierenden. Kern der Demokratie ist die Berechtigung und Bereitschaft von Bürgerinnen, sich für Angelegenheiten des Gemeinwesens zu engagieren (Bürgerschaftliches Engagement).

Im Gegensatz zur Monarchie, in der ein (durch Erbfolge bestimmter) Monarch Staatsoberhaupt ist, wird in der Bundesrepublik die Stellung des Staatsoberhauptes von einem gewählten (Bundes-)Präsidenten eingenommen (Wahl durch Bundesversammlung). *Republik*

Der Staat ist zur Herstellung sozialer Gerechtigkeit verpflichtet (Art. 20 Abs. 1 GG), insbesondere durch Fürsorge für Hilfsbedürftige oder sonst Benachteiligte, durch Ausgleich sozialer Gegensätze und Abbau von Abhängigkeitsverhältnissen. *Sozialstaat*

Bund und Länder haben grundsätzlich gleichberechtigten Staatscharakter. Sie können für ihren jeweiligen Bereich Gesetze erlassen (Art. 70 ff. GG) und Hoheitsrechte ausüben. *Bundesstaat*

Wiederholungsfragen
1. Welche Staatsform hat die Bundesrepublik Deutschland?
2. Was versteht man unter Rechtsstaatlichkeit?
3. Was bedeutet Demokratie?

2. Staatsorgane

Die staatlichen Aufgaben sind auf drei »Gewalten« verteilt – die *Legislative* (Parlamente), die *Exekutive* (Verwaltung, Regierung) und die *Judikative* (Gerichte). Die Organe sollen unabhängig voneinander ihre Aufgaben durchführen und sich gegenseitig kontrollieren.

Gewaltenteilung

Gewaltenteilung

| Legislative (Parlament) | Exekutive (Regierung und Verwaltung) | Judikative (Gerichte) |

Inkompatibilität
(Unvereinbarkeit von Funktionen in verschiedenen Staatsgewalten in einer Person)

Gesetzgebung

Die Organe der Gesetzgebung sind die Parlamente (Bundestag, Landesparlamente). In den Art. 70ff GG sind die Gesetzgebungsbefugnisse geregelt. Danach haben grundsätzlich die Länder das Recht, Gesetze zu erlassen, soweit das Grundgesetz nichts anderes bestimmt. In Art. 73 GG ist festgelegt, für welche Bereiche der Bund die alleinige Gesetzgebungsbefugnis hat, in Art. 74 GG was der konkurrierenden Gesetzgebung unterfällt. Bei letzterer haben die Länder solange die Gesetzgebungsbefugnis, wie der Bund von seinem Recht keinen Gebrauch gemacht hat. Die sog. Rahmengesetzgebung (ehemals Art. 75 GG) wurde im Zuge der Föderalismusreform im Jahre 2006 abgeschafft. Bisher erlassene Rahmenvorschriften gelten jedoch solange weiter, wie keine neuen Regelungen der jeweiligen Materie vorgenommen wurden.

Gesetzgebungsverfahren

Das Gesetzgebungsverfahren – für Bundesgesetze – schreibt eine Beteiligung des Bundesrates vor, der die Interessen der Länder vertritt.

Exekutive

Bundespräsident, Bundesregierung und Landesregierungen sowie die öffentliche Verwaltung bilden die Exekutive. Aufgabe der Verwaltung ist die Ausführung von Bundes- und Landesgesetzen.

Das Gesetzgebungsverfahren im Bund

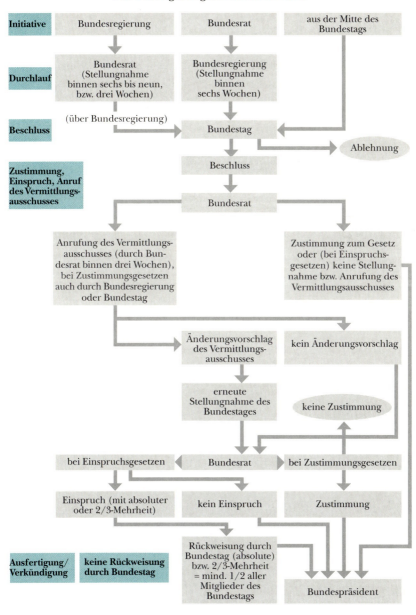

Verwaltungsgliederung in der Bundesrepublik Deutschland

Verwaltung des Bundes

Zoll	Zollamt Hauptzollamt	Oberfinanzdirektion	
Auswärtiger Dienst	Konsulat	Botschaft	Bundesministerien
	örtliche Behörden	Mittelbehörden	

Verwaltung des Landes

- Landesministerien
- Landesoberbehörden
- Landesmittelbehörden
- Regierungspräsident
- örtliche Landesbehörden

Kommunalverwaltung

- Landschaftsverband (NRW) Landeswohlfahrtsverbände, Bezirk
- Kreise
- kreisangehörige Gemeinden
- kreisfreie Städte

Die öffentliche Verwaltung als Teil der Exekutive ist in der Bundesrepublik in drei Hauptebenen untergliedert:
- die Verwaltung des Bundes,
- die Verwaltung der Länder,
- die Kommunalverwaltung.

Jede Verwaltungsebene hat einen genau abgegrenzten Aufgabenbereich und ist, wie die Übersicht zeigt, in sich gegliedert.
Die Bundesregierung und die Landesregierungen können als Teil der Exekutive in engen Grenzen auch Rechtssätze – Rechtsverordnungen – erlassen (z. B. die Rechtsverordnungen zum SGB IX). Hierzu muss die Exekutive gesetzlich ermächtigt worden sein, da hierdurch die Gewaltenteilung durchbrochen wird (Art. 80 GG).

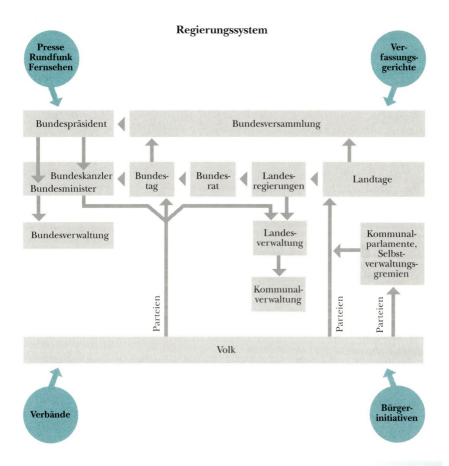

Der Bundespräsident (Art. 59 GG) vertritt die Bundesrepublik Deutschland nach außen hin. Er wird von der Bundesversammlung (Vertreter des Bundes- und der Landtage) auf 5 Jahre gewählt (Art. 54 GG).

Die Bundesregierung wird geführt und gebildet vom Bundeskanzler, der die Richtlinien der Politik bestimmt und die Minister beruft (Art. 65 GG). In den Bundesländern werden die Regierungen je nach Landesverfassung auf unterschiedliche Weise gebildet.

Die Entscheidung von Rechtsfragen im Streitfalle erfolgt durch die Gerichte.

Bundespräsident

Staatsbürgerkunde **41**

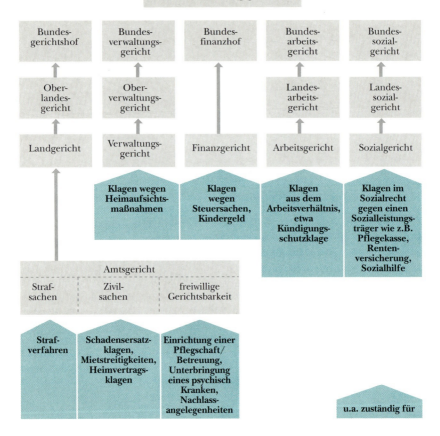

Rechtsprechung   Die Rechtsprechung ist in ein System unterschiedlicher Gerichtszweige und Instanzen gegliedert.

Wiederholungsfragen
1. Was versteht man unter Gewaltenteilung?
2. Kann die Exekutive Rechtssätze erlassen?
3. Welche unterschiedlichen Gerichtszweige gibt es?

3. Grundrechte

Im Grundgesetz sind Grundrechte der Bürger formuliert. Diese Grundrechte sollen dem einzelnen Bürger einen persönlichen Freiheitsraum sichern (Freiheitsrechte), Gleichbehandlung gewährleisten (Gleichheitsrechte) und bestimmte Verfahrensrechte garantieren (Rechtsschutz durch unabhängige Gerichte) sowie den Bestand gesellschaftlicher Institutionen gewährleisten, z. B. freie Presse. Die Grundrechte gelten grundsätzlich nur zwischen Staat und Bürger (s. u.).

Grundgesetz

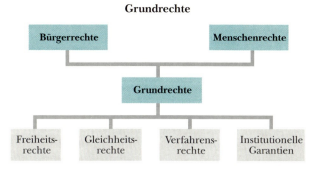

Fall 1:
Ein Berufsverband für Pflegeberufe ruft zu einer Kundgebung und Demonstration auf, um bessere Arbeitsbedingungen in der Altenpflege einzufordern. Hunderte von AltenpflegerInnen ziehen durch die Innenstadt. Sie nehmen ihr Recht auf freie Meinungsäußerung aus Art. 5 und das Versammlungsrecht aus Art. 8 GG wahr.

Neben der Bedeutung der Grundrechte als subjektives Recht jeden Bürgers kommt den Grundrechten eine wesentliche Bedeutung als »objektives« Recht zu: Gesetze, Urteile und Verwaltungshandeln, die im Widerspruch zu Grundrechten stehen, sind rechtswidrig.

Das Bundesverfassungsgericht hat die Finanzierung der Pflegeversicherung in Teilen für verfassungswidrig erklärt. Familien mit Kindern werden nach Ansicht des Bundesverfassungsgerichtes übermäßig belastet, sowohl durch die Kindererziehung als auch durch die Pflege und Pflegeaufwendungen[1]. Als Reaktion auf das Urteil wurde 2004 durch die damalige rot-grüne Bundesregierung ein »Kinderlosenzuschlag« für die Beiträge zur Pflegeversicherung in Höhe von derzeit 0.25 Beitragssatzpunkten gesetzlich verankert, § 55 Abs. 3 SGB XI

Schutz der Menschenwürde (Art. 1 GG)

Menschenwürde

Art. 1 GG schützt den Menschen als eigenverantwortliche Persönlichkeit und gebietet Achtung vor jedwedem Menschen, unabhängig von seiner Lebenssituation und seinen geistigen und körperlichen Fähigkeiten. Der Schutz der Menschenwürde beinhaltet den Schutz vor Vernichtung und gänzlicher Abhängigkeit. Bei dem Schutz der Menschenwürde handelt es sich nicht um ein Grundrecht, sondern um eine verbindliche anthropologische Orientierung für die in Art. 2 ff. GG folgenden Grundrechte.[2]

> »Im alltäglichen pflegerischen Handeln bedeutet die Respektierung der Menschenwürde nichts anderes als die Einhaltung der in unserem Kulturkreis üblichen Verhaltensregeln für die Anrede, den Schutz der Intim- und Privatsphäre und die Respektierung des ‚Eigensinns' der Bewohner/innen.« (Braun/Halisch, S. 12)

Recht auf freie Entfaltung der Persönlichkeit (Art. 2 Abs. 1 GG)

Wichtige Grundrechte

Aus Art. 2 Abs. 1 GG wird ein Anspruch auf freie Arztwahl abgeleitet[3]. Die zwangsweise Unterbringung alter Menschen in Altenhei-

---

1 Vgl. BVerfG, Beschluss vom 03. 04. 2001, Az 1BvR 1629/94
2 Vgl. Klie, Menschenwürde als ethischer Leitbegriff in: Blonski, Harald (Hg.), Ethik in der Gerontologie und Altenpflege, Hagen 1998.
3 Vgl. v. Münch/Niemöhlmann Art. 2 Rz 19; BVerfGE 16, S. 303.

men durch die »Fürsorgebehörde« wurde als Verstoß gegen Art. 2 Abs. 1 GG angesehen.[4]

Das Recht auf freie Entfaltung soll dem einzelnen Bürger einen autonomen Bereich privater Lebensgestaltung sichern.

Freie Entfaltung der Persönlichkeit

Leben und körperliche Unversehrtheit (Art. 2 Abs. 2 GG)

Unter besonderem Schutz steht das Leben und die körperliche Unversehrtheit der Person. Dieses Grundrecht kennt zwei Seiten: Einmal geht es um die Erhaltung von Leben und Gesundheit auch mit Mitteln des Sozialstaates, zum anderen um das Verbot, das Leben und die Gesundheit der Bürger zu verletzen.

Leben und körperliche Unversehrtheit

> Die Forderung, sich an den Bedürfnissen und Gewohnheiten zu orientieren und Pflege als Unterstützung zur Erlangung größtmöglicher Selbstbestimmung der Bewohner/innen zu verstehen, ist in der Altenpflege elementar.«
> (Braun/Halisch, S. 13)

Freiheit der Person (Art. 2 Abs. 2 GG)

Das Recht auf Freiheit der Person schützt vor Beschränkung in der körperlichen Bewegungsfreiheit. Art. 2 Abs. 2 GG garantiert das Recht, einen beliebigen Ort aufzusuchen und sich dort aufzuhalten. Die Einschränkung der Bewegungsfreiheit ist nur auf Grund eines Gesetzes möglich. Über die Zulässigkeit und die Fortdauer von Freiheitsentziehungen hat allein der Richter zu entscheiden (Art. 104 GG).

Freiheit der Person

Gleichheitsgrundsatz (Art. 3 GG)

Art. 3 GG verbietet eine ungerechtfertigte Ungleichbehandlung. Niemand darf wegen seines Geschlechts, seiner Abstammung, seiner Rasse, seiner Sprache, seiner Heimat und Herkunft, seines Glaubens, seiner religiösen oder politischen Anschauungen und

Gleichheitsgrundsatz

---

4 Vgl. v. Münch a.a.O.

seiner Behinderung benachteiligt oder bevorzugt werden. Durch die 1994 vorgenommene Grundgesetzänderung wurde der Staat zur Förderung der tatsächlichen Durchsetzung der Gleichberechtigung von Männern und Frauen verpflichtet, Art. 3 Abs. 2 S. 2 GG.
Verstoß: Geringere Entlohnung von Frauen unter Hinweis auf die zu ihren Gunsten geltenden Schutzgesetze.[5]
Ebenso enthält Art. 3 GG ein Benachteiligungsverbot für Menschen mit Behinderungen.

Glaubens- und Gewissensfreiheit (Art. 4 GG)

Glaubens- und Gewissenfreiheit

Kein Land der Europäischen Union darf seine Bürgerinnen und Bürger an einer freien Religionsausübung und Glaubensentfaltung behindern. Auch die deutsche Verfassung schützt Glaubens- und Gewissensfreiheit völlig ohne Ansehung der Religion und Glaubensrichtung. Begrenzungen werden allerdings bei bestimmten Sekten gemacht, die ihre Mitglieder in Abhängigkeit zu sich bringen und deren Grundrechte bedrohen. Besonders problematisch sind radikale Strömungen in bestimmten Religionsrichtungen, die ihre religiösen Vorstellungen mit Gewalt durchsetzen wollen. In der Pflege leitet man zunächst aus Art. 4 GG die Toleranz gegenüber den unterschiedlichen Glaubensweisen ab.[6]

Vereinigungs- und Koalitionsfreiheit (Art. 9 GG)

Vereinigungs- und Koalitionsfreiheit

Art. 9 GG schützt die Freiheit, Vereinigungen zu bilden. Insbesondere wird der Zusammenschluss von Arbeitnehmern in Gewerkschaften gewährleistet.

Brief-, Post- und Fernmeldegeheimnis (Art. 10 GG)

Briefgeheimnis

Jede schriftliche Nachricht von Person zu Person, d. h. neben Briefen auch Telegramme, Postkarten, Drucksachen, Postwurfsendungen, unterliegt dem Briefgeheimnis. In gleicher Weise geschützt ist der ungestörte Postverkehr mitsamt der direkten Zustellung der Post an

---

5 BAGE 1, S. 258.
6 Ertl: Verständnis löst Konflikte. Kulturelle Sensibilität ist das Nadelöhr zur individuellen Pflege. In: Diakonie, 4/2001, S. 10 – 12.

den Empfänger. Verstoß: Abgabe der Post für BewohnerInnen in Altenwohnheimen und Altenheim an Heimmitarbeiter.

Unverletzlichkeit der Wohnung (Art. 13 GG) — Privatheit
Sinn des Art. 13 GG ist der Schutz eines räumlichen Bereichs, in dem der Einzelne ungestört und unbeobachtet tun und lassen darf, was ihm beliebt[7]. »Unverletzlich« sind nicht nur Wohnungen im engeren Sinn, sondern auch Hotelzimmer, Gästezimmer, Büroräume und auch: die Zimmer von BewohnerInnen in Alten- und Pflegeheimen.[8]

Wiederholungsfragen
1. Worin liegt die Bedeutung der Grundrechte?
2. Nennen Sie einige wichtige Grundrechte!

4. Exkurs: Grundrechtsgeltung in Heimen und die Charta der Rechte hilfe- und pflegebedürftiger Menschen

Grundsätzlich gelten die Grundrechte nur zwischen Staat und Bürger. Der Staat hat die Rechte des Bürgers zu respektieren und darf sie nicht unverhältnismäßig einschränken. — Grundrechtsgeltung

Zwischen Bürgern haben Grundrechte grundsätzlich keine unmittelbare Geltung. So kann die Tochter von ihren Eltern nicht unter Hinweis auf Art. 3 GG – Gleichbehandlung – die gleiche finanzielle Unterstützung während der Ausbildung verlangen, wie sie ihrem Bruder großzügig gewährt wird. Ebensowenig kann der verlassene Ehemann seiner abtrünnigen Ehefrau die neue Liaison mit Hinweis auf Art. 6 GG – Schutz der Ehe – verbieten oder ein Arbeitsloser ein Recht auf Einstellung bei VW aus Art. 3 GG oder Art. 12 – Berufsfreiheit – ableiten. Sie alle sind auf die allgemeinen Zivil- oder Strafgesetze verwiesen.

---

7   v. Münch/Pappermann Art. 13 Rz 1.
8   Vgl. Dahlem/Giese/Igl/Klie, Das Heimgesetz – Kommentar, § 9 Rz 17.

Fall 2:
In einer Heimordnung wird dem Heimpersonal das Recht eingeräumt, jederzeit die Zimmer und Wohnungen der Bewohner zu betreten.

In anderen Heimen öffentlicher Träger gelten die Grundrechte unmittelbar: alle staatliche Gewalt ist an die Verfassung und damit an die Grundrechte gebunden, eine Bestimmung wie im *Fall 2* wäre wegen Verstoß gegen Art. 13 GG (Unverletzlichkeit der Wohnung) nichtig.

In Heimen gelten Grundrechte zum Schutz der Bewohner nicht unmittelbar. Sie gelten aber mittelbar, da die Bestimmungen des Heimgesetzes, bzw. der jeweiligen bereits in Kraft getretenen Landesheimgesetze, so ausgelegt werden müssen, dass die Grundrechte der Bewohner zur Geltung kommen. Das Heimgesetz dient dem Schutz der Interessen und Bedürfnisse der Heimbewohner vor Beeinträchtigungen. Beeinträchtigungen stellen gerade Eingriffe in Grundrechte der Bewohner dar. Von daher sind bevormundende und entrechtende Regelungen in Heimordnungen und Heimverträgen wegen Grundrechtsverstoß rechtswidrig. Dies gilt vor allem angesichts der Abhängigkeit der Heimbewohner von der Institution, in der sie leben, und ihren Mitarbeitern.

Grundrechtsverstöße im Heim
- Jederzeitiges Eintrittsrecht in Altenheimzimmer, *s. Fall 2*; Art. 13 GG
- Überwachung der Bewohner im Zimmer durch Monitor, Art. 1 i. V. m. Art. 2 Abs. 1 GG
- einengende, kurze Besuchszeiten, Art. 2 Abs. 1, Art. 6 GG
- Ausgehverbot, Art. 2 Abs. 1 GG
- Verbot, Gäste zu beherbergen (im Altenheim), Art. 2 Abs. 1 GG
- Verbot, Kleintiere und Zierfische im Alten- und Altenwohnheim zu halten, Art. 2 Abs. 1 GG[9]

Tierhaltung im Heim

---

9 Vgl. LG Köln MDR 1957, S. 614.

- Heimverträge, in denen die pauschale Einwilligung in Fixierungsmaßnahmen im »Bedarfsfall« verlangt wird, Art. 2 Abs. 2, Art. 104 GG[10] oder dem Heim ein »Verlegungsrecht« zusteht.[11]

Wiederholungsfragen
1. Gelten Grundrechte auch unmittelbar zwischen Bürgern?
2. Welche Grundrechte spielen im pflegerischen Alltag eine besondere Rolle?

Die Grund- und Menschenrechte pflegebedürftiger Menschen wurden in der Charta der Rechte Pflegebedürftiger in eine verständlichere Sprache übersetzt und sollen als eine Art Leitlinie für die Altenpflege dienen. Die Tatsache, dass man eine Charta erstellt hat oder erstellen musste, zeigt wie wenig selbstverständlich die Beachtung von Grund- und Menschenrechten in Heimen war. Mit der Charta wird der Versuch unternommen, ihre Verbindlichkeit für die Pflege zu unterstreichen und zu verbreiten.

Charta der Rechte hilfe- und pflegebedürftiger Menschen[12]

Artikel 1: Selbstbestimmung und Hilfe zur Selbsthilfe
Jeder hilfe- und pflegebedürftige Mensch hat das Recht auf Hilfe zur Selbsthilfe sowie auf Unterstützung, um ein möglichst selbstbestimmtes und selbständiges Leben führen zu können.

Artikel 2: Körperliche und seelische Unversehrtheit, Freiheit und Sicherheit
Jeder hilfe- und pflegebedürftige Mensch hat das Recht, vor Gefahren für Leib und Seele geschützt zu werden.

---

10 s. S. 175.
11 LG Düsseldorf Urt. v. 12. 9. 1990 Az 120 132/90.
12 Vgl. Runder Tisch Pflege Arbeitsgruppe IV,
    http://www.dza.de/download/ErgebnisserunderTischArbeitsgruppeIV.pdf

Artikel 3: Privatheit
Jeder hilfe- und pflegebedürftige Mensch hat das Recht auf Wahrung und Schutz seiner Privat- und Intimsphäre.

Artikel 4: Pflege Betreuung und Behandlung
Jeder hilfe- und pflegebedürftige Mensch hat das Recht auf eine an seinem persönlichen Bedarf ausgerichtete, gesundheitsfördernde und qualifizierte Pflege, Betreuung und Behandlung.

Artikel 5: Information, Beratung und Aufklärung
Jeder hilfe- und pflegebedürftige Mensch hat das Recht auf umfassende Informationen über Möglichkeiten und Angebote der Beratung, der Hilfe, der Pflege sowie der Behandlung.

Artikel 6: Kommunikation, Wertschätzung und Teilhabe an der Gesellschaft
Jeder hilfe- und pflegebedürftige Mensch hat das Recht auf Wertschätzung, Austausch mit anderen Menschen und Teilhabe am gesellschaftlichen Leben.

Artikel 7: Religion, Kultur und Weltanschauung
Jeder hilfe- und pflegebedürftige Mensch hat das Recht, seiner Kultur und Weltanschauung entsprechend zu leben und seine Religion auszuüben.

Artikel 8: Palliative Begleitung, Sterben und Tod
Jeder hilfe- und pflegebedürftige Mensch hat das Recht, in Würde zu sterben.

5. Europäische Union

Fall 3:

Die teilzeitbeschäftigte Hausfrau Marianne, die in einer Sozialstation jobbt, verlangt Urlaubsgeld und Zeitzuschläge ebenso wie ihre Vollzeit-Kolleginnen und beruft sich dabei auf das Geschlechterdiskriminierungsverbot aus Art. 119 EWG Vertrag.

Die Bedeutung der Europäischen Union in wirtschaftlicher und politischer Hinsicht wächst. Nicht nur die sogenannte »Migration« von ArbeitnehmerInnen nimmt zu, auch Rentner verbringen ihren Lebensabend z. T. im europäischen Ausland. Viele Pflegekräfte aus dem Ausland arbeiten inzwischen in Deutschland und es stellt sich die Frage, inwieweit ihre Ausbildungsabschlüsse anerkannt werden. Entsprechende Fragen stellen sich, wenn etwa Altenpflegerinnen im europäischen Ausland arbeiten wollen. Das Recht auf Freizügigkeit wird allen Bürgern der Europäischen Union inzwischen garantiert. Gerade in der Pflege fehlt es aber noch an einheitlichen Standards der Ausbildungsgänge. Die europäischen Institutionen gewinnen bis in den Alltag der Pflege hinein an Bedeutung. Von daher ist es wichtig, die wichtigsten Institutionen der Europäischen Union zu kennen.

Der Europäische Rat ist das höchste Gremium der Europäischen Union. Er setzt sich aus den Regierungschefs der Mitglieder zusammen und tagt mindestens zweimal pro Jahr. Die Präsidentschaft im Rat wird turnusmäßig alle 6 Monate gewechselt. Der Europäische Rat tagt zumeist in dem Land, das die Präsidentschaft innehat. Der Europäische Rat entscheidet über die Rahmenbedingungen und über Fragen der Außen- und Sicherheitspolitik der Europäischen Union.

Europäischer Rat

Der Ministerrat ist mit je einem weisungsgebundenen Fachminister aus den Mitgliedsländern besetzt. Zusammen mit der Kommission ist er an der Gesetzgebung der Europäischen Union beteiligt und entscheidet durch Mehrheitsbeschluss über die Annahme von Verordnungen und Gesetzen, vergleichbar mit nationalen Parlamenten, mit Sitz in Brüssel.

Ministerrat

Die Kommission ist die Exekutive der Europäischen Union. Sie setzt sich aus unabhängigen Kommissaren zusammen, deren Anteil sich aus vorstehender Übersicht ergibt. Die Kommissionsmitglieder werden für vier Jahre von den nationalen Regierungen ernannt. Die Kommission hat ein Vorschlags- und Initiativrecht für die Gesetzes- und Verordnungsvorschläge und steht den europäischen Behörden

Kommission

als oberstes Gremium (vergleichbar einer Regierung) vor. Sitz ist in Brüssel.

Europäisches Parlament

Das Europäische Parlament setzt sich aus Abgeordneten aller Mitgliedsstaaten zusammen, die für fünf Jahre gewählt werden. Das Wahlverfahren ist in den Mitgliedsländern noch unterschiedlich. Hauptaufgabe des Europäischen Parlaments ist die Kontrolle der Kommission, die sie mit 2/3 ihrer Stimmen zum Rücktritt zwingen kann. Wichtigstes Recht ist ihre Mitbestimmung in Haushaltsfragen. Sitz in Straßburg.

Europäischer Gerichtshof

Die Aufgabe des Europäischen Gerichtshofs ist es, Streitfälle bei der Auslegung und Ausführung von Richtlinien und Verordnungen der Europäischen Union zu klären. Er ist sowohl zuständig für Streitfälle zwischen den Mitgliedsstaaten als auch für Klagen von Bürgern wegen Verletzungen europäischer Rechtsnormen, so in **Fall 3**, wo der Klägerin Recht gegeben und wegen der typischerweise Frauen betreffenden Teilzeitarbeit ein Anspruch auf Gleichbehandlung mit Vollzeitbeschäftigten eingeräumt wurde.

Auch die Frage der »Export«-fähigkeit von Sozialleistungen, etwa den Pflegegeldern, hat den EuGH beschäftigt: sie wurde, jedenfalls für Geldleistungen, bejaht.[13]

Europäische Zentralbank

Weitere wichtige Institutionen der Europäischen Union sind der Europäische Rechnungshof sowie die Europäische Zentralbank.

Das Konzept der Europäischen Union ist das einer politischen und wirtschaftlichen Union der europäischen Länder. In ihnen soll freier Wettbewerb gelten, der auch für den Bereich des Sozialen Konsequenzen hat: Harmonisierung der sozialen Sicherungssysteme, Niederlassungsfreiheit für EU-Bürger,»freier Markt«, auch im Bereich des Sozialen und der Pflege.[14]

Euro

Ein weiterer wichtiger Schritt war die Einführung der gemeinsamen Währung Euro für einen Teil der Mitglieder der EU 2001. Im Jahr 2005 fanden in einer ganzen Reihe von europäischen Mitgliedsländern Referenden zur Annahme der Europäischen Verfassung

Europäische Verfassung

---

13 Vgl. EuGH, Urteil vom 05.03.1998 Az C- 160/96
14 Vgl. Benicke: EG Wirtschaftsrecht und die Einrichtungen der freien Wohlfahrtspflege. In: ZfSH/SGB 1998 S. 22 – 35

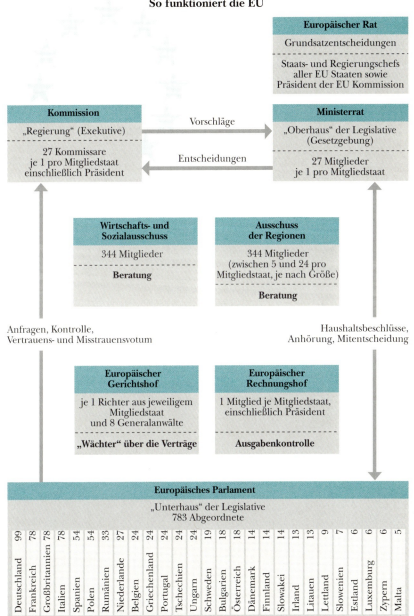

statt, in der die Kompetenzen der Institution der europäischen Union transparenter festgelegt und die Rechte der Bürgerinnen und Bürger verbindlicher als bisher geregelt werden sollten. So wurde der Vertrag von Lissabon 2007 geschlossen, der eine etwas »abgespeckte« Verfassungsregelung enthält. Im Jahre 2008 hat allerdings Irland in einem Referendum gegen den Vertrag gestimmt, so dass ein Verfassungs- und Strukturreform der EU noch ansteht. Frankreich und die Niederlande haben gegen die Annahme der Verfassung entschieden.

Wiederholungsfrage
Nennen Sie die wichtigsten Institutionen der Europäischen Union.

6. Exkurs: Wahlen im Pflegeheim

Wahlberechtigung

Grundsätzlich sind alle Bürger über 18 Jahre wahlberechtigt. Vom Wahlrecht ausgeschlossen sind: Betreute, die einen gesetzlichen Betreuer für alle Angelegenheiten haben: bei Betreuung in allen Angelegenheiten, s. S. 213.

Ausübung des Wahlrechts

HeimbewohnerInnen nehmen genau wie alle anderen Bürger an den Wahlen teil. Die Heimleitung hat die BewohnerInnen dabei zu unterstützen, z. B. bei Antrag auf Ausstellung eines Wahlscheines, Briefwahl, Korrektur des Wählerverzeichnisses. Kann ein Heimbewohner aufgrund körperlicher Gebrechen oder Krankheit das Wahllokal nicht aufsuchen, kann er auf dem Weg der Briefwahl von seinem Wahlrecht Gebrauch machen.

Dürfen Pflegeheimbewohner nicht wählen?
»Wahl-Panne im Altersheim« stand über einer der zahlreichen Zeitungsmeldungen, die wenige Tage vor der Bundestagswahl darüber berichteten, dass in der Stadt Wuppertal die Wahlbenachrichtigungen für rund 1000 ältere Heimbewohner wieder zurückgezogen worden waren, »ohne sie über die Rechtslage des Wahlrechts unter Pflegschaft aufzuklären«. Diese böse

Panne der Verwaltung wurde durch eine Panne in der Berichterstattung noch übertroffen: Zitiert wurde in den Zeitungsberichten (und in der zugrundeliegenden Agenturmeldung) ein Mitarbeiter aus dem Amt des Düsseldorfer Landeswahlleiters mit der Erklärung, Pflegeheimbewohner erhielten zunächst keine Wahlbenachrichtigung, es sei denn, sie wiesen nach, dass sie unter freiwilliger Pflegschaft stünden.
Ob ein »Versprecher« auf der einen oder ein »Hörfehler« auf der anderen Seite den Ausschlag gab, konnten wir nicht mehr ganz klären. Auf jeden Fall war der medizinische Begriff der Pflegebedürftigkeit mit dem juristischen Begriff der Pflegschaft fälschlicherweise gleichgesetzt worden.

Aus: KDA Info Dienst 1/87 S. 13.

In größeren Heimen kann ein Sonderwahlbezirk für die BewohnerInnen und MitarbeiterInnen eingerichtet werden, wenn ein besonderes Bedürfnis dafür besteht, etwa: sehr viele bettlägerige Bewohner, ungünstige Lage des nächsten Wahllokals. In kleineren Heimen können Filialen von Wahllokalen gebildet werden, für die ein beweglicher Wahlvorstand gebildet wird. Die Heimleitung kann Entsprechendes beim örtlichen Wahlleiter beantragen.[15]

Sonderwahlbezirk

Beweglicher Wahlvorstand

Sind HeimbewohnerInnen nicht selbst in der Lage, den Stimmzettel auszufüllen, können sie eine Person ihres Vertrauens bestimmen, die ihnen bei der Stimmabgabe behilflich ist. Dies können sein: Verwandte, MitbewohnerInnen, Pflegepersonal, HeimleiterIn oder auch ein Mitglied des Wahlvorstandes.

Hilfestellung durch Vertrauenspersonen

Der Hilfeleistende hat sich zu beschränken auf: Vorlesen des Stimmzettels, Bezeichnung der Stelle, an der der Stimmzettel zu kennzeichnen ist, Vornahme der Kennzeichnung entsprechend der Weisung des Wählers.

Jede Beeinflussung, Verfälschung oder Bekanntgabe des Wählerwillens ist unter Strafe gestellt (§§ 107 – 108 a StGB).

---

15 Vgl. Händel, Ausübung des Wahlrechts in Altenheimen, in: Altenheim 1984, S. 152 ff.

Wiederholungsfragen
1. Wer ist vom Wahlrecht ausgeschlossen?
2. Was sind Sonderwahlbezirke?
3. Was ist zu tun, wenn ein Heimbewohner Hilfe bei der Stimmabgabe benötigt?

II. Haftungsrecht

Das Ziel ist,

→ in die Grundlagen der zivil- und strafrechtlichen Haftung einzuführen,

→ einzelne praxisrelevante Haftungsfragen zu erörtern,

→ die Angst, »mit einem Bein immer im Gefängnis« zu stehen, durch einem reflektierten Umgang mit dem Haftungsrecht zu verlieren,

→ die Themen »Sterbehilfe« und »Schweigepflicht« unter ethischen und rechtlichen Gesichtspunkten zu würdigen,

→ erfahrenen Praktikern immer wieder eine Orientierung zur Verteilung von Verantwortlichkeiten im Pflegealltag zu bieten.

Rechtskunde, Thomas Klie; © Vincentz Network GmbH & Co. KG, Hannover 2009; ISBN 978-3-86630-081-1

1. Einführung in das Haftungsrecht

Verantwortung

Wer ist wann dafür verantwortlich, wenn eine Heimbewohnerin aus dem Bett stürzt und sich eine Oberschenkelhalsfraktur zuzieht, die Spritze nicht fachgerecht gesetzt wird und die Patientin Schmerzen erleidet, die Zahnprothese von Herrn Meier zerschellt und ersetzt werden muss?

Diese Fragen zu beantworten, ist Aufgabe des Haftungsrechts. Allgemein gesagt geht es um die Klärung von Verantwortung. Wer trägt wann wofür Verantwortung? Juristischer gesprochen geht es beim Haftungsrecht darum, wie sich Menschen »im Rechtsverkehr« zu verhalten haben und welche Rechtsfolgen eintreten, wenn sie fehlerhaft handeln. Unter Haftung wird hier die rechtlich begründete Verpflichtung verstanden, für etwas einzustehen, z. B. für Sach- und Gesundheitsschäden oder für die Verletzung strafrechtlich geschützter Rechtsgüter, etwa der körperlichen Unversehrtheit (§ 223 StGB) oder des Eigentums (§ 242 StGB). Eine Pflegekraft hat demnach dann zu haften, wenn sie ihre Pflichten nicht oder schlecht erfüllt hat und deswegen ein Schaden eingetreten oder ein strafrechtlich geschütztes Rechtsgut verletzt worden ist.

Haftungsfragen sind im pflegerischen Alltag immer gegenwärtig: »Durfte ich die Bewohnerin fixieren?«, »Darf ich als Pflegehilfskraft Injektionen vornehmen?«, »Hätte ich besser aufpassen müssen als die verwirrte Bewohnerin das Haus verlassen hat?«

Risiken

Die Befürchtung, haften zu müssen, wenn etwas passiert, ist in der Altenpflege allgegenwärtig. Die von Pflegekräften oft geäußerte Behauptung, in der Pflege stehe man mit einem Bein im Gefängnis, kennzeichnet ein besonders stark empfundenes Haftungsrisiko. Mit der Berufsrolle der Pflegekräfte verbindet sich ein starkes Verantwortungsgefühl für pflegebedürftige Menschen. Verbreitet ist die Ansicht, dass ihnen »nichts passieren« dürfe. Gerade in Heimen entwickelt sich schnell eine »Sicherheitsideologie«, die darauf gerichtet ist, möglichst alle Risiken der HeimbewohnerInnen auszuschließen. Die Furcht vor Haftung regiert dann möglicherweise im Heim und erschwert einen verantwortlichen und professionellen Umgang mit den Risiken der Pflege. Risiken gehören zur Pflege, es gilt sie zu minimieren und Schadensfolgen zu verlagern, Risiken können aber niemals vollständig ausgeschlossen werden. Risiken gehören zum Leben, auch zum Leben pflegebedürftiger Menschen.

Fall 4:
Während der Versorgung in der Waschecke rutschte die Patientin vom Toilettenstuhl, als sich die Pflegekraft umdrehte um nach einem Pflegemittel zu greifen. Das Amtsgericht Stuttgart hat die Klage der Krankenkasse auf Schadensersatz abgewiesen. Nach der Entscheidung des Gerichtes musste die Pflegekraft nicht damit rechnen, dass die Bewohnerin aus dem Pflegestuhl rutschen könnte, während sie sich während der Dauer von Sekunden nach einem Pflegemittel im Regal umdrehte. Zum einen wurde im MDK-Gutachten festgestellt, dass die Bewohnerin noch frei sitzen könne und auch am Schadenstag war keine Verschlechterung des Zustandes festzustellen. Zum anderen wurden Körperpflegemaßnahmen in gleicher Weise in der Vergangenheit regelmäßig durchgeführt, ohne Anzeichen, dass die Gefahr des Herausrutschens bestand. Ein gewisses Lebensrisiko bleibt, so das Amtsgericht Stuttgart, auch in einem Heim. (Amtsgericht Stuttgart, Urteil vom 24. 2. 2005, Az.: 16 C 8669/04)

Nur dann, wenn Pflegekräfte sich unverantwortlich verhalten haben, sie ihren Pflichten nicht nachgekommen sind, droht ggf. Schadensersatz, eine disziplinarische Maßnahme oder gar eine Strafe. Man spricht heute von Risikomanagement: Es geht um einen professionellen Umgang mit risikoreichen Aufgaben[1]. Jede Pflegekraft tut gut daran, die Haftungsfragen zu entmythologisieren und sie nicht allein den Vorgesetzten und juristischen Experten zu überlassen. Damit soll das Haftungsrecht nicht zum Dreh- und Angelpunkt pflegerischer Verhaltensregeln werden. Das Haftungsrecht kann helfen,

Orientierung

---
1   Vgl. Reinhart u.a. Qualitätsmanagement, Berlin, Heidelberg 1996, S. 293 ff., s. a. S. 146 ff.

Verantwortung zu klären und in dreierlei Hinsicht einen Orientierungsrahmen für die pflegerische Arbeit bieten, innerhalb dessen die Arbeit allein fachlichen Gesichtspunkten unterworfen ist.

Abstecken von Verantwortungsbereichen

1. Pflegekräfte werden teilweise für Dinge verantwortlich gemacht, für die sie an sich keine Verantwortung tragen bzw. ihnen keine Verantwortung übertragen werden darf.

So übernehmen gerade im Pflegeheim Pflegekräfte häufig selbständig Aufgaben, die im ärztlichen Verantwortungsbereich liegen, wie z. B. Injektionen, Katheterisieren oder auch (faktisch) Entscheidungen über die Medikation.

Hier kann das Haftungsrecht helfen, Tätigkeitsfelder abzustecken und Verfahren zu entwickeln, die bei der Delegation ärztlicher Tätigkeiten auf Pflegepersonal die Pflegekräfte absichern und andere (z. B. Ärzte) in die Pflicht nehmen.

Rechte der Pflegebedürftigen respektieren

2. In der pflegerischen Praxis sind Eingriffe in an sich geschützte Rechtsgüter der BewohnerInnen praktisch an der Tagesordnung. Das Haftungsrecht kann für die Pflegekräfte wie auch für Heimleitungen eine Möglichkeit darstellen, das eigene Verhalten unter dem Gesichtspunkt zu prüfen, inwieweit sie die Rechte der BewohnerInnen und Betreuten auch wahrnehmen und respektieren.

Zivilcourage

Insofern verlangt das Haftungsrecht auch nach Zivilcourage im pflegerischen Alltag: Im Rahmen ihrer Handlungsverantwortung (jede Pflegekraft trägt für das, was sie tut und ob sie es tut, Verantwortung) haben Pflegekräfte sich gegen Pflegepraktiken zur Wehr zu setzen, die die Rechte Pflegebedürftiger tangieren; ihnen obliegt insofern eine Rechtmäßigkeitskontrolle gegenüber ihnen übertragenen Aufgaben und erteilten Weisungen.

Absicherung von Handlungsspielräumen

3. Schließlich kann das Haftungsrecht helfen, gerade in der Betreuung dementiell Erkrankter, pflegerische Handlungsspielräume zu erkennen und abzusichern, aber auch Widerstand zu leisten gegen Einschüchterung und Vorwurfshaltungen, die sich vordergründiger Haftungsargumente bedienen: »Ich

mache Sie dafür verantwortlich, wenn meiner Mutter etwas passiert!«

Haftungsrecht hält aber (in der Regel) keine Verhaltensregeln für bestimmte Berufsgruppen vor, wie sie sich wann zu verhalten haben. Wann haftungsrechtliche Grenzen überschritten sind, ergibt sich aus den fachlichen Sorgfaltspflichten. Es ist daher falsch zu behaupten, es verstoße »gegen das Gesetz« bei einem Patienten mit Durchblutungsstörungen eine Wärmflasche anzulegen. Eine solche pflegerische Maßnahme ist zunächst unter (pflege-)fachlichen Gesichtspunkten zu bewerten. Ein Pflegefehler liegt dann vor, wenn aus objektiver Sicht eine bestimmte Maßnahme fachlich falsch war. Ein Gericht muss im Zweifel zur Beurteilung eines Pflegefehlers einen pflegerischen Sachverständigen beauftragen. Hohe Bedeutung haben die so genannten nationalen Expertenstandards aber auch die Qualitätsniveaus der Bundeskonferenz Qualitätssicherung im Pflege- und Gesundheitswesen erhalten, wenn es um die Bestimmung von Sorgfaltspflichten in der Pflege geht[2]. Dabei sind nicht nur die Expertenstandards für die Pflege maßgeblich, deren Verbindlichkeit im Rahmen der Pflegeversicherung bestimmt werden kann, vgl. § 113a SGB XI, sondern alle maßgeblichen Expertenstandards. Sie dokumentieren den aktuellen Stand des Wissens in der Pflege.

Bei der Darstellung des Haftungsrechts werden zunächst wichtige Grundbegriffe und Rechtsgebiete vorgestellt und erklärt, bevor spezielle Haftungsfragen aus der Altenpflege im Einzelnen behandelt werden. Haftungsfragen, die sich aus der Betreuung demenziell erkrankter HeimbewohnerInnen und anderer psychisch kranker älterer Menschen ergeben (Fixieren, Aufsichtspflichtverletzung, Vergabe von Psychopharmaka) werden im Kapitel »Betreuungsrecht und Recht demenziell Erkrankter« behandelt, wobei die grundlegende Einführung in diesem Kapitel Voraussetzung für das Verständnis der Ausführungen

Vorgehensweise

---

2   Vgl. www.dnqp.de; www.buko-qs.de

dort ist. Haftungsrechtliche Fragen beim Umgang mit Arzneimitteln finden sich im Kapitel »Gesundheitsschutzrecht«, disziplinarrechtliche Fragen im Kapitel »Arbeitsrecht«.

Übung

Schildern Sie einen Fall aus der Praxis, in dem es zu einem Zwischenfall gekommen ist oder bei dem Sie Sorge hatten, dass »etwas passieren« könnte. Versuchen Sie, die Frage zu beantworten, wer von den an dem Fall Beteiligten wofür Verantwortung trägt. Überprüfen Sie am Ende des Studiums dieses Kapitels (oder im Unterricht), ob Ihre Antwort zutreffend war.
Wer trägt wofür Verantwortung?

Geteilte Verantwortung

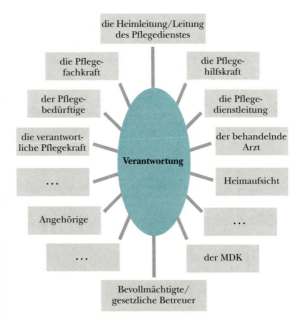

Wer trägt wofür Verantwortung?

a) Rechtliche Anknüpfungspunkte

Fall 5:

Eine Pflegekraft verwechselt infolge Unachtsamkeit beim Vorbereiten einer Injektion zwei Ampullen. Die Injektion verursacht beim Heimbewohner schwere organische Schäden (vgl. OLG Hamburg VersR 1953, 125).

Die Pflegekraft hat im **Fall 5** fehlerhaft gehandelt. Welche rechtlichen Folgen kann das für sie haben?

→ Zivilrechtliche Haftung

Wenn der Heimbewohner, der geschädigt wurde, dazu in der Lage ist (andernfalls vielleicht seine Angehörigen oder sein Betreuer), kann er von der Pflegekraft Schmerzensgeld (§ 253 Abs. 2 BGB) verlangen. Darüber hinaus kann die Krankenkasse ggf. Ersatz der Kosten einer erforderlichen Krankenhausbehandlung fordern. Die Pflegekraft bzw. das Heim müssen hier einen Ausgleich für den erlittenen Schaden leisten, d. h. in der Regel Geld zahlen. Vom Geld allein wird der Bewohner zwar nicht wieder gesund, aber er hat immerhin einen »Ersatz« für den Schaden. Zahlt das Heim oder die Pflegekraft nicht, dann muss der Bewohner oder die Krankenkasse

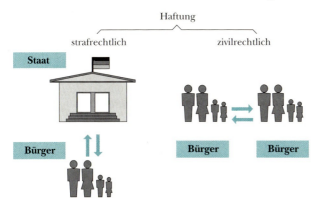

Übersicht: Zivil- und strafrechtliche Haftung

notfalls die Zivilgerichte anrufen und Klage erheben. Der Staat wird in solchen Fällen nicht von sich aus tätig, damit der geschädigte Bewohner zu seinem Recht kommt.

→ **Strafrechtliche Haftung**

Nun mag der geschädigte Heimbewohner durch den Schadensersatz in Geld wieder einigermaßen besänftigt sein und »friedlich« im Heim leben. Die Geschichte mit der falschen Spritze muss für die Pflegekraft aber noch lange nicht zu Ende sein. So kann sich die Staatsanwaltschaft melden und prüfen, ob die Pflegekraft eventuell eine Straftat begangen hat, indem sie die falsche Spritze setzte und dadurch den Bewohner schädigte. Die Vorschriften des Strafgesetzbuches und anderer Gesetze stellen bestimmte Verhaltensweisen unter Strafe, z. B. die Körperverletzung gemäß § 223 StGB. Der Staat trifft, wenn es zur Anklage gekommen ist, durch die Institution der Strafgerichte eine Entscheidung über die Strafbarkeit der Pflegekraft.

Opfer und Täter

Ein hartes Urteil mit Geld- oder sogar Freiheitsstrafe mag gar nicht im Interesse des Bewohners oder Geschädigten liegen. Ein solches Urteil mag sogar die Beziehungen zwischen dem »Opfer« und dem »Täter«, dem Bewohner und der Pflegekraft (zer)stören, der Staat hat aber die Macht, zur Aufrechterhaltung der Ordnung Verstöße gegen Rechtsnormen zu ahnden, »damit Gerechtigkeit herrsche«, der Täter bestraft und andere potentielle Täter abgeschreckt werden.

→ **Arbeitsrechtliche Haftung**

Der *Fall 5* kann neben der zivil- und strafrechtlichen Folge auch im Verhältnis zwischen Arbeitgeber und Arbeitnehmer arbeitsrechtliche Konsequenzen haben; sei es, dass der Pflegekraft künftig untersagt wird, Spritzen zu setzen, dass sie versetzt wird oder eine Abmahnung erhält, sei es, dass sich die Pflegekraft ihrerseits weigert, künftig Injektionen zu verabreichen.

Rechtliche Anknüpfungspunkte

Zivil-recht	Straf-recht	Arbeits-recht	Versicherungs-recht	Staats-haftungs-recht	Heim-recht	Berufs-recht
▼	▼	▼	▼	▼	▼	▼
Schadens-ersatz, Schmerzens-geld	Strafe	Versetzung Abmahnung Kündigung	Eintritt der Ver-sicherung	Haftung von Gemeinde/ Land	Beschäf-tigungs-verbot	Aberkennen von Titel, Berufverbot

→ **Staatshaftungsrecht**

Angenommen, der Bewohner befindet sich aufgrund gerichtlichen Beschlusses in der geschlossenen Abteilung eines Psychiatrischen Krankenhauses. Er wird dort zwangsweise medizinisch behandelt, und es kommt zu dem Zwischenfall in *Fall 5*. In dieser Konstellation haftet neben der Pflegekraft möglicherweise der Staat oder die Gemeinde für den eingetretenen Schaden nach den Grundsätzen des Staatshaftungsrechts. Bei staatlich angeordneten Zwangsmaß-nahmen ist der Staat für das »Wohl« des Bürgers verantwortlich und haftet bei Zwischenfällen.

→ **Versicherungsrecht**

Für alle Beteiligten ist es von größter Bedeutung, ob eine Versiche-rung für den entstandenen Schaden eintritt, d. h. im *Fall 5* das Schmerzensgeld sowie den Schadensersatz zahlt. Andernfalls müs-ste das Heim oder auch die Pflegekraft mit hohen Schadensersatz-forderungen rechnen, die in ungünstigen Fällen ein Leben lang eine Belastung darstellen können. Eine Betriebshaftpflichtversicherung würde im *Fall 5* die finanzielle Seite des Schadens ggf. regulieren können, eine Erleichterung für Heim und Pflegekraft (siehe S. 162 ff.).

→ **Heimrecht**

Darüber hinaus kann das Fehlverhalten die Heimaufsicht interessie-ren, die bei schwerwiegenden und/oder wiederholten Pflichtverletzungen von Pflegekräften ein Beschäftigungsverbot gemäß § 18 HeimG aussprechen kann.

→ **Berufsrecht**
Berufsrechtlich schließlich können erhebliche Pflichtverstöße zur Aberkennung der Berechtigung führen, z. B. den Titel »Staatlich anerkannte Altenpflegerin« zu tragen. Der Zwischenfall von *Fall 5* kann unter haftungsrechtlichen Gesichtspunkten weite »Kreise« ziehen und unterschiedliche Gebiete berühren. Die folgende Übersicht soll dies nochmals verdeutlichen:

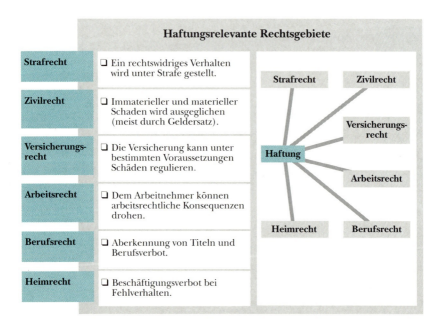

Haftungsrelevante Rechtsgebiete

Strafrecht	❏ Ein rechtswidriges Verhalten wird unter Strafe gestellt.
Zivilrecht	❏ Immaterieller und materieller Schaden wird ausgeglichen (meist durch Geldersatz).
Versicherungsrecht	❏ Die Versicherung kann unter bestimmten Voraussetzungen Schäden regulieren.
Arbeitsrecht	❏ Dem Arbeitnehmer können arbeitsrechtliche Konsequenzen drohen.
Berufsrecht	❏ Aberkennung von Titeln und Berufsverbot.
Heimrecht	❏ Beschäftigungsverbot bei Fehlverhalten.

Wiederholungsfragen
1. Worin besteht der Unterschied zwischen zivil- und strafrechtlicher Haftung?
2. Welche weiteren Rechtsgebiete sind für das Haftungsrecht u.U. von Bedeutung?

b) Die rechtliche Haftungsprüfung

Wer haftet wann und wofür?
Es haftet derjenige, der
- den **Tatbestand** einer Rechtsnorm erfüllt,
- dabei **rechtswidrig** handelt und
- dem **schuldhaftes** Verhalten vorgeworfen werden kann.

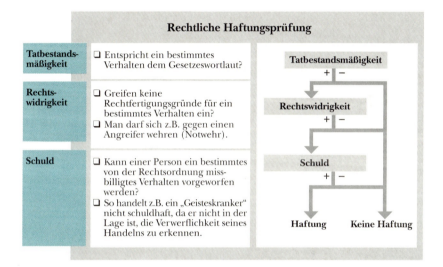

Fall 6:
Ein Pfleger schlägt einen Heimbewohner, nachdem dieser trotz mehrmaliger Bitten nicht im Bett liegen bleiben will.

Bei der Frage, wer wann haften muss, lassen die Juristen sich nicht so sehr von ihrem »gesunden Rechtsempfinden« leiten, sie gehen vielmehr nach einer bestimmten Prüfungsfolge vor. Der Jurist wird zunächst in das Gesetz sehen, nach dem Motto: »Ein Blick ins Gesetz fördert die Rechtskenntnis«. Die Suche gilt einer Rechtsnorm, die auf das fehlerhafte Verhalten des Pflegers passt.

Im *Fall 6* kommt für die strafrechtliche Beurteilung § 223 StGB in Betracht: *Wer eine andere Person körperlich misshandelt oder an*

Prüfungsfolge

der Gesundheit beschädigt, wird mit Freiheitsstrafe bis zu drei Jahren oder mit Geldstrafe bestraft. Den Begriff »körperlich misshandeln« legen die Juristen folgendermaßen aus: Eine üble, unangemessene Behandlung, durch die das körperliche Wohlbefinden nicht nur unerheblich beeinträchtigt wird[3]. Schläge sind eine unangemessene Behandlung, Schmerzen hat der Bewohner auch erlitten[4], damit liegen die Voraussetzungen des § 223 StGB vor, genauer gesagt: der Tatbestand ist erfüllt. Der Fall von dem Pfleger und dem Bewohner ist in der Sprache der Juristen der Sachverhalt. Der Sachverhalt wird mit dem Tatbestand eines Gesetzes zusammengebracht, man vergleicht sie miteinander und stellt fest, ob sie zueinander »passen«. Die Juristen nennen diesen Vorgang subsumieren (= unterordnen lat.).

Tatbestand und Sachverhalte

Tatbestand, das ist im *Fall 6* unter strafrechtlichen Aspekten § 223 StGB. An den Tatbestand ist die Rechtsfolge: »Freiheitsstrafe bis zu drei Jahren oder Geldstrafe« geknüpft. Passen nun Sachverhalt und Tatbestand zueinander, dann hat auch der Sachverhalt die Rechtsfolge des Gesetzes. Die Pflegekraft kann bestraft werden, vorausgesetzt, sie handelte auch rechtswidrig und schuldhaft.

Zur *zivilrechtlichen* Beurteilung des Falles kommt § 823 BGB in Betracht: *Wer das Leben, die Gesundheit, die Freiheit, das Eigentum oder ein sonstiges Recht eines anderen verletzt, ist dem anderen zum Ersatz des daraus entstehenden Schadens verpflichtet.* Die Rechtsfolge lautet hier: Schadensersatz und/oder Schmerzensgeld (§ 253 Abs. 2 BGB).

Arbeitsrechtlich kann *Fall 6* einen wichtigen Grund i. S. von § 621 Abs. 1 BGB darstellen, der den Arbeitgeber zur außerordentlichen, d. h. in der Regel fristlosen Kündigung des Arbeitnehmers berechtigt.[5]

---

3   So: BGHStE. 25, S. 277.
4   wobei Schmerzen nach eben Ausgeführtem nicht notwendigerweise Tatbestandsvoraussetzung sind.
5   Vgl. zu arbeitsrechtlichen Folgen in ähnlichem Fall: Böhme, Haftungsrecht, Stuttgart 1996, S. 84, 86.

Fall 7:
Der Bewohner Herr A. lebt auf einer geronto-psychiatrischen Pflegestation. Er ist dabei, sich zu einer Bewohnerin in deren Bett zu legen. Die Mitbewohnerin ist völlig verängstigt und ruft um Hilfe. Nur mit Gewaltanwendung kann der Bewohner von seinem Vorhaben abgebracht werden. Dabei führt ihn der Pfleger M. im schmerzhaften »Polizeigriff« aus dem Zimmer.

Rechtswidrigkeit

Im *Fall 7* hat der Pfleger dem Bewohner Schmerzen zugefügt, ebenso wie in *Fall 6*. Der Tatbestand des § 223 StGB »körperliche Misshandlung« ist wieder erfüllt. Kann aber der Pfleger hier zur Verantwortung gezogen werden? Erfüllt ein Sachverhalt die Voraussetzungen eines gesetzlichen Tatbestands, so bedeutet dies in der Regel: die Tat war rechtswidrig, der Betroffene hat fehlerhaft gehandelt. Er hat gegen die Rechtsordnung verstoßen.

Rechtfertigungsgründe

Notwehr/Nothilfe (§32 StGB)	❑ Jeder gegenwärtige, rechtswidrige Angriff auf ein fremdes Rechtsgut darf abgewehrt werden. ❑ Notwehr ist die Selbsthilfe. ❑ Nothilfe ist die Hilfe für einen anderen.
Notstand (§34 StGB)	❑ Jede gegenwärtige, nicht anders abwendbare Gefahr für ein Rechtsgut, die keinen menschlichen Angriff darstellt, darf durch ein angemessenes Mittel abgewehrt werden.
Einwilligung / mutmaßliche Einwilligung	❑ Ist ihrem Wesen nach ein Verzicht auf Rechtsschutz. ❑ Ihr Wirkungsbereich beschränkt sich daher auf Fälle, in denen die Rechtsordnung dem Geschützten die Möglichkeit einräumt, von seinem Selbstbestimmungsrecht durch Preisgabe seiner Güter Gebrauch zu machen. ❑ In Fällen rechtlich zulässiger, aber aus tatsächlichen Gründen fehlender Einwilligung bleibt Raum für eine mutmaßliche Einwilligung.

Nun gibt es aber durchaus Fälle, in denen, um Schlimmeres zu verhüten, Eingriffe in Rechtsgüter anderer erforderlich sind: Die Feuerwehr tritt die Tür ein, um eine alte Frau aus dem brennenden

Haus zu retten (Sachbeschädigung der Tür?), ein Passant betritt gegen den Willen eines Mieters dessen Wohnung, um telefonisch Hilfe für Unfallverletzte zu holen (Hausfriedensbruch?). Auch wenn jeweils ein gesetzlicher Tatbestand erfüllt ist (§§ 303, 123 StGB), so ist das Verhalten nicht rechtswidrig, soweit ein sog. Rechtfertigungsgrund vorliegt. Als Rechtfertigungsgrund kommen insbesondere in Betracht: Notwehr/Nothilfe und Notstand.

Notwehr/Nothilfe

1 Notwehr/Nothilfe, § 32 StGB

Durch Notwehr bzw. Nothilfe ist gerechtfertigt, wer eine Tat begeht, um einen gegenwärtigen[6] rechtswidrigen Angriff von sich oder einem anderen abzuwehren, § 32 StGB. Greift ein psychotischer Patient beispielsweise von hinten einen Arzt mit einem Messer an und schlägt ein Pfleger diesen Patienten nieder, um den Arzt vor dem Angriff zu schützen, so ist der Pfleger durch Nothilfe gerechtfertigt, weil er den rechtswidrigen Angriff des Patienten auf den Arzt abgewehrt hat. Bei der Notwehr gilt der Grundsatz: »das Recht hat

Notwehr/Nothilfe	
Menschlicher Angriff auf ein Rechtsgut	❏ Der Patient A greift Sie an. (Rechtsgut: körperliche Unversehrtheit) ❏ Der Patient B zerstört das Eigentum seiner Mitpatienten. (Rechtsgut: Eigentum) ❏ Der Pfleger P beleidigt Patienten. (Rechtsgut: Ehre)
Gegenwärtigkeit des Angriffs	❏ Liegt vor, wenn der Angriff entweder unmittelbar bevorsteht oder noch nicht abgeschlossen ist. ❏ Beispiel: Der Patient B zerstört gerade die Bücher seiner Mitpatienten. ❏ Gegenbeispiel: Der Patient B droht lediglich damit, die Bücher seiner Mitpatienten zu zerstören.
Rechtswidrigkeit des Angriffs	❏ Ist gegeben, wenn der Angriff nicht seinerseits durch einen Rechtfertigungsgrund gerechtfertigt ist. ❏ Gegenbeispiel: Der Patient A schlägt Sie, weil Sie in sein Zimmer eingedrungen sind, um ihn zu berauben.

---

6 Vgl. BGH NJW 1963, S. 40. Gegenwärtig heißt: unmittelbar bevorstehender oder andauernder Angriff.

dem Unrecht nicht zu weichen«. Jeder Mensch darf sich daher mit denen ihm zur Verfügung stehenden Mitteln gegen einen Angriff auf ein Rechtsgut wehren, sofern das Verteidigungsmittel nicht vollkommen unverhältnismäßig ist. Das weitgehende Verteidigungsrecht findet allerdings seine Grenzen im Umgang mit verwirrten und desorientierten Menschen. Pflegekräfte haben gegenüber ihren Patienten und Bewohnern nur ein eingeschränktes Verteidigungsrecht: Sie dürfen sich nur mit dem mildesten Mitteln gegen einen Angriff wehren und müssen versuchen Aggressionen auszuweichen.

Ähnlich ist *Fall 7* zu beurteilen. Hier hilft der Pfleger der Bewohnerin, sich von den unerwünschten Annäherungsversuchen des Bewohners A. zu befreien. Der schmerzhafte Polizeigriff mag hierdurch gerechtfertigt sein, sofern ein milderes Mittel zur Verteidigung nicht in Betracht kommt.

Fall 8:
Bewohner C., zeitlich desorientiert, hat das Heim verlassen und kommt auch nach Stunden nicht wieder zurück. Er benötigt dringend Insulin, andernfalls drohen ernste Gesundheitsgefahren. Das Heim benachrichtigt aus diesem Grunde die Polizei.

2 Notstand, § 34 StGB

Notstand

In *Fall 8* hat das Heim die Schweigepflicht aus § 203 StGB verletzt, sie hat die Polizei über die Krankheit eines Bewohners informiert. Das Verhalten der Mitarbeiter des Heims ist aber durch Notstand gerechtfertigt, da der Gefahr, dass der Bewohner – ohne dass es ihm bewusst gewesen wäre – sich in Lebensgefahr befand, durch Benachrichtigung der Polizei begegnet werden konnte.

Bei der Frage, ob eine Handlung durch »Notstand« gerechtfertigt ist, ist zu prüfen, ob
- die Gefahr nicht anders abwendbar ist,
- das durch die Handlung geschützte Rechtsgut – in *Fall 8* Leben und Gesundheit – gegenüber dem verletzten Rechtsgut – hier:

persönlicher Geheimnisbereich – in der konkreten Situation von der Wertung her höher zu veranschlagen ist,
- der Grad der drohenden Gefahr erheblich ist,
- die Handlung angemessen ist.

Eine wichtige Fallgruppe des rechtfertigenden Notstands stellen die Fixierungen von verwirrten Heimbewohnern zur Abwendung von Selbst- und Fremdgefährdung dar (s. S. 178 ff.)

Fall 9:

Pflichtenkollision

Die Nachtwache ist allein auf der Station. Kurz aufeinander folgend klingelt es in zwei Zimmern. In Zimmer 6 ist Frau B. aus dem Bett gestürzt, in Zimmer 9 erleidet Herr X einen Herzanfall. Die Nachtwache kann nur einem zur Zeit helfen und entscheidet sich für Herrn X.

Einen Unterfall des rechtfertigenden Notstandes stellt die rechtfertigende Pflichtenkollision dar. Sie liegt vor, wenn jemand eine ihm obliegende Pflicht nur auf Kosten einer ihm gleichfalls obliegenden Pflicht erfüllen kann. In *Fall 9* kann die Nachtwache nicht beiden zugleich helfen, ihrer Pflicht gegenüber Frau B. kommt sie nicht nach.

Einwilligung

3 Einwilligung

Die Rechtswidrigkeit einer Tat kann weiterhin dadurch entfallen, dass das »Opfer« in die Rechtsgutverletzung eingewilligt hat, etwa in die Verabreichung einer Spritze (s. hierzu S. 104 f.).

Der Träger eines Rechtsgutes kann auf den Schutz dieses Rechtsgutes i. d. R. verzichten. Die Einwilligung in die Verletzung eines Rechtsgutes stellt einen Rechtfertigungsgrund für den Schädiger und den Verletzer dar, der die Haftung für den Schaden entfallen lässt. So stellt das Schneiden von Haaren und Fingernägeln einen Eingriff in die körperliche Unversehrtheit dar. Die Rechtswidrigkeit für einen Eingriff entfällt dann aber, wenn die Verletzung durch die vorherige Einwilligung gerechtfertigt ist.

Einwilligung

Verfügungsbefugnis	❏ Der Einwilligende muss über das verletzte Rechtsgut verfügen können. ❏ Grenze bei Sittenwidrigkeit; z.B. kann keiner in die eigene Tötung einwilligen.
Einwilligungsbefugnis	❏ Liegt vor, wenn der Einwilligende die Bedeutung und Tragweite des Eingriffs erkennen kann. ❏ Abhängig z.B. von der geistigen Reife bei Jugendlichen.
Erkennbarkeit und Rechtzeitigkeit	❏ Einwilligung muss vor dem Eingriff nach außen bekundet worden sein. ❏ Sie ist jederzeit widerrufbar. ❏ Einwilligung muss bewusst und freiwillig erteilt werden.

Eine wirksame Einwilligung kann nur dann erteilt werden, wenn der Einwilligende ein höchstmögliches Maß an Informationen über die mit der Einwilligung verbundenen Risiken erhält. Ein Mangel in der Aufklärung führt zu einer unwirksamen Einwilligung und dementsprechend zur Haftung. Notwendigerweise muss eine Einwilligung daher alle für die Beurteilung der mit dem Risiko verbundenen Informationen enthalten. Bei einer subcutanen Injektion sind dies z. B. die mit der Injektion verbundenen Risiken (Entzündung wie Spritzenabzess etc.), die mit dem Wirkstoff verbundenen Risiken (Nebenwirkungen etc.) und die Aufklärung über die Qualifikation der verabreichenden Person, sofern diese zur Gabe von Injektionen

Einwilligung – Aufklärung

Zeitpunkt	❏ Vor der Einwilligung und vor dem Eingriff
Umfang	❏ Abhängig von der Art des Eingriffes und der Persönlichkeit des Patienten
Inhalt	❏ Informationen über Art, Bedeutung und Tragweite des Eingriffes ❏ Behandlungsalternativen ❏ Folgen ❏ Risiken und Nebenwirkungen

nicht formell qualifiziert ist. Die Aufklärung muss nicht bei jeder Maßnahme neu vorgenommen werden. Ferner darf man auf die Aufklärung von anderen Berufsgruppen vertrauen bzw. aufbauen (so ist die Aufklärung über den Wirkstoff und ggf. Nebenwirkungen ärztliche und nicht pflegerische Aufgabe). Bei der Aufklärung dürfen auch Ressourcen von Patienten in Anspruch genommen werden (der Hinweis auf Merkblätter). Allerdings muss dringend darauf geachtet werden, ob der Patient den Inhalt der Aufklärung verstanden hat und in der Lage ist das Risiko einzuschätzen. Fehlen solche Erkenntnis- und Beurteilungskräfte, ist eine erteilte Einwilligung unwirksam.

Die Einwilligung bedarf keiner Form. Schriftform empfiehlt sich immer dann, wenn es als notwendig erscheint eine Einwilligung zu einem späteren Zeitpunkt nachzuweisen. Die Einwilligung kann zu jedem Zeitpunkt wieder zurückgenommen werden. Es muss die Möglichkeit vorgesehen werden, dass diese widerrufen wird. Für den Fall des Patienten, der sich mit dem Hochziehen der Bettgitter einverstanden erklärt hat heißt dies, dass er jederzeit die Möglichkeit haben muss zu verlangen, dass die Bettgitter wieder herabgelassen werden. Die Patientenklingel muss daher bei Abwesenheit der Pflegekraft immer griffbereit sein.

Willigt ein Patient in eine Sicherheitsmassnahme nicht ein, heißt das nicht automatisch, dass er in die mit der durch die Unterlassung der Sicherheitsmassnahme verbundene Gefährdung einwilligt. Dies wird aus folgender Gerichtsentscheidung deutlich:

Schuld

Fall 10:

Die Geschädigte, die bei der klagenden Krankenkasse versichert war, lebte im Pflegeheim des Beklagten. Sie wurde vom Pflegepersonal immer wieder aufgefordert zu klingeln, wenn sie aufstehen wollte. Da sie ihre Dinge selber regeln wollte, unterließ sie es häufig das Pflegepersonal zu rufen. Noch am Tage des Unfalles hatte die diensthabende Krankenschwester die Geschädigte gefragt, ob das Bettgitter hochgezogen werden sollte. Die Geschädigte lehnte dies jedoch ab und stürzte bei dem Versuch aufzustehen. Bei dem Sturz zog sie sich eine Fraktur des Wirbelkörpers mit Lähmung aller vier Extremitäten zu. Die Krankenkasse der Geschädigten verklagte den Altenheimträger auf Ersatz der Behandlungskosten. Das Oberlandesgericht Dresden (OLG) hat die Haftung bejaht. Nach der Entscheidung des OLG hat der Beklagte seine Sorgfaltspflichten verletzt. Die Geschädigte war spätestens nach dem dritten Sturz im Februar 2000 für den Beklagten erkennbar sturzgefährdet. Es reicht nicht aus, dass das Personal des Altenheimbetreibers routinemäßige Kontrollen durchführt. Es hätte statt dessen eindringlich darauf hinwirken müssen, dass die Geschädigte sich mit dem Hochziehen der Bettgitter einverstanden erklärt. (Oberlandesgericht Dresden, Urteil vom 23.9.2004, Az.: 7 U 753/04)

Fall 11:
Herr M., 86 Jahre alt, lebt im Pflegeheim Burgfrieden. Er ist ein hilfsbereiter und (an sich) sehr liebenswerter Bewohner. Er hat nur einen Tick: In Phasen von Verwirrtheitszuständen fängt er das Sammeln an. Neulich ging er abends in die Zimmer der Mitbewohner und sammelte alle Zahnprothesen ein. Die diensthabende Schwester hatte dies nicht rechtzeitig bemerkt. Nicht alle Zahnprothesen konnten später den »Trägern« zugeordnet werden, trotz mühevoller »Anproben«.[7]

In *Fall 11* mussten für eine Reihe von BewohnerInnen neue Zahnprothesen angefertigt werden. Muss Herr M. zahlen?

    Zunächst einmal: Den Tatbestand des § 823 BGB hat Herr M. erfüllt: Er hat zwar nicht Eigentum zerstört, aber doch unbrauchbar gemacht, und das wird juristisch in diesem Fall gleich bewertet. Auch steht ihm kein Rechtfertigungsgrund zur Seite: Er hat weder im Notstand noch in Notwehr gehandelt, und einverstanden waren die Bewohner auch nicht mit der Sammelaktion. Auch wenn die

Verwertbarkeit

---

[7] Entsprechender Fall ist tatsächlich vorgekommen, in Schweden werden inzwischen alle Zahnprothesen mit persönlicher Kennziffer versehen.

Schuldfähigkeit im Strafrecht	Deliktfähigkeit im Zivilrecht

Schuldunfähig sind
– Kinder bis 14 Jahren
  § 19 StGB
– Bewusstseinsgestörte,
  krankhaft seelisch gestörte,
  § 20 StGB
	Deliktunfähig sind
	– Kinder unter 7 Jahren,
	  § 828 Abs. 1 BGB
	– Bewusstlose und Geistes-
	  kranke,
	  § 827 BGB

bedingt schuldfähig sind
– Jugendliche
  (14 – 18 Jahre)
  §§ 1, 3 JGG
	bedingt deliktfähig sind
	– Minderjährige
	  vom 7. – 18. Jahr,
	  § 828 Abs. 2 BGB
	– Taubstumme

unbeschränkt schuldfähig sind – alle übrigen	**unbeschränkt deliktfähig sind** – alle übrigen

Schuldfähigkeit

Rechtsordnung dieses Verhalten nicht zulässt, muss hier gefragt werden, ob Herr M. sich anders verhalten konnte. Kann er zur Verantwortung gezogen werden?

Die Juristen fragen: War er überhaupt schuld- bzw. deliktfähig? War er in der Lage, das Unrecht seines Tuns einzusehen, oder stehen dem seine Verwirrtheitszustände entgegen? Die Frage der Delikt- bzw. Schuldfähigkeit ist im Zivil- und Strafrecht unterschiedlich zu beurteilen. Der Begriff Schuldfähigkeit wird im Strafrecht, der der Deliktfähigkeit (s. S. 29) im Zivilrecht verwendet.

Im *Fall 11* könnte § 827 BGB »einschlägig« sein: »*Wer in einem die freie Willensbestimmung ausschließenden Zustand krankhafter*

Übersicht

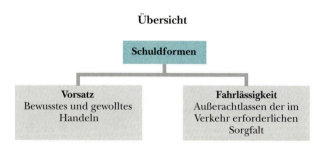

Störung der Geistestätigkeit einem anderen einen Schaden zufügt, ist für den Schaden nicht verantwortlich.« Durch ärztliches Gutachten könnte Herrn M. attestiert werden, dass er zum Zeitpunkt der Sammeltätigkeit aufgrund seiner demenziellen Erkrankung deliktunfähig war, also nicht verantwortlich gemacht werden kann für den eingetretenen Schaden.

Wird die Schuldfähigkeit jedoch bejaht, dann gilt es zu prüfen, ob im jeweiligen Fall schuldhaft, d. h. vorwerfbar, gehandelt wurde. Es wird hier zwischen Vorsatz und Fahrlässigkeit als Schuldformen oder Schuldgraden unterschieden.

Schuldformen

Fall 12:
Bewohnerin P. weigert sich fortan, abends Schlafmittel zu nehmen, die ihr ärztlich verordnet wurden. Um der ärztlichen Verordnung nachzukommen, mischt der Koch auf Bitte der Stationsleitung die Tropfen in die abendliche Milchsuppe.[8]

Vorsatz

Vorsätzlich handelt, wer mit Wissen und Wollen einen Tatbestand erfüllt. Im *Fall 12* gibt die Altenpflegekraft der Bewohnerin bewusst und willentlich die abgelehnten Medikamente. Damit macht sich der Koch einer vorsätzlichen Körperverletzung gemäß § 223 StGB strafbar, da grundsätzlich jede Verabreichung von Medikamenten gegen den Willen von Patienten juristisch als Körperverletzung gewertet wird (s. S. 192 f.).

Fall 13:
Einer Altenpflegeschülerin wird im ersten Praktikum die Dekubitusbehandlung bei Bewohnerin M. übertragen. Sie trägt auf gesunde Haut bei leichten Druckstellen Vibrolan® auf – mit der Folge, dass die Haut pergamentartig wird und schließlich reißt. Die Altenpflegeschülerin kannte die Wirkung von Vibrolan® nicht.

Fahrlässigkeit

---

8 Aktenkundiger Fall an der Arbeit der Heimaufsicht in Baden-Württemberg, 1994, der Koch hatte einen regelrechten Medikamentenplan für die BewohnerInnen.

Die Schülerin hat bei der Bewohnerin rechtswidrig eine Körperverletzung verursacht. Auch wenn die Bewohnerin in die Dekubitusbehandlung eingewilligt hat, so doch nur in eine ordnungsgemäße und schon gar nicht in fehlerhafte Pflege (s. hierzu S. 130 ff.). Die Schülerin wird aber sagen: »Das wollte ich nicht.« Hat sie dennoch schuldhaft gehandelt? Schuldhaft kann man nicht nur vorsätzlich, d. h. mit Wissen und Wollen, sondern auch fahrlässig handeln. Fahrlässig handelt derjenige, der die im Verkehr erforderliche Sorgfalt außer Acht lässt, so die allgemeine rechtliche Definition der Fahrlässigkeit. Bei der Frage, ob ein bestimmtes pflegerisches Verhalten als fahrlässig bezeichnet werden kann, zeigt sich besonders deutlich, dass Haftungsrecht aus dem Blickwinkel der jeweiligen Berufsgruppe zu beurteilen ist. So ist z. B. bei einem entstandenen Dekubitus zu erforschen, ob die zuständigen Pflegekräfte die gebotenen Maßnahmen der Dekubitusprophylaxe durchgeführt haben. Juristen fehlt aber das entsprechende Fachwissen und sie müssen zur Beurteilung des Sorgfaltsmaßstab auf das zurückgreifen, was in der jeweiligen Berufsgruppe als »state of the art« (fachgerecht) anerkannt ist. Dabei wird ebenfalls deutlich, dass sich die Inhalte der jeweiligen Sorgfaltsmaßstäbe ändern können. So ist man noch vor ein paar Jahren davon ausgegangen, dass das »Fönen und Eisen« von Dekubiti einer fachgerechten Pflege entspricht. Heute würde man einer Pflegekraft, die sich einer solchen Maßnahme bedient den Vorwurf sorgfaltswidriger Pflege machen können. Um den haftungsrechtlichen Anforderungen zu entsprechen müssen Pflegekräfte daher ihr materielles Fachwissen an den aktuellen Stand der Diskussion anpassen. Insbesondere müssen nationale und internationale Standards (wie zum Beispiel der nationale Expertenstandard zur Sturzprophylaxe) beachtet werden. Um Haftungsrisiken zu vermeiden, müssen Pflegekräfte daher ihr eigenes professionelles Verhalten reflektieren und ihren materiellen Kenntnisstand regelmäßig aktualisieren. Bei der Beurteilung der eigenen Sorgfaltsmaßstäbe ist die Beantwortung der haftungsrechtlichen Verantwortlichkeiten nicht den (fachfremden) Juristen überlassen; vielmehr ist die Frage zu stellen: welche Ansprüche sind an eine sorgfältig arbeitende

Pflegekraft zu stellen – welche Ansprüche würde ich an mich selber stellen.

Es ist zu beachten, dass im Strafrecht und im Zivilrecht ein unterschiedlicher Fahrlässigkeitsbegriff gilt.

Im Zivilrecht wird zur Beurteilung der Fahrlässigkeit auf einen objektiven Maßstab abgestellt. Das bedeutet, dass in Bezug auf die Sorgfalt einer Pflegekraft die Gewissenhaftigkeit einer »Durchschnittspflegekraft« als Maßstab herangezogen wird. Anders gesagt: Die Pflegekraft haftet für die »Außerachtlassung der im Verkehr erforderlichen Sorgfalt«, § 276 BGB, unabhängig von ihren persönlichen Fertigkeiten und Eigenschaften. Was kann man von einer ausgebildeten Pflegekraft erwarten?

Objektiver Maßstab

Demgegenüber gilt im Strafrecht ein subjektiver Maßstab. Hier handelt fahrlässig, wer die Sorgfalt außer Acht lässt, zu der er nach den Umständen und seinen persönlichen Verhältnissen verpflichtet und fähig ist, und deshalb nicht erkennt, dass er eine Straftat verwirklichen kann oder, obwohl er dies für möglich hält, darauf vertraut, dass es nicht geschehen werde.[9]

Subjektiver Maßstab

Im Strafrecht muss demzufolge die konkrete Situation berücksichtigt werden. Weiterhin sind individuelle Umstände, wie körperliche Einschränkungen, Konzentrationsfähigkeit oder Kenntnisse zu berücksichtigen. Bezogen auf *Fall 13* wird man der Schülerin ein fahrlässiges strafbares Verhalten nicht nachweisen können, wenn sie in Dekubitusbehandlung nicht unterwiesen war. Zivilrechtlich hingegen wäre von einer Haftung der Schülerin, in jedem Fall aber von ausgebildeten Pflegekräften auszugehen, auch wenn sie in der Pflege von Dekubituspatienten nicht Bescheid wissen, da eine Pflegekraft immer fahrlässig handelt, wenn sie so eindeutige Pflegefehler begeht wie im vorliegenden Fall. Eine Pflegekraft kann zwar einen Schaden verursacht haben, für diesen Schaden auch zivilrechtlich ersatzpflichtig sein, sie ist aber nicht zwangsläufig auch unter strafrechtlichen Gesichtspunkten verantwortlich.

---

9   Vgl. RGSt 56, S. 249.

Abstufungen der Fahrlässigkeit

Bei der Fahrlässigkeit werden verschiedene Abstufungen unterschieden:

- leichte Fahrlässigkeit,
- normale Fahrlässigkeit,
- grobe Fahrlässigkeit.

Im Strafrecht ist die Unterscheidung bei der Strafzumessung von Bedeutung. In anderen Rechtsgebieten gibt es Haftungsbeschränkungen auf Vorsatz und grobe Fahrlässigkeit, z. B. bei Haftpflichtversicherungen (s. S. 162 ff.), bei der Geschäftsführung ohne Auftrag (s. S. 133 ff.) sowie bei Arbeitsunfällen.

Grobe Fahrlässigkeit, an die bestimmte rechtliche Folgen geknüpft werden, liegt vor, wenn die einfachsten und nächstliegenden Überlegungen nicht angestellt werden und die der Sachlage entsprechende, besonders gebotene Sorgfalt außer Acht gelassen wird, d. h. wenn der Handelnde das nicht beachtet, was »jedermann einleuchten müsste«. In der Fachpflege gilt als grobfahrlässig, wenn eine Pflegekraft den »allgemein anerkannten Stand« der Pflege nicht beachtet.

Beispiele:

- schnelles Spritzen von Valium i. v.,[10]
- Pflegedienstleitung duldet, dass jede Pflegekraft ohne weiteres ärztliche Verrichtungen durchführt,[11]
- dekubitusgefährdeter Bewohner wird stundenlang im eingenässten Bett liegengelassen.
- Heimleitung duldet nicht fachlich gebotene und richterlich nicht genehmigte Fixierungen.

Wiederholungsfragen
1. Wie lautet die juristische Prüfungsfolge bei Haftungsfällen?

---

10 Vgl. Böhme, Haftungsrecht, Stuttgart 1996, S. 34.
11 BGH NJW 1979, S. 1935 f.

2. Was ist der Unterschied zwischen Sachverhalt und Tatbestand?
3. Nennen Sie zwei Rechtfertigungsgründe!
4. Was versteht man unter »grober Fahrlässigkeit«?

c) Grundzüge der strafrechtlichen Haftung

(1) Grundsätze

Auf einige strafrechtliche Besonderheiten bei Haftungsfragen soll im Folgenden hingewiesen werden:

Im Strafrecht haftet jeder für sein eigenes Verschulden. Macht eine Pflegekraft Fehler und wird sie strafrechtlich zur Verantwortung gezogen, so hat sie die verhängte Strafe selbst zu tragen. Weder Vorgesetzte noch eine Versicherung können sie ihr abnehmen.

Eine Tat kann nur bestraft werden, wenn die Strafbarkeit im Gesetz bestimmt war, bevor die Tat begangen wurde, § 1 StGB.

Keine Strafe ohne Gesetz

Fall 14:

Strafverfolgung

Der Bewohner in Fall 5 (siehe S. 63) stellt keinen Strafantrag. Kann die Pflegekraft dennoch bestraft werden?

Straftaten werden grundsätzlich von Amts wegen verfolgt, d. h. unabhängig davon, ob der Geschädigte dies wünscht oder nicht (sog. Offizialdelikte). Eine Reihe von Delikten hingegen wird nur auf Antrag des Geschädigten von der Staatsanwaltschaft verfolgt. Dies sind Straftatbestände, die insbesondere zum Schutz des Einzelnen normiert wurden, z. B.

Antragsdelikt

- Hausfriedensbruch,
- Haus- und Familiendiebstahl,
- (leichte) Körperverletzung,
- Beleidigung,
- Verletzung der Schweigepflicht,
- Verletzung von Briefgeheimnissen.

Im *Fall 5* könnte die Staatsanwaltschaft von sich aus Klage erheben, da es sich nicht um eine leichte Körperverletzung handelt.

Im Strafrecht wird auch der bestraft, der versucht, eine Straftat zu begehen. Versuch liegt dann vor, wenn eine Tat misslingt (der Täter schießt daneben) oder die Ausführung der Tat abgebrochen wird (der Täter wird entdeckt). Bestraft wird der Versuch allerdings nur dann, wenn dies gesetzlich extra bestimmt ist.

Fall 15:

Versuch einer Straftat

Der diensthabende Arzt will den Sterbenden durch eine Überdosis Morphium von seinem Leiden erlösen. Er bereitet die Injektion selbst vor und veranlasst die ahnungslose Pflegekraft, dem Sterbenden die Injektion zu geben.

Täter und Teilnehmer

Im Strafrecht wird als Täter bestraft,
- wer eine Tat selbst begeht,
- wer eine Tat durch einen anderen begehen lässt, *Fall 15* (mittelbare Täter),

- wer gemeinsam mit einem anderen die Tat begeht (Mittäter), *Fall 16.*

Fall 16:
In einem Hamburger Pflegeheim haben über einen längeren Zeitraum Pflegekräfte eine demenziell erkrankte, pflegebedürftige Heimbewohnerin regelmäßig misshandelt. Sie hänselten sie, beschmierten sie mit Kot und ließen sie zum Teil ungenießbare Dinge essen.[12]

Auch die Teilnahme an einer Straftat ist strafbar – etwa die Anstiftung eines anderen oder die Unterstützung (Beihilfe genannt) wie in *Fall 17* und *18.*

Fall 17:
Eine Pflegekraft berichtet dem Arzt, sie habe mit dem Sterbenden Mitleid und könne sein Leiden nicht mehr länger mit ansehen. Der Arzt zeigt daraufhin der Pflegekraft einen Weg, wie sie durch eine Überdosis Insulin den Tod des Sterbenden rasch herbeiführen könne, ohne dabei entdeckt zu werden. Hierdurch veranlasst, gibt die Pflegekraft dem Sterbenden die tödliche Injektion.

Anstiftung und Beihilfe

In diesem Fall stellt sich die Frage, ob der Arzt die Pflegekraft zu dieser Tat angestiftet hat oder nur Beihilfe geleistet hat durch den Hinweis darauf, wie sie bei ihrer Tötungshandlung unentdeckt bleiben könne. Bei Anstiftung muss der Tatentschluss durch den Anstifter ausgelöst werden. Das ist hier zweifelhaft.

Fall 18:
Der Arzt beschafft der Pflegekraft eine Überdosis Morphium, damit sie den Sterbenden »von seinem Leiden erlösen« kann.

---

12 Ein Fall, der im Jahr 1999 durch die Hamburger Presse ging und mit der strafrechtlichen Verurteilung der Pflegekräfte und der Verhängung eines Berufsverbotes einherging.

Der Arzt hat damit der Pflegekraft in ihrer vorsätzlich begangenen und rechtswidrigen Tat Hilfe geleistet.

Fall 19:

Irrtum

Altenpflegerin Martina glaubt, sie dürfe unruhige Bewohner dann gegen ihren Willen fixieren, wenn der Arzt dies angeordnet hat oder Angehörige es verlangen.

Irren ist menschlich, und so findet der Irrtum auch im Strafrecht Berücksichtigung. Irrt jemand über das Vorliegen tatbestandlicher Voraussetzungen einer Tat, hält beispielsweise eine Pflegekraft das Radiogerät einer verstorbenen Bewohnerin für ein »hauseigenes« und schenkt es einer neuen Bewohnerin (Irrtum über das Eigentum am Radiogerät), so ist die Strafbarkeit wegen vorsätzlicher Unterschlagung, die hier in Betracht käme, ausgeschlossen, § 16 StGB. Hält aber hingegen eine Pflegekraft, wie in *Fall 19*, ein Tun irrig für nicht strafbar oder erlaubt, so kann, wie im *Fall 19*, bei »vermeidbarem Verbotsirrtum« die Strafe lediglich gemildert werden, § 17 StGB.

Fall 20:

Strafmaß

Eine 78-jährige Heimbewohnerin fühlte sich durch ihre schnarchende Zimmernachbarin so belästigt, dass sie das Gesicht ihres 80-jährigen Opfers mit einem Plastiktuch bedeckte, das sich an Mund und Nase festsaugte. Sie stapelte ein Handtuch, ein Kopfkissen sowie eine Bettdecke darauf. Ihre halbseitig gelähmte Zimmernachbarin erstickte.[13]

Strafen

Das Strafgesetzbuch (StGB) und andere Strafvorschriften drohen folgende Sanktionen an:
- Freiheitsstrafe, §§ 38 StGB,
- Geldstrafe, §§ 40 f. StGB,
- Verwarnung, § 59 StGB,

---

13 LG Heidelberg, Urt. v. 09. April 1999, zit. nach Frankfurter Rundschau v. 10. April 1999, S. 28

- Maßregeln der Besserung und Sicherung
- Unterbringung in einem psychiatrischen Krankenhaus, § 63 StGB,
- Führungsaufsicht, § 68 StGB,
- Entziehung der Fahrerlaubnis, § 69 StGB,
- Berufsverbot, § 70 StGB.

Vom Gericht wird die konkrete Strafe in jedem Einzelfall festgesetzt. Das Strafgesetzbuch gibt nur einen bestimmten Strafrahmen an, z. B. bei der fahrlässigen Tötung: »Freiheitsstrafe bis zu 5 Jahren oder Geldstrafe.«

Im *Fall 20* hat das Gericht eine Freiheitsstrafe von 18 Monaten auf Bewährung ausgesetzt und hierbei berücksichtigt, dass die Täterin in ihrer Schuldfähigkeit eingeschränkt war und nicht habe töten wollen; sie habe nur »das Schnarchen abstellen wollen«.

Fall 21:
Die Heimbewohnerin Frau M. ist der Überzeugung, dass sie bestohlen worden sei und wendet sich empört an die Polizei. Eine wertvolle Brosche und 200,– € Bargeld seien ihr abhandengekommen. Sie erstattet Anzeige und stellt Strafantrag.

Rechtsverfolgung

Für die Strafverfolgung zuständig ist die Staatsanwaltschaft, die Ermittlungsverfahren einleitet und ggf. Anklage vor den Strafgerichten erhebt. Die meiste Ermittlungsarbeit wird aber nicht von der Staatsanwaltschaft selbst, sondern von der Polizei geleistet, sie führt Vernehmungen durch, Durchsuchungen, Beschlagnahmen etc.

Im *Fall 21* würde wahrscheinlich die Kriminalpolizei im Heim erscheinen und der Anzeige nachgehen. Wie in den meisten Fällen würde wahrscheinlich das Ermittlungsverfahren eingestellt werden müssen, da ein »Täter« nicht festzustellen ist. Nur ein verschwindend geringer Teil der Ermittlungsverfahren kommt tatsächlich zur Anklage, ca. 80 % der Verfahren werden eingestellt.

Wiederholungsfragen
1. Wer kann im Strafrecht als Täter bestraft werden?
2. Wer kann als Teilnehmer bestraft werden?
3. Welche Sanktionen gibt es neben Geld- und Freiheitsstrafen im Strafrecht?

(2) Wichtige Delikte

Das Strafgesetzbuch sowie zahlreiche andere Gesetze enthalten eine Fülle von Straftatbeständen. Einige für die Pflege alter Menschen besonders wichtige Straftatbestände sollen im Folgenden vorgestellt werden. Zur groben Systematisierung lassen sich die Straftaten in Vermögens- und Nichtvermögensdelikte unterteilen.

(a) Vermögensdelikte
Fall 22:
Die Büroangestellte M. verwaltet für eine ganze Reihe von Heimbewohnern den Barbetrag. Bei der monatlichen Abrechnung zweigt sie regelmäßig etwa 25,– € für sich ab.
Alternative:
Der Betreuer eines Heimbewohners zweigt regelmäßig Geld seines Betreuten für sich ab.

Die Eigentumsordnung wird durch unterschiedliche Straftatbestände geschützt. Dazu gehören die Strafvorschriften des Diebstahls, § 242 StGB, der Unterschlagung, § 246 StGB, des Betrugs, § 263 StGB und der Untreue, § 266 StGB.

Im *Fall 22* kommt eine Strafbarkeit der Büroangestellten wegen Unterschlagung in der erschwerenden Form der Veruntreuung gemäß § 246 Abs. 1., 2. Alternative StGB in Betracht. M. hat sich ihr anvertrautes Geld, das sie im Auftrag der Bewohner verwalten sollte, zugeeignet. Bereichert sich ein Betreuer eigennützig am Vermögen seines Betreuten, wie in der Alternative zu *Fall 22*, so macht er sich wegen seiner besonderen Vertrauensstellung wegen Untreue gemäß § 266 StGB strafbar.

(b) Nichtvermögensdelikte

Die Nichtvermögensdelikte werden im Wesentlichen nochmal unterschieden in Straftaten

- gegen das Leben,
- gegen die körperliche Unversehrtheit,
- gegen die persönliche Freiheit,
- gegen die Ehre,
- gegen den persönlichen Friedens- und Geheimnisbereich,

sowie

- in Fälschungsstraftaten.

Fall 23:
Pflegerin K. verweilt untätig am Bett des Kranken, als dessen Lage sich verschlechtert und zu seiner Rettung ein kreislaufbelebendes Mittel gegeben werden müsste.

Straftaten gegen das Leben

Zu den Straftaten gegen das Leben gehören u. a. Mord, § 211 StGB, Totschlag, § 212 StGB, Tötung auf Verlangen, § 216 StGB (siehe hierzu S. 156 f.), fahrlässige Tötung, § 222 StGB, sowie Aussetzung, soweit sie mit Todesfolge verbunden ist. Für die Aussetzung reicht es aus, die wegen Krankheit oder Gebrechlichkeit hilflose Person »im Stich zu lassen«, wie in *Fall 23*.

Fall 24:
Frau B. trägt seit Jahrzehnten lange Haare, die sie jeden Morgen »hochsteckt«. Im Altenheim macht das tägliche Frisieren von Frau B. den Pflegekräften viel Mühe. Auf Anordnung der Pflegedienstleitung wird Frau B. ein »jugendlicher« Kurzhaarschnitt verpasst. Frau B. ist darüber sehr unglücklich.

Körperverletzung

In den Vorschriften der §§ 223 ff. StGB wird die körperliche Unversehrtheit unter besonderen strafrechtlichen Schutz gestellt. Strafbar ist sowohl die Gesundheitsbeschädigung als auch die körperliche Misshandlung. Nach einer Definition des Bundesgerichtshofs ist von einer körperlichen Misshandlung auszugehen bei einer »üblen, unangemessenen Behandlung, durch die das körperliche Wohlbefinden oder die körperliche Unversehrtheit nicht ganz unerheblich beeinträchtigt werden«[14]. Dabei ist eine Schmerzempfindung nicht erforderlich. Auch das Abschneiden von Haaren, wie in **Fall 24**, ist daher als Körperverletzung anzusehen. Die ärztliche Heilbehandlung, die stets mit Eingriffen in die körperliche Integrität der Patienten verbunden ist, ist auch als Körperverletzung zu qualifizieren, wenn sie gegen oder ohne den Willen des Patienten durchgeführt wird.

Ebenfalls als Körperverletzung zu werten ist die pflichtwidrige Aufrechterhaltung von Schmerzen, etwa dann, wenn Linderung – etwa durch ärztlich verordnete Mittel – möglich ist und vom Patienten gewünscht wird.

Persönliche Ehre

Fall 25:

»So hat sie vielfach aus geringfügigem Anlass Patienten laut angeschrien und übel beschimpft, z. B. mit den Ausdrücken ›kleines Stück Scheiße‹, ›Miststück‹, ›Mistvieh‹, ihnen mit einem Hinauswurf sowie mit der Kündigung gedroht und dies gelegentlich spontan auch wahrgemacht.« (Auszug aus Gerichtsakten – Frankfurter Rundschau vom 24. 02. 1988, S. 14).

Besonders strafbewehrt ist gem. § 225 StGB die Misshandlung Schutzbefohlener. Hierzu gehört etwa das Quälen, Misshandeln von Pflegeheimbewohnern durch Schmerzzufügung, Verängstigung, Hungernlassen oder Versagung ärztlicher Hilfe. Auch Gewaltanwendungen im häuslichen Bereich durch Familienangehörige können tatbeständlich von § 225 StGB erfasst werden, wenngleich hier häufiger Gründe für eine Schuld- oder Strafminderung vorliegen dürften.[15]

---

14 Vgl. BGHStE 14, S. 260.
15 BGH JZ 1959, S. 777; vgl. zur Gewalt gegen alte Menschen: Brendebach: Gewalt gegen alte Menschen in der Familie, Bonn 2000, Schneider, Altenheim 1994, S. 8 ff.

Die persönliche Ehre wird geschützt durch die Straftatbestände der Beleidigung, der Verleumdung und üblen Nachrede, §§ 185 ff. StGB. Beleidigung setzt nicht nur herabmindernde Äußerungen wie in *Fall 25* voraus, sondern kann auch durch Tätlichkeit, z. B. Ohrfeigen, begangen werden.

Gesondert geregelt ist die Verunglimpfung des Andenkens Verstorbener in § 189 StGB. Hier wird klargestellt, dass der Schutz der Ehre nicht mit dem Tod aufhört.

Fall 26:
Herr S. lebt im Pflegeheim. Dort ist es üblich, dass BewohnerInnen einmal wöchentlich gebadet werden. Herr S. ist dies aus seinem bisherigen Leben überhaupt nicht gewohnt und wehrt sich gegen das Baden. Er leistet körperlichen Widerstand, wenn er zum Baden geführt werden soll oder versteckt sich im Garten. Bisher ist es den Pflegekräften aber immer gelungen, Herrn S. notfalls zu mehreren zu baden.

Freiheit

Besonderen Schutz genießt der auch verfassungsrechtlich herausgestellte Freiheitsanspruch der Person. Strafrechtlich ist die persönliche Freiheit insbesondere durch die Straftatbestände der Freiheitsberaubung, § 239 StGB (siehe hierzu S. 180 f.) sowie der Nötigung, § 240 StGB, geschützt.

Als Nötigung wird die Veranlassung eines anderen zu einer Handlung, Duldung oder Unterlassung durch Gewalt (psychische Gewalt genügt) oder durch Drohung mit einem empfindlichen Übel angesehen. Der nicht untypische Badefall, *Fall 26*, ist wie viele pflegerische Maßnahmen als Nötigung zu qualifizieren.

Fall 27:
Frau F. lebt in einem Einzelzimmer im Altenheim. Sie hat sich mit einem Bewohner angefreundet, der gerade auf ihrem Zimmer zu Besuch ist, als die Pflegekraft A. ohne anzuklopfen in das Zimmer von Frau B. kommt, um Wäsche vorbeizubringen.

Friedens- und Geheimnisbereich

Strafrechtlichen Schutz genießt auch der persönliche Friedens- und Geheimnisbereich der BürgerInnen, insbesondere durch die Unter-Strafe-Stellung der Schweigepflichtverletzung, § 203 StGB, und der Verletzung des Briefgeheimnisses, § 202 StGB (siehe S. 136 ff.). Auch die Verletzung der Vertraulichkeit des Wortes, § 201 StGB, etwa durch Abhören von Telefongesprächen, und der Hausfriedensbruch, § 123 StGB, gehören dazu. In Alten- und Pflegeheimen sind

Hausrecht

die BewohnerInnen Inhaber des Hausrechts an ihrem Zimmer[16]. Bei Mehrbettzimmern ist grundsätzlich jeder Bewohner befugt, anderen den Aufenthalt zu gestatten. Er hat allerdings auf Mitbewohner Rücksicht zu nehmen. Unberechtigtes Betreten der Zimmer von Heimbewohnern stellt sich daher als Hausfriedensbruch dar.

Schränke öffnen

Das Betreten der Zimmer der HeimbewohnerInnen oder das Öffnen ihrer Schränke oder anderer Behältnisse kann ohne Kenntnis und Zustimmung der betroffenen HeimbewohnerInnen nur bei Gefahr für Leben oder Gesundheit geschehen. Anders als die Praxis in *Fall 27*.

Fall 28:

Schutz des Rechts- und Geldverkehrs

Herr B. starb an einer Pneumonie, die nicht rechtzeitig behandelt wurde. Als es zu einem Ermittlungsverfahren wegen fahrlässiger Tötung gegen die Pflegedienstleitung kommt, erstellt sie nachträglich in der Pflegedokumentation eine verfälschte Fieberkurve des Herrn B., um den Vorwurf unterlassener Krankenbeobachtung zu widerlegen.

Der Rechts- und Geldverkehr wird strafrechtlich besonders durch die Unter-Strafe-Stellung von Urkundenfälschungen geschützt. Zu den Urkunden, denen im Rechtsverkehr Beweisfunktion zukommt, zählen Quittungen, Abrechnungen, das Selbstkostenblatt, Heimverträge und u. a. auch die Pflegedokumentation, wie in *Fall 28*.

---

16 Vgl. Dahlem/Giese/Igl/Klie, Das Heimgesetz – Kommentar, § 9, Rdn 17.

Die Auflistung der Straftatbestände und einiger Fälle mag die Ansicht aufkommen lassen, dass jede Pflegekraft »mit einem Bein im Gefängnis steht«, wie es häufig heißt. Das Vergegenwärtigen von strafrechtlichen Wertungen mag aber an wichtige Rechtspositionen von auf Pflege angewiesenen Menschen erinnern und helfen, pflegerische Routinen zu überdenken. Ist es doch häufig so, dass sich in der Pflege Praktiken einbürgern, bei denen Rechtspositionen der auf Pflege angewiesenen Menschen nicht ausreichend beachtet werden. In der Reflexion pflegerischer Routinen liegt die wichtigste Bedeutung strafrechtlicher Schutzbestimmungen für den pflegerischen Alltag.

Fall 29:
Der Heimbewohner W. erleidet einen Schlaganfall. Die zuständige Stationsschwester hält es nicht für nötig, einen Arzt zu benachrichtigen. Der Bewohner stirbt.

Jede Frau und jeder Mann sind dazu verpflichtet, in Unglücksfällen zu helfen. Ein »Unglücksfall« ist ein plötzlich eintretendes Ereignis, das erhebliche Gefahr für Menschen oder Sachen mit sich bringt. Daher ist eine Krankheit nicht immer ein Unglücksfall, sondern nur dann, wenn ihr plötzlicher Eintritt oder ihre plötzliche Wendung zum Schlimmeren eine unmittelbare und auch für jeden Unbeteiligten sofort erkennbare Gefahr herbeiführt. In *Fall 29* handelt es sich um einen solchen Unglücksfall, in dem jede(r) zu einer ihm möglichen und zumutbaren Hilfe verpflichtet ist. Die Benachrichtigung des behandelnden Arztes wäre der Stationsschwester möglich gewesen. Die jedermann obliegende Hilfspflicht nach § 323 c StGB besteht grundsätzlich auch dann, wenn tatsächlich im Unglücksfall nicht mehr geholfen werden konnte.[17]

Auch im Betäubungs- und Arzneimittelrecht finden sich Straftatbestände, die für die Pflege relevant sind. So die Vergabe von ver-

---
17 Vgl. Böhme, Haftungsrecht, Stuttgart 1996, S. 68.

schreibungspflichtigen Medikamenten ohne Verordnung des Arztes, §§ 48, 96 AMG und das In-Verkehr-bringen und die Vergabe von Betäubungsmitteln durch Unbefugte, § 3 Abs. 1 BtMG (Vergleiche auch Kap. Gesundheitsschutzrecht, S. 487 ff.).

Wiederholungsfragen
1. Was versteht man unter ‚Nötigung' im Sinne des § 240 StGB?
2. Gehört zur Körperverletzung i. S. d. § 223 StGB die Schmerzzufügung?
3. Wie ist eine ärztliche Behandlung, die gegen den Willen des Patienten durchgeführt wird, strafrechtlich zu werten?
4. Kann man gegenüber Heimbewohnern einen Hausfriedensbruch begehen?

d) Grundzüge der zivilrechtlichen Schadensersatzhaftung

Fall 30:

Eine Pflegekraft transportiert einen Bewohner mit einem zweigurtigen Lifter liegend zum Bad. Ihr half dabei eine Praktikantin. Die Pflegekraft war nicht von der leitenden Pflegekraft in die Benutzung des Lifters eingewiesen worden.
Die Bewohnerin glitt plötzlich durch die Gurte und verletzte sich stark.[18]

Ansprüche geltend machen

Die Verurteilung einer Pflegekraft, etwa zu einer Geldstrafe wegen fahrlässiger Körperverletzung im vorstehenden Fall schafft dem Geschädigten noch keinen Schadensersatz oder Schmerzensgeld. Um entsprechende Ansprüche geltend zu machen, muss der Geschädigte sich direkt an denjenigen halten, der den Schaden verursacht hat. Zahlt dieser nicht von sich aus, so hat der Geschädigte ggf. Klage vor dem Zivilgericht einzulegen. Bei der zivilrechtlichen

---
18 Fall nach AG Augsburg, mitgeteilt in Böhme, a. a. O., S. 216.

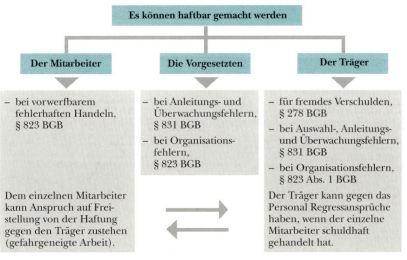

Haftung unterscheidet man eine »Haftung aus Vertrag« und eine »Haftung aus Delikt«.

Wenn der Heimbewohner Schadensersatz und Schmerzensgeld verlangt, so muss er sich auf eine Anspruchsgrundlage (Rechtsnorm) berufen können. Dabei sind im Zivilrecht vertragliche und gesetzliche (deliktische) Ansprüche zu unterscheiden.

1 Haftung aus Vertrag

Haftung für Erfüllungsgehilfen

Der Bewohner eines Heimes oder der Empfänger von Dienstleistungen einer Sozialstation hat einen Vertrag mit der Einrichtung geschlossen, in dem die Erbringung fachgerechter Leistung (Pflege) gegen die Zahlung eines Entgelts vereinbart wird. So hat im *Fall 30* der Bewohner einen Vertrag mit dem Heim abgeschlossen. Er kann sich auf diesen Heimvertrag berufen und geltend machen, dass sich das Heim zur fachgerechten Pflege verpflichtet habe, § 280 BGB. Zur Erfüllung dieser Aufgaben bedient sich der Heimträger des Pflegepersonals. Der Heimträger haftet dem Bewohner deshalb für das Verschulden der von ihm zur Vertragserfüllung eingesetzten Personen: »Haftung für den Erfüllungsgehilfen«, § 278 BGB. Die Haftung für den Erfüllungsgehilfen setzt nicht eigenes Verschulden des Vertragspartners voraus. Vielmehr muss derjenige, der sich Erfüllungsgehilfen bedient, für diese haften, als ob er selbst den Schaden verursacht hätte. Nach dieser vertraglichen Haftung müsste das Heim für Krankenhausbehandlungskosten usw. aufkommen.

2 Haftung aus Delikt

Delikt

Gegenüber der Pflegekraft und der leitenden Pflegekraft könnte der Bewohner keine vertraglichen Haftungsansprüche geltend machen, da er mit den beiden keinen Vertrag abgeschlossen hat. Neben die vertragliche Haftung tritt jedoch eine gesetzlich geregelte zivilrechtliche Schadenshaftung aus sogenannter unerlaubter Handlung: Wer Leben, Körper, Gesundheit, Freiheit, Eigentum oder ein sonstiges Recht eines Anderen verletzt, muss den daraus entstehenden Schaden ersetzen, § 823 BGB.

Fall 31:

Eine Altenpflegeschülerin gießt beim Servieren des Essens im Zimmer der Heimbewohnerin die dunkle Bratensoße über deren Kleid.

Die Haftung wird »deliktische Haftung« (Delikt = Vergehen, lat.) genannt und ist in den §§ 823 ff. BGB geregelt. Hiernach könnte die Bewohnerin auch die Pflegekraft in Anspruch nehmen. Bei der deliktischen Haftung gibt es aber keine Haftung für fremdes Tun. Das BGB kennt allerdings die »Haftung für Verrichtungsgehilfen«, § 831 BGB. Verrichtungsgehilfe ist derjenige, dem im Einflussbereich einer anderen Person (des Verrichtungsherrn) eine Tätigkeit übertragen worden ist. Die Haftung für Verrichtungsgehilfen ist insbesondere in dem Verhältnis zwischen examinierten und nicht examinierten Pflegkräften im Rahmen der Übertragung von pflegerischen Tätigkeiten relevant. In der Praxis stellt sich regelmäßig die Frage nach der Verantwortlichkeit für den Einsatz von nicht examinierten Pflegekräften wie z. B. Zivildienstleistenden, Pflegeschülern und Praktikanten. Da zwischen examinierten Pflegekräften und den Patienten oder BewohnerInnen kein Vertrag besteht, sind z. B. PraktikantInnen nicht die Erfüllungsgehilfen von examinierten Pflegekräften. Im Rahmen der Übertragung von pflegerischen Maßnahmen haften Pflegekräfte daher nicht für das Verschulden anderer – es sei denn, ihnen ist bei der Übertragung der Maßnahme selbst ein Fehler unterlaufen. Die Haftung für den Verrichtungsgehilfen gem. § 831 BGB kommt bei dem sog. Auswahl- und Organisationsverschulden in Betracht. Ein Auswahlverschulden liegt dann vor, wenn zur Durchführung einer Maßnahme eine Person bestimmt wird, die offensichtlich ungeeignet ist (z. B. der schwierige Transfer von Bett in den Tagesstuhl wird an einen unerfahrenen Zivildienstleistenden übertragen). Organisationsverschulden bezeichnet Mängel in der Vorhaltung einer bestimmten Infrastruktur. So kommt eine Haftung für den Verrichtungsgehilfen in Betracht, wenn dieser aufgrund von Organisationsfehlern einen Schaden verursacht hat (z. B. es wird ein unzureichender Dienstplan erstellt, die notwendigen Arbeitsmaterialen werden nicht vorgehalten etc.). Der Verrichtungsherr, z. B. die examinierte Pflegekraft, müsste, um den Vorwurf von Auswahl oder Organisationsverschulden zu entkräften, einen Entlastungsbeweis führen und etwa nachweisen, dass sie den Verrichtungsgehilfen in die Tätigkeit eingewiesen hat (z. B.den Zivildienstleistenden in den komplizierten Transfer) und sich vergewissert hat, dass die Tätigkeit von dem Verrichtungsgehilfen selbstständig

Haftung für Verrichtungsgehilfen

und fachlich korrekt durchgeführt werden kann. Gelingt ein solcher Entlastungsbeweis nicht, so haftet das Heim, ggf. neben der leitenden Pflegekraft, auch deliktisch.

Weiteres Beispiel für eine deliktische Haftung des Heimträgers bzw. der leitenden Pflegekraft:

Fall 32:

Organisationsverschulden

Die Pflegedienstleitung stellt den Pflegekräften keine Hilfsmittel zur sterilen Katheterversorgung zur Verfügung. Mehrere BewohnerInnen erleiden infolgedessen eine Blaseninfektion.

Hier haftet das Heim unmittelbar aus dem Gesichtspunkt des Organisationsverschuldens gemäß § 823 Abs. 1 BGB, da das Heim verpflichtet ist, dafür Sorge zu tragen, dass ausreichend Hilfsmittel vorrätig sind.

Unzureichende Arbeitsorganisation, unterlassene Verstärkung des Nachtdienstes bei akuter Erkrankung zahlreicher Heimbewohnerlnnen, fehlende Wartung von technischen Geräten, unzureichende Kontrollen von Hygienemaßnahmen, Mängel in Kooperationsregelungen mit Ärzten und Ausstattungsdefizite können weitere Gründe für den Vorwurf von Organisationsverschulden darstellen.[19]

Fall 33:

Rückgriff
(= Regress)

Eine Pflegekraft stößt beim Bettenmachen den Fernsehapparat einer Bewohnerin um. Es gibt eine lautstarke Implosion, keiner wird verletzt, aber das Gerät ist kaputt.

Nach den dargestellten zivilrechtlichen Haftungsgrundsätzen könnte im *Fall 33* die geschädigte Bewohnerin Ersatz für den Fernsehapparat sowohl vom Heimträger (§ 278 BGB) als auch von der schädigenden Pflegekraft verlangen. Der Bewohner kann sich aussuchen,

---

19 Vgl. Böhme, a. a. O., S. 96, vgl. auch OLG Stuttgart BtPrax 1998, zur Strafbarkeit eines Heimleiters für den Unfalltod eines Heimbewohners wegen Organisationsverschulden, S. 113 – 115.

von wem er Schadensersatz verlangen will. Er kann auch von beiden Schadensersatz fordern, § 421 BGB. Wird nun der Heimträger aus Vertrag oder ausnahmsweise aus Delikt in Anspruch genommen, so kann er grundsätzlich auf die Pflegekraft zurückgreifen. Musste er aufgrund § 278 BGB für die Pflegekraft eintreten, so kann er diesen Schaden im Wege des Rückgriffs von der Pflegekraft zurückfordern.

Fall 34:
Die Pflegekraft K. ist mit einer Kollegin allein auf Station. Sie haben alle Hände voll zu tun, Ersatzkräfte sind nicht zu bekommen. K. vergisst in dem Stress, regelmäßig nach Frau D. zu gucken, die z. Z. unter Orientierungsstörungen leidet und darüber hinaus sturzgefährdet ist. Frau D. hatte sich mühsam aus dem Zimmer begeben, war über den langen Flur ins Treppenhaus gelangt und stürzte dort schwer. Bei regelmäßigem Nachschauen, zu dem K. aufgefordert war, hätte sie Frau D. rechtzeitig aufhalten können.

»Gefahrgeneigte Arbeit«

Die oben dargestellten Haftungsgrundsätze führen in vielen Fällen zu unbilligen Härten für den Arbeitnehmer. Einige Arbeitgeber nehmen deshalb keinen Regress bei den Arbeitnehmern oder schließen entsprechende Haftpflichtversicherungen für ihre Beschäftigten ab. Entsprechend wurde im Entwurf zu einem Arbeitsgesetzbuch vorgeschlagen, die Haftung der Arbeitnehmer generell auf Vorsatz und grobe Fahrlässigkeit zu beschränken.

Lange galt jedoch für den Arbeitnehmer die Haftungseinschränkung nach den Grundsätzen der »gefahrgeneigten Arbeit«. Von »gefahrgeneigter Arbeit« spricht man dann, wenn die Eigenart der vom Arbeitnehmer zu leistenden Arbeit es mit großer Wahrscheinlichkeit mit sich bringt, dass auch dem sorgfältigen Arbeitnehmer gelegentlich Fehler unterlaufen, die für sich allein zwar jedes Mal vermeidbar wären – also fahrlässig verursacht werden –, mit denen aber angesichts der menschlichen Unzulänglichkeit erfahrungsge-

Gefahrgeneigte Arbeit und Haftungsbegrenzung

mäß zu rechnen ist[20]. Die Fürsorgepflicht des Arbeitgebers lässt es nicht zu, dass der Arbeitnehmer mit Schäden und Ersatzansprüchen belastet wird, die sich aus der besonderen Gefahr und Eigenart der übertragenen Arbeit ergeben und so zum Betriebsrisiko des Arbeitgebers gehören[21]. Im *Fall 34* realisiert sich ein Risiko, das in der Betreuung geronto-psychiatrisch Erkrankter immer droht, also zum Betriebsrisiko des Pflegeheims gehört. Liegt demnach ein Fall gefahrgeneigter Arbeit vor?

Ist pflegerische Arbeit immer gefahrgeneigt?

Pflegerische Arbeit gefahrengeneigt?

Die Rechtsprechung begnügt sich nicht mit dem Hinweis, pflegerische Arbeit sei immer mit Gefahren verbunden. So hat das Bundesarbeitsgericht auch die Arbeit eines Arztes nicht generell als gefahrgeneigt bezeichnet[22]. Gleiches gilt für die Arbeit von Pflegekräften[23]. Es kommt jeweils auf die Umstände des Einzelfalls an[24], wobei durchaus Gefahrensituationen allgemein beschrieben werden können. So sind Injektionen stets als gefahrgeneigte Arbeit anzusehen[25]. Ebenso ist die Betreuung geronto-psychiatrischer Patienten grundsätzlich als gefahrgeneigt einzustufen[26], insbesondere bei ungünstiger Personalausstattung, so im *Fall 34*. Gleiches gilt für das Baden gebrechlicher Personen, insbesondere in der ambulanten Pflege. Aber auch bei der dienstlichen Nutzung eines Kraftfahrzeugs kann die Pflegekraft bei einem Verkehrsunfall geltend machen, einer gefahrgeneigten Arbeit nachgegangen zu sein[27]. Liegt ein Fall gefahrgeneigter Arbeit vor, so hängt es von dem Verschulden des Arbeitnehmers ab, ob der Schaden allein vom Arbeitgeber zu übernehmen ist.

---

20 So BAG E 5, S. 1 ff.
21 BAG a. a. O.
22 BAG AP Nr. 47 zu § 611 BGB.
23 Böhme, a. a. o., S. 149.
24 a. a. O.
25 Böhme, DKZ 84, 1 Beilage S. 7.
26 Vgl. Linzbach, Aufsichtspflicht des Trägers, 1982, S. 209 ff.
27 Vgl. Andreas/Siegmund-Schulze, Haftungsstellung bei Gefahrgeneigter Arbeit, in: Die Schwester/Der Pfleger, 1984, S. 497.

»**Gefahrgeneigte Arbeit« durch Überforderung**
»Belastend war, wenn am Wochenende schwierige Entscheidungen allein zu treffen waren, wenn keine examinierte Kraft da war.«
»Beim Wochenenddienst ist oft nur eine examinierte Kraft, die dann ‚verantwortlich' für 64 BewohnerInnen ist. Da brichst du zusammen, wenn da mal etwas passiert.«
»Ein Problem war das im Anerkennungsjahr. Man hatte keine Bezugsperson, musste aber immer handeln, inmitten aller Unsicherheit und Unkenntnis. Das ist ärgerlich, frustrierend.« aus: MAGS, NRW 1992, S. 88

Durch einen Beschluss des gemeinsamen Senats der obersten Gerichtshöfe des Bundes[28] wurde das Kriterium der Gefahrgeneigtheit als selbständige Voraussetzung für die Einschränkung der Arbeitnehmerhaftung abgeschafft. Die Haftungsbeschränkung gilt für alle Arbeitsverhältnisse. Für die Haftungsbegrenzung kommt es nunmehr auf den Grad des arbeitnehmerseitigen Verschuldens und des dem Arbeitgeber als Mitverursacher zuzurechnenden Betriebsrisikos an. Eine Haftung des Arbeitnehmers für einfache Fahrlässigkeit ist in der Regel ausgeschlossen. Mit geringem Verschulden des Arbeitnehmers verursachte Schäden werden allein vom Arbeitgeber zu tragen sein. Umgekehrt haftet der Arbeitnehmer bei vorsätzlicher Schadensverursachung seinerseits voll. Bei mittlerer oder normaler Fahrlässigkeit wird der Schaden in der Regel quotenmäßig aufgeteilt. Je »gefahrgeneigter« eine Arbeit, desto höher die Arbeitgeberhaftung. Gefahrgeneigte Momente, die dem Arbeitgeber zuzurechnen sind, sind etwa Übermüdung der Pflegekräfte durch angeordnete permanente Arbeitszeitüberschreitung oder Überlastung angesichts dauernder personeller Unterbesetzung. Zusätzlich wird die Zumutbarkeit der Haftung für den Arbeitnehmer geprüft: Ist der Arbeit-

Betriebsrisiko

Risikoverteilung

---

28 GmS, NJW 1994, S. 856.

nehmer in der Lage, von seinem Lohn den verursachten Schaden zu ersetzen oder nicht? Schon die bisherige Rechtsprechung ließ hier eine Richtschnur erkennen: Bei mittlerer Fahrlässigkeit verbleibt gemeinhin eine solche Schadensquote beim Arbeitnehmer, die, je nach Gefahrgeneigtheit, in absoluten Zahlen etwa einem halben bis einem Monatsgehalt entspricht, bei grober Fahrlässigkeit muss der Arbeitnehmer mit einer Belastung zwischen einem und drei Monatsgehältern rechnen.[29]

Fall 35:

Beweisregeln im Zivilrecht

Frau B. wohnt auf der Pflegestation im Altenzentrum K. Sie wurde vom Altenheimteil auf die Pflegestation verlegt und konnte kaum noch persönliche Dinge mitnehmen. Sie behauptet nun häufig, ihr seien Geld und Schmuck abhanden gekommen. Geld und Schmuck lassen sich tatsächlich nicht auffinden.

In *Fall 35* könnte die Bewohnerin (oder ihre Angehörigen) die Kriminalpolizei einschalten und den Vorfall aufklären lassen. Sie können aber auch im Zivilprozess lediglich Ersatz für die verlorengegangenen Wertgegenstände einklagen. Dann hätte sie aber den Nachweis zu führen, dass die Dinge wirklich abhanden gekommen sind – und nicht etwa von ihr verkramt oder verschenkt wurden. Im Zivilprozess muss jede Partei, die etwas von der anderen will, das Gericht davon überzeugen, dass ihr Ansprüche zustehen und entsprechende Beweise aufbringen (Zeugenaussagen, Sachverständige, Urkunden etc.). Beweisfragen stellen sich häufig als außerordentlich schwierig heraus. Im *Fall 35* müsste Frau B. beweisen, dass das Heim oder bestimmte Pflegekräfte für das Abhandenkommen verantwortlich sind, was ihr zumeist schwer fallen wird.

---

29 Vgl. LAG Nürnberg, NZA 1990, S. 850; LAG Köln, LAGE § 611 BGB, Gefahrgeneigte Arbeit Nr. 9; vgl. insges. Bruns, W.; Debong, B.; Andreas, M. Die Schwester/Der Pfleger, 1998, S. 524-526.

> Bedenke: Grundsätzlich gilt, dass juristische Argumente und Verfahren bei sozialen Verlusterfahrungen, die sich im Gefühl, bestohlen worden zu sein, ausdrücken, wenig helfen.

Prozessuale Fragen

Beweislast	❏ Zu wessen Lasten geht es, wenn bestimmte entscheidungserhebliche Tatsachen nicht bewiesen werden können? ❏ Beispiel: Der Nachbar behauptet, Sie seien an sein Garagentor gefahren. Kann er diese Tatsache nicht vor Gericht beweisen, wird seine Klage kostenpflichtig abgewiesen.
Beweislastumkehr	❏ Überträgt demjenigen die Beweislast, der sie in der Regel nicht hat. ❏ Im obigen Beispielsfall bedeutet das, dass nicht Ihr Nachbar beweisen muss, dass Sie das Garagentor beschädigt haben, sondern Sie müssen beweisen, dass Sie es nicht waren. ❏ Eine Beweislastumkehr kommt dann in Betracht, wenn aufgrund des Fehlverhaltens desjenigen, der keine Beweislast trägt, der Beweis nicht möglich ist. ❏ In der Pflege müssen wesentliche Maßnahmen dokumentiert werden. Hat die Schaden verursachende Pflegekraft die Maßnahme nicht dokumentiert, kann der Beweis nicht erbracht werden. Es kommt dann zur Beweislastumkehr mit der Folge, dass die Pflegekraft nun beweisen muss, dass sie sorgfältig gearbeitet hat.

Fall 36:

Eine 89-jährige Heimbewohnerin, die ständig bettlägerig war, stürzte bei der Morgentoilette, als sie von einer Pflegekraft gewaschen wurde. Die Pflegekraft wandte sich der Waschschüssel zu, um den Waschlappen auszuwaschen, ohne die Patientin zu sichern. Die Patientin fiel aus dem Bett und erlitt einen Oberschenkelhalsbruch, der einen vierwöchigen Krankenhausaufenthalt erforderlich machte. Nach dem Sturzereignis meldete sich die Krankenkasse und verlangte vom Heimträger Schadensersatz gem. § 116 SGB X.[30]

---

30 Fall nach Lutterbeck, Bettsturz einer Patientin während der Morgenpflege, PKR 2000 (Heft 3), S. 67 f.

Beweislastumkehr

Ebenso müssen Bewohner oder die Angehörigen bei schlechter Pflege beweisen, dass nicht sachgerecht gepflegt wurde. Von dieser Beweisregel sind aber bei groben Pflegefehlern Ausnahmen zu machen, wenn der erste Anschein für ein grobes Fehlverhalten der Pflegekraft spricht, z. B. Austrocknen einer Bewohnerin infolge ungenügender Flüssigkeitszufuhr, oder wenn aufgrund mangelnder Pflegedokumentation der Beweis des Fehlverhaltens dem Bewohner erheblich erschwert wird. In Fällen, in denen eine ausreichende Aufklärung der Zwischenfälle und Schädigungen nicht möglich ist, kann bei entsprechendem Tatsachenvortrag des Geschädigten eine mangelhafte oder gar unterlassene Eintragung in die Pflegedokumentation zur Haftung des Heimes führen[31], z. B.

- Bewohnerin erlitt Herzattacke, der Arzt konnte nicht helfen, da die Medikation des Bewohners für den Notarzt nicht bereitgehalten wurde,
- Bewohnerin wurde mit Austrocknungserscheinungen in das Krankenhaus eingeliefert, das Heim hatte Flüssigkeitszufuhr und -abfuhr nicht dokumentiert.

In diesen Fällen hat das Heim mit einer Beweislastumkehr zu rechnen, d. h. das Heim muss ggf. den Nachweis erbringen, dass die Schädigungen nicht auf vermutete grobe Pflegefehler zurückzuführen sind.[32]

Dies gilt auch in *Fall 36*[33]. Liegt die Ursache eines Sturzes einer Pflegeheimbewohnerin allein im vom Heimträger beherrschten Gefahrenbereich und liegt der Sturz im Zusammenhang mit dem Kernbereich der geschuldeten Pflichten – hier der »Grundpflege« –, so ist es Sache des Heimträgers, nachzuweisen, dass der Sturz nicht auf einem Fehlverhalten des Personals beruht.[34]

---

31 OLG Karlsruhe, Das Krankenhaus 1983, S. 86, BAG Altenpflege 1986, S. 599.
32 Vgl. zum notwendigen Inhalt ärztl. Dokumentation: Schmid NJW 1987, S. 681 ff. Verbindliche Pflegestandards können ersten Anschein für Fehlverhalten widerlegen.
33 LG Mönchengladbach, Urt. v. 07.12.1999, Az. 1 O 125/99
34 OLG Dresden, NJW-RR 2000, 761

Wiederholungsfragen
1. Welche Personen kommen als Haftungsgegner im Schadensfall in Frage?
2. Wie ist die Haftung im Arbeitnehmer/Arbeitgeberverhältnis beschränkt?

2. Delegation ärztlicher Tätigkeiten an Pflegekräfte

Die Kooperation zwischen Pflege und Medizin wird immer enger, Pflegebedürftige in Heimen leiden zumeist an einer Reihe von Krankheiten, die auch ärztliche Heilbehandlung notwendig machen. Die Übernahme von behandlungspflegerischen Aufgaben in Heimen aber auch in ambulanten Diensten ist heute völlig selbstverständlich. Die Delegation an sich ärztlicher Tätigkeiten auf Nicht-Ärzte, zumeist auf Pflegefachkräfte, hat aber bestimmte Regeln zu beachten: Nicht alle ärztlichen Tätigkeiten dürfen auf Pflegekräfte übertragen werden, manche nur im Einzelfall und wieder andere regelhaft. Zu den typischer Weise in der Pflege alter Menschen von Pflegekräften für Ärzte übernommenen Tätigkeiten gehören: Injektionen, Blutentnahmen, Katheterisierung, in Einzelfällen auch Legen von Magensonden, Infusionen.[35]

a) Voraussetzungen

Es gibt keine gesetzlichen Regelungen, die die Zulässigkeit des Delegierens ärztlicher Tätigkeiten auf Pflegekräfte regeln, vielmehr haben sich in Rechtsprechung und Literatur Grundsätze herausgebildet, nach denen die Zulässigkeit des Delegierens im Einzelfall zu beurteilen ist. Dabei ist zu berücksichtigen, dass die Grundsätze im Wesentlichen aus dem Krankenhausbereich stammen und die Übertragbarkeit auf Pflegeeinrichtungen besonders geprüft werden muss.

---
35 Vgl. allg. Saffe, S.; Sträßner, H. Pflegerecht, 1997, S.98-103; 1998, S. 30-37, 226-230.

Unbestritten ist inzwischen, dass das Delegieren ärztlicher Aufgaben auf nichtärztliches Personal in begrenztem Umfang zulässig ist. Schon das Reichsgericht hielt die Delegation ärztlicher Tätigkeiten auf nichtärztliches Personal dem Grunde nach für rechtlich zulässig[36]. Seit 1974 besteht in der arztrechtlichen Literatur Einigkeit über die einzelnen Delegationsvoraussetzungen, die Siegmund-Schulze prägnant wie folgt zusammenfasst: Die Delegation ärztlicher Tätigkeiten auf nichtärztliches Personal ist rechtlich zulässig, wenn
- der Patient es erlaubt,
- der Arzt es erlaubt,
- der nichtärztliche Mitarbeiter es sich erlaubt.[37]

Fünf Prüfungspunkte

Im Einzelnen gilt, dass die Übertragung ärztlicher Aufgaben auf Pflegekräfte dann zulässig ist, wenn
1 der Patient mit der Behandlungsmaßnahme und der Durchführung durch Pflegekräfte einverstanden ist,
2 die Maßnahme vom Arzt verordnet wurde,
3 die Art des Eingriffes das persönliche Handeln des Arztes nicht erforderlich macht,
4 die ausführende Pflegekraft zur Durchführung der Maßnahme befähigt ist,
5 die Pflegekraft zur Ausführung der ärztlichen Aufgabe bereit ist, sofern nicht ausnahmsweise eine entsprechende Verpflichtung besteht.[38]

Fall 37:

Einwilligung des Patienten

Frau B. möchte unbedingt von der Ärztin persönlich gespritzt werden, sie hat kein Vertrauen in die Pflegekräfte.

Das Setzen einer Injektion, die Katheterisierung, die Blutentnahme oder das Legen einer Magensonde ist vom juristischen Standpunkt

---
36 Reichsgerichtsurteil vom 06.06.1932 bei Goldmann/Hartmann, S. 58.
37 Vgl. Siegmund-Schulze, Arztrecht 1974, S. 32 f.; vgl. grundlegend und ausführlich: Böhme, a. a. O., S. 212; unnötig die grundsätzlichen Vorbehalte von Barth, Häusliche Krankenpflege, in: Altenpflege 1994, S. 109.
38 Prüfungsschema nach Böhme, a. a. O., S. 171.

aus stets als Körperverletzung zu werten. Nur die Einwilligung des Patienten lässt die Rechtswidrigkeit der »Tat« entfallen. Jede ärztliche, aber auch jede pflegerische Maßnahme bedarf grundsätzlich der Einwilligung der Betroffenen, um nicht unter Umständen als rechtswidrige Straftat zu erscheinen. Eine Einwilligung ist überdies nur dann wirksam, wenn der Arzt den Patienten gewissenhaft über die Bedeutung und Tragweite der Behandlung einschließlich der damit verbundenen Gefahren aufgeklärt und alternative Behandlungsmöglichkeiten erläutert hat; es sei denn, der Patient wünscht ausdrücklich keine Aufklärung. Dies gilt auch bei demenziell erkrankten Menschen, bei denen ggf. (auch) der Betreuer aufzuklären ist (S. 223 f.). In aller Regel kann von einer (zumindest stillschweigenden) Einwilligung des Patienten gegenüber der vom Arzt verordneten Behandlung ausgegangen werden, wenn dieser der Behandlung nicht widerspricht. Lässt aber der Patient erkennen, dass er die Behandlung nicht wünscht, so muss die Durchführung unterbleiben, ggf. ist der behandelnde Arzt zu benachrichtigen. Gegen den erklärten Wunsch des Patienten, vom Arzt persönlich behandelt zu werden, darf sich weder der Arzt noch die Pflegekraft hinwegsetzen, s. *Fall 37*[39]. Eine Behandlung gegen den Willen des Patienten ist strafrechtlich als vorsätzliche Körperverletzung zu werten. Dabei ist es gleichgültig, ob die Behandlung fehlerlos und »zum Vorteil« des Patienten durchgeführt wird.

Aufklärung

Fall 38:
Der behandelnde Arzt gibt telefonisch die Verordnungen für seine Patienten durch, nachdem er Rücksprache mit der leitenden Pflegekraft hielt.

Ärztliche Verordnung

Ärztliche Behandlungsmaßnahmen müssen stets vom Arzt verordnet werden. Eine eigenmächtige Behandlung durch Pflegekräfte ist unzulässig. Die Verordnung des Arztes muss darüber hinaus präzise sein (»bei Bedarf« ohne exakte Beschreibung der Bedarfslagen ist

---
39 So ausdrücklich; Heinze/Jung MedR 1985, S. 68 f.

unzureichend). Bei komplikationslosen und auf Dauer angelegten therapeutischen Maßnahmen kann der Arzt längerfristige Verordnungen treffen.[40]

Telefonische Veranlassungen und »Ferndiagnosen« sind, abgesehen von Notfallsituationen, in aller Regel unverantwortlich: Der Arzt verletzt damit die ihm obliegende Pflicht, sich ein eigenes Bild vom Zustand seines Patienten zu machen und eine hierauf beruhende therapeutische Entscheidung zu treffen[41]. Notwendig ist die schriftliche Dokumentation der ärztlichen Verordnung, die etwa in *Fall 38* fehlte. Der Arzt ist seinerseits standesrechtlich dazu verpflichtet, eine Dokumentation zu führen. Bei der Kooperation zwischen Arzt und Pflegeeinrichtung sollte von vornherein klargestellt werden, dass Pflegekräfte nur dann ärztliche Verordnungen ausführen, wenn diese schriftlich in der Pflegedokumentation niedergelegt wurden.[42]

Ärztliche Aufzeichnungen

Ärztliche Betreuung in Pflege- und Altenheimen
Im Hamburger Ärzteblatt vom Mai 1984 hatte die Ärztekammer auf die Dokumentationspflicht für Behandlungsfälle in Pflegeheimen hingewiesen. Es wurde deutlich gemacht, dass ordnungsgemäße Aufzeichnungen über die Untersuchungsbefunde und eingeleiteten therapeutischen Maßnahmen der leitenden Pflegekraft im Heim zur Aufbewahrung überlassen werden müssen. Leider gibt es inzwischen Anlass, erneut und mit Nachdruck hierauf aufmerksam zu machen. Der Ärztekammer wurden zwei Fälle bekannt, in denen deshalb Heimbewohner verstarben, weil das Pflegepersonal nicht ausreichend Kenntnis von den ärztlichen Aufzeichnungen über Untersu-

---

40 So für das Krankenhaus: Heinze/Jung, Die haftungsrechtliche Eigenverantwortlichkeit des Krankenpflegepersonals, in: MedR 1985, S. 67.
41 Siehe auch Barth, Laxe Handhabung in der Praxis, in: Altenpflege 1994, S. 109 f.; Anders sind telefonische Absprachen dann zu beurteilen, wenn die Diagnose bereits vom Arzt gestellt wurde, therapeutische Entscheidungen getroffen sind und bei einer intensiven Kooperation lediglich telefonisch eine Feinabstimmung zwischen Arzt und Pflegekräften erfolgt, etwa bei moribunden Patienten, in der Aidskrankenversorgung. Teilweise wird auf diese Weise ein Verbleiben des Patienten in seiner eigenen Häuslichkeit oder im Heim ermöglicht.
42 Heimaufsichtsbehörden verlangen zu Recht zunehmend entsprechende Kooperationsvereinbarungen zwischen Heimen und Ärzten. Nicht kooperationsbereite Ärzte, die sich weigern, in der Pflegedokumentation des Heimes mitzuwirken, werden in einigen Heimaufsichtsbezirken der Landesärztekammer benannt.

chungsbefunde und therapeutische Maßnahmen hatte. In einem Fall wurde das Absetzen von Haldol-Tropfen als ärztliche Anordnung nicht an das Pflegepersonal weitergegeben, so dass es zu einer akuten Vergiftung kam. In einem anderen Fall wurde ein Heimbewohner zur Pneumonie-Prophylaxe bei einer beginnenden Erkältung dorsal »abgeklatscht«, mit der Folge, dass es zur Ruptur eines dem Pflegepersonal nicht bekannten Aortenaneurysmas kam. In beiden Fällen ist dem behandelnden Arzt vorzuwerfen, nicht ausreichend Sorge dafür getragen zu haben, dass wichtige ärztliche Aufzeichnungen über seine Patienten dem zuständigen Pflegepersonal zur Kenntnis gebracht werden. Letztendlich ist hierin sicher ein Verstoß gegen die Sorgfaltspflicht und die Verpflichtung zur gewissenhaften Ausübung des ärztlichen Berufes zu sehen.

aus: Hamburger Ärzteblatt 7/85
(immer noch aktuell)

Grundsatzregelung
Durchführung von invasiven Behandlungsmaßnahmen in stationären Altenhilfeeinrichtungen

§ 1 Anordnung

Die Anordnung von invasiven Behandlungsmaßnahmen ist grundsätzlich Sache des behandelnden Arztes, der hierfür die sog. Anordnungsverantwortung[43] trägt. Eine Übertragung der Durchführung von invasiven Behandlungsmaßnahmen setzt eine schriftliche ärztliche Anordnung im Dokumentationssystem der Einrichtung voraus; diese hat der Arzt abzuzeichnen. Mündliche oder fernmündliche Anordnungen sind nur in begründeten Ausnahmefällen zulässig. Sie sind im Dokumentationssystem festzuhalten, werden dem Arzt zur Kontrolle zwingend vorgelesen und sobald wie möglich von diesem abgezeichnet.

(nach: Ralf-R. Kirchhof, Strafrechtliche Verantwortlichkeit von Pflegekräften (unveröffentlichtes Unterrichtsskript), Evangelische Heimstiftung e. V., Stuttgart.)

---

43 Dem Arzt die dienstrechtliche Anordnungsbefugnis einzuräumen, ist m.E. problematisch. Daher sollte in Kooperationsverträgen von »Veranlassung« und nicht von »Anordnung« gesprochen werden.

Beispiele aus Kooperationsverträgen

Kooperations-
verträge

Die jeweiligen Verordnungen sind grundsätzlich schriftlich vorzunehmen. Soweit eine Pflegedokumentation für den Bewohner angelegt ist, sind die Verordnungen bzw. Veranlassungen vom Arzt dort einzutragen bzw. abzuzeichnen.

Fall 39:

Persönliches
Tätigwerden des
Arztes erforderlich?

Eine Bewohnerin erhält regelmäßig Valium® i. v. Darf das Pflegepersonal spritzen?

Ärztliche Behandlungsmaßnahmen wie Injektionen, Katheterisierung usw. fallen grundsätzlich in den Aufgabenbereich des Arztes. Ist aufgrund der Art der Behandlung, des Gesundheitszustandes des Patienten oder der Komplikationsgefahr das persönliche Tätigwerden des Arztes erforderlich – dies ist bei technisch schwierigen Eingriffen und der Verabreichung potentiell gefährlicher Mittel der Fall, s. *Fall 39* – so darf der Arzt die Aufgabe nicht auf Pflegekräfte übertragen (vgl. auch sog. Negativliste, S. 113). Im Bereich der Altenpflege sind die möglichen Gefahren in besonders gewissenhafter Weise zu prüfen und das persönliche Tätigwerden des Arztes ist mehr als im Krankenhausbereich geboten, da im Heim und erst recht in der ambulanten Pflege ein Einschreiten bei Komplikationen nicht kurzfristig möglich ist.

Fall 40:

Befähigung der
Pflegekraft

Eine examinierte Pflegekraft kennt sich weder mit den Nebenwirkungen des zu verabreichenden Medikaments aus, noch ist sie in die Verabreichung von i. m. Injektionen besonders unterwiesen worden. Sie injiziert dennoch. Die Injektion ist für die Bewohnerin sehr schmerzhaft, da die Pflegekraft ungeschickt zu Werke geht.

Die Pflegekräfte müssen für die Mitarbeit bei ärztlicher Diagnostik und Therapie über die entsprechende Qualifikation verfügen. Unterschieden wird zwischen der formellen und materiellen Qualifikation.

Während sich die formelle Qualifikation auf den Ausbildungsabschluss bezieht, stellt die materielle Qualifikation auf das tatsächliche Können der einzelnen Pflegekraft ab. Krankenpflegekräfte, und in der Regel auch AltenpflegerInnen, lernen in ihrer Ausbildung die Techniken der subkutanen und intrakutanen Injektionen inkl. der dazugehörigen anatomischen und pathophysiologischen und pharmakologischen Kenntnisse. Ihre formelle Qualifikation, d. h. ihr Ausbildungsabschluss, lässt auf das tatsächliche Können dieser dem ärztlichen Bereich zuzuordnenden Verrichtungen schließen. Dennoch kommt es in der Praxis jeweils darauf an, ob die Pflegekräfte auch tatsächlich über das Können und die Kenntnisse verfügen. Hiervon muss sich die Pflegeeinrichtung und ggf. auch der Arzt ein Bild machen. Rechtlich maßgebend für die haftungsrechtliche Unbedenklichkeit von Injektionen durch Pflegekräfte ist die individuelle Befähigung. Allein die Qualifikation als examinierte Krankenpflegekraft oder staatlich anerkannte Altenpflegekraft reicht aber als Nachweis für die Befähigung – ihr kommt lediglich Indizwirkung zu – nicht aus, s. *Fall 40*.

Formelle Qualifikation
Materielle Qualifikation

In der Delegation ärztlicher Aufgaben auf nicht hinreichend qualifizierte Pflegekräfte ist ein Behandlungsfehler zu sehen, der bei einem Zwischenfall ohne Nachweis eines Fehlers in der Durchführung (etwa unsteril oder technisch falsch) zur Schadensersatzpflicht führen kann.[44]

Fall 41:
Im Heim ist es üblich, ärztlich verordnete i. m. Injektionen ohne schriftliche Dokumentation durch den Arzt von Pflegekräften verabreichen zu lassen. Nach einem Zwischenfall streitet der behandelnde Arzt ab, die verabreichte Dosis verordnet zu haben.

Bereitschaft der Pflegekraft

Die Behandlungspflege gehört inzwischen zu den Pflichtaufgaben der Pflegeheime (und ambulanten Diensten). Pflegekräften steht

---

44 Vgl. OLG Köln, Altenpflege 1987, S. 720 ff.

gleichwohl ein Weigerungsrecht zu, wenn sie sich der Aufgabe nicht gewachsen fühlen, die Aufgabe ihnen im Einzelfall zu gefährlich erscheint, sie keine Kenntnisse über das zu applizierende Medikament besitzen, sie die Technik nicht beherrschen oder die Unterweisung und Anleitung nicht vorgenommen wurde. Einer entsprechenden Weiterbildung kann sich Pflegepersonal nicht verschließen, zumindest solange es sich um die Anleitung zu venösen Blutentnahmen und subkutanen Injektionen handelt, die sie später routinemäßig in unproblematischen Fällen vorzunehmen haben. Bei Komplikationen, in denen Unklarheiten durch ärztliche Weisung nicht zu beseitigen sind, besteht das Weigerungsrecht jedoch auch hier fort.[45]

Weigerungsrecht

Den Pflegekräften steht m. E. weiterhin ein Weigerungsrecht zu, wenn der Heimträger nicht sicherstellt, dass ärztlicherseits die entsprechenden Verordnungen bzw. Veranlassungen schriftlich erteilt werden – sowohl die Verordnung als auch das Delegieren – und somit eine haftungsrechtliche Absicherung für das Pflegepersonal geschaffen wird, vgl. *Fall 41*. Es ist ein allgemeiner arbeitsrechtlicher Grundsatz, dass der Arbeitnehmer seine Arbeitsleistung zurückhalten kann, wenn der Arbeitgeber bzw. der entsprechende Vorgesetzte seine Pflichten nicht erfüllt, § 273 BGB.

Pflegekräfte müssen sich schließlich weigern, ärztliche Tätigkeiten zu übernehmen, wenn die Vornahme erkennbar den Strafgesetzen zuwiderläuft. Dies ist beispielsweise bei der Anordnung, gegen den Willen eines Patienten eine Injektion zu verabreichen, der Fall.

In jedem Fall haben Pflegekräfte, bevor sie ärztliche Aufgaben übernehmen, zu prüfen, ob sie die geforderte Tätigkeit beherrschen, hierzu angeleitet wurden und die erforderlichen Informationen für die Behandlung und über den Patienten besitzen.

Notfälle

In Notfällen – etwa lebensbedrohlichen Zuständen, ohne die Möglichkeit, rechtzeitig Hilfe durch Arzt oder Pflegedienstleitung zu holen – müssen Pflegekräfte die erforderlichen Maßnahmen

---

45 Vgl. ausführlich: Böhme, a. a. O., S. 230 ff.

nach ihrem besten Wissen und ihren Fähigkeiten durchführen, ein Weigerungsrecht besteht hier nicht.[46]

Wiederholungsfragen
1. Unter welchen Voraussetzungen dürfen Pflegekräfte ärztliche Aufgaben übernehmen?
2. Wann müssen sich Pflegekräfte weigern, ärztliche Tätigkeiten durchzuführen?

b) An welche Pflegekräfte darf delegiert werden?

Fall 42:
Im Pflegeheim A ist das Setzen von s. c. und i. m. Injektionen allein den examinierten Krankenpflegekräften vorbehalten, AltenpflegerInnen dürfen nicht »spritzen«.

In der Altenpflege kommen als Berufsgruppen, die ärztliche Tätigkeiten durchführen können, sowohl examinierte KrankenpflegerInnen sowie AltenpflegerInnen in Betracht. Die Möglichkeit, an Krankenpflegepersonal zu delegieren, ist unbestritten. Umstritten war bislang die Möglichkeit, auch auf Altenpflegekräfte ärztliche Tätigkeiten zu übertragen. Der unterschiedliche Ausbildungsstandard spielt hier eine wesentliche Rolle. Es erscheint jedoch von fachlicher Seite her unberechtigt, Altenpflegekräfte grundsätzlich aus dem Kreis der medizinischen Hilfsberufe auszuklammern, an die ärztliche Aufgaben delegiert werden können[47]. Durch die Einführung des Altenpflegegesetzes wurde die Ausbildung harmonisiert und die bislang sehr unterschiedlichen Ausbildungskonzepte einander angeglichen. So muss man bei den AltenpflegerInnen, die nach dem Bundesaltenpflegegesetzt ausgebildet wurden, davon ausge-

---
46 Vgl. Böhme, DKZ-Beilage 10/1986, S. 10.
47 So aber Brenner, Dürfen Altenpfleger(innen) injizieren? In: Altenpflege 81, S. 274; für die Zulässigkeit des Delegierens auf Altenpflegekräfte: Hahn, Verabreichung von Injektionen durch nichtärztliche Mitarbeiter. In: DMW 84, S. 231 (233). Arbeitsgemeinschaft der Spitzenverbände a. a. O., S. 5, Böhme, Altenpflege 84, S. 108.

hen, dass sie hinsichtlich der typischen behandlungspflegerischen Aufgaben, die im Heim anfallen, ebenso wie die Gesundheits- und Krankenpflegekräfte über die notwendige Qualifikation verfügen. Für AltenpflegerInnen, die nach alten länderspezifischen Ausbildungen ausgebildet wurden, kann sich eine besondere Überprüfungspflicht ergeben. Auch KrankenpflegehelferInnen kommen für bestimmte ärztliche Tätigkeiten in Betracht (intra-, subkutane Injektion)[48]. Entscheidend ist nicht so sehr die formelle Qualifikation (Ausbildungsabschluss), sondern die materielle Qualifikation (Können) der Pflegekraft.

Delegieren an Auszubildende

Auf Auszubildende dürfen ärztliche Tätigkeiten nur dann übertragen werden, wenn die Ausführung zunächst unter Aufsicht (= Anwesenheit) des Arztes oder (bei einfachen Verrichtungen) einer besonders instruierten Pflegekraft erfolgt[49] und später (im 2. oder 3. Ausbildungsjahr) regelmäßig überprüft wird.

Dabei ist sicherzustellen, dass die jeweils angewandte Technik theoretisch beherrscht wird, die Injektionen nur zum Zweck der Ausbildung vorgenommen werden, die individuellen Fähigkeiten der Schülerin oder des Schülers berücksichtigt werden, vgl. Leitlinien zur Durchführung von Injektionen, Infusionen und Blutentnahmen durch die Schülerinnen und Schüler in der Krankenpflege.[50]

Wiederholungsfragen
1. Was versteht man unter formeller und materieller Qualifikation?
2. Wann dürfen Auszubildende ärztliche Tätigkeiten durchführen?

---

48 Vgl. Böhme, Haftungsrecht, Stuttgart 1996, S. 188.
49 Bei unproblematischen s.c.-Injektionen wird man nach entsprechender Unterweisung und Bewährung am Ende der Ausbildung die Anwesenheit des Anleiters nicht mehr verlangen müssen.
50 Vgl. Weber, M., Infektionen, Infusionen, Blutentnahme, in: PKR 2000 (Heft 3), S. 90–94

c) Welche ärztlichen Tätigkeiten dürfen delegiert werden?

Injektions-, Infusions- und Punktionstätigkeiten sowie Katheterisierung und das Legen von Sonden unterfallen der ärztlichen Kompetenz. Ob diese Aufgaben delegiert werden können oder nicht, richtet sich allein nach der objektiven Gefährlichkeit des Eingriffs und der Qualifikation der Pflegekraft, an die diese Aufgabe delegiert werden soll.

Angesichts ihrer relativen Ungefährlichkeit sind Blutentnahmen aus Ohr und Finger, aber auch venöse Blutentnahmen, auf examinierte, aber auch andere entsprechend unterwiesene Pflegekräfte delegierbar.

Blutentnahme

Bei Injektionen ist die Ansicht verbreitet, die Delegationsfähigkeit richte sich nach einer Art Stufentheorie, wonach subkutane Injektionen auf jeden Fall, je nach Kenntnis und Fähigkeiten intramuskuläre Injektionen und Blutentnahmen erlaubt, dagegen intravenöse Injektionen, Infusionen und Transfusionen nicht erlaubt seien. Dieser »Stufentheorie« kann nicht gefolgt werden[51]. Es gibt durchaus Medikamente, die sowohl intramuskulär als auch intravenös injiziert werden können, die aber angesichts ihrer Gefährlichkeit überhaupt nicht durch nichtärztliches Personal, schon gar nicht in Pflegeeinrichtungen, verabreicht werden dürfen.[52]

Injektionen

Böhme stellt folgenden Negativ-Katalog von Medikamenten auf, die in keinem Fall von nichtärztlichem Personal verabreicht werden dürfen:

Negativ-Katalog

- alle Röntgen-Kontrastmittel,
- Herzmittel wie Strophantin,
- alle Zytostatika,
- alle Medikamente, bei denen häufiger Zwischenfälle beobachtet worden sind, z. B. Macrodex, Revarin usw.[53]

---

51 So auch: Böhme, a.a. O., S. 233 ff.
52 Böhme, a. a. O., S. 233 f.
53 Böhme, a. a. O., S. 234.

Injektionstechnik

Subkutane und intrakutane Injektionen

Sofern die Medikation nicht außerordentlich risikoreich ist, kann in einem zweiten Schritt auf die Injektionstechnik abgestellt werden. Angesichts der Einfachheit der Technik und der geringen Komplikationsgefahr bei meist komplikationslosen Medikamenten (etwa Insulin, Heparin in geringen Dosen), können subkutane und intrakutane Injektionen nicht nur auf examinierte Pflegekräfte (Krankenpflege- und Altenpflegekräfte), sondern auch auf KrankenpflegehelferInnen delegiert werden[54]. Bei entsprechender materieller Qualifikation (zu vermitteln etwa durch Fortbildung, spezielle Anleitung und Unterweisung sowie Kontrolle) kann die Durchführung subkutaner und intrakutaner Injektionen auch an andere Pflegehilfskräfte delegiert oder im häuslichen Bereich von geschulten Angehörigen übernommen werden (sog. einfache Behandlungspflege). Das Erlernen von subkutanen Injektionen kann zumindest von examiniertem Pflegepersonal grundsätzlich nicht abgelehnt werden.

Fall 43:

Eine Heimbewohnerin erhielt zur Behandlung eines LWS-Syndroms intramuskuläre Injektionen im Pflegeheim. In zeitlichem Zusammenhang mit dieser Behandlung wurde sie in ein Krankenhaus stationär aufgenommen. Bei der Aufnahme wurden ein großer Abszess sowie eine mögliche Arzneimittelunverträglichkeit festgestellt. Die Patientin wirft dem Pflegeheim vor, gegen die anerkannten Grundsätze der zu wahrenden Hygiene bei der Injektion verstoßen zuhaben. (Fall nach OLG Köln, Urt. v. 25.02.98, NJW 1999, S. 1790 ff.)

Intramuskuläre Injektionen

Intramuskuläre Injektionen sind nicht ungefährlich, sowohl im Hinblick auf die Technik als auch im Hinblick auf das zu applizierende Medikament. Zwischenfälle, die teilweise zu erheblichen Dauerschäden führen (z. B. Spritzenlähmung) weisen auf die Gefährlichkeit hin. Von der formellen Qualifikation her betrachtet, kommen

---

54 Hahn, a. a. O., S. 45.

zunächst nur examinierte Krankenpflegekräfte für die Übernahme intramuskulärer Injektionen in Betracht. Bei ihnen kann davon ausgegangen werden, dass sie in ihrer Ausbildung sowohl die Technik als auch die möglichen Zwischenfälle und ihre Beherrschung erlernen. Dies gilt dann auch für AltenpflegerInnen, wenn sie in ihrer Ausbildung, die entsprechenden Techniken und Kenntnisse erlernt haben. Wurden die Fähigkeiten und Kenntnisse nicht in der Ausbildung vermittelt, so können sie auch später im Zusammenhang mit Fortbildung und am Arbeitsplatz vermittelt werden: Intramuskuläre Injektionen sind erlernbar. Hier bedarf es dann aber des besonderen Nachweises und der Feststellung der (materiellen) Qualifikation, etwa in Form eines Spritzenscheins[55]. Gerade in Pflegeeinrichtungen kann jedoch von Pflegekräften angesichts der Gefährlichkeit intramuskulärer Injektionen und des Umstands, dass Ärzte nicht immer zur Verfügung stehen, die Übernahme intramuskulärer Injektionen nicht verlangt werden. Fühlen sie sich der Aufgabe nicht gewachsen, so steht ihnen ein Weigerungsrecht zu.

Auch in *Fall 43* zeigt sich die Gefährlichkeit von intramuskulären Injektionen. Das Gericht hatte in diesem Fall allerdings entschieden, dass allein aus einem zeitlichen Zusammenhang einer intramuskulären Injektion und dem Auftreten eines Abszesses kein sog. »Anscheinsbeweis« begründet wird, dass der Abszess auf mangelhafte Desinfektion zurückzuführen sei.

Aufgrund der schwierigen Technik und vor allem wegen der schnellen Wirksamkeit der Injektionsmittel bleibt die Durchführung intravenöser Injektionen in Pflegeeinrichtungen grundsätzlich den Ärzten vorbehalten. Allenfalls können diese Aufgaben besonders zusätzlich qualifizierten, examinierten Pflegekräften übertragen werden, die über die entsprechenden Kenntnisse sowohl in anatomischer als auch pharmakologischer Hinsicht verfügen[56]. Das gleiche gilt für intravenöse Infusionen. Das Einspritzen von Medikamenten in den Infusionsschlauch oder in die Infusionsflasche ist der intravenösen Injektion gleichzustellen. Diese Tätigkeiten bleiben grundsätzlich

Intravenöse Injektionen

Intravenöse Infusionen

---
55 Hahn, a. a. O.; Böhme, a. a. O., S. 234.
56 Böhme, S. 234 m. w. N.

dem Arzt vorbehalten. Das Legen von subkutanen Infusionen mit Kochsalzlösungen sowie das Anschließen von Kochsalzlösungen bei intravenöser Infusion zur Sicherstellung einer ausreichenden Flüssigkeitszufuhr ist angesichts der geringen Komplikationsdichte auf entsprechend qualifizierte, examinierte Pflegekräfte delegierbar.

Fall 44:

Die Kassenärztliche Vereinigung Niederrhein hat ihre Kassenärzte angewiesen, behandlungspflegerische Maßnahmen, die nicht vom Pflegeheim erbracht werden, sondern vom Arzt, den Pflegeheimen auf der Grundlage der GOÄ in Rechnung zu stellen. Entsprechend handelte ein Urologe in Mönchengladbach, der für das Legen eines Dauerkatheters und die notwendige Lokalanästhesie dem Pflegeheim eine Rechnung stellte. Das Pflegeheim weigert sich, diese Rechnung zu begleichen.[57]

Katheterismus

Das Legen, Entfernen, Wechseln von Kathetern ist ebenso wie das Verabreichen von Injektionen ärztliche Tätigkeit[58]. Der Katheterismus wird als operativer Eingriff gewertet, der grundsätzlich besonderes ärztliches Fachwissen voraussetzt. Entsprechend bedarf die Delegation der Katheterisierung auf Pflegepersonal einer besonders strengen Indikation. Das Legen eines Blasenkatheters wird der intramuskulären Injektion gleichgestellt und kann unter den für die IM-Injektionen dargestellten Bedingungen an gut ausgebildete Pflegekräfte delegiert werden[59]. Die Übertragung der Durchführung des Katheterismus setzt eine präzise Verordnung des Arztes voraus, mit der die Maßnahmen wie Harngewinnung für bakteriologische Untersuchungen und Restharnbestimmungen sowie das Legen und Wechseln eines Dauerkatheters ggf. mit Spül- oder Installationsbehandlung zu bezeichnen sind. Bei Komplikationen, z. B. Harngrieß,

---

57 Ein Fall aus Mönchengladbach, der zur Einlegung einer Aufsichtsbeschwerde bei dem für die Rechtsaufsicht über die Kassenärztliche Vereinigung zuständigen Gesundheitsministerium in Nordrhein-Westfahlen führte.
58 Böhme, a. a. O., S. 235.
59 So: Böhme, a. a. O., S. 240.

ist ggf. der Arzt zu benachrichtigen[60]. Harnwegsinfektionen stehen an erster Stelle der im Krankenhaus und in Pflegeeinrichtungen erworbenen Infektionen. Wichtig ist, dass das Legen eines Katheters unter sterilen Bedingungen erfolgt und insgesamt standardgerecht im Sinne der Berücksichtigung des allgemein anerkannten Standes in Medizin und Pflege durchgeführt wird[61], siehe hierzu Anforderungen der Krankenhaushygiene bei der Katheterisierung der Harnblase.

Sind die Voraussetzungen für die Übernahme von behandlungspflegerischen Maßnahmen im Heim nicht gegeben, fehlt es an der entsprechenden Qualifikation oder ist die Maßnahme an sich nicht delegationsfähig, wie etwa das Legen eines Dauerkatheters mit Lokalanästhesie, so besteht weder heimvertraglich noch sozialrechtlich eine Verpflichtung des Heimes, die Maßnahmen durchzuführen. Sie bleibt eine Verpflichtung des Arztes, der diese Leistung mit der zuständigen Krankenkasse abzurechnen hat (vgl. *Fall 44*).

Das Anlegen eines Kondomurinals ist anders als das Legen eines Katheters bedenkenlos dem pflegerischen Bereich zuzuordnen.[62]

Mit der Weiterentwicklung der Medizintechnik und dem gesundheitspolitischen Bemühen, aus Kosten- aber auch aus humanitären Gründen weite Teile der Krankenhausbehandlung in den ambulanten Bereich zu verlagern, kommen immer mehr Aufgaben der Mitarbeit bei ärztlicher Diagnostik und Therapie auf die ambulanten und stationären Pflegeeinrichtungen zu. Bei der ambulanten Behandlung aidskranker Patienten werden sogar intensivmedizinische Versorgungen ambulant durchgeführt und in recht großem Umfang auf Pflegekräfte übertragen. Zu nennen sind in diesem Zusammenhang insbesondere die enteralen und parenteralen Ernährungstechniken, etwa Magensonden, venöse Katheter, Portsysteme oder zentrale Venenkatheter. Die Delegation von ärztlichen Aufgaben im Zusammenhang mit diesen neuen

Weitere ärztliche Aufgaben

---

60 Vgl. zur Katheterisierung: Bojack: Die wichtigsten Grundsätze zur Katheterisierung und Katheterpflege. Teil 1 und 2 in: Pflegen ambulant 1/1999, S. 46–48, 2/1999, S. 45–48.
61 Vgl. von Stösser, Pflegestandards, Berlin 1994, S. 196.
62 Böhme, a. a. O., S. 250.

Techniken bedarf der strengen Indikation und setzt eine besondere Schulung der mit diesen Aufgaben befassten Pflegekräfte voraus. Auch bedarf es klarer Kooperationsabsprachen zwischen behandelnden Ärzten und der Pflegeeinrichtung. Aus konzeptionellen, aber auch aus humanitären Gründen kann es durchaus sinnvoll sein, bestimmte ärztliche Verrichtungen in Pflegeeinrichtungen durch Pflegekräfte durchführen zu lassen. Auf diese Weise kann ggf. einer Krankenhauseinweisung von Patienten vorgebeugt und die Begleitung Sterbender in ihrer gewohnten Umgebung ermöglicht werden. Sowohl von Ärzten als auch von den Pflegeeinrichtungen sind hier besonderes Engagement und Verantwortung gefragt.

Wiederholungsfragen
1. Können sich Altenpflegekräfte grundsätzlich weigern, s.c. Injektionen vorzunehmen?
2. Wann darf ein Katheterismus von Altenpflegekräften vorgenommen werden?

d) Verordnungs- und Handlungsverantwortung

Fall 45:
Der Arzt verordnet einer Patientin eine überhöhte Dosis Insulin. Die Pflegekraft nimmt die Injektion (technisch) fachgerecht vor. Die Patientin erleidet einen Schock und muss ins Krankenhaus.

Soweit Pflegekräfte befähigt und bereit oder ausnahmsweise verpflichtet sind, ärztliche Aufgaben zu übernehmen, und die jeweilige Einrichtung die Durchführung auf das Pflegepersonal überträgt, stellt sich die Frage, wer die Verantwortung für die Verordnungen und die Durchführung der ärztlichen Behandlung trägt. Zu unterscheiden ist hier zwischen sog. Verordnungs- (im Krankenhaus: Anordnungs-) und Durchführungsverantwortung.

Verantwortung

	Haftungsverantwortung
Anordnungsverantwortung	❏ Der Arzt haftet für sein Handeln und seine Entscheidungen bei auftretenden Schäden. ❏ Beispiele: Schäden durch falsche Medikamente oder Fehldiagnosen.
Durchführungsverantwortung	❏ Übernimmt die Pflegeeinrichtung die Durchführung der ärztlichen Maßnahmen, so haftet sie für fehlerhafte Maßnahmen. ❏ Ist der Schaden auf einen Fehler des Arztes zurückzuführen, so haftet der Arzt.
Handlungsverantwortung	❏ Für die Pflegehandlung haftet die einzelne Pflegeperson selbst. ❏ Die Pflegeperson haftet für unsorgfältiges und fehlerhaftes Handeln. ❏ Sie darf nur Maßnahmen übernehmen, für die sie qualifiziert ist.

Die ärztlichen Verordnungen der Applikation fallen allein in die Verantwortung des Arztes. Bei Unverträglichkeit des Medikamentes, Auftreten von Komplikationen oder diagnostischen und therapeutischen Fehlentscheidungen haftet allein der Arzt, s. *Fall 45*.

Verordnungsverantwortung

Übernimmt die Pflegeeinrichtung die Durchführung der ärztlichen Maßnahmen, so haften die Einrichtung und die ausführenden Mitarbeiter für die fachgerechte Durchführung im Rahmen der ärztlichen Verordnung. Wurde beispielsweise vom Arzt eine fehlerhafte Verordnung im Hinblick auf die Durchführung eines Katheterismus gegeben und kommt es in der entsprechenden Ausführung der Verordnung zu einem Zwischenfall, so haftet der Arzt. Führt demgegenüber eine Pflegekraft die Verrichtung unsorgfältig durch (z. B. unsteriles Legen eines Katheters) oder lässt das Heim auch nicht qualifiziertes Personal ärztliche Maßnahmen durchführen, so haftet im Rahmen der Durchführungsverantwortung das Heim bzw. die Pflegekraft.

Durchführungsverantwortung

Die Verantwortung für die Pflegehandlungen trägt die jeweilige Pflegekraft selbst. Sie hat zu prüfen, ob sie sich der Aufgabe gewachsen fühlt, ob sie die Qualifikation besitzt und ob die Durch-

Handlungsverantwortung

führung der Maßnahme rechtmäßig ist (lehnt der Patient etwa die Behandlung ab?). Die Maßnahmen selbst hat sie sorgfältig (= standardgerecht) zu erbringen. Die Handlungsverantwortung in diesem Sinne nimmt der Pflegekraft kein Vorgesetzter und kein Arzt ab: Für unser Tun sind wir stets selbst verantwortlich.

Fall 46:

In einem Altenheim weist die Hausärztin einer Heimbewohnerin nach deren Untersuchung die anwesende Altenpflegerin an, es künftig zu unterlassen, bei dieser Patientin die bisher täglich erfolgte Blutdruckkontrolle vorzunehmen. Die Altenpflegerin betrachtet dies als Eingriff in ihre Kompetenzen und in die Organisation des Heimes. Hat sie recht?[63]

Vertrauensgrundsatz und Eigenverantwortung

Bei arbeitsteiligem Zusammenwirken von Arzt und Pflegekräften können beide Seiten grundsätzlich davon ausgehen, dass der andere fachlich verantwortlich handelt (Vertrauensgrundsatz),
- die Pflegekraft bzw. die Einrichtung bezüglich der therapeutisch-ärztlichen Entscheidung,
- der Arzt hinsichtlich einer ordnungsgemäßen Durchführung seiner Verordnungen im Rahmen der getroffenen Kooperationsvereinbarungen.

Die Beteiligten dürfen sich aber auch nicht blind vertrauen. Sofern ein konkreter Anhaltspunkt für ein fehlerhaftes Handeln des anderen vorliegt, bedarf es des Einschreitens. Zurückzuweisen sind jedoch Eingriffe in die jeweiligen Kompetenzbereiche der Kooperationspartner: Die Pflegekraft kann den behandelnden Ärzten keine bestimmten diagnostischen oder therapeutischen Entscheidungen abverlangen, etwa: Verordnen Sie bitte Frau X. das Medikament Y. Ebenso kann der Arzt der Pflegekraft keine Anordnungen für die Fachpflege geben, etwa die RR-Kontrollen zu unterlassen, die im

---

63 Fall aus: Böhme, Kompetenzen in der Altenpflege, in: Altenheim 1988, S. 421 ff.

Rahmen der sog. ,Grundpflege' zur standardgerechten Krankenbeobachtung gehören, s. *Fall 46*.
Weitere mögliche Gründe für das Zurückweisen ärztlicher Verordnungen bzw. Entscheidungen:
- Patient wurde trotz Möglichkeit nicht über Verordnung aufgeklärt und wünscht dies,
- Verordnung ist offensichtlich »kunstfehlerhaft«,
- Patient lehnt Medikament ab.

Wiederholungsfragen
1. Was versteht man unter Verordnungsverantwortung, und wer trägt sie im Altenpflegebereich für ärztliche Maßnahmen?
2. Wann müssen Pflegekräfte ärztliche »Anordnungen« zurückweisen?

e) Auswahl, Anleitung und Überwachung der Pflegekräfte

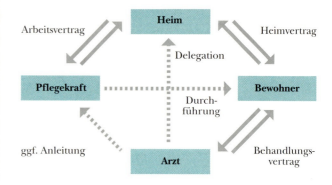

Kooperationsverhältnis Arzt – Heim

Eine Vorgesetzte im Pflegebereich darf niemals gestatten, dass die ihr zugeordneten MitarbeiterInnen ohne weiteres ärztliche Verrichtungen durchführen. Sie würde sich damit dem Vorwurf ungewöhnlicher Sorglosigkeit aussetzen (BGH NJW 1979, 1935 f.) und damit ihre Aufsichts-, Organisations- und Überwachungspflicht grobfahrlässig verletzen.

Fall 47:
Im Pflegeheim F übernahm der ehemalige KFZ-Mechaniker und angelernte Pflegehelfer seit Jahren recht zuverlässig Aufgaben im Bereich der Behandlungspflege, insbesondere verabreichte er regelmäßig Insulininjektionen bei Diabetespatienten. Er tat dies auch sorgfältig, ohne dass es je zu einem Zwischenfall kam. Die betroffenen Bewohnerinnen wussten aber nicht, dass es sich bei Herrn B nicht um eine ausgebildete Pflegefachkraft handelt. Sie waren auch nicht darüber informiert worden, dass im Heim Nichtfachkräfte im behandlungspflegerischen Bereich eingesetzt werden.

(Landgericht Waldshut-Tiengen, Urteil vom 23. 03. 2004, Az: 2Ns 13Js 1059/99)

Neben der Verantwortung für die ordnungsgemäße Durchführung tragen Pflegeeinrichtungen eigene Verantwortung für die Auswahl, Anleitung und Überwachung der Pflegekräfte, die die ärztlichen Maßnahmen durchführen. Wenn Pflegeeinrichtungen bereit sind, Pflegekräften ärztliche Verrichtungen zu übertragen, so übernehmen sie eine erhebliche Mitverantwortung, die aus der selbständigen Durchführung ärztlicher Verrichtungen resultiert. Anders als im Krankenhausbereich stehen Arzt und Pflegeeinrichtung i. d. R. in keinem vertraglichen Verhältnis zueinander. Der Arzt hat lediglich einen Behandlungsvertrag mit seinen Patienten. Der Arzt verfügt über keine Weisungsrechte gegenüber dem Pflegepersonal. Die Tätigkeit erfolgt zwar auf Veranlassung des Arztes, wird aber in der Durchführung selbständig und i. d. R. ohne ärztliche Mitwirkung und Beaufsichtigung durchgeführt.[64]

Verantwortung von Heim und Pflegedienst

Arzt und Pflegeeinrichtung

Kooperationsverhältnis Arzt – ambulanter Dienst

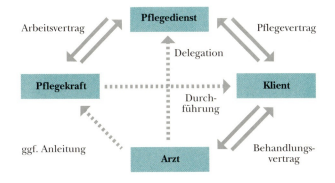

Aus dieser Konstellation ergeben sich auch Folgerungen für die juristische Beurteilung der Voraussetzungen für die Delegation. Es ist praxisfern, zu verlangen, dass jeder behandelnde Arzt, der einen

Arzt und Vorgesetzter

---

64 BGH NJW 1976, S. 2318.

Heimbewohner/Patienten versorgt und ärztliche Verrichtungen delegiert, sich von der Fähigkeit der einzelnen Pflegekraft in der Pflegeeinrichtung überzeugt, Injektionen vorzunehmen, Katheter zu versorgen etc., ihr persönlich die Vornahme überträgt (bzw. übertragen lässt), sie instruiert und schließlich dabei stichprobenmäßig die Vornahme daraufhin überprüft, ob sie auch ordnungsgemäß erfolgt[65]. Aus diesen Gründen ergibt sich die Aufgabe von Heim und Sozialstation, sicherzustellen, dass geeignetes Personal ausgewählt, angeleitet, instruiert und kontrolliert respektive weitergebildet wird. Hierzu müssen sie sich eines Arztes bedienen.

In diesem Zusammenhang ist die Entwicklung und Verwendung von sog. Spritzenscheinen oder Befähigungsnachweisen sinnvoll. Die Befähigungsnachweise gelten einerseits als Qualifikationsnachweis in Ergänzung zu der entsprechenden Ausbildung der einzelnen Pflegekraft, sie stellen andererseits aber vor allem eine Organisationserleichterung für die Pflegeeinrichtung und die behandelnden Ärzte dar. Die Befähigungsnachweise ersetzen keinesfalls eine ärztliche Instruktion und Anleitung. Sie dienen auch nur als Qualifikationsnachweis für speziell aufgeführte Tätigkeiten. Aus diesem Grunde müssen Befähigungsnachweise unterschiedliche Techniken ausweisen, in die unterwiesen wurde, etwa: subkutane Injektionen, intramuskuläre Injektionen, Blutentnahmen aus der Vene, Katheterismus, Anlegen von subkutanen Infusionen, Legen von Magensonden. Die Befähigungsnachweise gelten zeitlich nicht unbegrenzt, vielmehr sind entsprechende Weiterbildungen und Überprüfungen zu vermerken, um den Nachweis zu erbringen, dass die Pflegekraft auch »heute noch« über die entsprechende Befähigung verfügt. Diese Befähigungsnachweise sind in erster Linie aus haftungsrechtlichen Gründen (Entlastungsbeweis für den Träger, § 831 BGB) und aus organisatorischen Gesichtspunkten für Pflegeeinrichtung und Arzt nützlich. Für die Pflegekräfte stellen die Befähigungsnachweise als solche kaum Hilfe in haftungsrechtlichen Auseinandersetzungen dar.[66]

Befähigungsnachweise

---
65 Vgl. Hahn, a. a. O.
66 Allenfalls Widerlegung eines Übernahmeverschuldens.

> **Beispiel für „Spritzenschein"**
>
> **Befähigungsnachweis**
>
> Die Pflegekraft _____
>
> geb. _____
>
> Ausbildung: _____
>
> verfügt über die erforderlichen Kenntnisse und Fähigkeiten zur Durchführung von
>
> **subkutanen und intramuskulären Injektionen.**
>
> Sie hat in der Zeit vom _____ bis _____ an einem 15-stündigen Fortbildungskurs mit den Themen
>
> • Anatomie und Physiologie
> • Pharmacagruppen
> • Technik der subkutanen und intramuskulären Injektionen
> • Rechtsfragen der Delegation
>
> mit Erfolg teilgenommen.
>
> _____   _____
> Sozialstationsleitung   Arzt

Für sie werden »Spritzenscheine« aber dann sinnvoll, wenn in ihnen eine Haftungsübernahme des Trägers für alle nicht vorsätzlich (also auch die grob fahrlässig) verursachten Schäden im Zusammenhang mit der Durchführung ärztlicher Verrichtungen verbrieft wird (ärztliche Verrichtungen haben im Pflegeheimbereich wie in der ambulanten Pflege grundsätzlich als gefahrgeneigte Arbeit zu gelten[67]). Ebenso vermittelt es den Pflegekräften Sicherheit, wenn der Arbeitgeber sich verpflichtet, die Kosten eines Strafverfahrens im Zusammenhang mit der Durchführung ärztlicher Verrichtungen für die Pflegekraft zu übernehmen. Entsprechende versicherungsrechtliche Absicherungen sind für Heimträger etc. möglich.[68]

Haftungsübernahme

---

67 Vgl. S. 93, Zur gefahrgeneigten Arbeit vgl. Böhme, Haftungsrecht, Stuttgart 1996, S. 148.
68 Hierzu vgl. Böhme, a. a. O., S. 99.

Auszug aus einer Dienstanweisung:

...

Haftung
Die Sozialstation tritt bei zivilrechtlichen Haftungsansprüchen von Klienten der Sozialstation auf Schadensersatz und Schmerzensgeld infolge von Injektionen, Blutentnahmen und Katheterismen für ihre hierzu beauftragten Mitarbeiter ein. Die beauftragten Pflegekräfte werden nicht zur Zahlung von Schadensersatz oder Schmerzensgeld herangezogen. Die Sozialstation verzichtet insbesondere auf alle Regressansprüche, die aus der Durchführung von ärztlich angeordneten Injektionen, Blutentnahmen und Katheterismen der Harnblase entstehen könnten. Dies gilt lediglich dann nicht, wenn der Schaden von der beauftragten Pflegekraft vorsätzlich verursacht worden ist.
Bei strafrechtlichen Verfahren im Zusammenhang mit Zwischenfällen bei der Durchführung von Injektionen, Blutentnahmen und Katheterismen trägt die Sozialstation die Kosten des Strafverfahrens.

Insgesamt ist zu beachten, dass Spritzenscheinen und anderen Befähigungsnachweisen sowohl in der zivil- als auch in der strafrechtlichen Beurteilung von haftungsrechtlichen Zwischenfällen nicht die entlastende Kraft zukommt, die ihnen weithin beigemessen wird.

Die Zulässigkeit des Delegierens ärztlicher Tätigkeit auf nichtärztliches Personal ist stets anhand des Einzelfalles zu beurteilen, die Erforderlichkeit ärztlichen Einschreitens, die Komplikationsgefahr etc. kann nur in der jeweiligen Situation eingeschätzt werden[69].

Pflegedokumentation Neben dem »Spritzenschein« ist daher eine ausführliche Pflegedokumentation unverzichtbar.[70]

---

69 Im ambulanten Bereich haben sich Verordnungs- und Pflegeberichtsbücher bewährt.
70 Vgl. Roßbruch: Die Pflegedokumentation aus haftungsrechtlicher Sicht. PflegeR 1998 (6), S. 126-130

> Entsprechend den Empfehlungen der Deutschen Krankenhausgesellschaft (vgl. Deutsches Ärzteblatt 1980, S. 1709 f.) ist die ärztliche Anordnung *schriftlich festzuhalten und vom Arzt abzuzeichnen*. Dabei ist der Patient namentlich zu benennen sowie das zu verabreichende Medikament, dessen Menge, Art und Zeitpunkt der Verabreichung zu bestimmen.
> Aus: Erlass des BaWü Sozialministeriums v. 29. 7. 1986
> Az V/3-7329.1.

Hier sind ärztliche Verordnungen, besondere Hinweise für die Durchführung sowie die Delegation zu vermerken. Mittels der Pflegedokumentation kann festgestellt werden, ob die verordneten Maßnahmen vorgenommen wurden, von wem und auf wessen Verordnung z. B. Injektionen verabreicht wurden. Gleichzeitig kann in der Pflegedokumentation dem Arzt mitgeteilt werden, ob es zu Auffälligkeiten gekommen ist.

Die Pflegedienstleitung hat auch sicherzustellen, dass bei der Delegation von behandlungspflegerischen Aufgaben auf Nichtfachkräfte die Bewohner entsprechend informiert werden. Ansonsten kann es, wie vom Landgericht Waldshut-Tiengen entschieden (*Fall 47*) zu einer Strafverfolgung kommen: Die Bewohner haben ihre Einwilligung in die Durchführung einer behandlungspflegerische Maßnahme durch eine Nichtfachkraft nicht gegeben.[71]

Wiederholungsfragen
1. Welche Bedeutung hat ein Spritzenschein?
2. Was kann in einer »Haftungsübernahme« des Arbeitgebers geregelt werden.

---
[71] Vgl. kritisch zur Entscheidung des Landgerichts: Böhme PKR 3/2005, S. 55 ff.

f) »Dienst- und Fachaufsicht«

Fall 48:

Der Heimleiter, Sozialarbeiter von Beruf, weist die Altenpflegekraft an, bei der Bewohnerin Frau B. künftig regelmäßig den Blutzuckerspiegel zu bestimmen.

Fachvorbehalt

Wie ausgeführt, hat die Leitung einer Pflegeeinrichtung dafür Sorge zu tragen, dass die Pflegekräfte verantwortlich ausgewählt, angeleitet und kontrolliert werden, dass der Pflegedienst gut organisiert ist und die Kooperation mit den Ärzten klar geregelt wird.

Dieses Recht und die Pflicht zur Führung, zur Kontrolle, zur Erteilung von Anweisungen und zur inneren Organisation einer Einrichtung kann in Anlehnung an das öffentliche Dienstrecht als »Dienstaufsicht« bezeichnet werden, die abzugrenzen ist von der »Fachaufsicht«. Verantwortlich für die Anordnung und Durchführung sowie Kontrolle fachlicher Aufgaben sind die Fachkräfte, d. h. für den Bereich der Pflege die Pflegefachkräfte. Die mit diesen Aufgaben verantwortlich betrauten Fachkräfte – etwa die PDL – haben die Fachaufsicht in der Einrichtung.

Die Fachaufsicht obliegt notwendigerweise einer Pflegefachkraft. In diesem Zusammenhang wird auch vom ‚organisatorischen Fachvorbehalt' gesprochen. Pflegefachfragen dürfen auch auf Leitungsebene nur von Pflegefachkräften entschieden werden. An dem organisatorischen Fachvorbehalt findet die Organisationsfreiheit des Arbeitgebers ihre Grenze.

Der Leiter eines Heimes kann im Rahmen seiner Dienstaufsicht seinen Pflegekräften nicht vorschreiben, wie sie behandlungspflegerische Maßnahmen durchzuführen haben, dies wäre eine Kompetenzüberschreitung, s. in *Fall 48*.

Wiederholungsfragen
1. Wie lassen sich Fachaufsicht und Dienstaufsicht unterscheiden?
2. Was versteht man unter organisatorischem Fachvorbehalt?

g) Checkliste: Fehlerquellen in der Kooperation Pflegeeinrichtung – Arzt

Bei der verantwortlichen Gestaltung der Kooperation zwischen Pflegeeinrichtung und Ärzten ist insbesondere auf folgende Fehlerquellen, sowohl im Managementbereich als auch im Alltag der Pflege, zu achten:

→ **Kommunikationsmängel:** *Kommunikation*
Ist dafür gesorgt, dass die Pflegekräfte ihre notwendigen Informationen seitens der Ärzte erhalten und ihrerseits auch kommunikativ in der Lage sind, ihre Fragen und Anliegen den Ärzten gegenüber zu vertreten? (Bewährt haben sich Rhetorikkurse für Pflegekräfte.)

→ **Koordinationsmängel:** *Koordination*
Bestehen klare Absprachen zwischen Pflegeeinrichtung und Ärzten dahingehend, dass bei gemeinsamer Aufgabenerledigung diese abgestimmt erfolgt? Wird etwa dafür gesorgt, dass die notwendigen ärztlichen Verordnungen und Rezepte vorliegen, damit die ärztlichen Assistenztätigkeiten standardgerecht erfüllt werden?

→ **Qualifikationsmängel:** *Qualifikation*
Wird dafür Sorge getragen, dass nur tatsächlich befähigtes Pflegepersonal mit der Übertragung von ärztlichen Assistenztätigkeiten betraut wird?

→ **Kompetenzabgrenzungsmängel:** *Kompetenz*
Wird sichergestellt, dass die Verantwortungsmacht nicht Pflegekräften, etwa bezüglich der Vergabe von Psychopharmaka, übertragen wird? Sind die Kompetenzen bezüglich Pflegedienstleitung, Wohngruppenleitung/Einsatzleitung sowie zwischen Fachkraft und angelernten Pflegepersonen klar geregelt?

Dokumentation

→ **Dokumentationsmängel:**
Sieht die Kooperationsabsprache mit den Ärzten eine schriftliche ärztliche Verordnung vor, und sind entsprechende Erledigungsvermerke in der Pflegedokumentation verbindlich vereinbart worden?

Rechtsschutz

→ **Rechtsschutzmängel:**
Wird darauf geachtet, dass in der Ausübung ärztlicher Assistenztätigkeiten Rechte der Betroffenen nicht verletzt werden, sei es durch unfreiwillige Medikamenteneinnahme, freiheitsentziehende Maßnahmen – ohne dass es hierfür eine (juristische) Rechtfertigung gibt?

Literaturhinweise
Böhme: Haftungsrecht, Stuttgart, 3. Aufl. 1996.
Schell: Injektionsproblematik aus rechtlicher Sicht, Hagen 1995.

3. Pflegefehler

Fall 49:
A. betreut eine 83-jährige bettlägerige Dame. Es ist Herbst. A. hält viel von durchlüfteten Zimmern und macht während ihrer Anwesenheit immer eine Stunde die Fenster des Schlafzimmers auf. Die 83-Jährige erkrankt an einer Pneumonie, da sie nicht ausreichend warm angezogen und zugedeckt war.

Leitende Pflegekräfte und die jeweils handelnde Pflegekraft tragen die Verantwortung für die sach- und fachgerechte Pflege der Pflegebedürftigen. Ebenso wie bei Injektionen usw. stellen pflegerische Maßnahmen häufig tatbestandlich Straftaten dar, z. B. Schneiden von Fingernägeln, Haareschneiden.

Strafrechtliche Folgen

Dies zeigt, dass jede pflegerische Maßnahme grundsätzlich die Einwilligung und das Einverständnis des Patienten erfordert.

Schadensersatzansprüche

Neben strafrechtlichen Folgen können sich auch Schadensersatzansprüche aufgrund von Pflegefehlern ergeben.

Pflegerische Sorgfaltspflichten sind dann verletzt, wenn das Pflegepersonal bei der Pflege gesicherte pflegerische Erkenntnisse nicht berücksichtigt, die dem jeweiligen Stand der Pflege in Wissenschaft und Technik entsprechen. Diese Voraussetzungen sind gegeben, wenn das Pflegepersonal das erforderliche Maß an Geschicklichkeit, Sorgfalt oder Fachkenntnis unberücksichtigt lässt.

Pflegerische Sorgfaltspflicht

Lange fehlte es in Deutschland an verbindlichen Pflegestandards und Leitlinien. Inzwischen liegen vier nationale Pflegestandards des DNQP vor[72]. Sie werden in langwierigen Verfahren erarbeitet: Zunächst werden umfangreiche Literaturrecherchen durchgeführt, wo es im In- und Ausland Erfahrungen und Wissensbestände zu den angesprochenen Fragen gibt. Dann bemüht man sich um einen Konsens, was in Deutschland unter den gegebenen Bedingungen an Standards festgelegt werden kann. Schließlich werden die so erarbeiteten Standards in der Praxis erprobt und dann in einer großen Konsensuskonferenz der Fachöffentlichkeit vorgestellt und mit ihr diskutiert. Die nationalen Standards gelten nicht eins zu eins in jedem Heim oder Krankenhaus. Sie müssen jeweils umgesetzt werden und an die Anforderungen etwa eines ambulanten Dienstes oder Pflegeheimes oder eben eines Krankenhauses angepasst werden. Auch die Buko QS (Bundeskonferenz Qualitätssicherung im Pflegewesen)[73] erarbeitet nationale Qualitätsniveaus (Standards). Diese werden aber nicht nur von einer Berufsgruppe, etwa der Pflege, sondern von vielen Berufsgruppen (Pflegekräfte, Sozialarbeiter, Therapeuten, Ärzte) gemeinsam erarbeitet. Es sind interdisziplinäre Standards.[74]

Fall 50:

Eine an Morbus Alzheimer leidende Heimbewohnerin erlitt einen Dekubitus vierten Grades. Sie litt an erheblichen Schmerzen, musste stationär behandelt und operiert werden. Das Gericht kam zu der Überzeugung, dass die Entwicklung des Dekubitus nicht hinreichend dokumentiert wurde, die

---

72 www.dnqp.de
73 www.buko-qs.de
74 Zur Qualitätssicherung im Recht vgl. Bieback: Qualitätssicherung der Pflege im Sozialrecht, Heidelberg 2004

üblichen Standards, eine zwei- bis dreistündige Umlagerung – unterlassen worden seien. Auch sei, als sich der Zustand nicht besserte, kein Arzt benachrichtigt worden, sondern der Dekubitus eigenmächtig mit verschreibungspflichtigen Arzneimitteln behandelt worden.[75]

Beispiele für Pflegefehler

Weitere Beispiele:
- Paroditis, verursacht durch ständige Verabreichung breiiger Kost.
- Veränderungen des Kiefers bei nicht regelmäßigem Einsetzen des Gebisses (hier kann evtl. Schadensersatz für ein neues Gebiss gefordert werden).
- Verbrennungen durch Lichtbogen oder zu heiße Wärmflaschen.[76]
- Kontrakturen durch Bewegungsmangel des Bewohners oder Patienten.
- Lungenentzündung durch schlechte Lagerung des Patienten, s. auch *Fall 49*.
- Regelmäßiges oder dauerhaftes Fixieren ohne Indikation und Genehmigung.
- Bewohner wird falsch gelagert und zieht sich dadurch Kontrakturen zu (Spitzfuß), z. B. ständige Rückenlagerung ohne Bettkiste o. Ä.
- Pflegekraft unterlässt Sterilisation der Katheterutensilien, Bewohner erleidet »aufsteigende« Infektion.
- Unsteriles Aufziehen von Injektionen.
- Bewohner hat seit Tagen Blut im Urin, Altenpfleger sorgt nicht dafür, dass der Arzt benachrichtigt wird (Fehler in der Krankenbeobachtung).
- Zur Dekubitusprophylaxe wird es versäumt, geeignete Vorsorgemaßnahmen (Lammfellunterlagen, Lagerungskissen, Antidekubitusmatratzen) zu treffen, so dass es zu schmerzhaftem Dekubitus kommt, *Fall 50*.

---

75 OLG Oldenburg, Urt. v. 14.10.1999, Pflegerecht 2000 (8), S. 262 – 267
76 Das AG Kassel hatte einen Fall zu verhandeln, in dem eine Pflegekraft die Wassertemperatur des Badewassers nicht überprüft hatte, und die Bewohnerin eine Verbrennung zweiten Grades erlitt.

- Dekubitus wird durch unsachgemäße Pflege verursacht, z. B. Vibrolan® auf (noch) gesunde Haut bei leichten Druckstellen.[77]
- Bewohner wird nicht in ausreichendem Maß mit Getränken versorgt und zum Trinken veranlasst. Folge: Verwirrtheitszustände, Nierenschädigungen, Austrocknungen.[78]

Wiederholungsfragen
1. Wer trägt die Verantwortung für die sachgerechte Pflege?
2. Nennen Sie einige Beispiele für Pflegefehler!

4. Geschäftsführung ohne Auftrag

Fall 51:
A. betreut einen 80-jährigen alleinstehenden Mann. Er klagt über Herzschmerzen, möchte aber nicht, dass ein Arzt benachrichtigt wird. A. ist so besorgt, dass sie dennoch den Hausarzt benachrichtigt, der keinerlei Befund feststellen konnte, aber eine Rechnung schickt.

In der Praxis der Altenpflege werden viele Tätigkeiten im Rahmen der Betreuung von Pflegekräften vorgenommen, ohne dass sie hierzu von den betreuten alten Menschen »beauftragt« wurden. Ohne Auftrag, aber im »Interesse« des alten Menschen
- wird der Arzt benachrichtigt, wenn es dem Patienten schlecht geht,
- werden Behördenformulare ausgefüllt oder zusätzliche Hilfen beantragt,
- kauft die Pflegekraft Lebensmittel oder Hygieneartikel ein,
- werden verdorbene Lebensmittel beseitigt,

Problemstellung

---

77 Vgl. zu Verbreitung und Ursachen des Dekubitus: Püschl, K. u. a., Epidemiologie des Dekubitus im Umfeld der Sterbephase: Analyse im Rahmen der Leichenschau, Jahreserhebung 1998. Forschungsbericht im Auftrag der Hamburger Behörde für Arbeit, Gesundheit und Soziales, Hamburg 1999
78 Das VG Hamburg hatte einen Fall zu entscheiden, in dem wiederholt Heimbewohner mit extremen Austrocknungserscheinungen ins Krankenhaus eingeliefert wurden.

- wird ein Heimeinzug eingeleitet,[79]
- werden Haustiere während des Krankenhausaufenthaltes versorgt.

Unter rechtlichen Gesichtspunkten interessiert hier die Frage, wann die Pflegekraft berechtigt ist, ohne entsprechenden Auftrag des Betreuten für diesen tätig zu werden und »seine Geschäfte« zu erledigen und wann nicht, mit der Folge, dass sie Auslagen selber tragen muss und ggf. Schadensersatz zu leisten hat. Diese Fragen sind im BGB in den §§ 677 ff. unter dem Stichwort »Geschäftsführung ohne Auftrag« geregelt.

Eine Geschäftsführung ohne Auftrag ist berechtigt, wenn sie objektiv dem Interesse und subjektiv dem wirklichen oder mutmaßlichen Willen des Betreuten entspricht oder im öffentlichen Interesse geboten ist.

Interesse des Betroffenen

Im »Interesse« des Betroffenen liegt die Geschäftsführung, wenn die Vornahme der Tätigkeit für den Betreuten objektiv nützlich ist; beispielsweise der Einkauf von notwendigen Putzmitteln oder die Bezahlung fälliger Telefonrechnungen.

Fall 52:
Für Frau B. wird das Taschengeld verwaltet, obwohl sie dieses gar nicht wünscht. Durch einen Diebstahl aus der Taschengeldkasse kommt Geld abhanden.

Wille

In erster Linie ist der wirkliche – auch der Dritten gegenüber geäußerte – Wille entscheidend. Wünscht der Betreute ausdrücklich nicht, dass der Arzt benachrichtigt wird, so *Fall 51*, Putzmittel besorgt werden oder die Telefonrechnung beglichen wird, so darf sich die Pflegekraft nicht über diesen Willen hinwegsetzen und ihn »zwangsweise beglücken«. Dies gilt besonders bei so schwerwie-

---

79 Siehe hierzu: Klie: Heimrecht – Rechtsprechungssammlung zum Heimgesetz und Nebengebieten. Hannover 1997, S. 419 ff.

genden Maßnahmen wie dem Heimeinzug und Haushaltsauflösungen.

Bei einer Geschäftsführung ohne Auftrag gegen den Willen des Betroffenen haftet der Geschäftsführer für alle aus der Geschäftsführung folgenden Schäden, auch den zufälligen Verlust wie in *Fall 52*.

Ist ein Wille nicht erkennbar, weil der Betreute abwesend ist, schläft oder aufgrund von Verwirrtheit keine Entscheidungen treffen kann, so entscheidet der mutmaßliche Wille, d. h. der Wille, der bei objektiver Beurteilung aller Umstände geäußert sein würde. Kauft etwa die Pflegekraft für den alleinstehenden, aus dem Krankenhaus kommenden Patienten zum Wochenende etwas Essbares ein, so kann der Patient die Erstattung der Auslagen nicht mit der Begründung verweigern, er hätte später gar keinen Hunger gehabt. Der Einkauf lag objektiv gesehen in seinem Interesse.

Grundsätzlich darf die Pflegekraft sich nicht über den erklärten Willen des Betroffenen hinwegsetzen. Ein entgegenstehender Wille ist ausnahmsweise dann unbeachtlich, wenn die »Geschäftsführung« eine im öffentlichen Interesse liegende Pflicht oder gesetzliche Unterhaltspflicht des Geschäftsherrn darstellt.

Öffentliches Interesse

Benachrichtigt beispielsweise der unterhaltsverpflichtete Ehemann für seine erkrankte Frau nicht den behandelnden Arzt, wenn eine Behandlung objektiv geboten ist, dann kann der Arzt auch von anderen – z. B. der Pflegekraft – gerufen werden. Der Arzt kann sich ggf. die Behandlungskosten von dem Ehemann erstatten lassen.[80]

Fall 53:

G. sieht aus der Wohnung der alten Frau H. schwarzen Qualm dringen. G. klingelt, doch ihm wird nicht geöffnet. Daraufhin bricht G. die Tür auf, um den vermeintlichen Brand zu löschen. Er trifft in der Wohnung die schwerhörige H., der die Milch übergekocht ist.

---

80   Vgl. Palandt/Thomas § 679 Anm. 2c.

| Gefahrenabwehr | Dient die Handlung der Abwehr einer dem Betreuten drohenden, dringenden Gefahr, so braucht die Pflegekraft keine Regressansprüche zu fürchten, wenn sie irrig eine Notlage annahm. Wird beispielsweise ein Notarztwagen gerufen, weil die Pflegekraft irrig der Meinung war, es läge ein akuter Notfall vor, so muss sie – abgesehen von Fällen grober Fahrlässigkeit – die Einsatzkosten nicht selber tragen, so auch im *Fall 53* für G.[81] |

Wiederholungsfragen
1. Was versteht man unter »Geschäftsführung ohne Auftrag«?
2. Wann ist eine »Geschäftsführung ohne Auftrag« gerechtfertigt?
3. Wann kann sich die Pflegekraft über einen entgegenstehenden Willen des Betroffenen hinwegsetzen?

5. Schutz der Privatsphäre

Einstiegsfrage
Was wissen Sie über alle Ihre BewohnerInnen/KlientInnen?
Wäre es Ihnen recht, wenn andere ebenso über Sie Bescheid wüssten? Unter welchen Voraussetzungen könnten Sie es akzeptieren?

| Der gläserne Bewohner | Pflegekräfte erfahren viel über BewohnerInnen und Patienten. Sie kennen die persönlichen Daten – Name, Alter, Krankheit –, häufig auch den Beruf, den Geburtstag. Sie sind über den Gesundheitszustand informiert und haben teilweise Einblicke in Wohn- und Familienverhältnisse. |
| Biografie | Gerade dort, wo (sinnvollerweise) auf die Biografie der Pflegebedürftigen besonders viel Wert gelegt wird, sie in der Anamnese und Pflegeplanung berücksichtigt wird, erfahren und wissen Pflegekräfte sehr viel über sehr Persönliches der Pflegebedürftigen. Mit |

---
81 Vgl. Medicus, Bürgerliches Recht, Köln, Rz 424.

diesem Wissen um die Betreuten ist sehr behutsam umzugehen. Geht es in der Altenpflege auch ganz wesentlich um das Ziel, die Eigenständigkeit der alten Menschen zu erhalten und zu fördern, so verlangt dies eine alltägliche Beachtung und den Schutz der anvertrauten Informationen durch Heim, Pflegedienst und das Pflegepersonal. Das Vertrauensverhältnis zwischen Pflegekraft und Betreuten ist gestört, wenn der alte Mensch nicht sicher sein kann, dass Pflegekräfte mit den ihnen gestatteten Einblicken vertraulich und korrekt umgehen.

> **Zur Diskussion**
>
> Wer keine Geheimnisse mehr hat, über den alles bekannt ist, der hat auch Schwierigkeiten mit seiner Identität, seinem Selbstbewusstsein und mit seiner Fähigkeit, sich selbst zu helfen.[82]

Eine Reihe rechtlicher Vorschriften verpflichten Heim und Pflegekräfte zur Verschwiegenheit und zu einem korrekten Umgang mit den Daten des Betreuten.

Schweigepflicht

1   § 203 StGB stellt die **Verletzung von Privatgeheimnissen** unter Strafe. So kann ein Altenpfleger sich strafbar machen, wenn er bestimmte Krankheiten oder psychische Auffälligkeiten von BewohnerInnen unbefugten anderen mitteilt.
    Beispiel: Eine Pflegekraft darf ihrem Ehemann nichts über die Krankheit eines bestimmten Bewohners erzählen oder mitteilen, etwa wie ängstlich oder verwirrt ein angesehener Bürger bei einer Behandlung sei. Die Schweigepflicht beinhaltet auch ein Schweigerecht: Fachpflegekräfte können in bestimmten Situationen anderen gegenüber Informationen über Pflegebedürftige verweigern.

---

82   Vgl. Mörsberger, Datenschutz, Prüfstein für die soziale Arbeit, in: TuP 1987, S. 221.

Briefgeheimnis

2 § 202 StGB schützt das **Briefgeheimnis**.

Fall 54:
Eine Heimbewohnerin erhält einen Brief von der Deutschen Rentenversicherung. Der Heimleitung ist bekannt, dass die Betreffende alle Post, die sie erhält, sofort wegwirft, und zwar ohne die Post zu öffnen. Sie öffnet daher den Umschlag und nimmt das Schreiben der Rentenversicherung zu der Akte der Heimbewohnerin.

Wer unbefugt einen verschlossenen Brief öffnet und liest, macht sich strafbar. Gleiches gilt für andere Schriftstücke, in denen persönliche oder geschäftliche Äußerungen enthalten sind, zum Beispiel: Tagebücher, Notizen, Dichtungen, Abrechnungen und Abbildungen (Familienfotos). Das Briefgeheimnis verletzt auch derjenige, der einen (offenen) Brief aus einem verschlossenen Behältnis (Nachttisch, Schrankfach, Tasche) nimmt und liest. Auch das Verhalten der Heimleitung in *Fall 54* ist als Verletzung des Briefgeheimnisses zu qualifizieren. Sogar der gesetzliche Betreuer benötigt für das Öffnen der Post eine besondere Befugnis, § 1896 Abs. 4 BGB.

Verschwiegenheitspflicht

3 In den Arbeitsverträgen wird das Pflegepersonal regelmäßig zur **Verschwiegenheit** verpflichtet. Es hat Stillschweigen zu bewahren über ihm dienstlich bekanntgewordene Dinge. Die Missachtung dieser Verpflichtung kann arbeitsrechtliche Folgen haben. Dies gilt im Übrigen auch nach Ausscheiden aus dem Beschäftigungsverhältnis.

Datenschutz

4 Die **Datenschutz**gesetze von Bund, Ländern und Kirchen sollen die gespeicherten Daten von Bewohnern und Patienten vor unbefugter Weitergabe und Speicherung sichern. Im Sozialgesetzbuch sind darüber hinaus die von der Sozialverwaltung in Akten gesammelten Daten einem besonderen Sozialdatenschutz unterworfen.

Wiederholungsfragen
1. Durch welche Rechtsvorschriften wird die Privatsphäre älterer Menschen in der Altenpflege besonders geschützt?
2. Was soll durch die Datenschutzgesetze bewirkt werden?

a) Schweigepflicht

Fall 55:
Am Fußende jedes Pflegebettes sind jeweils zwei Schilder angebracht. Auf dem einen – einem Abdruck aus der Adremaplattei – sind Name, Geburtsdatum, Religionszugehörigkeit, Krankenkasse vermerkt, auf dem anderen – häufig handschriftlich geänderten – befinden sich Angaben über Medikation und Diäten des Bewohners. Die Schilder sind für jedermann sichtbar.

Angehörige bestimmter Berufsgruppen, wie Ärzte, Rechtsanwälte, Sozialarbeiter und Psychologen, unterliegen nach § 203 StGB der Schweigepflicht. Gemäß § 203 Abs. 3 StGB trifft die Schweigepflicht auch die »Gehilfen« von Ärzten usw., d.h. auch Pflegekräfte sowie in der Ausbildung befindliche Praktikanten und Schüler. Diesen Gehilfen darf der Arzt die zur Erfüllung von pflegerischen Aufgaben notwendigen Informationen über seine Patienten weiterleiten, auch wenn sie unmittelbar zu ihnen nicht in einem vertraglichen Verhältnis stehen, wie dies im Pflegeheim in aller Regel der Fall ist. Nachdem das Bundesverfassungsgericht den Beruf der Altenpflege den Heilberufen zugeordnet hat, obliegt auch ihnen eine eigene, berufliche Schweigepflicht.[83]

Wer unterliegt der Schweigepflicht

Normzweck des § 203 StGB ist nicht nur der Schutz der Privat- und Geheimnissphäre des Einzelnen, sondern auch das Allgemeininteresse an der Verschwiegenheit der Angehörigen der in § 203 StGB genannten Berufsgruppen.

---
83 BVerfG, Urteil vom 24. 10. 2002, Az: 2 BuF 1/01

Strafbar macht sich, wer Geheimnisse offenbart

Gegenstand der Schweigepflicht sind fremde Geheimnisse. Ein Geheimnis ist eine Tatsache, die nur einem Einzelnen oder einem beschränkten Personenkreis bekannt ist, und an deren Geheimhaltung der Betroffene ein schutzwürdiges Interesse hat. Geheimnischarakter können tragen: biographische Daten, Geschehnisse des Privatlebens, Charaktermerkmale, psychische Krankheiten, körperliche Besonderheiten, Krankheitsbefunde, berufliche und finanzielle Verhältnisse, Straftaten. Offenbaren heißt: Mitteilung an einen Unbefugten, dem die mitgeteilte Tatsache neu ist. Auch die Mitteilung an Personen, die ebenfalls zur Verschwiegenheit verpflichtet sind, kann strafbar sein. So kann die Mitteilung von bestimmten Krankheiten von BewohnerInnen an die Verwaltungsabteilung oder das Sozialamt einen Bruch der Schweigepflicht bedeuten. Auch gegenüber vorgesetzten Personen besteht die (persönliche) Schweigepflicht!

Grenzen der Schweigepflicht

Mit Einwilligung des Betroffenen dürfen die »Geheimnisse« an Dritte weitergeleitet werden. Für die Einwilligung ist nicht die Geschäftsfähigkeit des Betroffenen erforderlich, vielmehr genügt die natürliche »Einsichtsfähigkeit«; auch BewohnerInnen, die einen Betreuer haben, müssen bei Einsichtsfähigkeit persönlich gefragt werden, ob Informationen über sie weitergeleitet werden dürfen.

Offenbarungsbefugnis

Neben der Einwilligung des Betroffenen, die im Einzelfall viele Probleme aufwerfen kann, da nicht immer von einer Übereinstimmung von freiem Willen und erteilter Einwilligung ausgegangen werden kann, kommen als Offenbarungsbefugnis die gesetzlichen Mitteilungspflichten in Betracht. Sie sind begrenzt auf die Fälle, in denen jemand eine Straftat plant (§ 138 StGB) oder z. B. einem Arzt Seuchen oder Geschlechtskrankheiten bekannt geworden sind. Darüber hinaus gibt es Situationen, bei denen es nach gewissenhafter Güter- und Interessenabwägung im Einzelfall keine andere Wahl gibt, als die Schweigepflicht zu durchbrechen.

In Fällen, in denen HeimbewohnerInnen Leib und Leben anderer Personen gefährden, kann eine Offenbarung nach den Grundsätzen des rechtfertigenden Notstandes (§ 34 StGB) erlaubt sein. Leidet etwa ein Heimbewohner unter epileptischen Anfällen und will dennoch Auto fahren, so darf das Pflegepersonal ggf. die zuständigen Behörden informieren, um Schäden abzuwenden. Gleiches gilt, wenn ein unter Diabetes leidender, desorientierter Heimbewohner das Heim verlassen hat, nicht wiederkommt und die Gefahr besteht, dass er ohne die notwendige Insulininjektion erheblichen Schaden erleidet (s. S. 71 f.).

Fall 56:
Nach dem Tod einer Heimbewohnerin ist ihre Testierfähigkeit ein Streit unter den Erben. Sie hatte zwei Jahre vor ihrem Tod, bei beginnenden demenziellen Störungen, in ihrem Testament einen Freund aus dem Pflegeheim zu Lasten ihrer Angehörigen als Erben eingesetzt. Ihr behandelnder Arzt wird im Verfahren zur Feststellung der Testierfähigkeit zu diesem Zeitpunkt gem. § 2229 BGB aufgefordert, sich zur Testierfähigkeit seiner Patientin zum Zeitpunkt der Testamentserrichtung zu äußern.[84]

Grundsätzlich besteht eine Schweigepflicht auch über den Tod hinaus. Dabei hat der Schweigepflichtige jedoch zu prüfen, ob die Ausübung des Schweigerechtes dem mutmaßlichen Willen, etwa der Patientin wie in *Fall 56*, entspricht oder nicht. Er kann sich dabei nicht allein auf seine standesrechtlichen Grundsätze berufen.

Denjenigen, die gesetzlich zur Verschwiegenheit verpflichtet sind, also auch dem Pflegepersonal, steht sowohl im Straf- als auch im Zivilprozessrecht ein Zeugnisverweigerungsrecht zu (§ 53 a StPO, § 383 ZPO), das allerdings bei Pflegekräften in der Ausübung von der Entscheidung des Arztes abhängig ist. Ein eigenständiges Zeugnisverweigerungsrecht steht Pflegekräften – anders als Ärzten und Sozialarbeitern – nicht zu.

Zeugnisverweigerungsrecht

Ärzte sind grundsätzlich verpflichtet, Pflegekräften die erforderlichen Informationen für die Pflege der Patienten zukommen

---

84 Vgl. zu dieser Problematik Bartsch, Die postmortale Schweigepflicht des Arztes, in: NJW 2001, S. 861 ff.

zu lassen[85], sie können sich nicht generell auf ihre Schweigepflicht berufen.

Wird einer Pflegekraft persönlich von einem Pflegebedürftigen oder Patienten ein Geheimnis anvertraut, das nicht dem Heim oder dem Pflegedienst insgesamt anvertraut werden soll, so hat die Pflegefachkraft diese Information grundsätzlich für sich zu behalten. Die kann für Bezugspflegekräfte gelten, die ein besonderes Vertrauensverhältnis zu den Pflegebedürftigen entwickeln, ebenso für die Pflegeberatung, aber auch etwa für Sozialarbeiter, die als gesetzliche Betreuer oder Case Manager tätig sind. Üblicherweise kann man jedoch davon ausgehen, dass die Informationen, die einem Heim oder einem Pflegedienst vom Pflegebedürftigen anvertraut werden, all denen bekannt gemacht werden dürfen, die sie für eine sach- und fachgerechte Pflege benötigen.

Verstöße gegen die Schweigepflicht

Einzelfälle von Verstößen gegen die Schweigepflicht:

- Offenes Liegenlassen von ärztlichen Karteien, Pflegedokumentationen usw. auf Station, so dass jeder die Unterlagen einsehen kann. Eine Sicherung dieser Unterlagen ist geboten!
- Die EDV-gestützte Pflegedokumentation ohne passwortgeschützte Zugangsberechtigung.
- In der nur für die Verwaltung bestimmten Bewohnerdatei befinden sich Angaben über die ärztliche Diagnose. Ärztliche Informationen sind getrennt von Verwaltungsunterlagen aufzubewahren bzw. die EDV-gestützte Datenverwaltung mit einer separaten Zugangsberechtigung zu versehen. Die Verwaltung benötigt zur Aufgabenerfüllung nicht die Diagnose.
- Schilder am Bett mit Medikation und Angaben über Krankheiten (s. *Fall 55*).
- Patient wünscht, dass Pflegekraft bestimmte Informationen nicht an den Arzt weiterleitet. Pflegekraft tut dies dennoch, obwohl kein Fall eines »Notstandes« vorliegt.
- Berichte über Heimbewohner unter Namensnennung im Familien- und Bekanntenkreis.

---
85 So: HÄB 1984, S. 238.

- Informationen über den Gesundheitszustand eines Heimbewohners gegen seinen Willen an Angehörige.
- Verweigerung der Weitergabe von Informationen über den Gesundheitszustand eines Bewohners an Angehörige, wenn der Bewohner die Weitergabe ausdrücklich wünscht.

Fragen an den Pflegealltag:
→ Wissen die Heimbewohner, was in der Pflegedokumentation über sie steht?
→ Gibt es bei den »Arztvisiten« eine realistische Möglichkeit für den Pflegeheimbewohner, mit dem Arzt ganz allein zu sein?

In Dänemark wurden in vielen Heimen die Pflegedokumentationen in den Stationszimmern ergänzt durch Dialogbücher, die in den Bewohnerzimmern liegen und sowohl von den Pflegekräften als auch von Ärzten und Angehörigen benutzt werden. Jede Eintragung erfolgt im Beisein der jeweiligen Bewohnerin.

Dialogbücher

Wiederholungsfragen
1. Können sich auch AltenpflegerInnen wegen der Verletzung von Privatgeheimnissen gemäß § 203 StGB strafbar machen?
2. Was versteht man unter einem Geheimnis?
3. Nennen Sie Einzelfälle von Verstößen gegen die Schweigepflicht!

b) Verschwiegenheitspflicht

Fall 57:
»Bedienstete müssen schriftliche Zusagen geben, dass sie keine Aussagen gegenüber Dritten über das Heim machen. Eine ehemalige Mitarbeiterin gab gegenüber der Heimaufsicht folgendes zu Protokoll: Injektionen würden von nicht qualifizierter Heimleiterin verabreicht werden, es würden Blankorezepte ausgefüllt, Geschäftsführer soll Bewohner schlagen

haben, manche Zimmer würden nachts abgeschlossen, es würden mehr als die 19 erlaubten Patienten aufgenommen, Patienten würden mit verdorbenen Lebensmitteln versorgt. Nachts werde das Wasser im Haus abgestellt.«
(Zitate aus Original-Heimaufsichtsakten.[86])

Verschwiegenheitspflicht

Pflegekräfte unterliegen aufgrund des Arbeitsvertrages einer arbeits- oder dienstrechtlichen Verschwiegenheitspflicht. Sie haben über Angelegenheiten Verschwiegenheit zu bewahren, die ihnen bei ihrer dienstlichen Tätigkeit bekannt geworden sind, soweit die Geheimhaltung durch gesetzliche Vorschriften vorgesehen (z. B. § 203 StGB) oder auf Weisung des Arbeitgebers angeordnet wurde. Die Nichteinhaltung der Verschwiegenheit kann arbeitsrechtliche Konsequenzen bis hin zur Kündigung haben. Jedoch stellt die Verschwiegenheitspflicht keinen »Maulkorb« für das Personal dar. Das Personal darf zwar keine »Interna« aus dem Geschäftsbereich des Heimes nach außen tragen – etwa Information über Besetzung und Qualifikation der Pflegekräfte oder Behandlungsmethoden. »Privatgeheimnisse« der Bewohnerinnen, die sie mit Einverständnis weitergeben, zählen hierzu jedoch nicht. Auch kann etwa bei strafbaren Handlungen in der Einrichtung ein »rechtfertigender Notstand« die Weitergabe von Informationen, etwa an die Heimaufsicht, legitimieren.

Betriebsgeheimnis

Fortbestand der Verschwiegenheitspflicht

Nach dem Ausscheiden aus dem Arbeitsverhältnis bei einem Pflegedienst oder Heim besteht die Verschwiegenheitspflicht fort. Einem neuen Arbeitgeber dürfen weder schweigepflichtige Informationen aus dem Ex-Betrieb noch Informationen über ehemalige Patienten bzw. Pflegebedürftige mitgeteilt werden.

Wiederholungsfrage
Was versteht man unter Verschwiegenheitspflicht?

---

86 Zit. nach Klie, Heimaufsicht nach dem Heimgesetz, in: RsDE, 1988, Heft 3 S. 44 ff.

c) Datenschutz

Fall 58:
Die Heimleitung gibt an eine Schülergruppe, die HeimbewohnerInnen besuchen möchte, alle Geburtstage der BewohnerInnen aus der Bewohnerdatei weiter.

Durch die Datenschutzgesetze soll verhindert werden, dass Informationen über »persönliche und sachliche« Verhältnisse (§ 3 BDSG) missbräuchlich gespeichert und weitergeleitet werden. Eine Speicherung ist nur zulässig, wenn dies gesetzlich erlaubt ist oder der Betroffene seine – in der Regel schriftlich abzugebende – Einwilligung gegeben hat. Für die Heime gelten je nach Trägerschaft unterschiedliche Datenschutzgesetze (siehe Übersicht).

Aufgaben des Datenschutzes

Von den Datenschutzgesetzen wurden zunächst nur in sogenannten Dateien erfasste Informationen geschützt[87]. Zu den Dateien gehören jede Form der automatisierten Datenverarbeitung (EDV) sowie Datenbestände, die in per Hand betriebenen Karteien gespeichert werden. Entscheidend ist, dass die jeweilige Datensammlung nach bestimmten einheitlichen Merkmalen (Name, Adresse, Alter ...) aufgebaut ist, und die Daten nach verschiedenen Merkmalen erfasst, geordnet, umgeordnet und ausgewertet werden können. Im Heimbereich gehören zu Dateien i. d. S.:

- Computergestützte Datenverarbeitung mit Bewohnerdaten,
- Bewohnerkartei,
- Taschengeldkartei,
- ggf. Pflegedokumentation.

Beispiel für Dateien

Das Speichern von Bewohner-/Klientendaten ist nur zulässig, wenn und soweit es zur Aufgabenerfüllung der speichernden Stelle, d. h. der jeweiligen Einrichtung zur Erfüllung vertraglicher oder gesetzlicher Verpflichtungen, erforderlich ist.

---

87 Nur im Bereich der Sozialverwaltung und Sozialleistungsträger werden auch Akten als Sozialgeheimnis gem. § 35 SGB I und § 67 ff. SGB X geschützt.

Datenschutz

	Heim	kommunale und staatliche Einrichtungen	kirchliche Einrichtungen	sonstige gemeinnützige und gewerbliche Einrichtungen
Datenschutzgesetz		Landesdatenschutzgesetze	Kirchengesetze über den Datenschutz	Bundesdatenschutzgesetz 3. Abschnitt
Zulässige Dateien		Dateien dürfen geführt werden, soweit sie zur Aufgabenerfüllung öffentlicher und privater Stellen erforderlich sind		
		Dateien sind meldepflichtig	Dateien sind innerhalb der Kirchen meldepflichtig	Betroffene sind von Datensammlung zu benachrichtigen
Rechte des Bürgers		Der Bürger hat das Recht, Auskunft über die über ihn gespeicherten Informationen zu verlangen.		
		Ggf. kann der Bürger Berichtigung, Sperrung, Löschung der Daten verlangen sowie den jeweiligen Datenschutzbeauftragten anrufen.		

Information über Speicherung

Werden Daten von Bewohnern/Klienten gespeichert, so sind diese in den gemeinnützigen und gewerblichen Einrichtungen über die Führung der Dateien zu informieren.

Auskunftsrecht

Immer steht den Betroffenen ein (teilweise kostenpflichtiges) Auskunftsrecht über die über sie gespeicherten Daten zu. Werden unzulässige oder falsche Daten gespeichert, so haben sie Anspruch auf Löschung, Sperrung oder Berichtigung. Sie können bei Unklarheiten und Beschwerden auch den zuständigen Datenschutzbeauftragten anrufen.

Weitergabe von Daten

Die Weitergabe von Daten an Dritte ist an noch höhere Anforderungen gebunden. So dürfen im privaten Bereich nur sehr eingeschränkt – zur Erfüllung des vertraglichen Zweckes – Daten an Dritte weitergegeben werden. Im öffentlichen Bereich sind die Ermächtigungen spezialgesetzlich geregelt.

Der Datenschutz ist inzwischen nicht mehr allein auf Dateien beschränkt, sondern bezieht auch Akten mit ein, wenngleich hier hinsichtlich der Datenspeicherung und -nutzung nicht so strenge Voraussetzungen gelten wie bei den Dateien. Aber auch für Akten gilt: Sie sind sicher aufzubewahren, Unbefugten ist die Einsicht nicht zu gestatten – dies gilt auch innerhalb eines Heimes oder eines Pflegedienstes. So ist es etwa für die Aufgabenerfüllung der Verwaltung nicht erforderlich, Kenntnis vom Pflegebericht zu haben.

- In kommunalen und staatlichen Einrichtungen ist die Übermittlung von Namen von BewohnerInnen, die zu einer Religionsgemeinschaft gehören und die Zugehörigkeit angegeben haben, gemäß §10 Abs. 2 BDSG zulässig[88]. Gleiches gilt in den kirchlichen Einrichtungen. Für andere Heime bedarf es hierzu der (schriftlichen) Einwilligung der BewohnerInnen.
- Die Weitergabe von Geburtsdaten an Besuchergruppen von Heimen ist ohne Einwilligung unzulässig (s. *Fall 58*).
- Die Heimaufsicht hat ein Einsichtsrecht in die geschäftlichen Unterlagen und damit auch ein Recht, Bewohnerdateien usw. einzusehen.
- Der MDK bedarf für die Einsicht in bewohnerbezogene Unterlagen bei Qualitätsprüfungen grundsätzlich der Einwilligung des Pflegebedürftigen bzw. seines gesetzlichen Vertreters.[89]

Wiederholungsfragen
1. Was ist die Aufgabe des Datenschutzes?
2. Was sind »Dateien«?

---

88 Vgl. etwa Datenschutzbericht Nordrhein-Westfalen Nr. 3. S. 60.
89 Mangels einer Rechtsverordnung gem. § 318 SGB XI gibt es keine Ermächtigungsgrundlage für den MDK etwa zur Einsichtnahme in bewohnerbezogene Pflegedokumentationen.

d) Sozialdatenschutz

Der bedrängte Heimleiter
Leiter von Pflegeheimen oder ähnlichen Einrichtungen haben es nicht leicht. Da die meisten Heimbewohner auf Leistungen der Sozialhilfe angewiesen sind, fordern Sozialhilfeträger bei ihnen immer wieder unter anderem Berichte über den Grad der Pflegebedürftigkeit einzelner Heimbewohner oder deren Entwicklung an. Auch wenn die Sozialhilfeträger diese Aufgaben tatsächlich benötigen, um prüfen zu können, ob sie die Kosten für die Heimunterbringung zu tragen haben, dürfen die Heime solchen Forderungen nicht ohne weiteres nachkommen. Sie müssen sich zunächst vergewissern, ob der Betroffene oder sein gesetzlicher Vertreter damit einverstanden ist, dass der Heimleiter die erbetenen Auskünfte gibt. Sie können entweder diese Einwilligung selbst einholen oder sich vom Sozialhilfeträger geben lassen. Dieser wiederum kann unter den Voraussetzungen des § 60 SGB I vom Hilfeempfänger verlangen, dass er die Einwilligung tatsächlich auch erteilt.

Datenfluss Heim → Sozialamt

Besonderem Schutz unterliegen Sozialdaten. Aus § 35 SGB I ergibt sich, dass Sozialleistungsträger (Sozialamt, Kranken-, Renten-, Unfallversicherung etc.) »Einzelheiten über persönliche und sachliche Verhältnisse eines Hilfeempfängers als Sozialgeheimnis« wahren müssen und nicht unbefugt offenbaren dürfen.

Fall 59:
Das (Landes-)Sozialamt schreibt an das Altenheim in A:
»Sehr geehrte Damen und Herren,
Herr Heinrich H. ist seit 1. 2. 2008 in Ihrer Einrichtung untergebracht. Im Rahmen der Übernahme der Heimkosten haben wir monatlich 89,70 € als Barbetrag zur persönlichen Verfügung (gem. § 35 Abs. 2 SGB XII) zur Weiterleitung an den Heimbewohner an Sie überwiesen.

Wir bitten um Mitteilung, wie hoch der angesparte Betrag auf dem Barbetragskonto des Heimbewohners ist. Wir erwarten Ihre Nachricht bis zum 10. 3. 2008.
Mit freundlichen Grüßen
i. A.
(Sachbearbeiter)«

Die Krankenkassen verlangen beim ambulanten Pflegedienst Einsicht in die Pflegedokumentation um zu überprüfen, ob die bewilligten Leistungen der Behandlungspflege auch tatsächlich erbracht wurden.[90]

Auch im Verhältnis der Kostenträger (Pflegekassen, Krankenkassen) zu den Leistungserbringern (Pflegedienste und Pflegeheime) sind datenschutzrechtliche Regelungen zu beachten. So haben die Kostenträger keinesfalls das Recht, ohne besonderen Anlass die Korrektheit der Abrechnungen von Heim- und Pflegediensten etwa durch Einsichtnahme in die Pflegedokumentation zu überprüfen.[91] Das Verhältnis von Pflegediensten und Kassen basiert auf gegenseitigem Vertrauen. Liegt wie bei einem konkreten Verdacht ein Abrechnungsbetrug vor, kann ggf. die Überprüfung der Leistungserbringung verlangt werden.

Für Heime gewinnt der Sozialdatenschutz z. B. dann an Bedeutung, wenn ihnen vom Sozialamt Daten über HeimbewohnerInnen übermittelt werden. Sie dürfen sie nur zu dem Zweck verwenden, zu dem sie ihnen offenbart worden sind[92]. In *Fall 59* ist das Heim nicht berechtigt, Informationen an das Sozialamt weiterzugeben. Zweck der Überweisung des Taschengeldes (Barbetrag) an das Heim und Nennung der Taschengeldempfänger ist lediglich die Auszahlung, nicht die »verantwortliche« Verwaltung.[93]

---

90 Vgl. BSG Urteil vom 28. Mai 2003 Az B 3 KR 10/02R
91 Vgl. Fahnenstich: Kein Einsichtsrecht für Kassen in Pflegedokumentationen in: Häusliche Pflege (1) 2/2004, S. 32–34
92 Vgl. Sörgel: Das Bundesdatenschutzgesetz: Inhalt und Relevanz für Pflegeeinrichtungen. In: Pflegen ambulant 9/2005, S. 48–53.
93 Vgl. Renn, a. a. O.

Weitere Beispiele für Verstöße gegen das Sozialgeheimnis:
- Heim teilt nach Ableben des Bewohners auf Anfrage des Sozialamtes mit, wie hoch das angesparte Vermögen des verstorbenen Bewohners ist.
- Gutachten des MDK zur Bestimmung des Grades der Pflegebedürftigkeit wird dem Heim ohne Einwilligung des Bewohners ausgehändigt, § 76 SGB X.
- Sozialamt teilt Heimaufsicht mit, welche Bewohner Taschengeld erhalten.
- Pflegedienst teilt Pflegekasse ohne Einverständnis des Pflegebedürftigen Erkenntnisse aus Pflegeeinsatz gem. § 37 Abs. 3 SGB XII mit.[94]

Wiederholungsfragen
1. Der Sozialdatenschutz verpflichtet die Sozialleistungsträger zum sorgsamen Umgang mit Daten von Hilfeempfängern, wer ist Sozialleistungsträger?
2. Wann kann der Sozialdatenschutz auch für Heime bedeutsam werden?

6. Sterbehilfe

»In der Sprechstunde des Arztes eines Altenheimes erscheint ein Ehepaar und erklärt, Tochter und Schwiegersohn einer Bewohnerin zu sein, die schon seit Monaten in der Krankenstation liegt. Die Tochter führt das Wort. Sie fragt, ob ihre Mutter noch je wieder gesund werden könnte. ‚Nein', sagt der Arzt, ‚das ist ausgeschlossen.' ‚Wir wussten es eigentlich', sagt die Tochter, ‚aber wohin führt das? Mutter ist völlig ans Bett gefesselt, in allem muss ihr geholfen werden, ihr Geist ist verwirrt, sie erkennt niemanden mehr. Sie sagt zu mir ›Fräulein‹. Wie lange kann das noch dauern?' Der Arzt sagt, er weiß es nicht.

---

[94] Vgl. Klie, Pflegepflichteinsätze nach dem 1. Änderungsgesetz, in: Forum Sozialstation 1996 (Heft 83), S. 28 ff.; Klie, Pflegeberatung oder Pflegekontrolle, in: Häusliche Pflege 1996, S. 160 ff.

Es kann noch lange währen. Da nimmt der Schwiegersohn das Wort und sagt: ‚Herr Doktor, wir wollen das nicht. Das würde meine Schwiegermutter selber auch nicht gewollt haben. Wir wollen, dass dem ein Ende gesetzt wird.'
Es sei nun unterstellt, dass dieser Arzt ein wirklich souveräner Arzt ist. Er steht ganz und gar – und das schon lange – hinter der neuen Ethik. Er ist uns weit voraus. Deshalb sagt er: ‚Ich achte Ihren Wunsch und werde Sie unterstützen. Auch ich glaube nicht, dass Ihre Mutter das gewollt hätte. Niemand wünscht so etwas – weder sich selbst noch anderen. Kommen Sie morgen um zehn Uhr wieder. Das ist der Termin, an dem allwöchentlich unsere Kommission tagt, die diese Fragen bespricht.' Am nächsten Tag sind alle anwesend. Die kleine Kommission und das Ehepaar. Der behandelnde Arzt gibt einen kurzen Krankenbericht. Er erklärt, wie sich das Befinden der Patientin entwickelt hat und wie der gegenwärtige Zustand ist. Er verschweigt nichts. Er teilt ferner mit, dass die Tochter und ihr Mann eine Lebensbeendigung wünschen. Andere Kinder sind nicht vorhanden. Nachdem die Kommission den Wunsch gebilligt hat, fragt der Arzt, ob die Tochter und ihr Mann bei der Beendigung zugegen sein wollen. Beide wollen es. Daraufhin begibt sich die kleine Gruppe zum Zimmer der Kranken. Der Arzt gibt die tödliche Injektion.«[95]

Unheilbar Kranke, Alternde und Sterbende sind nicht immer Gegenstand ärztlichen und pflegerischen Bemühens gewesen. In der Antike überließen die Ärzte unheilbar Kranke ihrem Schicksal, in manchen Kulturen wurden sie von der Gesellschaft ausgestoßen. Plato und Aristoteles empfehlen, unheilbar Kranke medizinisch nicht zu behandeln.

Geschichte

    Diese Grundhaltung herrschte bis ins späte Mittelalter vor. Erst im 4. Jahrhundert n. Chr., unter dem Einfluss christlicher Ethik, kam es zur Errichtung von Hospitälern, in denen auch chronisch Kranke gepflegt wurden. Das Leben eines jeden Menschen galt es nun zu erhalten.

---

95   Aus: Aichelin et al., Tod und Sterben – Deutungsversuche, Gütersloh 1979, S. 53 f.

In dem bis heute gültigen hippokratischen Eid heißt es: »Ich will weder jemandem ein tödliches Medikament geben, wenn ich darum gebeten werde, noch will ich in dieser Hinsicht einen Rat erteilen.« Christliche Ethik und bundesdeutsche Strafbestimmungen stimmen insofern überein: Ein Arzt darf das Leben eines Patienten nicht willentlich (aktiv) beenden. Im Hinblick auf Situationen, in denen schwerleidende Menschen nicht sterben können, wird immer wieder diskutiert, ob und inwieweit Sterbehilfe geleistet werden darf und wie wir mit den damit verbundenen ethischen Fragen in der Pflege umgehen[96]. Die Diskussion begann im 19. Jahrhundert erneut und mündete im Dritten Reich in den sogenannten Euthanasieaktionen, bei denen rund 80.000 bis 100.000 Patienten aus psychiatrischen Krankenhäusern und anderen Einrichtungen und Anstalten getötet wurden.

Euthanasie im Dritten Reich
Euthanasieaktionen

Viele Gremien haben sich mit Fragen der Sterbehilfe in den letzten Jahren beschäftigt. Und in die Schlagzeilen sind die Aktivitäten von Roger Kusch gekommen, der Sterbehilfe für Sterbewillige anbietet und eine Legalisierung der Beihilfe zum Suizid fordert.

> **Frau hat Angst vor Pflegeheim:**
> **Kusch hilft ihr beim Selbstmord**
>
> Mit einem tödlichen Cocktail aus einem Malaria-Medikament und einem Beruhigungsmittel hat Ex-Senator Roger Kusch einer knapp 80-jährigen Frau aus Würzburg Sterbehilfe geleistet. Sie war weder unheilbar krank noch hatte sie starke Schmerzen.
>
> Hamburger Abendblatt 29. 1. 2009

Die Diskussion wird sehr kontrovers geführt. Die Experten sind sich darin einig, dass eine aktive Sterbehilfe weiter verboten bleiben muss, auch wenn sie in der Bevölkerung offenbar von einer Mehrheit befürwortet wird.[97]

---

96 Schwerdt: Eine Ethik für die Altenpflege, Bern 1998
97 Vgl. Blinkert/Klie, Solidarität in Gefahr?, Hannover 2004

Zur Rechtslage

Rechtslage

In Deutschland wird diskutiert, ob man Fragen der Sterbehilfe gesetzlich regeln soll oder nicht. Nach der derzeitigen Rechtslage, die insbesondere durch die Rechtssprechung konkretisiert wurde, sind unterschiedliche Fallgruppen zu unterscheiden.

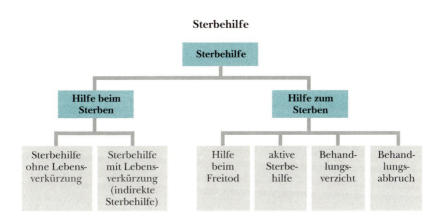

Der Begriff »Euthanasie« bedeutet soviel wie gutes, leichtes Sterben. Sterbehilfe in diesem Sinne heißt, dem Sterbenden einen leichten, guten Tod zu ermöglichen. Diese »Hilfe beim Sterben« ist auch eine pflegerische Aufgabe. Altenpflegerinnen sind verpflichtet, dem Sterbenden durch pflegerische Hilfe und Betreuung beizustehen. Zur »Hilfe beim Sterben« gehört auch – von ärztlicher Seite aus – die Schmerzlinderung für den Sterbenden. In Deutschland wird im internationalen Vergleich sehr zurückhaltend von wirksamen und i. d. R. nebenwirkungsfreien Morphinpräparaten Gebrauch gemacht.

Hilfe beim Sterben

Es ist Pflicht der behandelnden Ärzte, Schmerzen von Patienten zu lindern. Kommen sie dieser Pflicht nicht nach, machen sie sich haftungsrechtlich schadensersatzpflichtig und strafrechtlich ggf. einer Körperverletzung schuldig. Es ist ebenso Aufgabe der Pflege, schwerkranke und sterbende Menschen zu begleiten: Von Palliative Care wird gesprochen, wenn das Ziel der Betreuung und

Pflege vor allem darin liegt, dem einzelnen Menschen bei seinen psychischen, körperlichen, sozialen und spirituellen Bedürfnissen gerecht zu werden.[98]

Wichtig

Alle Maßnahmen, die einer Erleichterung des Sterbens dienen, ohne dass eine Lebensverkürzung bezweckt wird, stellen eine auch rechtlich gebotene Sterbehilfe dar.

Immer wieder wird eingewandt, dass eine hoch dosierte Morphingabe zum frühzeitigen Todeseintritt führen kann. Das ist in Einzelfällen richtig, trifft in der überwiegenden Anzahl von Schmerzpatienten jedoch nicht zu: Hier hilft die Vergabe schmerzlindernder Medizin eher zu einer Verlängerung des Lebens[99]. In den wenigen Konstellationen, in denen zu einer wirksamen Schmerzbekämpfung eine so hohe Morphindosis verabreicht werden muss, dass es zu Atemdepressionen und damit auch zum vorzeitigen Todeszeitpunkt kommt, wird diese Behandlung nicht als strafbewertete Tötung, sondern als indirekte Sterbehilfe für zulässig erachtet. Gar nicht so selten wird allerdings bewusst eine Überdosis Morphin gegeben, um dem Leben leidender Menschen ein Ende zu setzen – in Deutschland die meist verbreitete Form (verdeckter) aktiver Euthanasie. Dies ist aber weiterhin verboten und wird als aktive Sterbehilfe qualifiziert, die weiterhin strafbar ist.

Recht unterschiedlich fällt die Beurteilung der »Hilfe zum Sterben«, der bewussten Lebensverkürzung, aus.

Fall 60:

Herr P. leidet an einem schweren Krebsleiden, das in naher Zukunft zum Tod führen wird. Er wurde in einem Hospiz aufgenommen, hatte sich aber vorher bereits bei »Exit« angemeldet, einer Schweizer Organisation, die sterbewil-

---
98 Vgl. Welkening/Kunz: Sterben im Pflegeheim, Göttingen 2003
99 Vgl. Student; Sterben, Tod und Trauer, Freiburg 2004

ligen Menschen bei einem Suizid assistiert. Herr P. wird im Hospiz gut versorgt und eine gute Schmerztherapie lässt ihn schmerzfrei leben. Gleichwohl hält er an seinem Vorhaben fest, in die Schweiz zu fahren, um sich dort mithilfe der Organisation »Exit« durch die Einnahme von Medikamenten das Leben zu nehmen. Das Hospiz entlässt daraufhin Herrn P. nach Hause. Von dort lässt er sich von seinem Sohn nach Zürich fahren.[100]

Der Freitod ist in der Bundesrepublik nicht strafbar; ebenso die Hilfe beim Freitod (Selbstmord). In der ehemaligen DDR war der Freitod ebenfalls nicht strafbar, während in anderen Staaten entweder der Freitod selber und/oder die Teilnahme am Suizid (Beihilfe) selbst Straftatbestand ist.[101]

Hilfe beim Freitod

Das Bereitstellen von Gift, der geliehene Revolver etc. sind grundsätzlich als straflose Beihilfe zum Freitod anzusehen, solange der Suizident die Tat selber ausführt[102]. Dies gilt allerdings nur bei vollverantwortlichen Personen oder beim sog. Bilanzselbstmord.

Die Schweizer Organisation »Exit« bietet einen assistierten Suizid für sterbewillige Bürger an, die unheilbar erkrankt sind. Auf diese Weise soll ihnen ein würdiger Weg aus dem Leben ermöglicht werden, gegebenenfalls mit ärztlichem Beistand. Das Schweizer Strafrecht eröffnet diesen Weg, in dem es bei Einhaltung bestimmter Verfahren denjenigen Straffreiheit verspricht, die dem Suizidenden die gewünschte Hilfestellung geben. Im Deutschen Recht sind entsprechende Verfahren nicht vorgesehen. Zwar ist auch in Deutschland die Hilfe zum Freitod straffrei, nicht aber das zur Verfügung stellen entsprechender Medikamente.

---

100 Fallgeschichte aus dem Jahre 2005 aus einem süddeutschen Hospiz
101 Vgl. Lammich, Die ärztliche Pflicht zur Bewahrung des Lebens im DDR-Recht, MedR 1987, S. 90 ff.
102 BGH St 34, S. 334 f.

Verhinderung von Suizid

Fall 61:

Frau M. hat keinen Lebenswillen mehr und möchte mit Hilfe von einer Überdosis Schlafmittel ihrem Leben ein Ende setzen. Sie sammelt in ihrer Nachttischschublade zu diesem Zweck Schlaftabletten. Dies wird von einer Pflegekraft bei Reinigungsarbeiten bemerkt.

Die Rechtsprechung differiert in den Fällen des »Nichtverhinderns des Selbstmordes«. Manche Ärzte sind wegen »unterlassener Hilfeleistung« und »fahrlässiger Tötung durch Unterlassen« verurteilt worden, andere wurden freigesprochen.[103]

Bei Personen, die infolge psychischer Störungen suizidale Tendenzen zeigen, ist grundsätzlich die zugrundeliegende Störung zu behandeln und sind Suizide zu verhindern. Dies ist auch eine Aufgabe für das Pflegepersonal.

Bei Menschen, die bewusst durch einen Freitod aus dem Leben gehen wollen, besteht jedoch keine Verpflichtung zum Einschreiten, auch eine stete Kontrolle suizidbereiter Menschen, etwa durch **Kontrolle des Nachttisches** wie in *Fall 61*, sind mit der rechtlich geschützten Autonomie des Menschen nicht vereinbar.

Aktive Sterbehilfe

Fall 62:

Die Ärztin V. Doven hatte dem Leiden ihrer 78jährigen unheilbar kranken Mutter auf deren mehrfaches, flehentliches Verlangen mit einer Überdosis von 200 g Morphium ein Ende bereitet. Die Ärztin hat sich damit strafbar gemacht.

Die aktive Sterbehilfe oder die Tötung auf Verlangen ist unter Strafe gestellt (§ 216 StGB). Auch wenn sich der Patient den Tod ernstlich wünscht, darf ihm die »erlösende Spritze« nach deutschem Recht nicht verabreicht werden. Anders ist die Rechtslage in den Nieder-

---

103 Vgl. Böhme, Das Altenheim 84, S. 22 f., Rieger, DMW 84, S. 1738 zu BGH-Fall; m.E. entfällt bei Abwägungsdefizit die Pflicht zur Hilfe mangels Zumutbarkeit, so auch: Dölling NJW 1986, S. 1011 ff.

landen und in Belgien: Hier ist die aktive Sterbehilfe unter bestimmten Voraussetzungen zulässig.[104]

Fall 63:
Die 31-jährige Krankenschwester Michaela Röder wurde zu einer Haftstrafe von 11 Jahren verurteilt, weil sie acht Patienten aus Mitleid getötet hat.
Folgende Tötungen hatte Michaela Röder zugegeben:
- *Gudrun Horch, 77, getötet am 05. 02. 1986. Sie war nach Darstellung der Ärzte schwerstkrank, litt an einem bösartigen Tumor im Mastdarm und totaler Abwehrschwäche. Sie hat nach Darstellung von Frau Röder um Sterbehilfe gebeten.*
- *Emil Schulz, 84, getötet am 08. 01. 1986. Er litt an hochgradigem Lungenemphysem, hatte seit zwei Jahren einen Herzschrittmacher, war schwer desorientiert.*
- *Anni Jödicke, 75, getötet am 07. 01. 1986. Ihr Magen war wegen eines Karzinoms entfernt worden. Die Patientin erlitt auf der Intensivstation einen Herzstillstand, der 3 – 5 Minuten anhielt. Sie wurde von Michaela Röder während der 30 Minuten dauernden Reanimation durch Injektion von Caliumchlorid getötet. Frau Röder:* »*Ich konnte die Quälerei nicht mehr mitansehen.*«[105]

Tötung aus »Mitleid«

Als Totschlag gemäß § 212 StGB bzw. gar als Mord, § 211 StGB, ist die eigenmächtige Tötung schwerkranker Menschen zu qualifizieren – völlig unabhängig von den Beweggründen der TäterInnen. Tötungsfälle wie im Fall Röder sind unabhängig von ihrer rechtlichen Wertung auch als Ausdruck höchster Belastung der Pflegekräfte bei der Betreuung Schwerstkranker zu sehen und zeigen auf, wie wichtig es ist, sich in der Altenpflege intensiv mit dem tabuisierten Thema Sterben und Tod offen auseinanderzusetzen. Nachdenklich stimmt, Tötungsfälle mit den Motiven des »Mitleids« und der »Barmherzig-

---
104 Vgl. zu Rechtslagen in anderen Ländern »www.nationalerethikrat.de«
105 Vgl. ausführlich zum Fall Röder: Gerster, Altenpflege 1989, S. 571 ff.

keit« zu rechtfertigen. Durch die Ausgrenzung pflegebedürftiger Menschen und die Tabuisierung des Todes in weiten Teilen der Gesellschaft werden so motivierte Straftaten begünstigt.[106]

Fall 64:
P. befand sich nach einem Suizidversuch im Jahre 1998 im Wachkoma. Er wurde durch eine PEG-Sonde künstlich ernährt. Der gesetzliche Betreuer entschied einvernehmlich mit dem behandelnden Arzt unter Bezugnahme auf eine Patientenverfügung, die künstliche Ernährung einzustellen und die Zuführung von Flüssigkeit über die Magensonde zu reduzieren. Das Pflegeheim, in dem P. versorgt wurde, lehnte die Durchführung dieser Entscheidung ab, bei deren Befolgung P. binnen maximal 8 – 10 Tagen an einer Nierenvergiftung gestorben wäre: Die Pflegekräfte weigerten sich aus ethischen Gründen, der ärztlichen Veranlassung und Entscheidung des Betreuers nachzukommen.[107]

Behandlungsverzicht

Unter Behandlungsverzicht versteht man das Einstellen lebensverlängernder Maßnahmen, wenn die Krankheit eines Patienten einen tödlichen Verlauf angenommen hat.

Fälle: Beendigung der künstlichen Beatmung, Einstellen der PEG-Ernährungs- und Flüssigkeitszufuhr.

Bei lebensverlängernden Maßnahmen ist grundsätzlich der Wille des Patienten maßgebend. Wünscht er keine weitere Behandlung nach eingehender Beratung und Aufklärung, so ist diese zu unterlassen. Eine Behandlung gegen den Willen des Betroffenen stellt eine Körperverletzung dar.

Dies hat der Bundesgerichtshof in seinem Beschluss vom Juni 2005 bestätigt und den Pflegekräften und dem Heim nicht das Recht eingeräumt, eine eindeutige Entscheidung des Patienten zu

---

106 Vgl. Beine: Falsches Mitleid – tödliche Konsequenzen, in Dr. med. Mabuse 149/2004, S. 43–48
107 Vgl. hierzu BGH-Beschluss vom 8.6.2005, Az: BGH XII ZR 177/03

übergehen. Alle Beteiligten machen sich strafbar, wenn sie sich über den erklärten Willen eines Patienten hinwegsetzen.

Fall: 65
Eine Heimbewohnerin wird mittels einer PEG-Sonde ernährt. In einer Patientenverfügung hatte sie niedergelegt, nicht künstlich am Leben erhaltet werden zu wollen. Ihr Sohn ruft das Vormundschaftsgericht an, um die Einstellung Ernährung und Flüssigkeitszufuhr mittels PEG-Sonde durchzusetzen. Die Pflegekräfte haben den Eindruck, die Bewohnerin habe immer wieder Freude am Essen, das sie nicht nur mittels der PEG-Sonde aufnimmt.[108]

Schwierigkeiten tauchen allerdings dort auf, wo der Patient sich aktuell nicht mehr äußern kann. Liegt eine Patientenverfügung vor, gibt sie wichtige Anhaltspunkte dafür, ob der Patient weiterhin behandelt zu werden wünscht oder nicht. Patientenverfügungen sind grundsätzlich bindend. Allerdings haben alle Beteiligten ganz genau darauf zu achten, ob aus dem Verhalten des Patienten (auch seine averbalen Äußerungen) zu schließen ist, dass er auch weiter behandelt werden möchte: In gesunden Tagen getroffene Patientenverfügungen können nur begrenzt vorwegnehmen, was Menschen empfinden, wenn sie schwer krank oder gar bewusstlos sind: auch Apalliker können Empfindungen ausdrücken.

Die Verbindlichkeit von Patientenverfügungen wird kontrovers diskutiert. Im Frühjahr 2009 musste sich der Deutsche Bundestag mit drei unterschiedlichen Gesetzesentwürfen zur Verbindlichkeit von Patientenverfügungen auseinanderzusetzen[109]. In jedem Fall gilt, dass der aktuelle Wille des Patienten, des Pflegebedürftigen maßgeblich ist. Äußert ein Heimbewohner wie im *Fall 65* den Wunsch etwas zu essen und hat er Freude daran, wird man gemeinsam mit

---
108 Klie 2008, Das Urteil. Kommentar zu AG Siegen B. v. 28.09.2007 Az: 33 XVIII B710 und OLG Düsseldorf B. v. 12.08.2007 Az: I 25 Wx 71/07. in: Altenheim 2008,pqv S. 33f
109 Bei Drucklegung dieser Auflage hatte der Deutsche Bundestag noch keine Entscheidung zu einem der Gesetzesentwürfe gefällt.

Arzt, Angehörigen und Betreuer prüfen müssen, ob der Betroffene wirklich an seinem in einer Patientenverfügung niedergelegten Willen festgehalten werden will, nicht mehr ernährt zu werden. In dem Wunsch könnte ein Lebenswille zum Ausdruck kommen. Patientenverfügungen, die sehr allgemein formuliert sind, entfalten nur eine begrenzte Bindungswirkung. Enthalten sie sehr konkrete Willensbekundungen zu bestimmten Heilbehandlungsmaßnahmen und ist erkennbar, dass die Patientenverfügung auf der Grundlage einer ärztlichen Beratung aufgestellt wurde, dann kommt ihr eine wesentlich höhere Verbindlichkeit zu. Es gibt im deutschen Recht keinerlei Verpflichtung, eine Patientenverfügung zu erstellen.

Das Einstellen der Ernährungs- und Flüssigkeitszufuhr durch die PEG-Sonde im vorliegenden Fall wäre als Behandlungsabbruch nicht nur nicht strafbar gewesen, sondern sie war geboten[110]. Umstritten ist die Frage, ob die Entscheidung über den Behandlungsabbruch der Genehmigung durch das Vormundschaftsgericht bedarf. Der BGH[111] geht dann davon aus, wenn der behandelnde Arzt und der gesetzliche Betreuer nicht einer Meinung sind. In dem Fall, wenn sich der gesetzliche Betreuer über einen Behandlungsvorschlag des Arztes hinwegsetzen möchte, soll im Konfliktfall das Vormundschaftsgericht entscheiden. Pflegekräfte sind in jedem Fall gehalten, die Entscheidung über einen Behandlungsabbruch mit dem rechtlichen Vertreter (Bevollmächtigten) oder gesetzlichen Betreuer des Patienten sowie dem behandelnden Arzt zu erörtern. Ihnen obliegt die Entscheidung, nicht der Pflegekraft, die allerdings wichtige Hinweise geben kann.[112]

Vom Behandlungsverzicht spricht man dann, wenn eine in sich mögliche Heilbehandlung unterlassen wird. Wird etwa auf eine Chemotherapie bei einem krebskranken Patienten verzichtet

Behandlungs-
abbruch

---

110 Vgl. Putz, W.: Zur Einstellung der künstlichen Ernährung, in BT-Mann, 2005, S. 165 – 168, Klie: Das Urteil. Bundesgerichtshof: Pflegeheime dürfen sich nicht über den Patientenwillen hinwegsetzen. In: Altenheim 10/2005, S. 27–28
111 BGH-Beschluss vom 8.6.2005, Az: BGH XII ZR 177/03
112 In der aktuellen Diskussion um das Dritte Betreuungsänderungsgesetz wird erörtert, ob man eine gesetzliche Genehmigungspflicht generell einführen oder nicht. Vgl. hierzu ausführlich Bauer/Klie: Patientenverfügung und Vorsorgevollmacht – richtig beraten?, 2. Auflage, Heidelberg 2005

oder das Legen einer PEG-Sonde und führt das Unterlassen dieser Heilbehandlung dann zum Tode, ist das Unterlassen der Behandlung nicht strafbar, sondern sogar geboten, wenn es auf dem eindeutigen Willen des Patienten beruht. Voraussetzung ist allerdings, dass der Patient selber oder sein Bevollmächtigter oder gesetzlicher Betreuer entsprechend aufgeklärt wurden über die mögliche Behandlung und die Folgen, die eintreten, wenn auf die Behandlung verzichtet wird (informed consent). Ein stillschweigender Verzicht auf eine Heilbehandlung, ohne dass der Patient selber einbezogen wird, verletzt nicht nur berufliche Standespflichten der Ärzte und Pflegekräfte, sondern stellt sich gegebenenfalls auch als Straftat dar: Das Unterlassen einer gebotenen Heilbehandlung.[113]

Zur Diskussion

In den englischen Sterbekliniken gilt der Satz:
»Ein Patient, der sich danach sehnt, zu sterben, wird nicht richtig gepflegt.«

Wiederholungsfragen
1. Was ist der Unterschied zwischen Behandlungsverzicht und indirekter Sterbehilfe?
2. Wann besteht für das Pflegepersonal die Verpflichtung, einen Heimbewohner von einem Suizid abzuhalten?

Literaturhinweise
Jens/Küng: »Menschenwürdig Sterben«, München 2008.
Klie/Student, Die Patientenverfügung, Freiburg 2006.
Bauer/Klie, Patientenverfügung, Vorsorgevollmachten – richtig beraten?, 2. Auflage, Heidelberg 2005.
Klie/Student, Sterben in Würde, Freiburg 2007

---

113 Vgl. Klie/Spatz: Autonomie am Lebensende? Die Wirklichkeit von Behandlungsabbrüchen im klinischen Alltag. In: Mr. med. Mabuse, 155 2005, S. 48 – 51

7. Versicherungen

Kommt es zu Schadensfällen, dann können alle Seiten beruhigt sein, wenn ausreichender Versicherungsschutz besteht. Dadurch, dass Haftungsfragen in der Pflege zunehmend an Bedeutung gewinnen, wird die Frage nach einem ausreichenden Versicherungsschutz auch immer bedeutsamer. Im haftungsrechtlichen Zusammenhang sind vor allem die Haftpflichtversicherung, aber neben ihr auch die Rechtschutzversicherung und gesonderte Kfz-Versicherung von Bedeutung. Werden Ehrenamtliche einbezogen, dann kann es von einiger Bedeutung sein, dass sie einen Unfallversicherungsschutz genießen.

a) Haftpflichtversicherungen

Fall 66:
Eine Raumpflegerin gießt das Putzwasser unachtsam über die Fliesen des Heimkorridors. Eine Heimbewohnerin und deren Besucherin rutschen aus und stürzen. Beide ziehen sich Frakturen zu.

Muss die Raumpflegerin zahlen, falls es sich um eine Fremdreinigungsfirma handelt, die Firma oder die Versicherung des Heimes? Folgende Haftpflichtversicherungen kommen in der Altenpflege in Betracht:

Der Träger einer Einrichtung (Pflegeheim, Sozialstation) kann für sich und seine MitarbeiterInnen (inkl. ehrenamtliche) eine Betriebshaftpflicht abschließen, die bei Schadensfällen alle berechtigten Ansprüche der Geschädigten befriedigt, z. B. das fallengelassene Gebiss ersetzt oder Kosten einer Krankenbehandlung inkl. Schmerzensgeld übernimmt. Im *Fall 64* werden die Krankenbehandlungskosten infolge der Frakturen und gegebenenfalls Schmerzensgeld und Verdienstausfall von der Betriebshaftpflichtversicherung gezahlt.

Betriebshaftpflichtversicherung

Dies sollte jedes Heim und jede Sozialstation im eigenen und im Interesse der MitarbeiterInnen tun. Eine gesetzliche Pflicht zum Abschluss einer Betriebshaftpflichtversicherung besteht allerdings nicht. Bei Abschluss einer solchen Versicherung ist darauf zu achten, dass
- auch bei grober Fahrlässigkeit der Schaden allein von der Versicherung gezahlt wird, § 4 AHB,[114]
- für das Abhandenkommen der von Bewohnern und Besuchern eingebrachten Sachen Versicherungsschutz besteht,
- Schäden, die sich MitarbeiterInnen untereinander zufügen, mitversichert sind,
- Pflegefachkräfte und Pflegedienstleistungen besonders gegen mit ihren Anleitungs-, Überwachungs- und Leitungsaufgaben verbundenen Risiken versichert werden.

Diese Risiken sind in vielen Versicherungspolicen erst einmal ausgeschlossen.

Fall 67:

In der Sozialstation Hamburg-W. werden von einer Reihe von Patienten Schlüssel aufbewahrt und bei den entsprechenden Einsätzen an die Pflegekräfte ausgegeben. Altenpflegerin K. verliert den Schlüssel beim Einkaufen, die Patientin verlangt nun den Einbau eines neuen Schlosses in ihre Haustür.

Schlüsselverlust

Nicht alle möglichen Risiken werden von Betriebshaftpflichtversicherungen erfasst. Besondere Risiken müssen in den Haftpflichtversicherungsverträgen extra einbezogen werden. So etwa das Schlüsselverlustrisiko, das insbesondere in der ambulanten Altenpflege und Nachbarschaftshilfe von Bedeutung ist.

Besteht in einer Einrichtung keine Betriebshaftpflichtversicherung (fragen!), dann empfiehlt sich für den einzelnen Mitarbeiter der Abschluss einer sog. Berufshaftpflichtversicherung. Über die

Berufshaftpflichtversicherung

---
114 Vgl. Böhme, a. a. O., S. 99.

Gewerkschaften und Berufsverbände werden günstige Gruppenverträge angeboten.[115]

Eine Doppelversicherung: Betriebshaftpflicht und Berufshaftpflichtversicherung ist nicht sinnvoll, der Versicherte hat davon keinen Vorteil. Werden allerdings berufliche Aufgaben auch außerhalb des Arbeitsverhältnisses wahrgenommen, etwa freiberufliche Tätigkeit, dann empfiehlt sich wieder dringend eine Berufshaftpflichtversicherung.

Wichtig	**Die Privathaftpflichtversicherung tritt nicht für Schäden ein, die in Ausübung des Berufes entstanden sind.**

Stürze mit entsprechenden Folgen: Frakturen, Prellungen u.a. stehen auf der Tagesordnung im Pflegeheim. Wer hat für die Krankenbehandlungskosten aufzukommen, wenn die Fraktur möglicherweise darauf zurückzuführen ist, dass dem Heim Vorwürfe zu machen sind, nicht ausreichend für eine Sturzprophylaxe gesorgt zu haben? In der Vergangenheit war diese Frage weniger relevant, da sich die Krankenkassen, die für die Heilbehandlung aufkommen und die Haftpflichtversicherung, die die Heime versichern, sich die Kosten im

Teilungsabkommen   Raum von so genannten Teilungsabkommen geteilt haben. Nachdem aber in den letzten Jahren einige Krankenkassen dazu übergegangen sind, systematisch Regresse gegen Heime anzustrengen, um die teuren Krankenhausbehandlungskosten von diesen ersetzt zu bekommen, wenn Bewohner gestürzt sind und sich Frakturen zugezogen haben, haben sich auch die Haftpflichtversicherungen von dem Teilungsabkommen »verabschiedet« bzw. sie gekündigt.[116]

Als ein Teilungsabkommen wurde die Sach- und Rechtslage nicht weiter geprüft und hat sich zu einem bestimmten Prozentsatz die Kosten zwischen Krankenkassen und Haftpflichtversicherung

---

115 Vgl ausführlich: Lutterbeck, Brauchen Pflegekräfte eine Berufshaftpflichtversicherung? in: Die Schwester/der Pfleger 2000 (4) S. 284-286
116 Vgl. Diehl, M.: Vom Sinn und Unsinn von Teilungsabkommen, VDAB – Durchblick, Heft 4/2004, S. 31

geteilt. Solche Teilungsabkommen bestehen zum Teil weiterhin fort, sie werden aber zunehmend gekündigt, so lässt sich dann auch die zunehmende Zahl von Haftungsprozessen erklären, in denen die Sach- und Rechtslage aufgeklärt werden soll: Wer trägt die Verantwortung für den Sturz, das Heim, die Pflegekräfte? Über 2000 Prozesse hat allein die AOK im Jahre 2005 in der Schublade vorbereitet, bis der BHG im April 2005 entschieden hat, dass nicht von jedem Sturz auf einen Fehler des Heimes geschlossen werden kann.[117]

Für den älteren Menschen, insbesondere den Heimbewohner, kann u. U. der Abschluss einer privaten Haftpflichtversicherung sinnvoll sein. Die private Haftpflichtversicherung springt ein, wenn der Heimbewohner Mitbewohner oder das Heim schädigt (z .B. Beschmutzung eines Anzuges, Umstoßen einer Vase). Vom Heim aus empfiehlt sich der Abschluss einer Bewohner-Sammel-Haftpflichtversicherung.

Private Haftpflichtversicherung

Haftpflichtversicherungen schützen niemals vor strafrechtlicher Verantwortlichkeit.

Wichtig

Die Haftpflichtversicherung tritt nur ein, wenn eine Haft-Pflicht besteht. Hat ein schwer demenziell erkrankter Bewohner oder zu Hause betreuter Pflegebedürftiger einen Schaden angerichtet, so wird er mangels Deliktfähigkeit nicht für den Schaden einzutreten haben. Folge ist, im Übrigen wie bei minderjährigen Kindern, wenn die Eltern keine Aufsichtspflicht verletzt haben, dass die Haftpflichtversicherung für diesen Schaden nicht eintritt: Der Geschädigte bleibt auf seinem »Schaden« sitzen. Für solche Konstellationen bieten Haftpflichtversicherungen kulanzfähige Übernahmevereinbarungen an, die bis zu einer bestimmten Höchstsumme die Regulierung der Schäden vorsehen, die deliktsunfähige, etwa geistig

Haftpflichtversicherung für demenziell Erkrankte

---

117 Vgl. BGH, Urteil vom 28.04.2005, Az BGH III ZR 399/04.

Behinderte oder demenziell Erkrankte, verursachen. Damit kann ein risikofreudigeres Verhalten in der Pflege unterstützt werden.

b) Weitere Versicherungen

Neben Haftpflichtversicherungen kommen zum Schutz vor Kosten einer möglichen Strafverfolgung Rechtsschutzversicherungen in Betracht. Auch hier besteht die Möglichkeit für den Arbeitgeber, den Versicherungsschutz für alle MitarbeiterInnen sicherzustellen; m. E. ist der Arbeitgeber auch sonst verpflichtet, Kosten eines Strafverfahrens für die MitarbeiterInnen zu tragen, soweit das Strafverfahren mit »risikoreichen« Tätigkeiten im Heim oder in der ambulanten Pflege zusammenhängt.

Bei der Auswahl der Versicherungen sind die erheblichen Beitragsunterschiede zu beachten!

Insbesondere in der ambulanten Pflege benutzen Pflegekräfte nicht selten ihre Privat-PKW für dienstliche Zwecke. Geschieht dies auf Verlangen des Arbeitgebers, so trifft den Arbeitgeber eine eigene Haftung, von der er sich durch eine angemessene Unfallrisikoprämie befreien kann[118]. Am sinnvollsten ist der Abschluss einer Kfz-Haftpflichtversicherung für die dienstlich eingesetzten Privat-PKW durch Heim oder Pflegedienst, die einen Versicherungsschutz für die Dienstfahrten gewährt. Benutzt die Pflegekraft den PKW nur zur persönlichen Erleichterung, so trifft den Arbeitgeber keine Haftung.[119]

Bei Benutzung von »Firmenfahrzeugen« ist zu beachten, dass durch den Abschluss von Insassenunfallversicherungen Deckungslücken geschlossen werden, die bei Schäden auftreten, die »Firmenangehörige« treffen, etwa bei einem Verkehrsunfall, bei dem eine Arbeitskollegin als Beifahrerin verletzt wird.

Rechtschutzversicherungen

Kfz-Versicherung

---

118 Vgl. BAG BB 1962, S. 178; es empfiehlt sich der Abschluss von Betriebsvereinbarungen zur Regelung der Haftungsfragen. Hierzu ist der Arbeitgeber aufgrund seiner Fürsorgepflicht verpflichtet, vgl. BGH AP Nr. 52 zu § 611 BGB.

119 Auch ohne ausdrückliches Verlangen des Arbeitgebers trifft den Arbeitgeber dann eine Haftung, wenn die Pflegekraft – etwa im ländlichen Bereich – ihre Aufgaben ohne Auto gar nicht ordnungsgemäß erledigen kann.

> **Zur Diskussion**
>
> Ein Heim, das nicht für einen umfassenden Versicherungsschutz seiner Mitarbeiter sorgt, dem liegt nicht daran, dass Pflegekräfte auf Zwangsmaßnahmen gegenüber »Verwirrten« verzichten!

Sowohl im Heim als auch in der ambulanten Pflege nimmt die Bedeutung von freiwillig Engagierten (Ehrenamtlichen) zu. Sie können ohne weiteres in den Haftpflichtversicherungsschutz eines Betriebes mit einbezogen werden, wenn sie etwa im organisatorischen Zusammenhang der Nachbarschaftshilfe oder eines Pflegeheimes tätig werden. Gesetzlich geregelt wurde ihre Einbeziehung in die gesetzliche Unfallversicherung. Seit dem 01.01.2005 genießen »bürgerschaftlich Engagierte«, die bei einer gemeinnützigen Organisation tätig sind, Unfallversicherungsschutz[120]. Wenn also etwa ein freiwillig Engagierter auf dem Weg ins Heim verunglückt oder sich während eines Einsatzes verletzt, so genießt er wie die Arbeitnehmer Unfallversicherungsschutz.

Unfallversicherung für Ehrenamtliche

Wiederholungsfragen
1. Was ist der Unterschied zwischen Privat-, Berufs- und Betriebshaftpflichtversicherung?
2. Wann haftet der Arbeitgeber beim Einsatz von Privat-PKW im Dienst?
3. Was versteht man unter Teilungsabkommen?

---

120 Vgl. zu den Rechtsfragen bürgerschaftlich Engagierter: www.buerger-engagement.de/1_initiative/ publikationen/pdfs/Sicher_engagiert.pdf

8. Risikomanagement

Fall 68:
Die Heimleiterin Frau F. wendet sich empört und verunsichert an einen Rechtsanwalt: Die Staatsanwaltschaft war im Haus und ermittelt wegen Körperverletzung durch Unterlassen. Eine Bewohnerin war aus dem Bett gestürzt. Die Angehörigen werfen dem Heim vor, kein Bettgitter aufgesellt zu haben. »Mit Bettgitter wäre unsere Mutter nicht gestürzt«. Die Heimleiterin hatte sich an »die Rechtslage gehalten« und den Pflegekräften untersagt, ohne richterliche Genehmigung Bettgitter aufzustellen, wenn die Bewohner dies nicht wünschten. »Haben wir nun doch etwas falsch gemacht? Bitte helfen Sie mir, Herr Anwalt!«

In der Industrie, aber auch zunehmend im Krankenhaussektor und der Psychiatrie wird versucht, mit Methoden des Risikomanagement[121], Haftungsrisiken und Schadensfolgen zu begegnen. Es geht um die professionelle Schadensverhütung, die von Versicherungen immer häufiger verlangt wird. Einerseits wird durch das Risikomanagement versucht, Risiken zu minimieren und ihre Realisierung zu vermeiden. Hierzu kann die verbindliche Festschreibung von Sorgfaltsregelungen (Standards) gehören, wie z. B. die klare Regelung von Verantwortungsbereichen und Zuständigkeiten. Aber auch die Vorsorge für »Zwischenfälle« gehört zum Risikomanagement: Was hat zu geschehen, wenn ein Bewohner stürzt, »verschwunden« ist etc. Ist für den »Notfall« Vorsorge getroffen worden, wie für den Brandfall durch die Feuerschutzübungen? Vorsorge schafft Sicherheit – auch bei den MitarbeiterInnen.

Im Risk Management geht es um ein systematisches Erkennen von Risiken (Risikoscreening), die Bewertung von Risiken (wie gefährlich und folgenreich können Risiken sein?), um die Risikoauswahl (für welche Risiken sollen in besonderer Weise Vorkehrungen

Haftungsrisiken und Schadensfolgen

---
121 Vgl. Harrant/Hemmrich: Risikomanagement in Projekten, München 2004

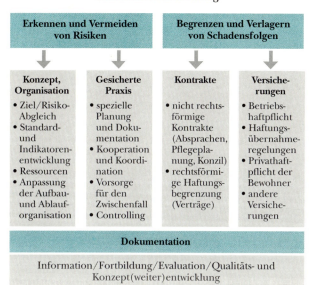

getroffen werden) und um die Risikovorsorge und entsprechende Maßnahmen.

Wichtiges Anliegen des Risikomanagements ist es aber auch, dafür zu sorgen, dass im Schadensfall der Schaden möglichst wenig »Kosten« verursacht, dass er auf andere verlagert wird. Zunächst ist da an den materiellen Schaden zu denken: Schadensersatzpflichten. Durch Haftungsbeschränkungen (im zulässigen Umfang), vor allem aber durch Versicherungen lässt sich die Schadensersatzpflicht für Pflegekräfte, aber auch für die Einrichtungen und Dienste stark begrenzen. Es geht hier jedoch ebenfalls um immaterielle Schäden: Vorwürfe von Angehörigen, Ärzten, Vorhaltungen von Kollegen: Ihnen kann durch ein gutes Risikomanagement wirksam vorgebeugt werden, etwa durch transparente Konzepte, Einbeziehung in die Pflegeplanung, gemeinsame Diskussion von Risiken. Im *Fall 68* ist die verunsicherte Reaktion der Heimleiterin Ausdruck für den wenig professionellen Umgang mit dem Sturzrisiko von BewohnerInnen.

Schadensersatzpflichten

Schließlich verlangt das Risikomanagement nach »Evaluation«, d. h. dem Lernen aus Fehlern, und der ständigen Suche nach Verbesserungsmöglichkeiten. Insgesamt kann das Risikomanagement dazu dienen, Haftungsängsten ihre völlig überhöhte Bedeutung zu nehmen und einen sowohl rationalen als auch professionellen Umgang mit Risiken zu befördern.

Das oben abgedruckte Schema veranschaulicht die Systematik des Risikomanagements.

Literaturhinweis

Klie/Pfundstein/Nirschl: Risk Management in der stationären Pflege, Köln 2006.

9. Rechtsprechung zum Sturzrisiko

Im Jahr 2005 hatte der Bundesgerichtshof über zwei Klagen von Krankenkassen gegen Heimträger wegen Schadensersatz für Behandlungskosten zu entscheiden, die aufgrund von Stürzen von Bewohnern entstanden sind.

In dem der Entscheidung des Bundesgerichtshofes (BGH) vom 28.4.2005 (Az.: III ZR 399/04) zugrunde liegenden Rechtsstreitigkeit war eine zeitweise desorientierte und gehbehinderte Bewohnerin aus dem Bett gestürzt und hatte sich dabei einen Oberschenkelhalsbruch zugezogen[122]. Die Krankenkasse vertrat die Auffassung, dass der Sturz vermeidbar gewesen wäre und der Heimbetreiber deshalb zum Schadensersatz verpflichtet sei. Die Klage der Krankenkasse hatte nur in der ersten Instanz vor dem Landgericht Berlin Erfolg. Sowohl das Kammergericht Berlin als auch der BGH sahen die Klage als unbegründet an. Eine schuldhafte Pflichtverletzung des Heimbetreibers oder seiner Pflegekräfte ist nach der Entscheidung des obersten Zivilgerichtes nicht ersichtlich. Vergeblich hatte die Krankenkasse vorgetragen, dass der Sturz der Bewohnerin durch Hochziehen der Bettgitter, Fixierung und engmaschige Betreuung

Schuldhafte Pflichtverletzung

Arbeit nach aktuellem Wissensstand schützt vor Haftung

[122] OLG Dresden, Urt. v. 17. 1. 2006; Altenheim 2006, Heft 9, S. 31.

hätte vermieden werden können. Die Pflichten des Heimbetreibers sind begrenzt auf die in Pflegeheimen üblichen Maßnahmen, die mit einem vernünftigen finanziellen und personellen Aufwand realisierbar sind. Maßstab müssen das Erforderliche und das für die Heimbewohner Zumutbare sein.

Der Entscheidung vom 14.07.2005 (Az.: III ZR 391/04) lag ein Sachverhalt zugrunde, in der eine Heimbewohnerin bei einem Sturz Frakturen des Halswirbelkörpers mit Lähmungen aller vier Extremitäten davongetragen hatte. Das Berufungsgericht, hier das Oberlandesgericht Dresden, hat die Klage dem Grunde nach für gerechtfertigt erklärt, weil der beklagte Heimträger nicht alles ihm Mögliche und Zumutbare getan habe, um den Sturz zu verhindern. Die gegen die Entscheidung des OLG gerichtete Revision des Heimträgers hatte zumindest teilweise Erfolg. Der BGH hat die Sache zurück an das OLG verwiesen. Er wies darauf hin, dass für die Entscheidung über die Haftung des Heimträgers weitere Aufklärung seitens des Berufungsgerichtes erforderlich ist. Nach der Entscheidung des BGH haftet der Heimträger dann, wenn er die aus dem Heimvertrag resultierenden Obhutspflichten verletzt und nicht die gebotenen Maßnahmen ergriffen hat, die dem Stand der pflegerisch-medizinischen Erkenntnis entsprechen. Dies konnte die Krankenkasse in dem Verfahren bislang aber noch nicht nachweisen.

Obhutspflichten

In beiden Verfahren ist die Krankenkasse mit der Durchsetzung ihrer Schadensersatzansprüche nicht erfolgreich gewesen. Der Bundesgerichtshof hat in seinen Urteilen zum Ausdruck gebracht, dass bei der Entscheidung einer bestimmten Maßnahme der Sturzprophylaxe die Freiheitsrechte und die Mobilität der Bewohner einen ganz besonders hohen Stellenwert haben. Schadensersatzansprüche können seitens der Krankenkasse nur dann erfolgreich durchgesetzt werden, wenn ein konkreter Pflegefehler nachgewiesen werden kann.

Das Spannungsverhältnis zwischen Mobilität und Sicherheit, Freiheit und Schutz ist in der Altenpflege ein Alltagsthema. Die Bundeskonferenz Qualitätssicherung im Gesundheits- und Betreuungswesen hat sich diesem Thema intensiv zugewandt und ein Qualitätsniveau erarbeitet, in dem aus ärztlicher Sicht, aus pflegerischer aber auch aus juristischer Sicht die Fragen des Umgangs etwa mit Sturzrisiken erarbeitet werden. Das Ergebnis ist eine Art Expertenstandard für den Umgang mit Fragen der Mobilität und Sicherheit im Heim.

III. Betreuungsrecht und das Recht des demenziell und psychisch kranken alten Menschen

Das Ziel ist,

→ Menschen mit Demenz als Menschen mit individuellen Bedürfnissen und Rechten zu sehen,

→ für die Rechte psychisch veränderter und demenziell erkrankter Menschen zu sensibilisieren,

→ zentrale Fragen des Betreuungsrechts, der sog. »Aufsichtspflicht«, der Vergabe von Psychopharmaka, der Unterbringung und Genehmigung von freiheitsentziehenden Maßnahmen sowie der Probleme der Betreuung von demenziell Erkrankten in der eigenen Häuslichkeit zu klären.

Rechtskunde, Thomas Klie; © Vincentz Network
GmbH & Co. KG, Hannover 2009; ISBN 978-3-86630-081-1

1. Einführung

Demenz

Das Thema Demenz ist zu einem der wichtigsten Themen in der Altenpflege geworden. Aktuell leiden etwa 1,2 Millionen Bundesbürger an einer Demenz, für das Jahr 2030 wird mit einer Zahl von 2,5 Millionen gerechnet. Menschen mit Demenz entsprechen nicht dem typischen Pflegebedürftigen. Der Pflegebedürftigkeitsbegriff des SGB XI hat bisher ihre besonderen Hilfebedarfe nicht in den Blick genommen. Das soll mit dem neuen Pflegebedürftigkeitsbegriff anders werden. Wie lässt sich die Würde von Menschen mit Demenz sichern, wie lässt sich ein Leben gestalten, das ihnen Lebensqualität vermittelt? Das sind zentrale Fragen für die Pflege alter Menschen, sowohl in Heimen als insbesondere auch in der eigenen Häuslichkeit. Es handelt sich zumeist um hochbetagte Menschen: Von den über 90-Jährigen leiden etwa 50 Prozent an einer Demenz.

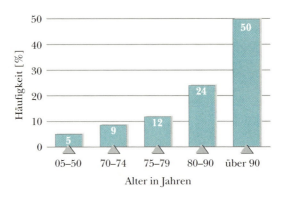

Es werden folgende Demenzformen unterschieden: Primäre Demenzen, zu denen insbesondere die senile Demenz vom Alzheimer-Typ gehört, aber auch die besonders schwer verlaufende Pick'sche Stirnhirnatophie. Der typische Fall für eine so genannte Multi-Infakt-Demenz ist der Schlaganfall. Zu den so genannten sekundären Demenzen gehören Stoffwechselstörungen oder Hirnerkrankungen, die einen anderen Hintergrund haben. Es ist wichtig für eine

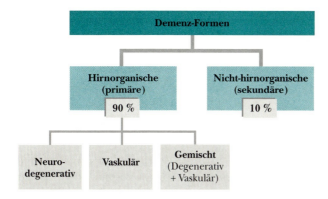

angemessene Begleitung von Menschen mit Demenz, die genaue Diagnose herauszufinden und vor allem auszuschließen, dass es sich nicht um eine andere psychische oder neurologische Störung handelt.

Die Alzheimer-Krankheit muss von anderen, in der Symptomatik ähnlichen psychischen und neurologischen Störungen abgegrenzt werden, etwa von
- Normale alterstypische Vergesslichkeit
- Verweigerung oder Vermeidungsverhalten
- Leichter kognitiver Störung des Alters (ICD-10 F06.7 Organische psychische Störungen eingeordnet)
- Depression bei älteren Menschen (evtl. mit zusätzlicher kognitiven Störungen im Sinne einer Zweiterkrankung)
- Deprivationserscheinungen bzw. Hospitalismus und Regression in Pflegeheimen
- Einfacher Aphasie
- Einfachem Mutismus
- Schwerem Autismus (Kanner-Syndrom) mit Mutismus
- Schweren neurologischen Syndromen wie dem Apallischen Syndrom, dem Locked-in-Syndrom oder dem akinetischen Mutismus
- Gehirntumoren, Gehirnverletzungen, die zu einem organischen amnestischen Syndrom führen können. (ICD-10 F04)

- Störungen des Stoffwechsels (beispielsweise Unterzuckerung bei Diabetikern, Dehydration)
- Schlaganfall
- Delir
- Psychosen und Wahn (beispielsweise Schizophrenie, Manie oder psychotische Depression)
- anderen Formen von Demenz

Auch andere Formen psychischer Erkrankungen sind im Alter verbreitet, in besonderer Weise Depression, die häufig nicht richtig erkannt und noch seltener adäquat behandelt wird.

Die Sicherung der Rechte von Menschen mit Demenz aber auch Menschen mit anderen neurologischen und psychischen Erkrankungen im Alter ist eine wichtige Aufgabe der Altenpflege. Viele Rechtsfragen tauchen im Betreuungsalltag auf: Auf welche Hilfsmittel und Therapien haben sie einen Anspruch, welche Sorgfaltspflicht sind bei sturzgefährdeten Menschen zu beachten, unter welchen Voraussetzungen dürfen Psychopharmaka vergeben werden oder zu Maßnahmen freiheitsentziehender Art gegriffen werden? Wer entscheidet über die ärztliche Heilbehandlung und wie ist in Situationen zu handeln, wenn ein Demenzkranker sich etwa gegen die Medikamentenvergabe wehrt?

Die Charta der Rechte Pflegebedürftiger unterstreicht die Grundrechte von Menschen mit Demenz ebenso wie das Betreuungsrecht, das in der Altenpflege eine große Bedeutung hat. Viele Menschen haben Angst vor einem Leben mit Demenz, befürchten, ihre Würde zu verlieren und können sich in gesunden Tagen kaum vorstellen, einmal als Demenzkranker leben zu müssen.

Demenzkranke haben einen Anspruch darauf, dass auch sie mit ihrer Krankheit und ihrem inneren Erleben respektiert werden. Und wir tun gut daran, zu zeigen, dass ein Leben mit Demenz auch ein lebenswertes Leben sein kann. Im anderen Fall mag sich in der Gesellschaft die Vorstellung durchsetzen:»Ein solches Leben ist nicht lebenswert – lieber tot als dement im Heim«. Gerade die Pflege ist herausgefordert, in Zusammenarbeit mit anderen Berufsgruppen Wege aufzuzeigen, wie es gelingen kann, mit Demenzerkrankung und anderen psychischen Störungen zurecht zu kommen und ein »Ja« zum Leben zu sagen. Viele Pflegekräfte finden gerade dieses Arbeitsfeld besonders reizvoll und können sich kaum mehr vorstellen, nicht in diesem Bereich zu arbeiten.

In diesem Kapitel sollen nun die rechtlichen Fragen im Zusammenhang mit der Betreuung und Versorgung von Menschen mit Demenz und psychischen Störungen behandelt werden.

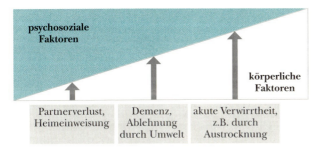

Im Kontrast zur Bedeutung der Problematik psychisch kranker älterer Menschen steht die Berücksichtigung rechtlicher Gesichtspunkte bei der Betreuung und Pflege dieser Personengruppe. Aus Unwissenheit, Hilflosigkeit, Gleichgültigkeit oder schlichtweg Überforderung kommt es sowohl im stationären wie im ambulanten Bereich routinemäßig zu einer an sich rechtlich unzulässigen Verabreichung von Psychopharmaka, zu Fixierungen und Einschließungen. Immerhin ist in den letzten Jahren zum Teil mehr Sensibilität zu beobachten. Dennoch: Praxis und Recht klaffen häufig auseinander. Dies sollte weder zu Forderungen nach einer anderen (weniger strengen) Rechtslage noch zu einseitigen Vorwürfen gegen Heim und Personal führen, das durch den ständigen Umgang mit psychisch veränderten Menschen selbst sehr belastet sein kann. Die Kenntnis der Rechte der psychisch und demenziell Kranken ist aber eine Voraussetzung für eine menschenwürdige Pflege. Denn: Rechtswahrnehmung hängt von Rechtskenntnis ab.

Recht und Psychiatrie

2. Freiheitsrechte psychisch Kranker

Leitsatz
1. Freiheitsentziehende Maßnahmen sind auf das unbedingt notwendige Maß zu beschränken und immer das letzte Mittel der Wahl.
2. Sie sind nur nach gewissenhafter Prüfung der Menschenwürde und Abwägung der Freiheitsrechte mit den Fürsorgepflichten unter bedingungsloser Beachtung der Menschenwürde und Selbstbestimmung anzuwenden.

AG Garmisch-Partenkirchen B. v. 21. 2. 2008, Az XVII 57/08

Demenziell und psychisch kranke alte Menschen oder die, die als solche gelten, sind in ihren Freiheitsrechten gefährdet. Die Gefahr der Bevormundung und der Zwangsanwendung ist groß. Dies gilt insbesondere für Institutionen wie Pflegeheime, in denen ein hohes Maß an Anpassung gefordert wird und die BewohnerInnen in psychischer, sozialer und oft auch wirtschaftlicher Abhängigkeit leben.

Wie häufig wird in stationären Altenhilfeeinrichtungen fixiert?
- International   12 – 49 %
  (The Joanna Briggs Institute, 2002; Harmers et al., 2004)
- Deutschland   26 – 42 %
  5 – 10 % »körpernahe« Fixierung
  (Klie/Pfundstein, 2002; Becker et al. 2003; Meyer/Köpke, 2007)

Grundgesetz garantiert Freiheitsrechte

Von juristischer Seite ist grundsätzlich zu betonen, dass auch und gerade demenziell und psychisch kranke Personen Inhaber von Freiheitsrechten sind, die durch das Grundgesetz garantiert werden. – »Jeder hat das Recht auf freie Entfaltung seiner Persönlichkeit« (Art. 2 Abs. 1 GG), »Die Würde des Menschen ist unantastbar« (Art. 1 Abs. 1 GG). Die Charta der Rechte Pflegebedürftiger betont diese aus der Verfassung abgeleiteten Grundrechte psychisch Kranker in besonderer Weise.[1]

Aus juristischer Sicht legitimiert das Motiv, dem Kranken helfen zu wollen, noch lange keine die Freiheit des Betroffenen einschränkenden Maßnahmen. Jeder hat grundsätzlich das Recht, so zu leben, wie er möchte, auch wenn andere ihn für psychisch krank halten. Aus sozialer Fürsorglichkeit vorgenommene Fixierungen oder Verabreichung von Psychopharmaka gegen den Willen des Betroffenen bleiben grundsätzlich immer noch Straftaten. Soziale Betreuung und Pflege dürfen nicht dazu dienen, Grundrechte deshalb zu beschränken, um »den Bürgern eine Besserung von oben zukommen zu lassen«.[2]

> Soziale Fürsorglichkeit

Es ist sicherlich nicht hilfreich, alle pflegerischen Maßnahmen, insbesondere auch persönliche Hilfe in Form mitmenschlicher Zuwendung zu »verrechtlichen«. Es besteht aber die große Gefahr, dass unter Hinweis auf die Funktionsbedingungen des Pflegeheimes und die Fürsorglichkeit des Personals der Anspruch auf die Freiheitsverwirklichung der Betroffenen unter den Tisch fällt.

> Anspruch auf Freiheitsverwirklichung

Aus diesen Gründen ist pflegerische und soziale Betreuung immer wieder auch unter dem Gesichtspunkt der Freiheitsrechte der Betreuten zu reflektieren.

Anknüpfungspunkte für eine juristische Beurteilung von Fixierungen, Einschließungen und andere freiheitsbedrängende Maßnahmen sind:

> Rechtliche Anknüpfungspunkte

- das Strafrecht mit dem Straftatbestand der Freiheitsberaubung gem. § 239 StGB und der Nötigung, § 240 StGB;
- das Verfassungsrecht mit seiner in Art. 2 Abs. 2 und 104 GG verbürgten Garantie persönlicher Freiheit. Auch dass in Deutschland die Richter über freiheitsentziehende Maßnahmen zu entscheiden haben, ergibt sich aus den verfassungsrechtlichen Vorgaben;
- das Betreuungsrecht mit seinen Regelungen zu Unterbringung und unterbringungsähnlichen Maßnahmen: Gesetzliche

---
1 Vgl. www.bmfsfj.de
2 BVerfGE 22, S. 180, 219 f.

Betreuer und das Vormundschaftsgericht sind zuständig für die Entscheidungen über freiheitseinschränkende Zwangsmaßnahmen.

Freiheitsentziehende und -beschränkende Maßnahmen gehören immer noch zum Alltag in Pflegeheimen: Die Münchener Studie zu Freiheitsentziehenden Maßnahmen in Pflegeheimen hat dies zuletzt belegt[3]: Fast alle Pflegekräfte haben mehrfach in ihrer Berufspraxis Erfahrungen mit Fixierungen sammeln müssen.[4]

Rechtliche Abgrenzung der Freiheitsbegriffe:[5]
Fall 69:

Freiheitsberaubung

Eine 88-jährige Pflegeheimbewohnerin ist stark geh-eingeschränkt, unruhig, verwirrt und wird nach Rücksprache mit dem Arzt durch einen Fixierungs-Gurt im Bett fixiert. Der Sohn hatte sich damit einverstanden erklärt, da sonst eine Einweisung in die Psychiatrische Landesklinik »unumgänglich« gewesen wäre.

Tatbestandliche Voraussetzungen

Eine Freiheitsberaubung liegt tatbestandlich vor, wenn ein Mensch eingesperrt oder auf andere Weise des Gebrauchs seiner persön-

---

3 Vgl. Klie/Pfundstein: Münchener Studie: Freiheitsentziehende Maßnahme in Münchener Pflegeheimen. In: Hoffmann/Klie, Freiheitsentziehende Maßnahmen in Betreuungsrecht und Betreuungspraxis, Heidelberg 2004, S. 75–130 , für entsprechende Untersuchungen in den 90er Jahren: Klie/Lörcher, Gefährdete Freiheit, Freiburg,1994, S. 44 f.
4 Vgl. Borutta, Fixierung in der Pflegepraxis, Hannover 1994, S. 12.
5 aus: Hoffmann/Klie, Freiheitsentziehende Maßnahmen in Betreuungsrecht und Betreuungspraxis, Heidelberg 2004, S. 13

	Freiheitseinschränkende Maßnahmen	
Verfassungsrecht GG	**Freiheitseinschränkende Maßnahmen** = Jeder Eingriff in die Fortbewegungsfreiheit (Art. 2 II GG)	
Zivilrecht BGB	**Freiheitsbeschränkende Maßnahmen** = Eingriff in die Bewegungsfreiheit von geringer Intensität und/oder Dauer	**Freiheitsentziehende Maßnahmen** (Art. 104 GG) = Ausschluss der körperlichen Bewegungsfreiheit unerheblich: Motivation, es reicht aus: potenzieller Gebrauch
		Unterbringungsähnliche Maßnahmen § 1906 Abs. 4 BGB — Unterbringung § 1906 Abs. 1 BGB
Strafrecht StGB	**Freiheitsberaubung** = wenn ein Mensch eingesperrt oder auf andere Weise des Gebrauchs seiner persönlichen (Bewegungs-)Freiheit beraubt wird (§ 239 StGB)	
	Liegt nicht vor: Einwilligung Gerechtfertigt: Notstand	Liegt nicht vor: Einwilligung Gerechtfertigt: Entscheidung des Betreuers und gerichtlicher Beschluss

lichen (Bewegungs-)Freiheit beraubt wird (§ 239 StGB). Die Vorschrift des § 239 StGB schützt die potentielle Bewegungsfreiheit[6]. Es kommt nicht darauf an, ob der Betreffende sich überhaupt fortbewegen will, sondern allein darauf, ob ihm die Möglichkeit genommen wird.

»... der Begriff der Freiheitsentziehung erfordert nicht die Feststellung eines konkreten Willens des Betroffenen, seinen Aufenthaltsort aktuell zu wechseln. Entscheidend ist vielmehr, dass der Betroffene sich aufgrund der Maßnahme nicht körperlich bewegen könnte, wenn er es wollte...«
(OLG Hamm, B.v. 22.6.93, BtPrax 1993, S. 172 f.)

---

6 BGHSt 14, S. 314.

Geschützt werden damit auch psychisch Kranke, Desorientierte und eben auch geronto-psychiatrisch Erkrankte, sofern sie zu willkürlicher Ortsveränderung imstande sind[7]. Die Tathandlung der Freiheitsberaubung liegt vor, wenn und solange eine Person – sei es auch nur vorübergehend – durch Gewalt, List, Drohung, Betäubung, Wegnahme der Kleider o. Ä. gehindert wird, ihren Aufenthaltsort frei zu verlassen.[8]

Beispiele:
- Anlegen von Handfesseln, Fußfesseln, Körperfesseln,
- Anlegen von Bauchgurten, wenn keine Möglichkeit für Bewohner besteht, diese selbst zu lösen oder lösen zu lassen, vgl. *Fall 69*,
- Fixieren mit Pflegehemd und Seitenteilen,
- Aufstellen von Bettgittern[9] (gilt nur in Kinderpsychiatrie als in dem Alter übliche Freiheitsbeschränkung),
- Sicherheitsgurt am Stuhl, wenn nicht die Möglichkeit besteht, diesen zu lösen oder unverzüglich lösen zu lassen,
- Abschließen des Zimmers,
- Abschließen der Station,
- Verriegelung der dem Betreuten bekannten und für ihn benutzbaren Ausgänge der Einrichtung,
- Täuschung über die Verriegelung (Tür angeblich abgeschlossen),
- Verwendung von Trickschlössern,[10]
- Ausübung psychischen Drucks,
- Wegnahme von Schuhen und Kleidung.[11]

Wird jemand lediglich gezwungen, seinen Aufenthaltsort zu verlassen oder daran gehindert, einen bestimmten Ort aufzusuchen, so handelt es sich regelmäßig nicht um Freiheitsberaubung, jedoch ggf. um eine Nötigung, § 240 StGB.

---

7 Vgl. Lackner, StGB § 239 Anm. 1.
8 Vgl. Lackner, Anm. 2.
9 Vgl. LG Kassel B. v. 10. 4. 90 Az 3 T 35/90.
10 Vgl. Urteil des AG Helmstedt, Altenpflege 1986, S. 147 ff., hier wurde eine Heimleiterin wegen Verwendung einer Trickschaltung im Fahrstuhl, die nicht richterlich genehmigt war, verurteilt.
11 Beispiele aus der Praxis.

In engen Grenzen können tatbestandlich freiheitsberaubende Maßnahmen wie Fixierungen etc. zulässig sein. Die Rechtswidrigkeit der Maßnahme kann entfallen:

- bei Einwilligung des Betroffenen,
- bei Vorliegen der Voraussetzungen des § 34 StGB (rechtfertigender Notstand),
- bei richterlich genehmigter oder beschlossener Unterbringung gemäß § 1906 BGB.

Zulässigkeit von Fixierungen

Eine Einwilligung eines Bewohners, mit dem eine Verständigung noch möglich ist und der zu einer zielgerichteten Willensäußerung fähig ist, Sinn und Zweck der Maßnahme erkennt und akzeptiert, lässt etwa das Aufstellen eines Altenteils oder Bettgitters als rechtlich korrekt und zulässig erscheinen[12] [13]. Eine solche Einwilligung muss auch nicht schriftlich bestätigt werden, es reicht die schriftliche Notiz in der entsprechenden Dokumentation. Insbesondere bei Menschen mit Demenz wird von einer solchen Freiwilligkeit in der Regel nicht ausgegangen werden können. Interessanter Weise unterstellen viele Pflegekräfte die Einwilligung der Bewohner, auch dann, wenn diese schwer demenzkrank sind. Da kann etwas nicht stimmen. Insofern ist abgesehen von einigen wenigen Bewohnerinnen und Bewohnern, die ein Bettgitter zu ihrer eigenen Sicherheit wünschen, von einer Einwilligung in entsprechende Maßnahmen nicht auszugehen. Im Übrigen können entsprechende Einwilligungen stets widerrufen werden. Eine Einwilligung von Heimbewohnern und Heimbewohnerinnen in künftig gegen sie zu ergreifende Zwangsmaßnahmen, wie Fixierung, Verabreichung von Psychopharmaka etc. etwa bei Abschluss des Heimvertrages ist weder zulässig noch wirksam. Die Einwilligung muss in der jeweiligen aktuellen Situation weiterhin vorliegen.

Einwilligung

Kann ein Pflegebedürftiger seine Situation nicht mehr richtig erfassen, ist er nicht in der Lage in eine pflegerische Maßnahme einzuwilligen, hat er nicht die Einsicht, wie ein Psychopharmaka

---
12 Vgl. Gernhuber, Familienrecht, München 2005
13 Str., ob schon Tatbestand entfällt, siehe Lackner, Anm. 4.

wirkt, so ist die Entscheidung über die Heilbehandlung stets mit seinem Bevollmächtigten oder einem Betreuer abzustimmen. Die Angehörigen als solche haben kein gesetzliches Vertretungsrecht, zumindest nicht in Deutschland. In Österreich kennt man seit 2007 eine entsprechende »Berechtigung«.[14]

Nun muss nicht bei jeder »Applikation« von Medikamenten der Betreuer gefragt werden. Die Entscheidung über die Therapie hat allerdings unter seiner Beteiligung zu erfolgen. Darauf sind gegebenenfalls auch die behandelten Ärzte hinzuweisen. Ein gutes Heim, aber auch ein professionell arbeitender Pflegedienst wird stets darauf achten, dass die therapeutischen Entscheidungen, an deren Umsetzung es später beteiligt ist, etwa weil es die Medikamente geben muss, unter Beteiligung der Bevollmächtigten und Betreuer beraten wird. Muss der Pflegedienst oder die HeimmitarbeiterIn davon ausgehen, dass der Heimbewohner in die Maßnahme nicht eingewilligt hat und auch kein Betreuer beteiligt wurde, wird er dies dem behandelnden Arzt gegenüber zu thematisieren haben: Er ist nur berechtigt an rechtmäßigen Heilbehandlungsmaßnahmen mitzuwirken.

Ist in einem Notfall eine Einwilligung nicht zu erzielen und auch ein Betreuer nicht erreichbar, dann können die unabweisbaren Maßnahmen wie etwa das kurzfristige Fixieren ausnahmsweise und für kurze Zeit unter den Vorraussetzungen des rechtfertigen Notstandes ergriffen werden und zulässig sein.

Zwangsmaßnahmen sind immer nur dann zulässig, wenn andere Behandlungsmaßnahmen erfolglos bleiben (persönliche Betreuung, therapeutische Behandlung). Dabei ist eine Psychopharmakabehandlung ohne/gegen den Willen des Betroffenen rechtlich nicht anders zu beurteilen ist als eine Fixierung. Bei der Applikation von Psychopharmaka sind dabei die Vorschriften der §§ 48, 96 Arzneimittelgesetz gesondert zu beachten. Psychopharmaka dürfen nur eingesetzt werden für Behandlungsziele, für die das Medikament

---

14 Vgl. zu dem Problemkreis ausführlich Elsbernd/Stolz 2008, Zwangsbehandlung und Zwangsernährung in der stationären Altenhilfe? In: BtPrax, S. 57ff

zugelassen wurden. Dazu gehört die Ruhigstellung als solche nicht.

Fixierungen etc. (Anlass, Anordnung, Dauer) sind stets schriftlich zu dokumentieren. Nur so können sich Arzt und Aufsichtsbehörde sowie ggf. das Gericht von der Erforderlichkeit der Maßnahme und der Beschränkung auf Notfallsituationen überzeugen. Für die Dauer der Fixierungen etc. ist der Bewohner besonders aufmerksam zu begleiten. Zwangsmaßnahmen sind für demenziell und psychisch kranke Menschen ausgesprochen belastend. Zudem besteht die Gefahr der Selbstverletzung: Immer wieder werden zum Teil tragische Unfälle berichtet, wie etwa Strangulation bei Bauchgurten. Bei der Fixierung ist dasjenige Mittel einzusetzen, das die Bewegungsfreiheit am wenigsten einschränkt.

Dokumentation

Routinemäßiges Fixieren aus präventiven Gesichtspunkten ohne gegenwärtige Gefahr, über einen längeren Zeitraum und wiederholt ist nicht von § 34 StGB gedeckt.

Zur Diskussion

In hamburger Pflegeheimen wurde eingehend über die Rechtsfragen der Fixierung informiert und mittels einer dienstlichen Richtlinie die Dokumentation von Fixierungen verbindlich eingeführt. In der Folgezeit ging die Fixierungsrate um etwa 90 % zurück.[15]

Für regelmäßige und dauerhafte Fixierungen und andere freiheitsentziehende Maßnahmen ist ein richterlicher Beschluss erforderlich, siehe S. 232 ff. Jedoch sind auch bei Vorliegen eines Beschlusses Zwangsmaßnahmen nur in dem Umfang gerechtfertigt, als sie zur Sicherstellung des Unterbringungszweckes unbedingt erforderlich sind[16]. Liegt ein richterlicher Beschluss noch nicht vor, sind die Pflegekräfte ggf. berechtigt und verpflichtet, die unaufschiebbaren

Richterlicher Beschluss

---

15 Vgl. Wojnar, in: Problemfälle der geriatrischen PflegeMünchen 1991, 1. VGT, S. 85 f.
16 Vgl. BGH NJW 1959, S. 2301.

Internationale Empfehlungen

✔ **Vor dem Einsatz müssen alle Alternativen augeschöpft sein**

✔ Der potentielle Nutzen muss höher sein als der mögliche Schaden

✔ Die **minimalste Variante** sollte eingesetzt werden

✔ Der Einsatz sollte kurzfristig erfolgen

✔ Die Notwendigkeit der Maßnahmen muss regelmäßig überprüft werden

✔ Eine institutionseigene Richtlinie sollte vorhanden sein

✔ Die Anwendung muss fachkundig erfolgen

✔ Eine kontinuierliche Beobachtung der fixierten Bewohner ist notwendig

✔ **Alle Mitarbeiter müssen in deren Gebrauch geschult sein**

Modifiziert nach Joanna Briggs Institute

Maßnahmen unter dem Gesichtspunkt des rechtfertigenden Notstands bis zur Entscheidung des Vormundschaftsgerichtes in eigener Verantwortung zu ergreifen.

Greift eine Pflegekraft in einer sie überfordernden Situation zu Zwangsmaßnahmen, ohne dass diese gerechtfertigt sind – etwa Einschließen eines unruhigen Patienten, von dem keine besondere Gefahr ausgeht, Abschließen der Stationstür, da bei der augenblicklichen Personallage sonst kein Überblick gewahrt werden kann –, dann kann trotz Rechtswidrigkeit der Handlung ein entschuldigender Notstand, § 35 StGB, vorliegen, der die Schuld entfallen oder einschränken lässt, und damit ggf. auch die Strafbarkeit.

Entschuldigender Notstand

Prozess der Entscheidungsfindung

1. Analyse der Situation („Problemanalyse")
2. Einschätzen der Alternativen
3. Festlegen der Ziele und Maßnahmeplan
4. Treffen der Entscheidung (Optimal: Fallkonferenz)
5. Durchführen der Maßnahme
6. Beobachten und Evaluation

Wiederholungsfragen

1. Unter welchen Voraussetzungen sind Fixierungen rechtlich zulässig?
2. Ist das Einschließen von Bewohnern über einen längeren Zeitraum ohne richterlichen Beschluss zulässig?
3. Können Angehörige als solche in Fixierungen von Bewohnern einwilligen?

Literaturhinweise

M. Borutta: Pflege zwischen Schutz und Freiheit, Hannover 2001.
Klie: Freiheitsbeschränkende Maßnahmen in der Altenpflege RsDE Heft 6, 1998, S. 67 ff.
Hoffmann/Klie, Freiheitsentziehende Maßnahmen in Betreungspraxis und Betreuungsrecht, Heidelberg 2004
Video: Gewalt und Zwang in der Pflege, Vincentz Verlag 1995

Fall 70:

Der Heimbewohner Jürgen P. verlässt immer wieder unkontrolliert das Heim, verirrt sich und wird verängstigt in der näheren und ferneren Umgebung des offen geführten Altenzentrums in G. wieder gefunden. Er wird mit einem Funkchip am Handgelenk ausgestattet, der einer Armbanduhr ähnelt. Verlässt er nun das Haus durch eine der beiden Türen, löst die ein Signal auf dem Diensthandy des Personals der Station aus, zu der der Bewohner gehört. (Fall nach LG Ulm Beschluss vom 25.06.2008 Az 3T 54/08)

Technische »Desorientierten Überwachungssysteme« wurden in den letzten Jahren weiterentwickelt. Sie reichen von GPS-Systemen bis zu Funkchips, die als »elektronische Fußfesseln« im Strafrecht bekannt geworden sind als Sonderform der freiheitsentziehenden Maßnahmen ersetzen sie Haftstrafen (elektronisch überwachter Hausarrest). Es stellt sich die Frage, ob die Ausstattung mit Funkchips als genehmigungspflichtige unterbringungsähnliche Maßnahme zu qualifizieren ist oder nicht. Werden Desorientierten Überwachungssysteme eingesetzt, um Bewohner regelmäßig am Verlassen des Hauses zu hindern – sie werden stets festgehalten oder zum Umkehren bewegt – sind sie wie das Landgericht Ulm zu recht festgestellt hat als genehmigungspflichtige Maßnahmen anzusehen.[17]

3. Verabreichung von Psychopharmaka

Fall 71:

Auf Anordnung des Leiters eines Pflegeheimes wurden HeimbewohnerInnen regelmäßig Sedativa verabreicht. Dies geschah ohne ärztliche Verordnung und wurde durch Beschäftigte ausgeführt, die keine pflegerische Qualifikation besaßen. Die verabreichten Medikamente zur Ruhigstellung wurden mit kreislaufanregenden Mitteln vermischt, um gesundheitliche Schäden für die BewohnerInnen zu vermeiden. Die Anordnungen wurden gegeben, um dem Pflegepersonal des Spät- und Nachtdienstes die Arbeit zu erleichtern.[18]

---

17 In jedem Fall sind Desorientierten Überwachungssysteme auch unter dem Aspekt der Achtung der Menschenwürde, Art. 1 Abs. 1 GG, immer wieder auf den Prüfstand zu stellen. Die ständige Überwachung auch von pflegebedürftigen und demenzkranken Menschen lässt sich schwer mit den Grundsätzen der Menschenwürde vereinbaren.

18 Ein aktenkundiger Fall, der der Heimaufsicht bekannt wurde und zu einem Beschäftigungsverbot nach § 18 HeimG führte.

Der Psychopharmakaeinsatz im Pflegeheimbereich ist schon von der Quantität her bedenklich. Erschreckend sind die Zahlen, nach denen 25 % der über 60-Jährigen mit einer für mittlere Erwachsene berechneten Tagesdosis Psychopharmaka behandelt werden[19] und 75 % der HeimbewohnerInnen Psychopharmaka erhalten. Es wird allgemein von einer gravierenden Übermedikation alter Menschen mit Psychopharmaka gesprochen, dies gilt insbesondere auch für die stationäre Altenpflege.

Dabei sollten bei dem Einsatz von Psychopharmaka bei älteren Patienten folgende Probleme bedacht werden:

- Die Wirkweise von Psychopharmaka im Alter ist aufgrund morphologischer und biochemischer Altersveränderungen im Gehirn, veränderter Resorption der Medikamente und einer häufig vorliegenden Multimorbidität alter Menschen sehr verschieden von der in anderen Lebensaltern. So beträgt die durchschnittliche Verweildauer von »Valium« im Menschen ca. 40 Stunden, beim alten Menschen ca. 120 bis 140 Stunden. Bei Alterspatienten ist 1/2 bis 1/3 der üblichen Dosierung für Patienten in mittleren Lebensaltern angezeigt[20]. Bei unrichtiger Medikation kann es zu Intoxikationen mit Bewusstseinseinschränkungen, Harnretentionen sowie Kreislaufstörungen kommen. Bei Tranquilizern werden Gangstörungen und Kollapszustände beobachtet, bei »Distraneurin« etwa Atemdepressionen.[21]

Auch wurde bei Patienten, die Sedativa erhalten, ein hochgradiges Fallrisiko festgestellt.[22]

- Psychopharmaka sollten nur dann Verwendung finden, wenn anders eine Problemverarbeitung für und eine Therapie mit dem

Psychopharmaka bei älteren Patienten

---

19 Vgl. Molter-Bock: Psychopharmakologische Behandlungspraxis in Münchener Altenpflegeheimen. Dissertation, LMU München: Medizinische Fakultät 2004.
20 Vgl. Becker/Husser/Mehne: Der alte Mensch in der heutigen Familie, Köln o.J., S. 5.
21 Zu Komplikationen vgl. Glinski-Krause: Viele erhalten das Falsche über zu lange Zeit. In: Altenheim 1/2006, S. 34–37
22 Vgl. ausführlich: Runge, M., Rehfeld, G.: Mobil bleiben – Pflege bei Gehstörungen und Sturzgefahr, 2000.

Patienten nicht möglich ist. Psychopharmakatherapie setzt dann einen Therapiegesamtplan voraus.[23]

- Psychopharmaka werden häufig unter Missachtung oder in Unkenntnis rechtlicher Maßstäbe verabreicht – ohne Verordnung des Arztes, aus Stationsbeständen, ohne oder gar gegen den Willen des Patienten, ohne gebotene Aufklärung.

In der »Münchener Studie« zur Freiheitsentziehenden Maßnahmen wurde deutlich, dass in über 80 % der Fälle von Vergabe von Psychopharmaka eine rechtliche Legitimation nicht nachvollziehbar war: Weder lag eine Einwilligung der Patienten vor noch eine entsprechende Entscheidung eines gesetzlichen Betreuers oder Bevöllmächtigten. In keinem Fall gab es eine richterliche Genehmigung von Psychopharmakavergaben, mit eindeutig freiheitsentziehendem Charakter.[24]

Dabei sind Psychopharmaka oftmals durchaus sinnvoll und hilfreich: Etwa in gerontopsychiatrischen Notfallsituationen wie z. B. bei psychomotorischen Erregungszuständen aufgrund von zerebralen Durchblutungsstörungen, bei akuten Verwirrtheitszuständen infolge von Herz-Kreislauf-Störungen oder deliranten Zuständen, die aber auch gerade eine Folge von Psychopharmaka-Unverträglichkeit bzw. -Überdosierungen sein können. Die langfristige Therapie mit Psychopharmaka erscheint grundsätzlich nur dann hilfreich, wenn der Betroffene der Behandlung zustimmt und die Veränderung seiner Empfindungen, die die Medikamente bewirken sollen, selbst wünscht. Während bei demenzerkrankten Menschen häufig eine Über- und Fehlmedikation zu beklagen ist kann man bei depressiven pflegebedürftigen Menschen eher davon ausgehen, dass sie gegebenenfalls keine ausreichende Therapie erhalten. Der Einsatz von Antidepressiva kann auch bei Alterspatienten hilfreich sein.

---

23 Vgl. Dörner/Plog, Irren ist menschlich, Loccum 1996, S. 363.
24 Vgl. Klie/Pfundstein: a.a.O., S.115ff

Einteilung der Psychopharmaka
- **Neuroleptika**
  psychomotorisch dämpfend (Dipiperon, Atosil, Haldol)
- **Antidepressiva**
  stimmungshebend, psychomotorisch teils antriebssteigernd, teils dämpfend (Trofanil, Saroten, Ludiomil)
- **Tranquilizer**
  Affektivität, Aggressivität, angstdämpfend, schlafanstoßend (Adumbran, Valium, Dalmadorm)
- **Nicht klassifizierbar**
  Distraneurin: dämpfend, schlafmachend; Lithiumsalze: bei manischen Zuständen[25]

Grundsätze für den Umgang mit Psychopharmaka

1. Psychopharmaka sind hochwirksame Mittel.
2. Die Dosis des Medikamentes muss vom Arzt für jeden Patienten individuell herausgefunden werden.
3. Während der Behandlung mit Psychopharmaka ist ein regelmäßiger Kontakt zum Arzt erforderlich.
4. Psychopharmaka dürfen nur nach ärztlicher Verordnung gegeben werden.
5. Auf der Station muss über alle vergebenen Medikamente Buch geführt werden.
6. Die sogenannte »Bedarfsmedikation« ist nicht erlaubt.[26]

1 **Psychopharmaka sind hochwirksame Mittel.**
Sie dürfen nicht leichtfertig und aufgrund sachfremder Erwägungen gegeben werden (etwa Unruhe auf der Station, Konflikte unter den Bewohnern, erschwerter Dienst[27]).

---

25 Vgl. zur Wirkweise: Finzen: Medikamentenbehandlung bei psychischen Störungen. Bonn 1998.
26 Diese Grundsätze wurden von Direktionen der Landeskrankenhäuser im Rheinland festgelegt und dem zuständigen Gesundheitsminister vorgelegt, vgl. Ratgeber Psychiatrie, S. 58.
27 Vgl. Marschner, Rechtsgrundlagen zur Zwangsbehandlung, in: R&P 1985, S. 6.

2   Die Dosis des Medikaments muss vom Arzt für jeden
    Patienten individuell herausgefunden werden.

    Dies gilt in ganz besonderem Maße für Alterspatienten, bei denen Unverträglichkeiten und veränderte oder gar paradoxe Wirkungen von Psychopharmaka auftreten können.[28]

3   Während der Behandlung mit Psychopharmaka ist ein
    regelmäßiger Kontakt zum Arzt erforderlich.

    Dies ist in der stationären Altenpflege schwer durchführbar. Aber gerade wegen einer sehr eingeschränkten Verfügbarkeit von Ärzten auf den Stationen und in den Heimen erscheint ein regelmäßiger Arztbesuch in kurzen Intervallen erforderlich. Zu wenig werden die Fachärzte in diesem Zusammenhang konsultiert.[29]

4   Psychopharmaka dürfen nur nach ärztlicher
    Verordnung gegeben werden.

    Der Arzt hat die Menge und Häufigkeit genau festzulegen.

5   Auf der Station muss über alle vergebenen
    Medikamente Buch geführt werden.

    Das Pflegepersonal darf von sich aus keine Psychopharmaka zusätzlich geben. Apothekenrechtlich unzulässig ist eine Bevorratung von nicht persönlich gekennzeichneten Psychopharmaka i. S. eines Stationsbedarfs, s. S. 493.

6   Die »Bedarfsmedikation« ist nicht erlaubt!

    Beispiel für unzulässige Bedarfsmedikation:

    > So wurde beispielsweise in einem Fall während seines Heimaufenthaltes einem Bewohner 6-mal Rohypnol und 42-mal Chloraldurat (ohne Angabe rot oder blau) verabreicht, ohne laut Medikamenten-

---

28 Vgl. Glinski-Krause a. a. O.
29 Nicht selten kommt es daher zu ärztlichen »Kunstfehlern«, etwa dass Distraneurin als Dauerschlafmittel verschrieben wird, obwohl die Suchtgefahr bekannt ist, vgl. Dörner a. a. O., S. 376.

blatt verordnet gewesen zu sein. Bei der Vergabe von Bedarfsmedikationen handelte es sich um die im Beispiel erwähnten Medikamente Adumbran, Dominal, Tavor, Atosil, Tranxilium, Distraneurin und Noctamid.

Aus: Klie/Rapp/Riedel, Dokumentierte Pflege, Stuttgart 1994, S. 34

Die Verordnung muss präzise sein. Die Verordnung der Ärzte, »bei Unruhe« oder »bei Bedarf« z. B. 50 – 100 mg eines Medikamentes zu geben, ist unzureichend. Es müssen Bedarfssituationen und Dosierung genau angegeben werden. In Zweifelsfällen hat sich der Arzt vor jeder zusätzlichen Dosis selbst ein Urteil über die Notwendigkeit der Vergabe zu bilden.

Wie über jede andere ärztliche Behandlung sind die Patienten (oder Betreuer) auch über die Nebenwirkungen, Wirkweisen und Komplikationen von Psychopharmaka vor Verordnung und Vergabe aufzuklären. Die Aufklärung hat in verständlichen Worten zu erfolgen und sollte Hinweise auf die Wirkung, Nebenwirkung, die Notwendigkeit der Behandlung, die Erfolgsaussichten und das Behandlungsrisiko beinhalten. Dem Patienten soll Gelegenheit gegeben werden, Fragen zu stellen. Kann der Patient selber nicht aufgeklärt werden, so ist der gesetzliche Betreuer oder ein Bevollmächtigter einzubeziehen. Er ist immer aufzuklären.

Aufklärungspflicht

Für jede Behandlung benötigen der Arzt und auch das Pflegepersonal die Einwilligung des Patienten, s. S. 104 f. Dies gilt selbstverständlich auch für die Behandlung mit Psychopharmaka von »psychiatrischen« Patienten. Auch sie müssen jeder Heilbehandlung zustimmen, mögen sie auch noch so hilflos, durcheinander oder deprimiert sein. Solange eine Verständigung möglich ist, ist die Einwilligung erforderlich. Andernfalls handelt es sich bei der Behandlung um eine Körperverletzung gemäß § 223 StGB, ggf. um eine Freiheitsberaubung gemäß § 239 StGB.

Einwilligung des Patienten

Ist eine Verständigung mit der Patientin auf Dauer nicht mehr möglich und ist sie erkennbar mit der Behandlung nicht einverstanden, so ist die Bestellung eines Betreuers rechtlich unumgänglich.

Auch die Verordnung eines Arztes vermag daran nichts zu ändern, siehe untenstehend abgedruckten Beschluss.[30]

> **BESCHLUSS**
> In der Betreuungssache
> betreffend Frau A ......, geboren am 00.00.1934, seit dem 07.01.2008 geschlossen untergebracht in der Geronto-Psychiatrischen Station des ......
> in ......
> Gesetzlicher Betreuer mit dem Wirkungskreis Vermögenssorge und Aufenthaltsbestimmung: Rechtsanwalt
> Köln
> wird dem behandelnden Facharzt für Nervenkrankheiten Dr. ...... untersagt, der Betreuten Psychopharmaka, insbesondere Haldol, verabreichen zu lassen, solange eine wirksame Einwilligung hierfür nicht vorliegt oder eine Notstandssituation dies rechtfertigt.

Psychopharmaka zur Ruhigstellung

Immer dann, wenn mit der Vergabe von Psychopharmaka die Ruhigstellung bezweckt wird oder die Ruhigstellung als eine wesentliche Nebenwirkung der Vergabe in Kauf genommen wird, so handelt es sich um ein freiheitsentziehende Maßnahme, für die bei regelmäßiger oder dauerhafter Vornahme eine richterliche Genehmigung gem. § 1906 Abs. 4 BGB erforderlich ist.[31]

Eine zwangsweise Behandlung mit Psychopharmaka ist nur unter besonderen Voraussetzungen möglich, s. u.

---

30 Vgl. AG Kerpen B. v. 29. 1. 88 AZ 13 AR 3/88.
31 Vgl. OLG Bremen, Beschluss vom 12.03.1996, Pflegerecht 1999, S. 304

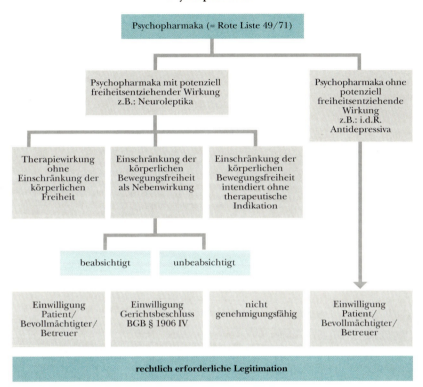

Rechtliche Legitimation bei Psychopharmaka[32]

Heimrechtlich wurde gem. § 13 HeimG den Heimen vorgeschrieben, über freiheitsentziehende Maßnahmen eine genaue Dokumentation zu führen, die auch der Heimaufsicht vorzulegen ist.[33] [34]

Wiederholungsfragen

1. Welche Straftatbestände werden erfüllt, wenn einem Heimbewohner gegen seinen Willen Haldol® verabreicht wird?

---

32 Vgl. Klie/Pfundstein: a.a.O., S. 91
33 Eine Entscheidung des Kölner Vormundschaftsgerichtes aus dem Jahre 1990.
34 Die Landesheimgesetze sehen entsprechende Verpflichtungen vor.

2. Darf das Pflegepersonal nach eigenem Ermessen Psychopharmaka verabreichen?
3. Wenn ein Heimbewohner sich weigert, ein ihm verordnetes Psychopharmakon einzunehmen, was ist zu tun?

Literaturhinweis

Hoffmann/Klie, Freiheitsentziehende Maßnahmen in Betreuungsrecht und Betreuungspraxis, Heidelberg 2004

Zur selbstkritischen Prüfung:
Glosse aus dem Krankenhaus

»So, jetzt nehmen wir unsere Tablette – und dann werden wir schön schlafen!«
»*Warum nehmen denn wir die Tablette?*«
»Das sagte ich doch eben – damit wir schön schlafen!«
»*Ja, ist denn das erlaubt?*«
»Was soll denn daran nicht erlaubt sein?«
»*Ja, dass Sie jetzt ins Bett gehen!*«
»Ich gehe doch jetzt nicht ins Bett. Ich habe Nachtdienst!«
»*Um Gottes willen, dann können Sie doch keine Tablette nehmen!*«
»Wie kommen Sie denn darauf, dass ich eine Tablette nehmen will?«
»*Nein, nicht eine ganze, aber Sie wollen doch die Hälfte von meiner und dann wollten wir schön schlafen!*«
»Sagen Sie, ist Ihnen nicht gut? Haben Sie Fieber?«
»*Mir ist gut! Aber Sie sind doch hier reingekommen und haben gesagt, dass wir jetzt unsere Tablette nehmen wollen. Ich hätte Ihnen ja auch die Hälfte der Tablette abgegeben. Aber Sie haben ja Nachtdienst!*«
»Das haben Sie vollkommen falsch verstanden!«
»*Haben Sie denn keinen Nachtdienst?*«
»Natürlich habe ich Nachtdienst. Deshalb bringe ich ja die Tabletten!«
»*Kriegen Sie das nicht ein bisschen durcheinander?*«

»Ich kriege überhaupt nichts durcheinander! Wir nehmen jetzt die Tabletten, und dann machen wir das Licht aus!«
»*Nein, bitte nicht, Schwester, erstens haben Sie Nachtdienst, und zweitens kann jemand reinkommen?*«
»Ich glaube, wir müssen doch mal Fieber messen!«
»*Ja, Sie zuerst!*«
»Wieso ich?«
»*Ja, also, zuerst messen Sie Fieber und dann ich!*«
»Warum denn ich?«
»*Weil ich weiß, dass ich keins habe!*«
»Dann wollen wir mal den Puls fühlen!«
»*Gegenseitig?*«
»Wenn Sie nicht vernünftig werden, müssen wir den Professor rufen!«
»*Ich rufe nicht mit!*«
»Nehmen Sie jetzt eine Tablette oder nicht?«
»*Wollen Sie denn nichts mehr abhaben?*«
»Ich will, dass Sie jetzt die Tablette nehmen, dass Sie nichts mehr fragen, dass Sie sich schön ausstrecken, sich gut zudecken und dann lange und tief schlafen. So, und nun wünsche ich Ihnen eine recht gute Nacht!«
»*Danke, Schwester, das ist wirklich sehr lieb von Ihnen!*«
»Ist doch selbstverständlich – wo wir morgen operiert werden!«[35]

4. Achtsamkeit und »Aufsichtspflicht«

In der Begleitung und Pflege von geistig und psychisch veränderten HeimbewohnerInnen sind auf der einen Seite Menschenrechte zu respektieren. Im vorhergehenden Abschnitt wurden die Freiheitsrechte besonders herausgestellt. Nun gilt es andererseits nicht nur die Freiheit zu schützen, sondern auch die körperliche Integrität und die Gesundheit der auf Hilfe angewiesenen Menschen mit Demenz

---

35 Wolfgang Rompa, entnommen: Forum, Febr. 81.

Achtsamkeit | und anderen geistigen und psychischen Erkrankungen. Jemanden einfach laufen zu lassen kann genauso falsch sein wie vorsätzlich ein Bettgitter aufzustellen. Menschen mit Demenz, die sich selbst nicht mehr realistisch einschätzen können und gegebenenfalls die Orientierung verlieren, verlangen nach einer besonderen Achtsamkeit. Diese Achtsamkeit drückt sich zum einen darin aus, dass man die Risiken, denen Menschen mit Demenz ausgesetzt sind, wahrnimmt. Einen Mensch etwa, der nachts das Heim verlassen will, wird man versuchen auf behutsame Weise von seinem Plan abzubringen. Einen Bewohner, der sich im Haus verirrt, versuchen Orientierung zu geben, sei es auch durch persönliche Begleitung. Sturzgefahren sind ebenso realistisch einzuschätzen wie Gefahren der Dehydration. Es gilt beides zu fördern: Die Sicherheit und die Mobilität und Freiheit.

Ethisch-Rechtliches Dilemma

- **Fürsorgepflicht**

- Schutz der körperlichen Unversehrtheit (Art. 2 GG)

versus

- Respektieren von Menschenrechten
- Wahrung von menschlicher Würde (Art. 1 GG)
- Recht auf Freiheit der Person (Art. 2 GG)
- Förderung von Aktivität, Autonomie und Selbstbestimmung

Fall 72:

Eine weitgehend zeitlich und örtlich desorientierte Heimbewohnerin verlässt im Winter ohne geeignete Kleidung das Heim. Das Pflegepersonal sieht dies und greift nicht ein. Die Bewohnerin zieht sich bei ihrem Ausflug eine Lungenentzündung zu.

Für eine erhöhte Achtsamkeit gegenüber psychisch veränderten HeimbewohnerInnen kommen als Rechtsgrundlagen insbesondere in Betracht:
- die Aufsichtspflicht aus § 832 BGB,
- die Betreuungspflicht aus Vertrag,
- die Verkehrssicherungspflicht aus § 823 BGB,

sowie
- eine »Garantenstellung« gegenüber den Bewohnern.

Fall 73:
Frau M. wohnt im Altenheim St. Gertrud, das im Innenstadtbereich von B. liegt. Frau M. leidet an einer Multiinfarktdemenz, läuft häufig außer Haus und findet sich in der Stadt allein nicht zurecht. Sie wurde bisher aber regelmäßig wieder zurückgebracht, entweder von der Polizei, die sie inzwischen kennt, oder von Passanten. Am Mittwoch, 5. November, war sie wieder unterwegs und überquerte eine befahrene Straße. Ein Autofahrer bemerkte sie zu spät und konnte nur noch durch Ausweichen verhindern, Frau M. anzufahren. Er rammte dabei einen anderen PKW. Vom Heim verlangt er Ersatz der Unfallkosten.

Die Aufsichtspflicht und die Haftung des Aufsichtspflichtigen ist den meisten aus dem Bereich der Kinderbetreuung bekannt. Eltern haften für die Schäden, die ihre minderjährigen Kinder anderen zufügen[36]. Dies gilt gemäß § 832 BGB entsprechend für Personen, die nicht wegen ihrer Minderjährigkeit, sondern wegen ihres »geistigen oder körperlichen Zustands« für ihr Handeln nicht verantwortlich gemacht werden können, s. S. 29 f. Die Aufsichtspflicht kann sich sowohl aus Gesetz, § 832 Abs. 1 BGB, als auch aus Vertrag, § 832 Abs. 2 BGB, ergeben.

Aufsichtspflicht aus Gesetz und Vertrag

In der pflegerechtlichen Literatur wird darum gestritten, ob es nach Einführung des Betreuungsrechts überhaupt eine Aufsichts-

---

36 Vgl. die Rechtsprechung BGH NJW 1995, S. 3385

| Gesetzliche Aufsichtspflicht | pflicht Im Sinne des § 832 BGB gegenüber erwachsenen Menschen mit Behinderung gibt.[37]

Dem gesetzlichen Betreuer obliegt es einzig und allein, das Wohl des Betroffenen im Auge zu haben. Die Aufsichtspflicht im engeren Sinne richtet sich aber auf die Schäden, die ein Kind respektive ein geistig Behinderter Anderen zufügt. Erzieherische Aufgaben obliegen weder dem Betreuer noch der Pflege noch anderen Betreuungspersonen gegenüber erwachsenen Menschen. Einzig und allein aus dem Infektionsschutzgesetz ergeben sich bestimmte »Aufsichtspflichten«: Betreuer aber auch Heime haben darauf zu achten, dass meldepflichtige Krankheiten etwa von Demenzkranken dem Gesundheitsamt mitgeteilt werden, um die entsprechenden Gesundheitsschutzmaßnahmen einleiten zu können. Von einer Aufsichtspflicht wird man in der modernen Altenpflege weder fachlich noch rechtlich sprechen können und dürfen. Sowie man sich zum Glück auch gelöst hat von Begriffen der Insassen, die »beaufsichtigt« werden mussten, sollte man sich auch vom Begriff der »Aufsichtspflicht« lösen, zumal sie rechtlich keine Grundlage in der Betreuung von Menschen mit Demenz hat.[38]

Eine Verletzung der Aufsichtspflicht mag in *Fall 72* schon deswegen nicht in Betracht kommen, weil kein Dritter zu Schaden gekommen ist. In *Fall 73* ist zwar ein Dritter zu Schaden gekommen, aber nach inzwischen herrschender Meinung ist eine Aufsichtspflicht des Heimes grundsätzlich zu verneinen. Im Übrigen hat der Fahrer des PKW aus § 3 Abs. 2 a StVO für den Unfall zu haften. Hiernach sind Fahrzeugführer u. a. gegenüber älteren Menschen verpflichtet, insbesondere durch Verminderung der Fahrgeschwindigkeit und |

---

37 Grundlegend Bauer/Knieper, in: HK BUR § 832 BGB Rz 4ff; Th. Klie 2008. Förderung von Mobilität und Sicherheit bei Menschen mit demenziellen Einschränkungen in stationären Einrichtungen und die Debatte um die »Aufsichtspflicht«. in: PflegeRecht; Bernau/Rau/Zschieschack 2008 Die Übername einer Betreuung – Ein straf- und zivilrechtliches Haftungsrisiko? In: NJW, 2008 S. 3756 – 3761.
Anderer Ansicht: Bahrt 2008 Zu den Aufsichtspflichten einer Alten- und Pflegeeinrichtung über einen demenziell erkrankten Bewohner In: PflegeRecht 2008 Teil 1: 3ff, Teil 2: 53ff, Teil 3: 103ff.

38 Auch in der Verwaltungssprache sollte man sich von dem Begriff der Aufsicht verabschieden

durch Bremsbereitschaft sich so zu verhalten, dass eine Gefährdung dieser Verkehrsteilnehmer ausgeschlossen ist.

Fall 74:
Auf Station B des Heimes H. ist der Putzdienst der Fremdreinigungsfirma P. beim Arbeiten und hat auf dem Flur einen Putzwagen abgestellt. Frau B., die tagsüber ständig den Flur auf und ab läuft und sehbehindert ist, stößt gegen den nicht arretierten Wagen, von dem ein Putzeimer fällt, über den sie stolpert. Beim Sturz zog sich Frau B. eine Oberschenkelhalsfraktur zu, die einen langen Krankenhausaufenthalt erforderlich machte und später zu einem erhöhten Pflegeaufwand führte. Die Krankenkasse verlangt im Regressweg Ersatz der Krankenhauskosten vom Heim (LG Frankfurt, Urteil vom 14. 07. 1987, AZ: 2/260309/86).

Allgemeine Verkehrssicherungspflicht

Im Schadensersatzrecht gilt der Grundsatz, dass jeder, der einen Betrieb, eine Einrichtung wie ein Heim führt, dafür zu sorgen hat, dass aus dem Betreiben der Einrichtung anderen kein Schaden entstehen kann.

Wer eine Gefahrenquelle schafft oder unterhält, muss die Vorkehrungen treffen, die erforderlich und zumutbar sind, um die Gefahren nicht wirksam werden zu lassen. Wer durch Nichtbeachtung dieser Pflicht bewirkt, dass andere zu Schaden kommen, wird als »Verletzer« behandelt und ist zum Schadensersatz verpflichtet. Pflicht des Heimes ist es in diesem Zusammenhang, auf frisch gebohnerte Fußböden hinzuweisen oder die privaten Gehwege bei Glätte zu streuen. Auch hat es den Stationsablauf so zu organisieren, dass BewohnerInnen auf den Fluren nicht zu Schaden kommen. Im *Fall 74* hätte in diesem Zusammenhang der Putzwagen arretiert sein müssen.

In der Rechtsprechung finden sich auch Fälle, in denen Krankenhäuser und Heime wegen Verletzung der Verkehrssicherungspflicht in Anspruch genommen wurden, weil sie keine Vorkehrungen getroffen hatten, stark desorientierte Patienten an dem unwillkürlichen Überqueren der Straße zu hindern[39]. Mögliche Vorkehrungen wären Geländer am Straßenrand, die Einrichtung eines Fußgängerüberwegs etc. Die Anforderungen an die Verkehrssicherungspflicht dürfen in diesem Zusammenhang nicht überspannt werden. Der Schutz der Grundrechte der Bewohner ist ebenso zu beachten wie der Schutz vor Verletzungen. Es bleibt bei der vorrangigen Verantwortlichkeit der Verkehrsteilnehmer, Gefährdungen für ältere Menschen auszuschließen, § 3 Abs. 2a StVO.

Fall 75:

Betreuungspflicht

Frau F. steckt sich beim Abendbrot im Speisesaal immer etwas in ihre Handtasche, eine Scheibe Brot, etwas Obst. In ihrem Zimmer hat sie schon ein ganzes Lager alter Lebensmittel, die z. T. verschimmelt sind.

Folgt man in der Hilfe- und Pflegeplanung einem Pflegemodell, dann geht es in der Begleitung und Pflege von Menschen mit Demenz ganz oft um den Lebensbereich »für Sicherheit sorgen«. Das gilt auch gegenüber Frau F., die sich mit Lebensmitteln versorgt. BewohnerInnen gegenüber, die gerade wegen ihrer psychischen Veränderung oder ihrer demenziellen Störung in einem Heim leben und deshalb als erhöht pflegebedürftig gelten, schuldet das Heim aus dem Heimvertrag die Sicherstellung einer besonderen Betreuung, die die BewohnerInnen auch davor schützt, **sich selbst** unwissentlich Schäden zuzufügen. Sie beinhaltet zunächst das Angebot fachgerechter Pflege und Betreuung.

Für Sicherheit sorgen

In *Fall 75* wäre Frau F. auf die Vergiftungsgefahren hinzuweisen, ggf. könnte durch das regelmäßige Angebot von Zwischenmahlzeiten Frau F. von ihrem Lebensmittelhorten abgebracht werden. Wenn die Gefahr droht, dass sie sich durch verschimmelte Lebensmittel erheblichen gesundheitlichen Schaden zufügt, so kann im Einzelfall auch die Vernichtung der Lebensmittel geboten sein (Notstand).

---

39 Vgl. OLG Celle NJW 1961, S. 223. BayObLG NJW 1966, S. 403 f.

In *Fall 72* haben die Pflegekräfte ihre Sorgfaltspflichten verletzt, indem sie die Heimbewohnerin nicht auf die Gefahren ihres Ausfluges hingewiesen und sie nicht motiviert haben, entsprechende Kleidung anzuziehen.

Die Verletzung von Betreuungspflichten kann auch strafrechtliche Folgen haben. Hierbei geht es allerdings nicht vorrangig, wie häufig angenommen wird, um unterlassene Hilfeleistung im Sinne von § 323 c StGB. Diese Vorschrift unterstreicht die Verpflichtung eines jeden, in Unglücksfällen, soweit es ihm zumutbar ist, zu helfen. Für das Heim und das Pflegepersonal ergibt sich aus der vertraglichen Betreuungspflicht eine begrenzte Pflicht **(Garantenstellung)**, Risiken für den Bewohner zu minimieren und dadurch Schäden vorzubeugen – und zwar nicht erst in Unglücksfällen. Soweit es vertraglich vereinbart wurde, haben sie dafür Sorge zu tragen, dass der Bewohner vor Risiken geschützt wird. Wird die gebotene Betreuung schuldhaft nicht gewährt, so können sich das Pflegepersonal und die Leitung ggf. wegen Unterlassens strafbar machen, § 13 StGB. In *Fall 72* käme u. U. eine Strafbarkeit wegen Körperverletzung durch Unterlassen gebotener Betreuung in Betracht.

Unterlassene Hilfeleistung?

Bei der Wahrnehmung von Betreuungs- und Verkehrssicherungspflichten besteht die Gefahr, dass zu disziplinierenden Maßnahmen gegriffen wird. Auch sachfremde Erwägungen können eine Rolle spielen, etwa dass das Ansehen eines Heimes nicht durch auf der Straße herumlaufende »vermisste« BewohnerInnen beeinträchtigt werden soll. Die Pflicht zur Pflege und Betreuung ist kein Recht zur Verwahrung oder ständigen Aufsicht. Freiheitsbeschränkende Maßnahmen sind nur in den engen Grenzen der für Notfälle dargelegten Grundsätze zulässig. Dem Heim sind i. Ü. keine hoheitlichen (polizeilichen) Machtbefugnisse übertragen.[40]

Grenzen der Betreuungs- und Verkehrssicherungspflicht

Fall 76:
Beim selbständigen Verlassen eines Bettes stürzte die 92-jährige Heimbewohnerin B. Die Pflegekräfte im Heim hatten kein

---
40 Vgl. Staudinger, § 832 Rz 38; anders bei gerichtl. Unterbringung.

Bettgitter aufgestellt, da sie von den Bewegungswünschen der Bewohnerin wussten und die Bewohnerin sich bisher recht sicher bewegt hat. Die Bewohnerin stürzte trotzdem und die Krankenkasse verlangte Regress wegen der Krankenhausbehandlung.[41]

Selbstbestimmungsrecht ist übertragendes Recht

Allerdings besteht in Heimen nicht selten die Befürchtung, haftungsrechtlich in Anspruch genommen zu werden, wenn auch psychisch veränderten BewohnerInnen die ihnen zustehende Freiheit nutzen – z. B. BewohnerInnen nicht aufgehalten werden, die das Heim verlassen wollen. Hierzu sind die Sorgfaltspflichten näher einzugrenzen:[42]

1. Auch von einem neutralen Beobachter aus gesehen »unvernünftige« Entscheidungen von HeimbewohnerInnen sind zu respektieren. Scheinbar notwendige Betreuungsmaßnahmen sind grundsätzlich nicht gegen oder ohne den Willen des Bewohners durchzusetzen, es sei denn, es handelt sich um Fälle akuter Selbst- und Fremdgefährdung. Es gilt immer beide Seiten zu beachten, die Sicherheit und die Freiheit.[43]

2. Die Betreuungspflicht findet ihre Grenzen auch im Leistungsangebot des Hauses. Abgesehen von Bewohnern, die wegen ihrer Sturzgefährdung o. ä. der besonderen Aufmerksamkeit verdienen, ist das Heim nicht dazu verpflichtet, BewohnerInnen ständig vor möglichen Gefahren zu schützen. Will eine Bewohnerin, mit der eine Verständigung möglich ist, partout das Haus trotz Hinweisen auf Gefahren verlassen, so hat sie das Recht zu gehen. Das Haus wird im Rahmen der Hilfe- und Pflegeplanung die Risiken, der sich eine BewohnerIn beim Verlassen des Hauses aussetzt in den Blick genommen haben und gegebenenfalls Vorsorge getroffen haben, was denn zu tun ist, wenn sie nicht zurück kommt.

---

41 Fall nach LG Dresden, Altenheim 1998, S. 42 – 43
42 Vgl. Klie: Aufsichtspflicht in Alten- und Pflegeheimen, in: Altenheim 5/2002, S. 14 ff.
43 Zu gesteigertem Aufsichtsbedarf bei aggressiven Behinderten vgl. BGH FamRZ 1996, S. 29 ff.

Übersicht zu Sorgfaltspflichten bei der Betreuung „verwirrter" Heimbewohner

	Aufsichtspflicht	Verkehrssicherungspflicht	Betreuungspflicht	Garantenstellung
Rechtsgrundlage	Eine Anwendung des § 832 BGB für erwachsene Behinderte scheidet aus, da die gesetzlichen Vertreter, die Betreuer, nicht im Drittinteresse handeln, sondern lediglich das Wohl des Betreuers zu verfolgen haben. Nur ausnahmsweise, etwa bei meldepflichtigen Krankheiten nach dem Infektionsschutzgesetz, kann eine Aufsichtspflicht bestehen und diese verletzt werden.	§ 823 Abs. 1 BGB	Heimvertrag	§ 13 StGB i. V. mit § 823 II BGB
Verantwortlich		Heimträger, ggf. Pflegekraft	Heimträger	Heimträger, ggf. Pflegekraft, Arzt
Personenkreis		gegenüber pflegebedürftigen, psychisch erkrankten Bewohnern, die andere gefährden können	gegenüber pflegebedürftigen Bewohnern mit erhöhtem Betreuungsbedarf	gegenüber besonders schutzbedürftigen Bewohnern
Schutz		Vermeidung von Schädigungen „Dritter"	Vermeidung von Selbstschädigungen	Vermeidung von Selbstschädigungen
Bei Pflichtverletzung		Schadensersatz und Schmerzensgeld	nur Schadensersatz	Schadensersatz und Schmerzensgeld

3. In Situationen, in denen sich BewohnerInnen selbst gefährden, sind Ausdruck der Betreuungspflicht zunächst einmal eine gesteigerte Beobachtung, Aufklärung, Hinweis auf Gefahren und geeignete unterstützende Maßnahmen, soweit dies für das Heim zumutbar ist.

Gesteigerte Beobachtung

4. In Fällen akuter Gefahr können auch freiheitsbeschränkende Maßnahmen als Ausdruck der Betreuungspflicht geboten sein – allerdings nur als »ultima ratio«.

Heime sind Teil des Gemeinwesens und gut geführte Heime sorgen sich darum, dass Menschen mit Demenz teilhaben können am Leben der Gemeinschaft. Das kann man auf unterschiedliche Weise fördern: Etwa dadurch, dass bürgerschaftlich Engagierte in die Gestaltung des Heimlebens einbezogen werden, auch um Heimbewohnerinnen und Heimbewohner zu mehr Mobilität zu verhelfen[44]. Die Vereinseitigung von Sicherheitsgedanken, die Pflege des Mythos »Aufsichtspflicht« entsprechen weder modernen Konzeptionen der Betreuung von Menschen mit Demenz noch einer menschenrechtlichen Orientierung in der Pflege. Der Bundesgerichtshof hat bei seinen berühmten Sturzurteilen (vgl. S. 170 ff.) sehr deutlich darauf hingewiesen, dass es dem Grundsatz der Menschenwürde und dem Recht auf Selbstbestimmung der Heimbewohner widerspricht, aus Angst vor möglichen Risiken und aus Angst vor haftungsrechtlicher Inanspruchnahme Pflegebedürftige in ihren Freiheitsrechten zu beeinträchtigen.[45]

Ausdrücklich stellte das OLG Hamm fest, dass eine jedes Risiko ausschließende Überwachung nicht möglich sei. Um geistig behinderten und pflegeabhängigen Menschen ein menschenwürdiges Leben zu ermöglichen, sei es medizinisch, pädagogisch und pflegerisch geboten, die erforderliche »Beaufsichtigung« auf das unbedingt Notwendige zu beschränken, auch wenn damit gewisse Risiken verbunden sind. Realisiert sich ein fachlich verantwortbares respektive hinnehmbares Risiko so kann weder Betreuer noch Pflegekraft daraus ein rechtlicher Vorwurf gemacht werden[46]. Wichtig ist eine Pflegedokumentation, in der Risiken notiert, Pflegeziele formuliert und die jeweilgen Maßnahmen gut begründet werden. Die Pflegedokumentation als das Gedächtnis der Pflege spielt gerade in risikogeprägten Handlungsfeldern eine große Rolle. Juristisch kommt die Beweisfunktion hinzu: Die Professionellen in ambulanten Dienst und im Heim müssen stets beweisen, dass sie fachlich sorgfältig gehandelt haben. Das können sie letztlich nur mit einer guten Dokumentation.

---

44 So wird im Rahmen des Projektes PräFix versucht bürgerschaftlich Engagierte gerade auch mit dem Ziel für die Mitarbeit im Heim zu gewinnen, um Zwangsmaßnahmen und freiheitsentziehende Maßnahmen begrenzen oder gar überflüssig machen zu können.
45 Vgl. BGH-Urteil vom 28.04.2005 Az: BGH III ZR 399/04
46 Vgl. OLG Hamm, NJW RR 1994, S. 863 f.

Die vielfältigen Möglichkeiten einer angemessenen, achtsamen Begleitung und Betreuung von Menschen mit Demenz werden in neuen Betreuungskonzepten entfaltet und erprobt. In vielen Einrichtungen gelingt es noch nicht, aus der Negativspirale heraus zu treten, die schnell in Zwangsmaßnahmen münden kann. Es kommt sehr auf das Konzept einer Einrichtung an und darauf, dass die Mitarbeiter gerontopsychatrisch geschult sind, um eine angemessen Begleitung und Pflege von Menschen mit Demenz und psychischen Erkrankungen sicherzustellen[47]. Das Qualitätsniveau I der BUKO-QS

---

47 Das hat sehr eindrücklich die Studie von Weyerer und Schäuffele herausgearbeitet. Vgl. Weyerer/Schäuffele 2004 Besondere stationäre Dementenbetreuung in Hamburg. Evaluation der besonderen stationären Dementenbetreuung in Hamburg.
In dem Projekt ReduFix wurden vielfältige Alternativmaßnahmen zu Freiheitsentziehenden erprobt und dokumentiert, die in der Praxis der Altenhilfe auf große Resonanz stoßen und Hinweise auf eine gute und menschenrechtsreflektierte Pflege geben. Vgl. www.redufix.de; Bretthauer/Klie/Viol 2009 In: BtPraxis (im Erscheinen) Praxis Entscheidungsfindung zwischen Sicherheit- und Mobilitätsförderung. Die Suche nach dem Königsweg.

gibt Hinweise für Heime, wie sie eine angemessene Betreuung unter Beachtung der Mobilitätsbedürfnisse aber auch der Sicherheitserfordernisse erfüllen können.[48]

Bei der Betreuung demenziell erkrankter Menschen ist wie bei anderen Pflegebedürftigen der allgemein anerkannte Stand der Pflege zu beachten, der sich etwa in den nationalen Standards des DNQP oder den Qualitätsniveaus der Buko-QS wiederfindet. Nicht allgemeine fürsorgerische Gesichtspunkte, sondern gute Pflegefachlichkeit markieren den richtigen Umgang mit demenziell Erkrankten, s. Abb. S. 209.

In *Fall 76* wurde das Heim nicht verurteilt, die Krankenkasse hatte nicht nachweisen können, dass das Aufstellen eines Bettgitters pflegerisch notwendig war. Die Entscheidung zeigt, wie viele andere auch, dass bei einer verantwortlichen Pflegepraxis eine Haftung recht unwahrscheinlich ist. Voraussetzung ist aber eine gute Pflegeanamnese und -diagnose und eine fundierte Pflegeplanung und ihre Dokumentation. Von jedem Heim und von jeder Pflegekraft muss heute verlangt werden, dass bei der Betreuung sturzgefährdeter Personen oder Menschen mit Demenz mit Weglauftendenz der allgemein anerkannte Stand der Pflege beherzigt wird, etwa die Standards des DNQP. Geschieht dies nicht und kann nicht begründet werden, warum man darauf verzichtet hat, sich an Standards im Einzelfall zu orientieren, dann droht die Haftung: nicht wegen Aufsichtspflichtverletzung, sondern wegen Verletzung allgemeiner pflegerischer Sorgfaltspflichten.[49]

Wiederholungsfragen
1. Aus welchen Rechtsgrundlagen ergibt sich eine erhöhte Betreuungspflicht gegenüber psychisch veränderten Heimbewohnern?
2. Wann macht sich Pflegepersonal möglicherweise wegen »Unterlassens« strafbar?

---

48 Vgl. Schäufele 2008 Qualitätsniveau I : Mobilität und Sicherheit bei Menschen mit demenziellen Einschränkungen in stationären Einrichtungen. Hrsg.: Bundeskonferenz zur Qualitätssicherung im Gesundheits- und Pflegewesen e. V. BUKO-QS
49 Vgl. zu den nationalen Pflegestandards www.dnqp.de; www.buko-qs.de

QN1 – Qualitätsniveau Mobilität und Sicherheit bei Menschen mit demenziellen Einschränkungen in stationären Einrichtungen

Ziel 1:
Für die BewohnerIn mit Demenz sind die infrastrukturellen Voraussetzungen und konzeptionellen Vorgaben geschaffen, sich entsprechend ihren individuellen Bedürfnissen uneingeschränkt fortzubewegen.

Handlungsleitende Empfehlungen in den Verantwortungsbereichen (Kriterien)

BewohnerIn		Einrichtung		Extern Beteiligte	
BewohnerIn mit Demenz	Gesetzliche VertreterIn	MitarbeiterIn	Träger/ Management	Professionen	Bezugspersonen
			A: Sorgt für eine räumliche Umgebung, die mobilitätsfördernd und auffordernd ist. ❶		
A: Nimmt die mobilitätsfördernde und auffordernde Heimumgebung entsprechend ihren Bedürfnissen an.		A: Setzt die konzeptionellen Vorgaben des Trägers/ Managements im Wohnbereich um. ❶+❷	B: Macht konzeptionelle Vorgaben für den Umgang und die Kommunikation mit Demenzkranken, die die Mobilität fördern und zur Mobilität auffordern.❸		A: Angehörige unterstützen die mobilitätsfördernde und auffordernde Milieugestaltung. ❸

Hinweise:
❶ u. a. Einflussnahme auf die (innen-)architektonischen Planungen; Umsetzung von Barrierefreiheit in der Einrichtung, d. h. keine Stolperstellen, rutschhemmende Bodenbeläge und Reinigung der Böden; Zugänglichkeit aller Räumlichkeiten auch für mobilitätseingeschränkte Personen; gute, blendfreie Beleuchtung; Handläufe; Wege ohne Sackgassen; Wandermöglichkeiten im Innenbereich; Ruheplätze an den Wegen; abwechslungsreiche Spazierwege mit Ruhemöglichkeit in geschützter Grünfläche; Streichelzooecke; Kennzeichnung der wichtigsten Räume und Zimmer mit Symbolen, die für Demenzkranke erkennbar sind; Gelegenheit zum Räumen und zu anderen Tätigkeiten bieten, die zur Bewegung anregen; Angebote sichtbar präsentieren wie Wäschekorb, Kataloge, u. ä.

❷ z. B. akzeptierende und wertschätzende Haltung und Kommunikation; biographieorientierte und mobilitätserhaltende Angebote, speziell abgestimmte positive Motivierung zu Bewegung und Aktivität (siehe auch folgende Kriterien)

❸ u. a. Mitbringen von eigenen Möbeln, um Demenzkranke zu motivieren, sich innerhalb des Raumes zu bewegen und sich dort zu beschäftigen; z. B. Mitbringen von Topfpflanzen zum Gießen.

5. Betreuungsrecht[50]

a) Allgemeines

Fall 77:
Frau B. leidet an einer Demenz vom Alzheimer Typ. Sie wird immer vergesslicher, kann in ihrer Wohnung kaum noch Ordnung halten, vergisst, Rechnungen zu begleichen und findet auch nicht mehr den Weg zum Arzt. Ihre Nachbarn, die sie manchmal hilflos im Treppenhaus finden, sind der Ansicht, Frau B. müsse in ein Pflegeheim. Dies aber möchte Frau B. auf keinen Fall.

Ältere Menschen, die an einer schweren demenziellen Veränderung leiden und zusätzlich sozial isoliert sind, kommen häufig nicht mehr mit allen Anforderungen des Alltags zurecht. Sie bedürfen des Beistands, teilweise muss für sie entschieden werden. Tatsächlich geschieht dies bei Menschen, die mit nahen Angehörigen zusammenleben oder in einem Freundeskreis oder in die Nachbarschaft integriert sind, durch »vertraute« Personen. Häufig reicht dies aber nicht aus, besteht die Gefahr von Interessenswidersprüchen zwischen den noch so vertrauten Personen und den Betroffenen, oder es ist aus rechtlichen Gründen staatlich kontrollierte »Fürsorge« geboten. Im *Fall 77* etwa mögen die Nachbarn auf eine Heimeinweisung drängen, die gar nicht im Interesse der alten Frau liegt. Durch ungeklärte finanzielle Verhältnisse droht Frau B. Schaden – sie bedarf für beide Fragen eines Beistands.

Gesetzliche Betreuer

Durch das Betreuungsrecht wurde das alte Vormundschafts- und Pflegschaftsrecht 1992 abgelöst. Die Entmündigung wurde abgeschafft, anstelle des Vormunds und Pflegers tritt der gesetzliche Betreuer. Bis dahin nicht ausreichend geregelte Verfahrens- und Sachfragen wurden gesetzlich klarer geregelt. Das Betreuungsgesetz will, und darin liegt eine wesentliche Bedeutung des Gesetzes, ein

---

50 Vgl. ausführlich zum Betreuungsrecht: Raack/Thar: Leitfaden Betreuungsrecht, Köln 2005.

Umdenken in der Gesellschaft auslösen und eine Leitbildfunktion für den Umgang mit psychisch und geistig behinderten Menschen übernehmen:
- mehr Toleranz für Menschen, die »anders« sind,
- mehr Solidarität in der Unterstützung hilfeabhängiger und behinderter Menschen,
- die Achtung der Rechte auf Selbstbestimmung und Selbsterfüllung behinderter Menschen im Alltag,
- die Reflexion von Bevormundung in Betreuung und Pflege.

Ob sich durch das Betreuungsrecht die bisher beklagten Missstände, etwa
- Bestrafung der Betroffenen durch die Einrichtung von Vormundschaften und Pflegschaften,
- Disziplinierung der Betroffenen,
- Durchsetzung von Zwangsmaßnahmen, auch wenn diese nicht erforderlich sind, etwa Heimeinweisungen

abstellen lassen, lässt sich nicht einheitlich beurteilen. In jedem Fall hat das Betreuungsrecht zu einer größeren Sensibilität für die Rechte psychisch Kranker und demenziell Erkrankter beigetragen. Zentral ist das jeweilige Engagement der gesetzlichen Betreuer und der zuständigen Vormundschaftsgerichte.

Noch wichtiger aber ist es, dass sich Pflegekräfte, Ärzte und Sozialarbeiter die Wertungen des Betreuungsrechts zu eigen machen und sie auch ohne Einschaltung der Gerichte im Alltag der Pflege beachten. Pflegerische Ethik und Betreuungsrecht haben vieles gemein: Beiden geht es um den Schutz und die Förderung der Selbstbestimmung pflegeabhängiger Menschen.

b) Errichtung einer »Betreuung«

Fall 78:

Herr P., 85 Jahre, hat einen schweren Schlaganfall erlitten und liegt seit drei Monaten im Krankenhaus. Die Krankenkasse will die Kosten für den Krankenhausaufenthalt nicht weiter übernehmen. Der Arzt sieht keine Besserungsaussichten. Eine Entlassung steht an. Herr P. weiß nicht, wo er ist. Er hat keine Verwandten. Ohne fremde Hilfe ist er z. Z. völlig hilflos.

Voraussetzung	Erwachsene Menschen, die aufgrund einer psychischen Krankheit oder einer körperlichen, geistigen oder seelischen Behinderung ihre Angelegenheiten ganz oder teilweise nicht mehr besorgen können, können einen Betreuer erhalten, den das Vormundschaftsgericht für sie bestellt, § 1896 BGB.
Erforderlichkeit	Ein Betreuer darf dann nicht bestellt werden, wenn die Angelegenheiten des Betroffenen durch **Bevollmächtigte** oder andere Hilfen, etwa durch Pflegekräfte oder SozialarbeiterInnen, ebenso gut wie durch einen Betreuer besorgt werden können, § 1896 Abs. 2 BGB. Auf diese Weise soll verhindert werden, dass Menschen, die zwar nicht mehr allein zurechtkommen, aber ausreichend versorgt und in ihren Rechten geschützt sind, zusätzlich etwa zur Hilfe durch bevollmächtigte Familienmitglieder oder professionelle Dienste einen Betreuer erhalten, mit der ganzen Belastung eines gerichtlichen Verfahrens. Besondere Bedeutung gewinnen die Vorsorgevollmachten, mit denen gesetzliche Betreuungen vermieden werden können.[51]
	Sobald aber gegen den Willen des Betroffenen entschieden werden soll oder Zwang ausgeübt wird, ist die Bestellung eines Betreuers i. S. des § 1896 Abs. 2 BGB erforderlich.
Aufgabenkreise	Ein Betreuer wird nur für die Aufgabenkreise bestellt, in denen die Betreuung erforderlich ist. Teilweise benötigen die Betroffenen nur in einzelnen Angelegenheiten, etwa der Vermögenssorge, der Unterstützung. Teilweise brauchen sie nur in einer bestimmten Situation, etwa bei der Krankenhausentlassung, den Beistand.
Rechtsfolgen	Allein durch die Bestellung eines Betreuers verliert der Betroffene weder seine Geschäftsfähigkeit noch das Wahlrecht oder andere ihm bei der Entmündigung nach altem Recht entzogene Kompetenzen. Besteht jedoch die erhebliche Gefahr, dass der Betroffene sich durch

---

51 Vgl. Klie/Student, Die Patientenverfügung. Was Sie tun können, um richtig vorzusorgen, Freiburg 2006

Willenserklärungen selbst oder seinem Vermögen erheblichen Schaden zufügt, etwa durch unkontrollierte Geldausgaben, so ordnet das Vormundschaftsgericht einen **Einwilligungsvorbehalt** an. Soweit dieser reicht, wird eine Willenserklärung des Betroffenen erst mit Einwilligung des Betreuers wirksam.

Einwilligungsvorbehalt

```
                 Besorgung der Angelegenheiten
       ┌──────────────────────┼──────────────────────┐
       durch                  durch                  durch
  tatsächliche Hilfe      Bevollmächtigte        gesetzliche
    – Angehörige                                   Betreuer
    – Pflegedienste
    – Sozialarbeiter
```

Fall 79:
Frau B. aus Fall 77 fühlt sich durch innere Stimmen dazu genötigt, das Mietverhältnis zu kündigen. Sie bestellt überdies immer wieder aus Versandhauskatalogen Möbelgarnituren und Fernseher.

Bei Anordnung eines Einwilligungsvorbehalts in Miet- und Vermögensangelegenheiten wäre die Kündigung und wären die Warenbestellungen von der Einwilligung des Betreuers abhängig. Die Betroffenen werden insoweit wie beschränkt Geschäftsfähige behandelt, vgl. §§ 108 ff. BGB.

Wird der Betreuer für die Besorgung aller Angelegenheiten des Betroffenen bestellt, so verliert der Betreute sein Wahlrecht, § 13 Nr. 2 BundeswahlG.

Soweit der Betroffene von dem Betreuer gerichtlich vertreten wird, verliert er seine Prozessfähigkeit, § 53 ZPO, d. h.: Er kann in einem Prozess nicht mehr die Klage zurücknehmen o. Ä. Seine Verfahrensfähigkeit in Betreuungsangelegenheit behält er stets, er kann sich also mit Rechtsmitteln gegen die Betreuung oder den Betreuer »wehren«.

Prozessfähigkeit

Verfahrensfähigkeit

Verfahren	Der Betreuer wird auf Antrag des Betroffenen oder von Amts wegen bestellt. Die erste Alternative spielt in der Praxis eine relativ geringe Rolle. Sieht ein älterer Mensch, dass er aufgrund seiner Behinderungen einen Beistand benötigt, so kann er die Bestellung eines Betreuers beantragen. Den Regelfall stellt die Bestellung eines Betreuers von Amts wegen dar: Angehörige, Nachbarn, behandelnde Ärzte oder andere mit dem Betroffenen befasste Personen teilen dem Vormundschaftsgericht mit, dass die betreffende Person sich selbst nicht mehr helfen kann. In diesem Fall muss das zuständige Vormundschaftsgericht tätig werden und von Amts wegen in der Sache ermitteln.
Anhörung	Vorgeschrieben ist mit nur wenigen Ausnahmemöglichkeiten die Anhörung des Betroffenen, § 278 FamFG. Wenn der Betroffene dem nicht widerspricht, soll die Anhörung möglichst in der üblichen Umgebung des Betroffenen stattfinden, d. h. in seiner Wohnung.
Sachverständigengutachten	Vorgeschrieben ist grundsätzlich weiterhin die Einholung eines Sachverständigengutachtens über die Notwendigkeit der Betreuung, § 280 FamFG. Hierbei sind insbesondere auch soziale Belange des Betroffenen zu berücksichtigen. Es genügt statt des Sachverständigengutachtens ein ärztliches Zeugnis, wenn der Betroffene den Antrag auf die Betreuung selbst gestellt hat.
»Anhörung« anderer	Soweit es zur Sachaufklärung dienlich ist, hört das Gericht auch andere Personen an, etwa Pflegekräfte, SozialarbeiterInnen. Den nahen Angehörigen ist überdies Gelegenheit zur Äußerung im Betreuungsverfahren zu geben, § 279 FamFG.
Verfahrenspfleger	Das Vormundschaftsgericht bestellt für den Betroffenen einen Verfahrenspfleger als eine Art Rechtsbeistand. Das Gericht ist hierzu verpflichtet, wenn eine Betreuung sich auf die Besorgung aller

Angelegenheiten des Betroffenen erstrecken soll, § 276 FamFG. Gleiches gilt grds. bei »Unterbringungsmaßnahmen« (s. S. 229 f.)[52]. Der Verfahrenspfleger unterstützt den Betroffenen durch Befragung des Sachverständigen, eigene Anträge etc.

Die Entscheidung über die Bestellung eines Betreuers ist dem Betroffenen bekanntzugeben und zu begründen. Nur wenn es mit erheblichem Nachteil für die Gesundheit des Betroffenen verbunden wäre, kann von der Bekanntgabe der Entscheidung gegenüber dem Betroffenen abgesehen werden.

Bekanntgabe der Entscheidung

Die Verfahrenskosten sind grundsätzlich von dem Betroffenen zu tragen, können jedoch vom Gericht der Staatskasse auferlegt werden, § 81 FamFG.

Die gesetzliche Betreuung ist stets befristet. Das Gericht hat in der Entscheidung über die Bestellung eines Betreuers festzulegen, wann es über die Aufhebung oder die Verlängerung zu entscheiden hat. Die Frist darf höchstens fünf Jahre betragen. Nach dieser Frist ist das Betreuungsverfahren mit Anhörung und Sachverständigengutachten erneut durchzuführen.

Befristung der Betreuung

Ist die Betreuung nicht mehr oder nicht mehr in dem Umfang erforderlich, so hat das Vormundschaftsgericht die Betreuung aufzuheben.

Aufhebung der Betreuung

Fall 80:
Herr F. kommt aus dem Krankenhaus in das Pflegeheim »Sonnenschein«. Für ihn wurde bislang kein Betreuer bestellt. Das Heim sieht sich aufgrund erheblicher Unruhezustände des Betroffenen dazu gezwungen, ihn regelmäßig zeitweise zu fixieren.

Ist ein Betreuer noch nicht bestellt, so hat das Vormundschaftsgericht die erforderlichen Maßregeln zu treffen, etwa die Genehmigung von Heilbehandlungen oder freiheitsentziehenden Maßnahmen, § 1846 BGB, s. *Fall 80*.

Einstweilige Maßregeln

---

52 Vgl. Hoffmann, HK-BUR, § 70 b FGG RZ 3 ff.

Bis zur Entscheidung des Vormundschaftsgerichts ist das Heim oder sind die Pflegekräfte verpflichtet, all die Maßnahmen zu ergreifen, die sie für unbedingt erforderlich halten. Sie müssen mit den notwendigen Maßnahmen nicht warten, bis der Betreuer oder das Vormundschaftsgericht entschieden haben.

c) Bestellung des Betreuers

Fall 81:
Im Heim »Burgfrieden« leben 15 demenziell erkrankte, pflegebedürftige Bewohner. Sie sind alle »unter« Betreuung gestellt. Als Vereinsbetreuer wurde der Trägerverein des Pflegeheims bestellt.

Bestellung durch Richter

Die Auswahl und Bestellung ist dem Richter vorbehalten, § 14 Abs. 4 RPflG. Wer zum Betreuer bestellt wird, muss geeignet sein, in dem vom Gericht bestimmten Aufgabenkreis die Angelegenheiten des Betreuten zu besorgen. An der Eignung fehlt es, wenn erhebliche Interessenswidersprüche und Konflikte zwischen Betreuer und Betreutem bestehen. Dies ist auch bei der Bestellung von Angehörigen als Betreuer zu beachten.

Einrichtungen und MitarbeiterInnen von Einrichtungen dürfen nicht zu Betreuern von HeimbewohnerInnen bestellt werden, § 1897 Abs. 3 BGB, siehe *Fall 81*.[53]

Das Betreuungsgesetz geht davon aus, dass grundsätzlich eine »natürliche Person« die Betreuung übernimmt. So bleibt die Übernahme einer Betreuung, wie schon früher bei der Vormundschaft und Pflegschaft, eine Bürgerpflicht. Nur wenn einer BürgerIn die Übernahme der Betreuung angesichts ihrer familiären, beruflichen und sonstigen Verhältnisse nicht zugemutet werden kann, darf sie eine gesetzliche Betreuung ablehnen. In schwierigen Betreuungssituationen wird häufig die Bestellung eines Berufsbetreuers not-

---

53 Vgl. zu einem Betreuungsverein, der Träger eines Heimes war: OLG Stuttgart, Pflegerecht 1999, S. 224 – 226; vgl. instruktiv die Darstellung einer Fallgeschichte in: HK-BUR im Dialog, Heidelberg 2001, S. 1–18.

wendig sein. Stehen Vermögensfragen im Vordergrund, sind dies etwa Rechtsanwälte oder Steuerberater, bei schwierigen sozialen Fragestellungen Sozialarbeiter. Nur dann, wenn keine natürliche Person gefunden werden kann, können – in der Regel vorübergehend – Betreuungsvereine und Betreuungsbehörden zum Betreuer bestellt werden.

Bei der Auswahl von Betreuern hat das Vormundschaftsgericht Vorschlägen des Betroffenen zu entsprechen. Als Betreuer kommen meist Angehörige in Betracht, aber auch SozialarbeiterInnen oder Rechtsanwälte.

In einer sog. »Betreuungsverfügung« kann jeder vor Eintritt einer Behinderung oder Krankheit festlegen, wer Betreuer für ihn werden soll und was bei Erfüllung der Betreuung besonders zu beachten ist. Wer im Besitz eines solchen Betreuungstestaments ist, hat es bei laufendem Betreuungsverfahren unverzüglich dem Vormundschaftsgericht auszuhändigen (allerdings nicht schon vorher!).

Betreuungsverfügung

Beispiel: Für den Fall, dass ich meine Angelegenheiten aufgrund einer schweren Behinderung nicht mehr allein besorgen kann, soll meine Tochter Barbara zu meiner Betreuerin bestellt werden. Sie soll als Betreuerin dafür sorgen, dass ich so lange wie möglich in meinem eigenen Haushalt wohnen kann. Ich möchte auf keinen Fall, dass ich nur zu lebensverlängernden Maßnahmen in die Klinik verlegt werde. Ich möchte, auch wenn ich einmal nicht mehr alles überblicken kann, meinen alten Vorlieben weiter nachgehen können; hierzu gehören das Pfeiferauchen, ein gutes Gläschen Wein und die Haltung eines Hundes.
Unterschrift: Friedrich Wilhelm
Frankfurt, den 07. 10. 2008

Schon nach altem Recht wurden Vormundschaften und Pflegschaften von Vereinen geführt. Für diesen Weg spricht, dass in Vereinen gegenseitige Hilfe und Beratung geleistet werden kann, die angesichts der häufig schwierigen rechtlichen und fachlichen Fragen von

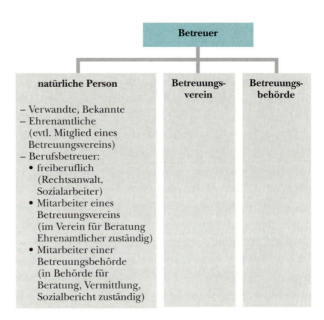

Vereinsbetreuung

großer Bedeutung sind. Durch das Betreuungsgesetz wird die Vereinsbetreuung gefördert. Grundsätzlich wird auch hier nur natürlichen Personen, d. h. einzelnen Mitgliedern, eine Betreuung übertragen. Nur ausnahmsweise, wenn eine natürliche Person den Betroffenen nicht hinreichend betreuen kann, kann das Vormundschaftsgericht einen anerkannten Betreuungsverein, etwa den SKM (Sozialdienst Katholischer Männer), auf Zeit zum Betreuer bestellen.

Behördenbetreuer

Als letzte Möglichkeit bleibt die Bestellung eines Behördenbetreuers. Anders als nach altem Recht wird auch in den Behörden grundsätzlich eine natürliche Person als Betreuer bestellt. Ausnahmsweise kann vorübergehend auch die Behörde Betreuer sein, wenn keine andere Lösung gefunden wird. Es wird im Zusammenhang mit dem neuen Betreuungsrecht angestrebt, die »Fallzahlen« der Betreuer in den Behörden deutlich zu reduzieren.

Fall 82:
Die Heimbewohnerin, Frau B., wohnt im Alten- und Pflegeheim St. Joseph. Sie ist eine unbequeme Bewohnerin, die zu einer ausgeprägten Unordnung neigt und hinsichtlich des Tagesablaufs ihre eigenen Vorstellungen hat. Pflegekräfte und Pflegedienstleitung kommen zunehmend schlechter mit Frau B. zurecht und veranlassen die Bestellung eines gesetzlichen Betreuers zur Unterbringung von Frau B. im psychiatrischen Landeskrankenhaus. Dieser hält eine Unterbringung nicht für notwendig. Medizinisch sei die Unterbringung nicht erforderlich und durch behutsame Begleitung von Frau B. lasse sich die Situation im Heim wieder »normalisieren«. Nachdem sich der Heimleiter bei dem zuständigen Vormundschaftsrichter über den Betreuer »beschwert« hatte, wird der gesetzliche Betreuer entlassen und durch einen anderen ersetzt, der die Einweisung ins PLK veranlasst und durchführen lässt.
Fall nach LG Freiburg, Beschluss vom 02.11.1994, AZ: 4 T 158/94.

Kommt ein Betreuer seinen Aufgaben nicht nach oder stellt sich heraus, dass er ungeeignet ist, so hat das Vormundschaftsgericht den Betreuer zu entlassen. Das Vormundschaftsgericht hat aber nicht das Recht, wenn es fachlich andere Ansichten vertritt als der Betreuer, diesen zu entlassen. Keinesfalls ist es für sich genommen ein Entlassungsgrund, dass Angehörige oder ein Heim sich gegenüber dem Betreuer mit ihren Wünschen nicht durchsetzen können, wie in *Fall 82*. Der Betreuer hat die Rechte des Betroffenen und nicht die Interessen des Heimes oder der Angehörigen wahrzunehmen. Der Betreuer kann seine Entlassung verlangen, wenn Umstände eingetreten sind, aufgrund derer ihm die Betreuung nicht mehr zugemutet werden kann, § 1908b BGB.

Entlassung eines Betreuers

Betreuung

Voraussetzungen

Aufgrund einer psychischen Krankheit oder einer körperlichen, geistigen oder seelischen Behinderung kann Betroffener seine Angelegenheiten ganz oder teilweise nicht besorgen.

Einwilligung des Betroffenen

Auf Antrag des Betroffenen oder von Amts wegen dann – soweit Betreuung notwendig – auch gegen den Willen des Betroffenen.

Rechtsfolgen für den Betroffenen

Erhält Betreuer.
Bleibt grundsätzlich geschäftsfähig.
Bei Anordnung eines Einwilligungsvorbehaltes wird er insoweit wie ein beschränkt Geschäftsfähiger behandelt: Willenserklärungen bedürfen der Einwilligung des Betreuers.
Bleibt in Betreuungssachen stets verfahrensfähig.
Behält das Wahlrecht, wenn nicht zur Besorgung aller seiner Angelegenheiten ein Betreuer bestellt wurde.
Bleibt grundsätzlich ehefähig.
Bleibt grundsätzlich testierfähig.

Verfahren

Es gilt der Untersuchungsgrundsatz.
Zuständig: Vormundschaftsgericht § 271 FamFG.
Einleitung: Auf Antrag des Betroffenen oder von Amts wegen aufgrund von „Anregungen" aus dem Umfeld des Betroffenen.
Verfahrensrechte des Betroffenen: Anhörung § 278 FamFG, ggf. Bestellung eines Verfahrenspflegers § 276 FamFG, Sachverständigengutachten (ggf. nur ärztliches Zeugnis) über Notwendigkeit der Betreuung, § 280 FamFG, nahestehende Personen haben Gelegenheit zur Äußerung § 278 FamFG, Vorschlagsrecht für Betreuer
Entscheidung: Begründung § 38 FamFG, Bekanntgabe an Betroffenen § 287 FamFG.

Rechtsmittel

Formlose Beschwerde des Betroffenen § 39 FamFG.
Bei Einwilligungsvorbehalt: Sofortige Beschwerde, § 303 FamFG.

Beendigung

Erfolgte die Bestellung auf Antrag des Betroffenen: Jederzeit § 1908 d BGB.
Ansonsten: Bei Wegfall der Notwendigkeit.
Turnusmäßige Überprüfung mindestens alle 5 Jahre, § 381 FamFG.

Kosten

Verfahrenskosten sind grundsätzlich vom Betroffenen zu tragen, können jedoch vom Gericht der Staatskasse auferlegt werden, § 81 FamFG. Aufwendungen des Betreuers sind grundsätzlich vom Betroffenen aus seinem Vermögen zu zahlen, § 1835 BGB, allerdings gelten relativ hohe Vermögensgrenzen, § 92 KostO.

d) Aufgaben des Betreuers
Fall 83:
Frau W., 84 J., wohnt seit 1960 in einer Zweizimmerwohnung. Sie leidet an einem »Sammeltick«. In jahrelanger Kleinarbeit hat sie aus den Müllkästen ihrer Umgebung eine Fülle Unrat herbeigeschafft und diesen in ihrer Wohnung säuberlich in Pappkartons sortiert und gestapelt. Die Wohnung ist »zu«. Man kann kaum durch die Wohnungstür in ihr Zimmer. Darüber hinaus leben sieben Katzen in der Wohnung. Frau W. sieht ungepflegt aus, isst kaum und ist völlig isoliert. Der Vermieter hat inzwischen einen Räumungstitel gegen sie erwirkt.[54]

Die Betreuer haben die Angelegenheiten des Betroffenen so zu besorgen, wie es dessen Wohl entspricht, § 1901 BGB. Zum Wohl des Betroffenen gehört die Sicherung einer menschenwürdigen Existenz, ausreichende pflegerische und ärztliche Betreuung und die Berücksichtigung bisheriger Lebensgewohnheiten. Zum Wohl des Betreuten gehört insbesondere die Möglichkeit, im Rahmen seiner Fähigkeiten sein Leben nach seinen eigenen Wünschen und Vorstellungen zu gestalten.

Wohl und Wunsch

> »Wir sind alle Narren. So hat keiner das Recht,
> seine eigentümliche Narrheit einem anderen aufzudrängen.«
> (Büchner)

Dies bedeutet: Der Betreuer hat nicht seine eigenen Wert- und Normvorstellungen gegenüber dem Betroffenen durchzusetzen, sondern sich nach seinen Wünschen zu richten. Dies gilt bis zur Grenze der (erheblichen) Selbstschädigung. Es gehört damit sehr viel Toleranz gegenüber dem »Eigensinn« psychisch veränderter Menschen zu den Voraussetzungen, die ein Betreuer mitbringen muss.

Eigensinn

---

54 Fall nach: Huye: Gratwanderungen, Berlin 1984, S. 214; vgl. zum »Vermüllungssyndrom«: Dettmering, Eschborn 2001.

Erörterungspflicht	Das Gesetz verpflichtet den Betreuer, bevor er wichtige Angelegenheiten für den Betreuten erledigt, dies mit ihm zu besprechen.
	Die tatsächliche »Betreuung« und Pflege, etwa Haushaltsführung, Treppenreinigung oder Körperpflege, ist nicht Aufgabe der Betreuer. Er hat diese aber, soweit erforderlich bzw. den Wünschen des Betreuten entsprechend, zu organisieren.
Rehabilitation	Innerhalb seines Aufgabenkreises hat der Betreuer dazu beizutragen, dass die Möglichkeiten genutzt werden, die Krankheit oder Behinderung des Betreuten zu beseitigen, zu bessern, ihre Verschlimmerung zu verhüten oder ihre Folgen zu mildern, §1901 Abs. 3 BGB. Hierin liegt die Verpflichtung begründet, nach Möglichkeiten der Rehabilitation, sei es auch »nur« zur Vermeidung oder Verminderung von Pflegebedürftigkeit, zu suchen.
Aufsicht über Betreuer	Das Vormundschaftsgericht und hier die Rechtspfleger üben Aufsicht über die Betreuer aus. Ihnen gegenüber ist regelmäßig auch Rechenschaft abzulegen.
Unterstützung der Betreuer	Unterstützung sollen die Betreuer durch die Betreuungsbehörden (Landkreise) erfahren, die sie beraten und ggf. auch fortbilden.
Aufwendungsersatz der Betreuer	Den Betreuern steht ein Anspruch auf Aufwendungsersatz zu, hierzu gehören auch die Kosten einer Haftpflichtversicherung, § 1835 BGB. Wird eine Betreuung berufsmäßig ausgeübt, so haben die jeweiligen Betreuer Anspruch auf eine Vergütung, § 1836 Abs. 2 BGB. Durch das zweite Betreuungsrechtsänderungsgesetz wurde die Vergütung der Berufsbetreuer pauschaliert und faktisch deutlich reduziert: sie erhalten nur noch eine »Gebühr« für ihre Betreuungen, die dann noch abgesenkt wird, wenn die Betreuten in einem Heim leben.[55]

---

55 Vgl. zum 2. Betreuungsrechtsänderungsgesetz: Oeschger: Zum Sommer wird es kommen – Betreuungsrechtsänderungsgesetz verabschiedet. BtMan 1/2005, S. 34 f.

e) Einzelfragen der Betreuung

Fall 84:

Frau Q. verfügt über einiges Vermögen, das durch einen Betreuer verwaltet wird. Sie lebt in einem Pflegeheim und verlangt von ihrem Vermögensbetreuer ein »standesgemäßes Taschengeld«. Dieser hält sich aber an die Sozialhilfesätze und zahlt Frau Q. lediglich 88 € monatlich aus.

Ist die Sorge über das Vermögen mit zum Aufgabenkreis des Betreuers erklärt worden, so bestimmt und verwaltet der Betreuer über das Vermögen des Betreuten. Dies hat aber nach den Wünschen des Betreuten zu erfolgen. Ihm ist daher ausreichend Geld zur freien Verfügung zu belassen. Dies gilt auch bei der Anordnung eines Einwilligungsvorbehalts in Vermögensangelegenheiten. Hier ist der Betreuten zumindest ein ihrem Lebensstandard entsprechendes Geld zur freien Verfügung (Taschengeld) zu überlassen. Nur bei der Gefahr erheblicher Selbstschädigung kann hier etwa eine wöchentliche Zuteilung von kleineren Geldbeträgen erwogen werden. Auch Betreute haben das Recht, sich »unvernünftige« Dinge zu leisten, anderen Geschenke zu machen etc. Eine Betreuung dient nicht dem Schutz des Vermögens, sondern dem Wohl des Betreuten. Schon

Geld zur freien Verfügung

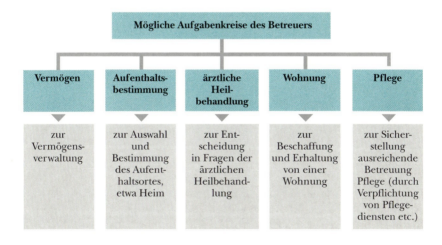

nach alter Rechtslage hatten sich Vormund und Pfleger sowohl an den vorherigen Lebensgewohnheiten sowie an der Vermögenslage zu orientieren. So hatte in **Fall 84** das zuständige Landgericht den Betreuer angewiesen, Frau Q. monatlich 150 € auszuhändigen, ohne eine Abrechnung oder Nachweise fordern zu können.[56]

Fall 85:
Frau K. lebt im Pflegeheim. Sie hat seit Wochen ein schmerzhaftes Uterusleiden und muss dringend operiert werden. Sie selbst kann ihre Lage kaum beurteilen und ist seit Tagen »durcheinander«. Die Heimleitung veranlasst eine Krankenhausaufnahme. Die Ärzte im Krankenhaus verlangen, bevor sie sich zu einem Eingriff entschließen, eine schriftliche Einwilligung in die Operation, die Frau K. nicht geben kann.

Ärztliche Heilbehandlung (Betreuung)

Die ärztliche Heilbehandlung ist eine höchst persönliche Angelegenheit, die eng mit dem Selbstbestimmungsrecht des Patienten verknüpft ist. Nicht umsonst gilt jeder ärztliche Eingriff ohne Einwilligung des Betroffenen als Körperverletzung. Geht es im Betreuungsrecht darum, soweit wie möglich das Selbstbestimmungsrecht geistig und seelisch behinderter Menschen zu schützen, so hat dies auch und besonders für die Heilbehandlung zu gelten. Weder Ärzte, Pflegekräfte noch Angehörige haben das Recht, Heilbehandlungsmaßnahmen gegen den Willen des Patienten zu veranlassen und zu bestimmen. Fehlt einem Patienten die Einsichtsfähigkeit in die Erforderlichkeit einer ärztlichen Heilbehandlung, wehrt er sich gegen die Vergabe von Medikamenten oder die Einweisung in ein Krankenhaus, so ist – von Notfällen abgesehen – jeweils ein Betreuer für den Aufgabenkreis der Heilbehandlung zu bestellen, so in **Fall 83**. Aber auch der Betreuer hat keinen Freibrief für die Veranlassung aller ihm geeignet erscheinenden Behandlungsmaßnahmen[57]. Er hat, soweit dies möglich ist, Fragen der ärztlichen Heilbehandlung mit dem

---

56 So: LG Mannheim, Die Justiz 1974, S. 20; bestätigt vom OLG Karlsruhe, Die Justiz 1974, S. 187, 188.
57 Vgl. Schünemann, VersR 1981, S. 306 ff.; ausführlich: Klie, Altenpflege 1985, S. 557 ff.

Betroffenen vor der Entscheidung zu erörtern[58]. Nur wenn der Betreute keinerlei Einsichtsfähigkeit in den Sinn und Zweck ärztlicher Heilbehandlung besitzt, entscheidet der Betreuer für ihn. Handelt es sich um eine sehr »gefährliche« ärztliche Behandlungsmaßnahme, etwa eine schwierige Operation, infolge der Patient sterben kann, oder besteht die Gefahr einer schweren oder länger dauernden gesundheitlichen Schädigung, die etwa auch bei dauerhafter Abgabe von Psychopharmaka nicht auszuschließen ist, so benötigt der Betreuer für die Veranlassung der ärztlichen Heilbehandlung der Genehmigung durch das Vormundschaftsgericht, § 1904 BGB. Gleiches gilt im Falle eines Behandlungsabbruches dann, wenn der Betreuer und der Arzt unterschiedliche Einschätzungen davon haben, welche Entscheidung dem Wohl und den Wünschen des Betreuten entsprechen.

Fall 86:
Frau M. verweigert die Einnahme ihrer täglichen Medikamente. Der Arzt und die Pflegekräfte sehen die Gefahr, dass Frau M. ohne die Medikamente schweren gesundheitlichen Schaden nehmen könnte. Der Arzt veranlasst, dass die Medikamente künftig in das Essen gerührt werden.

In *Fall 86* handeln Arzt und Pflegekräfte rechtlich falsch. Die Veranlassung der Medikamentenvergabe steht allein dem Betreuer zu, der sich vorher mit Arzt und Patientin zusammenzusetzen hätte. Auch bei der ärztlichen Heilbehandlung hat der Betreuer die vor der Erkrankung geäußerten Wünsche, etwa bezüglich der Arztwahl oder der Behandlungsmethoden, zu beachten. Dies gilt auch für lebensverlängernde Maßnahmen.

---

58 Vgl. zur Bedeutung der Aufklärung Kuhlmann: Einwilligung in die Heilbehandlung alter Menschen, Frankfurt 1996.

Briefverkehr

Fall 87:
Frau P. hat eine Betreuerin. Die Betreuerin hat die Heimleitung gebeten, die Post von Frau P., bevor sie ihr ausgehändigt wird, »durchzusehen«.

Das Brief-, Post- und Fernmeldegeheimnis wird durch Art. 10 GG geschützt. Dies gilt auch für Betreute. So wird in § 1896 Abs. 4 BGB ausdrücklich bestimmt, dass der Betreuer nur dann das Recht hat, die Post des Betreuten zu öffnen oder anzuhalten, wenn das Gericht dies ausdrücklich angeordnet hat. Auch bei entsprechender Anordnung hat sich die Postkontrolle auf das zur Abwendung von Gefahren für den Betroffenen erforderliche Maß zu beschränken. Eine ständige Briefkontrolle durch Betreuer oder beauftragtes Heim wäre mit Art. 10 GG nicht zu vereinbaren, siehe *Fall 87*.

Briefkontrolle durch Betreuer

Fall 88:
Frau Z. lag nach einer Oberschenkelhalsfraktur im Krankenhaus. Die Ärzte sahen keine Möglichkeit einer Rückkehr in die eigene Häuslichkeit. Daraufhin veranlasste der Sozialdienst im Krankenhaus die Auflösung und Kündigung der Wohnung und verschaffte Frau Z. einen Heimplatz. Frau Z. erholte sich aber wider Erwarten gut, so dass eine Rückkehr in die Wohnung nach sechs Monaten durchaus möglich gewesen wäre. Ihr Enkel wird zum Betreuer bestellt, er sucht eine neue Wohnung und verlangt Schadensersatz von der Mitarbeiterin des Krankenhaussozialdienstes.[59]

Wohnungsauflösung

Die Bedeutung der Wohnung als Lebensmittelpunkt und Raum eigenständiger Lebensgestaltung wird durch die in Art. 13 GG festgelegte Unverletzlichkeit der Wohnung auch verfassungsrechtlich anerkannt. Auch das neue Betreuungsrecht trägt der Bedeutung der Wohnung für die Betroffenen Rechnung und erschwert die in der Praxis weit verbreitete vorschnelle Wohnungsauflösung bei

---

59 So: LG Berlin, Altenpflege 1987, S. 818 ff.

Krankenhausaufenthalt und Heimübersiedlung. So bedarf auch der Betreuer zur Wohnungskündigung der Genehmigung des Vormundschaftsgerichts, § 1907 BGB. Bei der Genehmigung der Wohnraumkündigung oder anderer Formen der Vertragsaufhebung hat das Vormundschaftsgericht zu prüfen, ob eine Rückkehr des Betreuten in seine eigene Wohnung möglich erscheint. Auch kann der zu beachtende Wunsch des Betreuten darauf gerichtet sein, die Wohnung zumindest zeitweise weiterhin beizubehalten, auch wenn er in einem Heim lebt. In *Fall 88* hatte der Krankenhaussozialdienst keinerlei Berechtigung zur Wohnungsauflösung und war entsprechend zum Schadensersatz verpflichtet. Auch der Enkel als Betreuer hätte zur Wohnraumkündigung der vormundschaftsgerichtlichen Genehmigung bedurft.[60]

Ist dem Betreuer der Aufgabenkreis der Aufenthaltsbestimmung übertragen worden, kann er bestimmen, wo der Wohnsitz des Betreuten ist. Wo sich der Betreute aber tatsächlich aufhält, ob er das Haus verlassen, verreisen oder Besuche machen möchte, bleibt dem Betreuten überlassen. Soll der Betreute gegen seinen Willen an einem bestimmten Ort festgehalten werden, so handelt es sich dabei um eine Unterbringung oder unterbringungsähnliche Maßnahme, für die eine gesonderte Genehmigung des Vormundschaftsgerichts erforderlich ist. Auch die zwangsweise »Verbringung« eines Pflegebedürftigen in ein (offenes) Altenheim ist dem Betreuer nicht möglich.[61]

Aufenthaltsrecht

Fall 89:

Herr Z. lebt in einem Pflegeheim. Er beschwert sich bei Besuchern über die Versorgung und Betreuung im Heim. Er werde nachts häufig eingeschlossen, erhalte sein Taschengeld (Barbetrag) nur zögerlich und unvollständig ausgezahlt, er wisse gar nicht, welche Medikamente er bekomme, er möchte nicht

---

60 Vgl. hierzu: Klie,»Und plötzlich ist die Wohnung weg« in: GeriatriePraxis 5/1994, S. 62 ff..
61 LG Offenburg, B. 8.7.1996, Az 4T 88/96.

länger im Heim leben, wisse aber nicht, wie er einen Auszug bewerkstelligen kann.

Rechte sichern

Den Betreuern obliegt allgemein die Aufgabe, die gefährdeten Rechte der Betroffenen zu sichern. Engagierte Betreuer haben, ausgestattet mit ihren Vertretungsrechten, durchaus die Chance
- einzelnen Heimbewohnern, die in Heimen unzureichend betreut werden und sich nicht wehren können, wirksame Hilfe von außen zu bieten, so *Fall 89*,
- Verwahrloste vor Räumungsklagen und Heimeinweisungen zu schützen,
- die Rückkehr aus der Psychiatrie in die eigene Wohnung zu ermöglichen,
- auch skurile Lebensgewohnheiten älterer Menschen gegen den Widerstand von Familie, Nachbarn oder Heim zu schützen.

Angesichts hoher Fallzahlen kommen viele gesetzliche Betreuer aber nicht dazu, ihre Aufgaben so zu erfüllen, wie sie sich das selbst und häufig auch Pflegekräfte und Heime wünschen würden.

Wiederholungsfragen
1. Haben Betreute grundsätzlich Anspruch auf ein »Taschengeld« zur freien Verfügung?
2. Kann ein Betreuer einer Psychopharmakabehandlung des Betroffenen zustimmen, wenn mit ihm eine Verständigung über die Behandlung noch möglich ist?

Reform des Betreuungsrechts
Das Betreuungsrecht ist zwar erst 17 Jahre alt, aber schon wieder in die Diskussion geraten. 2005 trat das zweite Betreuungsrechtsänderungsgesetz in Kraft, das die Vergütung der Berufsbetreuer neu regelt und dabei deutlich reduziert. Ein drittes Betreuungsrechtsänderungsgesetz ist in der Diskussion. Es soll Fragen der Verbindlichkeit von Patientenverfügungen und Vorsorgevollmachten regeln und gegebenenfalls auch Fragen der Sterbehilfe zum Gegenstand haben:

muss man sich an Patientenverfügungen halten oder haben sie nur eine orientierende Bedeutung? International zeichnet sich das deutsche Betreuungsrecht durch eine ausgesprochen starke, fast einmalige Betonung der Rechtsstellung des einzelnen behinderten oder psychisch veränderten Bürgers aus. Vor dem Hintergrund des Dritten Reiches ist das Betreuungsrecht eine spät gezogene Lehre aus der Zeit menschenverachtenden Unrechts und eine rechtsstaatliche Errungenschaft.

6. Unterbringungsrecht

Fall 90:

Eine 83-jährige desorientierte Heimbewohnerin, sturzgefährdet, wird auf eine Station verlegt, auf der die Tür zum Treppenhaus durch ein Trickschloss »gesichert« ist. Sie ist mit der Unterbringung auf der Station nicht einverstanden.

Wird jemand über längere Zeit oder regelmäßig gegen seinen Willen an einem Ort festgehalten, so stellt dies eine Freiheitsentziehung dar. Art. 104 GG bestimmt, dass über die Zulässigkeit einer Freiheitsentziehung nur ein Richter entscheiden kann. Der Richter entscheidet bei psychisch Kranken über deren »Unterbringung« in einem Heim oder Krankenhaus.

Art. 104 GG

a) Freiheitsentziehung

Von Freiheitsentziehung wird gesprochen, wenn etwa HeimbewohnerInnen dauernd oder regelmäßig auf einem bestimmten, beschränkten Raum festgehalten werden, ihr Aufenthalt ständig überwacht und die Aufnahme von Kontakten mit Personen außerhalb des Raumes durch Sicherheitsmaßnahmen verhindert wird[62]. Allgemeiner gesagt: Eine Freiheitsentziehung liegt dann vor, wenn die betreffende Person ihren Willen, sich frei zu bewegen, wohin

---

62 So: Palandt/Diederichsen, § 1631b Anm. 3; Erman/Honke, § 1631b Rz. 3; Soergel/Siebert/ Lange, § 1631b.

und wann sie will, auf Dauer oder regelmäßig nicht durchsetzen kann. Es kommt dabei nicht darauf an, ob für den Betroffenen eine weitreichende Bewegungsmöglichkeit in einem Heim bzw. auf einem Grundstück besteht. Demzufolge liegen im Pflegeheim Freiheitsentziehungen gegenüber BewohnerInnen vor, wenn diese

- zu ihrem Schutz in ihrem Zimmer eingesperrt werden,
- sich nur innerhalb eines Gebäudeteils, z. B. Stockwerk, frei bewegen können,
- sich nur im Gebäude und ggf. im Garten oder Park frei bewegen können,
- nur mit Zustimmung der Heimleitung das Heim verlassen dürfen,
- durch das Patientensicherungssystem ständig überwacht und am Verlassen des Hauses gehindert werden,
- Bewohner regelmäßig fixiert werden,
- regelmäßig gegen den Willen Bettgitter aufgestellt werden.

Nicht nur die »geschlossene«, sondern auch die sogenannte halbgeschlossene Unterbringung (Trickschlösser, Ausgang zu bestimmten Zeiten) ist demnach als Freiheitsentziehung zu werten[63], s. **Fall 90**.

---

63 So: Palandt/Diederichsen a. a. O.

Diskutiert wird die Frage der Zulässigkeit beziehungsweise Genehmigungsbedürftigkeit von neuen technischen Möglichkeiten der Personenüberwachung beziehungsweise von Meldeanlagen. Sind Personenortungsanlagen mit dem Grundsatz der Menschenwürde vereinbar? Sind Sensormatten genehmigungspflichtig? In jedem Fall gilt: der Einsatz derartiger technischer Hilfsmittel, die ein höheres Maß an Bewegungsfreiheit einerseits und Sicherheit andererseits garantieren, sind keineswegs von vornherein aufgrund von rechtlichen Bedenken abzulehnen. Die Entscheidung über ihren Einsatz ist aber nicht allein eine Entscheidung von Heim, Pflegediensten und Pflegekräften. Entscheidend ist die Einwilligung der gesetzlichen Betreuer und Bevollmächtigten. Wird mit dem Einsatz moderner technischer Hilfsmittel wie Sensormatten und Personenortungsanlagen regelmäßig bezweckt, einen Bewohner am Verlassen des Hauses zu hindern, so bedarf es auch beim Einsatz dieser Hilfsmittel einer richterlichen Genehmigung der Entscheidung des Betreuers oder des Bevollmächtigten.[64]

Träger der Freiheitsrechte und damit Angehöriger des durch Art. 104 GG geschützten Personenkreises ist jeder Mensch, ohne Rücksicht darauf, ob er geschäftsfähig ist oder nicht, oder ob er überhaupt noch die natürliche Fähigkeit zu einer selbständigen Willensbetätigung hat.[65]

Geschützter Personenkreis

Personen, die ständig bettlägerig und aufgrund körperlicher Gebrechen daran gehindert sind, sich frei zu bewegen, kann begrifflich die (Bewegungs-)Freiheit nicht mehr entzogen werden[66]. Wird etwa ein Bettgitter aufgestellt, um den Betroffenen vor einem unwillkürlichen Herausfallen aus dem Bett zu schützen, so liegt keine Freiheitsentziehung vor. Anderen Personen, die sich (relativ) frei bewegen können, aber aufgrund psychischer Störungen zu gefährlichen Ausflügen etc. neigen, kann sehr wohl die Freiheit entzogen werden. Der Freiheitsbegriff ist nicht vom Schutzbedürfnis des

---

64 Vgl. AG Stuttgart-Cannstatt Vermerk AZ 1997,704; Klie/Klein: Der Einsatz von Sensormatten als Hilfsmittel in der Pflege unter haftungs-, betreuungs- und heimrechtlichen Gesichtspunkten. In: Pflegerecht 04/2006, S. 152
65 Saage/Göppinger, § 2 FEVG Rz. 3.
66 Vgl. AG Kaiserslautern, B. v. 16. 11. 81, Az VIII 50/63.

einzelnen Heimbewohners her zu definieren[67], sondern von seinen Entfaltungswünschen und Äußerungen. Insofern gibt es in Grenzen auch ein »Recht auf Verwirrtheit«.[68]

Rechtlich wird die Freiheit auch dann unter besonderen Schutz gestellt, wenn der Betroffene sie subjektiv auch gar nicht als solche erlebt. So kann ein »verwirrter« Heimbewohner sehr unter seinem Umherirren und seiner »Verwirrtheit« leiden. Dann braucht er Hilfen, die aber im Einzelfall rechtlich legitimiert werden müssen.

Wiederholungsfragen
1. Welche beiden Rechtsgrundlagen kommen für eine Unterbringung psychisch kranker älterer Menschen in Betracht?
2. Was versteht man unter Freiheitsentziehung?
3. Wer entscheidet über die Zulässigkeit von Freiheitsentziehungen?

b) Familienrechtliche Unterbringung

Fall 91:

Frau M., 96 Jahre, lebt allein in ihrer kleinen Wohnung. Ihre Tochter wurde zu ihrer Betreuerin bestellt, als sie mit ihren finanziellen Angelegenheiten nicht mehr zurecht kam. Die Tochter macht sich zunehmend Sorgen um ihre Mutter, die in der Wohnung bleiben möchte und täglich Hilfe von der Sozialstation erhält. Die Tochter hält die Hilfen nicht für ausreichend, darüber hinaus hat die Mutter in letzter Zeit wiederholt nachts die Nachbarn gestört, indem sie mitten in der Nacht bei ihnen schellte. Die Tochter möchte nicht länger in Angst um ihre Mutter leben und den Beschwerden der Nachbarn ausgesetzt sein und will die Unterbringung in einem Heim veranlassen, in dem die Bewohner »geschlossen« untergebracht sind.

---

67 So aber für den Behindertenbereich AG Kaiserslautern a. a. O.
68 Vgl. allgemein zum Verhältnis von Fürsorge und Freiheit, BVerfGE 22, S. 180 (290 ff.).

Lebt ein(e) Heimbewohner(in) unter freiheitsentziehenden Bedingungen, so hat der Betreuer die Genehmigung der »Unterbringung« oder »unterbringungsähnlichen Maßnahme« durch das Vormundschaftsgericht herbeizuführen. Im Betreuungsrecht sind die Voraussetzungen genau bestimmt worden: Danach ist eine Unterbringung des Betreuten nur soweit und so lange zulässig, als sie zum Wohl des Betreuten erforderlich ist, weil

- aufgrund einer psychischen Krankheit oder geistigen oder seelischen Behinderung des Betreuten die Gefahr besteht, dass er sich selbst tötet oder erheblichen gesundheitlichen Schaden zufügt oder
- aufgrund einer Untersuchung des Gesundheitszustands eine Heilbehandlung oder ein ärztlicher Eingriff notwendig ist, der ohne die Unterbringung des Betreuten nicht durchgeführt werden kann.

Für die Praxis der Altenarbeit ist die erste Fallgruppe von Bedeutung. Wichtig ist, dass nicht jede Gefährdung, sondern nur eine erhebliche ausreicht, so dass in **Fall 91** die Voraussetzungen für eine Unterbringung nicht gegeben sein dürften. Im Übrigen dürfen keine anderen Betreuungsmöglichkeiten innerhalb oder außerhalb von Heimen bestehen, die nicht mit freiheitsentziehenden Maßnahmen verbunden sind.

Der Unterbringung gleichgestellt sind unterbringungsähnliche Maßnahmen. Wird Betreuten über einen längeren Zeitraum oder regelmäßig die Freiheit durch mechanische Vorrichtungen (Fixierung, Bettgitter, Trickschlösser) oder Medikamente (Sedierung zum Zweck der Ruhestellung) oder auf andere Weise (tatsächliches Hindern am Verlassen des Hauses) entzogen, so ist auch hierfür die richterliche Genehmigung erforderlich.

Unterbringungsähnliche Maßnahmen

Dies gilt nach der Rechtsprechung auch dann, wenn ein Heimbewohner sich bereits in einer geschlossenen Station befindet[69]. In der Familienpflege, d. h. in der eigenen Häuslichkeit eines

---

69 Vgl. Rink, HK-BUR, § 1906 BGB, Rdz. 47.

Rechte des Betroffenen

Pflegebedürftigen bedarf es keiner vormundschaftsgerichtlichen Genehmigung für das Aufstellen von Bettgittern o. Ä., s. S. 246.

Eine Unterbringung ist nicht mit dem Verlust der Rechte des Betroffenen verbunden. So gibt die Genehmigung einer Unterbringung durch das Gericht nicht das Recht, den Betroffenen ständig eingeschlossen zu halten. Betreuer können, ohne dass sich Heim oder Krankenhaus dagegen stellen dürfen, Ausgang, Urlaub etc. genehmigen. Die geschlossene Unterbringung rechtfertigt nur insoweit freiheitsentziehende Maßnahmen, als diese zum Wohl der Betroffenen notwendig sind. Gegen die dieses Maß überschreitenden Maßnahmen kann ggf. das Vormundschaftsgericht angerufen werden. Typische Fälle der »familienrechtlichen Unterbringung« sind die regelmäßige Fixierung, die Aufnahme in »beschützende Abteilungen« etc., die jeweils auch eine richterliche Genehmigung erfordern.

Gerichtliche Praxis

Die gerichtliche Praxis bei der Genehmigung von geschlossener Unterbringung, Fixierungen, Anstellen von Bettgittern ist äußerst unterschiedlich. Manche Richter halten bei regelmäßigen Fixierungen eine gerichtliche Genehmigung für erforderlich, andere nicht[70]. Die unterschiedliche Praxis der Gerichte bereitet vielen Heimen große Schwierigkeiten, entbindet sie aber nicht davon, im Einzelfall entsprechende Genehmigungsverfahren einzuleiten. Allgemein gilt: Erst einmal sollte im Heim geprüft werden, ob durch eine andere Betreuungskonzeption, im Rahmen der individuellen Pflegeplanung oder aber durch Förderung einer verantwortlichen Risikobereitschaft durch die Pflegedienstleitung auf Bettgitter etc. verzichtet werden kann. Erst danach sollten Gerichte eingeschaltet werden.

Bis zur Entscheidung der Gerichte über die Zulässigkeit von freiheitsentziehenden Maßnahmen hat das Heim das Recht bzw. die Pflicht, die notwendigen Schutzmaßnahmen nach Absprache mit dem Betreuer zu treffen, d. h. etwa ein Bettgitter aufzustellen.

Auch Bevollmächtigte könn über eine unterbringungsähnliche Maßnahme entscheiden, aber auch sie bedürfen der Genehmigung durch das Vormundschaftsgericht, § 1906 Abs. 4 BGB.

70 Vgl. Bischof/Wolff in: Klie/Lörcher, Gefährdete Freiheit, Freiburg 1994, S. 110 ff.

Wiederholungsfragen
1. Unter welchen Voraussetzungen kann ein Betreuter gem. §1906 BGB »untergebracht« werden?
2. Kann ein Betreuer ohne Genehmigung durch das Gericht Betreute in einer »geschlossenen« Abteilung eines Heimes unterbringen?

c) Unterbringung nach den Landesunterbringungsgesetzen

Fall 92:
Frau D. wohnt allein in ihrer Wohnung. Sie ist aufgrund von unzureichender Nahrung und aufgrund Wassermangels in einem Zustand völliger Desorientiertheit. Aufgrund der Verwirrtheitszustände hat sie in den letzten Tagen wiederholt die Herdplatte brennen lassen und ist in fast unbekleidetem Zustand bei kalten Temperaturen aus dem Haus gegangen. Die Nachbarn haben den sozialpsychiatrischen Dienst benachrichtigt. Frau D. lehnt jede Hilfe ab.

Als »Alternative« zu der Unterbringung durch die Betreuer oder Pfleger zum »Wohle« des Betroffenen besitzt jedes Bundesland ein Gesetz, das die Unterbringung von den psychisch Erkrankten ermöglicht, die eine Gefahr für die öffentliche Sicherheit und Ordnung darstellen, weil sie

- andere gefährden (z. B. unkontrollierte Aggressivität eines psychotischen Patienten) oder
- sich selbst in erheblichem Maße gefährden (Suizid, Gesundheitsschäden).

Diese Gesetze heißen Unterbringungsgesetze oder Psychisch-Kranken-Gesetze.

Eine Unterbringung nach diesen Gesetzen ist nur in Fällen erheblicher Gefahr zulässig, nicht hingegen aus rein fürsorglichen Gesichtspunkten, etwa weil es »besser« für den Betroffenen sei.

Landesrecht

In den meisten Ländern dienen die Gesetze zur Unterbringung in der Psychiatrie, seltener auch zur Unterbringung in Heimen. Ungefähr ein Drittel der nach diesen Gesetzen in der Psychiatrie Untergebrachten sind ältere Menschen.

Voraussetzungen Die Voraussetzungen für eine Unterbringung nach den Landesgesetzen sind in den Ländern im Wesentlichen gleich.

Psychische Krankheit
1. Es muss eine psychische Krankheit vorliegen (Psychose, Suchtkrankheit o. Ä., in den älteren Gesetzen heißt es Geisteskrankheit, Gemütskrankheit).

Selbstgefährdung oder Gefährdung anderer Personen
2. Von dieser Krankheit muss eine erhebliche Gefahr für andere oder den Kranken selbst ausgehen. Am häufigsten sind Unterbringungen wegen einer Selbstgefährdung des Kranken. Hier muss eine ernste Gefahr für Leben oder Gesundheit des Betroffenen bestehen, andere Gefahren genügen nicht.

Zwangsweise Unterbringung
3. Die Gefahr für andere oder den Betroffenen selbst darf nicht anders als durch eine zwangsweise Unterbringung abgewendet werden können (also nur bei Erfolglosigkeit ambulanter Behandlung, Beratung etc.).

Rechte der Betroffenen während der Unterbringung
Auch wenn die Rechte der Betroffenen während der Unterbringung eingeschränkt sind, so gilt dies nicht absolut. Immer haben sie ein Recht auf menschenwürdige Behandlung.

Zwangsbehandlung
Die psychische Krankheit, die zur Unterbringung geführt hat, kann auch gegen den Willen des Betroffenen behandelt werden. Dies gilt jedoch nur, wenn der Patient nicht »einsichtsfähig« ist, die Behandlung nicht mit erheblichen Gefahren für Gesundheit und Leben verbunden ist, und die Behandlung nicht zu einer Persönlichkeitsveränderung führt.

Schriftverkehr
Der Schriftverkehr des Betroffenen kann von bestimmten Personen kontrolliert werden, wenn dies für die Sicherstellung der Behandlung notwendig erscheint. Post an/von Angehörigen, Rechtsanwalt, Behörde, Beschwerdestelle darf in den meisten Ländern weder eingesehen noch zurückgehalten werden.

Das Besuchsrecht kann vom Arzt eingeschränkt werden, wenn dies aus Gründen der gesundheitlichen Situation geboten erscheint.

Besuch

Alle diese Maßnahmen können auf Antrag vom Gericht überprüft und ggf. aufgehoben werden.

Wiederholungsfragen
1. Kann ein psychisch Kranker, ohne dass eine ernste Gefahr vorliegt, nach den Landesunterbringungsgesetzen zwangsweise in die Psychiatrie gebracht werden?
2. Welches Gericht entscheidet über die Unterbringung?

d) Verfahren bei Unterbringung und unterbringungsähnlichen Maßnahmen

Durch das Betreuungsgesetz wurden die Verfahrensvorschriften für die familienrechtliche Unterbringung sowie die Unterbringung nach Psychisch-Kranken-Gesetzen einheitlich geregelt.

Für alle Unterbringungsmaßnahmen sind die Vormundschaftsgerichte zuständig.

Zuständigkeit

Vor einer Unterbringungsmaßnahme hat das Gericht den Betroffenen persönlich anzuhören und sich einen unmittelbaren Eindruck von ihm zu verschaffen. Die Anhörung soll, soweit dies erforderlich ist, in der üblichen Umgebung des Betroffenen, d. h. meist in der Wohnung oder in dem Heim, stattfinden.

Anhörung

Vor einer Unterbringungsmaßnahme hat das Gericht Angehörigen, vom Betroffenen benannten Personen seines Vertrauens, dem Betreuer des Betroffenen, der Betreuungsbehörde sowie dem Leiter der Einrichtung, in der der Betroffene lebt (Heimleitung), Gelegenheit zur Äußerung zu geben. Darüber hinaus können etwa auch Pflegekräfte oder andere Personen, die den Betroffenen und seine Lage kennen, angehört werden.

Gelegenheit zur Äußerung

Vorgeschrieben ist weiterhin vor jeder Unterbringungsmaßnahme die Einholung eines Sachverständigengutachtens durch einen Arzt für Psychiatrie, zumindest durch einen Arzt mit Erfahrung auf dem Gebiet für Psychiatrie.

Sachverständigengutachten

Verfahrenspfleger	Soweit es zur Wahrnehmung der Interessen des Betroffenen erforderlich ist, hat das Gericht ihm einen Verfahrenspfleger zu bestellen. Dies wird häufig ein Rechtsanwalt sein müssen. Während bei der familienrechtlichen Unterbringung jede geeignete Einrichtung für die Unterbringung in Betracht kommt, richtet sich der Unterbringungsort bei einer Unterbringung nach den Psychisch-Kranken-Gesetzen der Länder nach Landesrecht, s. S. 242. Die Unterbringungsmaßnahmen sind jeweils befristet. Sie dürfen höchstens ein Jahr, bei offensichtlich langer Unterbringungsbedürftigkeit höchstens zwei Jahre nach Erlass der Entscheidung liegen.
Ort und Dauer der Unterbringung	
Bekanntmachung	Die Entscheidung ist folgenden Personen bekanntzumachen: • dem Betroffenen, • den Personen, denen Gelegenheit zur Äußerung gegeben werden musste, • dem Leiter der Einrichtung, in der der Betroffene untergebracht werden soll.
Beschwerde	Gegen die Entscheidung des Gerichts in Unterbringungssachen ist innerhalb von 14 Tagen die sofortige Beschwerde gegeben.
Einstweilige Anordnung	Für eine maximale Zeit von 6 Wochen (zu verlängern bis zu einer Gesamtdauer von 3 Monaten) kann eine vorläufige Unterbringungsmaßnahme getroffen werden. Angehörigen, Vertrauenspersonen und dem Leiter der jeweiligen Einrichtung ist auch bei vorläufigen Unterbringungsmaßnahmen Gelegenheit zur Äußerung zu geben.
Sofortige Unterbringung	Nach allen Landesgesetzen über die Unterbringung psychisch Kranker ist die Möglichkeit der sofortigen geschlossenen Unterbringung bei Vorliegen eines entsprechenden ärztlichen Attestes sowie die Anordnung der nach Landesrecht zuständigen Behörden vorgesehen. Hier muss jeweils ein richterlicher Beschluss unverzüglich herbeigeführt werden. In der Praxis erfolgen die meisten Unterbringungen nach Landesrecht als sofortige Unterbringung. Von Nachbarn, Angehörigen oder Ärzten erfolgen entsprechende Hinweise an das Gesundheitsamt oder an die Polizei. Der sozialpsychiatrische Dienst sucht dann die psychisch auffälligen Personen auf.

Liegt ein psychiatrischer Notfall vor und legt ein Arzt die Notwendigkeit der Unterbringung dar, wird der Betroffene von der Polizei oder einem »Zubringdienst« in ein psychiatrisches Krankenhaus verbracht. Dem Betroffenen ist vorher die Möglichkeit zu gewähren, eine Person seines Vertrauens zu benachrichtigen. Bei der familienrechtlichen Unterbringung hat der Betreuer das Recht, eine sofortige Unterbringung zu veranlassen, wenn mit dem Aufschub erhebliche Gefahr verbunden wäre. Er hat dann unverzüglich die gerichtliche Genehmigung nachzuholen.

e) Übersicht zum Unterbringungsverfahren

Familienrechtliche Unterbringung gem. § 1906 BGB	Unterbringung nach den Landesunterbringungsgesetzen
Voraussetzungen	
Die Voraussetzungen einer Unterbringung für Betreute sind in § 1906 BGB geregelt. Danach muss die geschlossene Unterbringung für das Wohl des Betroffenen erforderlich sein, weil Gefahr der Selbsttötung oder anderer erheblicher gesundheitsschädlicher Schädigung besteht.	Die Unterbringungsgesetze ermöglichen die geschlossene Unterbringung von psychisch Kranken, die aufgrund ihrer Erkrankung andere erheblich gefährden (z. B. unkontrollierte Aggressivität eines psychotischen Patienten) oder sich selbst in erheblichem Maße gefährden (z. B. Suizidalität, erhebliche Gesundheitsschäden). Eine geschlossene Unterbringung aus rein fürsorglichen Gründen, etwa weil es „besser" für den Betroffenen sei, ist hiernach nicht möglich. Eine Unterbringung ist weiterhin nur dann zulässig, wenn die Gefahr für andere oder den Betroffenen nicht anders als durch eine geschlossene Unterbringung abgewendet werden kann.
Verfahren	
① Zuständigkeit §§ 312, 313 FamFG	
Der Betreuer muss die geschlossene Unterbringung vom Vormundschaftsgericht genehmigen lassen.	In allen Ländern ist das Vormundschaftsgericht zuständig. Den Antrag auf Unterbringung kann in der Regel nur eine bestimmte Behörde stellen, die auf Hinweis von Ärzten, Heim oder Angehörigen tätig wird.
② Sachverständigengutachten § 321 FamFG	
Vor einer endgültigen Entscheidung ist ein Sachverständigengutachten einzuholen, das die Erforderlichkeit der geschlossenen Unterbringung darlegen muss. Ist der Betroffene mit dem Gutachter nicht einverstanden, kann er bei Gericht die Bestellung eines anderen – ggf. von ihm gewählten – Sachverständigen beantragen.	
③ Anhörung § 319 FamFG	
Grundsätzlich muss der Betroffene vor einer richterlichen Entscheidung angehört werden. Die Anhörung wird in aller Regel im Heim durchzuführen sein. Bei der Anhörung kann der Betroffene eine Person seines Vertrauens hinzuziehen. Nur wenn der Gesundheitszustand des Betroffenen es partout nicht zulässt oder eine Verständigung nicht möglich ist, kann auf eine Anhörung verzichtet werden.	
④ Bestellung eines Verfahrenspflegers § 317 FamFG	
Soweit für Interessenwahrung erforderlich, ist Verfahrenspfleger (häufig: Rechtsanwalt) zu bestellen.	

⑤ Ort und Dauer der Unterbringung §§ 323, 329 FamFG

In der Regel darf eine Unterbringung nur für ein Jahr, bei voraussichtlich langandauernder Geisteskrankheit maximal für zwei Jahre angeordnet werden. Danach muss der Richter erneut entscheiden.
Als Ort kommen – in jedem Land unterschiedlich – sowohl Krankenhäuser als auch bestimmte Heime in Betracht.

Das Gericht kann je nach Land für ein bis maximal drei Jahre die Unterbringung anordnen. Nach Ablauf der Frist müssen die Voraussetzungen der Unterbringung neu geprüft werden.
Als Ort kommen – je nach Land unterschiedlich – teilweise nur Krankenhäuser, teilweise auch Heime in Betracht.

⑥ Beschwerde §§ 335 f FamFG

Gegen die Entscheidung des Gerichts ist innerhalb von 14 Tagen Beschwerde möglich.

Im Notfall

Ohne Genehmigung des Gerichts ist eine Unterbringung gemäß § 1906 Abs. 2 BGB nur zulässig, wenn mit dem Aufschub der Unterbringung bis zur richterlichen Entscheidung Gefahr verbunden ist. Die richterliche Genehmigung ist dann unverzüglich nachzuholen.

Nach allen Landesgesetzen kann ein Arzt die Notwendigkeit einer sofortigen Unterbringung darlegen. Eine nach Landesrecht zuständige Behörde ordnet dann die sofortige geschlossene Unterbringung an. Ein richterlicher Beschluss ist unverzüglich nachzuholen.

Vorläufige/einstweilige Unterbringung § 331 FamFG

Im Eilfall kann das Gericht auf Wunsch von Vormund und ggf. Pfleger eine „vorläufige Unterbringung" durch einstweilige Anordnung für 6 Wochen (max 3 Monate) genehmigen. Dies wird dann der Fall sein, wenn ein ärztliches Gutachten noch nicht erstellt ist, die Notwendigkeit der geschlossenen Unterbringung aber schon besteht. Gegen diese Entscheidung ist die Beschwerde möglich.

Beendigung der Unterbringung § 330 FamFG

Der Betreuer kann jederzeit, ohne das Gericht zu fragen, die geschlossene Unterbringung beenden. Das Gericht hat die Unterbringung – ggf. auf Antrag des Betroffenen – zu beenden, wenn das Wohl des Betroffenen die Unterbringung nicht mehr erfordert.

Die Unterbringung endet mit Ablauf der Frist des richterlichen Beschlusses oder durch Beschluss des Gerichts, wenn die Unterbringung nicht mehr erforderlich ist. Der Betroffene kann jederzeit eine Aufhebung beantragen.

Übersicht der Unterbringungsgesetze

	Baden-Württemberg	Bayern	Berlin	Brandenburg	Bremen	Hamburg	Hessen	Mecklenburg-Vorpommern
Gesetz	Unterbringungsgesetz i.d.F. vom 2.12.91, geändert durch Gesetz vom 13.03.2000	Unterbringungsgesetz i. d. F. vom 05.04.92, zuletzt geändert durch Gesetz vom 13.03.2000	Psychisch-Kranken-Gesetz i. d. F. vom 17.03.94	Psychisch-Kranken-Gesetz vom 08.02.96, geändert durch Gesetz vom 29.06.05	Psychisch-Kranken-Gesetz vom 22.12.00, geändert durch Gesetz vom 28.06.05	Psychisch-Kranken-Gesetz vom 27.09.95	Freiheitsentziehungsgesetz i. d. F. vom 05.02.92, zuletzt geänd. durch Gesetz vom 15.7.97	Psychisch-Kranken-Gesetz vom 13.04.00, geändert durch Gesetz vom 23.05.06
für Antrag zuständig	untere Verwaltungsbehörde, Angehörige, Betreuer	Kreisverwaltungsbehörde	Bezirksamt, Abt. Gesundheitswesen	Personensorgeberechtigter Betreuer, Träger der Hilfen	Ortspolizeibehörde	Bezirksamt, zuständige Behörde	Landrat oder Bürgermeister	örtliche Ordnungsbehörde
Ort der Unterbringung	psychiatrisches Krankenhaus sowie andere geeignete Kranken- und Pflegeanstalten mit Zulassung	psychiatrisches Krankenhaus sowie andere geeignete Einrichtungen (Heime)	Krankenhäuser, Pflegeheime, Entziehungsanstalten	psychiatrische Krankenhäuser, psych. Abteilung eines Krankenhauses und geeignete Heime	psychiatrisches Krankenhaus oder anderes Krankenhaus mit psychiatrischer Abteilung	psychiatrisches Krankenhaus, psychiatrische Abteilung eines Krankenhauses, Pflegeheim, Entziehungsanstalt	geschlossene Krankenabteilung oder andere geeignete Verwahrung (Heim)	psychiatrische Krankenhäuser, andere Krankenhäuser und geeignete Heime

	Niedersachsen	Nordrhein-Westfalen	Rheinland-Pfalz	Saarland	Sachsen	Sachsen-Anhalt	Schleswig-Holstein	Thüringen
Gesetz	Psychisch-Kranken-Gesetz vom 16.07.97, zuletzt geändert durch Gesetz vom 05.11.04	Psychisch-Kranken-Gesetz vom 17.12.99, zuletzt geändert durch Gesetz vom 05.04.05	Psychisch-Kranken-Gesetz vom 17.11.95 gänd. durch Gesetz vom 05.04.05	Unterbringungsgesetz vom 11.11.82, gänd. durch Gesetz vom 08.03.05	Psychisch-Kranken-Gesetz vom 16.06.94, zuletzt geändert durch Gesetz vom 14.07.05	Psychisch-Kranken-Gesetz vom 30.01.92, zuletzt geändert durch Gesetz vom 18.11.05	Psych.-Kranken-Gesetz vom 14.01.00, zuletzt geändert durch Gesetz vom 03.01.05	Psychisch-Kranken-Gesetz vom 02.02.94
für Antrag zuständig	Verwaltungsbehörde (Kreis)	Örtliche Ordnungsbehörde	Landratsamt, Stadtverwaltung	untere Verwaltungsbehörde	örtliche Verwaltungsbehörde	Verwaltungsbehörde (Kreis, kreisfreie Stadt)	Kreisgesundheitsbehörde	Sozialpsychiatrischer Dienst (am Gesundheitsamt)
Ort der Unterbringung	nur Krankenhäuser	psychiatrische Krankenhäuser, psychiatrische Abteilungen v. Krankenhäusern, Entziehungsanstalten	Krankenhäuser, Pflegeheime, Entziehungsanstalten	psychiatrische Krankenhäuser und Abteilungen	Krankenhaus	Landeskrankenhäuser, i. E. auch andere Krankenhäuser	Krankenhäuser	psychiatrisches Krankenhaus oder Abteilung eines Krankenhauses

7. Betreuung psychisch Kranker im ambulanten Bereich

Fall 93:
Frau S. leidet an einer paranoiden halluzinatorischen Schizophrenie. Von Wahnvorstellungen befallen, glaubt sie, vom Teufel und anderen bösen Geistern bedrängt sowie von ihren Angehörigen vergiftet zu werden. In diesem Zustand lief sie in halbbekleidetem Zustand von zu Hause weg und begab sich zum Pfarrer oder zum Kinderheim von S., das sie für ein Krankenhaus hielt, um dort »Zuflucht zu suchen«. Die Tochter musste jeweils im Ort nach ihr suchen und sie in die Wohnung zurückführen. Zu Hause pflegte Frau S. zum Schutz gegen böse Geister ihr Zimmer so stark mit Weihwasser und anderen Wässern zu besprengen, dass der Fußboden ihres Wohnraumes durchfeuchtet wurde. Während der Erregungszustände schloss die Tochter ihre Mutter häufiger in ein Zimmer ein (Fall nach BGHSt 13, 197 ff.).

Mit Problemen in der Betreuung psychisch veränderter älterer Menschen sind Pflegekräfte nicht nur im stationären Bereich konfrontiert, sondern vermehrt auch im ambulanten, wobei die Betreuungssituation hier bisweilen wesentlich belastender ist. Pflegekräfte kommen für wenige Stunden am Tag, die übrige Zeit sind die Betreuten allein, nicht selten eingeschlossen in ihrer Wohnung oder sogar im Bett fixiert – von Angehörigen, die ihrerseits überlastet sind. Oder Pflegekräfte kommen in verwahrloste oder »vollgemüllte« Wohnungen, in denen es erbärmlich stinkt und eine Kündigung droht. Hier zu intervenieren, setzt Fachkompetenz voraus, das Alleinlassenmüssen der Bewohner ist ggf. belastend, da Pflegekräfte nicht selten eine der wenigen Kontaktpersonen darstellen. Komplizierte Familienstrukturen können Interventionen zusätzlich erschweren.

Ambulante Dienste sind auf die Problemgruppe psychisch kranker älterer Menschen zu wenig eingerichtet, teilstationäre Angebote (gerontopsychiatrische Tageskliniken) sind nicht in ausreichender

Probleme

Anzahl vorhanden. Die ambulante psychiatrische Versorgung älterer Menschen ist ungenügend.

Für die Beratung sind die jeweiligen sozialpsychiatrischen Dienste zuständig, die nach den jeweiligen Psychisch-Kranken-Gesetzen eingerichtet wurden und eine vor- und nachsorgende Beratung psychisch Kranker gewährleisten sollen, vgl. § 7 NWPsychKG. Ggf. kann hier auch die Bestellung eines engagierten Betreuers geboten sein, um eine Heimeinweisung zu verhindern, die Pflege sicherzustellen oder auf Gewaltmaßnahmen zu reagieren.

Gewalt gegen alte Menschen

Die auch gerade im familiären Bereich anzutreffenden Zwangsmaßnahmen gegenüber psychisch kranken Alten[71] sind juristisch grundsätzlich nicht anders zu beurteilen als freiheitsbeschränkende Maßnahmen im stationären Bereich. Nur ist den Familienangehörigen verwehrt, eine richterliche Genehmigung für Zwangsmaßnahmen, wie Einschließung etc. zu erwirken. Eine »Unterbringung« im häuslichen Bereich ist rechtlich nicht möglich[72]. Es bleibt den Familien nur die Bestellung eines Betreuers und der Rückgriff auf den rechtfertigenden Notstand (§ 34 StGB), der im Hinblick auf die schwierige Betreuungssituation, die Belastung der Familienangehörigen und das Bestreben, eine Heimeinweisung zu umgehen, von den Gerichten weiter ausgelegt wird als im Heimbereich.[73]

So wurde im *Fall 93* die Tochter von dem Vorwurf der Freiheitsberaubung freigesprochen. Zwangsmaßnahmen und Einschließungen bleiben jedoch grundsätzlich auch im familiären Bereich Eingriffe in persönliche Freiheitsrechte und sind nicht von vornherein

Familiäre Fürsorge

als Akte familiärer Fürsorge gerechtfertigt[74]. Geboten ist regelmäßig die Einleitung eines Betreuungsverfahrens; Aufgabenkreis: Entscheidung über freiheitsentziehende Maßnahmen in der eigenen Häuslichkeit.

---

71 Vgl. Fussek, »Manchmal kann ich einfach nicht mehr – dann ...« Häusliche Pflege 1997, S. 40
72 So: BGHSt 13, S. 199; jetzt ausdrücklich § 1906 BGB.
73 Vgl. BGHSt 13, S. 201; ausführlich: Sax, JZ 1959, S. 779.
74 Problematisch in der Begründung in dem Umfang, in dem Einschließungen für gerechtfertigt gehalten wurden, BGHSt 13, S. 201, die Rechtsauffassung dürfte sich inzwischen geändert haben.

Fall 94:

Herr B. sorgt aufopferungsvoll für seine demenzkranke Mutter, die noch allein in ihrer Wohnung lebt. Mehrfach hat sie in der letzten Zeit ihre Wohnung nachts verlassen, verirrte sich und wurde unterkühlt aufgefunden. Herr B. schließt nun nachts die Türe ab, er hat die Nachbarn informiert. Der Pflegedienst schließt morgens die Wohnung wieder auf und lässt sie unverschlossen, wenn er wieder geht.

Werden etwa Demenzkranke von ihren Angehörigen versorgt und wird die Pflege von ihnen organisiert, so gehen die Vormundschaftsgerichte davon aus, dass es einer vormundschaftsgerichtlichen Genehmigung für das Abschließen der Wohnungstür oder andere freiheitsentziehende Maßnahmen nicht bedarf. Der Gesetzgeber wollte die Familien aus vormundschaftsgerichtlichen Genehmigungsverfahren heraushalten. Werden aber Pflegedienst mit der Aufgabe der verantwortlichen Betreuung von desorientierten, pflegebedürftigen Menschen betraut, übernehmen Pflegedienste die Verantwortung für die Betreuung pflegebedürftiger Menschen in ihrer eigenen Häuslichkeit, so wird von den Gerichten zunehmend davon ausgegangen, dass hier wie im Heim unterbringungsähnliche Maßnahmen oder das Einschließen in der eigenen Wohnung gerichtlich genehmigungsbedürftig seien. Die Pflegedienste würden sich hier in eine ähnliche Verantwortungsstellung begeben wie ein Heim. Es müsse überdies den Diensten auch die Möglichkeit gegeben werden, ihre Pflege rechtlich abzusichern.[75]

In *Fall 94* liegt eine genehmigungspflichtige freiheitsentziehende Maßnahme nicht vor. Der Sohn schließt selbst ab und verantwortet die Pflege.

---

75 Vgl. LG Hamburg, FamRZ 1994, S. 1619, Neumann, § 1906 Abs. 4 BGB analog in der ambulanten Pflege? Pflegerecht 9/2000, S. 286 – 293; AG Garmisch-Partenkirchen, B. v. 6. 6. 2008, Az XVII U231/08

Fall 95:

Frau G., 89 Jahre alt, die immer wieder leicht desorientiert ist und sich nur bedingt selbst versorgen kann, lebt alleine in ihrem Haus, in dem zwei Zimmer an alleinstehende Männer vermietet sind, von denen einer ständig abwesend ist und der andere sich nur bedingt um diese Frau kümmert. Die Frau wird von der Sozialstation betreut. Die zuständige Altenpflegekraft steht immer wieder vor dem Problem, dass sie zum vereinbarten Besuchstermin vor verschlossener Tür steht und nicht weiß, ob Frau G. lediglich den Termin vergessen hat oder ob sie im Haus verunglückt sein könnte. Soll sie das Haus öffnen lassen? Ist sie etwa dazu verpflichtet? Bedarf es vorbeugender Maßnahmen?[76]

Aufsichtspflicht

Der Vertrag zwischen Sozialstation und Klient beinhaltet grundsätzlich keine »Aufsichtspflicht« oder eine Betreuungspflicht mit dem Inhalt, Klienten umfassend vor Selbstschädigungen zu schützen. Im Bereich der ambulanten Betreuung ist das »allgemeine Lebensrisiko« höher anzusetzen als im Heim. Nicht jeder Schadensfall ist vermeidbar, gerade wenn dem Klienten ein Verbleiben in der Häuslichkeit weiter ermöglicht werden soll. So hat die Pflegekraft in **Fall 95** ohne weitere Anhaltspunkte nicht die Pflicht, die Haustür aufbrechen zu lassen. Maßgeblich für die Haftung der Sozialstation ist die Frage, ob es zu einer Gefahrerhöhung durch den Einsatz von Mitarbeitern der Sozialstation kommt.[77]

Insbesondere in der Häuslichen Pflege sind in der Betreuung demenziell Erkrankter Grenzen erreicht, die die Versorgung in der eigenen Häuslichkeit gefährden. Etwa dadurch, dass

- sich Angehörige absprachegemäß entfernen,
- der Arzt nach Vereinbarung mit der Sozialstation auf eigene Krankenbeobachtung weitgehend verzichtet.

---

[76] Fallgestaltung nach Böhme, Umgang mit Verwirrten in der ambulanten Pflege, in: Altenpflege 1988, S. 452 ff.
[77] Böhme a. a. O.

Eine dem Heim vergleichbare, weitgehende Verantwortlichkeit kann bei ambulanter Pflege und Betreuung nur bei Rund-um-die-Uhr-Betreuung angenommen werden. Pflegefachkräfte sind ihrerseits aber als verpflichtet anzusehen, wenn sie gravierende Probleme der Betreuung ambulant versorgter Pflegebedürftiger sehen, die Angehörigen auf sie hinzuweisen und gegebenenfalls auf die Bestellung eines gesetzlichen Betreuers zu dringen.

Die Pflegeberatung gemäß § 7a SGB XI und das dort vorgesehene Case Management sollen dazu dienen, in der gegenwärtigen Überforderungssituation den betroffenen Familien zu helfen. 70 Prozent der zu Hause versorgten Pflegebedürftigen werden ohne Hilfe eines Pflegedienstes betreut. In diesen Situationen kommt es sehr darauf an, dass im Rahmen der Pflegeberatungsbesuche gemäß § 37 Abs. 3 SGB XI darauf geachtet wird, dass auch die Pflegebedürftigen zu ihrem Recht kommen, beziehungsweise nicht in ihren Rechten in unzulässiger Weise eingeschränkt werden.

Wiederholungsfragen
1. Kann eine Ehefrau eine richterliche Genehmigung einholen, wenn sie ihren demenziell erkrankten Mann tagsüber in seinem Zimmer einschließen will?
2. Kann ein Pflegedienst sich das regelmäßige Abschließen der Wohnungshaustür als Unterbringung in der »eigenen Häuslichkeit« gemäß § 1906 BGB durch das Vormundschaftsgericht genehmigen lassen?

IV. Sozialrecht

Das Ziel ist,

→ einen Überblick über das deutsche Sozialrecht zu vermitteln,

→ die Finanzierung der Pflege und die Rechtsansprüche von Pflegebedürftigen zu verstehen,

→ Qualitätsansprüche der Pflege und Krankenkassen zu kennen,

→ für die Praxis der Pflege wichtige Gebiete des Sozialrechts aufzuarbeiten

→ dem erfahrenen Praktiker die Möglichkeit zum Nachschlagen zu bieten, wann welche Einzelleistungen des Sozialrechtes für den Betroffenen in Betracht kommen und worauf hier im Einzelnen zu achten ist.

Rechtskunde, Thomas Klie; © Vincentz Network GmbH & Co. KG, Hannover 2009; ISBN 978-3-86630-081-1

1. Einführung

Deutschland ist ein Sozialstaat wie alle anderen europäischen Länder. Sozialstaat steht für soziale Sicherheit, d.h. die Sicherung der Existenzgrundlagen des Menschen insbesondere bei Einkommen, Bildung und Gesundheit. Er steht auch für soziale Gerechtigkeit, wenn es um sozialen Ausgleich und Umverteilung zwischen Arm und Reich geht.

Sozialstaat
- Ein Staat, der sich um soziale Gerechtigkeit bemüht und sich um die soziale Sicherheit seiner Bürgerinnen und Bürger kümmert. Das Grundgesetz legt fest, dass die Bundesrepublik Deutschland »ein demokratischer und sozialer Bundesstaat« ist (Art. 20 GG).
- Sozialstaat bezeichnet einen demokratischen Staat, der verfassungsgemäß nicht nur die Grundrechte und persönlichen und wirtschaftlichen Freiheiten garantiert (Rechtsstaat), sondern auch rechtliche, finanzielle und materielle Maßnahmen ergreift, um soziale Gegensätze und Spannungen (bis zu einem gewissen Maß) auszugleichen.

Der Sozialstaat befindet sich angesichts demographischer Veränderungen, einer globalisierten Wirtschaft und aktuell durch die Zerrüttung des Finanzsystems in einer Krise und seit mehreren Jahren im Umbau. Dies zeigt sich auch an den vielen Änderungen im Sozialrecht: Von Hartz IV bis zum Pflegeweiterentwicklungsgesetz. Sozialrecht dient dazu, eine auf die Sicherung und Weiterentwicklung des Sozialstaats ausgerichtete Sozialpolitik umzusetzen. Deutschland ist ein sozialer Rechtsstaat. Ansprüche auf Sozialleistungen sind in Gesetzen geregelt und dürfen nicht willkürlich wie Almosen gegeben werden.

Grundsätze des deutschen Sozialrechts

Im Grundgesetz ist das Sozialstaatsgebot verankert: »Die Bundesrepublik Deutschland ist ein demokratischer und sozialer Bundesstaat« (Art. 20 Abs. 1 GG). Hieraus ergibt sich die Verpflichtung für den Staat, d. h. Gesetzgeber, Verwaltung und Rechtsprechung, möglichst weitgehend »soziale Gerechtigkeit« herzustellen.

Die Aufgaben des Sozialrechts sind in der Art von Programmsätzen in § 1 SGB I formuliert:
- Sicherung eines menschenwürdigen Daseins,
- Schaffung gleicher Voraussetzungen für die freie Entfaltung der Persönlichkeit, insbesondere auch für junge Menschen,
- Schutz und Förderung von Familie,
- Ermöglichung eines Erwerbs des Lebensunterhaltes durch eine frei gewählte Tätigkeit,
- Abwendung oder Ausgleich für besondere Belastungen des Lebens, auch durch Hilfe zur Selbsthilfe.

In Deutschland werden i. W. drei unterschiedliche Wege unterschieden, auf soziale Problemlagen zu reagieren und Leistungen und Hilfen vorzusehen.
1. Vorsorge (Versicherung, etwa: gesetzliche Krankenversicherung)
2. Soziale Entschädigung (Versorgung, etwa: Kriegsopferversorgung)
3. Sozialer Ausgleich (Fürsorge, etwa Sozialhilfe)

Der Weg der Vorsorge sieht vor, dass sich die Bürger gegen mögliche Risiken versichern, entweder zwangsweise (Krankenversicherung) oder aber auch freiwillig (private Unfallversicherung). Die gesetzlichen Sozialversicherungen gehören im Wesentlichen zu dem Weg

Vorsorge

der Vorsorge und sind in Deutschland die wichtigsten Zweige der sozialen Sicherung.

Soziale Entschädigung
Der Weg der sozialen Entschädigung sieht vor, dass der Staat für Bürger aus Steuermitteln Sozialleistungen finanziert, ohne dass es dabei auf die Einkommenssituation des Betroffenen ankommt. Hat sich der Bürger für den Staat oder das Gemeinwohl besonderen Risiken ausgesetzt und dabei Schaden erlitten, etwa Soldaten im Krieg oder in einer UN-Friedensmission, Zivildienstleistende während ihres Zivildienstes, so wird eine besondere Verpflichtung des Staates gesehen, für die entstandenen Schäden auch aufzukommen. Gleiches gilt für Menschen, die Opfer von Gewalttaten geworden sind und Opfer von Impfschäden. In Deutschland spricht man bei diesem Weg der sozialen Sicherung auch von der Versorgung.

Versorgung

Sozialer Ausgleich
Der dritte Weg der staatlichen sozialen Sicherung ist der Weg des sozialen Ausgleichs, früher »Fürsorge« genannt. Menschen, die aus eigenen Kräften ihre Existenzgrundlage nicht sichern können, sie haben Anspruch auf staatliche Hilfen. Sie sind allerdings »subsidiär« oder nachrangig: Zunächst muss versucht werden, aus eigenem Einkommen und Vermögen die Notlage zu beseitigen, sodann kommen zunächst andere Sicherungswege in Betracht, etwa Sozialversicherungsleistungen. Auch die unterhaltsverpflichteten Angehörigen müssen ggf. mithelfen, die Notlage zu beseitigen. Wenn das alles nicht reicht, dann gewährt der Staat Hilfen, verlangt allerdings von den Bürgern, dass sie sich wieder darum bemühen, selbständig ihre Existenz zu sichern. So sind etwa erwerbsfähige BürgerInnen dazu verpflichtet, sich intensiv um Arbeit zu bemühen und jede zumutbare anzunehmen (sogenannte Hartz IV-Gesetze).

Überblick über das Sozialrecht
Die wesentlichen Sozialleistungsgesetze sind inzwischen im sog. »Sozialgesetzbuch« zusammengefasst, das wie folgt gegliedert ist:
- SGB I: Allgemeiner Teil
- SGB II   Grundsicherung für Arbeitssuchende
- SGB III: Arbeitsförderung
- SGB IV: Gemeinsame Vorschriften für die Sozialversicherung

- SGB V: Gesetzliche Krankenversicherung
- SGB VI: Gesetzliche Rentenversicherung
- SGBVII: Gesetzliche Unfallversicherung
- SGB VIII: Kinder- und Jugendhilfe
- SGB IX: Rehabilitation und Teilhabe behinderter Menschen
- SGB X: Sozialverwaltungsverfahren und Sozialdatenschutz
- SGB XI: Soziale Pflegeversicherung
- SGB XII Sozialhilfe

Das Recht der sozialen Entschädigung (Bundesversorgungsgesetz) und einige Gesetze des sozialen Ausgleichs, etwa Wohngeld, sind (noch) nicht in das Sozialgesetzbuch integriert. Einige Sozialleistungsgesetze finden sich sehr versteckt, so etwa das Kindergeld im Einkommenssteuergesetz. Neben den Bundesgesetzen gibt es auch einige Sozialleistungsgesetze der Länder, etwa die Landesblindengeldgesetze und die Landespflegegesetze, die gesonderte Leistungen vorsehen, die es nur in dem betreffenden Bundesland gibt.

Diese Rechtsgebiete, soweit sie für alte und ältere Menschen von Bedeutung sind, werden im Folgenden – unter Einschluss einiger Nebengebiete – behandelt.

»Das Schicksal, das sie ihren nicht mehr arbeitsfähigen Mitgliedern bereitet, enthüllt den wahren Charakter der Gesellschaft« (Simone de Beauvoir: »Das Alter«)

In diesem Kapitel werden die Gebiete des Sozialrechts für alte Menschen in Grundzügen dargestellt. Soweit es sich um Anwendungsbereiche handelt, die mit der Praxis der Altenpflege zusammenhängen, werden konkrete Hinweise auf Sozialleistungen gegeben. Dies gilt insbesondere für das Recht der Pflege- und Krankenversicherung und das Sozialhilferecht. Angesichts der Unübersichtlichkeit des deutschen Sozialrechts kommt der Aufklärung und Beratung der Betroffenen besondere Bedeutung zu. Auch Pflegefachkräfte sollten über eine Grundberatungskompetenz in diesen Fragen verfügen.

Aufklärung

Fall 96:

Die Rentnerin Frau Stiegmüller fragt die Sozialarbeiterin vom Sozialamt, die gerade bei ihr einen Hausbesuch macht, ob sie Anspruch auf eine höhere Rente wegen der Kindererziehung haben könnte. Auch interessiert sie, wie das mit den Leistungen der Pflegeversicherung ausschaut, da sie seit Jahren ihren pflegebedürftigen Mann betreut.

Die Sozialleistungsträger, das sind die jeweils für die Sozialgesetze zuständigen Behörden, etwa das Sozialamt für die Sozialhilfe, das Wohngeldamt für das Wohngeld oder die Krankenkassen für das Krankenversicherungsrecht, sind zur Aufklärung, Auskunft und Beratung verpflichtet, §§ 13 ff. SGB I.

Aufklärung   Mit Aufklärung ist die Verpflichtung gemeint, die Bevölkerung über Rechte und Pflichten durch planmäßige Allgemeininformation zu unterrichten, etwa durch Broschüren, Presseartikel oder Berichte in anderen Medien.

Beispiel für entsprechende Broschüren:
- Sozialhilfe und Grundsicherung (BMAS 2008);
- Ratgeber Pflege (2008 BMG);
- Ratgeber für Menschen mit Behinderung (BMAS 2008).

Auskunft   Die Verpflichtung zur Auskunft beinhaltet die Pflicht, hilfesuchende Bürger auf in Frage kommende Hilfen und die zuständigen Stellen hinzuweisen. In **Fall 96** hätte die Sozialarbeiterin Frau Stiegmüller auf die angefragten Hilfen hinzuweisen und ihr die zuständigen Stellen zu nennen.

Beratung   Die Beratungspflicht umfasst die Verpflichtung zur ausführlichen Unterrichtung bezüglich der Hilfen der eigenen Behörde. Die Sozialarbeiterin hätte hier Frau Stiegmüller über die in Frage kommenden Hilfen des Sozialamts ausführlich zu informieren – auch über die angefragten Hilfen hinaus. So hätte die Sozialarbeiterin Frau Stiegmüller über die Leistungen der Pflegeversicherung zu informieren und über die möglichen Leistungen der Sozialhilfe im Zusammenhang mit der Pflegebedürftigkeit ausführlich zu beraten.

Bei unvollständiger und falscher Beratung können Schadenersatzansprüche der Betroffenen begründet werden.

Stellt eine Bürgerin einmal einen Antrag bei einer falschen Behörde, was gar nicht so selten vorkommen kann angesichts der recht komplizierten Zuständigkeiten, so darf die Behörde den Antrag nicht zurückweisen, sondern hat ihn an die zuständige Stelle weiterzuleiten, § 16 SGB I.

Unzuständige Behörde?

Jeder Sozialleistungsträger ist bezüglich der von ihm zu gewährenden Hilfen dafür verantwortlich, dass sie jeder Berechtigte in zeitgemäßer Weise umfassend und schnell erhält und die zur Ausführung von Sozialleistungen erforderlichen sozialen Dienste und Einrichtungen rechtzeitig und ausreichend zur Verfügung stehen, § 17 Abs. 1 SGB I – ein hoher Anspruch, der da formuliert wurde.

Sicherstellung

Wiederholungsfragen
1. Was sind Aufgaben des Sozialrechts?
2. Nennen Sie einige Gebiete des Sozialrechts.
3. Worin besteht der Unterschied zwischen Aufklärung und Beratung im SGB I?

2. Sozialversicherungen

Die Risiken von Arbeitsunfall, Arbeitslosigkeit, Krankheit, Pflegebedürftigkeit, Erwerbsminderung und die finanzielle Sicherung im Rentenalter werden nicht primär durch den Staat mit Steuermitteln abgedeckt, sondern durch Versicherungen, in denen alle Versicherten im Sinne einer »Risikogemeinschaft« durch ihre Beiträge das Risiko des Einzelnen tragen. Da sich die Gefahr, die den Einzelnen bedroht, nicht bei allen, sondern nur bei einigen Versicherten bzw. nicht bei allen gleichzeitig realisieren wird, verteilen die Versicherungen den in seiner Gesamtheit schätzbaren Bedarf an Versicherungsleistungen auf die große Gemeinschaft der Versicherten und machen ihn dadurch tragbar.

Übersicht: Sozialversicherungsleistungen

I. Krankenversicherung

- Mutterschaft → Mutterschaftshilfe, Mutterschaftsgeld
- Krankheit → ärztliche Behandlung, häusliche Krankenpflege, Haushaltshilfe, Krankenhauspflege, Arznei-, Heil- und Hilfsmittel
- Arbeitsunfähigkeit → Krankengeld (Lohnersatz)

II. Unfallversicherung

- Arbeitsunfall oder Berufskrankheit
- Folge: Minderung der Erwerbsfähigkeit
  → Übergangsgeld, Heilbehandlung, Heilanstaltspflege, Berufsförderung, Verletztenrente
- Folge: Tod → Hinterbliebenenrente, Überführungskosten, Sterbegeld, Überbrückungshilfe

III. Rentenversicherung

- Erwerbsminderung → Heilbehandlung, Berufsförderung, Übergangsgeld, Rente
- Erreichen der Altersgrenze → Altersruhegeld
- Tod → Hinterbliebenenrente

IV. Arbeitslosenversicherung

- Schulende → Ausbildungsförderung
- Teilarbeitslosigkeit → Kurzarbeitergeld, Winterausfallgeld } zum Teillohn; Berufsförderung
- Arbeitslosigkeit → Arbeitslosengeld (Lohnersatz), Unterhaltsgeld, Weiterbildung
- Behinderung → Eingliederungshilfe, Ausbildungsgeld

V. Pflegeversicherung

- Pflegebedürftigkeit → Pflegegeld, Pflegesachleistung, Pflegehilfsmittel } häusl. Pflege; Tages-/Nachtpflege, Kurzzeitpflege, Leistungen für die Pflege von Personen mit erheblich eingeschränkter Alltagskompetenz, Heimpflege
- Pflege durch Pflegeperson → Pflegekurse, soziale Sicherung

Übersicht: Sozialversicherung – Träger, Risiken, Finanzierung

Versicherungsträger:		Finanzierung:	
		Arbeitgeber	Arbeitnehmer
Arbeitslosenversicherung ➡	Bundesagentur für Arbeit	Rentenversicherung	
Krankenversicherung ➡	Krankenkassen (AOK, IKK, DAK usw.)	50 %	50 %
		Krankenversicherung	
Rentenversicherung ➡	– Deutsche Rentenversicherung	50 %	50 %
		Arbeitslosenversicherung	
Unfallversicherung ➡	– Berufsgenossenschaften	50 %	50 %
	– Eigenunfallversicherung	Unfallversicherung	
Pflegeversicherung ➡	– Pflegekassen	100 %	–
	– Private Pflegeversicherung	Pflegeversicherung	
		50 %*	50 %

* wenn Kompensation durch Streichung eines Feiertages

Die Sozialversicherungen dienen nicht nur dem »sozial Schwachen«, sondern fast der gesamten Bevölkerung.

Durch die erheblich gestiegenen Kosten im Gesundheitswesen, die hohe Arbeitslosigkeit und wachsenden Zahl der Rentner muss ein Teil der Leistungen der Sozialversicherungen inzwischen zusätzlich aus Steuergeldern finanziert werden.

In der Bundesrepublik gibt es fünf gesetzliche Sozialversicherungen:

die *Krankenversicherung*: schützt vor Krankheit und Folgen der Arbeitsunfähigkeit;

die *Pflegeversicherung*: deckt einen Teil des Pflegebedarfs ab bei erheblicher Pflegebedürftigkeit;

Versicherungen

die *Rentenversicherung*: deckt die Risiken der Berufs- und Erwerbsminderung und zahlt bei Erreichen der Altersgrenze ein Altersruhegeld;

die *Unfallversicherung*: schützt vor Risiken von Arbeitsunfällen und Berufskrankheiten;

die *Arbeitslosenversicherung*: schützt vor Risiken des Beschäftigungsrückgangs wie Kurzarbeit und Arbeitslosigkeit.

Geschichte   Das deutsche Sozialversicherungssystem geht zurück auf eine Initiative Bismarcks. Aufgrund der erheblichen sozialen Not der deutschen Arbeiter, und nicht zuletzt auch aus Angst vor sozialen und politischen Unruhen, sollten durch ein System von gesetzlichen Versicherungen Risiken des einzelnen Arbeiters abgesichert werden. In einer »Kaiserlichen Botschaft« kündigte Kaiser Wilhelm I. 1881 »den Hilfebedürftigen größere Sicherheit« an. Es kam zu der Einrichtung der ersten drei Sozialversicherungen (die Arbeitslosenversicherung folgte erst 1927), die 1911 in einem Gesetz, der bis in die 90er Jahre gültigen Reichsversicherungsordnung (RVO), zusammengefasst wurden, heute sind sie Teile des SGB.

Wiederholungsfragen
1. Wie heißen die fünf gesetzlichen Sozialversicherungen?
2. Welche Risiken decken sie ab?
3. Wer sind die Träger der Sozialversicherungen?
4. Wann sind die ersten drei Sozialversicherungen eingerichtet worden?

3. Krankenversicherung

a) Aufgabe, Träger, Versicherte

Die soziale (= gesetzliche) Krankenversicherung schützt den Versicherten und seine mitversicherten Familienangehörigen bei Krankheit und Mutterschaft.

Heute sind ca. 90 % der bundesdeutschen Bevölkerung in einer gesetzlichen Krankenversicherung versichert.

Die gesetzliche Krankenversicherung ist in Deutschland stark gegliedert. Noch gibt es etwa 200 unterschiedliche Versicherungen. Zu unterscheiden sind im Wesentlichen folgende Krankenkassenarten:

Träger der Krankenversicherung

- *Allgemeine Ortskrankenkassen* (AOK);
  sie wurden neu strukturiert und sind auf regionaler oder Landesebene organisiert;
- *Betriebskrankenkassen*;
  jeder Unternehmer kann für seinen Betrieb eine Betriebskrankenkasse (BKK) errichten, wenn er in seinem Betrieb mindestens 350 Versicherungspflichtige beschäftigt;
- *Innungskrankenkassen* (IKK),
  für die handwerklichen Innungen angehörenden Berufsgruppen können sog. Innungskrankenkassen errichtet werden;
- *Ersatzkassen* (z. B. Barmer Ersatzkasse),
  in ihnen sind traditionell Angestellte versichert;
- *Bundesknappschaft*,
  zuständig für im Bergbau Beschäftigte;
- *See-Krankenkasse* für Seeleute;
- *Landwirtschaftliche Krankenkasse*
  für selbständige Landwirte.

Die Zahl der Krankenkassen soll deutlich reduziert werden: auf etwa 40. Die Krankenkassen verwalten sich selbst (Sozialwahlen). Seit dem 1. Juli 2008 sind alle gesetzlichen Krankenkassen im so genannten GKV Spitzenverband zusammengefasst. Er ist gleichzeitig der Spitzenverband der Pflegekassen. Er ist zuständig für die Rahmenverträge und Vergütungsvereinbarungen für die stationäre, ambulante und zahnärztliche Versorgung. Neben den gesetzlichen bestehen die privaten Krankenversicherungen, die vollen oder zusätzlichen Schutz gewähren.

Mitgliedschaft in der gesetzlichen Krankenversicherung

Pflichtversicherte

Es gibt zwei Arten der Mitgliedschaft. Man kann der Krankenversicherung als Pflichtmitglied (Pflichtversicherter) oder als freiwilliges Mitglied (freiwilliger Versicherter) angehören.

Die Pflichtversicherten werden durch Gesetz zur Mitgliedschaft in der Krankenkasse »gezwungen«. Pflichtversicherte sind im Wesentlichen (vgl. § 5 SGB V):

- Arbeiter und Angestellte bis zu einer bestimmten Jahresarbeitsentgeltgrenze (2008 – 48.150 €);
- Rentner, mit Einschränkungen, vgl. § 5 Abs. 1 Nr. 11, 12 SGB V;
- Arbeitslose;
- Studierende bis zum 30. Lebensjahr;
- Landwirte;
- einige Selbständige.

Versicherungsfreiheit

Geringfügige Beschäftigungen (§ 8 SGB IV) sind sozialversicherungsfrei. Dies gilt, sofern eine Beschäftigung weniger als 15 Stunden wöchentlich ausgeübt wird und das Arbeitsentgelt monatlich 400 € nicht übersteigt.

Freiwillig Versicherte

Ein freiwilliges Versicherungsverhältnis ist – im Gegensatz zur Pflichtversicherung – weitgehend vom Willen des Einzelnen abhängig. Die freiwillige Versicherung gliedert sich in die sog. Weiterversicherung (für vorher Pflichtversicherte, z. B. Angestellte, die die Einkommensgrenze überschreiten) und den freiwilligen Beitritt, z. B. für Familienangehörige, Witwen, geschiedene Ehegatten (ist nur binnen kurzer Frist möglich!).

Krankenversicherung der Rentner

Seit 1983 beteiligen sich die Rentner mit einem eigenen Beitrag von der Rente an der Krankenversicherung, bis dahin waren sie beitragsfrei versichert. Rentner haben einen Anspruch auf die gleichen Leistungen wie alle übrigen Mitglieder der Krankenkassen.

Wiederholungsfragen
1. Welche Arten von Mitgliedschaften in der gesetzlichen Krankenkasse gibt es?
2. Wer ist pflichtversichert?
3. Seit wann zahlen Rentner einen Beitrag zur Krankenversicherung?

b) Das Leistungssystem der Krankenversicherung

Die Krankenkassen gewähren Regel- und Mehrleistungen. Die vom Gesetz vorgeschriebenen Leistungen werden Regelleistungen genannt. Das sind die Mindestleistungen, die von allen gesetzlichen Krankenkassen in gleichem Umfang, in gleicher Höhe und unter den gleichen Bedingungen bewilligt werden müssen. Daneben können die Krankenkassen im Rahmen der gesetzlichen Vorschriften weitere Leistungen gewähren, sog. Mehrleistungen. Hierfür ist erforderlich, dass diese in die Satzung der jeweiligen Krankenkasse aufgenommen sind.

Fall 97:
Die Altenpflegerin Erika möchte sich selbständig machen und ambulant pflegebedürftige Menschen in ihrer Häuslichkeit pflegen. Sie möchte dabei selbstverständlich auch nach ärztlicher Verordnung im Rahmen der häuslichen Krankenpflege tätig werden und mit den Krankenkassen abrechnen können.

Das Krankenkassenrecht ist vom sogenannten Sachleistungsprinzip geprägt. Die verschiedenen im Folgenden darzustellenden Leistungen der Krankenkassen werden durch Vertragspartner der Kassen erbracht. Nicht jeder Arzt und jede Pflegekraft kann diese erbringen, sondern nur diejenigen, die entsprechende Verträge mit den Kassen abgeschlossen haben. Altenpflegerin Erika müsste, bevor sie ihre Tätigkeit aufnimmt, mit den Krankenkassen aushandeln, ob und

Sachleistungsprinzip

Leistungsarten wenn ja, zu welchen Bedingungen sie für die Krankenkasse tätig werden kann.

Die Leistungen der Krankenversicherung beschränken sich nicht nur auf die Behandlung von Krankheiten, sondern sind wesentlich weiter gefächert, wie die folgende Übersicht zeigt.

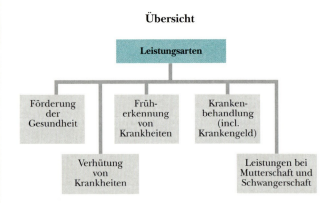

Gesundheits-förderung Die Krankenkassen sollen nicht nur Krankheiten behandeln, sondern auch zur Prävention beitragen. Dies können sie durch Aufklärung über Gesundheitsgefährdungen und über die Verhütung von Krankheiten tun, etwa mit Informationen zur Raucherentwöhnung oder Ernährungsberatung. Auch die Förderung von Gesundheitsselbsthilfegruppen ist den Krankenkassen möglich, § 20 SGB V. Seit 2000 haben die Krankenkassen für die Prävention insgesamt für jeden ihrer Versicherten einen Betrag von 2 € zu verwenden.

Krankheits-verhütung Zu den Leistungen der Krankheitsverhütung gehören etwa regelmäßige Zahnuntersuchungen, aber auch andere medizinische Vorsorgeleistungen wie Kuren. Es soll nicht erst das Eintreten der Krankheit abgewartet werden, bevor durch die Krankenkasse geholfen wird. Besondere Bedeutung kommt im Bereich der Altenpflege den Leistungen zur Verminderung oder Vermeidung von Pflegebedürftigkeit zu, etwa Kontinenztraining bei Menschen mit Schließmuskelschwäche oder Gedächtnistraining bei beginnenden demenziellen Erkrankungen.

Alle über 35Jährigen haben das Recht, sich jedes zweite Jahr ärztlich untersuchen zu lassen. Einen Anspruch auf Krebsvorsorgeuntersuchung haben Frauen ab dem 20. Lebensjahr und Männer ab dem 45.

Vorbeugung von Krankheiten

Bei Schwangerschaft und Mutterschaft wird von den Krankenkassen neben den Hilfen bei der Entbindung und der häuslichen Pflege auch Mutterschaftsgeld und Entbindungsgeld gezahlt. Auch die ärztliche Beratung zur Empfängnisregelung gehört zu den Aufgaben der Krankenkassen.

Schwangerschaft und Mutterschaft

Reformen

Das Krankenversicherungsrecht ist in den letzten Jahren immer wieder verändert worden. Einerseits wurden neue Leistungen eingeführt: Soziotherapie, Integrierte Versorgung, Behandlung in medizinischen Versorgungszentren, spezialisierte ambulante Palliativ-Versorgung. Andererseits werden die Patienten mehr zur Kasse gebeten: insbesondere die sogenannte Praxisgebühr wurde neben anderen Zuzahlungen bei der Inanspruchnahme von Krankenkassenleistungen eingeführt. Die Zuzahlungsregelungen gelten grundsätzlich für alle Versicherten, auch für Heimbewohner. Allerdings wird eine Belastungsgrenze niedergelegt: betragen die Zuzahlungen 2 % des jährlichen Bruttoeinkommens, bei chronisch Kranken 1 %, werden die Versicherten von den Zuzahlungen befreit, § 62 SGB V.

Die für die Altenpflege wichtigsten Regelungen der Krankenbehandlung werden in den folgenden Abschnitten ausführlich dargestellt.

Wiederholungsfragen
1. Worin besteht der Unterschied zwischen Regel- und Mehrleistungen?
2. Was gehört zu den wesentlichen Leistungen der Krankenkassen?

c) Leistungen bei Krankheit

Im Krankheitsfall haben die Versicherten Anspruch auf Krankenbehandlung sowie, wenn sie beschäftigt sind, auf Krankengeld, das 80 % ihres regelmäßigen Arbeitsentgelts beträgt. Die Leistungen der Krankenbehandlung werden in der folgenden Übersicht vorgestellt.

Übersicht

Was heißt »Krankheit«?
- Voraussetzung der Leistung der Krankenversicherung im Rahmen der Krankenhilfe ist das Vorliegen einer Krankheit. Im Gesetz ist der Begriff der Krankheit nicht definiert. Nach Rechtsprechung und Rechtslehre ist Krankheit im Sinne der gesetzlichen Krankenversicherung ein »regelwidriger Körper- oder Geisteszustand, der die Notwendigkeit einer ärztlichen Heilbehandlung und/oder Arbeitsunfähigkeit zur Folge hat.«

Juristischer Krankheitsbegriff
- Wichtig ist: Der juristische Krankheitsbegriff deckt sich nicht mit dem medizinischen. Gilt jeder abnormale somatische oder psychische Zustand als Krankheit im medizinischen Sinne, so ist nicht jeder regelwidrige Körper- oder Geisteszustand Krankheit im Rechtssinne, sondern nur der, der entweder eine ärztliche Heilbehandlung erfordert oder/und zur Arbeitsunfähigkeit führt.
- Auf die Ursache der Krankheit kommt es nicht an. Eine entschädigungspflichtige Leistung liegt auch dann vor, wenn sie

Begriffserklärung

	Krankheit	Behinderung	Pflegebedürftigkeit
Definition	regelwidriger Körper- oder Geisteszustand, der ärztliche Heilbehandlung erfordert	Unter Behinderung wird die negative Wechselwirkung zwischen einer Person mit einem Gesundheitsproblem und ihren Kontextfaktoren auf ihre Funktionsfähigkeit (insbesondere die Teilhabe an einem oder mehreren Lebensbereichen) verstanden. Vorrang haben Selbstbestimmung und gleichberechtigte Teilhabe am Leben in der Gemeinschaft.	besondere Bedarfssituation bei Behinderung oder Krankheit, gekennzeichnet durch Bedarf an personenbezogenen Verrichtungen
Ziel	Heilung, Stabilisierung, Linderung	Eingliederung in Gemeinschaft, Abwendung, Beseitigung einer Behinderung, Stabilisierung	Ausgleich von Funktionsdefiziten

zuständig	i. w. Krankenversicherung – SGB V –	unterschiedliche Träger
		• medizinische Rehabilitation
		  i. w. Krankenkasse
		• berufliche Rehabilitation
		  i. w. Rentenversicherung
		• soziale Rehabilitation
		  i. w. Sozialhilfe
			i. w. Pflegeversicherung – SGB XI – ergänzende Sozialhilfe – SGB XII –

angeboren oder schuldhaft (z. B. durch Suizidversuch) herbeigeführt worden ist.

- Es wird rechtlich kein Unterschied zwischen körperlichen und psychischen Krankheiten gemacht. So begründet eine Sucht ebenso Leistungsansprüche gegenüber der Krankenversicherung wie eine Krebserkrankung. Eine Neurose ist Versicherungsfall, wenn der Versicherte »nicht fähig ist, sie allein zu beheben«.[1]

---

1 BSGE 21, 189.

> **GESUNDHEIT**
> Gesundheit ist ein Zustand des vollständigen körperlichen, geistigen und sozialen Wohlbefindens und nicht lediglich des Freiseins von Krankheit oder Gebrechen, sie stellt ein grundlegendes Menschenrecht dar. Das Erreichen des höchstmöglichen Gesundheitszustandes ist ein äußerst wichtiges Ziel, dessen Realisierung das tatkräftige Handeln zahlreicher anderer sozialer und ökonomischer Sektoren außer dem Gesundheitssektor erfordert. (Weltgesundheits-Organisation)

Krankenhausbehandlung

Benötigt ein Patient zur Heilung, Linderung oder Stabilisierung seines Gesundheitszustands aus medizinischen Gründen Krankenhausbehandlung – medizinische Gründe sind: apparative Ausstattung des Krankenhauses, ständig rufbereiter Arzt, Ineinandergreifeärztlicher Behandlung und Pflege[2] – dann trägt die Krankenkasse die Kosten.

Ist die Krankenhausbehandlung aus ärztlicher Sicht jedoch nicht mehr erforderlich, lässt sich die Krankheit nicht mehr beeinflussen oder könnte die Behandlung ebensogut in der eigenen Häuslichkeit oder in einem Heim erfolgen, so verliert der Versicherte seinen Anspruch auf Krankenhausbehandlung. Die Entscheidung hat für den Betroffenen häufig weitreichende Konsequenzen und ist fachlich schwierig zu treffen.

Diagnoseorientierte Fallpauschalen

Die Einführung von sog. »DRGs« (diagnoseorientierten Fallpauschalen) in Krankenhäusern hat den ökonomischen Druck erhöht, gerade Alterspatienten früher als bisher aus dem Krankenhaus zu entlassen. Es ist zu bemerken, dass dadurch der Druck auf die Pflegeheime zunimmt und früher als bisher die Feststellung der Pflegebedürftigkeit in Abgrenzung zur Krankenhausbehandlungsbedürftigkeit erfolgt.[3]

---

2   BSG Breith. 79, S. 856
3   Zu DRGs vgl.: Düllings u. a., Einführung der DRGs in Deutschland, Heidelberg 2001

Fall 98:
Ein 70-jähriger Mann, Rentner, krankenversichert, erleidet einen Schlaganfall: Er wird in eine nahegelegene Universitätsklinik aufgenommen und dort nach modernsten Erkenntnissen der Medizin behandelt. Die Krankenkasse zahlt alles. Er behält seine Rente. Sein Vermögen wird nicht angetastet. Seine Angehörigen bleiben unbehelligt.
Er wird in ein kleines, vielleicht ländliches Krankenhaus mit freier Bettenkapazität aufgenommen und dort behandelt. Die Krankenkasse bezahlt alles. Er behält seine Rente. Sein Vermögen wird nicht angetastet. Seine Angehörigen bleiben unbehelligt.
Er kommt in ein Pflegeheim und bleibt dort für immer. Die Krankenkasse zahlt nicht. Die Pflegeversicherung und seine Rente reichen für die Heimkosten nicht aus. Er wird Sozialhilfeempfänger. Sein Vermögen wird verwertet. Seinen unterhaltspflichtigen Angehörigen drohen Kostenbeiträge (nach: Rolshoven).

Wie *Fall 98* zeigt, fällt die Entscheidung auch in Abhängigkeit davon, welche Infrastruktur (Krankenhäuser, Rehaeinrichtungen) vor Ort vorhanden sind und welche Verordnung der Arzt ausstellt. Das Leistungsspektrum der Krankenversicherungen ist auch für ältere Menschen breit. Der Grundsatz der Rehabilitation vor Pflege verpflichtet alle Beteiligten dazu, diese Leistungen soweit sie Erfolg versprechend sind auch auszuschöpfen, um nach Möglichkeit den Gesundheitszustand älterer Menschen zu verbessern, zu stabilisieren und Pflegebedürftigkeit zu vermeiden.

Häufig ist für den Patienten der Krankenhausaufenthalt in einem Akut-Krankenhaus nicht mehr erforderlich, aber die Behandlung in einer Reha-Klinik geboten. Inzwischen gibt es in der Bundesrepublik Deutschland eine große Zahl von Rehabilitationseinrichtungen für ältere Menschen nach Schlaganfall. Auf diesem Gebiet hat sich die Versorgungssituation gegenüber den vergangenen Jahrzehnten deutlich verbessert.

Wiederholungsfragen
1. Worin unterscheiden sich juristischer und medizinischer Krankheitsbegriff?
2. Welche negativen Folgen hat die rechtliche Abgrenzung zwischen reiner Pflegebedürftigkeit und Krankheit?

(1) Ärztliche und zahnärztliche Behandlung

Fall 99:

Frau Dr. B. ist Fachärztin für Psychiatrie. Ihr wird vom Hausarzt Frau Müller überwiesen, die zunehmend an erheblichen »Verwirrtheitszuständen« leidet und häufiger Suizidabsichten äußerte. Frau Dr. B. untersucht Frau Müller eingehend, bespricht mit dem Heim therapeutische und soziale Maßnahmen und verordnet Frau Müller Medikamente.

Heilen, lindern, stabilisieren

Die ärztliche Heilbehandlung hat zum Ziel, Krankheiten zu heilen, Krankheitsbeschwerden zu lindern und/oder den Gesundheitszustand zu stabilisieren. In diesem Zusammenhang umfasst die ärztliche Behandlung alle die ärztlichen Tätigkeiten, die zur Verhütung, Früherkennung und Behandlung von Krankheiten nach den Regeln der ärztlichen Kunst ausreichend und zweckmäßig sind. Die ärztliche und zahnärztliche Behandlung ist Sachleistung der gesetzlichen Krankenkassen und wird durch zugelassene Kassenärzte (neu: Vertragsärzte) und -zahnärzte erbracht. Unter den zugelassenen Vertragsärzten kann der Versicherte frei wählen. Er kann auch den behandelnden Arzt wechseln, im laufenden Quartal jedoch nur bei Vorliegen eines gewichtigen Grundes, § 76 SGB V.

Auch in Heimen liegt die ärztliche Versorgung grundsätzlich in Händen von niedergelassenen Vertragsärzten. Die haus- aber auch fachärztliche Versorgung von Heimbewohnern ist vielfach unzureichend. Es ist keineswegs selbstverständlich, dass Fachärzte überall die erforderlichen Hausbesuche machen, dass Zahnärzte Heime aufsuchen, Urologen fachärztlich beraten und auch Gynäkologen pflegebedürftigen Frauen zur Seite stehen. Aus diesem Grunde

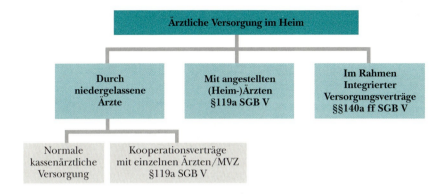

hat der Gesetzgeber mit dem Pflegeweiterentwicklungsgesetz die Möglichkeit geschaffen, dass Heime enger mit einzelnen Ärzten, sowohl Haus- als auch Fachärzten zusammenarbeiten und mit ihnen gesonderte Verträge über die Kassenärztliche Vereinigung abschließen, § 119b SGB V. Heime können auch mit medizinischen Versorgungszentren (MVZs) vertragliche Absprachen treffen, eigene Heimärzte beschäftigen oder im Rahmen der so genannten »integrierten Versorgung« gemäß §§ 140a ff SGB V mit Ärzten zusammen arbeiten.

Die freie Arztwahl der Heimbewohnerinnen und Heimbewohner darf durch solche Kooperationsformen allerdings nicht eingeschränkt werden.[4]

Die Vertragsärzte werden für ihre Leistungen von den Krankenkassen vergütet. Für die einzelnen ärztlichen Leistungen wurden in der Vergangenheit Punktwerte festgelegt, die mit einem bestimmten Centbetrag multipliziert das Honorar der Ärzte ergeben. In *Fall 99* etwa konnte Frau Dr. B. folgende »Ziffern« abrechnen:
– 21212 –
Erhebung des vollständigen psychiatrischen Status bei Versicherten ab Beginn des 60. Lebensjahres
Punktwert 420.

Vergütung der Ärzte

---

4 Vgl. Enders, Anke; Schmidt, Roland: Heimärztliche Versorgung in der stationären Pflege: Gravierende Versorgungsprobleme. In: TUP 2008, S. 101-108.

– 21231 –
Kontinuierliche Mitbetreuung eines Patienten mit einer psychiatrischen Erkrankung in . . . Alten- und Pflegeheimen
Punktwert 645.

Seit dem 1.1.2009 erhalten die Ärzte pro Patient eine Quartalspauschale, unabhängig von den jeweils erbrachten Leistungen. Das gilt für Hausärzte ebenso wie für Fachärzte.

Versicherungskarte

Für die Inanspruchnahme der ärztlichen und zahnärztlichen Behandlung hat der Versicherte seine Versicherungskarte vorzulegen, die den ehemaligen Krankenschein abgelöst hat. In Heimen besteht die Möglichkeit, dass die Ärzte für ihre vielen Patientenbesuche Lesegeräte für die Versicherungskarten aufstellen. Versicherte müssen pro Quartal 10 € in der Arztpraxis bezahlen, für weitere Arztbesuche in anderen Praxen wie etwa beim Facharzt wird eine Überweisung benötigt, damit keine weitere Gebühr verlangt wird. Zusätzlich wird beim Zahnarzt eine Praxisgebühr in Höhe von 10 € fällig.

Fall 100:
Dr. B. weigert sich, seiner Patientin Frau C. zu Hause einen Arztbesuch abzustatten, er fühlt sich hierzu nicht verpflichtet.

Hausbesuche

Die Ärzte sind gegenüber ihren Patienten zu notwendigen Hausbesuchen verpflichtet, soweit diese medizinisch erforderlich sind und der Patient die Praxis nicht aufsuchen kann[5]. Dies gilt auch für die Fachärzte, so im *Fall 100*, die ihre Patienten insoweit nicht auf Allgemeinärzte verweisen können[6], und auch in Heimen.

Der demographische Wandel, aber auch der Kostendruck auf die gesetzlichen Krankenkassen, macht neue Organisationsformen der ärztlichen Versorgung notwendig. Der Gesetzgeber hat den einzelnen Kassen Möglichkeiten eingeräumt, etwa im Rahmen der

---
5   BGH NJW 1988, S. 1248
6   Narr, Ärztliches Berufsrecht Rdn 731.

Hausarztmodelle eine koordinierte und aufeinander abgestimmte Behandlung und Beratung ihrer Versicherten zu organisieren. Hier übernimmt der Hausarzt eine Art Koordinationsfunktion für die ärztliche Gesamtbehandlung. In so genannten »Integrierten Versorgungsverträgen« gemäß §§ 140a ff SGB V können sich Krankenhäuser, Ärzte, Therapeuten, Apotheken und Pflegedienste zusammenschließen, um entweder für besondere Patientengruppen (Demenzkranke im Frühstadium, Diabetes mellitus II, Endoprothetik) oder aber auch für eine ganze Region die gesundheitliche Versorgung und Prävention sicher zu stellen.

In der integrierten Versorgung rechnet nicht mehr jeder einzelne Arzt oder das Krankenhaus mit der Krankenkasse seine Leistungen getrennt ab. Die Kasse zahlt hier an den integrierten Versorgungsverbund einen vorher ausgehandelten Betrag pro Patient.

In den medizinischen Versorgungszentren (MVZ), die aus der ehemaligen DDR als Polikliniken bekannt sind, werden Ärzte, Therapeuten und Pflegekräfte beschäftigt, um die kassenärztlichen Leistungen für die Versicherten sicher zu stellen. Sie handeln dann nicht mehr als niedergelassene Ärzte in einer Einzelpraxis, sondern als Angestellte eines MVZs, § 95 SGB V.

(2) Arzneimittel

Fall 101:

Die Patientin Z. wird nach Apoplex aus dem Krankenhaus in das Pflegeheim »Sonnenschein« entlassen. Sie leidet unter neurologisch bedingten Schluckstörungen und kann nur über eine Magensonde ausreichend ernährt werden. Sie benötigt hierfür kostenaufwendige Sondennahrung. (...)
Ausgenommen von der Verordnungsfähigkeit sind sog. »Bagatellarzneimittel«, § 34 Abs. 1 SGB V.

Arzneimittel	Die Arzneimittel sind Sachleistungen, d.h. sie werden dem Versicherten aufgrund einer ärztlichen Verordnung (Rezept) von Apotheken ausgehändigt, § 31 SGB V.[7]

Arzneimittel, die üblicherweise bei geringfügigen Gesundheitsstörungen verordnet werden, sowie unwirtschaftliche Arzneimittel können von der Verordnungsfähigkeit ausgeschlossen werden, etwa bestimmte »Geriatrika«.

Hierzu gehören:
- Arzneimittel zur Anwendung bei Erkältungskrankheiten,
- leichte Schmerzmittel,
- Abführmittel,
- Mund- u. Rachentherapeutika.

Zur Kostendämpfung im Gesundheitswesen wurden weiterhin für eine Reihe von Arzneimitteln Festbeträge festgesetzt, § 35 SGB V. Welche Mittel als Arzneimittel verordnungsfähig sind, wird in den Arzneimittelrichtlinien festgelegt. Hier finden sich nicht nur Arzneimittel im engeren Sinn, sondern beispielsweise auch Sondennahrung bei medizinisch indizierter Sondenernährung, siehe *Fall 101*. Die Versicherten haben bei der Verordnung von Arznei- und Verbandsmitteln eine Rezeptgebühr zu entrichten, § 31 Abs. 3 SGB V. BezieherInnen geringer Einkommen und Renten können nach einer gewissen Grenze für den Rest des Kalenderjahres von der Zuzahlungspflicht befreit werden (z. B. Sozialhilfeberechtigte im Heim).

Die Zuzahlungen richten sich nach der Packungsgröße und staffeln sich in Beträge von 4 €, 4,50 € und 5 € je Packung, jeweils doch nicht mehr als die Kosten des jeweiligen Arzneimittels. Die verbreitete Meinung, der Arzt dürfe Arzneimittel nur bis zu einem bestimmten Betrag verschreiben und müsse bei Überschreitung dieses Betrages aus eigener Tasche zahlen, trifft so nicht zu. Es gibt

Höchstbetrag	keine Begrenzung durch einen Höchstbetrag für einen Patienten.

---

7 Die Versorgung mit Arzneimitteln kann nur durch öffentliche Apotheken erfolgen, Krankenhausapotheken dürfen noch nicht einmal die Pflegeheimteile des Krankenhauses mit Arzneimitteln versorgen.

Der Arzt darf jedoch das Maß des Notwendigen nicht überschreiten. Die Überschreitung bestimmter »Richtgrößen« aller Verschreibungen kann die Krankenkasse allerdings zum Anlass nehmen, die Verordnungstätigkeit des Arztes zu überprüfen, § 84 SGB V.

(3) Heilmittel: ambulante Rehabilitation

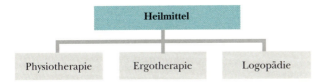

Fall 102:
Frau Z. ist nach einem Apoplex halbseitig gelähmt. Auch nach der Entlassung aus dem Krankenhaus benötigt sie Krankengymnastik, um wieder selbständig gehen zu lernen.

Heilmittel sind Dienstleistungen, die die ärztliche Heilbehandlung unterstützen oder ergänzen. Insbesondere gehören zu den Heilmittelleistungen der ambulanten Rehabilitation die Krankengymnastik und Ergotherapie. Welche Leistungen als Heilmittel verordnungsfähig sind, ergibt sich aus den Heilmittelrichtlinien. Als Heilmittel sind u. a. folgende Leistungen anerkannt, die vom Arzt verordnet werden können, soweit sie im Rahmen der Heilbehandlung notwendig sind:
* Orientierungs- und Wahrnehmungsübungen, Mobilisation der kognitiven, motorischen Fähigkeiten bei psychisch kranken alten Menschen.

Keine Heilmittel sind allgemeine Gebrauchsgegenstände des täglichen Lebens und ausgeschlossene Heilmittel.
Wie bei den Arzneimitteln haben die Versicherten auch bei Heilmitteln Zuzahlungen zu leisten. Sie betragen 10% (§ 32 Abs. 2 SGB V) der Heilmittelkosten. Auch hier ist, wenn eine gewisse Zuzah-

Heilmittelrichtlinien

lungsgrenze erreicht ist, eine Befreiung von der Zuzahlungspflicht möglich, siehe Seite 294.

Insgesamt wird gerade bei Alterspatienten von diesen therapeutischen Möglichkeiten zuwenig Gebrauch gemacht. Hinweise der Pflegekräfte können hier durchaus angezeigt sein.

Nicht verordnet werden dürfen etwa:
- Ganz- und Vollmassagen,
- Mineral-, Heil- und andere Wasser,
- allgemeine Gebrauchsgegenstände des täglichen Lebens (Wärmflasche),
- Fieberthermometer.

Verordnet werden können, soweit dies notwendig, zweckmäßig und wirtschaftlich vertretbar ist:
- Massagen einzelner oder mehrerer Körperteile, Bindegewebs- und Reflexzonenmassagen, Colonmassagen, Unterwasserdruckmassagen,
- Bewegungstherapie (Bewegungsübungen, z. B. nach Schlaganfall),
- Krankengymnastik,
- Wärme- und Kältetherapie (z.B. Warmkompressen),
- medizinische Bäder (z. B. mit antirheumatischer Wirkung),
- Beschäftigungstherapie (bei motorischen Störungen wie Parkinson oder sensorischen Störungen).

Ambulante Rehabilitation

Durch die vorzeitige Entlassung von Patienten aus dem Krankenhaus und durch den Grundsatz der Rehabilitation vor Pflege gewinnt die ambulante geriatrische Rehabilitation nochmals an Bedeutung, auf die seit 2008 über § 32 SGB I hinaus ein Rechtsanspruch besteht, wenn sie von speziellen Leistungserbringern angeboten wird (Reha Netzwerk). Bei der Feststellung der Pflegebedürftigkeit ist der Bedarf an Rehabilitation mit festzustellen, und die pflegerischen Hilfen sind mit den therapeutischen abzustimmen. Aus der Sicht der Pflegekräfte ist es nicht immer ganz einleuchtend, dass etwa Bewegungsübungen, tagestrukturierende Maßnahmen oder andere rehabilitative Pflegetätigkeiten nicht als Heilmittel anerkannt werden, die gleichen Tätigkeiten aber vom Therapeuten »auf Rechnung« der Krankenkassen gehen. Die Abgrenzung zwischen aktivierender und rehabilitativer Pflege auf der einen und der medizinischen Rehabilitation auf der anderen Seite ist nicht immer trennscharf möglich. Nicht jede Form aktivierender Pflege ist gleich als medizinische Rehabilitation zu sehen. Dabei gilt allerdings, dass Pflegebedürftigkeit Rehabilitation nicht ausschließt, dass also nicht nur der Grundsatz Rehabilitation vor Pflege sondern auch Rehabilitation bei Pflegebedürftigkeit und vor allem durch Fachpflege zu beherzigen ist.[8]

(4) Hilfsmittel

Fall 103:
Herr B. wird von seiner Familie zu Hause gepflegt. Er hat durch das lange Liegen eine Druckstelle an den Füßen sowie einen beginnenden Dekubitus am Gesäß. Er benötigt eine Dekubitusmatratze neben der entsprechenden pflegerischen Behandlung.

Als Hilfsmittel werden Seh- und Hörhilfen, Körperersatzstücke und andere Mittel angesehen, die erforderlich und geeignet sind, eine Behinderung auszugleichen oder einer Behinderung oder Pflegebedürftigkeit vorzubeugen und den Erfolg einer Heilbehandlung zu sichern, § 33 SGB V. Die verordnungsfähigen Hilfsmittel sind in den Hilfsmittelrichtlinien der Krankenkassen aufgelistet. Hierzu gehören u. a.:

- Krankenfahrstühle,
- Gehhilfen (Deltarad, Krücken),
- Hörgeräte (ohne Batterien),
- Anti-Dekubitusmatratzen und -betten, siehe *Fall 103*,
- Inkontinenzhilfsmittel (zum größten Teil).

Hilfsmittel (Def.)

---

8   Vgl. Klie, Rehabilitation vor Pflege in: Pflegerecht 2005, S. 439

Ausgeschlossene Hilfsmittel	Eine Reihe von Hilfsmitteln wurden von der Verordnungsfähigkeit ausgeschlossen, z. B. Leibbinden, Alkoholtupfer, Einmalhandschuhe, Urinflaschen, Batterien für Hörgeräte (Verordnung zu § 34 Abs. 4 SGB V).
Brillen	Auch Brillen und Kontaktlinsen gehören zu den Hilfsmitteln. Hier werden zu den Brillengestellen seit der Gesundheitsreform keine Zuschüsse mehr geleistet bzw. nur noch für Kinder und Jugendliche bis zum vollendeten 18. Lebensjahr und in medizinisch dringenden Notfällen.

Bei der Verordnung von Hilfsmitteln muss der Versicherte eine Zuzahlung in Höhe von 10 Prozent der Kosten tragen. Diese Zuzahlung beträgt mindestens 5,00 € und maximal 10,00 €. Sind Hilfsmittel zum regelmäßigen Verbrauch bestimmt (z. B. Windeln bei Inkontinenz), beträgt die Zuzahlung zwar ebenfalls 10 Prozent je Verbrauchseinheit, maximal aber 10,00 € pro Monat.

Seit 2008 haben die Krankenkassen die Möglichkeit, Einfluss auf die Hilfsmittellieferanten und damit auf die Preise zu nehmen: Sie können für ihre Kasse eine Ausschreibung vornehmen, welche Anbieter für die Versicherten etwa der Barmer Ersatzkasse Inkontinenzhilfsmittel liefern. Die Versicherten (und auch die ambulanten Dienste und Heime) sind dann auf die Hersteller verwiesen, mit denen ihre Krankenkasse Lieferverträge abgeschlossen hat. In Heimen werden etwa Inkontinenzhilfsmittel aber weiterhin häufig über Pauschalen finanziert, die die Heime pro Bewohner von den Kassen erhalten. Das Heim kauft dann die Hilfsmittel selbstständig ein.

Definitionen

Hilfsmittel sind sächliche Mittel.
Heilmittel sind Dienstleistungen.
Arzneimittel sind Wirkstoffe, die durch Einnahme beziehungsweise Injektion ihre Wirkung entfalten.

Fall 104:
Ein gehfähiger Heimbewohner leidet unter Harninkontinenz, ist aber frei von Krankheiten, für die die Harninkontinenz risikoreich ist, z. B. Dekubitus.

Einwegwindeln, Einwegkrankenunterlagen und Zellstoffeinlagen gelten grundsätzlich nicht als Hilfsmittel gem. § 33 SGB V und können deshalb von den Ärzten bei Inkontinenz ohne besondere Begründung nicht verschrieben werden. Diese Artikel werden als allgemeine Gebrauchsgegenstände eingeordnet, die zwar der Pflege des Patienten dienen, aber weder unmittelbar noch mittelbar mit der Behandlung einer Krankheit im Zusammenhang stehen (s. *Fall 104*).

Sonderfragen:
Krankenunterlagen, Einwegwindeln

Gebrauchsgegenstände

Fall 105:
Ein Schlaganfallpatient mit Halbseitenlähmung und Sprachverlust leidet an Harn- und Stuhlinkontinenz und benötigt zur Dekubitusprophylaxe Krankenunterlagen.

Fall 106:
Ein Heimbewohner kommt mit Dekubitus aus dem Krankenhaus. Er benötigt im Rahmen der Dekubitusbehandlung Krankenunterlagen und Einwegwindeln.

Dennoch gibt es Fallgruppen, in denen diese Artikel vom Arzt als Hilfsmittel verschrieben werden können. Werden Einwegwindeln etc. in direktem Zusammenhang mit der Behandlung einer Krankheit

Hilfsmittel

erforderlich (bei Blasen- und/oder Darminkontinenz im Rahmen einer Dekubitusbehandlung oder bei Dermatitiden), handelt es sich um Hilfsmittel zur Sicherung des Heilerfolges (§ 33 SGB V) (s. *Fall 106*). Entsprechendes gilt, wenn neben der Blasen- und/oder Darminkontinenz so schwere Funktionsstörungen (z. B. Halbseitenlähmung mit Sprachverlust) vorliegen, dass ohne diese Mittel der Eintritt von Dekubitus oder Dermatitiden droht (s. *Fall 105*).

Fall 107:
Frau S. lebt in einem Pflegeheim. Sie leidet an einer mittelschweren Harninkontinenz. Ohne Inkontinenzhilfsmittel kann sie nicht außer Haus gehen und auch nicht am Gemeinschaftsleben im Heim teilnehmen, da sie stets Angst vorm Einnässen und vor Geruchsbelästigung haben muss.

Das Bundessozialgericht hat in einer weiteren Fallgruppe die Hilfsmitteleigenschaft von Inkontinenzmitteln anerkannt. Sind diese zum Ausgleich eines Funktionsdefizits (Inkontinenz) erforderlich und dienen sie zur Befriedigung von Grundbedürfnissen des täglichen Lebens, etwa der Teilnahme am Leben in der Gesellschaft, so sind Inkontinenzmittel als Hilfsmittel i. S. des § 33 SGB V anzusehen und verordnungsfähig.[9]

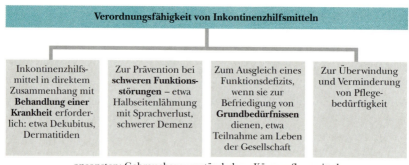

Verordnungsfähigkeit von Inkontinenzhilfsmitteln			
Inkontinenzhilfsmittel in direktem Zusammenhang mit **Behandlung einer Krankheit** erforderlich: etwa Dekubitus, Dermatitiden	Zur Prävention bei **schweren Funktionsstörungen** – etwa Halbseitenlähmung mit Sprachverlust, schwerer Demenz	Zum Ausgleich eines Funktionsdefizits, wenn sie zur Befriedigung von **Grundbedürfnissen** dienen, etwa Teilnahme am Leben der Gesellschaft	Zur Überwindung und Verminderung von Pflegebedürftigkeit

ansonsten: Gebrauchsgegenstände bzw. Körperpflegemittel

---
9   BSG Altenpflege 1990, S. 405 ff.

Zu der Verschreibungsfähigkeit von Einwegwindeln und Krankenunterlagen liegen eine Reihe von Urteilen vor, in denen diese Verschreibungsvoraussetzungen herausgearbeitet wurden[10]. Auch die Krankenkassen haben in ihren Grundsätzen diese Rechtsprechung berücksichtigt.[11]

Fall 108:
Frau M. lebt im Pflegeheim und benötigt zu ihrer Fortbewegung einen Rollstuhl. Dieser Rollstuhl wird sowohl eingesetzt, wenn Frau M. zum Baden und zu den Mahlzeiten gebracht wird als auch bei Spaziergängen im und außerhalb des Heimes. Da Frau M. über keine Angehörigen verfügt, das Heim unter Personalnot leidet, kommt es ausgesprochen selten dazu, dass Frau M. mit Hilfe des Rollstuhls Spazierfahrten macht oder zum Einkaufen kommt.[12]

Seit Einführung der Pflegeversicherung muss bei den Hilfsmitteln unterschieden werden, ob es sich um medizinische Hilfsmittel i. S. des § 33 SGB V handelt oder aber um Pflegehilfsmittel i. S. des § 40 SGB XI. Für pflegerische Hilfsmittel, etwa Urinflasche, Krankenunterlagen im Bett, kommt die Pflegeversicherung auf, für die medizinischen Hilfsmittel die Krankenkasse, vgl. S. 328.

Seit längerer Zeit sind Krankenkassen dazu übergegangen, Hilfsmittel für Bewohner von Pflegeheimen zu verweigern, etwa Rollstühle. Sie begründen dies damit, das Heim sei seinerseits verpflichtet, Hilfsmittel für die Bewohner zur Verfügung zu stellen. Das Heimgesetz verpflichte sie zur Sicherstellung der Pflege inkl. der entsprechenden Ausstattung der Pflegeheime. Unbestritten gehören auch die Pflegebetten in den Verantwortungsbereich der Heime. Tatsächlich finden sich in Pflegeheimen häufig Rollstühle, etwa von verstorbenen Bewohnern, die von den Krankenkassen

Abgrenzung Pflegehilfsmittel und medizinische Hilfsmittel

Ausstattungspflicht der Heime und Rechtsanspruch der Versicherten auf Hilfsmittel

---
10 BSG DOK 1982, S. 739; BSG DOK 1983, S. 220.
11 Verschreibungen von Krankenunterlagen bedürfen ab einem bestimmten Betrag der Genehmigung durch die Krankenkasse, bevor Apotheken liefern dürfen.
12 Fall nach BSG, Urt. v. 10.02.2000, Az. B 3 KR 26/99 R, Landessozialgericht Nordrheinwestfalen, Urteil vom 08.03.2007 Altenheim 2007, Nr. 8, S. 34-35.

nicht wieder abgeholt wurden. In diesen Fällen wird ein Heim sich auch nicht um die Verordnung eines Hilfsmittels bemühen, sondern den vorhandenen Rollstuhl nutzen (den wahrscheinlich die Krankenkasse vergessen hat, im Heim abzuholen). Was ist aber, wenn kein geeigneter Rollstuhl für den Bewohner vorhanden ist? Das Bundessozialgericht hat in einer Reihe von Entscheidungen den Pflegeheimen eine Ausstattungspflicht für Hilfsmittel auferlegt[13]. Danach sollen Pflegeheime die medizinischen Hilfsmittel vorhalten müssen, die für Pflegeheimbewohner regelmäßig benötigt werden. Nur dann, wenn die Hilfsmittel nicht nur innerhalb des Heimes, sondern auch außerhalb des Heimes genutzt werden, etwa zu regelmäßigen Spazierfahrten oder Verwandtenbesuchen, die nicht nur einmal in der Woche stattfinden, dann seien die Hilfsmittel weiter verordnungsfähig.[14]

Angesichts der Rechtsprechung des Bundessozialgerichtes kommt es nun sehr auf die Begründung in der Verordnung des Hilfsmittels und auf die Verwendung des Hilfsmittels an: In *Fall 108* sollte man sehen, dass Frau M. regelmäßig Spaziergänge machen kann, ggf. mit Freiwilligen? Es bleibt zu hoffen, dass die Rechtsprechung des Bundessozialgerichtes keinen Ewigkeitswert erhält, sie begegnet erheblichen verfassungsrechtlichen Bedenken.

Fall 109:

Auch auf ärztliche Verordnung hin weigert sich die AOK Hüftprotektoren der Marke SafeHip® als medizinisches Hilfsmittel gemäß § 33 SGB V zu gewähren. Sie bezweifelt deren Wirksamkeit ebenso wie ihre Hilfsmitteleigenschaft: bei Hüftprotektoren handelte es sich um Gegenstände des täglichen Bedarfs, die die Bewohner des Heimes selbst finanzieren müssen. Das Heim stellt es daraufhin den Bewohnern anheim, ob sie Hüftprotektoren aus dem Barbetrag kaufen oder nicht.

---

13   Vgl. zur Hilfsmittelproblematik in Heimen: Klie, Anspruch auf medizinische Hilfsmittel in Pflegeheimen, PflegeRecht 7. Jg., 2/2003, S. 47-55
14   Fall nach BSG, Urt. v. 10.02.2000, AZ B 3 KR 26/99 R

Seit langem wird der Streit um so genannte Hüftprotektoren geführt, die dazu beitragen können, Sturzfolgen vorzubeugen, insbesondere Frakturen zu verhindern. Während eine Reihe von Krankenkassen Hüftprotektoren seit einigen Jahren anstandslos bezahlen, obwohl sie noch nicht im Hilfsmittelverzeichnis aufgenommen sind, weigern sich andere beharrlich, sie auch bei ärztlicher Verordnung und Indikationsstellung zu gewähren. Sie können nach der einschlägigen wissenschaftlichen Literatur für bestimmte Risikogruppen einen wesentlichen Beitrag zur Absenkung des Frakturrisikos leisten. Das sieht inzwischen auch das Landessozialgericht Nordrhein-Westfalen so.[15]

Im *Fall 109* wäre es richtig gewesen, gegen die Entscheidung der Kassen Widerspruch und gegebenenfalls Klage beim Sozialgericht einzureichen, um die BewohnerInnen in den Genuss des Hilfsmittels Hüftprotektor gelangen zu lassen.

(5) Zahnersatz

Für Zahnersatz erstattet die Krankenkasse 50 % der Kosten zu den zahntechnischen Leistungen und der zahnärztlichen Behandlung, § 55 SGB V. Auch hier gibt es Härtefallregelungen für BezieherInnen geringer Einkommen und Renten, § 62 SGB V.

Wiederholungsfragen
1. Welche Leistungen gehören zur Krankenbehandlung?
2. Wann und wie kann von der Rezeptgebühr befreit werden?
3. Können auch Batterien für Hörgeräte verordnet werden?
4. Wann zahlt die Krankenkasse Krankenunterlagen und Inkontinenzmaterialien?

---

15 LSG Nordrhein-Westfalen Urteil vom 31. 05. 2007, Altenheim 2007 S. 29-30. Das Verfahren ist vor dem BSG im Revisionsverfahren anhängig. Für Mitte 2009 wird hier eine Entscheidung erwartet.

(6) Krankenhauspflege und Rehabilitation

Fall 110:

Herr B. hat vor 6 Monate einen Schlaganfall erlitten, nach 3 Wochen ist er aus dem Krankenhaus in ein Pflegeheim entlassen worden. Der behandelnde Arzt hält einen Aufenthalt in einer Reha-Klinik für erfolgversprechend und hat auch einen Platz bekommen. Herr B. hat etwas Angst vor der Reha-Klinik und möchte, dass seine Frau mitkommt.

Stationäre Behandlung im Krankenhaus wird gewährt, wenn die Aufnahme in ein Krankenhaus erforderlich ist, um die Krankheit zu erkennen oder zu behandeln oder Krankheitsbeschwerden zu lindern (§ 39 SGB V).

Im Krankenhaus werden grundsätzlich alle Leistungen – ärztliche Behandlung, Pflege, Unterkunft und Verpflegung, Arzneimittel usw. – direkt vom Krankenhaus als Sachleistungen erbracht und vollständig von den Krankenkassen übernommen (anders als in Pflegeheimen). Es wird allerdings eine Zuzahlung in Höhe von 10 € je Kalendertag erhoben, jedoch längstens 28 Tage innerhalb eines Kalenderjahres, §§ 39 Abs. 4, 61 SGB V.

Teilstationäre Behandlungen

Der Patient hat grundsätzlich das Krankenhaus aufzusuchen, das in der ärztlichen Einweisung genannt ist. Zur Krankenhauspflege gem. § 39 SGB V gehören auch teilstationäre Behandlungen (z. B. gerontopsychiatrische Tagesklinik).

Krankenhauspflege wird nicht gewährt, wenn ambulante und teilstationäre Behandlung ausreichen würden.

Die Finanzierung der Krankenhäuser wird heute überwiegend über so genannte DRGs, die Fallpauschalen geregelt. Die Krankenhäuser erhalten etwa für eine Blinddarmoperation einen Festbetrag, der neben dem im Vordergrund stehenden ärztlichen Eingriff auch die sonstige gesundheitliche Situation des Patienten berücksichtigt. Mit den DRGs wurde die Aufenthaltsdauer in Krankenhäusern deutlich abgesenkt: Die Krankenhäuser haben ein finanzielles Interesse daran, ihre Patienten möglichst schnell wieder zu entlassen.

Das folgende Schaubild fasst die Faktoren zusammen, die bei der Berechnung der Fallpauschalen von Bedeutung sind.

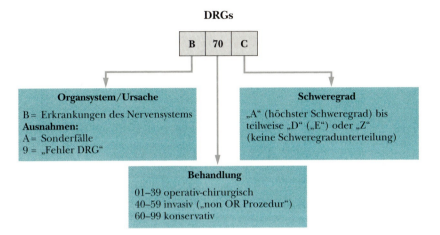

Behandlung in Rehabilitations- und (geriatrischen) Spezialeinrichtungen kann die Krankenkasse gewähren, wenn sie erforderlich ist, um eine Krankheit zu lindern, zu bessern oder vor Verschlimmerung zu bewahren, z. B. nach Schlaganfall in einer Reha-Klinik, § 40 SGB V. Für Rehabilitationen sind die Krankenkassen nur zuständig, soweit nicht die Renten- oder Unfallversicherung oder das Versorgungsamt leistungspflichtig sind. Die Selbstbeteiligung beträgt hier bis zu 10 € pro Tag. In Spezialeinrichtungen kann u. U. auch eine Begleitperson aufgenommen werden, s. *Fall 110*, § 11 Abs. 3 SGB V.

Rehabilitations-Klinik

(7) Hospize

Die Krankenkassen beteiligen sich auch an der Finanzierung von stationären Hospizen. Es handelt sich um einen Zuschuss zu der Versorgung in Hospizen, in denen palliativ-medizinische Behandlung erbracht wird und die ambulante Versorgung im Haushalt nicht mehr möglich ist. An der Finanzierung von Hospizen beteiligen sich auch Pflegekassen, vorausgesetzt wird, dass das Hospiz auch mit Freiwilligen arbeitet[16]. Auch die ambulante Hospizarbeit wird durch die Krankenkassen unterstützt, § 39 a Abs. 2 SGB V: Hier werden ambulante Hospizdienste gefördert, die eine palliativ-pflegerische Beratung vornehmen und Freiwillige für die Begleitung Sterbender gewinnen, schulen und ihren Einsatz koordinieren. Die Fachkräfte müssen über eine besondere Qualifikation in Palliativ Care verfügen.

Wiederholungsfragen
1. Zahlt die Krankenkasse bei Krankenhauspflege auch die im Krankenhaus gewährte Grundpflege?
2. Gehören Rollstühle zur Ausstattungspflicht der Pflegeheime oder müssen die Krankenkassen für sie aufkommen?
3. Welche Zuzahlungen haben Patienten in Reha-Kliniken zu zahlen?

(8) Häusliche Krankenpflege

Fall 111:

Einer 74-Jährigen Frau wurde wegen eines Ca-Geschwüres im absteigenden Dickdarmbereich ein Anus praeter naturalis angelegt. Die Patientin wollte so schnell wie möglich in ihre Wohnung zurück, obwohl die Ärzte ein weiteres Verbleiben im Krankenhaus für erforderlich hielten und ihr den Einzug in ein Pflegeheim nach abgeschlossener Behandlung empfohlen hatten. Sie wird in ihre Wohnung entlassen und bedarf weiterer ärztlicher Behandlung und pflegerischer Hilfe.

Die häusliche Krankenpflege wird von den Krankenkassen (sowie ggf. von Unfallversicherung, Versorgungsamt, Beihilfe, bei nicht Krankenversicherten von der Sozialhilfe) gewährt. Ihre Rechtsgrundlage findet sich in § 37 SGB V.

---

16 Vgl. zur Finanzierung stationärer Hospize: Phillipp, A. Hospizfinanzierung zwischen SGB V, SGB XI und ehrenamtlichen Leistungen, RsDE 2000 (42), S. 1–22; Student (Hg.), Das Hospizbuch, 5. Aufl., Freiburg 1999

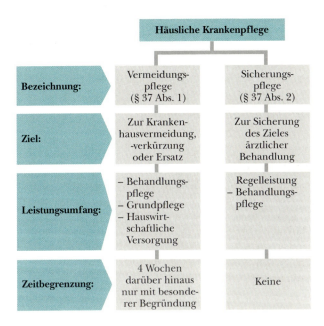

Unabdingbare Voraussetzung und zugleich Merkmal der häuslichen Krankenpflege ist, dass sie neben der ärztlichen Behandlung im eigenen Haushalt oder innerhalb der Familie erbracht wird. Der Grundgedanke dieser Kassenleistung ist, dass die erforderlichen Maßnahmen, z. B. Injektionen, Dekubitusversorgung, Waschungen, Nachtwachen, im vertrauten häuslichen Bereich durchgeführt werden sollen. Er hat neben seinem »humanitären« Aspekt auch ein wirtschaftliches Ziel: Die häusliche Krankenpflege soll andere Leistungsbereiche der gesetzlichen Krankenkasse entlasten, insbesondere Krankenhauspflege und ärztliche Konsultationen.

Humanität und Kostendämpfung

In jedem Fall kann die häusliche Krankenpflege nur in Zusammenhang mit ambulanter ärztlicher Behandlung gewährt werden. Sind allein pflegerische Maßnahmen notwendig, ohne dass zugleich ärztliche Behandlung erforderlich ist, so besteht kein Anspruch nach § 37 SGB V – dies ist i. d. R. der Fall, wenn nur Maßnahmen der Grundpflege benötigt werden.

Voraussetzungen

Fall 112:
Frau M. wohnt in einer Wohngemeinschaft für Menschen mit Demenz und Pflegebedürftige. Man teilt sich das Badezimmer, verbringt den Tag meist in der Wohnküche. Frau M. benötigt als Diabetikerin regelmäßig eine Insulininjektion. Diese wird von dem ambulanten Pflegedienst erbracht. Die zuständige Krankenkasse weigert sich, häusliche Krankenpflege an Frau M. zu gewähren, da sie in der Wohngruppe keinen eigenen Haushalt mehr führt.

Haushalt

Es muss sich weiterhin um Pflege im Haushalt des Versicherten oder seiner Familie handeln. Im Pflegeheim kann häusliche Krankenpflege grundsätzlich nicht gewährt werden, wohl aber, wenn der Versicherte in einer Altenwohnung oder einem Altenwohn- oder Altenheim wohnt, da diese Einrichtungen die hauswirtschaftliche Versorgung grundsätzlich den BewohnerInnen überlässt bzw. offenlässt[17]. Auch in Einrichtungen des betreuten Wohnens und in (ambulanten) Wohngruppen sind Leistungen der häuslichen Krankenpflege zu gewähren.[18]

Krankenhausvermeidung

Im Pflegeheim besteht ein Anspruch auf Behandlungspflege im Rahmen der Häuslichen Krankenpflege gemäß § 37 SGB V nicht. Manche Kasse versuchen Wohngruppen dem Pflegeheim gleichzustellen und verweigern die Leistungen – meines Erachtens zu Unrecht.[19]

Nach § 37 Abs. 1 SGB V wird häusliche Krankenpflege als Regelleistung (= Pflichtleistung der Krankenkassen) gewährt, wenn Krankenhauspflege geboten ist und durch diese Maßnahme nicht erforderlich wird. Man spricht in diesen Fällen von »Vermeidungspflege«.

---

17 Vgl. KK-Verb. DOK 1978, S. 304; vgl. Klie, Altenheim 1995, S. 76 ff.
18 Vgl. Fahnenstich, Vom Begriff der Häuslichkeit, Häusliche Pflege 2004 (6), S. 29 f.; vgl. ausführlich zu den Rechtsproblemen der häuslichen Krankenpflege: Plantholz, Markus, Aktuelle leistungsrechtliche Probleme der häuslichen Krankenpflege in: Pflegerecht 2005, S. 3-12
19 Vgl. LSG Berlin, Urteil von 05. 05. 2004, Az L9KR759/01, hat ausdrücklich einen Anspruch auf Häusliche Krankenpflege in einer Wohngemeinschaft bejaht.

Drei Situationen sind hier zu unterscheiden:
- Krankenhauspflege ist nicht ausführbar. Hier ist kein geeigneter Krankenhausplatz, etwa in einer Reha-Klinik vorhanden.
- Krankenhauspflege kann vermieden werden. Etwa bei einem Re-Apoplex ist Krankenhausbehandlung aus ärztlicher Sicht geboten. Eine belastende Krankenhauseinweisung kann jedoch durch umfassende häusliche Krankenpflege vermieden werden.
- Verkürzung der Krankenhauspflege. Durch häusliche Krankenpflege kann eine vorzeitige Entlassung aus dem Krankenhaus erfolgen.

Ersatzpflege

Vermeidungspflege

Verkürzungspflege

In *Fall 111* könnte der Dame häusliche Krankenpflege zur Vermeidung eines an sich noch länger notwendigen Krankenhausaufenthaltes gewährt werden. Bei Fällen der Krankenhausvermeidung wird im Rahmen der häuslichen Krankenpflege sowohl Behandlungspflege (Injektionen, Dekubitusbehandlung usw.) als auch Grundpflege (Waschen, Betten usw.) gewährt, falls erforderlich auch hauswirtschaftliche Mindestversorgung und Nachtwachen.

Die »Vermeidungspflege« kann grundsätzlich nur für vier Wochen verschrieben werden. Sollte sie über einen längeren Zeitraum erforderlich sein, etwa bei schwer MS-Kranken, Moribunden, so kann sie auch über diesen Zeitraum hinaus gewährt werden. Hier bedarf es einer (rechtzeitigen!) Begutachtung durch den Medizinischen Dienst.

Unabhängig von einer aktuellen Krankenhausvermeidung wird häusliche Krankenpflege zur Sicherung des Ziels ärztlicher Behandlung gewährt.

Sicherung ärztlicher Behandlung

- Geht es dabei um Behandlungspflege, wird die häusliche Krankenpflege als eine zeitlich unbefristete Pflichtleistung gewährt. Es geht dabei um Mitarbeit bei ärztlicher Therapie und Diagnostik (*Insulin*-Injektionen, *Medikamentenvergabe bei Compliance-Problemen,* spezielle Krankenbeobachtung, Verbände, Packungen, Übungsbehandlung, Bestrahlung, *Inhalation,* Katheterwechsel, Spülungen, Anus-praeter- und Fistelversorgung, Trachealkanülen usw.[20]) und fachpflegerische Maßnahmen zur Unterstützung des Ziels der ärztlichen Behandlung (rehabilitative Pflege).

In den Richtlinien des gemeinsamen Bundesausschusses gemäß § 95 SGB V und in den Rahmenverträgen gemäß § 132 a SGB V werden die Leistungen der häuslichen Krankenpflege recht dezidiert aufgelistet.[21]

Nachrang der häuslichen Krankenpflege

Nach § 37 Abs. 3 SGB V wird häusliche Krankenpflege nur insoweit gewährt, als eine im Haushalt lebende Person den Kranken nicht pflegen kann. Soweit »Selbsthilfe« möglich ist, schließt sie eine professionelle Versorgung aus. So muss auf dem ärztlichen Verordnungsschein von dem Versicherten ausgefüllt werden, ob, und wenn ja, welche Pflegeleistungen von im Haushalt lebenden Personen erbracht werden können. Maßnahmen der sog. »einfachen Behandlungspflege« können – nach entsprechender Unterweisung – auch von Haushaltsangehörigen übernommen werden, etwa Medikamentenvergabe, ggf. auch die Verabreichung von s.c. Injektionen. Maßnahmen der »qualifizierten Behandlungspflege« bleiben den Fachkräften vorbehalten, etwa: Katheterisierung, rehabilitative Pflege. Eine klare Abgrenzung zwischen »einfacher« und »qualifizierter« Behandlungspflege existiert nicht.[22]

Von den Mitgliedern des Haushalts, die für die Durchführung der häuslichen Krankenpflege in Betracht kommen, kann nicht verlangt werden, dass sie sich von Berufstätigkeit, Berufs- und Schulausbildung zum Zwecke der Pflege beurlauben lassen.[23]

Überhaupt kann von Familienangehörigen nicht verlangt werden, dass sie Aufgaben der häuslichen Krankenpflege übernehmen. Eine rechtliche Verpflichtung hierzu besteht nicht. So ist es den

---

20 Zu Definition von Behandlungspflege vgl. Hauck/Haines SGB V § 37 Rz 22, vgl. Dörbrandt: Häusliche Krankenpflege als Leistung der gesetzlichen Krankenversicherung, St. Augustin 2000
21 Zur Richtlinie des Bundesausschusses zur Häuslichen Krankenpflege vgl. www.g-ba.de/cms/ upload/pdf/richtlinien/RL-Haeusliche-2005-02-15.pdf
22 Vgl. ausführlich: Klie, Schuß vor den Bug, Forum Sozialstation, Heft 83 1996, S. 21 ff.
23 So: BSG BKK 1977, S. 160.

Übersicht Pflege

Grundpflege
Hilfe bei Verrichtungen des täglichen Lebens

Behandlungspflege
Pflegerische Verrichtungen, die zur medizinischen Behandlung gehören oder sie unterstützen

Einfache Behandlungspflege
- Erfordert keine besondere Fachkenntnis
- Gehört zur Grundpflege
- Leistungspflicht der Pflegekassen bei Pflegebedürftigkeit i. S. d. § 14 SGB XI
- Wird bei Feststellung des Pflegebedarfs im Zusammenhang mit der Pflegebedürftigkeitsbegutachtung berücksichtigt
- Keine Pflegebedürftigkeit i. S. d. § 14 SGB XI: Anspruch gem. § 37 Abs. 2 SGB V, wenn keine im Haushalt lebende Person diese Leistungen übernehmen kann

Qualifizierte Behandlungspflege
- Einsatz von Fachkräften des Gesundheitswesens erforderlich
- Keine Berücksichtigung bei Pflegebedarf i. S. d. § 14 SGB XI
- Leistungspflicht der Krankenkassen (außerhalb von stationären Einrichtungen)

Krankenkassen auch untersagt, Leistungen der Häuslichen Krankenpflege mit der Begründung abzulehnen, es seien ja in der näheren Umgebung oder im Haushalt der Patientin genügend Personen, die die Aufgaben, die sonst von der Sozialstation erbracht werden müssten, wahrnehmen könnten[24]. Die Krankenkassen haben in den letzten Jahren versucht, ihre Ausgaben im Bereich der Häuslichen

---

24 Vgl. hierzu: Plantholz, Ludwig, § 37 Abs. 3 SGB V – ein Nebenschauplatz der Häuslichen Krankenpflege in: Pflegerecht 1999 (8-9), S. 198 – 205; BSG, Urt. v. 30. März 2000, Az. B 3 KR 23/99

Krankenpflege einzugrenzen und haben strenge Voraussetzungen für die Verordnung häuslicher Krankenpflege formuliert. Dies hat u. a. dazu geführt, dass Sozialstationen mehr Aufgaben im Bereich der Pflegeversicherung übernehmen. Die restriktive Praxis der Krankenkassen steht in einem gewissen Widerspruch zu den Bemühungen, möglichst viele Krankenversicherungsleistungen ambulant und nicht stationär zu erbringen.

Auch examinierte Altenpflegekräfte können Leistungen der Häuslichen Krankenpflege erbringen – sowohl im Bereich Grundpflege als auch im Bereich der qualifizierten Behandlungspflege – entsprechende Qualifikation vorausgesetzt.[25]

Altenpflegekräfte in der Häuslichen Krankenpflege

Nach Verabschiedung des Altenpflegegesetzes müssen entsprechend qualifizierte Altenpflegekräfte auch in der häuslichen Krankenpflege von den Krankenkassen anerkannt werden. Dies geschieht aber nicht überall. Insbesondere sehen die Verträge auf Landesebene zum Teil weiterhin verbindlich den Einsatz von Krankenpflegefachkräften vor. Dies wird unter anderem damit begründet, dass sie durch ihre in der Regel auch klinische Ausbildung über mehr Erfahrung im Bereich der Behandlungspflege verfügen. Hier ist zu differenzieren: Die typischerweise von einem Pflegedienst zu erbringenden behandlungspflegerischen Leistungen können auch von einer Altenpflegekraft erbracht werden. Bei entsprechender Qualifikation für die Leitung eines Pflegedienstes oder als verantwortliche Pflegefachkraft wird man Altenpflegefachkräften auch Leitungsfunktionen im Bereich der häuslichen Krankenpflege übertragen können. Bei Spezialdiensten, etwa Diensten, die beatmungspflichtige Patienten versorgen, kann ein besonderes Qualifikationsprofil von den Krankenkassen verlangt werden.

Selbstbeschaffte Pflegekraft

Versicherten können auch von den Kassen die Kosten für eine selbstbeschaffte Pflegekraft erstattet werden, wenn hierfür ein besonderer Grund vorliegt (§ 37 Abs. 4 SGB V), etwa, wenn die Krankenkasse nicht in der Lage ist, eine Fachkraft zu stellen oder

---

25 Vgl. ausführlich: Klie, Durchbruch in Sicht?, Altenpflege 1996, S. 610 ff., vgl. auch BSGE 50, 73

nicht ausreichend ambulante Dienste vor Ort verfügbar sind[26]. Hier kann – anders als bei der Haushaltshilfe gem. § 38 SGB V – auch ein Familienangehöriger als »selbstbeschaffte Pflegekraft« fungieren und eine angemessene Kostenerstattung verlangen.[27]

In jedem Fall bedarf es für die Gewährung häuslicher Krankenpflege einer ärztlichen Verordnung. Der behandelnde Arzt muss auf der Verordnung genau angeben, welche Hilfen erforderlich sind. Aufgrund der in der Tat recht komplizierten Rechtslage sind die Ärzte nicht immer umfassend informiert. Hinweise von Pflegekräften können durchaus angebracht sein. Auch die Versicherten können bei der Kasse direkt einen Antrag stellen.

Verordnung der Ärzte

Die Vergütung der häuslichen Krankenpflege durch die Kassen an Pflegedienste ist von Bundesland zu Bundesland recht unterschiedlich. Sie wird in Versorgungsverträgen zwischen Krankenkassen und ambulanten Diensten bzw. Wohlfahrtsverbänden oder selbständigen Pflegekräften ausgehandelt, § 132a SGB V.

Vergütung

Im Rahmen der häuslichen Krankenpflege ist auch der besonderen Belange psychisch Kranker Rechnung zu tragen. Hier sind im Rahmen der Pflege nicht so sehr körperliche Pflegemaßnahmen erforderlich, sondern Hilfen bei der Tagesstrukturierung, Erinnerung an Medikamenteneinnahme etc. Die neuen Richtlinien zur psychiatrischen häuslichen Krankenpflege[28] anerkennen zumindest die häusliche Krankenpflege für psychisch Kranke als Regelleistung, schränken allerdings den Leistungsumfang wiederum deutlich ein.

Psychiatrische Pflege

(9) Soziotherapie

Im Jahre 2000 wurde eine Leistung eingeführt, die sich an Menschen mit schwerer psychischer Erkrankung richtet. Sie haben unter ähnlichen Voraussetzungen Anspruch auf Soziotherapie wie sie für die Häusliche Krankenpflege formuliert wurden, § 37 a SGB V. Zu den Leistungen der Soziotherapie gehört die Anleitung von psychisch

---

26 BSG FEVS Bd. 29 S. 72
27 So: BSG BKK 1977, S. 88.
28 Vgl. www.g-ba.de/cms/upload/pdf/abs5/ beschluesse/2005-02-15-Psychiatrisch-Begruendung.pdf

Kranken im »Alltagsmanagement«, in der Einnahme von Medikamenten, im Aufbau sozialer Kontakte. Gerade bei Patienten, die an Depressionen leiden, gehört die Motivation und die Bemühung um soziale Integration dazu. Auf Leistungen der Soziotherapie besteht ein Anspruch von max. 120 Stunden innerhalb von drei Jahren. An sich kommt die Soziotherapie auch für psychisch kranke ältere Menschen und für Demenzkranke in Betracht. Leider schließen die Richtlinien des gemeinsamen Bundesausschusses jedoch die Leistungen insbesondere für Demenzkranke weitgehend aus.[29]

Wiederholungsfragen
1. Unter welchen zwei Voraussetzungen kann Grundpflege im Rahmen der häuslichen Krankenpflege von den Kassen gezahlt werden?
2. Wird Behandlungspflege immer von den Krankenkassen übernommen?
3. Können auch AltenpflegerInnen in der häuslichen Krankenpflege eingesetzt werden?

(10) Spezialisierte ambulante Palliativversorgung SAPV

Seit 2007 haben Versicherte einen Anspruch auf spezialisierte ambulante Palliativversorgung gemäß § 37b SGB V. Versicherte mit einer nicht heilbaren fortschreitenden und weit fortgeschrittenen Erkrankung bei einer zugleich begrenzten Lebenserwartung, die eine besonders aufwendige Versorgung benötigen, haben Anspruch auf die besondere ambulante Palliativversorgung. Sie umfasst ärztliche und pflegerische Leistungen, einschließlich ihrer Koordination insbesondere zur Schmerztherapie und Symptomkontrolle und zielt darauf ab, die Betreuung des Versicherten in der vertrauten, häuslichen Umgebung zu ermöglichen. Die Leistungen werden von so genannten »Palliativ Care Teams« erbracht, und dies bei Bedarf rund um die Uhr. Die Leistungen sind primär medizinisch ausgerichtet und umfassen die Befreiung von Schmerzen und die Linderung anderer

---
29 Vgl. www.g-ba.de/cms/upload/pdf/richtlinien/ RL_Sozio.pdf

belastender Symptome wie Luftnot, Übelkeit oder Erbrechen. Die darüber hinaus gehenden Begleitleistungen, z.B. Sterbebegleitung, Begleitung der Angehörigen, Seelsorge, gehören nicht unmittelbar zum Leistungsanspruch und sind weiterhin ergänzend, etwa durch ambulante Hospizdienste (siehe S. 283) zu erbringen[30]. Die Mitglieder eines multiprofessionellen Palliativ Care Teams müssen über besondere Qualifikationen verfügen: Die Ärzte über die Zusatzweiterbildung »Palliativ Medizin«, die Pflegefachkräfte eine Palliativ Care Weiterbildungsmaßnahme. Einen Anspruch auf spezialisierte ambulante Palliativversorgung besteht auch für Heimbewohnerinnen und Heimbewohner, § 37b SGB V.[31]

(11) Haushaltshilfe

Für den Zeitraum, in dem pflegende Angehörige auf Kur oder im Krankenhaus sind, können die Krankenkassen in ihren Satzungen vorsehen, dass den Pflegebedürftigen, die auf diese Weise unversorgt sind, Haushaltshilfe gewährt wird, § 38 SGB V. Auf diese Weise soll eine »Fremdunterbringung«, etwa im Krankenhaus oder Heim, verhindert werden. Haushaltshilfe kann für Alleinstehende auch neben häuslicher Krankenpflege gewährt werden.

(12) Fahrtkosten

Die Krankenkasse übernimmt Kosten für Fahrten und Transporte der Patienten, wenn sie im Zusammenhang mit einer Leistung aus zwingenden medizinischen Gründen notwendig sind. Hier haben die Versicherten jedoch einen Anteil jeweils selbst zu tragen, § 60 SGB V. Fahrten zu ambulanten Behandlungen werden nur in besonderen Ausnahmefällen übernommen, z. B. für die Dialysebehandlung, zur onkologischen Strahlentherapie oder Chemotherapie. Für Patienten, die in ihrer Mobilität schwer eingeschränkt sind, werden Fahrtkosten ebenfalls übernommen, sofern die Erforderlichkeit

Arztbesuch

---

30 Der G-BA hat eine Richtlinie zur spezialisierten ambulanten Palliativversorgung erlassen, die zum 12. März 2008 in Kraft getreten ist.
31 Vgl. Böhme, Hans Zum Zustand der Palliativversorgung und der Versorgung Demenzerkrankter. In: PKR 2008 S. 57ff. München, Friedrich Neue Versorgungsformern – spezialisierte ambulante Palliativversorgung. Pflegerecht 2007 S. 561-564

nachgewiesen werden kann. In der Praxis stellt der Arzt dann einen so genannten Taxischein aus.

(13) Härtefälle

Fall 113:
Im Heim Waldfrieden werden die Zuzahlungen für Arzneimittel, die die Heimbewohner entrichten müssen, vom Barbetrag der Bewohner gezahlt.

Zuzahlungen

Von den Zahlungsverpflichtungen, etwa bei Arznei- und Heilmitteln, hat die Krankenkasse den Versicherten von der Zuzahlungspflicht zu befreien, wenn diese ihn unzumutbar belasten würde, § 62 SGB V. Die Zuzahlungsverpflichtung entfällt für das jeweilige Kalenderjahr, sobald die Versicherten mehr als 2 %, bei chronisch Kranken mehr als 1 % ihres Bruttoeinkommens für die Zuzahlungen aufgewendet haben. Unter Vorlage entsprechender Belege können sie dann die Befreiung von den Zuzahlungen bei den Krankenkassen gemäß § 62 beantragen. Für Sozialhilfeempfänger übernimmt gemäß § 35 Abs. 3 – 5 SGB XII der Träger der Sozialhilfe die jeweils bis zur Belastungsgrenze gemäß § 62 SGB V zu leistenden Zuzahlungen in Form eines Darlehens. Die Auszahlung der für das ganze Kalenderjahr zu leistenden Zuzahlungen erfolgt unmittelbar an die zuständige Krankenkasse zum 01. Januar eines Jahres beziehungsweise bei Aufnahme in eine stationäre Einrichtung. Durch diese 2005 eingeführte Regelung können insbesondere Heimbewohner, die ergänzende Sozialhilfe beziehen, von einer Verauslagung der Zuzahlungen befreit und das Heim von einem erheblichen Verwaltungsaufwand entlastet werden. Wichtig ist es, dass sozialhilfeberechtigte Heimbewohner über ihre Krankenkasse einen Freistellungsbescheid erhalten. Nicht sozialhilfeberechtigte Personen müssen weiterhin die Belege sammeln, gegebenenfalls nachweisen, dass sie zu den chronisch Kranken gehören, bei denen die Belastungsgrenze bei 1 % ihres Jahreseinkommens liegt. Sie müssen die Zuzahlungen auslegen und erhalten sie gegebenenfalls (teilweise) zurück.

Wiederholungsfragen

1. Für welche Leistungen der Krankenversicherung gibt es Härtefallregelungen für Zuzahlungsverpflichtungen der Versicherten?
2. Müssen Heimbewohner, die ergänzende Sozialhilfe beziehen, Zuzahlungen zu Arzneimitteln leisten?

d) Reformen

(1) Integrierte Versorgung

Ebenfalls seit 2000 eröffnet das Krankenversicherungsrecht die Möglichkeit, dass für bestimmte Patientengruppen Ärzte sich mit Therapeuten und ggf. auch ambulanten Pflegediensten zusammenschließen, um ihre Behandlung und Versorgung »integriert« zu leisten. Ein verbreitetes Problem besteht darin, dass die Kommunikation und Koordination von ärztlicher Versorgung, Tätigwerden

Der Raum von Möglichkeiten in der Integrierten Versorgung nach §§ 140 a ff. SGB V

von Ergo- und Physiotherapeuten und ambulanten Pflegediensten nicht gut funktioniert. Durch das Konzept der integrierten Versorgung gemäß §§ 104 a ff. SGB V soll die Kooperation der Beteiligten verbessert werden. Sog. »Praxisnetzwerke« erhalten für bestimmte Patientengruppen ein Budget und haben mit diesem Budget, das unter den beteiligten Kooperationspartnern zu verteilen ist, für eine gute und erfolgreiche Behandlung geradezustehen.[32]

Über die Integrierte Versorgung hinaus sehen die Gesundheitsreformgesetze auch die Einführung von sogenannten Disease-Management-Programmen vor, in denen für Patienten mit einer bestimmten Erkrankung strukturierte Behandlungspläne zur Grundlage der Heilbehandlung gemacht werden und auch eine ärztliche Versorgung durch besonders zuzulassende medizinische Versorgungszentren statt durch Hausärzte sichergestellt werden.

4. Rentenversicherung

Rentenreform

Die Rentenreform war ein bestimmendes Thema der sozialpolitischen Diskussionen der letzten Jahre. Wie können die Renten für die Zukunft gesichert und der Generationenvertrag für die Zukunft erneuert werden? Das deutsche Rentensystem beruht darauf, dass die heute Arbeitenden für diejenigen, die in der Vergangenheit Rentenansprüche erworben haben, die Renten finanzieren. Dabei geht das Konzept der Rentenversicherung davon aus, dass auch in der Zukunft genügend Menschen im erwerbsfähigen Alter vorhanden sind, um die Renten der zahlenmäßig zunehmenden Älteren zu erwirtschaften. Die sog. »Alterslastquote«[33] wird im Jahre 2050 in etwa aussagen, dass ein Erwerbsfähiger die Rente eines Rentners oder einer Rentnerin zu erwirtschaften hat. Das kann nicht gut gehen und von daher ist eine recht grundsätzliche Reform der deutschen Rentenversicherung notwendig – vor allem auch in Gedanken an

---

32 Vgl. Greuél Marius, Neue Steuerungsansätze im Gesundheitswesen durch integrierte Versorgung, BtMan 1/2005, S.10-14
33 d. h. das Verhältnis von im Erwerbsleben stehenden Menschen zu den Rentnern

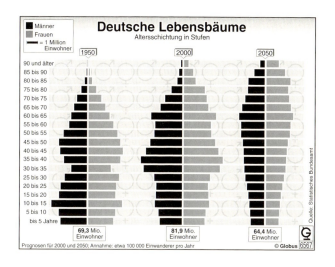

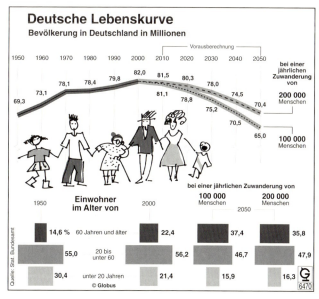

die nachfolgenden Generationen. 2001 wurde eine Rentenreform verabschiedet, die z. T. grundlegende Neuerungen einführte, etwa die Riesterrente.

a) Formen der Alterssicherung

In der Bundesrepublik gibt es – anders als in anderen Ländern wie etwa den Niederlanden – keine einkommensunabhängige Grundsicherung für Menschen im Rentenalter. Es haben sich vielmehr verschiedene Formen der Alterssicherung entwickelt bzw. erhalten. Welche Alterssicherung für einen alten Menschen eintritt, hängt wesentlich davon ab, welchen Beruf er vorher gehabt hat. Landwirte und Bergleute z. B. verfügen über eine eigenständige Alterssicherung, die in besonderer Weise aus staatlichen Mitteln bezuschusst wird. Freiberufliche verfügen über eine berufsständische Alterssicherung, haben aber auch Zugang zur gesetzlichen Rentenversicherung. Daneben gewinnen immer mehr Lebensversicherungen an Bedeutung. 38 % der Haushalte in Deutschland haben eine Lebensversicherung. Demgegenüber spielt die früher in bürgerlichen Kreisen wichtige Sicherung über Vermietung und Verpachtung nur noch eine recht geringe Rolle. Der größte Teil der BürgerInnen in der Bundesrepublik ist Mitglied in einer der gesetzlichen Rentenversicherungen. Die Alterssicherung der Beamten ist gesondert als Beamtenversorgung geregelt. Zusätzlich zu einer »Basissicherung« existieren betriebliche Altersrenten sowie Zusatzversorgungen im öffentlichen Dienst. Das vorstehende Schaubild vermittelt einen Überblick über die Alterssicherung in der Bundesrepublik.

Forciert wird die zusätzliche Eigenvorsorge, die durch die Rentenreform 2001 in das Konzept der Rentenversicherung integriert wurde (z. B. durch die sog.»Riester«-Rente).

Im Folgenden soll lediglich auf die gesetzliche Rentenversicherung eingegangen werden, die für die meisten älteren Menschen die Grundlage ihrer finanziellen Alterssicherung darstellt. Im Hinblick auf den hohen Anteil von Frauen unter den älteren Menschen wird ihre (problematische) Alterssicherung besonders zu beleuchten sein.

b) Die gesetzliche Rentenversicherung

Die gesetzliche Rentenversicherung schützt die Versicherten vor dem Risiko eines vorzeitigen, krankheitsbedingten Verlustes oder einer wesentlichen Beeinträchtigung ihrer Erwerbstätigkeit und sichert ihnen ein Einkommen im Alter. In Erfüllung dieser Aufgaben gewährt sie Leistungen der medizinischen und beruflichen Rehabilitation, wenn hierdurch die Erwerbsfähigkeit wesentlich gebessert oder wiederhergestellt werden kann, Renten bei Erwerbsminderung, Altersruhegeld und Hinterbliebenenrente.

Wie auch sonst in der Sozialversicherung gibt es in der Rentenversicherung zwei Arten von Versicherten: Pflichtversicherte und freiwillig Versicherte.

Versicherte

Pflichtversichert ist man als Arbeiter und in der Regel als Angestellter. Auch verschiedene Gruppen von Selbständigen sind – wegen ihrer besonderen Schutzbedürftigkeit – pflichtversichert, z. B. Hausgewerbetreibende und Heimarbeiter. Andere Selbständige, z. B. Ärzte, Rechtsanwälte, Einzelhändler, können auch »pflichtversichert« sein, wobei allerdings die Aufnahme in die Pflichtversicherung von einem besonderen Antrag abhängt.

Von der Versicherungspflicht gibt es eine Reihe von Ausnahmen. Seit 1999 müssen auch geringfügig Beschäftigte Beiträge zur Rentenversicherung abführen. »Erziehungspersonen« (faktisch in der Regel Frauen) erhalten für Kindererziehungszeiten Rentenanwartschaften und durch die Rentenreform 2001 sog. »rentenrechtliche Gutschriften von Entgeltpunkten«, wenn sie nach Auslaufen der Kindererziehungszeit bei 2 und mehr Kindern keine Teilzeitbeschäftigung aufnehmen konnten.

Träger der gesetzlichen Rentenversicherungen sind im Wesentlichen die Deutsche Rentenversicherung Bund (früher Bundesversicherungsanstalt für Angestellte [BfA]), die Deutsche Rentenversicherung Land (früher Landesversicherungsanstalt [LVA]), die Knappschaftsversicherung für die Beschäftigten des Bergbaus, die Handwerkerversicherung für alle selbständigen Handwerker und die Altershilfe für Landwirte. Für die meisten Versicherungsträger bzw.

Versicherungsträger

Versicherungszweige gilt nunmehr einheitlich das SGB VI (Deutsche Rentenversicherung Bund und Land, Bundesknappschaft, gesondert geregelt bleibt die Altershilfe für Landwirte [GAL]).

Pflichtbeiträge   Die Pflichtbeiträge für die versicherungspflichtigen Beschäftigten sind i. d. R. vom Arbeitgeber zu entrichten. Sie werden von der zuständigen gesetzlichen Krankenkasse zusammen mit den Beiträgen für die gesetzliche Krankenversicherung und die Arbeitslosenversicherung als sog. Gesamtsozialversicherungsbeiträge eingezogen. Der Versicherte trägt i. d. R. die Hälfte des Beitrags selbst und muss sich die auf ihn entfallende Beitragshälfte von seinem Barlohn abziehen lassen. Beitragssatz 2006: 19,5 %.

Leistungen Rehabilitation   1. Ebenso wie die Kranken- und Unfallversicherung ist auch die Rentenversicherung verpflichtet, ihren Versicherten Rehabilitationsleistungen zu gewähren (§§ 9 ff. SGB VI). Dabei handelt es sich sowohl um medizinische als auch um berufsfördernde – z. B. für Ausbildung, Umschulung sowie Anpassung und Erweiterung beruflicher Kenntnisse (Weiterbildung) – Leistungen.

»Frührente«   2. Die Rentenversicherung sichert die Beschäftigten sowohl bei vorzeitigem als auch bei altersbedingtem Ausscheiden aus dem Erwerbsleben. Der Arbeitnehmer, der bereits vorzeitig wegen Krankheit oder Unfallfolgen seinen Beruf aufgeben oder sogar ganz aus dem Erwerbsleben ausscheiden muss, kann Rente erhalten.

Fall 114:

Die Altenpflegerin Monika hat durch das langjährige Heben und Tragen in der Pflege eine »bandscheibenbedingte Erkrankung der Lendenwirbelsäule« erlitten. Sie kann daher den Beruf der Altenpflegerin nicht mehr ausüben.

Erwerbsminderungsrente   Die sog. Berufsunfähigkeitsrente wurde 2001 abgeschafft. An ihre und an die Stelle der Erwerbsunfähigkeitsrente trat die sog. Erwerbsminderungsrente. Die Rente wegen voller Erwerbsminderung erhält der Versicherte, der auf absehbare Zeit nicht mehr in der Lage ist mindestens 3 Stunden täglich zu arbeiten – unter der Voraussetzung, dass die sog. kleine Wartezeit (5 Jahre, s. u.) erfüllt ist. Die Rente wegen teilweiser Erwerbsminderung erhält der Versicherte, wenn er mehr als 3 jedoch höchstens 6 Stunden täglich arbeiten kann. Dabei ist jede denkbare Beschäftigung zu berücksichtigen, d. h. der Antragsteller muss sich grundsätzlich auf den gesamten Arbeitsmarkt verweisen lassen, also auch auf eine weniger angesehene oder schlechter bezahlte Arbeit, soweit sie ihm zuzumuten ist.

3. Die Regelaltersrente wird nach Erreichen der Altersgrenze gewährt (§ 25 SGB VI).

Altersrente

- Als Grundfall gilt immer noch die Vollendung des 65. Lebensjahres; in diesem Fall wird die Altersrente ohne besondere Voraussetzungen gewährt. Die vor Vollendung dieses Lebensalters eingetretenen Versicherungsfälle sind an zusätzliche Voraussetzungen geknüpft:
- Die Altersrente für langjährig Versicherte wird unter bestimmten Voraussetzungen Versicherten gewährt, die vor 1948 geboren sind und das 63. Lebensjahr vollendet haben. Die Altersgrenze wurde auf das 65. Lebensjahr angehoben, so dass mit Abschlägen gerechnet werden muss bei Inanspruchnahme vor Vollendung des 65. Lebensjahres. Bei ab November 1949 geborenen Versicherten gilt die Altersgrenze von 62. Lebensjahren,[34]
- für Schwerbehinderte und Berufs- oder Erwerbsunfähigkeitsrentner kann unter gewissen Voraussetzungen nach Vollendung des 60. Lebensjahres Altersrente gewährt werden, wenn bei Beginn der Rente eine Schwerbehinderung (Grad der Behinderung mindestens 50) oder eine Berufs- oder Erwerbsunfähigkeit nach dem am 31.12.2000 geltenden Recht vorliegt. Die Altersgrenze wurde stufenweise auf das 63. Lebensjahr angehoben. Vor Vollendung des 63. Lebensjahres gibt es Rentenab-

---

34 Für Versicherte, die in dem Zeitraum Januar 1948 bis Oktober 1949 geboren wurden, besteht eine Übergangsregelung. Für diese Jahrgänge wird die frühestmögliche Inanspruchnahme dieser Altersrente stufenweise vom 63. Lebensjahr auf das 62. Lebensjahr gesenkt.

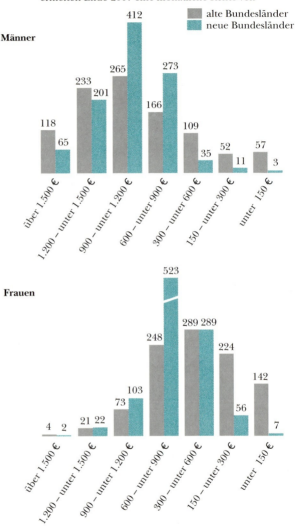

Große und kleine Renten

Von je 1.000 Rentnerinnen und Rentnern in Deutschland erhielten Ende 2007 eine monatliche Rente von

Daten entnommen aus: Rentenversicherung in Zahlen 2007, Hrsg.: Deutsche Rentenversicherung Bund 2007 (rundungsbedingte Differenzen). Umfangreiche und regelmäßig aktualisierte Daten zum Thema Rente finden Sie unter www.deutsche-rentenversicherung-bund.de

schläge. Vor dem 16.11.1950 Geborene, die 16.11.2000 schwerbehindert, berufs- oder erwerbsunfähig waren, genießen Vertrauensschutz und sind von der Anhebung der Altersgrenze für Schwerbehinderte nicht betroffen. Sie können die Altersrente für schwerbehinderte Menschen wie bisher nach Vollendung des 60. Lebensjahres ohne Rentenabschläge beanspruchen.

- Arbeitslose konnten früher nach Vollendung des 60. Lebensjahres unter gewissen Voraussetzungen vorgezogenes Altersruhegeld erhalten. Ab dem Jahr 2006 wurde für Versicherte der Geburtsjahrgänge 1946 bis 1951 die Altersgrenze für die vorzeitige Inanspruchnahme in Monatsschritten auf das 63. Lebensjahr angehoben. Bei Inanspruchnahme vor Vollendung des 65. Lebensjahres muss mit Rentenabschlägen gerechnet werden,
- Frauen, die vor 1952 geboren wurden, erhalten mit dem 60. Lebensjahr die Altersrente, wenn sie nach Vollendung des 40. Lebensjahres mehr als 10 Jahre mit Pflichtbeitragszeiten zurückgelegt haben und die Wartezeit von 15 Jahren erfüllen. Die Altersgrenze wird für Versicherte der Geburtsjahrgänge ab 1940 stufenweise auf das 65. Lebensjahr angehoben. Bei Inanspruchnahme vor Vollendung des 65. Lebensjahres ist deshalb mit Rentenabschlägen zu rechnen.

4. Auch Hinterbliebene erhalten Renten aus der Rentenversicherung, wobei der Tod des Versicherten folgende Leistungen auslöst: Witwen-, Witwer-, Voll- und Halbwaisen- und die sog. Erziehungsrente (§§ 46 ff. SGB VI).

Hinterbliebenenrente

Voraussetzung für die Rentengewährung ist in jedem Fall die Erfüllung einer bestimmten Wartezeit. D. h. es müssen für eine bestimmte Anzahl von Monaten Beiträge entrichtet worden sein, damit überhaupt ein Leistungsanspruch entsteht. Im Allgemeinen – z. B. für Erwerbsminderungsrente – beträgt die Wartezeit 60 Kalendermonate (kleine Wartezeit). Für das Altersruhegeld ist zu unterscheiden: Die Wartezeit für alle »vorgezogenen Altersruhegelder« beträgt 35

Wartezeit

Jahre, die Wartezeit für das Altersruhegeld ab 65 Jahre 60 Monate.

Erfüllt werden kann diese Wartezeit i. d. R. mit folgenden Zeiten:
- Beitragszeiten (Pflicht- und freiwillige Beiträge),
- Kindererziehungszeiten,
- Zeiten aus dem Versorgungsausgleich und dem Rentensplitting unter Ehegatten oder unter Lebenspartnern,
- Zeiten geringfügiger Beschäftigung mit Beitragszahlung des Arbeitnehmers,
- Zuschläge an Entgeltpunkten für Arbeitsentgelt aus geringfügiger versicherungsfreier Beschäftigung,
- Ersatzzeiten (zum Beispiel Flucht, politische Haft in der DDR).

Pflegezeiten

Das Pflegeversicherungsgesetz sieht vor, dass Zeiten der nicht erwerbsmäßigen häuslichen Pflege als Pflichtbeitragszeiten in der gesetzlichen Rentenversicherung anerkannt werden, siehe S. 331.

Höhe der Renten

Während in anderen Staaten Einheits- oder Mindestrenten gezahlt werden, erfolgt in der Bundesrepublik eine individuelle Rentenberechnung.

Die Rentenberechnung erfolgt nach einer recht komplizierten Formel. Auf der einen Seite werden persönliche Faktoren berücksichtigt: Höhe des Einkommens, Dauer der Versicherungszeit. Sie werden in Beziehung gesetzt zum Durchschnittsverdienst aller ArbeitnehmerInnen und zur Regelaltersgrenze. Im Einzelnen wird die monatliche Bruttorente nach folgender Formel berechnet:

Monatsbruttorente = Zugangsfaktor
× Entgeltpunkte
× Rentenfaktor
× aktueller Rentenwert

Zugangsfaktor

Der Zugangsfaktor beträgt bei Inanspruchnahme der Regelaltersgrenze von 65 Jahren 1.0, pro Monat vorzeitigen Rentenbezugs wird er jedoch um 0.003 Punkte gekürzt. Diejenigen, die früher in Rente gehen, müssen mit Rentenabschlägen rechnen.

Dauer der versicherungspflichtigen Beschäftigung und Einkommenshöhe werden bei den Entgeltpunkten berücksichtigt. Für ein Jahr versicherungspflichtige Beschäftigung zum Durchschnittsverdienst gibt es 1.0 Entgeltpunkte.

Entgeltpunkte

Da, wie bisher auch, bei Erwerbsunfähigkeits-, Witwen- und anderen Renten nicht der »volle« Rentenanspruch besteht, drückt sich dies beim Rentenartfaktor aus. Bei Berufsunfähigkeitsrenten beispielsweise beträgt der Rentenartfaktor 0.6667.

Rentenartfaktor

Die jährliche Anpassung des aktuellen Rentenwerts richtet sich seit 1992 nach der Entwicklung der verfügbaren Arbeitnehmereinkommen. Der aktuelle Rentenwert betrug beispielsweise im zweiten Halbjahr 2008 26,56 € (Ost: 23,34 €): ein Jahr Beschäftigung zum Durchschnittsverdienst = monatlicher Rentenanspruch 26,56 €.

Aktuelle Rentenwerte

Ein Standardrentner mit 40 Versicherungsjahren und Rentenzugang bei Erreichen der Regelaltersgrenze von 65 Jahren würde nach der neuen Rentenformel folgende Rente erhalten:

1.0 × 40 × 1.0 × 26,56 = 1.062,40 €

Abzüglich des Krankenversicherungsbeitrags für Rentner von 15,5 % (bei Pflichtversicherten die Hälfte) und 1,95 % Pflegeversicherungsbeitrag (für Personen mit Kindern) ergäbe dies eine Nettomonatsrente von 877,01 €.

Um Rentner von der Sozialhilfe unabhängig werden zu lassen, wurde im Zusammenhang mit der Rentenreform eine Grundsicherung im Alter und bei Erwerbsminderung eingeführt, die älteren, aber auch behinderten Menschen, die erwerbsgemindert sind, ein existenzsicherndes Einkommen garantieren soll.

Grundsicherung für einkommensschwache Rentner

Wiederholungsfragen
1. Welche Aufgaben kommen der Rentenversicherung zu?
2. Ab welchem Alter wird Altersruhegeld gezahlt?
3. Welche Faktoren sind für die Höhe der Renten maßgeblich?

5. Pflegeversicherung

a) Zur Geschichte

Nach fast 20jähriger Diskussion wurde im April 1994 das Pflegeversicherungsgesetz verabschiedet und die Pflegeversicherung als fünfte Säule der gesetzlichen Sozialversicherung eingeführt. Damit wurde die Pflegesicherung auf das Niveau der Sozialversicherung »gehoben«, wenngleich die Pflegeversicherung nicht für sich in Anspruch nehmen kann, den gesamten Bedarf bei Pflegebedürftigkeit zu decken. So wurde die Pflegeversicherung von verschiedenen Seiten auch stark kritisiert: Sie verschlechtere die Situation für Behinderte, sie begünstige diejenigen, die über ein gutes Einkommen verfügen, sie verteuere die Pflegeleistungen für die Betroffenen und werde viele Pflegeabhängige in der Abhängigkeit zur Sozialhilfe belassen. Sogar verfassungsrechtliche Bedenken werden geäußert: Die Pflegeversicherung verstoße auf der »Finanzierungsseite« gegen Art. 6 und 3 Grundgesetz, da sie Familien mit Kindern durch die Beiträge ungerechtfertigt belaste: Sie müssten sowohl für die Kindererziehung aufkommen als auch Pflegeversicherungsbeiträge zahlen. Die öffentliche Diskussion kreiste lange um die Frage, welcher Feiertag für die Finanzierung der Pflegeversicherung geopfert werden sollte.

Inzwischen, gut fünfzehn Jahre nach Einführung der Pflegeversicherung, ist die Pflegeversicherung zu einem festen Bestandteil der sozialen Sicherung für ältere Menschen geworden und hat wesentlichen Einfluss auf die Rahmenbedingungen der Altenpflege.

Im Jahr 2008 wurde das Pflegeweiterentwicklungsgesetz verabschiedet. Es sieht sowohl die Erhöhung von Leistungen insbesondere im ambulanten Bereich und in der Tagespflege vor, als auch Leistungserweiterungen, insbesondere für Menschen mit Demenz.

Kritik

b) Grundsätze und Ziele der Pflegeversicherung

Durch die Pflegeversicherung soll das Ziel verfolgt werden, Pflegebedürftigen zu helfen, trotz ihres Hilfebedarfs ein möglichst selbstständiges und selbstbestimmtes Leben zu führen, das der Würde des Menschen entspricht. Die Hilfen sind darauf auszurichten, die körperlichen, geistigen und seelischen Kräfte des Pflegebedürftigen wiederzugewinnen und/oder zu erhalten. Mit diesen Zielen sind wichtige ethische Grundaussagen verbindlich niedergelegt worden. An den Zielen haben sich alle Pflegedienste und Einrichtungen, aber auch die Pflegekräfte in der Durchführung der Pflege zu orientieren. Darüber hinaus wird festgelegt, dass die Leistungen nach dem allgemein anerkannten Stand medizinisch-pflegerischer Erkenntnisse erbracht werden. Damit findet sich ausdrücklich eine Standardanknüpfung im Gesetz: Die Pflegeleistungen müssen nach dem »allgemein anerkannten Stand« der Pflegewissenschaft erbracht werden. *Standards*

Das Prinzip der aktivierenden Pflege soll bei allen Pflegeleistungen beachtet werden. Auf diese Weise sollen vorhandene Fähigkeiten erhalten und, soweit dies möglich ist, verlorene Fähigkeiten zurückgewonnen werden. Schließlich wird besonderer Wert auf die kommunikativen Bedürfnisse des Pflegebedürftigen gelegt, wenngleich diese bei der Feststellung der Pflegebedürftigkeit nicht zur Erhöhung des Pflegestufe führen. *Aktivierende Pflege*

Schließlich sollen »in gemeinsamer Verantwortung« alle an der Umsetzung des Pflegeversicherungsgesetzes Beteiligten (die Pflegekräfte, die Dienste und Einrichtungen, die Pflegekassen etc.) darauf hinwirken, dass Familienangehörige, Nachbarn und andere BürgerInnen sich freiwillig und ehrenamtlich an der Hilfe für pflegeabhängige Menschen beteiligen, § 8 SGB XI. Von der Förderung einer »neuen Kultur des Helfens« spricht das Pflegeversicherungsgesetz: Gegenseitige Hilfe soll als ein wichtiger Wert im Zusammenleben erscheinen und als solcher gewürdigt und gefördert werden. *Neue Kultur des Helfens*

Als weitere Grundsätze legt das Pflegeversicherungsgesetz fest:

Wunsch- und Wahlrecht
- Die Pflegebedürftigen haben ein Wunsch- und Wahlrecht hinsichtlich der Art ihrer Versorgung und der Pflegedienste, die sie wünschen.

Vorrang ambulant vor stationär
- Der häuslichen Pflege wird Vorrang eingeräumt vor der stationären, d. h. Pflegebedürftige »können« und »dürfen« erst dann in ein Heim ziehen, wenn die ambulante und teilstationäre Pflege nicht mehr ausreicht.

Rehabilitation vor Pflege
- »Rehabilitation geht vor Pflege«, d. h. bevor Pflegeleistungen in Betracht gezogen werden, müssen auch neben ihnen bei Bedarf Leistungen der medizinischen Rehabilitation erbracht werden.

Eigenverantwortung
- Der Pflegebedürftige soll daran mitwirken, dass seine Selbstständigkeit gewahrt bleibt, er soll also selbst den Grundsatz der Prävention und Rehabilitation vor Pflege beherzigen.

Teilkasko
Anders als etwa Leistungen nach dem Krankenversicherungsrecht wird im Rahmen der Pflegeversicherung nicht der gesamte pflegebedingte Bedarf gedeckt: Die Leistungen der Pflegeversicherung sind begrenzt und reichen grundsätzlich nicht aus, all das zu gewährleisten, was ein Pflegebedürftiger braucht, um fachlich und menschlich ausreichend versorgt zu sein. Der Gesetzgeber geht davon aus, dass Partner und Familienangehörige weiterhin einen Großteil der Pflegeleistungen erbringen werden und dass die Betroffenen Eigenmittel einsetzen, um zusätzliche Pflegeleistungen zu bezahlen.

Neben der sozial- und gesellschaftspolitischen Zielrichtung, die Partner und Familien nicht zu entpflichten, sind es im Wesentlichen finanzielle Hintergründe, die zu der Leistungsbegrenzung geführt haben: Die Beiträge zur gesetzlichen Pflegeversicherung sollen der Höhe nach begrenzt bleiben, damit die Lohnnebenkosten für die Arbeitnehmer nicht noch mehr steigen. Die Pflegekassen als die Leistungsträger der Pflegeversicherung dürfen nicht mehr »Geld« ausgeben als sie durch ihre Versicherten einnehmen. Um dies sicherzustellen, werden auf der einen Seite für die Leistungen Höchstbeträge festgelegt und auf der anderen Seite recht strenge

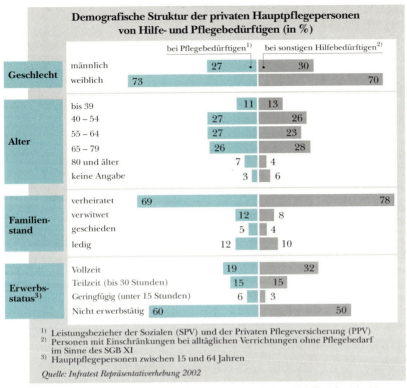

aus: Hilfe- und Pflegebedürftige in Privathaushalten in Deutschland 2002, Schnellbericht, Seite 20

Kriterien für die Feststellung der Pflegebedürftigkeit formuliert (Pflegebedürftigkeitsrichtlinien). Auf diese Weise soll der Grundsatz der Beitragssatzstabilität verfolgt werden: Die Beiträge zur Pflegeversicherung sollen in den nächsten Jahren nicht weiter steigen.

Die mit dem Gesetz verfolgten Ziele – Förderung der Selbstbestimmung, aktivierende Pflege etc. – stehen damit in einem Spannungsverhältnis zu den begrenzten Leistungen. Kritisch wird angemerkt, dass das Pflegeversicherungsgesetz nicht einlöse, was es verspricht.

Dabei ist zu berücksichtigen, dass die Pflegeversicherung ergänzende und entlastende Leistungen für i. W. von Angehörigen

Beitragssatzstabilität

> **Zur Diskussion**
>
> Gute Pflege zeigt sich gerade daran, inwieweit es ihr gelingt, Angehörige und engagierten Bürgern in die Betreuung und Pflege mit einzubeziehen – auch im Heim. Nur so können die Leistungsgrenzen der Pflegeversicherung ohne Qualitätseinbußen für die Bewohner überwunden werden.

erbrachte Pflege gewähren soll. Professionelle Pflege soll die von »Laien« geleistete Pflege unterstützen und einbeziehen, nicht aber vollständig ersetzen.[35]

Was ist gefährlich, was ist berechtigt an dieser Position – aus der Perspektive professioneller Pflege?

Wiederholungsfragen
1. Nennen Sie wichtige Ziele und Grundsätze der Pflegeversicherung.
2. Worauf bezieht sich die Kritik an der Pflegeversicherung?

c) Die gesetzlichen Grundlagen

Grundlage der Pflegeversicherung ist das Pflegeversicherungsgesetz (SGB XI), das am 01. Januar 1995 in Kraft getreten ist.

Wichtige Detailregelungen zur Pflegeversicherung finden sich in Rechtsverordnungen und Richtlinien, etwa Pflegebedürftigkeitsrichtlinien, sowie Vereinbarungen, etwa zur Qualität und Qualitätssicherung.

---

35 Siehe ausf. zum Konzept der Pflegeversicherung und ihrer Umsetzung: Klie; Schmidt, Die neue Pflege alter Menschen, Bern 1999; zum sog. »Pflegemix«: Klie, Die Zukunft der Pflege in: Dr. med. Mabuse 2001 (130), S. 51–56

SGB XI

Rechtsverordnungen (VO)

z. B. VO zu § 40: Pflegehilfsmittel und technische Hilfen

VO zu § 92: Landespflegeausschüsse

VO zu § 109: Statistikverordnung

Richtlinien (RL)

z. B. RL zu § 17: Pflegebedürftigkeitsrichtlinie

Vereinbarungen

z. B. Vereinbarungen zu § 75: Rahmenverträge

Vereinbarungen zu § 112: Qualität und Qualitätssicherung

d) Pflegebedürftigkeitsbegriff

Fall 115:
Herr Meier leidet an einer Demenz vom Alzheimer Typ. Er ist körperlich noch recht rüstig, verkennt aber zunehmend Situationen. So kauft er mehrmals täglich ein, oftmals die gleichen »Sachen«. Auch entkleidet er sich mehrmals am Tag, da er der Meinung ist, dass es nun »Abend« und Zubettgehenszeit sei. Er verkennt Personen: So hielt er neulich seine Tochter für seine Schwester. Seine ihn pflegende Frau hat den ganzen Tag mit ihm zu tun – weit über 5 Stunden.

Wer gilt nun als pflegebedürftig und hat Anspruch auf Leistungen nach dem SGB XI?

Das Gesetz enthält eine verbindliche Definition für die Pflegebedürftigkeit in § 14 SGB XI:

Pflegebedürftig sind Personen, die wegen einer körperlichen, geistigen oder seelischen Krankheit oder Behinderung für die gewöhnlichen oder regelmäßig wiederkehrenden Verrichtungen im Ablauf des täglichen Lebens auf Dauer, voraussichtlich für mindestens sechs Monate, in erheblichem oder höherem Maß der Hilfe bedürfen.

Definition

Verrichtungen

Rechtskunde, Thomas Klie; © Vincentz Network GmbH & Co. KG, Hannover 2009; ISBN 978-3-86630-081-1

Die Definition, die nur begrenzt pflegewissenschaftliche Erkenntnisse berücksichtigt, konzentriert sich auf folgende Aspekte:
- Voraussetzung ist das Vorliegen einer Krankheit oder Behinderung. Auf ihnen muss die Pflegebedürftigkeit beruhen. Pflegebedürftigkeit ist damit nicht etwas anderes als Krankheit oder Behinderung, sondern ein besonderer Bedarfszustand infolge von Krankheit und/oder Behinderung. Damit wird richtigerweise Abstand genommen von einem defizitären Bild von Altersgebrechlichkeit, wonach Pflegebedürftigkeit ein mit hohem Alter normalerweise verbundener Zustand sei. Zudem gilt: Da weiterhin ggf. eine behandlungsbedürftige Krankheit oder Behinderung vorliegt, kommen neben den Leistungen der Pflegeversicherung auch Leistungen der Krankenkasse (ärztliche Behandlung, Heilmittel, sog. 'Behandlungspflege'), aber auch Maßnahmen der sozialen Rehabilitation (Eingliederungshilfe, siehe unten) in Betracht. Pflegebedürftigkeit ohne Krankheit und/oder Behinderung berechtigt nicht, Leistungen nach dem SGB XI zu beziehen. Wer sich aufgrund von Bequemlichkeit oder »Faulheit« pflegen lassen will, hat keinen Anspruch.

Krankheit oder Behinderung

- Pflegebedürftigkeit darf nicht nur vorübergehend bestehen. Geringfügige, gelegentliche oder nur kurzfristig erforderliche Hilfeleistungen werden nicht im Rahmen der Pflegeversicherung gewährt. Benötigt etwa ein Patient nach dem Krankenhausaufenthalt weitere vier bis acht Wochen intensive Pflege, hat er keinen Anspruch auf Leistungen der Pflegeversicherung (aber ggf. Anspruch auf Leistungen der Krankenversicherung, siehe oben).

Die Pflegebedürftigkeit muss »auf Dauer« bestehen, das bedeutet (voraussichtlich) mehr als sechs Monate. Dieser Sechs-Monate-Zeitraum bedeutet aber nicht, dass erst nach Ablauf von sechs Monaten Pflegebedürftigkeit Leistungen gewährt werden können. Vielmehr kann eine Pflegebedürftigkeit i. S. des § 14 SGB XI schon anerkannt werden, wenn voraussehbar ist, dass die Hilfebedürftigkeit länger als sechs Monate andauern wird. Pflegebedürftigkeit auf

»Auf Dauer«

Dauer ist auch dann gegeben, wenn die verbleibende Lebensspanne möglicherweise weniger als sechs Monate beträgt. Wird etwa ein Schlaganfallpatient aus dem Krankenhaus entlassen, ohne dass eine Besserung seines Gesundheitszustands zu erwarten ist, und stirbt dieser nach vier Wochen, so hat er auch für diesen Zeitraum Anspruch auf Leistungen nach dem Pflegeversicherungsgesetz.

Die Definition der Pflegebedürftigkeit geht von der Hilfsbedürftigkeit des Pflegebedürftigen für die gewöhnlichen oder regelmäßig wiederkehrenden Verrichtungen des täglichen Lebens aus.

Die Verrichtungen des täglichen Lebens werden in vier Gruppen unterteilt: Körperpflege, Ernährung, Mobilität und hauswirtschaftliche Versorgung.

Nur die bekannten, »notwendigen Verrichtungen« in den vier Bereichen finden Berücksichtigung bei der Feststellung des Grades der Pflegebedürftigkeit.

Der Pflegebedürftigkeitsbegriff folgt nicht pflegewissenschaftlichen Erkenntnissen. Er anerkennt nur bestimmte Verrichtungen, auf die sich der Hilfebedarf bezieht. Etwa kommunikative Hilfebedarfe werden ebenso wenig anerkannt wie der Bedarf nach Beschäftigung und Mobilität »an sich« (Spaziergang)[36]. Demenziell Erkrankte werden im Pflegebedürftigkeitsbegriff des SGB XI nur selektiv wahrgenommen. Allerdings hat das Pflegeleistungsergänzungsgesetz in § 45 a SGB XI die Pflegedürftigen mit »erheblichem allgemeinen Betreuungsbedarf« – und dazu gehören auch und gerade demenziell Erkrankte – besonders beachtet. Sie sind berechtigt, zusätzliche Leistungen in Anspruch zu nehmen.

Die Pflegebedürftigkeit wird durch die medizinischen Dienste der Krankenversicherungen (MDK) nach einer einheitlichen Begutachtungsanleitung festgestellt. Dabei sollten ärztliche Atteste und die Pflegeanamnese der Pflegedienste und Heime herangezogen werden – Einwilligung der Pflegebedürftigen vorausgesetzt. Die Entscheidung trifft die Pflegekasse.

---

36 Vgl. Schmidt, Roland, »Intelligente Mischungen« – neue Formen der Dementenbetreuung, Evangelische Impulse 2000 (14), S. 20-22.

Wiederholungsfragen

1. Nennen Sie die vier Bereiche der notwendigen Verrichtungen, die bei der Feststellung der Pflegebedürftigkeit berücksichtigt werden!
2. Wer ist für die Feststellung der Pflegebedürftigkeit zuständig?
   – für die Begutachtung?
   – für die Festlegung der Pflegestufe?

e) Stufen der Pflegebedürftigkeit

Für die Gewährung von Leistungen nach dem SGB XI werden die Pflegebedürftigen vier Pflegestufen zugeordnet.

	Wer ist pflegebedürftig?
Stufe I erheblich Pflegebedürftige	Personen, die bei der Körperpflege, der Ernährung oder der Mobilität für wenigstens zwei Verrichtungen aus einem oder mehreren Bereichen mindestens einmal täglich der Hilfe bedürfen und zusätzlich mehrfach in der Woche Hilfen bei der hauswirtschaftlichen Versorgung. Im Schnitt 90 Minuten Pflegebedarf täglich.
Stufe II Schwerpflegebedürftige	Personen, die bei der Körperpflege, der Ernährung oder der Mobilität mindestens dreimal täglich zu verschiedenen Tageszeiten der Hilfe bedürfen und zusätzlich mehrfach in der Woche Hilfen bei der hauswirtschaftlichen Versorgung. Im Schnitt 3 Stunden Pflegebedarf täglich.
Stufe III Schwerstpflegebedürftige	Personen, die bei der Körperpflege, der Ernährung oder der Mobilität rund um die Uhr, auch nachts, der Hilfe bedürfen und zusätzlich mehrfach in der Woche Hilfen bei der hauswirtschaftlichen Versorgung. Im Schnitt 5 Stunden Pflegebedarf täglich.
Regelung für Kinder	Für die Zuordnung ist der zusätzliche Hilfebedarf gegenüber einem gesunden gleichaltrigen Kind maßgebend.

	Pflegestufe 0:	einfach Pflegebedürftige keine Leistungen nach dem SGB XI, ggf. aber nach dem SGB XII
	Pflegestufe 1:	erheblich Pflegebedürftige
	Pflegestufe 2:	Schwerpflegebedürftige
	Pflegestufe 3:	Schwerstpflegebedürftige

Fall 116:

Pflegestufe 1

Bei Frau S. besteht eine fortgeschrittene Gelenkentzündung und -abnutzung mit Unfähigkeit zum Bücken und Heben der Arme über Schulterhöhe. Hilfebedarf besteht bei der Körperpflege (Waschen, Duschen, Baden), der Mobilität (An- und Ausziehen, Verlassen der Wohnung) sowie bei der hauswirtschaftlichen Versorgung (Reinigung der Böden und Fenster, Tragen von schweren Einkaufstaschen). Der tägliche Hilfebedarf am Körper entsteht am Morgen und am Abend, tagsüber ist Selbständigkeit gegeben.

Frau S. wäre der Pflegestufe 1 zuzuordnen.

Handelt es sich um psychisch oder demenziell erkrankte oder hirnverletzte Menschen, wird die Notwendigkeit der körperbezogenen Verrichtung der Notwendigkeit der Beaufsichtigung oder Anleitung zu den Verrichtungen des täglichen Lebens gleichgestellt. Ggf. sind demenziell Erkrankte körperlich in der Lage zu heben, zu gehen und sich zu waschen, jedoch schwer zu motivieren, möglicherweise stellt die Mobilität gerade das Pflegeproblem dar (z. B. Weglaufen).

Fall 117:

Pflegestufe 2

Frau L. erlitt infolge eines 'Apoplex' eine schwere Lähmung der linken Körperhälfte. Sie benötigt Hilfe beim Waschen, beim An- und Ausziehen und Aufsuchen der Toilette. Man muss ihr das Essen reichen und mundgerecht zubereiten (passieren), da sie unter einer Schluckstörung leidet. Ihren Haushalt kann sie nicht mehr versorgen.

Frau L. ist der Pflegestufe 2 zuzuordnen.

Dabei muss ihr täglicher Pflegebedarf im Tagesdurchschnitt mindestens 3 Stunden betragen, wobei der pflegerische Aufwand gegenüber dem hauswirtschaftlichen Aufwand im Vordergrund stehen muss. Der Pflegeaufwand bemisst sich nicht nach dem Einsatz einer Fachkraft, sondern nach dem Einsatz einer sog. 'Pflegeperson', d. h. eines pflegenden Angehörigen oder einer freiwillig tätigen, ehrenamtlichen Helferin.

Fall 118:
Die 85-jährige Frau M. ist schwer demenziell erkrankt. Sie wird von ihrem Mann, 82 Jahre, gepflegt. Sie benötigt rund um die Uhr Betreuung. Sie kann nicht allein aufstehen, braucht Hilfe beim Waschen und beim Essen. Man muss sie motivieren, aufzustehen und sich zu bewegen. Sie leidet an einer Harn- und Stuhlinkontinenz. Tageweise kann sie kaum noch gehen und benötigt einen Rollstuhl. Da aber die Türschwellen in der Altbauwohnung von Ehepaar M. so hoch sind, dass Herr M. einen Rollstuhl nicht allein durch die Wohnung schieben kann, kann sich Frau Müller an diesen Tagen nur mit fremder Hilfe in der Wohnung bewegen.

Pflegestufe 3

Frau M. wäre Pflegestufe 3 zuzuordnen, da sie rund um die Uhr der Betreuung bedarf.

Liegt ein außergewöhnlich hoher Pflegeaufwand vor, der das übliche Maß der Pflegestufe 3 übersteigt, dann kann ggf. die Härtefallregelung in Anspruch genommen werden, nach der bei den Pflegesachleistungen und bei der stationären Pflege höhere Leistungen nach dem SGB XI gewährt werden können. Ob ein Härtefall vorliegt, richtet sich nach den Härtefallrichtlinien gemäß § 17 Abs. 1 S. 2 SGB XI. Allerdings können nur 3 % der Pflegebedürftigen der Stufe 3 in der häuslichen Pflege und 5 % in der vollstationären als Härtefall anerkannt werden: Es gilt der Grundsatz, wer zuerst kommt, mahlt zuerst.

Härtefall

Probleme bei der Pflegebedürftigkeitsfeststellung:
- Der MDK begutachtet auf der Grundlage eines Hausbesuches (Momentaufnahme).
- Die atmosphärischen Bedingungen für die Begutachtung sind von großer Bedeutung (Empfang, Zeit, Austausch mit Pflegenden).
- Der Bedarf Demenzerkrankter wird nicht vollständig berücksichtigt.
- Im Krankenhaus wird eine Pflegebegutachtung häufig ohne jegliche Kenntnis der häuslichen Situation vorgenommen und nicht selten mit Urteilen über die Notwendigkeit einer Versorgung im Pflegeheim verbunden.

Pflegedienste und Heime sollten auf eine gute Kooperation mit dem MDK hinarbeiten.

Wiederholungsfragen
1. Welche »vier« Pflegestufen unterscheidet das SGB XI?
2. Wie hoch ist der jeweils mindestens vorausgesetzte Zeitbedarf für die Pflege je Pflegestufe?

f) Reform des Pflegebedürftigkeitsbegriffes

Seit Einführung der Pflegeversicherung steht der enge Pflegebedürftigkeitsbegriff des SGB XI in der Kritik. Er sei pflegewissenschaftlich nicht begründet. Er schließe insbesondere Menschen mit Demenz und geistig Behinderte sowie psychisch Kranke mit ihrem besonderen Pflegebedarf aus und diskriminiere sie. Vor diesem Hintergrund hat die Große Koalition 2005 in der Koalitionsvereinbarung niedergelegt, den Pflegebedürftigkeitsbegriff grundlegend zu überarbeiten. In einem groß angelegtem Forschungsprojektverbund, begleitet durch einen Beirat, wurden sowohl die Grundlagen für ein neues Begutachtungsverfahren zur Feststellung der Pflegebedürftigkeit gelegt als auch ein Vorschlag erarbeitet, wie ein neuer Pflegebedürftigkeitsbegriff definiert werden könnte. Die Vorschläge sehen vor, dass ein neues, breit angelegtes Assessment benutzt werden soll, um die Pflegebedürftigkeit festzustellen. Ein neuer Pflegebedürftigkeitsbegriff würde mehr Stufen umfassen und sich von einem Zeitbezug des jeweils unterstellten Pflegebedarfs verabschieden. Mit einem neuen Pflegebedürftigkeitsbegriff wäre aber keine Leistungsausweitung verbunden: Die Mittel der Pflegeversicherung bleiben begrenzt. Insofern würde es für die Einen mehr und für die Anderen weniger Leistungen der Pflegeversicherung geben. Bis zum Ende der Legislaturperiode 2005 – 2009 hat der Gesetzgeber den neuen Pflegebedürftigkeitsbegriff nicht verabschiedet. Es bleibt zu hoffen, dass die umfangreichen Vorarbeiten und Vorschläge in der nächsten Legislaturperiode genutzt werden, um die lang erwartete Reform des Pflegebedürftigkeitsbegriffs umzusetzen.[37]

g) Die Leistungen

Die Pflegeversicherung sieht eine Reihe von unterschiedlichen Leistungen vor, die teilweise miteinander kombiniert werden können, sich teilweise aber auch gegeneinander ausschließen (ambulante und Heimpflege).

(1) Leistungen bei häuslicher Pflege

In der Pflegeversicherung niedergelegt ist der Vorrang der häuslichen Pflege vor der stationären. Von daher sind zunächst alle Möglichkeiten ambulanter Versorgung auszuschöpfen, bevor eine Heimunterbringung erwogen wird. Der Pflegebedürftige kann grundsätzlich wählen, ob er Pflegesachleistungen (Pflege durch eine Sozialstation oder einen ambulanten Dienst) möchte (§ 36 SGB XI), oder Geldleistungen will, die er zur Gratifikation pflegender Angehöriger oder für selbstbeschaffte Pflegekräfte einsetzen kann (§ 37 SBG XI). Bei den Sachleistungen werden im Einzelnen festgelegte Leistungen

»cash oder care«

---

[37] Vgl. Zum neuen Pflegebedürftigkeitsbegriff und den entsprechenden Vorschlägen: https://www.gkv-spitzenverband.de/upload/Bericht_Gesamt_26012009_m_Deckblatt_4941.pdf

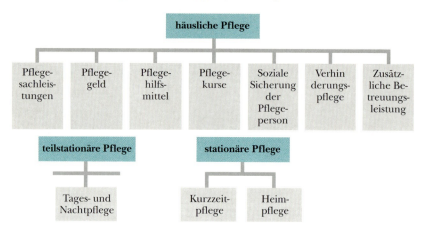

der Grundpflege (allgemeine Pflege) und hauswirtschaftliche Versorgung gewährt. Es ist im Einzelnen festgelegt, welche Hilfeleistungen im Rahmen des SGB XI gewährt werden dürfen: Es handelt sich um Hilfestellungen bei folgenden »Verrichtungen«:

- im Bereich der Körperpflege das Waschen, Duschen, Baden, die Zahnpflege, das Kämmen, Rasieren, die Darm- und Blasenentleerung,
- im Bereich der Ernährung das mundgerechte Zubereiten oder die Hilfe bei der Aufnahme der Nahrung,
- im Bereich der Mobilität das selbständige Aufstehen und Zubettgehen, An- und Auskleiden, Gehen, Stehen, Treppensteigen und das Verlassen oder Wiederaufsuchen der Wohnung,
- im Bereich der hauswirtschaftlichen Versorgung das Einkaufen, Kochen, Reinigen der Wohnung, Spülen, Wechseln und Waschen der Wäsche und Kleidung oder das Beheizen.

Darüber hinausgehende Leistungen, etwa die Beschäftigung mit Pflegebedürftigen (Vorlesen, Spielen) oder gesonderte Gespräche über den »Umgang mit existenziellen Erfahrungen des Lebens«[38] können nur als Betreuungsleistungen gem. § 45 b SGB XI abgerechnet werden (s. S. 333). Doch soll die Pflege als aktivierende Pflege erbracht werden, d. h. bei der Hilfestellung soll der Pflegebedürftige – soweit möglich – einbezogen, die Interaktion mit ihm würdig gestaltet und seine Selbsthilfefähigkeit genutzt und gefördert werden[39]. Beim Einsatz einer Fachpflegekraft und einem Einsatz von einer Stunde am Tag wären die 420 € bei circa 16 Stunden »aufgebraucht« (bei einem Stundensatz von 25,50 €). Beim Einsatz einer angelernten Kraft (für Pflege und Hauswirtschaft) würden die gut für 23 Stunden reichen (bei einem Stundensatz von 18 €).

Tatsächlich werden die Pflegeleistungen, je nach Bundesland allerdings unterschiedlich, i. d. R. nach sog. ›Leistungspaketen‹ oder ›Modulen‹ vergütet.

Bei den nachfolgenden Leistungspaketen wird unterstellt, dass sie von einer Fachpflegekraft erbracht werden:
- Große Toilette
- Kleine Toilette
- Vollbad
- Hilfe bei Ausscheidungen
- Lagern
- Mobilisation
- Umfangreiche Hilfen bei der Nahrungsaufnahme
- Begleitung der Pflegebedürftigen

Bei folgenden Leistungspaketen wird unterstellt, dass sie von einer hauswirtschaftlichen Fachkraft erbracht werden:
- Zubereitung einer warmen Mahlzeit
- Großer Einkauf

---

38 Vgl. Krohwinkel, Fördernde Prozesspflege – Konzepte, Verfahren und Erkenntnisse; in: Internationaler Pflegetheorienkongress, Nürnberg 1998.
39 Vgl. Vogel, Aktivierende Pflege contra Rehabilitation in : Häusliche Pflege 1994, S. 569 ff.

Bei allen anderen Leistungspaketen wird davon ausgegangen, dass sie nicht von Fachkräften erbracht werden müssen.

1. Große Toilette
beinhaltet:
1. An-/Auskleiden
2. Hautpflege
3. Kämmen
4. Mund- und Zahnpflege, Zahnprothesenpflege einschließlich Parotitis- und Soorprophylaxe
5. Rasieren
6. Waschen (im Bett oder am Waschbecken) oder Duschen (umfasst gegebenenfalls Haarwäsche)
7. Transfer aus dem Bett/ins Bett

2. Kleine Toilette
beinhaltet:
1. An-/Auskleiden
2. Hautpflege
3. Mund- und Zahnpflege, Zahnprothesenpflege einschließlich Parotitis- und Soorprophylaxe
4. Waschen (im Bett oder am Waschbecken)
5. Transfer aus dem Bett/ins Bett

Fachkraft oder Hilfskraft

Bei einer Reihe von Leistungspaketen wird davon ausgegangen, dass sie von einer Fachpflegekraft, bei anderen, dass sie von einer hauswirtschaftlichen Fachkraft und bei wieder anderen, dass sie von »Nichtfachkräften« erbracht werden.

Je nach Pflegestufe sind die Leistungen der häuslichen Pflege in ihrer Höhe gesetzlich festgelegt.

Ambulante Sachleistungen	bisher €	2008 €	2010 €	2012 €
Pflegestufe I	384	420	440	450
Pflegestufe II	921	980	1.040	1.100
Pflegestufe III	1.432	1.470	1.510	1.550

Pflegegeld	bisher €	2008 €	2010 €	2012 €
Pflegestufe I	205	215	225	235
Pflegestufe II	410	420	430	440
Pflegestufe III	665	675	685	700

Vollstationäre Versorgung	bisher €	2008 €	2010 €	2012 €
Pflegestufe I	1.023	1.023	1.023	1.023
Pflegestufe II	1.279	1.279	1.279	1.279
Pflegestufe III	1.432	1.470	1.510	1.550
Pflegestufe III Härtefall	1.688	1.750	1.825	1.918

Braucht der Pflegebedürftige mehr Pflege, als ihm die Pflegeversicherung »zahlt« und können Angehörige oder andere HelferInnen nicht weiterhelfen, so muss er sich Pflege »zukaufen«, wenn er nicht unterversorgt bleiben will. Verfügt er nur über ein geringes Einkommen, so kann er ggf. »Hilfe zur Pflege« nach dem SGB XII in Anspruch nehmen, s. S. 367.

Die Pflegeversicherung geht davon aus, dass ein Großteil der Pflege durch pflegende Angehörige, ehrenamtliche oder selbstbeschaffte Pflegekräfte erbracht wird. Mit der Geldleistung kann der Pflegebedürftige seine Pflegehilfen selbst gestalten. Auch die Höhe des Pflegegeldes ist abhängig vom Grad der Pflegebedürftigkeit.

Pflegegeld kann nur derjenige beanspruchen, dessen Pflege durch »Pflegepersonen« oder selbstbeschaffte Pflegekräfte sichergestellt ist. Das Pflegegeld kann als finanzieller Anreiz für Angehörige dienen, deren Pflegebereitschaft erhalten werden soll. Der

Leistungsvoraussetzungen des Pflegegeldes (§ 37 SGB XI)

1. Pflege im häuslichen Bereich

Pflege im eigenen Haushalt	Pflege in einem Haushalt, in dem der Pflegebedürftige aufgenommen worden ist

Häusliche Pflege ist nicht ausgeschlossen, wenn der Pflegebedürftige
– in einem Altenwohnheim, Altenheim
– Wohnheim für Behinderte oder vergleichbaren Behinderten-einrichtungen lebt

2. Verwendung des Pflegegeldes zur Sicherstellung der Pflege

Der Pflegebedürftige muss nach § 37 Abs. 1 S. 2 SGB XI
– mit dem Pflegegeld dessen Umfang entsprechend
– die erforderliche Grundpflege und hauswirtschaftliche Versorgung
– durch eine Pflegeperson
– in geeigneter Weise
– selbst sicherstellen

3. Verpflichtung zum Abruf eines Einsatzes einer zugelassenen Pflegeeinrichtung nach § 72 SGB XI

Pflegegeldempfänger sind nach § 37 Abs. 3 SGB XI verpflichtet
– bei Pflegestufe I und II mindestens 1 x halbjährlich
– bei Pflegestufe III mindestens 1 x vierteljährlich
einen Pflegeeinsatz durch eine nach § 72 SGB XI zugelassene Pflegeeinrichtung abzurufen.
Die Kosten dieses Einsatzes werden vom Pflegegeld abgezogen.

Pflegegeld

Pflegebedürftige kann sich mit Hilfe des Pflegegeldes aber auch auf dem »grauen Markt« Pflegekräfte besorgen, die er – u. a. mit dem Pflegegeld – bezahlt.

Bezieht der Pflegebedürftige Pflegegeld, so ist er verpflichtet, bei Pflegestufe 1 und 2 mindestens einmal halbjährlich, bei Pflegestufe 3 mindestens einmal vierteljährlich einen Pflegeeinsatz einer zugelassenen Pflegeeinrichtung (Sozialstation oder ambulanter Pflegedienst) in Anspruch zu nehmen (§ 37 Abs. 3 SGBXI). Auf diese Weise sollen Überforderungssituationen pflegender Angehöriger durch

Beratung, Hilfestellung und Hinweis auf entlastende Dienste vorgebeugt und die Qualität der häuslichen Pflege gesichert werden[40]. Der Pflegebedürftige muss sein Einverständnis geben, dass der Pflegedienst die Pflegekasse über das Ergebnis des Besuches informiert. Vorher muss der Pflegebedürftige aber erfahren, was der Pflegekasse mitgeteilt werden soll. Auch hat er ein Recht auf Gegendarstellung.[41]

Fall 119:
Herr M. ist als Pflegebedürftiger der Pflegestufe 1 zuzuordnen. Der Höchstbetrag der Sachleistungen beträgt in der Pflegestufe 420 €. Herr M. nimmt Sachleistungen im Wert von 280 € in Anspruch. Er hat damit die Sachleistung zu ²/₃ ausgeschöpft, so dass ihm noch vom Pflegegeld ¹/₃ zusteht. Das Pflegegeld in der Pflegestufe 1 beträgt 215 €. Anteilig stehen Herrn M. davon ¹/₃ also 71,67 € zu.

Der Pflegebedürftige kann Geld- und Sachleistungen auch miteinander kombinieren (§ 38 SGB XI). Nimmt der Pflegebedürftige die Sachleistungen nur teilweise in Anspruch, erhält er daneben ein anteiliges Pflegegeld. Er braucht dann auch keinen »PflegeTÜV« mehr abrufen.

Kombileistung

»Pflege-TÜV«

Wohnt ein Pflegebedürftiger in einem Altenwohnheim, in einer Wohngemeinschaft oder aber in Einrichtungen des Betreuten Wohnens, kann er unproblematisch Leistungen der häuslichen Pflege in Anspruch nehmen. Umstritten ist die Frage in einigen Altenheimen, in denen die Pflegebedürftigen nicht über ein Einzelzimmer verfügen oder/und keine Wasch- und Kochgelegenheiten in ihrem Apartment haben oder durch den Heimvertrag verpflichtet sind, an den Mahlzeiten im Heim teilzunehmen. Hier wird von den Pflegekassen das

Häusliche Pflege im Heim oder »das ambulante Altenheim«

---

40 Vgl. hierzu Klie, Pflegende Angehörige und Pflegeversicherung, Ev. IMPULSE 1994, Heft 2, S. 21 f.
41 Vgl. zu den datenschutzrechtlichen Problemen und Novellierungsabsichten: Klie, Pflegeberatung oder Pflegekontrolle, in: Häusliche Pflege 1996, S. 161, Pflegepflichteinsätze, in: Forum Sozialstation, Heft 83 (1996), S. 28 ff.

Vorliegen eines eigenen Haushalts verneint[42]. Benötigen Bewohner von Altenwohnheimen und Altenheimen häusliche Pflege, so können sie frei wählen, ob sie Einrichtungen des Hauses (Pflegedienst des Heimes) oder ambulante Dienste aus dem Stadtteil in Anspruch nehmen. Der Grundsatz des Wunsch- und Wahlrechts bezüglich der Dienste gilt auch in Heimen und kann durch den Heimvertrag nicht ausgeschlossen werden.

(2) Häusliche Pflege bei Verhinderung der Pflegeperson

Ist etwa der pflegende Partner in Kur, im verdienten Urlaub oder wegen Krankheit im Krankenhaus und deshalb an der Pflege gehindert, hat der Pflegebedürftige Anspruch auf häusliche Pflege bei Verhinderung der Pflegeperson. Hier übernimmt die Pflegekasse für die »Pflegevertretung« maximal 1470 € für einen Zeitraum von vier Wochen im Kalenderjahr (§ 39 SGB XI). Voraussetzung ist allerdings, dass die Pflegeperson (pflegende Angehörige) den Pflegebedürftigen mindestens 12 Monate in der häuslichen Umgebung gepflegt hat. Die Pflege kann in diesem Fall auch von nicht »zugelassenen« Pflegediensten oder Pflegekräften ohne Vertrag mit den Pflegekassen erbracht werden.

Auch ist mit Hilfe dieser Leistungen die Pflege während einer Urlaubsreise im In- oder Ausland möglich.[43]

(3) Pflegehilfsmittel und technische Hilfen
Fall 120:
Im Heim St. Joseph weigert sich die Krankenkasse, den dort lebenden Bewohnern Rollstühle als Hilfsmittel zu gewähren. Diese hätten, wie die Pflegebetten auch, die Heime für ihre Bewohner vorzuhalten.

---

42 M.E. kann in Heimen, die keine Pflegeheime sind, unabhängig vom Ausstattungsstandard den Wohnplätzen für BewohnerInnen nicht das Merkmal der eigenen Häuslichkeit abgesprochen werden. Allerdings müssten die Heimverträge häufig insoweit umgestellt werden, als den BewohnerInnen die Teilnahme an der Verpflegung freigestellt wird, vgl. auch Vogel, Ambulante Altenheime? Häusliche Pflege 1995, S. 184 ff.

43 Vgl. Klie, Thomas, Verhinderungspflege gemäß § 39 SGB XI, Häusliche Pflege 1999 (8), S. 35–39

Die Pflegeversicherung gewährt nicht nur Pflegegeld und Dienstleistungen. Ähnlich wie im Krankenversicherungsrecht sind auch Hilfsmittel von der Leistungspflicht der Pflegekassen umfasst (§ 40 SGB XI).

Die Pflegehilfsmittel sollen der Erleichterung der Pflege oder der Linderung von Beschwerden des Pflegebedürftigen dienen oder ihm eine selbständigere Lebensführung ermöglichen. Gedacht ist an Polster für die Lagerung, an Rutschauflagen, Drehscheiben oder Ess- und Gehhilfen. Weiterhin gehören zu den Hilfsmitteln sog. Verbrauchsartikel, etwa Desinfektionsmittel oder Unterlagen (für Bett oder Stuhl). Auch Einmalhandschuhe und Körperpflegeartikel, die die Pflege erleichtern, gehören zu den Pflegehilfsmitteln i. S. des Pflegeversicherungsgesetzes. Die Pflegekassen haben die entstandenen Kosten bis zu einem Betrag von 31 € zu tragen. Es bedarf für die Pflegehilfsmittel keiner ärztlichen Verordnung, die Erforderlichkeit sollte aber durch eine Pflegefachkraft festgestellt werden. Aufwendungen, die über 31 € hinausgehen, muss der Betroffene selbst zahlen (ggf. hat er Anspruch auf ergänzende Sozialhilfe). Wichtig ist, dass der Pflegebedürftige mit Hilfe des Pflegedienstes günstige Einkaufsmöglichkeiten ausnutzt. Die Pflegehilfsmittel werden im Einzelnen im Pflegehilfsmittelverzeichnis aufgelistet. Unberührt bleibt die Leistungspflicht der Krankenkassen für die Hilfsmittel i. S. des § 33 SGB V (siehe oben). Krankenfahrstühle oder Krankenunterlagen sind weiterhin von den Krankenkassen zu zahlen. Die Leistungen der Krankenkasse gehen denen der Pflegeversicherung vor.

Pflegehilfsmittel

Zusätzlich zu den Pflegehilfsmitteln werden technische Hilfsmittel gewährt. Hierzu gehören Pflegebetten, Hausnotrufanlagen oder Haltegriffe, die einfach montiert werden können. Mittel zum täglichen Lebensbedarf stellen die Pflegekassen nicht zur Verfügung. Gebrauchsgegenstände des täglichen Lebens, die etwa das Kochen erleichtern (Mixer, Küchengeräte) gehören grundsätzlich nicht zu den Leistungen der Pflegeversicherung. Reparaturen (Instandhaltung), Änderungen und Erweiterungen werden von der Pflegekasse ebenso bezahlt wie die Ersatzbeschaffung, wenn ein Pflegehilfsmittel unbrauchbar geworden ist. Bei der Abnahme von technischen

Technische Hilfsmittel

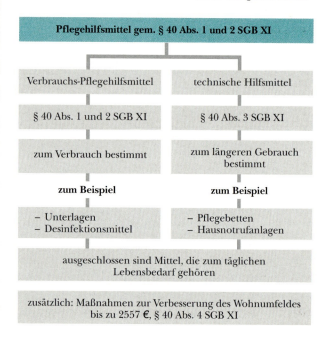

Überblick zu den Hilfsmitteln im Sinne des § 40 SGB XI

Pflegehilfsmittel gem. § 40 Abs. 1 und 2 SGB XI

Verbrauchs-Pflegehilfsmittel — § 40 Abs. 1 und 2 SGB XI — zum Verbrauch bestimmt — zum Beispiel
- Unterlagen
- Desinfektionsmittel

technische Hilfsmittel — § 40 Abs. 3 SGB XI — zum längeren Gebrauch bestimmt — zum Beispiel
- Pflegebetten
- Hausnotrufanlagen

ausgeschlossen sind Mittel, die zum täglichen Lebensbedarf gehören

zusätzlich: Maßnahmen zur Verbesserung des Wohnumfeldes bis zu 2557 €, § 40 Abs. 4 SGB XI

Zuzahlung — Pflegehilfsmitteln haben die Pflegebedürftigen eine Zuzahlung zu leisten. Die Zuzahlung beträgt für jedes Pflegehilfsmittel 10 % der Kosten (jedoch nicht mehr als 25 €). Von der Zuzahlungspflicht kann die Pflegekasse den Versicherten ganz oder teilweise befreien (entsprechende Anwendung von §§ 61, 62 SGB V, siehe oben); vgl. zur Abgrenzung der Pflegehilfsmittel zu den medizinischen Hilfsmitteln gem. § 33 SGB V s. S. 275 f.[44]

Wohnraumanpassung — Neben den Pflegehilfsmitteln und technischen Hilfen können die Pflegekassen Zuschüsse zur Verbesserung des »individuellen Wohnumfeldes« gewähren. Stufen, Schwellen, zu schmale Türen oder das Fehlen technischer Hilfsmittel erschweren die Arbeit der pflegenden Angehörigen und der ambulanten Dienste oder behin-

---

[44] Vgl. BSG Urt. v. 10. 11. 2005, A0 B 3 R10/04R, Rechtsdienst der Lebenshilfe 2006, S. 116

dern den Pflegebedürftigen in einer selbständigen Lebensführung. So können die Pflegekassen bis zu einem Betrag von 2.557 € je Maßnahme (mit angemessener Eigenbeteiligung des Pflegebedürftigen (§ 40 Abs. 4 S. 2 SGB XI) Wohnungsanpassungsmaßnahmen finanzieren, etwa die Verbreiterung von Türen, den Einbau einer Dusche oder eines Treppenlifts.[45]

(4) Tages- und Nachtpflege

Fall 121:
Herr D. wurde der Pflegestufe III zugeordnet. Der Höchstbetrag der teilstationären Leistungen beträgt in der Pflegestufe III 1470,– €. Er nimmt jedoch die teilstationären Leistungen nur in Höhe von 980 € in Anspruch. Er hat damit die teilstationären Leistungen zu 2/3 ausgeschöpft. Auf welche weitergehenden Leistungen gemäß dem § 36 und § 37 SGB XI hat Herr D. Anspruch?

Gerade wenn Angehörige die Pflege gewährleisten, gewinnt die teilstationäre Pflege an großer Bedeutung (§ 41 SGB XI). Ohne die Möglichkeit, einige Tage in der Woche einmal für sich sorgen zu können, Einkäufe zu tätigen, einen Arztbesuch zu absolvieren oder einfach Zeit für sich zu haben, können die Belastungen der Pflege häufig nicht auf Dauer getragen werden. Daher haben die Einrichtungen der Tages- und auch die der Nachtpflege eine wichtige Funktion in der Versorgung pflegebedürftiger Menschen. Derzeit gibt es jedoch noch nicht ausreichend Plätze in Tagespflegeeinrichtungen.

Teilstationäre Pflege

Auch hier kann der Pflegebedürftige Leistungen kombinieren. Die Pflegebedürftigen erhalten zusätzlich ein anteiliges Pflegegeld oder anteilige Pflegesachleistung, wenn der für die jeweilige Pflegestufe vorgesehene Höchstwert der teilstationären Leistungen nicht voll ausgeschöpft wird.

Kombileistungen

---

45 Vgl. Vogel, Das Recht und die Mittel, Häusliche Pflege 1994, S. 727 ff.

Mit dem Pflegeweiterentwicklungsgesetz wurden die Leistungen der Tages- und Nachtpflege attraktiver gemacht. Der Versicherte muss nicht die gesamten Leistungen der Tages- und Nachtpflege mit den Sachleistungen gemäß § 36 SGB XI verrechnen, sondern erhält einen Anspruch auf maximal 150 % des für die jeweilige Pflegestufe vorgesehenen Höchstbetrages. Im *Fall 121* hätte Herr D. nun die Möglichkeit, entweder Pflegesachleistungen in Höhe von 1225 € in Anspruch zu nehmen oder das Pflegegeld in der Höhe von 562,50 €.

Die nachfolgenden Tabellen helfen die jeweiligen Beträge für die Tages- und Nachtpflege einerseits und die Pflegesachleistungen oder das Pflegegeld andererseits zu ermitteln.

Inanspruchnahme der Tages- und Nachtpflege zu	Verbleibender Anspruch auf Pflegegeld / Pflegesachleistungen						
	verbleib. Prozente	Pflegegeld (EUR)			Pflegesachleistung (EUR)		
		I	II	III	I	II	III
100 %	50 %	107,5	210,0	337,5	210,0	490,0	735,0
90 %	60 %	129,0	252,0	405,0	252,0	588,0	882,0
80 %	70 %	150,5	294,0	472,5	294,0	686,0	1.029,0
70 %	80 %	172,0	336,0	540,0	336,0	784,0	1.176,0
60 %	90 %	193,5	378,0	607,5	378,0	882,0	1.323,0
50 %	100 %	215,0	420,0	675,0	420,0	980,0	1.470,0
40 %	100 %	215,0	420,0	675,0	420,0	980,0	1.470,0
30 %	100 %	215,0	420,0	675,0	420,0	980,0	1.470,0
20 %	100 %	215,0	420,0	675,0	420,0	980,0	1.470,0
10 %	100 %	215,0	420,0	675,0	420,0	980,0	1.470,0

Pflegestufe	Höchstbetrag
I	630 EUR
II	1.470 EUR
III	2.205 EUR

Sachleistungsanspruch (§§ 36, 41 maximal)	2.205,00 EUR
Rechnung der Tagespflege (§ 41)	1.600,00 EUR
Rechnung des Pflegedienstes (§ 36)	959,00 EUR
Aufwendungen insgesamt	**2.559,00 EUR**
Pflegekasse an Tagespflege	1.470,00 EUR (Höchstbetrag)
Pflegekasse an Pflegedienst	735,00 EUR (150 %-Regelung)
Pflegebedürftiger an Tagespflege	130,00 EUR (Restkosten)
Pflegebedürftiger an Pflegedienst	224,00 EUR (Restkosten)

(5) Leistungen für Pflegepersonen

Pflegende Angehörige sollen mehr als bisher Leistungen zu ihrer sozialen Sicherung erhalten. So werden für Pflegepersonen, wie sie im Gesetz heißen, Beiträge zur Rentenversicherung, Unfall- und Arbeitslosenversicherung gewährt, wenn sie ihre Erwerbstätigkeit bei der Aufnahme der Pflegetätigkeit ganz oder teilweise aufgeben oder überhaupt nicht erwerbstätig werden können. Die Pflegeversicherung übernimmt dann die Beitragszahlung für die Pflegeperson, die keine oder nur eine Erwerbstätigkeit mit nicht mehr als 30 Stunden wöchentlich ausübt. Die Höhe der Beiträge richtet sich nach dem Schweregrad der Pflegebedürftigkeit und dem sich daraus ergebenden Umfang notwendiger Pflegetätigkeit. Während der Pflege sind die Pflegepersonen in den Versicherungsschutz der Unfallversicherung einbezogen. Die Pflegekasse hat die Pflegeperson den zuständigen Renten- und Unfallversicherungsträgern zu melden.

Unfallversicherung

Weiterhin haben Pflegepersonen, wenn sie in das Erwerbsleben zurückkehren wollen, Anspruch gegenüber der Arbeitslosenversicherung auf Unterhaltsgeld.

Arbeitslosenversicherung

> **Wichtig** Nicht gemeldete Pflegepersonen haben keinen Schutz bei einem bei der Pflege erlittenen Unfall, es sei denn, sie genießen als Ehrenamtliche den Unfallversicherungsschutz für Bürgerschaftlich Engagierte, § 2 Abs.1 Nr.9 SGB VII.

Pflegekurse

Neben diesen Leistungen der sozialen Sicherung haben die Pflegekassen Pflegekurse für Angehörige und ehrenamtliche Pflegepersonen anzubieten. Diese sind unentgeltlich und sollen dazu dienen,

- das soziale Engagement im Bereich der Pflege zu fördern und zu stärken,
- Pflege und Betreuung zu erleichtern und zu verbessern,
- pflegebedingte körperliche und seelische Belastungen zu mindern und
- Fertigkeiten für eine eigenständige Durchführung der Pflege zu vermitteln.

Die Pflegekasse kann diese Kurse entweder selbst durchführen oder geeignete andere Einrichtungen (Sozialstationen, Bildungseinrichtungen, Wohlfahrtsverbände, Selbsthilfegruppen) mit der Durchführung beauftragen. Die Kurse sollen in ihrer inhaltlichen Ausgestaltung einheitlich sein.[46]

Pflegezeit für Angehörige

Pflegende Angehörige haben nach dem Pflegezeitgesetz, das mit der Pflegereform 2008 eingeführt wurde, einen Anspruch auf Freistellung von der Arbeit von bis zu zehn Arbeitstagen (ohne Entgelt). Darüber hinaus kann ein Arbeitnehmer /Arbeitnehmerin sich für maximal sechs Monate zur Pflege eines Angehörigen von der Arbeit

---

[46] Über die einheitliche Durchführung sowie über die inhaltliche Ausgestaltung der Kurse schließen die Landesverbände der Pflegekassen Rahmenvereinbarungen mit den Trägern der Schulungskurse ab.

freistellen lassen. Während dieser Pflegezeit erhält der Arbeitnehmer/Arbeitnehmerin keinen Lohn, ist aber weiterhin sozial versichert.

(6) Leistungsverbesserungen für demenziell erkrankte Pflegebedürftige

Durch das Pflegeleistungsergänzungsgesetz aus dem Jahre 2001 wurden die Leistungen der Pflegeversicherung für Menschen mit »eingeschränkter Alterskompetenz« in bescheidenem Umfang ausgeweitet. Zu den Menschen mit »eingeschränkter Alterskompetenz« gehören auch Menschen mit einer mittelschweren oder schweren Demenz aber auch andere Personengruppen, etwa psychisch oder geistig Behinderte.

Pflegeleistungsergänzungsgesetz

Die Leistungen für so genannte Menschen »mit eingeschränkter Alltagkompetenz« wurden durch das Pflegeweiterentwicklungsgesetz ausgeweitet. Sah die Pflegeversicherung hier bislang nur »homöopathische« Leistungen vor (460 € pro Jahr) können nunmehr pro Monat entweder 100 € (1200 € jährlich) respektive 200 € monatlich (2400 € jährlich) für zusätzliche Hilfen beantragt und in Anspruch genommen werden.

Der Grundbetrag (100 € im Monat) wird dann gezahlt, wenn mindestens zwei Kriterien aus dem nachstehend abgedruckten Katalog gegeben sind (davon mindestens eines aus dem Bereich der Ziffer 1-9), der erhöhte Betrag wird gezahlt, wenn zusätzlich mindestens ein Kriterium aus den Bereichen 1, 2, 3, 4, 5, 9 oder 11 vorliegt.

Zusätzliche Betreuungsleistungen können wie folgt in Anspruch genommen werden:
- Tages- und Nachtpflege
- Kurzzeitpflege
- Betreuungsleistungen eines ambulanten Pflegedienstes, wenn sichergestellt ist, dass es sich dabei nicht um Leistungen der Grund- und Behandlungspflege handelt
- Ein nach Landesrecht anerkanntes so genanntes niederschwelliges Betreuungsangebot, etwa Betreuungsgruppen.

	Eingeschränkte Alltagskompetenz
1	Unkontrolliertes Verlassen des Wohnbereichs (Weglauftendenz)
2	Verkennen oder Verursachen gefährdender Situationen
3	Unsachgemäßer Umgang mit gefährlichen Gegenständen oder potenziell gefährdenden Substanzen
4	Tätlich oder verbal aggressives Verhalten in Verkennung der Situation
5	Im situativen Kontext inadäquates Verhalten
6	Unfähigkeit, die eigenen körperlichen und seelischen Gefühle und Bedürfnisse wahrzunehmen
7	Unfähigkeit zu einer erforderlichen Kooperation bei therapeutischen oder schützenden Maßnahmen als Folge einer therapieresistenten Depression oder Angststörung
8	Störungen der höheren Hirnfunktion (Beeinträchtigung des Gedächtnisses, herabgesetztes Urteilsvermögen), die zu Problemen bei der Bewältigung von sozialen Alltagsleistungen geführt haben
9	Störung des Tag-/Nacht-Rhythmus
10	Unfähigkeit, eigenständig den Tagesablauf zu planen und zu strukturieren
11	Verkennen von Alltagssituationen und inadäquates Reagieren in Alltagssituationen
12	Ausgeprägtes labiles oder unkontrolliert emotionales Verhalten
13	Zeitlich überwiegend Niedergeschlagenheit, Verzagtheit, Hilflosigkeit oder Hoffnungslosigkeit aufgrund einer therapieresistenten Depression

Es handelt sich bei diesen Betreuungsleistungen nicht um die Leistungen, die Pflegedienste üblicherweise anbieten, etwa Grundpflege, große Morgentoilette etc. Es muss sich um andere Leistungen handeln, etwa die Unterstützung beim Spaziergang, der Besuch einer Betreuungsgruppe. Welche Angebote Ihnen vor Ort zu Verfügung stehen, sagt Ihnen entweder die örtliche Altenhilfe der Stadt oder des Kreises oder der Pflegeberater. Sie müssen die Rechnung für diese zusätzlichen Betreuungsleistungen zunächst einmal selbst begleichen und reichen diese dann bei ihrer Pflegekasse ein.

Achten Sie darauf: es muss sich um Leistungen handeln, die als Betreuungsleistung anerkannt sind.

Durch die Förderung von Modellvorhaben auf Bundes- und Landesebene sollen neue Einrichtungen für demenziell erkrankte Pflegebedürftige geschaffen werden. Voraussetzung für all dies ist allerdings, dass die Kommunen und die Länder bereit sind, sich an der Finanzierung dieser (bescheidenen) neuen Angebote zu beteiligen. Die Leistungen für Menschen mit Demenz sollen generell ausgeweitet werden, ohne dass allerdings der Pflegebedürftigkeitsbegriff dem Grunde nach verändert wird.

(7) Weiterentwicklung des Pflegerechtes: Pflegebudget und andere Modellprojekte

Fall 122:

Frau Z. wurde bisher durch einen ambulanten Dienst versorgt, der im Rahmen der vorgesehenen Module häusliche Pflegeleistungen erbrachte. Frau Z. ist in der Pflegestufe 2 und erhält Leistungen in Höhe von 980 €. Frau Z. lebt alleine, ihre Tochter macht sich große Sorgen, vor allen Dingen in der Nacht. Frau Z. lebt in einer Region, in der das Persönliche Pflegebudget ausprobiert wird. Sie bekundete ihr Interesse. Es wurde ein so genanntes Assessment durchgeführt und der gesamte Hilfe- und Pflegebedarf erhoben. Alle Beteiligten verabredeten dann eine neue Organisation der Pflege, an der weiterhin der Pflegedienst und die Pflegefachkräfte beteiligt waren aber auch andere Personen: so kümmerte sich der Pflegedienst um eine günstige Nachtbereitschaft, die Putzfrau wurde auf 400 Euro-Basis eingestellt und blieb länger als bisher. Der Case Manager besprach mit den Nachbarn, dass sie regelmäßig bestimmte Zeiten mit ihr verbringen oder sie zu sich einladen, etwa zum Mittagessen. Am Wochenende kommt nun ein ehrenamtlicher Besuchsdienst. Auf diese Weise wurde die Pflegesituation deutlich verbessert und eine bereits in Betracht gezogene Umsiedlung ins Heim konnte abgewendet werden. (Ein Fall aus dem Projekt Pflegebudget).

Wenn auch in der Zukunft die Betreuung Pflegebedürftiger in ihrer eigenen Häuslichkeit gesichert werden soll, dann müssen auch neue Wege eingeschlagen werden. Die Sozial- und Pflegekasse fördert Modellprojekte, in denen neue Formen der Sicherung der Pflege im häuslichen Bereich experimentell erprobt werden. Dazu gehört insbesondere das Modellprojekt Pflegebudget (www.pflegebudget.de). Hier erhalten die Pflegebedürftigen die Möglichkeit, sich die Leistungen, die sie benötigen, mit Hilfe eines Case Managers zusammenzustellen. Die Pflegedienste sind nicht mehr an die Module gebunden und es können ganz eigenständig Preise ausgehandelt werden zwischen den Pflegebedürftigen und den Pflegediensten oder Anderen, die sich an der Pflege oder hauswirtschaftlichen Versorgung beteiligen. Das Pflegeversicherungsrecht sieht bislang starr geregelte Leistungen vor. Durch die Modellprojekte sollen neue Formen erprobt werden, die dann gegebenenfalls später zu einer Öffnung des Leistungsspektrums der Pflegeversicherung führen könnten.

Ein weiteres wichtiges Modellprojekt bezieht sich auf die Einbeziehung von Bürgerinnen und Bürgern in die Begleitung von Pflegebedürftigen und ihrer Angehörigen: Das Projekt »Pflegebegleiter«. Hier werden Bürgerinnen und Bürger qualifiziert, Angehörige und Pflegebedürftige ehrenamtlich zu unterstützen.[47]

Literaturhinweise:

Klie/Spermann: Persönliche Budgets – Aufbruch oder Irrweg? Hannover 2004

Weitere Modellprojekte unter: www.vdak.de/vertragspartner/Pflegeversicherung/Modellprogramm/Projekte/index.htm (Stand April 2009)

---

47 Vgl. www.pflegebegleiter.de

(8) Kurzzeitpflege

Stationäre Pflege

Zur stationären Pflege im Sinne der Pflegeversicherung gehören sowohl die Kurzzeitpflege als auch die Heimpflege.

Für einen begrenzten Zeitraum können Pflegebedürftige in eine stationäre Einrichtung aufgenommen und dort gepflegt werden (§ 42 SGB XI). Kurzzeitpflege kommt insbesondere in Betracht

Kurzzeitpflege

- für eine Übergangszeit im Anschluss an eine stationäre Behandlung des Pflegebedürftigen im Krankenhaus,
- wenn die häusliche Pflege nicht mehr ausreicht oder nicht sichergestellt ist (gesundheitliche Verschlechterung des Pflegebedürftigen, Spannungen zwischen Pflegeperson und Pflegebedürftigem, Erkrankung der Pflegeperson),
- für Zeiten der Krankheit, des Urlaubs oder einer sonstigen Verhinderung der Pflegeperson.

Der Anspruch auf Kurzzeitpflege ist auf vier Wochen pro Kalenderjahr beschränkt. Die Aufwendungen der Pflegekasse für die Kurzzeitpflege dürfen 1.470 € im Kalenderjahr nicht übersteigen.[48]

(9) Heimpflege

Reicht die ambulante oder teilstationäre Pflege nicht mehr aus, so hat der Pflegebedürftige Anspruch auf vollstationäre Pflege in einem Pflegeheim (§ 43 SGB XI). Ob die Voraussetzungen für die vollstationäre Pflege vorliegen, d. h. die ambulante Pflege nicht mehr ausreicht, prüft die Pflegekasse mit Hilfe des medizinischen Dienstes der Krankenversicherung. Die Pflegekasse übernimmt nicht die gesamten Heimkosten, sondern nur den sog. »pflegebedingten Aufwand« bis zu einem Betrag von 1.470 € (zur Vermeidung von

---

48 Vgl. zu den Detailfragen im Zusammenhang mit der Finanzierung der Kurzzeitpflege KDA (Hrg.) Planungs-und Arbeitshilfe für die Kurzzeitpflege-Praxis, Köln 2004.

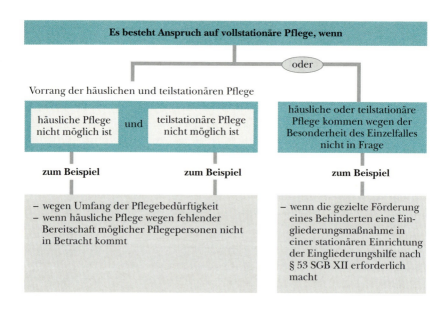

Härtefällen bis zu 1.918 €)[49]. Die allgemeinen Pflegeleistungen umfassen die sog. »Grundpflege«, die hauswirtschaftliche Versorgung, die medizinische Behandlungspflege, die soziale Betreuung und die Versorgung mit Pflegehilfsmitteln. Besteht ein höherer Pflegebedarf als über das Pflegeversicherungsgesetz zu finanzieren ist, hat der Pflegebedürftige diesen selbst zu finanzieren oder ergänzend auf Sozialhilfe zurückzugreifen.

»Hotelkosten«

Die Aufwendungen für Unterkunft und Verpflegung (sog. »Hotelkosten«) hat der Pflegebedürftige selbst zu tragen. Kann er dies nicht, tritt ersatzweise oder ergänzend der Sozialhilfeträger ein.

Zusatzleistungen

Ebenfalls selbst zahlen muss der Pflegebedürftige die sog. Zusatzleistungen (auch »Gourmetleistungen« genannt). Besonderer Service (Zimmerservice, Sondermenü etc.) wird nicht von der Pflegeversicherung, sondern vom Heim – ggf. als Zusatzleistung gegen Sonderentgelt – gewährt. Hier wird befürchtet, dass in den Heimen

---

49 Tatsächlich bei ganzjährigem Heimaufenthalt jedoch durchschnittlich 1.279 € wegen der Begrenzung auf 15.339 € in § 43 Abs. 2 SGB XI.

Übersicht: Heimkosten

Leistung	Kostenträger
allgemeine Pflegeleistungen nach Pflegestufe und entsprechendem Pflegesatz bis 1470 €	Pflegekasse gesetzliche: §§ 46 ff. SGB XI private: § 110 SGB XI
Erforderlicher Pflegemehraufwand oberhalb der Leistungsgrenze des SGB XI	Pflegebedürftiger beziehungsweise Zusatzversicherung oder Sozialhilfeträger
Zusatzleistungen, soweit nicht Bestandteil der allg. Pflegeleistungen (pflegerisch-betreuend und/oder Komfortleistungen bei Unterkunft und Verpflegung)	Pflegebedürftiger beziehungsweise private Zusatzversicherung
Hotelkosten (Unterkunft und Verpflegung)	Pflegebedürftiger beziehungsweise private Zusatzversicherung oder Sozialhilfeträger
Investitionen	Land nach Maßgabe der Landesgesetze, gegebenenfalls Pflegebedürftiger oder Sozialhilfeträger
Ärztliche Leistungen, Hilfsmittel, Heilmittel, Behandlungspflege i.S. des SGB V	Krankenkasse
Soziale Maßnahmen über die allgemeinen Pflegeleistungen hinaus	Pflegebedürftiger oder Sozialhilfeträger (gem. §§ 53 SGB XII)

eine Zwei-Klassen-Gesellschaft entstehen könnte: Diejenigen, die Zusatzleistungen selbst bezahlen, und diejenigen, die es sich nicht leisten können (Sozialhilfe gibt es für Zusatzleistungen nicht).

Weiterhin kann der Heimträger die ihm entstehenden Investitionskosten (Abschreibung, Zinskosten etc.) den Pflegebedürftigen in Rechnung stellen, soweit sie nicht durch Investitionsförderung der Länder gedeckt sind.

Die Länder regeln die Fragen der Investitionsförderung jeweils in ihren Landespflegegesetzen. Kein Bundesland ist bereit, die gesamten Investitionskosten für den Heimbereich zu übernehmen. So werden fast überall dem Pflegebedürftigen Investitionskosten in

Investitionskosten

Rechnung gestellt, je nach Heim (ob alt oder jung, aufwendig oder weniger aufwendig gebaut, gefördert oder nicht gefördert) unterschiedlich. Kann der Pflegebedürftige die Investitionskosten nicht zahlen, tritt ergänzend der Sozialhilfeträger ein, der allerdings nicht bereit sein wird, besonders teure Häuser »mitzufinanzieren«.

Krankenkassenleistungen

Die ärztliche Versorgung, die medizinische Rehabilitation und die medizinischen Hilfsmittel werden ebenfalls nicht von der Pflegeversicherung gezahlt, sondern ggf. von der Krankenkasse[50]. Dies gilt insbesondere für Leistungen der Behandlungspflege. Nur bei »intensivmedizinischen Behandlungen« (Beatmung u.a.) hat die Krankenkasse auch im Heim zu zahlen. Seit 2008 erhalten Heime einen Zuschuss der Pflegekassen für die Betreuung von Demenzkranken, § 87b SGB XI.

Wiederholungsfragen

1. Nennen Sie die Leistungen der Pflegeversicherung in der häuslichen Pflege.
2. Welche »Hilfsmittel« werden von der Pflegeversicherung gewährt?
3. Auch Pflegepersonen erhalten ggf. Leistungen von der Pflegeversicherung, welche sind dies?
4. Welche Leistungen der teilstationären Pflege kennt das SGB XI?
5. Was zählt das SGB XI zur stationären Pflege?

---

50 Vgl. Klie, Krankenkassenleistungen im Heim, Altenheim 1995, S. 76 ff.

h) Wettbewerb und Qualität

Fall 123:
Die Altenpflegerin Erika möchte sich nach ihrem Altenpflegeexamen selbständig machen und in die ambulante Pflege gehen. Sie wendet sich an die Pflegekasse und möchte als Pflegekraft zugelassen werden.

Das Pflegeversicherungsrecht schafft Wettbewerb auf dem Pflegemarkt. Alle Dienste und Einrichtungen, die bestimmte Anforderungen im Hinblick auf die Qualität und Leistungsfähigkeit sowie Wirtschaftlichkeit erfüllen, können Leistungen nach dem Pflegeversicherungsgesetz erbringen, wenn sie durch die Pflegekassen zugelassen wurden. Auch wenn es schon »genug« Dienste in einem Stadtteil gibt, haben »neue« Dienste Anspruch auf einen Versorgungsvertrag. Eine sog. »Bedarfssteuerung« kennt das Pflegeversicherungsrecht nicht. Der Gesetzgeber wollte sogar ein Überangebot an Pflegeeinrichtungen und Diensten schaffen, damit die Pflegebedürftigen sich »ihren« Dienst aussuchen können und ein Wettbewerb unter den Einrichtungen und Diensten entsteht.

Wettbewerb

Die entscheidende Frage ist, welche Dienste und Einrichtungen Zutritt zum Pflegemarkt haben. Hierzu heißt es in § 71 SGB XI, dass Pflegeeinrichtungen und -dienste folgende Voraussetzungen erfüllen müssen:
- Sie müssen selbständig wirtschaftende Einrichtungen sein,
- sie müssen unter ständiger Verantwortung einer ausgebildeten Pflegefachkraft stehen und
- sie müssen im ambulanten Bereich Pflegebedürftige in ihrer Wohnung pflegen und hauswirtschaftlich versorgen,
- im stationären Bereich ganztägig Unterbringung und Verpflegung anbieten (teilstationäre Einrichtungen tagsüber oder nur nachts).

Pflegemarkt

Selbständig wirtschaftende Einrichtung heißt nicht, dass es sich um einen extra Verein oder eine GmbH handeln muss. Ein ambulanter

Selbständig wirtschaften

Pflegedienst etwa muss nur über eine sog. »eigene Kostenstelleneinrichtung« verfügen, d. h. die auf ihn entfallenden oder bei ihm entstehenden Kosten für die einzelnen Aufgaben exakt nachweisen können. Möchte etwa ein Wohlfahrtsverband oder ein Pflegeheim einen ambulanten Dienst unterhalten, so ist dies möglich, jedoch nur bei getrennter oder gesonderter Wirtschaftsführung.

Ständige Verantwortung einer ausgebildeten Pflegekraft

Ein Pflegedienst kann nur dann zugelassen werden, wenn er nachweist, dass die ständige Verantwortung einer ausgebildeten Pflegefachkraft sichergestellt ist. Dies bedeutet nicht, dass eine Pflegefachkraft die Leitung einer Sozialstation oder eines Heimes innehaben muss. Nur die Verantwortung für das Pflegekonzept, für die Pflegeanamnese, Pflegeplanung und Pflegekontrolle sowie die Anleitung von nichtausgebildeten Pflegehilfskräften muss in der Hand einer Pflegefachkraft liegen. Ständige Verantwortung bedeutet auch nicht, dass die einzelnen Pflegeleistungen immer von einer Pflegefachkraft ausgeführt werden müssen. Eine Pflegefachkraft muss jedoch die Verantwortung in fachlicher Hinsicht tragen. Als Pflegefachkräfte, die diese Funktion wahrnehmen können, gelten AltenpflegerInnen, Krankenschwestern und Krankenpfleger und im Behindertenbereich ggf. HeilerziehungspflegerInnen. Sie müssen über eine entsprechende berufliche Erfahrung verfügen und eine Weiterbildung für ihre Aufgaben absolviert haben.

Leistungsspektrum

Pflegedienste und Einrichtungen können sich nicht auf einzelne Dienstleistungen beschränken, etwa nur Behandlungs- und Grundpflege, aber keine hauswirtschaftlichen Leistungen oder nur hauswirtschaftliche Leistungen, aber keine pflegerischen. Zumindest im Kooperationswege müssen sie sicherstellen, dass die Pflegebedürftigen alle Leistungen, die sie nach dem Pflegeversicherungsgesetz beanspruchen können, aufeinander abgestimmt erhalten. So kann etwa eine auf hauswirtschaftliche Dienste spezialisierte Einrichtung der Nachbarschaftshilfe nicht als Pflegedienst zugelassen werden, ebenso wenig eine Sozialstation, die nur »reine« Pflegeleistungen erbringt. Weiterhin müssen die Pflegedienste sicherstellen, dass sie rund um die Uhr und auch am Wochenende einsatzbereit sind oder mit Einrichtungen und Diensten kooperieren,

Kooperation

Rund um die Uhr

die dann »im Verbund« mit ihnen die ganze Woche hindurch die Pflege sicherstellen. Dies etwa kann eine für sich allein arbeitende Pflegekraft nicht. In **Fall 123** hat Altenpflegerin Erika keine Chance auf Zulassung, es sei denn, sie tut sich mit anderen Pflegekräften zusammen und bildet einen Pflegedienst. Sie könnte aber einen Vertrag mit den Pflegekassen gemäß § 77 SGB XI schließen: Häusliche Pflege durch Einzelpersonen. Dies werden die Pflegekassen dann tun, wenn etwa eine Pflegekraft die intensive Pflege einer Privatperson übernimmt oder bereits übernommen hat.

Häusliche Pflege durch Einzelpersonen

Wiederholungsfragen
1. Was ist eine »ausgebildete Pflegefachkraft« i. S. d. § 71 SGB XI?
2. Welche Leistungen muss ein ambulanter Pflegedienst anbieten, um von den Pflegekassen zugelassen zu werden?
3. Kann eine freiberuflich tätige Altenpflegerin als »Pflegedienst« zugelassen werden?
4. Wenn der Bedarf an Pflegediensten in einer Stadt gedeckt ist, darf die Pflegekasse weitere Pflegedienste zulassen?

i) Vergütung

Die Vergütung für Pflegedienste und Pflegeeinrichtungen wird weitgehend auf Landesebene in den Rahmenvereinbarungen festgelegt, die zwischen den Landesverbänden der Pflegekassen und den Verbänden der Einrichtungsträger abgeschlossen werden, § 75 SGB XI. Die Vergütungssätze müssen leistungsgerecht sein und Pflegediensten generell ermöglichen, die vorausgesetzten Qualitätsstandards auch einzuhalten. Einigen sich Pflegekassen und Einrichtungen nicht auf ein Entgelt oder im stationären Bereich auf Pflegesätze, können sie eine Schiedsstelle anrufen, die dann entscheidet, §76 SGB XI. Die Vergütung soll nach der Rechtsprechung des Bundessozialgerichts vom Januar 2009[51] sowohl die Kostensituation der Einrichtung berücksichtigen als auch die Entgelte anderer Anbieter (Marktpreis).

j) Osteuropäische Pflegekräfte

Fall 124:
Der Münchner Anwalt M. vermittelt Pflegekräfte aus Ungarn, die in Privathaushalten die 24-Stunden-Pflege übernehmen für einen monatlichen Preis zwischen 1.200 und 2.000 €. Er behauptet, die Pflegekräfte würden als Selbstständige tätig sein, ein eigenes Gewerbe ausüben. Nach einer Überprüfung der tatsächlichen Arbeitsverhältnisse in den Privathaushalten durch das Zollamt wird festgestellt, dass die Pflegekräfte schein-selbstständig sind. Tatsächlich sind sie wie Arbeitnehmer in den Privathaushalt eingebunden. Der Anwalt wird wegen rechtswidriger Vermittlungstätigkeit verurteilt. Amtsgericht München, Urteil vom 10.11.2008, Az. B 3 P6/08 R, B 3 P7/08 R, B 3 P9/08 R, B 3 P9/07, B 3 P8/07 R.

Die Vergütungen richten sich auch danach, welche Gruppen von Pflegebedürftigen von den Diensten und Einrichtungen versorgt werden. So sind etwa für demenziell erkrankte Pflegebedürftige andere Pflegeleistungen geboten als für Pflegebedürftige, die im Wesentlichen einen körperlichen Pflegebedarf vorweisen.

Die Auseinandersetzung über die Pflegeentgelte wird verständlicherweise recht scharf geführt. Ein Problem hoher Abschlüsse über die Pflegeentgelte liegt darin, dass die Pflegebedürftigen weniger Pflegeleistungen erhalten, je teurer eine Pflegestunde wird. Es ist nicht auszuschließen, dass einige Pflegebedürftige bei sehr hohen Preisen für einen Pflegeeinsatz auf das Pflegegeld ausweichen und sich billige Hilfskräfte auf dem »grauen Markt« besorgen.

---

51 BSG Urteil vom 29.01.2009.

Zwischen 100.000 und 150.000 wird die Zahl osteuropäischer Pflegekräfte, die in deutschen Privathaushalten tätig sind, geschätzt. Sie werden für 1.200 – 2.000 € im Monat von Agenturen vermittelt. Anders als in Österreich sind osteuropäische Pflegekräfte in Deutschland fast immer irregulär tätig. Die Nachfrage nach ihnen zeigt auf, dass wir es in Deutschland mit einer großen Versorgungslücke zwischen familiärer Pflege und der stationären Pflege zu tun haben. Die Pflegedienste können mit ihren begrenzten Angeboten und für die Privathaushalte vergleichsweise hohen Preisen keine umfassende Versorgung sicherstellen. Gerade für allein lebende Menschen sind osteuropäische Pflegekräfte eine – illegale – Alternative zum Heim.[52]

k) Zukunft der Pflege

Die Zahl der Pflegebedürftigen nimmt stetig zu. Im Jahre 2050 rechnet man mit 2,5 Millionen Pflegebedürftigen im Sinne der Pflegeversicherung, heute sind es in etwa 2 Millionen. Zählt man die Pflegebedürftigen hinzu, die weniger als 90 Minuten am Tag der Unterstützung bedürfen, sind es wesentlich mehr. Interessant ist, dass sich die Zahl der im Heim Versorgten recht stabil bei einem Prozentsatz von 32 % hält. Immer noch werden 60 % der Pflegebedürftigen zu Hause versorgt. Der größte Teil der Pflegebedürftigen, die zu Hause versorgt werden, nehmen keine beruflichen Hilfen im Rahmen der Pflegeversicherung in Anspruch. Nur 8 % werden zu Hause allein durch Pflegedienste versorgt. Die Zahlen machen deutlich, dass die Sicherung der Pflege auch heute noch ganz weitgehend eine Aufgabe ist, die von Familien wahrgenommen wird. Auch Nachbarn sind in einem nicht zu unterschätzenden Umfang an Pflegeaufgaben beteiligt: Sie leisten insgesamt (zeitlich betrachtet) mehr Unterstützung als die Pflegedienste. In der Zukunft wird man davon ausgehen müssen, dass die Zahl der ausschließlich von

Demographische Entwicklung

---

52 Vgl. Karakayali, J., Die private Beschäftigung von Migrantinnen in Haushalten Pflegebedürftiger. In: Archiv Wissenschaft und Praxis der Sozialen Arbeit 2007; Klie, Th. Osteuropäische Pflegekräfte in der Grauzone des Rechts? Pflegerecht 2009 i. E.

Eckdaten der Pflegestatistik 2007

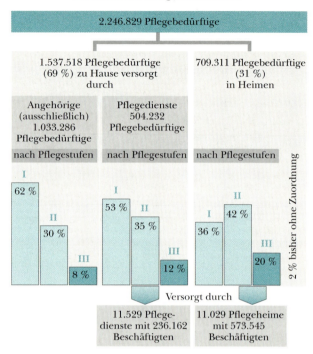

Quelle: Bericht: Pflegestatistik 2007 – Deutschlandergebnisse – S. 8, Statistisches Bundesamt.

Familienangehörigen Versorgten deutlich abnehmen wird. Der demographische Wandel lässt die Zahl der Töchter (manchmal auch Söhne), die die Pflege übernehmen deutlich sinken. Auch für die zunehmende Mobilität, die Umzugsbereitschaft oder -notwendigkeit von jüngeren Angehörigen führt dazu, dass die Wahrscheinlichkeit von den eigenen Angehörigen am Ort gepflegt zu werden, absinkt. Dies gilt in ganz besonderer Weise für die neuen Bundesländer. Die Bedeutung der beruflichen Hilfen wird sowohl im ambulanten als auch im Heimbereich steigen. Schätzungen gehen davon aus, dass im Jahre 2050 statt der heute 650.000 Heimbewohner möglicherweise bis zu 1,9 Millionen Pflegebedürftige in Heimen leben werden, wenn sich nicht die Versorgungssituation zu Hause

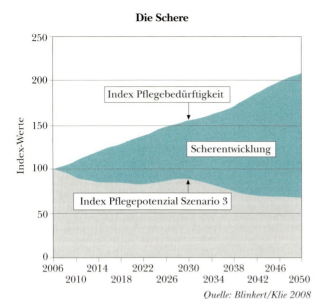

Quelle: Blinkert/Klie 2008

und die Hilfe von Tages- und Nachtpflegeeinrichtungen deutlich verbessert[53]. Im Blick auf diese Zahlen sind alle herausgefordert: die Pflegedienste müssen flexibler werden in ihren Leistungen, die Pflegeversicherung die häusliche Versorgung deutlich stärken. Eine bessere Vereinbarkeit von Erwerbsarbeit und Pflege wird man erreichen müssen und auch der Bereich der nachbarschaftlichen und bürgerschaftlichen Hilfen gilt es auszubauen. Wird die Pflegeversicherung angesichts dieser Zahlen und Entwicklungen Bestand haben können? Es war ein großer politischer Erfolg, dass die Pflegeversicherung 1994 verabschiedet wurde, für die Zukunft wird es darauf ankommen, die Sicherung der Pflege weiter auszubauen.

Mit dem Pflegeweiterentwicklungsgesetz wurde ein wichtiger Schritt unternommen. Die Frage der künftigen Finanzierung der Pflegeversicherung wurde damit allerdings ebenso wenig geklärt wie ein neuer Pflegebedürftigkeitsbegriff eingeführt. Angesichts der Scherenentwicklung zwischen der ansteigender Zahl Pflegebe-

---

53 Vgl. Blinkert; Klie: Expertise für die Enquête-Komission Demographischer Wandel beim Dt. Bundestag, 2001

dürftiger und der Abnahme des so genannten Pflegepotenzials (zur Pflege zur Verfügung stehende Angehörige und Partner siehe Grafik S. 347) führt mittelfristig an einer Strukturreform der Pflegeversicherung kein Weg vorbei. Dabei steht das Pflegegeld ebenso auf dem Prüfstand[54] als auch das Konzept der Einkommensunabhängigkeit der Pflegeleistungen.

Wiederholungsfragen
1. Worin liegt die Problematik hoher Pflegeentgelte für die Pflegebedürftigen?
2. Wer entscheidet bei Streitigkeiten zwischen Pflegekassen und Trägern von Diensten über die Vergütung?
3. Warum gewinnt die Qualitätssicherung mit der Pflegeversicherung an Bedeutung?

l) Pflegeberatung und Pflegestützpunkte

Mit dem Pflegeweiterentwicklungsgesetz wurde Versicherten ein Anspruch auf Pflegeberatung gemäß § 7a SGB XI eingeräumt. Sie sollen im Fall der Bewältigung der Pflegebedürftigkeit gegebenenfalls umfassend beraten werden und dies auf Grundlage von Methoden des Case Managements.[55]

Beim Case Management handelt es sich um eine Arbeitsweise und ein besonders methodisch ausgereiftes Vorgehen, das auf der Grundlage eines umfassenden Assessments mit dem Betroffenen und seinen Angehörigen sowie den Professionellen zusammen eine möglichst optimale Hilfegestaltung erarbeitet.

Die Pflegeberatung ist zunächst eine Aufgabe der Pflegekassen. Sie können und sollen bei der Pflegeberatung untereinander zusammen arbeiten und können andere in den Aufgaben der Pflegeberatung beteiligen. Die Länder können festlegen, dass die

---

54 Vgl. Schütte, W., Recht der Rehabilitation und der Teilhabe. Zwischenbilanz zum SGB IX: Kritische Reflexion und Perspektiven. In: Zeitschrift für Sozialreform. 2004
55 Vgl. Frommel, M. u.a. 2008; Pflegeberatung und Pflegestützpunkte - Die Aufgabe personen- und familienbezogener Unterstützung bei Pflegebedürftigkeit und ihre Realisierung in der Reform der Pflegeversicherung und das Case Management.

Pflegeberatung in örtlichen Pflegestützpunkten angeboten und zusammengefasst wird, an denen auch die Kommunen zu beteiligen sind. Pflegestützpunkte sollen auf der örtlichen Ebene eine gute Zusammenarbeit zwischen Leistungserbringern (Pflegediensten, Heimen), den Ärzten, Therapeuten und Krankenhäusern aber auch mit Selbsthilfe-Organisationen und Initiativen bürgerschaftlichen Engagements sicherstellen und ermöglichen.

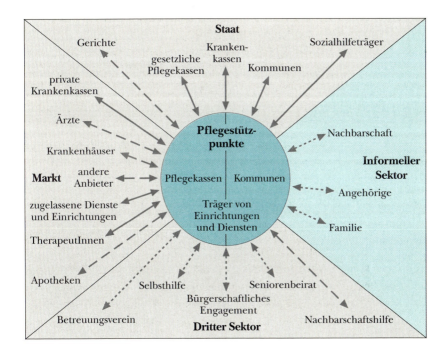

Es bleibt abzuwarten, wie die Kassen, die Kommunen und Länder die Aufgabe der Pflegeberatung und den Aufbau der Pflegestützpunkte umsetzen werden. Es ist nicht davon auszugehen, dass in allen Bundesländern Pflegestützpunkte aufgebaut werden. Die Pflegeberatung muss aber überall gewährleistet werden. Unter Case Management Gesichtspunkten ist es bedeutsam, dass die Pflegeberater ihre Aufgaben unabhängig wahrnehmen und weder finanzielle

Interessen der Kassen in den Vordergrund rücken noch das Interesse von Pflegediensten, Neukunden zu gewinnen. Das gelingt am ehesten dadurch, dass alle Beteiligten sich Spielregeln für die Zusammenarbeit geben, die eine klientenorientierte Beratung und Begleitung sicherstellt.

6. Unfallversicherung

Fall 125:

Frau E. versorgt ihren pflegebedürftigen Mann, der nach einem Arbeitsunfall in ein Wachkoma »gefallen« ist, an einem apallischen Syndrom leidet. Sie versorgt ihren Mann mit Hilfe eines ambulanten Pflegedienstes zu Hause, der rund um die Uhr die zum Teil schwere Pflege sicherstellt, in Kooperation mit der Ehefrau. Lediglich an drei Stunden am Tag ist die Ehefrau mit ihrem Mann alleine im Haus. Der Pflegedienst verlangt für diesen Einsatz 19.000 € im Monat.[56]

Die Unfallversicherung verfolgt im Wesentlichen das Ziel, Arbeitsunfälle und Berufskrankheiten zu vermeiden und der Prävention vor Gesundheitsschäden, die vom Arbeitsplatz ausgehen können. Gelingt aber die Prävention nicht oder ist sie nicht erfolgreich, so sieht die Unfallversicherung auch Leistungen vor.

In den Schutz der Unfallversicherung sind auch Pflegepersonen gemäß § 19 SGB XI und ehrenamtlich Tätige in der Pflege einbezogen, die etwa bei Wohlfahrtsverbänden oder Pflegediensten tätig sind, § 2 Abs. 1 Nr. 9 SGB VII.[57]

Die unfallversicherten Arbeitnehmer haben Anspruch auf:

Heilbehandlung
- Heilbehandlung: Die Unfallversicherung übernimmt nach einem Arbeitsunfall bzw. nach Eintritt einer Berufskrankheit die Kosten für die ärztliche Behandlung, für die erforderlichen Arznei-,

---

56 Fall einer Berufsgenossenschaft aus Hamburg im Jahre 2000.
57 Vgl. Renn: Zum Unfallversicherungsschutz in Betreuungsheimen. In: BTMan 2005, S. 157 f.

Verbands- und Heilmittel sowie für Aufenthalte im Krankenhaus. Dabei spielt es keine Rolle, wie lange diese Leistungen in Anspruch genommen werden müssen.
- Verletztengeld: Für 78 Wochen erhält der Versicherte ein sog. »Verletztengeld«, das 80 % des entgangenen Bruttolohnes umfasst.   *Verletztengeld*
- Es können berufsfördernde Leistungen zur Rehabilitation einschließlich eines Übergangsgeldes gewährt werden.   *Rehabilitation*
- Leistungen zur sozialen Rehabilitation und ergänzende Leistungen: Im Rahmen dieser Leistungen können Kraftfahrzeug- und Wohnungshilfen, Haushaltshilfe und die psychosoziale Betreuung sowie Rehabilitationssport gewährt werden.
- Verletztenrente: Kann die Erwerbsfähigkeit nach einem Unfall oder dem Eintritt einer Berufskrankheit nicht vollständig wiederhergestellt werden oder ist sie zumindest um 20 % dauerhaft eingeschränkt, wird eine Verletztenrente gezahlt.   *Verletztenrente*
- Gezahlt wird auch ein Pflegegeld oder aber auch Pflegeleistungen durch ambulante Dienste oder ein Pflegeheim.   *Pflegegeld Pflegeleistungen*

Im Unterschied zu den Leistungen des SGB XI, aber auch der Leistungen im Rahmen des SGB XII gibt es für die Höhe der Pflegeleistungen, die die Unfallversicherung zu erbringen hat, keine Grenzen. Der Pflegebedürftige hat durchaus den Anspruch, zu Hause versorgt zu werden, und kann von der Unfallversicherung nicht darauf verwiesen werden, die Pflege in einem Heim wäre billiger. Lediglich dann, wenn die Versorgung in der eigenen Häuslichkeit fachlich nicht zu verantworten ist oder unwirtschaftlich erbracht wird, hat die Unfallversicherung das Recht, eine andere Versorgung zu fordern, etwa eine ambulante Pflege für ein geringeres Entgelt oder einen Umzug in ein Heim. In **Fall 125** hat man sich nach einigem Hin und Her – die Forderung des ambulanten Pflegedienstes belief sich zunächst auf 27.000 € im Monat – auf einen Betrag von 19.000 € geeinigt.   *Pflege § 44 SGB VII*

Die Unfallversicherung folgt dem sog. »Kausalitätsprinzip«: Es kommt auf die Ursache der Pflegebedürftigkeit an. Wenn die Ursa-   *Kausalitätsprinzip* che auf einen Arbeitsunfall zurückzuführen ist, hat die Unfallversicherung weitreichende Leistungen zu erbringen. Sie gehen weit über das hinaus, was die Pflegeversicherung und die Sozialhilfe gewähren dürfen. Das Beispiel in **Fall 125** zeigt gleichzeitig, wie teuer eine Rund-um-die-Uhr-Fachpflege bei der Zahlung von Tariflöhnen ist. Es wird gleichzeitig deutlich, dass es undenkbar wäre, derartige Pflegeleistungen für alle Pflegebedürftigen vorzusehen.

7. Soziales Entschädigungsrecht

Fall 126:
Herr B. ist Heimbewohner; er bezieht als Kriegsbeschädigter eine Grundrente nach dem BVG. Anders als andere auf Sozialhilfekosten im Heim lebende Bewohner erhält er, obwohl er die Heimkosten nicht alleine aufbringen kann, nicht nur ein Taschengeld um die 90,- € gem. § 35 SGB XII. Er hat vielmehr ca. 372,- € im Monat zur freien Verfügung.

Insbesondere für Kriegsopfer gilt das sog. soziale Entschädigungsrecht. Der Grundgedanke der Entschädigung beruht auf der Verpflichtung des Sozialstaates, dem Einzelnen einen Ausgleich für Schäden oder Nachteile zu gewähren, die er, ohne sich davor schützen zu können, sozusagen im Wege der Aufopferung erlitten hat.

Empfängerkreis

Anspruch auf Entschädigungsleistungen haben:
- Kriegs- und Wehrbeschädigte (KOV),
- Dienstpflichtige im zivilen Ersatzdienst (ZDG),
- politische Häftlinge aus der ehemaligen DDR,
- Personen, die einen Impfschaden erlitten haben (§ 56 IfSG),
- Opfer von Gewalttaten (z. B. Raub, Vergiftung, Vergewaltigung) (§ 1 OEG).

Leistungen

Zu den Leistungen im Rahmen der sozialen Entschädigung gehören:

- Heil- und Krankenbehandlung (auch häusl. Krankenpflege) (§§ 10 ff. BVG),
- Ausstattung mit Körperersatzstücken (§13 BVG),
- Pflegeleistungen, entsprechend der §§ 61 ff SGB XII, s. u. § 26 c BVG,
- Pflegezulage für Beschädigte, die so hilflos sind, dass in erheblichem Umfang fremde Hilfe dauernd benötigt wird (auch im Heim), weiterer Pflegebedürftigkeitsbegriff als im SGB XI (§ 35 BVG),[58]
- Rentenleistungen (§§ 30, 31 BVG) – die Grundrente wird auch bei HeimbewohnerInnen nicht angetastet, s. *Fall 126*.[59]

Geregelt sind die Leistungen des sozialen Entschädigungsrechts im Wesentlichen im Bundesversorgungsgesetz (BVG). Zuständig für die Leistungen sind die Versorgungsämter. Im Rahmen des Rechtsschutzes sind die Sozialgerichte zuständig.

Wiederholungsfragen
1. Was ist der Grundgedanke des sozialen Entschädigungsrechtes?
2. Können auch Heimkosten im Rahmen sozialer Entschädigung gezahlt werden?

8. Wohngeld

Wohngeld wird zur wirtschaftlichen Sicherung eines angemessenen und familiengerechten Wohnens gewährt (§ 1 WoGG).

Wohngeld erhalten nicht nur Mieter, sondern auch Eigentümer von Eigenheimen und Eigentumswohnungen, wenn sie entsprechende Voraussetzungen erfüllen (§ 3 WoGG).

Ob ein Anspruch auf Wohngeld besteht, hängt ab von:
- der Zahl der zum Haushalt gehörenden Familienmitglieder.

Anspruch auf Wohngeld

---

58 Pflegezulage wird in sechs Stufen gewährt.
59 Vgl. Wilke, Soziales Entschädigungsrecht, Köln 1987, § 31 Rz 4.

Je mehr Haushaltsmitglieder, desto mehr Wohngeld (§ 4 WoGG),
- der Höhe des Familieneinkommens, hierzu zählt das gesamte Einkommen aller im Haushalt lebenden Familienangehörigen (§9 WoGG),
- der Höhe der zuschussfähigen Miete bzw. Unkosten, diese hängen von der Größe der Wohnung, Ausstattung, Alter des Hauses etc. sowie von dem örtlichen Mietenniveau ab (§ 8 WoGG).

Wohngeld wird als Zuschuss zur (Kalt-)Miete oder zu Aufwendungen im eigengenutzten Wohnraum gezahlt. Es wird in der Regel für ein Jahr ab Antragstellung bewilligt.

Wenn das Familieneinkommen in einem Einpersonenhaushalt kleiner als € 650 – 870 (je nach Jahr der Bezugsfertigkeit bzw. Mietenstufe), in einem Zweipersonenhaushalt niedriger als 1.190 € (je nach Jahr der Bezugsfertigkeit bzw. Mietenstufe) ist, kommt eine Zahlung von Wohngeld in Betracht (Anhaltszahlen 2009).[60]

Wohngeld für ältere Menschen

Viele alte Menschen sind auf Wohngeld angewiesen. Ca. 40 % der über 65jährigen erhalten Wohngeld. Dennoch nehmen längst nicht alle an sich Wohngeldberechtigten ihren Wohngeldanspruch wahr. Der Beratung kommt daher eine große Bedeutung zu.

Wohngeld in Alten- und Pflegeheimen

Einige Hinweise:
- Empfänger bestimmter Sozialleistungen (sog. Transferleistungen, wie z. B. Arbeitslosengeld II, Sozialgeld, Sozialhilfe oder Grundsicherungsleistungen im Alter und bei Erwerbsminderung) sowie Mitglieder ihrer Bedarfsgemeinschaft sind vom Wohngeld ausgeschlossen. Deren angemessene Unterkunftskosten werden im Rahmen der jeweiligen Sozialleistung berücksichtigt, so dass sich der Ausschluss vom Wohngeld nicht nachteilig auswirkt,

---

60 Wohngeldtabellen sind bei den örtlichen Wohngeldstellen erhältlich.

- Wohngeld wird für Bewohner eines Heimes im Sinne des Heimgesetzes gewährt, soweit sie nicht nur vorübergehend aufgenommen werden § 3 WoGG,
- Schwerbehinderte und Pflegebedürftige erhalten einen höheren Freibetrag, ihnen wird ein höheres Monatseinkommen als anderen zugestanden, § 13 WoGG.

Zuständig für Anträge sind die Wohngeldstellen bei den Gemeinde-, Stadt-, Amts- und Kreisverwaltungen (in Hamburg und Berlin: Bezirksämter), nicht die Sozialämter, es sei denn, der Betroffene bezieht Sozialhilfe, s. o. Widerspruch ist bei der Wohngeldstelle einzulegen, entschieden wird meist vom Regierungspräsidium. Für Klagen sind die Verwaltungsgerichte zuständig.

Zuständigkeiten

Wohngeld ist keine Sozialhilfe, unterhaltspflichtige Angehörige werden nicht in Anspruch genommen.

Wichtig

Wiederholungsfragen
1. Wird Wohngeld auch für Altenheimkosten gewährt?
2. Warum ist es von Bedeutung, dass Wohngeld keine Sozialhilfe ist?

9. Sozialhilfe und Grundsicherung

a) Einführung

Waren es früher Almosen, die Menschen gewährt wurden, die durch alle Netzen fielen, so haben in einem modernen Rechtsstaat alle Bürger und Bürgerinnen einen Anspruch auf Hilfen, die ihre menschenwürdige Existenz sichern. Das Bundesverfassungsgericht hat in den sechziger Jahren den Gesetzgeber aufgefordert, die Rechtsansprüche auf Sozialhilfe, die bis dahin im Ermessen der Städte und Gemeinden standen, gesetzlich zu regeln. Es gehört inzwischen auch zu den Mindeststandards der Europäischen Union, dass allen Bürgerinnen und Bürgern eine Art staatliche Grundsicherung garantiert wird. Die Sozialhilfe in Deutschland ist seit jeher die Grundsicherung für einkommensschwache Personen. Zu Beginn dieses Jahrhunderts wurde das Sozialhilferecht grundlegend novelliert. Zunächst wurde im Jahre 2000 die Grundsicherung für ältere Menschen und Menschen mit Behinderungen aus der allgemeinen Sozialhilfe herausgenommen. Im Jahr 2005 trat dann eine umfassende Sozialhilfereform mit den so genannten Hartz IV-Gesetzen in Kraft. Die Arbeitslosenhilfe und Sozialhilfe wurden für Arbeitsfähige zusammengelegt (SGB II) und das ehemalige Bundessozialhilfegesetz wurde in das Sozialgesetzbuch als zwölftes Buch integriert.

b) Übersicht

Leistungen der Sozialhilfe unterscheiden sich von denen der Sozialversicherung dadurch, dass sie abhängig sind vom Einkommen und Vermögen der Hilfesuchenden. Oft werden die Unterhaltspflichtigen gegebenenfalls zur Kasse gebeten. In der Altenhilfe kommt der Sozialhilfe vor allen Dingen in folgenden Zusammenhängen Bedeutung zu:

Sozialhilfe in der Altenhilfe

- Sie bietet älteren Menschen, die zu Hause leben bei niedriger Rente eine Grundsicherung.
- Pflegebedürftigen Menschen gewährt sie in der eigenen Häuslichkeit weitergehende Leistungen, die über den Leistungsrahmen der Pflegeversicherung hinausgehen.
- In Heimen kommt die Sozialhilfe für den Teil der Heimkosten auf, den der Pflegebedürftige nicht aus eigener Tasche bezahlen kann und gewährt ihm einen Barbetrag (Taschengeld) zur persönlichen Verwendung.

Wiederholungsfragen
1. Was ist das Ziel der Sozialhilfe?
2. Welche Bedeutung hat die Sozialhilfe für alte, pflegebedürftige Menschen?

c) Grundlagen der Sozialhilfe

Jeder hat Anspruch auf Leistungen der Sozialhilfe. Sie ist sein gutes Recht! Jeder muss, um Hilfe zu bekommen, die gesetzlichen Voraussetzungen erfüllen. Sozialhilfe gibt es nur, wenn alle anderen Hilfe-Möglichkeiten erschöpft sind.

Sozialhilfe wird als Sachleistung (z. B. Medikamente im Rahmen der Krankenhilfe), Geldleistung (z. B. Pflegegeld) und persönliche Hilfen (z. B. Hauspflege) erbracht.

Im Sozialhilferecht gibt es auf der einen Seite Leistungen, die der Existenzsicherung dienen. Hierzu gehören Leistungen der Grundsicherung und der Hilfe zum Lebensunterhalt. Das Sozialhilferecht kennt weiterhin Leistungen in besonderen Lebenslagen, die etwa Menschen mit Behinderungen, Pflegebedürftigen aber auch

Leistungsformen

Existenzsicherung

Besondere Lebenslagen

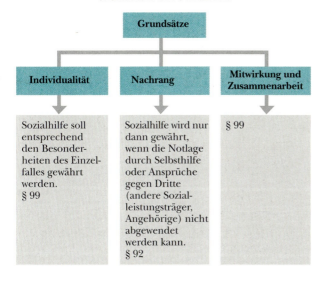

Grundsätze der Sozialhilfe

Allgemeine Grundsätze

Menschen in besonderen sozialen Schwierigkeiten (Nichtsesshaften) Hilfen gewähren.

Hatte in der Vergangenheit die Hilfe zum Lebensunterhalt gemäß § 27 ff. SGB XII große Bedeutung, so spielt sie für ältere Menschen heute, nach Einführung der Grundsicherung nur noch eine untergeordnete Rolle. Mit der Grundsicherung sind für in ihrer eigenen Häuslichkeit lebenden älteren Menschen alle Ansprüche auf existenzsichernde Leistungen erfüllt. Nur ausnahmsweise kommen weitergehende Hilfen zum Lebensunterhalt in Betracht. Die Leistungen in besonderen Lebenslagen sollen besondere Bedarfssituationen abdecken, die etwa durch Krankheit, Behinderung oder Pflegebedürftigkeit entstehen. Diese Hilfen wurden früher Hilfen in besonderen Lebenslagen genannt und sind nun in die Hilfen zur Gesundheit, die Eingliederungshilfe für behinderte Menschen, die Hilfen zur Pflege, die Hilfe zur Überwindung besonderer sozialer Schwierigkeiten und die Hilfen in anderen Lebenslagen gegliedert, ohne dass sich grundlegend etwas gegenüber der Rechtslage nach dem Bundessozialhilfegesetz geändert hat. Allerdings wurden die Vorschriften zur Bestimmung der Einkommensgrenzen durch diese Leistungen neu gefasst, zu Lasten der Hilfeberechtigten.

Formen der Sozialhilfe

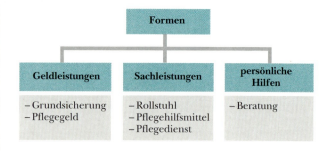

Muss-, Soll- und Kannleistungen

Das SGB XII unterscheidet bei der Frage, ob eine Hilfe zu gewähren ist, zwischen Ist- oder Muss-, Soll- und Kannleistungen.

Auf Mussleistungen besteht ein einklagbarer Rechtsanspruch, falls die gesetzlichen Voraussetzungen vorliegen (z. B. Krankenhilfe,

Hilfe zur Pflege). Auch eine Soll-Vorschrift (z. B. Hilfe zur Weiterführung des Haushaltes) verpflichtet das Sozialamt grundsätzlich, so zu verfahren, wie es im Gesetz steht, es sei denn, es liegt ein atypischer Fall vor. Über die Gewährung von Kann-Leistungen entscheidet das Sozialamt nach pflichtgemäßem Ermessen. Ebenfalls nach pflichtgemäßem Ermessen ist über Form und Maß der Hilfe zu entscheiden, soweit das Gesetz nicht bestimmte Leistungen vorschreibt. Die Sozialhilfeträger haben für ihre Sozialämter i. d. R. Ermessensrichtlinien aufgestellt (Sozialhilferichtlinien).

Fall 127:
In einer »Wohngemeinschaft« leben psychisch kranke, alte Menschen mit jungen Leuten zusammen. Für die »Alten« wird Hilfe zur Weiterführung des Haushalts, § 70 SGB XII, sowie Hilfe zur Pflege, §§ 61 ff. SGB XII, beantragt, und zwar jeweils zwei Stunden am Tag neben den Leistungen der Pflegeversicherung. Die »jungen Leute« in der Wohngemeinschaft sorgen nur für ein gemeinsames tägliches Essen – gemeinsam mit den »Alten«. Alle andere Hilfe kommt von ambulanten Diensten. Das örtliche Sozialamt lehnt die Sozialhilfe unter Hinweis auf die Zuständigkeit des überörtlichen Trägers ab.

Träger der Sozialhilfe

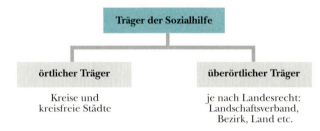

Die Sozialhilfe wird von örtlichen und überörtlichen Trägern durchgeführt, deren Zuständigkeit sich nach §§ 97 ff. SGB XII regelt.

Der örtliche Träger ist für die Gewährung von Hilfe zum Lebensunterhalt sowie im Wesentlichen für die »außerhalb von Einrichtungen« zu gewährende Hilfe in besonderen Lebenslagen zuständig.

Örtliche Träger

Überörtliche Träger

Die örtlichen Träger sind die kreisfreien Städte und die Landkreise. Je nach Landesrecht werden Aufgaben aus dem SGB XII auch auf größere Gemeinden und Gemeindeverbände übertragen.

Die überörtlichen Träger der Sozialhilfe sind im Wesentlichen zuständig für die Eingliederungshilfe. In zahlreichen Ländern wurden die Aufgaben der Sozialhilfe vollständig auf die Kreise übertragen.

Wichtig

> **Nach § 16 SGB I kann der Hilfeempfänger Anträge auch an einen unzuständigen Sozialhilfeträger stellen, der den Antrag unverzüglich an die zuständige Stelle weiterzuleiten hat.**

Wiederholungsfragen
1. In welche Hauptaufgaben gliedert sich das Sozialhilferecht?
2. Was besagt der Grundsatz des Nachranges von Sozialhilfe?
3. Wer sind die Träger der Sozialhilfe?

d) Leistungen

(1) Überblick

(a) Grundsicherung im Alter

Da vor allem ältere Menschen ihre Ansprüche auf Hilfe zum Lebensunterhalt in der Vergangenheit nicht geltend gemacht haben, u. a. auch, weil sie den Unterhaltsrückgriff auf ihre Kinder befürchteten, wurde 2001 im Zusammenhang mit der Rentenreform ein Gesetz über eine bedarfsorientierte Grundsicherung im Alter und bei Erwerbsminderung (GSiG) verabschiedet, das zum 01.01.2005 in das SGB XII integriert wurde. Damit erhalten über 65-Jährige (sowie in ihrer Erwerbsfähigkeit geminderte behinderte Erwachsene) einen Anspruch auf eine »bedarfsorientierte Grundsicherung«.

Bedarfsorientierte Grundsicherung

Antragsberechtigte

Antragsberechtigt sind über 65-Jährige und aus medizinischen Gründen dauerhaft voll erwerbsgeminderte Behinderte.

- Der Anspruch ist abhängig von der Bedürftigkeit; ähnlich wie in der Sozialhilfe dürfen die Rente und das Vermögen bestimmte in den §§ 41 ff. SGB XII vorgesehene Grenzen nicht überschreiten.
  Anspruch
- Ein Rückgriff auf die unterhaltsverpflichteten Kinder (oder Eltern) findet grundsätzlich nicht statt, es sei denn, deren Jahreseinkommen liegt über 100.000 Euro.
  Unterhaltsverpflichtete Kinder
- Die Leistungen sind so bemessen, dass sie der Hilfe zum Lebensunterhalt außerhalb von Einrichtungen entsprechen. Dabei werden die einmaligen Leistungen in Höhe von 15 % des Regelsatzes eines Haushaltsvorstandes pauschaliert. D. h. die einkommensschwachen Rentner erhalten den Regelsatz zzgl. eines Mehrbedarfes gem. § 30 SGB XII sowie einen Zuschlag von 15 % auf den Regelsatz. In dieser Höhe haben sie einen Anspruch auf Grundsicherung.
  Hilfe zum Lebensunterhalt

  Mehrbedarf
- Der Anspruch auf Grundsicherung ist bei den Kreisen und kreisfreien Städten geltend zu machen, d. h. genau dort, wo auch die Sozialhilfe gewährt wird.
  Kreise und kreisfreie Städte

Sozialrecht **361**

Information

- Die Rentenversicherungsträger sind verpflichtet, antragsberechtigte Personen über die Leistungsvoraussetzungen dieses neuen Grundsicherungsgesetzes zu informieren, zu beraten und bei der Antragstellung auf Grundsicherung zu unterstützen.
- Durch die Grundsicherung soll es für ältere Menschen leichter werden, ihre berechtigten Ansprüche auch geltend zu machen.

Wiederholungsfragen

1. Was ist das Ziel der Grundsicherung?
2. Wer ist berechtigt, die Leistungen der Grundsicherung zu beziehen?
3. In welchem Gesetz ist die Grundsicherung geregelt?

(b) Hilfen zum Lebensunterhalt

Neben den Leistungen der Grundsicherung erhalten ältere Menschen gegebenenfalls Hilfen zum Lebensunterhalt. Nach Einführung des SGB XII kommen allerdings nur noch in wenigen Situationen zusätzliche Hilfen in Betracht. So sind die so genannten einmaligen Beihilfen, mit denen besondere Anschaffungen, die für einen älteren Menschen notwendig waren, finanziert werden können, grundsätzlich mit den monatlichen Leistungen der Grundsicherung abgegolten (Bekleidung, Weihnachtsbeihilfen etc.). Nur ausnahmsweise können ältere Menschen bei großen Anschaffungen (Einbau einer neuen Heizung, notwendige Erneuerung des Teppichbodens) so genannte einmalige Beihilfen beanspruchen. In Betracht kommt, die Gewährung einer Haus- und Putzhilfe gemäß § 37 Abs. 3 SGB XII, die für einzelne Tätigkeiten im Haushalt beschäftigt werden kann. Auch kann im Rahmen der Hilfe zum Lebensunterhalt die Kündigung einer Wohnung dadurch abgewehrt werden, dass der Sozialhilfeträger die aufgelaufenen Mietschulden übernimmt, § 34 SGB XII.

Einmalige Beihilfen

(c) Hilfe zum Lebensunterhalt in Heimen

Fall 128:

Der Heimbewohner Müller kann den Barbetrag nicht mehr selbst verwalten. Das Heim übernimmt die Aufgabe für ihn, da auch sein Betreuer sich nicht dazu in der Lage sieht. Es stellt dem Heimbewohner hierfür monatlich einen Betrag von 15 € in Rechnung. Der Betreuer von Herrn Müller hält dies für ungerechtfertigt und beantragt die Übernahme der Barbetragsverwaltungskosten beim zuständigen Sozialamt. (Im Original Fall nach OVG Leipzig. Urteil vom 13.12.2005, Az: 4 B 886/04.)

In Heimen, in denen pflegebedürftige ältere Menschen und Behinderte auf Dauer aufgenommen wurden, wird ihr gesamtes Einkommen und Vermögen bis auf die Schongrenzen aufgebraucht beziehungsweise eingesetzt. Den Bewohnern bleibt nur ein so genannter »Barbetrag« zur persönlichen Verfügung (früher Taschengeld genannt). Die Kosten zur Unterkunft, das heißt, die Heimkosten, die nicht für die Pflege entstehen sondern für die zu Verfügungstellung eines Wohnraumes, werden von der Grundsicherung nicht vollständig übernommen, sondern sie werden im Rahmen der Hilfe zum Lebensunterhalt vom Sozialamt bezahlt. Das hat die negative Auswirkung für die Betroffenen, dass hier die Schonvermögensgrenzen für die Angehörigen in Höhe von 100.000 € nicht gelten. In Heimen können die Angehörigen also mehr zur Kasse gebeten werden als in Situationen, in denen Pflegebedürftige zu Hause leben. Dadurch wird es für Familienangehörige finanziell belastend, wenn ihre pflegebedürftigen Eltern etwa in Heimen leben.

(Die Kosten der Barbetragsverwaltung können dem Heimbewohner nicht noch einmal in Rechnung gestellt werden, siehe *Fall 128*. Sie gehören nach Ansicht des OVG Leipzig zur sozialen Betreuung.)

Barbetrag

Wiederholungsfragen
1. Kommen neben den Leistungen der Grundsicherung für ältere Menschen auch Leistungen der Hilfe zum Lebensunterhalt in Betracht?
2. Warum stellen sie die Angehörigen schlechter, wenn ihre Eltern im Heim leben?

(2) Leistungen in »besonderen Lebenslagen«

a) Überblick

Die Sozialhilfe gewährt neben den existenzsichernden Leistungen für einkommensschwache Personen auch Leistungen in besonderen Lebenslagen. Hierzu gehören die Leistungen zur Gesundheit, die Eingliederungshilfe für behinderte Menschen, die Hilfe zur Pflege, die Hilfe zur Überwindung besonderer sozialer Schwierigkeiten und Hilfe in anderen Lebenslagen. Diese Hilfen erhalten gegebenenfalls auch diejenigen, die keine Leistungen der Grundsicherung oder Hilfe zum Lebensunterhalt erhalten, da das Einkommen zu hoch ist. Es gelten bezüglich der Leistungen in besonderen Lebenslagen etwas mildere Einkommensgrenzen.

Einkommensgrenzen

Alle EmpfängerInnen der Grundsicherung und der Hilfe zum Lebensunterhalt sowie andere Sozialhilfeberechtigte erhalten Krankenhilfe, sofern sie nicht selbst krankenversichert sind (§ 48 SGB XII).

Krankenhilfe

Die Krankenhilfe umfasst ärztliche Behandlung, Versorgung mit Arzneimitteln etc. (wie im Recht der Krankenversicherung [vgl. S. 259 ff.]).

Wichtig

Hilfe in besonderen Lebenslagen erhält auch derjenige, der keine Hilfe zum Lebensunterhalt bekommt, da sein Einkommen zu hoch ist. Hier gelten mildere Einkommensgrenzen. s. S. 388 ff.

Soweit nicht Sozialversicherungen (Rentenversicherung, Krankenversicherung) infrage kommen, kann auch über Sozialhilfe eine Rehabilitation finanziert werden § 47 SGB XII.

Für Heimbewohner wird eine Rehabilitation in den meisten Bundesländern nicht mehr bezahlt. Urlaub vom Heim kann ggf. als Eingliederungshilfe-Maßnahme finanziert werden.

Blinde erhalten zum Ausgleich der durch die Blindheit bedingten Mehrbelastungen eine pauschalisierte Blindenhilfe (§ 72 SGB XII). *Blindenhilfe*

Fall 129:
Herr B., 81 Jahre alt, wurde nach 6monatigem Aufenthalt im Krankenhaus nach Hause entlassen. Er leidet an einer aphasischen Störung, kann aufgrund einer Halbseitenlähmung seinen Haushalt nicht mehr allein versorgen. Er kocht gern, benötigt hierzu aber Hilfen. Er kann selbständig duschen, verfügt allerdings in seiner Wohnung lediglich über eine Badewanne. Zeitweise ist Herr B. sehr depressiv und äußert suizidale Absichten.

Behinderte, d. h. Personen, die nicht nur vorübergehend körperlich, geistig oder seelisch wesentlich behindert sind, erhalten Eingliederungshilfe gemäß §§ 53 ff. SGB XII. *Eingliederungshilfe*

Dies gilt auch für alte Menschen, solange eine Besserung oder Stabilisierung des körperlichen oder geistigen Zustands erreicht werden kann.

In der Altenarbeit werden Leistungen der Rehabilitation und Eingliederungshilfe für alte behinderte Menschen wenig ausgeschöpft, obwohl diese Hilfen gerade von ihrer Zielrichtung her (Erhalt der Selbständigkeit, Förderung von eigenverantwortlichem Leben, Integration in das soziale Umfeld) besonders angemessen sind:

Als Leistungen der Eingliederungshilfe kommen in Betracht: ambulante und stationäre Behandlung, Finanzierung behinderungsgerechter Gebrauchsgegenstände (Waschmaschine, automatische Toilettenanlage), Hilfe zur Teilnahme am Leben in der Gemeinschaft (Besuch geselliger und kultureller Veranstaltungen, Telefonanschluss,

Fernseher), gerontopsychiatrische Übergangspflege, »Urlaub vom Heim«, Sterbebegleitung:

In *Fall 129* wäre darüber hinaus zu denken an:
- eine Sprachtherapie gemäß § 54 SGB XII, soweit nicht eine Krankenkasse leistungspflichtig ist,
- Beschäftigungstherapie, z. B. durch Kochkurs für Behinderte, gemäß § 54 SGB XII,
- Kostenübernahme für den Einbau einer Dusche gemäß § 54 SGB XII,
- sozialpädagogische Betreuung gemäß § 54 SGB XII.

Fall 130:
Artur S. lebt seit Jahren auf der Straße. Mit zunehmendem Alter fällt ihm das Leben als Nichtsesshafter immer schwerer. Er hat von einer Wohngemeinschaft für »alte Berber« gehört.

Besondere soziale Schwierigkeiten

Für altgewordene Nichtsesshafte gibt es nur wenig geeignete Einrichtungen in der Altenhilfe. Ihnen kann z. T. nur durch Sondereinrichtungen, etwa Wohngemeinschaften, geholfen werden. Die Finanzierung dieser Einrichtungen erfolgt über § 73 SGB XII, Hilfe zur Überwindung besonderer sozialer Schwierigkeiten, eine Hilfeart, die sich traditionell besonders an Nichtsesshafte richtet.

Wiederholungsfragen
1. Erhalten Blinde oder Schwerbehinderte pauschalierte Hilfe im SGB XII?
2. Was wird unter Eingliederungshilfe verstanden?

(b) Hilfe zur Pflege

Fall 131:

Frau B., 65 Jahre alt, leidet seit Jahren an einer progressiven chronischen Polyarthritis. Bisher lebte sie mit ihrer Tochter in einem gemeinsamen Haushalt. Die Tochter hat jetzt geheiratet und ist in eine andere Stadt gezogen.

Ein wesentlicher Beweggrund für die Einführung der Pflegeversicherung war es, die Pflegeabhängigen nicht weiter auf Sozialhilfeleistungen verweisen zu müssen. Nun deckt aber die Pflegeversicherung nur einen Teil des pflegebedingten Bedarfs. Auch wird nicht jeder pflegebedingte Bedarf im Rahmen der Pflegeversicherung anerkannt. So bleibt auch nach Einführung der Pflegeversicherung ein recht weiter Anwendungsbereich für die Sozialhilfe und hier insbesondere für die Hilfe zur Pflege gemäß §§ 61 SGB XII.

Voraussetzung für die Leistungen im Rahmen der Hilfe zur Pflege ist – ebenso wie in der Pflegeversicherung – das Vorliegen von Pflegebedürftigkeit. § 61 ff. SGB XII übernimmt wortwörtlich den Pflegebedürftigkeitsbegriff des SGB XI, und die Feststellungen des Medizinischen Dienstes haben Bindungswirkung für den Sozialhilfeträger. Der Pflegebedürftigkeitsbegriff des SGB XII wurde auf diese Weise mit dem Pflegebedürftigkeitsbegriff der Pflegeversicherung harmonisiert. Es gelten die gleichen Kriterien, die gleichen Verfahren, und hinsichtlich der Pflegestufen sind auch die gleichen Leistungen vorgesehen.

Leistungsvoraussetzungen Pflegebedürftigkeit

Die Hilfe zur Pflege nach dem SGB XII sieht jedoch nicht nur dann Leistungen vor, wenn Pflegebedürftigkeit i. S. des Pflegeversicherungsgesetzes gegeben ist, sondern auch schon vorher: die sog. ›Pflegestufe 0‹. Benötigt ein Pflegebedürftiger Pflege und hauswirtschaftliche Hilfe, erfüllt er aber die Kriterien, die im SGB XI gelten, nicht, so kann er dennoch Leistungen beanspruchen. § 61 SGB XII beschränkt sich bei der Feststellung der Pflegebedürftigkeit nicht nur auf die in der Pflegeversicherung geltenden sog. ›Verrichtungen‹, sondern lässt auch sog. ›andere Verrichtungen‹ sowie andere Behinderungen gelten, die dann eine leistungsauslösende Pflegebedürf-

Pflegestufe 0

Andere Verrichtungen

SGB XII-Leistungen gemäß §§ 61 ff.		
Pflegestufe 0	§§ 61 Abs. 1 und 65	– Pflegekraft – Aufwendungen – Beihilfen – Alterssicherung – Hilfsmittel – Kommunikationshilfen
zusätzliches Pflegegeld bei Sachleistungen	§ 66 Abs. 2	kann um 2/3 gekürzt werden
erweiterter Pflegebegriff	§ 61 Abs.1	andere Verrichtungen
andere und erweiterte Leistungen	§ 65	– Aufwendungen – Beihilfen – Kommunikationshilfen – Alterssicherung – familienentlastende Hilfen
für nicht Pflegeversicherte oder nicht Leistungsberechtigte (Vorversicherungszeit)	§ 63	die in SGB XI vorgesehenen Leistungen

tigkeit i. S. des SGB XII begründen können. Wird etwa in besonderem Umfang ein Bedarf an kommunikativen Hilfen festgestellt, so hat der Sozialhilfeträger ggf. Leistungen zu erbringen, die im Rahmen der Pflegeversicherung nicht gewährt werden könnten.[61]

Leistungen

Auch die Hilfe zur Pflege im Rahmen der Sozialhilfe kennt häusliche Pflegehilfen, teilstationäre und stationäre Pflege. Die Leistungen entsprechen zwar grundsätzlich vom Umfang her denen der Pflegeversicherung (für nicht pflegeversicherte Personen), gehen aber sowohl vom Leistungsumfang als auch im Hinblick auf die Art der Hilfen über den Leistungsrahmen der Pflegeversicherung hinaus.

---

61   Strittig ist, ob Hilfe zur Pflege für andere Verrichtungen auch bei Pflegestufe 1 ff. oder nur bei Pflegestufe 0 gewählt werden kann. Meines Erachtens muss wegen des Individualisierungsgrundsatzes und der Sozialhilfe als letztes Netz für notwendige andere Verrichtungen Hilfe zur Pflege auch neben der Hilfe für die im SGB XI anerkannten Verrichtungen gewährt werden.

Auch im Rahmen der Sozialhilfe gilt der Grundsatz des Vorranges ambulanter bzw. offener Hilfe vor stationärer. Reicht die häusliche Pflege aus, so hat der Sozialhilfeträger darauf hinzuwirken, dass der Pflegebedürftige die Leistungen in seiner gewohnten Umgebung erhält, möglichst durch ihm nahestehende Pflegepersonen. Als Leistungen kommen im Einzelnen in Betracht:

Häusliche Pflege

- Pflegesachleistungen und Geldleistungen entsprechend der Pflegeversicherung für Personen, die nicht pflegeversichert sind,

Nicht Versicherte

- über den Leistungsrahmen der Pflegeversicherung hinausgehende weitere Pflegesachleistungen, etwa bei Pflegestufe I Sachleistungen, die in ihrem Wert über den Betrag von 384 € im Monat hinausgehen. Da in den meisten Fällen die Pflegesachleistungen der Pflegeversicherung zur Deckung des gesamten Pflegebedarfs nicht ausreichen, kommen bei einkommensschwachen Personen recht häufig weitergehende Leistungen der Sozialhilfe in Betracht, die allerdings grundsätzlich nur bis zu einem Betrag gewährt werden, der dem von der Sozialhilfe zu tragenden Heimkostensatz entspricht, § 9 SGB XII.[62]

Weitere Pflegesachleistungen

- Bei zusätzlichen Pflegesachleistungen ist für Sozialhilfeberechtigte ein zusätzliches Pflegegeld, das jedoch um 2/3 gekürzt werden kann, zu gewähren. Das Pflegegeld entspricht dem Pflegegeld nach dem Pflegeversicherungsgesetz.

Zusätzliches Pflegegeld

- Bei der Feststellung der Pflegebedürftigkeit sind ggf. auch andere Verrichtungen zu berücksichtigen, etwa besondere kommunikative Bedürfnisse oder psychosozialer Hilfebedarf im Rahmen der Pflege.

- § 65 SGB XII sieht auch noch andere, über den Leistungsrahmen der Pflegeversicherung hinausgehende Leistungen vor. Hierzu gehören Aufwendungen, Beihilfen, Kommunikationshilfe, Alterssicherung und familienentlastende Hilfen. Bezieht der Pflegebedürftige Pflegegeld von der Pflegekasse, so kommen zusätzliche Pflegesachleistungen und ggf. zusätzliche Pflege-

Andere Leistungen

---

62 Vgl. zur Mehrkostenproblematik: Klie, Mehrkosten bei ambulanter Pflege, in: Forum Sozialstation, 1992 (Heft 59) S. 31.

geldleistungen durch den Sozialhilfeträger nicht in Betracht (Diskriminierung der Geldleistung).

Dem Pflegebedürftigen – nicht den Verwandten, Nachbarn oder Bekannten, die die Pflege übernommen haben – sind die angemessenen Aufwendungen der Pflegeperson zu erstatten[63]. (In *Fall 131* konnten der Tochter Aufwendungen ersetzt werden, solange sie mit ihrer Mutter zusammenlebte.)

Aufwendungsersatz

Zu den angemessenen Aufwendungen können gehören:
- Fahrtkosten,
- Kosten für Mahlzeiten außerhalb des Hauses,
- besondere Bekleidung,
- Reinigung von Wäsche und Kleidung,
- anderweitige Unterbringung von Kindern der Pflegeperson (Kindergarten, Babysitter),
- Kosten doppelter Haushaltsführung,[64]
- Abgeltung eines etwaigen Verdienstausfalles,[65]
- Teilbeträge für eine freiwillig abgeschlossene Kranken- und Unfallversicherung.[66]

Im Rahmen des Aufwendungsersatzes kommt die Festsetzung einer festen Vergütung für die Pflege nicht in Betracht.

Was als angemessene Aufwendung anzusehen ist, entscheidet der Sozialhilfeträger nach pflichtgemäßem Ermessen.

Neben dem Ersatz angemessener Aufwendungen können laufende Beihilfen gewährt werden, die der Gewinnung und Erhaltung von Pflegepersonen dienen.

Beihilfen

Hierzu gehören:
- Taschengeld für die Pflegeperson.

---

63 Bei Einverständnis des Pflegebedürftigen können die Aufwendungen auch direkt der Pflegeperson erstattet werden.
64 Vgl. Klie in: Hauck/Noftz SGB XII 65 Rz 4
65 a. a. O.
66 a. a. O.

- Ersatz nicht vermeidbaren Verdienstausfalls (z. B. wenn sich unverheiratete volljährige Kinder einer Pflegebedürftigen entschließen, wegen der Pflege eine Berufstätigkeit einzuschränken oder zeitweise auf sie zu verzichten[67]).
- Unter Umständen: Anschaffungskosten für ein Kraftfahrzeug für die Pflegeperson[68]. Die Gewährung laufender Beihilfen liegt im Ermessen des Sozialhilfeträgers. Die laufenden Leistungen an Beihilfen sollen in der Regel die Höhe des einfachen Pflegegeldes nicht überschreiten.
- Bei Pflegebedürftigkeit sind die Beiträge der Pflegeperson und ggf. auch der Pflegekraft[69] für eine angemessene Alterssicherung zu erbringen, soweit die Leistungen der Pflegeversicherung nicht gewährt werden können. Hierdurch soll die Pflegebereitschaft unterstützt werden. Normalerweise sind die Beiträge für eine gesetzliche Rentenversicherung zu übernehmen. Es können aber auch Beiträge für eine private Lebensversicherung erstattet werden.

Beiträge für eine angemessene Alterssicherung

Die Beiträge für eine Alterssicherung werden nicht übernommen, wenn:
- die angemessene Alterssicherung durch eigene oder abgeleitete Ansprüche der Pflegeperson sichergestellt ist (z. B. bereits erworbene Rentenanwartschaften in bestimmter Höhe, Ansprüche aus Versicherung des Ehegatten),
- es sich um Beiträge zur gesetzlichen Rentenversicherung handelt, und die Wartezeit bis zur Vollendung des 65. Lebensjahres nicht mehr erfüllt werden kann.

Sind mehrere Pflegepersonen an der Pflege beteiligt, sind die Beiträge für jede dieser Pflegepersonen zu übernehmen, sofern sie die Voraussetzungen erfüllen.

---

67 Vgl. Klie in: Hauck/Noftz SGB XII 65 Rz 5
68 a. a. O.
69 a. a. O.

Gemäß § 61 Abs. 2 SGB XII können die Leistungen der Hilfe zur Pflege auch in der Leistungsform des Budgets gewährt werden. Hier erhalten die Pflegebedürftigen das Geld etwa für einen Pflegedienst oder für eine selbstbeschaffte Pflegekraft »cash« ausbezahlt und vereinbaren mit dem Pflegedienst selbstständig die Leistungen und Entgelte im Rahmen einer Zielvereinbarung, die mit dem Sozialhilfeträger beschlossen wird.[70]

Fall 132:
Eine 80-Jährige erhöht Pflegebedürftige erhält ein Pflegegeld gem. §§ 62, 64 SGB XII. Sie wird von ihrer Tochter gepflegt, die deswegen eine Teilzeitbeschäftigung als Kassiererin aufgegeben hat. Die Pflegebedürftige zahlt ihrer Tochter, die auf das Einkommen angewiesen ist, eine monatliche Beihilfe gem. §§ 62, 64 SGB XII in Höhe des Verdienstausfalls. Nach einem halben Jahr muss eine Pflegefachkraft hinzugezogen werden. Das an die Pflegekraft zu zahlende Entgelt beträgt monatlich 200,– €.

Um der Belastung von Pflegepersonen weiter entgegenzuwirken, kann über die Entlastungsmöglichkeiten im Rahmen der Pflegeversicherung hinaus durch den Sozialhilfeträger familienentlastende Hilfe angeboten werden, etwa Betreuung des Pflegebedürftigen während der stundenweisen Abwesenheit der Pflegepersonen (Partner, Tochter, Sohn). Die Kosten für den Pflege- und Betreuungseinsatz sind ggf. zu übernehmen.

Familienentlastende Hilfe

Fall 133:
Frau M. ist 56 Jahre und leidet an MS. Sie lebt zu Hause und möchte keinesfalls in ein Heim. Sie benötigt nach ihrem letzten Schub jedoch intensive häusliche Pflege, die weit über den Leistungsrahmen der Pflegeversicherung hinausgeht: Ihre Pflege kostet im Monat 9.000,– €, ein Heimplatz würde incl.

---

70 Vgl. § 17 SGB IX in Verbindung mit der Budgetverordnung

Hotelkosten 3.000,- €, kosten. Das Sozialamt verlangt von ihr, in ein Heim zu ziehen, da die ambulante Versorgung mit unverhältnismäßigen Mehrkosten verbunden wäre.

Häusliche Pflege genießt gegenüber der stationären (Heimpflege) den Vorrang – allerdings nur, solange sie nicht wesentlich teurer ist als die stationäre Versorgung, § 9 SGB XII. Ein Kostenvergleich darf jedoch erst angestellt werden, wenn die Heimpflege zumutbar und möglich wäre. Im *Fall 133* müsste eine geeignete Einrichtung vorhanden sein – wohnortnah und geeignet für eine 56jährige Frau – und es müsste in dieser Einrichtung ein Platz vorhanden sein. Schließlich dürfen in der Person von Frau M. keine Gründe vorliegen, die ein Leben im Heim als fachlich nicht verantwortbar erscheinen ließen, etwa Suizidgefährdung.[71]

Die Sozialhilfe zahlt nicht nur für die häusliche Pflege, sondern auch für teilstationäre und vollstationäre Pflege gem. §§ 61 ff. SGB XII.

Wiederholungsfrage
Welche über die Pflegeversicherung hinausgehenden Leistungen sehen die §§ 61 ff. SGB XII vor?

(c) Hilfe zur Weiterführung des Haushaltes

Fall 134:
Frau M., 87 J., ist vor 2 Monaten aus dem Krankenhaus entlassen worden und hat sich körperlich recht gut erholt. Morgens kommt auf ärztliche Verordnung eine Pflegekraft, versorgt die offenen Beine und gibt eine Insulinspritze. Weitergehende pflegerische Hilfe benötigt Frau M. nicht. Sie kommt allerdings mit der Haushaltsführung nicht mehr allein zurecht. Frau M. vergisst das Einkaufen, isst nicht regelmäßig, und die Wohnung verkommt zusehends. Hilfe von Nachbarn, mit denen sie ein gutes Verhältnis hat, ist nicht ausreichend.

---

71 Vgl. Klein, Der Heimeintritt im Alter, SF 1994, S. 44 ff.

Wenn sie weiter in ihrer alten Wohnung bleiben soll, braucht sie täglich 2 Stunden Hilfe im Haushalt.

Personen mit eigenem Haushalt soll Hilfe zur Weiterführung des Haushalts gewährt werden, wenn kein anderer Haushaltsangehöriger den Haushalt führen kann und die Weiterführung des Haushaltes geboten ist (§ 70 SGB XII).

Ein Teil der ambulanten häuslichen Hilfen für ältere Menschen wird als »Haushaltshilfe« gemäß §70 SGB XII gewährt. Hierdurch kann häufig der Einzug in ein Heim verhindert oder zumindest aufgeschoben werden.

Voraussetzungen

Haushaltshilfe wird nur gewährt, wenn der Betroffene selbst den Haushalt nicht mehr allein bewältigen kann und er deshalb recht umfassend Hilfe benötigt (nicht nur gelegentlich und für einzelne Tätigkeiten, wie Hausputz [§ 27 SGB XII])[72] und kein anderer Angehöriger des Haushaltes (Ehepartner, Kinder, Lebensgefährte) den Haushalt führt. Das Verbleiben in seiner Wohnung muss darüber hinaus für den Betroffenen geboten sein. Dies wird meist dann angenommen, wenn ansonsten nur ein Umzug in ein Heim bleibt, s. *Fall 134*.

Hilfe zur Weiterführung des Haushaltes wird grundsätzlich nur vorübergehend gewährt (bis zu 6 Monaten[73]). Bei älteren Menschen, bei denen ohne Gewährung von Haushaltshilfe eine Heimunterbringung droht, sind Leistungen nach § 70 SGB XII ggf. auch auf Dauer zu gewähren[74], so ausdrücklich nunmehr § 70 Abs. 1 S. 2 SGB XII.

Leistungen

Zu den Hilfen im Rahmen der Haushaltshilfe gehören:
- Säubern von Wohnung, Fenstern und Wäsche,
- Hilfe beim Kochen, Heizen, Einkaufen, bei Reparaturen,
- Besorgungen, Behördengänge,
- Begleitung zu Behörden, zum Arzt, bei Spaziergängen,
- Gesprächsführung.

72 OVG Lüneburg, FEVS 33, S. 20.
73 OVG Lüneburg, FEVS 29, S. 113.
74 VG Münster, Altenpflege 1988, S. 262; so Verwaltungspraxis in Hamburg; problematisch: VG Schleswig Az 10 A 396/82.

In der Praxis wird für die oben genannten Aufgaben eine bestimmte wöchentliche Stundenzahl festgelegt.

Wird die Hilfe im Haushalt von Nachbarn oder nicht im Haushalt lebenden Angehörigen vorgenommen, so haben diese ebenso wie Pflegepersonen Anspruch auf Aufwendungsersatz etc., § 70 Abs. 3 SGB XII.

Haushaltshilfe wird meist von Haus- oder Familienpflegekräften, teilweise auch von Altenpflegekräften erbracht.

Wiederholungsfragen
1. Welche Leistungen werden über die »Haushaltshilfe« gewährt?
2. Kann Haushaltshilfe auch gewährt werden, wenn nur gelegentlich einmal Hilfe im Haushalt benötigt wird (z. B. zum Hausputz)?

(d) Altenhilfe

Ergänzend zu den anderen Leistungen nach dem SGB XII wird alten Menschen Altenhilfe gewährt. Altenhilfe nach § 71 SGB XII soll dazu beitragen, Schwierigkeiten, die durch das Alter entstehen, zu verhüten, zu überwinden oder zu mindern und alten Menschen die Möglichkeit zu erhalten, am Leben in der Gemeinschaft teilzunehmen. Altenhilfe soll all denen gewährt werden, bei denen altersbedingte Schwierigkeiten bestehen oder die Gefahr der Vereinsamung droht (nicht nur bei über 60-Jährigen).

→ Beratung und Information durch das Sozialamt
- über alle sozialrechtlichen Fragen,
  der alte Mensch kann sich mit allen sozialrechtlichen Fragen zur Beratung an die Altenhilfe wenden,
- über Pflege im Haushalt,
  Unterstützung der Familie bei Pflegeleistungen, Vermittlung von Hauspflege (auch wenn sie nicht vom Sozialamt bezahlt wird),

Beratung und Information

- bei Wohnungswechsel,
  Vermittlung altengerechter Wohnungen, Wohnheimplätze etc.,
- Heimberatung,
  wenn alte Menschen in ein Heim ziehen möchten/müssen, soll der Betreffende über Vor- und Nachteile der Heime und geeignete Heimplätze informiert werden,
- über kulturelle Angebote etc.,
  Vermittlung von Altenclubs, Altentagesstätten, Selbsthilfegruppen, Bildungsangeboten (z. B. Volkshochschulen),
- über Mahlzeitendienste,
  Hinweis auf Angebote wie »Essen auf Rädern«, stationärer Mittagstisch (z. B. Frankfurter Mittagstisch), Essen in Altenheimen.

Sach- und Geldleistungen

→ Sach- und Geldleistungen
- Übernahme von Kautionen für Altenwohnungen,
- Instandsetzung, Verbesserung und altersgerechte Ausstattung von Wohnraum,
- Kosten des Umzuges in altengerechte Wohnung (auch WG),
- unentgeltliche Karten für kulturelle Veranstaltungen,
- Zuschuss zu Kursusgebühren an Volkshochschulen etc.,
- Telefonhilfe,
  Übernahme der tatsächlichen Telefonkosten bei an die Wohnung gebundenen alten Menschen,
- Erholungsurlaub, auch ohne Erfüllung der Voraussetzungen des § 47 SGB XII,
- Fahrgeld für Besuche bei Verwandten,[75]
- Kostenübernahme für Fernsehgerät,
- Kurzfreizeiten (Stadtranderholung etc.),
- laufende Kosten für Notrufsystem,
- Regaleinbau als Beitrag zur Wohnlichkeit,[76]
- Fußpflege (bis zu 1 x im Monat),

---
75 OVG Berlin, FEVS 72, S. 210.
76 OVG Berlin, E Bd. 13, S. 16.

- Seniorensport (Vereinsbeiträge).

→ Planung, Bereitstellung und institutionelle Förderung von Diensten

Planung und Förderung von Diensten

Im Rahmen der Altenhilfe soll der Sozialhilfeträger durch entsprechende Sozialplanung, (finanzielle) Förderung von Diensten (Altentagesstätten, Altenclubs, Selbsthilfegruppen etc.) und ggf. eigene Bereitstellung von Einrichtungen (Beratungsstellen, Clubs etc.) die Ziele verfolgen,
- der Entstehung von Hilfebedürftigkeit im Alter entgegenzuwirken,
- altersbedingte Probleme zu lindern oder zu beseitigen,
- älteren Bürgern ein würdevolles Leben zu ermöglichen,
- Hilfen wirksam und bedürfnisorientiert zu gewähren.

Wiederholungsfragen
1. Was ist das Ziel der »Altenhilfe« nach dem SGB XII?
2. Worüber wird im Rahmen der Altenhilfe informiert?
3. Nennen Sie einige Sach- und Geldleistungen im Rahmen der Altenhilfe!

(3) Sozialhilfe in Heimen

Fall 135:

Frau M., 81 Jahre, kann nicht mehr aus dem Krankenhaus in ihre Wohnung zurück, sie sucht ein Heim. Die Stadtverwaltung bietet ihr einen Platz in einem städtischen Heim an, sie möchte aber lieber in das kirchliche Heim »Stephanus« in ihrem alten Stadtteil.

Fall 136:

Der Sozialhilfeträger in Bayern ist dazu übergegangen, sozialhilfeberechtigte Personen nur noch in Doppelzimmern »unterzubringen«, beziehungsweise nur noch die Heimentgelte in Doppelzimmern zu zahlen. Damit sollen die Ausgaben der Sozialhilfe begrenzt werden.

(a) Heimkosten

Mit Einführung der Pflegeversicherung wurde die Erwartung verbunden, dass weniger Pflegebedürftige in Heimen Sozialhilfe beziehen müssen. Diese Erwartung hat sich in den ersten Jahren auch erfüllt. Die Kommunen als Sozialhilfeträger wurden durch die Pflegeversicherung deutlich entlastet. Durch die steigenden Heimentgelte geht der Trend aber wieder in Richtung mehr sozialhilfebedürftige Personen in Heimen. Für die Zukunft, wenn die Renten sinken und immer mehr Menschen lediglich eine Grundsicherung im Alter erhalten, wird der Anteil der sozialhilfeberechtigten Personen in Heimen wieder deutlich zunehmen. Die Pflegeversicherung übernimmt lediglich den allgemeinen Pflegeaufwand, nicht jedoch die Hotelkosten und nicht die Investitionskosten. Hierfür bleibt, bei einkommensschwachen Personen, weiterhin der Sozialhilfeträger zuständig.

Leistungsvoraussetzungen

Hilfe in Heimen wird grundsätzlich nur dann gewährt, wenn offene Hilfe nicht mehr ausreicht oder teurer ist als die ambulante, und auch teilstationäre Hilfemöglichkeiten sowie Leistungen der Kurzzeitpflege den Pflegebedarf des Betroffenen nicht mehr ausreichend decken können. Heimpflege ist aber auch immer dann zu gewähren, wenn mit Rücksicht auf den Bedarf des Pflegebedürftigen die häusliche Pflege nicht ausreicht oder eine geeignete Pflegekraft für die häusliche Pflege nicht gefunden werden kann.

Pflegesatzvereinbarungen

Die Höhe der Heimkosten wird in sog. ›Pflegesatzvereinbarungen‹ ausgehandelt. Für die Pflegeheime geschieht dies in gemeinsamen Pflegesatzverhandlungen der Pflegekassen, Sozialhilfeträger und Vertreter der Verbände der Einrichtungen. Die Pflegesätze werden seit 1994 nicht mehr nach dem Selbstkostendeckungsprinzip berechnet, sondern nach sog. ›prospektiven Pflegesätzen‹: Die

Pflegesätze

Heime müssen für die nächste Wirtschaftsperiode vorausberechnen, welche Kosten ihnen bei wirtschaftlicher Betriebsführung für eine qualitätsgesicherte Leistungserbringung entstehen. Die Pflegesätze sollen leistungsgerecht sein, d. h. in einer Pflegeeinrichtung die Erbringung der geforderten Leistung bei Kostendeckung ermöglichen. Einigen sich die Vertragspartner in den Pflegesatzverhand-

Ländervergleich: Situation in den Pflegeheimen am 15.12.2005
Vergütung der vollstationären Dauerpflege

Land	Durchschnittliche Vergütung für vollstationäre Dauerpflege (Euro pro Person im Monat)*			
	Pflegesatz der Pflegekasse			Entgelt für Unterkunft und Verpflegung
	I	II	III	
Baden-Württemberg	1459	1854	2371	608
Bayern	**1520**	**1885**	2158	517
Berlin	1368	**1885**	2250	<u>486</u>
Brandenburg	<u>1094</u>	<u>1398</u>	1885	<u>486</u>
Bremen	1125	1763	2189	638
Hamburg	1277	1794	**2341**	669
Hessen	1246	1733	2219	517
Meckl.-Vorpommern	<u>1094</u>	<u>1429</u>	<u>1854</u>	<u>456</u>
Niedersachsen	1216	1581	1976	<u>486</u>
Nordrhein-Westfalen	1277	1763	**2310**	**790**
Rheinland-Pfalz	1216	1581	2189	638
Saarland	1155	1581	2128	608
Sachsen	<u>1003</u>	<u>1307</u>	<u>1794</u>	<u>456</u>
Sachsen-Anhalt	<u>1125</u>	<u>1490</u>	<u>1763</u>	<u>486</u>
Schleswig-Holstein	1307	1672	2037	608
Thüringen	<u>973</u>	<u>1338</u>	<u>1763</u>	547
Deutschland	<u>1277</u>	1702	2128	578

* Berechnet anhand von 30,4 Tagessätzen.
Relativ hohe Werte sind durch Fettschrift hervorgehoben – relativ niedrige durch Unterstreichung.

lungen nicht, so kann einer der Vertragspartner die Schiedsstelle anrufen, die dann verbindlich, jedoch mit Einspruchs- und Rechtsmittelmöglichkeiten der Vertragspartner, entscheidet.

HeimbewohnerInnen können grundsätzlich nur die Kostenübernahme in Einrichtungen verlangen, mit denen der Sozialhilfeträger eine Pflegesatzvereinbarung abgeschlossen hat, § 75 SGB XII. Auf diese Weise wird das Wahlrecht des Betroffenen eingeschränkt: Pflegesatzungebundene Einrichtungen können nicht mehr davon

Wahlrecht

ausgehen, dass eine Kostenübernahme durch den Sozialhilfeträger für Heimbewohner in Betracht kommt.

Das Wahlrecht bezieht sich grundsätzlich auch auf die Wahl zwischen einem Einzel- und einem Doppelzimmer. Einzelzimmer sind keine Luxusleistung, es sei denn, es wird etwa auf Wunsch eines Bewohners ein Doppelzimmer als Einzelzimmer genutzt. Hier müsste der Bewohner aus eigener Tasche zuzahlen. Hierzu wäre der Sozialhilfeträger nicht verpflichtet. Sozialhilfeempfänger aber grundsätzlich auf Doppelzimmer zu verweisen stellt sich als Diskriminierung von Sozialhilfeberechtigten Personen dar, siehe *Fall 136*.

Fehlbedarf

Nettoprinzip

Der Heimbewohner hat bei nicht nur vorübergehendem Heimaufenthalt sein gesamtes Einkommen für die Heimkosten einzusetzen, s. S. 392 f., den sog. Fehlbedarf, d. h. den Kostenanteil, den der Bewohner nicht aus eigener Tasche zahlen kann, übernimmt das Sozialamt, § 88 SGB XII. Nunmehr gilt das sog. Nettoprinzip: Das Sozialamt überweist dem Heim nur den Teil der Heimkosten, für den der Bewohner selbst nicht aufkommen kann. Zur eigenen Verfügung verbleibt dem Bewohner ein Taschengeld, seit einiger Zeit »Barbetrag« genannt, und ein Schonvermögen.

Wichtig

Im Rahmen der Heimkostenübernahme muss ggf. nach dem Heimeinzug für eine Übergangszeit die alte Wohnung des neuen Bewohners auf Kosten des Sozialamtes aufrechterhalten werden, um für den Fall des Abbruchs des Heimaufenthaltes eine Rückkehr in die alte vertraute Wohnung zu ermöglichen!

Wiederholungsfragen
1. Was versteht man unter Pflegesatz?
2. Was bleibt dem Heimbewohner an Einkommen und Vermögen nach einem Heimeinzug?

(b) Barbetrag

Fall 137:
Auf der Pflegestation eines Heimes wurde von den Bewohnern für Bettwäsche ein monatlicher Betrag in Höhe von 10,- € erhoben, der vor Auszahlung vom Barbetrag (Taschengeld) abgezogen wurde. Ebenso war es üblich, für das Veranstaltungsangebot im Hause eine Pauschale von 7,- € monatlich vom Barbetrag jedes Bewohners einzubehalten.

BewohnerInnen von Heimen, für die zumindest ein Teil der Heimkosten vom Sozialhilfeträger übernommen wird, erhalten gemäß § 35 Abs. 2 SGB XII einen »Barbetrag zur persönlichen Verfügung«, früher Taschengeld genannt. Der Barbetrag wird nicht gezahlt, wenn ein Bewohner sich nur vorübergehend im Heim aufhält und von ihm kein Beteiligungsbeitrag aus erspartem häuslichen Lebensunterhalt gefordert wird – so z. B. bei BewohnerInnen, die lediglich während des Urlaubs ihrer Angehörigen ihren Aufenthaltsort ins Heim verlegen.[77]

Zweckbestimmung des Barbetrags

Darüber hinaus wird auch bei Abwesenheit von HeimbewohnerInnen über einen Monat die Zahlung des Barbetrages eingestellt.

Der Barbetrag soll den Bedarf des Bewohners an Lebensunterhalt decken, für den das Heim keine Leistung erbringt und der Sozialhilfeträger keine Sonderleistungen gewährt. Dem Heimbewohner werden auf diese Weise (bescheidene) Mittel zur selbständigen Erfüllung individueller Wünsche an die Hand gegeben.

Dem Heimbewohner bleibt es grundsätzlich allein überlassen, wofür er den Barbetrag verwendet, welche Wünsche er sich erfüllt und welche Bedürfnisse er mit dem Barbetrag befriedigen will. Allerdings haben die zuständigen Landesbehörden jeweils festgelegt, was sie im Besonderen unter den »persönlichen Bedürfnissen« verstanden wissen wollen. Hierzu zählen ihrer Meinung nach insbesondere:

Persönliche Bedürfnisse

---

77 So etwa BaySHR.

- Bedarf des täglichen Lebens (Zeitschriften, Bücher, Postgebühren, Teilnahme an kulturellen und geselligen Veranstaltungen außerhalb des Heimes, Genussmittel, Schreibwaren, Nahverkehrsnutzung),
- Körperpflegemittel, soweit diese über den von der Einrichtung zu erbringenden hygienischen Sachaufwand hinausgehen, (einfache Seife beispielsweise ist vom Pflegeheim zu stellen),
- Haarpflege,
- Reinigung bzw. Instandsetzung von Kleidung und Schuhen (nicht Wäsche), Instandhaltung der Schuhe und Kleidung und Wäsche in kleinem Umfang (Schuhbesohlung fällt nicht hierunter) sowie Beschaffung von Wäsche und Hausrat von geringem Anschaffungswert,
- Bekleidungs- und Wäschestücke nach besonderen Wünschen,
- Erwerb von Geschenken.

Die Liste ist nicht abschließend, der Heimbewohner kann sich auch darüber hinaus Wünsche erfüllen, soweit der geringe Barbetrag hierzu ausreicht. Beispielsweise seien genannt:[78]
- Reisen,
- Haustier,
- Fernseher,
- Sessel,
- Bilder,
- Rundfunkgerät,
- Kopfhörer,
- Restaurantbesuch mit Angehörigen.

Nicht vom Barbetrag zu zahlen

→ Nicht vom Barbetrag zu zahlen sind
Leistungen, die das Heim aufgrund von Pflegesatzvereinbarung und Heimvertrag zu erbringen hat (es ist nicht zulässig, mit Hilfe des

---

78 Mir wurde von einem Heimbewohner berichtet, der sich regelmäßig eine Prostituierte ins Heim bestellte, auch ein »persönliches Bedürfnis«.

Barbetrages Heimkosten einzusparen). Zu derartigen Leistungen gehören im Pflegeheim u. a.:
- Bettwäsche, inkl. Reinigung (so aber *Fall 137*),
- einfacher hygienischer Sachaufwand (im Pflegeheim),
- Getränke zur Deckung des täglichen Flüssigkeitsbedarfs (Tees, Selters, Mineralwasser),
- Pauschalgebühren für Heimveranstaltungen (so aber *Fall 137*).

→ Bedarf, der als Sonderleistung (insbesondere als einmalige Beihilfen nach dem SGB XII) gewährt werden kann (s. o.). **Einmalige Beihilfen**
Hierzu gehören:
- Schuhe (inkl. aufwendige Schuhreparaturen),
- Kleidung (etwa: Nachthemd, Bademantel, Kleid, Mantel incl. Reinigung),
- Taxikosten für längere Fahrten zu Angehörigen (können i. E. extra bewilligt werden),
- Familienfest (z. B. 80. Geburtstag),
- Kurzurlaub (kann unter besonderen Voraussetzungen gesondert bewilligt werden).

→ Die Rezeptgebühren und anderen Zuzahlungen zu Leistungen der gesetzlichen Krankenversicherung werden von der Sozialhilfe in Form eines ergänzenden Darlehens gewährt. Der Sozialhilfeträger zahlt dann die zu leistenden Zuzahlungen direkt an die zuständige Krankenkasse. Der Heimbewohner muss gleichwohl (1% für chronisch Kranke) 2% des Regelsatzes als Beitrag zu den Zuzahlungen leisten.

Es ist teilweise beschämend, wofür in einigen Heimen Beiträge von den BewohnerInnen aus dem Taschengeld verlangt werden, etwa
- Katheterbeutelmiete,
- Gebäck für die Station,
- pauschaler Abzug für Veranstaltungen (ohne Rücksicht auf Teilnahme).

Ansparungen von Barbeträgen

Der Heimbewohner hat auch das Recht, den Barbetrag anzusparen. Dies gilt jedoch mit der Einschränkung, dass er mit dem Ansparen grundsätzlich das Ziel verfolgen muss, sich einen bestimmten Wunsch zu erfüllen, der eine größere Geldsumme erfordert, etwa: Rundfunk- oder Fernsehgerät, eine Reise, einen Sessel o. Ä. Gewisse Rücklagen sind darüber hinaus auch unabhängig vom bestimmten Ziel zu akzeptieren, etwa für evtl. Reparaturen, Geschenke zu besonderen Anlässen.

Das Horten der Barbeträge mit dem Ziel, es selbst als Sparguthaben anzulegen, entspricht nicht der Zweckbestimmung des Barbetrages. Der Sozialhilfeträger darf zwar in derartigen Fällen den Barbetrag nicht kürzen. Er kann aber den Einsatz des angesparten Barbetrages als Vermögen verlangen, sobald die Summe das Schonvermögen von z. Z. 2.600 € für Alleinstehende überschritten hat. (Für bestimmte Ausnahmen wie z. B. die Empfänger von Leistungen nach dem Bundesversorgungsgesetz und Blindengeld gelten andere Schongrenzen[79].)

In den Fällen, in denen das Schonvermögen überschritten ist, stellt der Sozialhilfeträger in aller Regel die Weiterzahlung des Barbetrages so lange ein, bis die Freigrenze wieder unterschritten ist.

Geldgeschenke

HeimbewohnerInnen dürfen aus dem Barbetrag grundsätzlich auch größere oder laufende Geschenke finanzieren oder Geldgeschenke machen, solange dadurch andere eigene Bedürfnisse nicht gefährdet werden oder hierdurch der Heimbewohner sich andere Wünsche nicht mehr erfüllen kann.

Höhe des Barbetrags

Die Höhe des Barbetrages wurde durch die Einführung des SGB XII deutlich abgesenkt. Der Altenheim Barbetrag wurde bei 26 % des Eckregelsatzes festgesetzt, der zusätzliche (erhöhte) Barbetrag wurde gestrichen. Damit beträgt der Barbetrag regelmäßig etwa 93,69 €.

Auszahlung des Barbetrags

Der Barbetrag ist grundsätzlich vom Sozialhilfeträger unmittelbar an den Bewohner zu zahlen. In der Praxis sieht es aber meist so aus, dass der Barbetrag zusammen mit dem Pflegesatz vom

---

79   Vgl. § 25 f. Abs.1 u. 2 BVG.

Sozialhilfeträger an das Heim überwiesen wird. Das Heim, das die ordnungsgemäße Auszahlung bzw. Verwendung im Auftrag des Bewohners sicherzustellen hat, dient dann als Auszahlungsstelle für den Sozialhilfeträger.

Um eine diskriminierende Auszahlungsprozedur zu vermeiden, sollte zumindest im Altenheimbereich zu einer bargeldlosen Auszahlung des Barbetrages übergegangen werden.

Eine Möglichkeit der Auszahlung ist auch die Überweisung des Barbetrages auf ein Giro- oder Sparkonto des Hilfeempfängers. Die Kreditinstitute sind häufig bereit, mit mobilen Zweigstellen in die Einrichtungen zu kommen.[80]

Um auf Pflegestationen eine selbständige Geldverwaltung des Barbetrages durch die BewohnerInnen zu ermöglichen, sollte darauf hingewirkt werden, dass die BewohnerInnen in ihren Zimmern, möglichst am Bett, über abschließbare Fächer verfügen.

Der Barbetrag ist gemäß § 35 SGB XII bestimmungsgemäß zu verwenden. Was unter bestimmungsgemäßer Verwendung zu verstehen ist, wird im Gesetz nicht definiert. Hierdurch ist einer recht weiten Auslegungspraxis Tor und Tür geöffnet.

Bestimmungsgemäßer Gebrauch

Dem Sinn und Zweck des Barbetrages entspricht es, den BewohnerInnen die tatsächliche Möglichkeit zur freien Nutzung des Barbetrages zu gewähren.

Kann der Bewohner den Barbetrag nicht mehr selbständig ausgeben, so ist der Barbetrag für ihn zu verwenden. Als Personen, die diese Aufgabe übernehmen, kommen neben Angehörigen und Freunden insbesondere das Heim und die MitarbeiterInnen in Betracht, ggf. auch der gesetzliche Betreuer bei entsprechendem Aufgabenkreis. Für die Barbetragsverwaltung benötigen das Heim bzw. die anderen Personen den Auftrag der HeimbewohnerInnen. Der Auftrag ist nach Möglichkeit schriftlich vom Bewohner zu erteilen. Beim mündlichen Auftrag oder Einverständnis des Bewohners sollte dies von zwei Zeugen schriftlich bestätigt werden.

Barbetragsverwaltung

---

80 So: Niemann/Renn, Der Barbetrag zur persönlichen Verfügung, Baden-Baden 1987, S. 11.

Verwaltung durch Betreuer	Bei BewohnerInnen, für die ein Betreuer bestellt wurde, ist die Frage der Barbetragsverwaltung mit diesem zu klären.

Besteht kein Einwilligungsvorbehalt (vgl. s. S. 213), so hat der Bewohner freies Verfügungsrecht über den Barbetrag. Besteht ein Einwilligungsvorbehalt, der auch das Taschengeld umfasst, so ist der Bewohner wie ein beschränkt Geschäftsfähiger zu behandeln. Soweit er sich nicht unwissentlich erheblichen Schaden durch Einkäufe etc. zufügt, kann er auch dann frei über den Barbetrag verfügen.

Eine vom Heim »angeordnete« Verwaltung gegen den Willen des Bewohners ist unzulässig. Zulässig ist dagegen eine Verwaltung mit stillschweigendem (konkludentem) Einverständnis des Bewohners, etwa wenn aufgrund schwerster Pflegebedürftigkeit kein ausdrückliches Einverständnis mehr einzuholen ist. Hier sollte ein entsprechender Vermerk vom Arzt und der Stationsleitung zur Errichtung der Barbetragsverwaltung gemacht werden, in dem die Notwendigkeit der Verwaltung kurz begründet wird.

Buchführungspflicht

Wird der Barbetrag für einen Bewohner vom Heim verwaltet, so treffen das Heim hier besondere Buchführungs- und Verwahrungspflichten. Ausgaben sind in übersichtlicher Weise zu notieren und bei größeren Beträgen zu quittieren und gegenzuzeichnen. Der Heimträger haftet dem Heimbewohner für Verlust oder Schaden des Barbetrages grundsätzlich ohne Verschulden.

Gekürzter Barbetrag

Besteht keine Möglichkeit, den Barbetrag für einen Bewohner sinnvoll zu verwenden, dann kann der Sozialhilfeträger den Barbetrag kürzen oder ganz streichen. Als Beispiele werden in den Landesausführungsbestimmungen genannt: »geistig besonders schwere Behinderung«, »senile Verwirrtheitszustände«, »Umsetzen des Barbetrages in Alkohol«, »keine sinnvollen Verwendungsmöglichkeiten aufgrund des sozialen Verhaltens«.

Die angeführten Gründe sind für sich genommen nicht ausreichend. Sie bergen vielmehr die Gefahr in sich, Barbetragsverwaltung als Disziplinierungsmittel und insgeheime Entmündigung zu missbrauchen. So haben BewohnerInnen durchaus das Recht, Alkohol zu kaufen!

Es muss in jedem Einzelfall geprüft werden, ob eine Verwendung unter keinen Umständen möglich ist. Eine sinnvolle Verwendung kann auch im Kauf von Blumen, besonderen Säften, Wein oder anderen Zeichen individueller Wunscherfüllung liegen, auch wenn die Wünsche dem Bewohner von den Lippen abgelesen werden müssen. Frühere Lebensgewohnheiten geben wichtige Hinweise.

Wird im Einzelfall eine Kürzung vom Sozialhilfeträger vorgenommen, so hat hier in aller Regel eine fachliche (sozialarbeiterische) Stellungnahme zu erfolgen.

Die finanziellen Verhältnisse der BewohnerInnen gehören zum persönlichen Geheimnisbereich (s. S. 139 f.). Allein schon die Tatsache, dass ein Bewohner »Taschengeldempfänger« ist und erst recht die Höhe des im Einzelfall gewährten »Taschengeldes« unterliegt der »Schweigepflicht«. In manchen Heimen ist es noch üblich, den Barbetrag »öffentlich« – im Beisein anderer BewohnerInnen und für alle vernehmlich – auszuzahlen. Hier ist die Praxis dringend zu überdenken! — *Datenschutz und Schweigepflicht*

Für den Heimträger besteht weder eine Auskunfts- und Meldepflicht gegenüber dem Sozialhilfeträger noch ein entsprechendes Recht – z. B. dass ein Heimbewohner mit dem angesparten Barbetrag die Freigrenze überschritten hat. Dies gilt auch, wenn das Heim den Barbetrag für den Sozialhilfeträger an die BewohnerInnen auszahlt[81]. Für die Barbetragsverwaltung darf das Heim dem Bewohner keine Kosten in Rechnung stellen, siehe **Fall 137**.

Der Barbetrag ist Geld des Heimbewohners. Das Heim darf nicht eigenmächtig darüber verfügen oder es zurückhalten! — *Wichtig*

Wiederholungsfragen
1. Wie sollte mit der Auszahlung des Barbetrages verfahren werden?

---

81 Vgl. Ruf, Klie, Taschengeld und Meldepflicht des Heimträgers, in: Das Altenheim 1985, S. 12 f.

2. Was soll nicht vom Barbetrag bezahlt werden?
3. Kann der Heimbewohner mit dem Barbetrag machen, was er will?

Literaturhinweis:
Schoch: Handbuch Barbetrag im Sozialhilferecht, Baden-Baden 1999

e) Einsatz von Einkommen und Vermögen

Das SGB XII regelt sowohl den Einkommenseinsatz als auch die Heranziehung des Vermögens neu.

(1) Einkommen

Die Gewährung von Sozialhilfe ist wie bisher abhängig vom Einkommen des Hilfeempfängers.

Zum Einkommen gehören nach § 82 Abs. 1 SGB XII alle Einkünfte in Geld oder Geldwert (Sachbezüge), z. B. Lohn, Darlehen, freie Kost und Logis, Renten, Unterhaltszahlungen, Wohngeld, Zinsen.

Bereinigtes Einkommen

Das zu berücksichtigende Einkommen ist nicht in voller Höhe anzurechnen, sondern nur unter Abzug bestimmter Beträge (bereinigtes Einkommen). Abzusetzen sind gem. § 82 SGB XII:

- Steuern,
- Pflichtbeiträge zur Sozialversicherung einschließlich der Beiträge zur Arbeitsförderung,
- gesetzlich vorgeschriebene oder angemessene Versicherungsbeiträge, soweit sie bestimmte Grenzen nach dem Einkommensteuergesetz nicht überschreiten,
- die mit der Erzielung des Einkommens verbundenen notwendigen Ausgaben,
- Arbeitsförderungsgeld und Erhöhungsbeträge des Arbeitsentgelts nach SGB IX.

Nicht zum Einkommen zählen bestimmte, gesetzlich aufgeführte Einkommensarten, z. B.: Schmerzensgeld und Zuwendungen der freien Wohlfahrtspflege.

Die Einführung einer einheitlichen Einkommensgrenze, deren Grundbetrag das Zweifache des Eckregelsatzes (d. h. 702 €) beträgt, soll zur Verwirklichung des Grundsatzes »ambulant vor stationär« beitragen.

Einkommensgrenze

Zum Grundbetrag kommen die angemessenen Kosten der Unterkunft sowie einen Familienzuschlag in Höhe von 70 % dieses Eckregelsatzes (d. h. 245,70 €) pro Person dazu. Der Familienzuschlag wird für den nicht getrennt lebenden Ehegatten und für jede weitere Person gezahlt, die im Haushalt lebt und entweder von dem Antragsteller oder dem Ehegatten unterhalten wird.

Beispiel: Rentner Meier, 75 Jahre, lebt mit seiner Frau A., 70 Jahre, in Hamburg. Seine Rente beläuft sich auf € 700,–. Seine Frau hat keine eigenen Einkünfte. Die Unterkunftskosten belaufen sich auf € 200,–. Rentner Meier will eine Rehabilitation antreten, die ärztlich verordnet wurde. Die Kosten möchte er z. T. vom Sozialamt erhalten.

Berechnung der allgemeinen Einkommensgrenze:

    Grundbetrag .... € 702,–
    Unterkunftskosten .... € 200,–
    Familienzuschlag .... € 242,–
    Einkommensgrenze .... € 1.132,–

Die Rente von Herrn Meier liegt unter der allgemeinen Einkommensgrenze.

Für ambulant betreute Personen ergibt sich somit eine Steigerung des Grundbetrags von bisher 690 auf 702 €.

Für Menschen in stationärer Pflege sinkt durch das SGB XII der Grundbetrag von bisher 853 auf 690 €. Allerdings müssen diese Personen (schon immer) grundsätzlich auch ihr Einkommen unterhalb des Grundbetrags für eine Beteiligung an den Heimkosten einsetzen. Der Grund hierfür ist, dass mit der Finanzierung des Heimaufenthaltes eine Rundumversorgung inklusive Barbetrag abgedeckt wird. Ausnahmsweise wird hierbei berücksichtigt, ob der Antragsteller unterhaltspflichtig gegenüber seinen Familienangehörigen ist.

Beispiel: Die alleinstehende Rentnerin Müller aus Hannover ist erheblich pflegebedürftig. Sie verfügt über ein monatliches Renteneinkommen von € 1.075,–, ihre Unterkunftskosten belaufen sich auf € 250,–.
Berechnung der allgemeinen Einkommensgrenze:

    Grundbetrag .... € 702,–
    Unterkunftskosten .... € 250,–
    Einkommensgrenze .... € 940,–

Ihr Einkommen übersteigt die Einkommensgrenze.

Für Bezieher von Blindengeld und Schwerstpflegebedürftige stellt der neue Grundbetrag von 702 € gegenüber dem bisherigen von 1.705 € eine deutliche Reduktion dar, so dass diese Personen sich in stärkerem Umfang als bisher mit eigenem Einkommen an den Unterbringungskosten beteiligen werden müssen. Das SGB XII schränkt dies allerdings insofern ein, als für blinde und schwerstpflegebedürftige Menschen festlegt wird, dass vom die Einkommensgrenze übersteigenden Einkommen nicht mehr als 40 % angerechnet werden dürfen.

Wird die jeweils geltende Einkommensgrenze vom Hilfeempfänger überschritten, so bedeutet dies noch nicht, dass kein Anspruch auf Hilfe in besonderen Lebenslagen besteht. Die Aufbringung der eigenen Mittel, etwa für Pflegekräfte, ist nur in angemessenem Umfang zumutbar (§ 87 Abs. 1 S. 1 SGB XII). Bei der Frage, ob ein Teil des Einkommens als Eigenbetrag heranzuziehen ist, sind die Art des Bedarfs, die Dauer und Höhe der erforderlichen Aufwendungen sowie besondere Belastungen zu berücksichtigen (§ 87 Abs. 1 S. 2 SGB XII). So muss bei längerem Bedarf ein nicht unerheblicher Betrag über der Einkommensgrenze zur Verfügung stehen. Bei den Aufwendungen sind Anschaffungen etc. zu berücksichtigen, die der Hilfeempfänger aus Anlass der »besonderen Lebenslage« getätigt hat, z. B. besondere Kleidung, Sessel. Als besondere Belastungen können vom einzusetzenden Einkommen abgezogen werden, z. B. Aufwendungen im Zusammenhang mit Pflegebedürftigkeit und Krankheit (Krankenkost, Arzneimittel, Pflegehilfsmittel, Kuren, Fahrtkosten für Angehörige, Kosten für Haushaltshilfe, Taxikosten etc.).[82]

Im o. a. Beispiel der pflegebedürftigen Rentnerin wären Kosten für Pflegehilfsmittel, Hausratsgegenstände etc. abzuziehen. Wegen der Dauer des Bedarfs wäre ein Verbrauch des Einkommens unzumutbar.

Liegt das Einkommen unter der Einkommensgrenze, besteht grundsätzlich ein uneingeschränkter Anspruch auf die Sozialleistungen. Allerdings kann in besonderen Fällen die Aufbringung der Mittel, auch soweit das Einkommen unter der Einkommensgrenze liegt, verlangt werden.

Von besonderer Bedeutung ist dies für BewohnerInnen von Pflegeheimen. Von Personen, die voraussichtlich auf Dauer in einem Pflegeheim leben werden, wird grundsätzlich der Einsatz des gesamten Einkommens verlangt, so dass dem Pflegebedürftigen nur noch der Barbetrag bleibt (§ 88 Abs. 25 SGB XII). Dies gilt jedoch nicht bei nur vorübergehender Unterbringung (Kurzzeitpflege, Urlaubspflege) oder wenn ein Auszug des Bewohners angestrebt wird. Hier sind allerdings »häusliche Ersparnisse« und bei mindestens einjährigem Heimaufenthalt Mittel in »angemessenem« Umfang einzusetzen (§ 87 Nr. 1 – 3 SGB XII).

Wiederholungsfragen
1. Was zählt zum Einkommen?
2. Wie errechnet sich die »einheitliche Einkommensgrenze«?

---

82 Teilweise erfolgt pauschaler Abzug für nicht geltend gemachte bes. Belastungen.

(2) Vermögen

Vermögen

Neben dem Einsatz des Einkommens wird vom Hilfesuchenden verlangt, dass er sein gesamtes verwertbares Vermögen verbraucht bzw. veräußert, bevor er Sozialhilfe erhält. Ausgenommen ist lediglich das Schonvermögen.

Zum *Vermögen* gehören Geld oder Geldwerte, z. B. Sparvermögen, Totogewinn, Lebensversicherung, Aktien, Grundstücke, Kunstgegenstände, Schmuckstücke.

Schonvermögen

Bestimmte Vermögensteile sind jedoch nicht anzurechnen bzw. zu verwerten (*Schonvermögen* [§ 90 Abs. 2 SGB XII]). Hierzu gehören u. a.

- angemessener Hausrat (Möbel, Wohnungseinrichtung, Fernsehgerät, Haushaltsgeräte etc., keine Luxusgegenstände),
- Familien- und Erbstücke (Schmuckstücke, Kunstgegenstände, Möbel etc., deren Veräußerung für den Betroffenen eine »besondere Härte« darstellen würde),
- Gegenstände zur Befriedigung geistiger oder künstlerischer Bedürfnisse (z. B. Musikinstrument, Stereoanlage, Briefmarkensammlung),
- kleines Hausgrundstück, wenn es vom Hilfesuchenden bewohnt wird,
- Was die Heranziehung von Vermögen betrifft, so sieht das SGB XII je nach Leistungsart zwei unterschiedliche Grenzen vor.
- Die Vermögensgrenze bei der Hilfe zum Lebensunterhalt wurde von 1.279 auf 1.600 € angehoben.
- Bei den anderen Leistungen (Eingliederungshilfe, Hilfe zur Pflege, Hilfe in besonderen sozialen Schwierigkeiten und Hilfe in andere Lebenslagen) wurde der Grenzbetrag von 2.301 auf 2.600 € herauf gesetzt.

Wiederholungsfragen
1. Was zählt zum Vermögen?
2. Welche Vermögensgrenzen gelten nach dem SGB XII?

(3) Heranziehung Unterhaltspflichtiger

Viele ältere Menschen befürchten, dass ihre Angehörigen vom Sozialamt zu Geldzahlungen herangezogen werden. Für die Heranziehung Unterhaltspflichtiger gelten die Vorschriften des § 94 SGB XII, der nur unter bestimmten Voraussetzungen die Inanspruchnahme von Unterhaltspflichtigen zulässt.

Das Sozialamt darf nur an Verwandte ersten Grades herantreten, also an Ehegatten und Kinder, nicht an Enkel. Bei »erwachsenen Sozialhilfeempfängern« besteht nur die »nicht gesteigerte Unterhaltspflicht«, den Angehörigen werden größere Freibeträge zugestanden.

Als Selbstbehalt gilt beispielsweise für den alleinstehenden Unterhaltspflichtigen bei Unterhaltspflicht gegenüber Eltern mindestens € 1.400 (in den neuen Bundesländern € 1.155), ist der Unterhaltspflichtige verheiratet, liegt der angemessene Selbstbehalt bei € 1.050 (bzw. € 1.027,50)[83], leben weitere Unterhaltspflichtige im Haushalt gelten wiederum andere Beträge.

Als *Vermögensfreibetrag* bleibt für Angehörige je nach Landesrecht etwa das 10fache des »Schonvermögens« oder ein Fixbetrag von € 25.000 und Hausgrundstück oder € 75.000,- ohne Hausgrundstück (so: in Baden-Württemberg[84]) des Hilfeempfängers. Bei Haushaltsangehörigen erhöht sich dieser Betrag.

Vermögensfreibetrag

Die bisherige Unterhaltspauschale für die Eltern volljähriger behinderter Kinder in Höhe von 26 € wird auch im neuen SGB XII übernommen. Diese Regelung gilt jetzt sowohl für stationäre als auch für ambulante Pflegeformen. Darüber hinaus kann bei Leistungen zum Lebensunterhalt ein Betrag von 20 € von den Eltern gefordert werden. Beide Beträge unterliegen einer Dynamisierung, so dass sie analog der Veränderungen beim Kindergeld regelmäßig angepasst werden.

Keinen Forderungsübergang gibt es, wenn der Unterhaltspflichtige selbst bedürftig ist oder würde oder wenn die Inanspruchnahme eine unbillige Härte darstellt (§ 94 Abs. 3 SGB XII).

---
83 Vgl. Sozialhilferichtlinien Baden-Württemberg Rz. 94.65.
84 Vgl. Sozialhilferichtlinien Baden-Württemberg Rz. 94.45

Verschämte Arme im Rentenalter
»Eine Härte kann vorliegen, wenn ein verschämter Armer im Rentenalter auf seine Sozialhilfeansprüche verzichtet, weil er die Inanspruchnahme seiner Unterhaltsverpflichteten fürchtet. Werden Fälle dieser Art zum Beispiel über die Sozialkommissionen bekannt, so kann nach Lage des Einzelfalles auf die Anspruchsüberleitung verzichtet werden.«

Auszug aus: Ausführungsvorschriften über die Inanspruchnahme von Drittverpflichteten durch den Träger der Sozialhilfe Berlin v. 24. 3. 1988.

Wiederholungsfrage
Wer ist nach dem SGB XII unterhaltsverpflichtet?

(4) Erbenhaftung
Erben, die ihre Angehörigen gepflegt haben, werden bei der Erbenhaftung privilegiert. Ihnen wird ein höherer Freibetrag zugestanden. Ähnliche Privilegierungen gibt es im Erbschaftssteuerrecht.

Rückerstattung

Grundsatz:	Sozialhilfe ist kein Mühlstein für die Zukunft
Ausnahmen:	1. bei schuldhaftem Verhalten,
	2. Kostenersatz durch Erben.

Erbenhaftung

Sozialhilfe muss grundsätzlich nicht zurückgezahlt werden.

Erben eines Sozialhilfeempfängers müssen jedoch bis zum Wert des Nachlasses die Kosten der Sozialhilfe, die innerhalb von zehn Jahren vor dem Erbfall aufgewendet worden sind und das Dreifache des Grundbetrages des § 85 Abs. 1 SGB XII übersteigen, erstatten (§ 102 SGB XII). Dies kann bei vom Sozialamt nicht angetasteten »kleinen Hausgrundstücken« von Bedeutung sein.

Wiederholungsfrage
Muss Sozialhilfe zurückgezahlt werden?

10. Weitere sozialrechtliche Vergünstigungen

Schwerbehinderte erhalten nach dem SGB IX eine Reihe von Vergünstigungen, die sich allerdings überwiegend an Berufstätige richten. Manche sind allerdings auch für alte Menschen von Interesse:

- Steuervergünstigungen bei Einkommen- und Lohnsteuer (s. u.),
- Kraftfahrzeugsteuer kann erlassen werden (s. u.),
- beim Wohngeld gilt ein höherer Freibetrag für Schwerbehinderte, die pflegebedürftig sind,
- unentgeltliche Beförderung im Personenverkehr (incl. Begleitperson),
- regionale Vergünstigungen (in vielen Städten und Landkreisen werden Schwerbehinderten weitere Vergünstigungen gewährt),
- Kündigungsschutz im Mietrecht,
- Berechtigung, Schwerstbehindertentransporte in Anspruch zu nehmen.

Zuständig für die Durchführung des SGB IX sind die Versorgungsämter, die auch die notwendigen Schwerbehinderten-Ausweise ausstellen.
Die Ausweise tragen folgende Merkzeichen:

B	=	ständige Begleitung notwendig,
G	=	gehbehindert,
a. G.	=	außergewöhnlich gehbehindert,
H	=	Hilflosigkeit,
RF	=	Befreiung von der Rundfunk- und Fernsehgebührenpflicht.

Merkzeichen im Schwerbehindertenausweis

> **Wichtig** Antrag auf Schwerbehindertenausweis lohnt sich für jeden Pflegebedürftigen.

Telefongebührenermäßigung

Bei der Telekom können RentnerInnen, die blind, gehörlos oder sprachbehindert mit einem GdB von mindestens 90 % oder die von der Rundfunkgebühr befreit sind, einen Antrag auf Gewährung von zusätzlichen kostenlosen Gebühreneinheiten und Grundgebührenermäßigung stellen (Anträge bei der Telekom).

Fernseh- und Rundfunkgebührenbefreiung

Für Schwerbehinderte und »Minderbemittelte« besteht die Möglichkeit, sich von den Fernseh- und Rundfunkgebühren befreien zu lassen. Für die Ausstellung einer entsprechenden Bescheinigung sind in der Regel die Sozialämter zuständig. Folgender Personenkreis erhält die Befreiung:

- Blinde (60 % GdB wegen Sehbehinderung),
- Hörgeschädigte,
- Behinderte (> 80 % GdB), die wegen ihres Leidens an öffentlichen Veranstaltungen nicht teilnehmen können,
- Empfänger von Hilfe zur Pflege,
- Empfänger von Hilfe zum Lebensunterhalt,
- Bewohner von Alten-, Altenwohn- und Pflegeheimen, die Sozialhilfe erhalten und Selbstzahler, die nicht mehr als den Barbetrag + 20 % des Regelsatzes zur Verfügung haben.

Wiederholungsfragen
1. Welche Vergünstigungen kann ein Schwerbehindertenausweis für Pflegebedürftige bringen?
2. Wer kann von den Fernseh- und Rundfunkgebühren befreit werden?

11. Steuererleichterungen

Fall 138:
Herr B., 80 Jahre, hat einen Schlaganfall erlitten. Er kommt nach langem Krankenhausaufenthalt in seine Wohnung zurück und wird im Wesentlichen von seiner Frau, 75 Jahre alt, betreut. Um die Belastungen der Pflege einigermaßen erträglich zu halten, benötigt Frau B. eine Putzhilfe, für die Nacht eine Nachtwache sowie stundenweise eine Pflegekraft. Neben diesen Personalkosten entstehen für Krankenunterlagen, Reinigung der Kleidung, Taxifahrten etc. erhebliche Sachkosten. Nach 6 Monaten Pflege benötigt Frau B. dringend eine Rehabilitation. Für diese Zeit muss Herr B. vorübergehend in ein Pflegeheim. Sozialhilfe erhält das Ehepaar B. nicht, da ihr Einkommen die Einkommensgrenzen des SGB XII übersteigt. Das Ehepaar B. ist einkommensteuerpflichtig.

Im deutschen Steuerrecht sind auch für Pflegebedürftige und pflegende Angehörige ebenso wie für Behinderte Steuererleichterungen vorgesehen. Die finanziellen Belastungen, die mit der Pflege verbunden sind, sind auch für Personen mit relativ gutem Einkommen kaum zu tragen. Sozialstationen und Pflegekräfte tun gut daran, hinsichtlich möglicher Steuererleichterungen zu beraten. Am wesentlichsten sind in diesem Zusammenhang die Vorschriften des Einkommensteuergesetzes. Daneben kommen Vorschriften des Vermögensteuergesetzes, des Kraftfahrzeugsteuergesetzes und gemeindlicher Hundesteuersatzungen in Betracht.

> Steuererleichterung für Pflegebedürftige

→ **Einkommensteuergesetz**
Steuerpflichtige, die infolge Krankheit oder Behinderung ständig so hilflos sind, dass sie fremder Wartung und Pflege bedürfen, können ihre behinderungs- und pflegebedingten Mehraufwendungen als außergewöhnliche Belastungen nach §§ 33 ff. EStG abziehen.
Die Aufwendungen müssen zwangsläufig sein. Dies ist nach § 33 Abs. 2 EStG der Fall, wenn der Steuerpflichtige sich ihnen aus

> Einkommenssteuer

rechtlichen, tatsächlichen oder sittlichen Gründen nicht entziehen kann und soweit die Aufwendungen angemessen sind.

Nach § 33 EStG können Pflegebedürftige Aufwendungen in voller Höhe, gemindert um die zumutbare Belastung, als außergewöhnliche Belastung geltend machen. Zu diesen Aufwendungen gehören die Kosten der Pflege, sei es im Pflegeheim oder in der eigenen Wohnung. Aus Vereinfachungsgründen kann anstelle der tatsächlich entstandenen Aufwendungen ein Pauschbetrag von 3.700,– € nach § 33 b Abs. 3 S. 3 EStG angesetzt werden, wenn der Steuerpflichtige keinen Einzelnachweis über die entstandenen Pflegekosten führt. Neben den Erleichterungen für Pflegekosten kann nach § 33 a Abs. 3 EStG der Pflegebedürftige sowohl bei häuslicher Unterbringung als auch beim Heimaufenthalt einen Betrag von 624,– € (924,– € im Pflegeheim bzw. auch in häuslicher Umgebung bei Schwerbehinderung bzw. Hilflosigkeit i. S. d. § 33 b EStG ist.) für die Beschäftigung einer Haushaltshilfe in Anspruch nehmen. Steuerpflichtige, die für die Pflege eines pflegebedürftigen Angehörigen pflege- bzw. behinderungsbedingte Kosten zu tragen haben, können einen Pauschbetrag von 924,– € jährlich geltend machen, §33 b Abs. 6 EStG.[85]

Hundesteuer

→ **Hundesteuer**

Nach den aufgrund der Kommunalabgabengesetze der Länder erlassenen Hundesteuersatzungen wird für Hunde von Blinden, Gehörlosen oder Hilflosen, d. h. pflegebedürftigen Personen, bei Vorlage vorgeschriebener Bescheinigung die Befreiung von der Hundesteuer gewährt.

Kraftfahrzeugsteuer

→ **Steuererleichterung nach anderen Gesetzen**

Inhaber von Schwerbehindertenausweisen mit dem Merkzeichen »H«, »B« oder »aG« werden von der Kfz-Steuer auf Antrag befreit. Andere Schwerbehinderte nach dem Schwerbehindertengesetz, die in ihrer Bewegungsfähigkeit im Straßenverkehr erheblich beein-

---

85 Vgl. Bundesministerium für Arbeit und Soziales: Ratgeber für behinderte Menschen, Berlin 2005

trächtigt sind, erhalten eine 50 %ige Ermäßigung der Kfz-Steuer. Die Inanspruchnahme dieser Steuerermäßigung setzt jedoch voraus, dass nicht gleichzeitig die Vergünstigung im öffentlichen Personenverkehr in Anspruch genommen wird.

12. Beihilfen für Beamte

Beamte hatten im Gegensatz zu Arbeitern und Angestellten schon vor Inkrafttreten des Pflegeversicherungsgesetzes Anspruch auf Hilfen bei Pflegebedürftigkeit. Die Kosten für ein Pflegeheim beispielsweise wurden zu einem erheblichen Teil im Rahmen der Beihilfe vom sog. »Dienstherrn« übernommen. In vielen Fällen waren die Leistungen für Beamte sogar günstiger als die jetzigen Leistungen der Pflegeversicherung. In jedem Fall konnten Beihilfeberechtigte fast sicher sein, dass kein entsprechender Einkommens- und Vermögenseinsatz wie in der Sozialhilfe von ihnen verlangt wird. Durch das Pflegeversicherungsgesetz sollte die Situation der Beamten an die der Arbeiter und Angestellten angenähert werden. Nunmehr ergibt sich durch die neuen Beihilfevorschriften vom Juli 1996 sogar im Einzelfall eine Schlechterstellung.

Krankenversicherte Beamte

Beamte, die in der gesetzlichen Krankenversicherung versichert sind, zahlen ebenso wie die Arbeitnehmer den halben Beitragssatz; es entfällt jedoch die Zahlung des Pflegeversicherungsbeitragssatzes durch den Arbeitgeber. Dafür erhält der Beamte auch nur die halbe Leistung der Pflegeversicherung. Statt des halben Beitragssatzes übernimmt der »Dienstherr« des Beamten über die Beihilfestelle die andere Hälfte der Leistungen. Diese Regelung gilt entsprechend auch dann, wenn der Beamte bei einer privaten Pflegeversicherung versichert ist.

Die Beihilfevorschriften sehen jedoch weiterhin günstigere Bedingungen für die Beamten vor. Während die Sachleistungen der Pflegeversicherung nur bis zu einer bestimmten Obergrenze erbracht werden, enthalten die Beihilfevorschriften keine Begrenzung. Begrenzt wird lediglich die Zahl der »Pflegeeinsätze«: Beamte bzw. die Angehörigen von Beamten haben in der Pflegestufe I Anspruch auf bis zu 30 Pflegeeinsätze monatlich, in der Pflegestufe II bis zu 60 und in der Pflegestufe III bis zu 90 Pflegeeinsätze. Der »Pflegeeinsatz« ist nicht genau definiert und es wird keine Höchstgrenze für die Kosten pro Pflegeeinsatz festgelegt. Der Beamte hat damit einen sicheren Anspruch auf einen bestimmten Leistungsumfang, den der allein in der Pflegeversicherung Versicherte so nicht hat. Er kann nur Sachleistungen in einem bestimmten Geldwert verlangen, nicht jedoch in einem bestimmten Leistungsumfang.

Besserstellung der Beamten in der ambulanten Pflege

Die Beihilfevorschriften sehen darüber hinaus bei außergewöhnlich hohem Aufwand in der Pflegestufe III auch Aufwendungen für zusätzliche Pflegeeinsätze vor. Für diese zusätzlichen Pflegeeinsätze werden Kosten bis zur Höhe der durchschnittlichen Kosten einer Krankenpflegekraft als beihilfefähig anerkannt.

Pflegeheim

Im Pflegeheim sind die pflegebedingten Aufwendungen beihilfefähig, nicht hingegen die Aufwendungen für Unterkunft und Verpflegung. Für die sog. Hotelkosten müssen die Beihilfeberechtigten einen Eigenanteil zahlen von 25 – 40 % des Einkommens, je nach Familienstand und Einkommenshöhe, § 9 BhV. Die den Eigenanteil übersteigenden Aufwendungen für Hotelkosten und Investitionskosten werden als Beihilfe gezahlt.

13. Exkurs: Altenteilverträge

Fall 139:
Bauer Ellerbrook übergibt seinen Hof an seinen Sohn und lässt sich ein Altenteilrecht einräumen, das im Grundbuch eingetragen wird. Das Altenteil enthält ein Wohnrecht, die Lieferung von Essen entsprechend den Bedürfnissen des Altenteilers und den Erzeugnissen des Hofes (»zu Martini eine Gans!«), die Zahlung einer monatlichen Rente von 200 € und die »Pflege in kranken Tagen«.
Bauer Ellerbrook wird zunehmend pflegebedürftig, seine Schwiegertochter ist mit der Pflege völlig überfordert.

> Pflege in kranken Tagen

Vor allem in ländlichen Gebieten sind auch heute noch Altenteilverträge verbreitet, die bei Übergabe eines Hofes oder Wohnhauses dem Altenteiler ein Wohnrecht einräumen, Anspruch auf Verpflegung geben sowie zur »Pflege in kranken Tagen« verpflichten. Das Besondere an diesen Verträgen ist, dass sie grundsätzlich unkündbar sind und »dinglich« gesichert, d. h. im Grundbuch eingetragen werden: jeder Eigentümer des Grundstückes ist zu Lebzeiten des Altenteilers zu den vereinbarten Leistungen verpflichtet. Landesrechtlich gelten für Altenteilverträge besondere Vorschriften, sachenrechtlich handelt es sich um Reallasten, § 1105 BGB sowie Wohnrechte, § 1093 BGB.[86]

Wird ein Altenteiler pflegebedürftig, so hat der Eigentümer des Grundstückes (meist Sohn oder Tochter) die Pflege auf eigene Kosten sicherzustellen – allerdings nur, soweit es für ihn zumutbar ist. Hilfe zur Pflege gem. § 61 ff. SGB XII kommt nur insoweit in Betracht, als der Pflegeaufwand unzumutbar ist (finanziell, zeitlicher Aufwand) – Nachrang der Sozialhilfe!

Ist die Beziehung zwischen Altenteiler und Eigentümer erheblich gestört, sind die »Parteien« verfeindet, so hat der Eigentümer

---

86 Vgl. ausführlich zum Verhältnis von Altenteilverträgen und Sozialhilfe: Wilhelm: Übergabe-, Altenteils- und Schenkungsverträge in der Sozialhilfe; in: NDV 6/1998, S. 171 – 178.

bei Auszug des Altenteilers eine Geldentschädigung zu zahlen. Ist die Störung überwiegend vom Eigentümer zu vertreten, so hat er zusätzlich Schadensersatz zu leisten.

Lebt der Altenteiler außerhalb des Hauses, z. B. im Heim, so hat der Eigentümer ggf. zusätzlich zur Rente Geldentschädigung zu zahlen.

Fall 140:

Frau M. erwirbt ein Wohnrecht in der Anlage betreutes Wohnen in Rostock. Sie zahlt einmalig einen Betrag von 150.000 und erwirbt dafür ein lebenslanges Wohnrecht. Pro Monat werden ihr von dem eingezahlten Betrag 350 belastet. Sollte sie das betreute Wohnen einmal verlassen, wird ihr der Restwohnwert (150.000 − Monatbetrag mal Anzahl der Monate die sie in der Anlage wohnte) ausgezahlt. Sollte sie länger in der Anlage des betreuten Wohnens wohnen und leben, als dies die monatliche Verrechnung von 350 zulässt, bleibt sie weiterhin berechtigt, in der Wohnanlage wohnen zu bleiben.

Wieder entdeckt wird das so genannte Wohnrecht gemäß § 1092 BGB. Hier zahlt wie im *Fall 140* eine Person einen bestimmten Geldbetrag an den Eigentümer eines Wohnhauses, einer betreuten Wohnanlage oder eines Heimes und erhält dafür ein lebenslanges Wohnrecht. Er zahlt die monatlichen Unkosten (Nebenkosten) und erwirbt dafür das Recht, im Haus oder in der Wohnanlage zu wohnen.

14. Verfahrens- und Rechtsschutzfragen

a) Rechtsschutz in der Sozialversicherung

Gegen Entscheidungen der Sozialversicherung ist Rechtsschutz durch Widerspruch und Klage möglich.
Widerspruch gegen eine Ablehnung o. Ä. eines Antrages ist bei der jeweiligen Widerspruchsstelle des Sozialversicherungsträgers einzulegen, z. B. AOK oder DRV.

Beispiel: Herr B., 80 Jahre, wurde in Pflegestufe 1 eingestuft. Er ist jedoch mit dem Pflegedienst der Ansicht, er erfülle die Voraussetzungen der Pflegestufe 2. Er richtet folgendes Schreiben an die Krankenkasse:

Bernhard Blume, geb. 1. 10. 1935   Hamburg, den ....
An die Pflegekasse XY
Widerspruchsstelle

Betr.: Az .....
Hiermit erhebe ich Widerspruch gegen den Bescheid vom ..... über Einstufung in Pflegestufe 1. Ich beantrage, unter Änderung des bisherigen Bescheides, mich der Pflegestufe 2 zuzuordnen.
(Begründung):

(Unterschrift)

Bei erfolglosem Widerspruch kann man ggf. Klage beim zuständigen Sozialgericht einreichen, wenn die Gründe der Widerspruchsstelle nicht überzeugen.

Bei den Sozialgerichten werden keine Gerichtskosten erhoben. Für die Kosten eines Rechtsanwaltes kann Prozesskostenhilfe beantragt werden. Prozesskostenhilfe ist abhängig vom Einkommen und den Erfolgsaussichten des Prozesses.

> Bernhard Blume Hamburg, den……………
> An das
> Sozialgericht Hamburg
>
> Betr.: AZ …..
> Hiermit erhebe ich Klage gegen den Bescheid der Pflegekasse XY vom …..
> Die Auffassung der Widerspruchsstelle kann ich nicht teilen, da …..
> (Begründung):
>
> (Unterschrift)

Wiederholungsfragen
1. Welche Gerichte sind für Klagen gegen die Krankenkassen zuständig?
2. Wo ist Widerspruch gegen Entscheidungen der Rentenversicherung einzulegen?

b) Rechtsschutz in der Sozialhilfe

Antragstellung

Vor Antragstellung ist eine eingehende Beratung im Sozialamt oder andernorts anzuraten. Anträge sind am besten schriftlich zu stellen, mündlich genügt allerdings auch. Häufig erscheint es sinnvoll, einen Begleiter mit zum Sozialamt zu nehmen, der beim Antragstellen etc. hilft. Dieses Recht hat jeder; es ist im Sozialgesetzbuch festgeschrieben (§ 13 Abs. 4 SGB X).

Bei der ersten Antragstellung sind mitzubringen: Personalausweis, Mietvertrag, Rentenbescheid, ärztliches Attest über Schwere einer Behinderung, Grad der Pflegebedürftigkeit, Unterlagen über Versicherungen.

Das Sozialamt ist grundsätzlich verpflichtet zu helfen, sobald es von der sozialen Notlage Kenntnis hat, §18 SGB XII.

Bei Ablehnung oder nur teilweisem Entsprechen der Anträge kann Widerspruch bei der Widerspruchsstelle der Verwaltung eingelegt werden. Dieser kann schriftlich verfasst oder zur Niederschrift gegeben werden. Er muss innerhalb der Frist eines Monats eingelegt werden (§ 70 VwGO).

Der Widerspruch gegen Sozialhilfeentscheidungen ist kostenfrei.

Beispiel

H. Lindemann   Hamburg, den. . . . . .
Frickestraße 2

An das
Bezirksamt Hamburg Nord
Kümmelstraße 7
20249 Hamburg

    Betr.: Bescheid vom ..... AZ .....
    Hiermit lege ich Widerspruch gegen den Bescheid vom .... ein.
    (Begründung:)
                                Unterschrift

Wird dem Widerspruch nicht stattgegeben, kann man Klage beim Verwaltungsgericht einreichen. Hier gelten die gleichen Fristen.

H. Lindemann　　　　　　　　　　　　Freiburg, den. . . . . .
Frickestraße 2

An das
Sozialgericht
Kapstadtring 1
22297 Hamburg

KLAGE
Hiermit klage ich gegen die Freie und Hansestadt Hamburg. Ich beantrage die Aufhebung des Bescheides vom ..... und die Gewährung der im Antrag vom ..... gewünschten Sozialhilfe.
(Begründung:)
　　　　　　　　　　　　　　　　　　　　　　　Unterschrift

In eiligen Fällen, wenn sofort Hilfe benötigt wird und diese aus irgendwelchen Gründen abgelehnt wird oder ein Sachbearbeiter über einen Antrag nicht entscheidet, kann man beim Verwaltungsgericht eine einstweilige Anordnung beantragen. Hier lohnt häufig anwaltliche Beratung.

H. Lindemann Freiburg, den. . . . . .
Frickestraße 2

An das
Sozialgericht
Kapstadtring 1
22297 Hamburg

Betr.: Antrag auf einstweilige Anordnung
Am ..... habe ich beim Sozialamt ..... die Gewährung von Sozialhilfe beantragt. Mein Antrag wurde jedoch abgelehnt. Ich habe gegen die Ablehnung Widerspruch eingelegt. Ich bin zur Zeit mittellos und auf Sozialhilfe angewiesen. Daher beantrage ich, das Sozialamt durch eine einstweilige Anordnung zu verpflichten, mir Sozialhilfe zu zahlen.
Die Richtigkeit meiner Angaben versichere ich hiermit an Eides statt.

Unterschrift

Für anwaltliche Beratung und Vertretung kann man in Sozialhilfesachen Prozesskostenhilfe und Beratungshilfe beantragen![87]

Wiederholungsfragen
1. Welche Gerichte sind für Klagen gegen das Sozialamt zuständig?
2. Wann kann eine einstweilige Anordnung beantragt werden?

---

87 Vgl. Philipp: Verfahren und Rechtsschutz; in: Klie/Krahmer: LPK-SGB XI, S. 1235 – 1266, Baden-Baden 2009

V. Das Recht der Qualitätssicherung und des Verbraucherschutzes

Das Ziel ist,

→ die rechtlichen Regelungen zur Qualitätssicherung in der Pflege darzulegen

→ die Inhalte der Landesgesetze zum Recht der Einrichtungen und Dienste (früher Heimrecht) zu vermitteln

→ die Bedeutung vertraglicher Abreden und des Verbraucherschutzes zu vermitteln

→ über das Allgemeine Gleichbehandlungsgesetz und seine Bedeutung für ältere Menschen, aber auch für Arbeitnehmer, zu informieren

→ die wichtigsten Inhalte der Charta der Rechte pflegebedürftiger Menschen vorzustellen.

Rechtskunde, Thomas Klie; © Vincentz Network GmbH & Co. KG, Hannover 2009; ISBN 978-3-86630-081-1

1. Menschen mit Pflegebedarf und ihr Schutzbedürfnis

Der Fall Kevin in Bremen ging durch die Presse und beschäftigt Politik und Justiz: Seine Eltern hatten ihn verhungern lassen. Dieser und ähnliche Fälle haben auch in der Jugendhilfe dazu geführt, die Bemühungen zu verstärken, den Schutz von Kindern vor Vernachlässigung, Misshandlung und der Gefährdung ihres Wohls zu verstärken. Ist es in der Kinder- und Jugendhilfe das Jugendamt, das das Wächteramt des Staates für das Wohl von Kindern und Jugendlichen wahrnimmt, so ist das in der Pflege etwas schwieriger und komplizierter: Eine einheitliche Zuständigkeit für alle Fragen, die das Wohl Pflegebedürftiger anbelangt, gibt es nicht. Zunächst geht man davon aus, dass pflegebedürftige Menschen durch ihre Angehörigen versorgt werden und dass diese sich um sie bemühen. Das Betreuungsrecht ist dazu da, Menschen, die nicht alleine für sich sorgen und ihre Angelegenheiten regeln können, einen Beistand zur Seite zu stellen, der allein ihrem Wohl verpflichtet ist. Auch den Ärzten kommt eine wichtige Bedeutung in der Begleitung von pflegebedürftigen Menschen zu: Ihnen obliegt die Pflicht, sich um ihre Gesundheit zu kümmern, aber auch darum, dass ihr Leiden gelindert wird. Für pflegebedürftige Menschen in Heimen sorgt sich die Heimaufsicht und der Medizinische Dienst der Krankenversicherungen (MDK): Beiden obliegen Aufsichts- und Qualitätssicherungsverpflichtungen. Im ambulanten Bereich soll durch Pflegeberatung, aber auch durch die so genannten Pflegeberatungsbesuche gemäß § 37 Abs. 3 SGB XI darauf Acht gegeben werden, dass pflegebedürftige Menschen zu ihrem Recht kommen und nicht vernachlässigt oder gar misshandelt werden.

Keine einheitliche Zuständigkeit

Die Verantwortung für das Wohl pflegebedürftiger Menschen ist anders als in der Jugendhilfe in verschiedene Hände gelegt.

Besonderer Schutzbedarf

Ein besonderer Schutzbedarf älterer Menschen mit Pflegebedarf ergibt sich zum einen daraus, dass sie auf Hilfe anderer angewiesen sind, dass sie gebrechlich sind oder wie man auch sagt: »vulnerabel«. Mit zunehmender Gebrechlichkeit und Abhängigkeit nimmt ihr Schutzbedarf zu: Sie sind wehrlos. Andere können über sie bestimmen.

Diesem Schutzbedarf aus »Vulnerabilität« heraus begegnet der Gesetzgeber zum einen dadurch, dass er Beratung anbietet, den Betroffenen einen Betreuer zur Seite stellt, aber auch alle Beteiligten dazu verpflichtet, eine am individuellen Bedarf und Bedürfnissen orientierte Hilfeplanung durchzuführen. Vor Übervorteilung, etwa in finanzieller Hinsicht, schützt in besonderer Weise der Verbraucherschutz. Der Verbraucherschutz ist nicht nur dazu da, dass man Haustürgeschäfte rückabwickeln kann, Vertragsabschlüsse im Internet stornieren und vor überraschenden Klauseln in allgemeinen Vertragsbedingungen geschützt wird. Der Verbraucherschutz bezieht sich auch auf pflegebedürftige Menschen und ihre Rechte, etwa gegenüber Pflegediensten und Heimen.

Verbraucherschutz

Ein besonderer Schutzbedarf für Menschen mit Behinderungen und Pflegebedarf ergibt sich auch dann, wenn sie in Institutionen leben, wie etwa Heimen oder auch Wohngruppen oder Krankenhäusern. Hier ergibt sich der Schutzbedarf nicht nur aus ihrer Gebrechlichkeit, sondern auch daraus, dass in Institutionen Hierarchien bestehen, Regeln aufgestellt werden, Dienstanweisungen gelten, denen sich der Bewohner oder Patient faktisch unterwerfen muss. Er ist nicht nur seinem Hilfebedarf, seiner Gebrechlichkeit ausgeliefert, sondern gegebenenfalls auch dem Heim. Man spricht hier auch von so genannten »totalen Institutionen«, in denen sich Menschen unterordnen müssen unter die Spielregeln, die dort gelten. Das können gute Spielregeln sein, die gerade darauf gerichtet sind, Menschen mit Hilfebedarf gerecht zu werden. Das können aber auch problematische Regelungen sein, wenn sie Menschen in ihren Rechten und Freiheiten beeinträchtigen.

Totale Institutionen

Der Schutzbedarf von Menschen mit Behinderungen und Pflegebedarf in Heimen und Krankenhäusern wird vom Staat auch gesehen. Schon lange gibt es deshalb eine so genannte Heimaufsicht, die die Qualität der Heime überprüft und darauf zu achten hat, dass die Interessen und Bedürfnisse der Heimbewohnerinnen und Heimbewohner nicht beeinträchtigt werden. Seit Einführung

Heimaufsicht

MDK

der Pflegeversicherung sind es nicht nur die Heimaufsichtsbehörden, sondern ist es auch der Medizinische Dienst der Krankenversicherungen (MDK), der verantwortlich gemacht wird für die so genannte Qualitätssicherung, das heißt dafür, dass pflegebedürftige Menschen sowohl in Heimen als auch von Pflegediensten eine gute Pflege und Betreuung erhalten.

Schutzbedarf

... aus Vulnerabilität	... aus struktureller Abhängigkeit
• Schutzbedarf eskaliert mit zunehmender Vulnerabilität und Abhängigkeit, nicht notwendig mit Versorgungsform und Regime • Im Vordergrund steht das Subjekt – Beratung, Bedarf, Begleitung, Aushandlung, Hilfeplanung	• Typischerweise in vollstationären Einrichtungen • Potentiell auch in anderen kollektiven Wohn- und Versorgungsformen • Einrichtungsbezogene Aufsicht bleibt notwendig, in unterschiedlicher Intensität
Realisierung des Schutzes durch Personenbezug	**Realisierung des Schutzes durch Personenbezug**

Allgemeines Gleichbehandlungsgesetz

Dass ältere Menschen und Menschen mit Behinderung und Pflegebedarf nicht diskriminiert werden, ist Anliegen der Antidiskriminierungsgesetzgebung, die europaweit gilt und mit dem Allgemeinen Gleichbehandlungsgesetz auch in Deutschland »angekommen« ist. Wenn etwa Unfall- und Haftpflichtversicherungen mit Pflegebedürftigen keine Verträge mehr abschließen beziehungsweise sie aus ihrem Versicherungsschutz entlassen, dann ist das gegebenenfalls eine unzulässige Diskriminierung.

Charta der Rechte

Der runde Tisch Pflege hat die Charta der Rechte pflegebedürftiger Menschen erarbeitet, in der die wesentlichen Grundrechte pflegebedürftiger Menschen zusammengestellt wurden. Die Charta soll an diese Rechtsposition pflegebedürftiger Menschen erinnern und sie zur selbstverständlichen Grundlage der Pflege und Begleitung pflegebedürftiger Menschen machen.

Sie ist im Wortlaut in Kap. I auf S. 49 zu finden,

In diesem Kapitel sollen all die angesprochenen Fragen des Schutzbedarfes und der rechtlichen Beantwortung desselben behandelt und dabei die zum Teil sehr neue Rechtslage dargestellt werden, die sich aus der so genannten Föderalisierung des Heimrechts ergibt: Bis 2008 galt bundeseinheitlich das Heimgesetz. Inzwischen sind die Länder zuständig und können selbst ihre Heimgesetze erlassen, die dann in aller Regel gar nicht mehr Heimgesetze heißen. Durch das Pflegeweiterentwicklungsgesetz wurden die Regelungen zur Qualitätssicherung im Rahmen der Pflegeversicherung neu gefasst. Auch auf diese Regelung wird in diesem Kapitel eingegangen.

Heimgesetz

Pflegeweiterentwicklungsgesetz

2. Qualitätssicherung

Das Thema Qualitätssicherung ist ein altes Thema in der Altenpflege. Bereits 1974 hat der Bundesgesetzgeber das Heimgesetz verabschiedet, das sich Fragen der Qualitätssicherung widmete. Man wollte den bekannt gewordenen Missständen in Pflegeheimen begegnen. Bis heute stehen Skandale in Pflegeheimen auf der Tagesordnung[1]. Etwas für die Sicherung der Qualität in der Pflege zu tun, wird auch von der Politik als bedeutsam angesehen. Insbesondere seit Einführung der Pflegeversicherung hat man das Thema Qualitätssicherung hoch gehängt und es dürfte heute kaum mehr einem in der Pflege ein Fremdwort sein. Einige Grundbegriff sollen den Ausführungen zu den Rechtsgrundlagen der Qualitätssicherung und des Verbraucherschutzes vorangestellt werden.

Zunächst ist der Begriff der Qualität ein sehr offener Begriff: Er kann das absolut Gute, die Qualität »an sich« meinen, die etwa in Preisen, wie dem Altenpflegepreis, gewürdigt wird. Der Begriff der Qualität meint aber meistens etwas anderes: Nämlich eine von vornherein festgelegte Qualität, die ein Kunde von Dienstleistungen erwarten kann. Man spricht hier auch von der Mustergültigkeit, von der normierten Qualität. Ob die nun einen pflegebedürftigen Men-

Begriff der Qualität

---

1 Vgl. Fussek/Schober (2008): Im Netz der Pflegemafia: Wie mit menschenunwürdiger Pflege Geschäfte gemacht werden.

schen zufrieden macht? Was aus seiner Sicht Qualität heißt, ist noch einmal eine ganz andere Frage. Hier geht es um seine »Kundenzufriedenheit«, seine subjektiv erlebte Lebensqualität und das Gefühl, eine gute Leistung für den Preis zu erhalten, den er entrichtet.

Qualitätsbegriff »Dimensionen«

- mustergültig
- förderlich
- preiswert
- besttauglich
- außergewöhnlich

Im Mittelpunkt der Qualitätssicherung steht meistens die Dimension mustergültig: Wird eine solche Pflege und Betreuung angeboten, wie es den Pflichten einer Einrichtung oder eines Dienstes entsprechen.

Ein zentraler Begriff in der Qualitätssicherung ist der des Standards.

Standards

Ein **Standard** ist eine vergleichsweise einheitliche oder vereinheitlichte, weithin anerkannte und meist auch angewandte (oder zumindest angestrebte) Art und Weise, etwas herzustellen oder durchzuführen, die sich gegenüber anderen Arten und Weisen durchgesetzt hat.

Unterschiedliche Formen von Standards

Bei Standards werden unterschiedliche Formen von Standards unterschieden: Bei den Universalstandards geht es um allgemeine Festlegungen, wie sie etwa in der Charta der Rechte pflegebedürftiger Menschen niedergelegt sind. Bei den Richtlinienstandards handelt es sich um Festlegungen etwa in den Qualitätsvereinbarungen gemäß § 112 SGB XI. Bei den allgemeinen Handlungsstandards dreht es sich um die im jeweiligen Heim geltenden Standards, die etwa in Handbüchern niedergelegt sind und vorschreiben, wie sich Mitarbeiter der Pflege in bestimmten Situationen zu verhalten haben, wie bestimmte risikoreiche Maßnahmen durchgeführt werden von der Injektion bis zum Umgang mit freiheitsentziehenden Maßnahmen. Spezielle Handlungsstandards sind solche, die sich auf einen pflegebedürftigen Menschen beziehen: Das, was in der individuellen Pflegeprozessplanung niedergelegt ist, verpflichtet die an der Pflege beteiligten Mitarbeiterinnen und Mitarbeiter, die dort niedergelegten Ziele und Verabredungen auch einzuhalten. Für den Betroffenen selbst sind Letztere die wichtigsten: Geht es doch darum, dass seinen Wünschen und seinem Bedarf entsprechend gehandelt wird.

Standards
- Universalstandards
- Richtlinienstandards
- allgemeine Handlungsstandards
- spezielle Handlungsstandards

In der Fachdiskussion um die Qualitätssicherung unterscheidet man verschiedene Ebenen der Qualität:

Qualitätssicherung »Ebenen«
- Strukturqualität
  Ausstattung, Ressourcen, Qualifikation, Organisation (Ablauf/Aufbau), Konzepte, Technik pp
- Prozessqualität
  Durchführung, Handlungsvollzüge, Praxis
- Ergebnisqualität
  Outcome, Zufriedenheit, Zielerreichung

Unter Strukturqualität versteht man dabei alle Festlegungen hinsichtlich der Ausstattung einer Einrichtung, der vorgeschriebenen Zahl von Mitarbeiterinnen und Mitarbeitern, dem Vorliegen einer

Strukturqualität

Prozessqualität	Konzeption oder eines Pflegedokumentationssystems. Unter Prozessqualität werden alle Prozesse, alle Handlungsweisen in einer Einrichtung oder einem Dienst betrachtet: Wird denn auch wirklich so verfahren, wie es vorgeschrieben und vorgesehen ist?
Ergebnisqualität	Auf der Ebene der Ergebnisqualität geht es schließlich darum zu prüfen, ob der Pflegebedürftige zufrieden ist, ob er mit Erfolg aktivierend gepflegt wurde, ob Rehabilitationserfolge erzielt wurden, ein Dekubitus wieder abgeheilt ist, auf die Fixierung verzichtet wurde oder nicht. Alle diese Ebenen in der Qualitätssicherung werden auch in den rechtlichen Rahmenbedingungen der Qualitätssicherung angesprochen, etwa bei den Qualitätsprüfungen durch den MDK oder die Heimaufsicht.
Qualitätsprüfungen	

Am Wichtigsten ist die Ergebnisqualität, die allerdings am Schwersten zu überprüfen ist: Geht es doch nicht um die Prüfung irgendeiner Qualität, sondern der Qualität auf dem Stand der Künste der Pflege, auf dem allgemein anerkannten Stand der Fachberufe, die an der Pflege und Betreuung beteiligt sind. Um hier mehr Transparenz zu schaffen, das Wissen, das es inzwischen über gute Pflege, über gute Rehabilitation, über gute Sozialarbeit gibt, zusammenzufassen, wurden unterschiedliche Kategorien von Standards entwickelt: Die Ärzte haben so genannte ärztliche Leitlinien, von denen es weit über 900 gibt[2]. Hier haben die ärztlichen Fachgesellschaften den jeweiligen Wissensbestand in einer Leitlinie zusammengefasst, die den Ärzten Orientierung über eine dem Stand der Medizin entsprechende Diagnostik und Therapie gibt. In Leitlinien finden in der Regel nur Empfehlungen Aufnahme, die auf der Basis von evidenzbasierter Medizin liegen, das heißt, dass deren Wirksamkeit auch nachgewiesen ist.

Nationale Expertenstandards

In der Pflege haben sich die nationalen Expertenstandards in den letzten Jahrzehnten entwickelt, zunächst allein aus der Pflege heraus, inzwischen auch unterstützt insbesondere vom Bundesgesundheitsministerium. Hier werden zu zentralen pflegerischen Fachfragen auf der Basis einer Literaturanalyse, durch ein Expertengremium und von der Fachwelt konsentiert die Erkenntnisse zusammengefasst, die für

---

2   Vgl. www.leitlinien.de

Nationale Formen von Standards und Leitlinien im Gesundheitswesen

	Nationaler Expertenstandard (NEP)	Ärztliche Leitlinie (LL)	Qualitätsniveau (QN)	Nationale Versorgungsleitlinie (NVL)
Focus	Pflegefachliche Themen mit hoher gesundheitspolitischer Relevanz Sektorenübergreifend	(Prävention) Diagnostik, Therapie (+ Nachsorge) von akuten und chronischen Erkrankungen, Sektorenübergreifend	Berufsgruppenübergreifende Themen mit strategischer Relevanz für Einrichtungen der Pflege und Betreuung Bereichsübergreifend	Abstimmung, Darlegung von Schlüsselproblemen von einer bestimmten prioritären Versorgungsproblematik Sektorenübergreifend
Ausrichtung	monodisziplinär	monodisziplinär	multidisziplinär	multidisziplinär
Verbraucherbeteiligung	X	bei S3 Leitlinien	X	X Patientenleitlinie
Adressat	Pflegefachkräfte; Patienten/ Betroffene	Ärzte der jeweiligen Fachgebiete; Patienten	Interne + externe Akteure (verschiedene Berufe und Management) in Einrichtungen der Pflege und Betreuung; Ehrenamtliche/ Angehörige; Bewohner	Ärzte verschiedener Fachgebiete; andere Gesundheitsfachberufe; Patienten und Angehörige
Struktur	Kernaussage + messbare Kriterien zu Struktur-Prozess-Ergebnis	Verschiedene Algorithmen zu Behandlungspfaden	Kernaussage Ziele + Kriterien (handlungsleitende Empfehlungen)	Verschiedene Algorithmen und Empfehlungen zu Behandlungspfaden
Transfer in die Praxis	Modellhafte Implementierung und Audit	Implementierung einzelner Projekte	Strukturierte Implementierung und Evaluation (in Planung)	Regelhafte Implementierung, Evaluation

eine gute Pflege heute Geltung beanspruchen können[3]. Diese Standards sollen in ihrer Verbindlichkeit noch gestärkt werden, indem sie als Expertenstandards im Sinne des § 113 a SGB XI für verbindlich erklärt werden können.

Schließlich hat die Bundeskonferenz Qualitätssicherung im Gesundheits- und Pflegewesen im Auftrag des BMFSFJ so genannte

---

3 Vgl. www.dnqp.de

Qualitätsniveaus

Qualitätsniveaus entwickelt, die für Heime die zentralen Fragestellungen der Heimpflege festhalten, wie in einem multiprofessionellen Zusammenwirken gute Pflege und Betreuung sichergestellt werden kann, etwa beim Thema Mobilität und Sicherheit oder beim Thema Ernährung[4].

Diesen nationalen Qualitätsniveaus und -standards kommt eine immer größere Bedeutung zu. Es kann nicht in einer Altenpflegeschule oder in einem Heim festgelegt werden, was heute der Stand der Künste ist. Dies geschieht in wesentlichen Fragen auf der nationalen Ebene. Rechtlich betrachtet werden durch diese Standards Sorgfaltspflichten konkretisiert: Wer sich ohne gute Argumente nicht an diesen Standards orientiert, dem kann gegebenenfalls leicht ein fehlerhaftes Verhalten vorgeworfen werden.

Die Verantwortung für die Qualität liegt zunächst bei dem Management von Heimen und Pflegediensten oder Krankenhäusern. Sie tragen dafür Verantwortung, dass ein Unternehmen gut geführt ist, die Kooperation etwa mit Ärzten und Apotheken sicherstellt. Die Gesetze verlangen heute von Pflegediensten und Pflegeeinrichtungen, dass sie ein Qualitätsmanagementsystem unterhalten, das firmenumfassend Qualität sichert. Eines der Qualitätsmanagementansätze ist das so genannte TQM, das Total Quality Management.

In der Fachpflege wird weiterhin erwartet, dass alle Fachpflegekräfte die professionellen Standards einhalten, die für sie gelten. Sie haben die Expertenstandards zu kennen, sie müssen wissen, wie man sie umsetzt – was gar nicht immer so einfach ist. Sie müssen sich fachlich auf dem Laufenden halten.

Für bestimmte Probleme, etwa der Lebensmittelhygiene, gibt es eigene Standards, wie etwa die HACCP. Hier wird verbindlich festgelegt, wie mit Lebensmitteln und ihrer Lagerhaltung umzugehen ist. Diese Regeln werden gegebenenfalls von der Lebensmittelaufsicht überprüft, s. S. 503 ff.

---

4 Vgl. www.buko-qs.de

Wiederum eigene Regeln gelten für bestimmte Produkte, für technische Hilfsmittel, seien dies medizinische Geräte, wie etwa Lifter, Beatmungsgeräte. Aber auch für Heizungsanlagen und Feuerlöscher gelten bestimmte verbindliche Vorschriften: Wie oft sie zu warten sind, wie in den Umgang mit ihnen eingewiesen wird, welche Sicherheitsvorkehrungen zu treffen sind. Das gilt etwa auch für Bauchgurte, die zur Fixierung angewandt werden sollen.

Schließlich enthalten manche Gesetze verbindliche Vorgaben. Die Vorgaben bleiben jedoch meistens auf einer relativ abstrakten Ebene und setzen voraus, dass die Qualitätssicherung auf den anderen Ebenen und in anderen Zusammenhängen funktioniert.

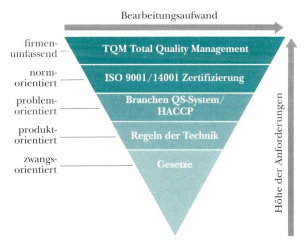

stufengerechte Qualitätssicherung

Wie schon gesagt, ist die Qualitätssicherung zunächst eine Aufgabe, die in jedem Unternehmen, in jedem Heim, Pflegedienst oder Krankenhaus selbständig wahrgenommen werden muss. Man spricht hier auch von der so genannten internen Qualitätssicherung: Das Management eines Heimes, die Heimleitung, die Pflegedienstleitung hat dafür zu sorgen, dass Qualitätssicherungsmaßnahmen in der Einrichtung, im Dienst ergriffen werden. Dazu können unterschiedliche Maßnahmen gehören, wie etwa Qualitätszirkel, Fortbildungen,

Interne Qualitätssicherung

interne Audits. Welche Maßnahmen ergriffen werden und in welchem Gesamtkonzept, das ist Aufgabe des so genannten Qualitätsmanagements. Verbindlich gehörten übrigens zum internen Qualitätsmanagement auch so genannte Verfahren des Beschwerdemanagements: Wenn sich Bewohner beschweren oder Angehörige, müssen diese Beschwerden bearbeitet und aufgenommen werden. Sind sie berechtigt, sind die Mängel abzustellen. Insgesamt sollen sie dazu dienen, die Qualität immer weiterzuentwickeln.

Qualitätssicherung

Intern	Extern
• Qualitätszirkel	• freiwillig
• Fortbildungsplanung	– Zertifizierung
• Supervision	– Diakoniesiegel
• ...	– externer peer review
	• obligatorisch
	– Heimaufsicht
	– Brandnachschau
	– MDK

Externe Qualitätssicherung

Von der internen Qualitätssicherung ist die so genannte externe Qualitätssicherung zu unterscheiden. Hier schauen nicht die Mitarbeiter der Einrichtung selbst darauf, ob die Qualität stimmt und wo sie verbessert werden kann. Hier schaut man von außen. Ein Pflegeheim oder ein Pflegedienst kann sich etwa von einer Zertifizierungsstelle auf die Finger gucken und die Qualität überprüfen lassen. Inzwischen gibt es eine ganze Reihe von Zertifizierungs- und Gütesiegelverfahren, die die Qualität in Pflegediensten und Einrichtungen feststellen. Sei dies nach DIN ISO 9001 oder nach dem so genannten EFQM[5]. Solche Zertifizierungen sind nicht vorgeschrieben, sie kosten viel Geld und binden viel Energie in einer Einrichtung und in einem Dienst. Sie können im Einzelfall durchaus sinnvoll sein, um die Qualität von einer Einrichtung weiterzuentwickeln. Aber auch Senioren-

---

5   Vgl. Wallrafen-Dreisow/Weigel, R.: EFQM in Einrichtungen der Altenhilfe. Messen – Bewerten – Besser werden. Stuttgart, 2004

beiräte etwa führen eigene Qualitätsprüfungen durch und geben Einrichtungen und Diensten eine Rückmeldung darüber, was ihnen gut erschien und was verbesserungswürdig wäre. Der Gesetzgeber belohnt inzwischen solche freiwilligen Aktivitäten, indem er auf die Intensität von Qualitätsprüfungen dann verzichtet, wenn ein Heim oder ein Pflegedienst ihm solche freiwilligen Qualitätsprüfungen und ihre Ergebnisse nachweist.

Bewertungskriterien für die Pflegequalität der stationären Pflegeeinrichtungen

Qualitätskriterien	Anzahl der Kriterien
1. Pflege und medizinische Versorgung	35
2. Umgang mit demenzkranken Bewohnern	10
3. Soziale Betreuung und Alltagsgestaltung	10
4. Wohnen, Verpflegung, Hauswirtschaft und Hygiene	9
5. Befragung der Bewohner	18
zusammen	82

Quelle: Bewertungskriterien stationäre Pflege gem. § 115 Abs. 1a SGB XI

Die freiwilligen Aktivitäten ändern nichts an der Verpflichtung, sich auch den Qualitätsprüfungen durch den Medizinischen Dienst der Krankenversicherungen zu unterwerfen und den Heimaufsichtsbehörden die Nachschau und Überwachung der Qualität im Heim zu gestatten. Die Ergebnisse dieser Qualitätsprüfung werden (künftig) veröffentlicht. Für die verschiedenen Bereiche (Hauswirtschaft, Pflege usw.) sollen Heime und Pflegedienste Noten erhalten, die den Pflegebedürftigen, ihren Angehörigen aber auch der Öffentlichkeit ein Urteil darüber erlauben sollen, ob es sich nun um ein gutes Heim handelt oder nicht.

Qualitätsprüfungen durch den Medizinischen Dienst

Wiederholungsfragen
1. Aus welchen zwei Gesichtspunkten ergibt sich der besondere Schutzbedarf von pflegebedürftigen Menschen?
2. Was versteht man unter Standards und welche Standards lassen sich voneinander unterscheiden?
3. Was versteht man unter Struktur-, Prozess- und Ergebnisqualität?
4. Was ist der Unterschied zwischen interner und externer Qualitätssicherung?

3. Das Heimrecht

a) Geschichte und Zielsetzung

Auflösung durch Landesgesetze

1975 trat das Heimgesetz in Kraft, das bis zum Jahre 2008 in allen Bundesländern galt. Es wird nun langsam abgelöst durch Landesgesetze, die nach der Föderalisierung des Heimrechtes die gesetzgeberische Zuständigkeit für das Heimgesetz erhalten haben. Die ersten Bundesländer haben ihre Gesetze verabschiedet: Baden-Württemberg, Bayern und Nordrhein-Westfalen. Im Jahre 2009 folgen weitere. Es ist zu erwarten, dass spätestens im Jahre 2010 alle Bundesländer ein eigenes Heimrecht bzw. Recht der Einrichtungen und Dienste für Menschen mit Behinderung und Pflegebedarf haben werden.

Neue Bezeichnungen

Nur noch ein Bundesland bleibt bei der Bezeichnung Heimgesetz, Baden-Württemberg. Alle anderen Bundesländer wählen neue Namen. Sie bringen zum Ausdruck, dass man nicht nur die klassischen Heime vor Augen hat, sondern auch neuartige Versorgungsformen und -konzepte, wie etwa Wohngruppen, Wohngemeinschaften, Einrichtungen des Betreuten Wohnens. Sowohl in der Behindertenhilfe als auch in der Pflege und Altenhilfe. So heißt etwa das Gesetz in Nordrhein-Westfalen Wohn- und Teilhabegesetz und bringt zum Ausdruck, dass man auch neue Orientierungen wie die der Teilhabe stark macht und nicht nur ein klassisches Aufsichtsgesetz vor Augen hat.

Bundesland	Gesetz	Inkraft/ Entwurf
Baden-Württemberg	Landesheimgesetz – LHeimG Vom 04. Juni 2008	1. Juli 2008
Bayern	Gesetz zur Förderung der Pflege-, Betreuungs- und Wohnqualität im Alter und Behinderung Pflegequalitätsgesetz – PflegeqGvom 03.Juli 2008	01.August 2008
Berlin	Gesetz zur Teilhabe und zum Schutz von Menschen in gemeinschaftlich betreuten Wohnformen Berlin (Wohnteilhabegesetz - WtG) vom 16.05.2008	Entwurf
Brandenburg	Eckpunkte für ein Gesetz über das Wohnen mit Pflege und Betreuung (Brandenburgerisches Heimgesetz) vom 05.09.2008	Eckpunkte
Bremen	1. Entwurf für eine bremische Nachfolgeregelung zum bestehenden Heimgesetz. Arbeitstitel: Landesgesetz zur Sicherstellung der Rechte von Menschen mit Pflege- und Betreuungsbedarf in gemeinschaftlichen Wohnformen	1. Entwurf
Hamburg	Hamburgisches Gesetz zur Förderung der Wohn- und Betreuungsqualität älterer und betreuungsbedürftiger Menschen (Hamburgisches Wohn- und Betreuungsqualitätsgesetz – HmbWBG)	Entwurf
Hessen	Interner Entwurf liegt vor.	
Mecklenburg-Vorpommern	Interner Entwurf liegt vor.	
Niedersachsen	Interner Entwurf liegt vor.	
Nordrhein-Westfalen	Gesetz zur Umsetzung der Föderalismusreform auf dem Gebiet des Heimrechts und zur Änderung des Landesrechts: Wohn- und Teilhabegesetz vom 18. November 2008	01. Januar 2009
Rheinland-Pfalz	Landesgesetz zur Förderung von Selbstbestimmung, Teilhabe und Qualität in gemeinschaftlichen Wohnformen von älteren Menschen, volljährigen Menschen mit Behinderung und pflegebedürftigen volljährigen Menschen (Wohnformen- und Teilhabegesetz – WTG).	Referentenentwurf
Saarland	Gesetz zur Sicherung der Wohn-, Betreuungs- und Pflegequalität für ältere Menschen sowie Pflegebedüftige und behinderte Volljährige (Landesheimgesetz Saarland – LHeimGS) vom 22.Oktober 2008	Entwurf

Bundesland	Gesetz	Inkraft/ Entwurf
Sachsen	Gesetz zur Regelung der Betreuungs- und Wohnqualität im Alter, bei Behinderung und Pflegebedürftigkeit im Freistaat Sachsen (Sächsiches Betreuungs- und Wohnqualitätsgesetz) Vom 15. Januar 2009	Entwurf
Sachsen-Anhalt	Bausteine für eine Ablösung des Bundes-Heimgesetzes in Sachsen-Anhalt. Arbeitstitel: Gesetz zum Schutz und Sicherung der Rechte von Menschen mit Pflege- und Betreuungsbedarf im Alter und bei Behinderung – Bewohnerschutzgesetz Sachsen-Anhalt (BSG LSA)	Bausteine
Schleswig-Holstein	Gesetz zur Stärkung von Schutz und Selbstbestimmung von Menschen mitPflegebedürftigkeit oder Behinderung (Selbstbestimmungsstärkungsgesetz – SbStG vom 20.05.2008	Im Gesetzgebungsverfahren
Thüringen	Es liegt noch kein Entwurf vor.	

Ziele der »Heimgesetze«

Die Ziele der »Heimgesetze« der Länder sind fast identisch und orientieren sich sehr stark am alten Heimgesetz. Jeweils geht es darum,

– die Würde und die Interessen und Bedürfnisse der Bewohnerinnen und Bewohner vor Beeinträchtigung zu schützen
– die Selbstständigkeit, die Selbstbestimmung und Selbstverantwortung der Bewohnerinnen und Bewohner zu wahren und zu fördern,
– Form der Mitwirkung der Bewohnerinnen und Bewohner zu fördern und
– eine dem allgemeinen anerkannten Stand der fachlichen Erkenntnisse entsprechende Qualität des Wohnens und der Betreuung zu sichern.

Manche Gesetze möchten auch neue Wohnformen fördern und unterstützen. Viele Gesetzgeber wollen durch ihre Gesetze zur Entbürokratisierung beitragen, das heißt weniger Vorschriften vorsehen und die Aufsichtsmaßnahmen auch für die Heime »erträglicher« machen.

Wiederholungsfragen
1. Warum sind nun die Länder zuständig für die so genannte Heimgesetzgebung?
2. Was sind die wichtigsten Ziele des Heimrechts?

b) Heim oder nicht Heim

Fall 141:
In Berlin wurden zahlreiche Krankenhausbetten aus dem Bereich der Geriatrie im Zusammenhang mit der Umsetzung des Pflegeversicherungsgesetzes in Heimplätze umgewandelt. Hier finden sich teilweise noch 6-Bett-Zimmer, auch genügt vielfach die Zimmergröße nicht den Vorschriften des Heimgesetzes.

Schon unter der Geltung des Heimgesetzes war immer wieder diskutiert worden, welche Einrichtungen nun unter das Heimgesetz fallen und welche nicht. Einrichtungen des Betreuten Wohnens etwa wollte der Gesetzgeber nicht unter Aufsicht stellen, zumindest dann nicht, wenn in Einrichtungen des Betreuten Wohnens wenige Dienstleistungen angeboten und ihre Abnahme zur Pflicht gemacht wurde. Einrichtungen des Betreuten Wohnens, die nur einen Hausnotruf unterhalten und ansonsten beraten und Dienste vermitteln, unterstehen nicht den Landesgesetzen und auch nicht dem alten Heimgesetz, das in den Bundesländern weiter gilt, die noch kein eigenes Heimgesetz erlassen haben. Betreute-Wohnen-Einrichtungen unterfallen aber dann gleichwohl der Aufsicht der zuständigen Behörden nach den Landesgesetzen, wenn sie die Bewohner dazu verpflichten, etwa einen bestimmten Pflegedienst zu wählen und weitergehende Leistungen in Anspruch zu nehmen, wie etwa Verpflegung. Das ist regelmäßig in so genannten Wohnstiften der Fall, wie etwa in denen des Collegium Augustinums oder des Kuratoriums Wohnen im Alter. Sie bleiben in aller Regel Einrichtungen, die der Aufsicht nach den »Landesheimgesetzen« unterfallen.

Wohngemeinschaften

Strittig ist die Frage, ob man Wohngemeinschaften und Wohngruppen dem Heimgesetz respektive den Landesgesetzen unterfallen. Hier wurden sehr unterschiedliche Lösungen gefunden: zum Teil unterliegen sie der Aufsicht, allerdings in einem wesentlich geringeren Umfang (so Bayern), zum Teil sollen sie bei einer bestimmten Konzeption nicht dem Heimrecht unterfallen, etwa wenn Wohngemeinschaften von den Angehörigen oder gesetzlichen Betreuern selbst verwaltet werden, so genannte Auftraggebergemeinschaften darüber befinden, etwa welcher Pflegedienst in einer Wohngruppe tätig wird oder wie das Leben dort gestaltet wird[6].

Einzelhaushalt

Das Heimrecht kann auch dort gelten, wo ein Einzelhaushalt immer wieder Pflegebedürftige aufnimmt, wie eine Pflegefamilie Kinder. Hier gibt es noch keine Spezialregelung, wie etwa im SGB VIII für Pflegefamilien. Nimmt aber eine Familie oder ein Haushalt immer wieder Pflegebedürftige gegen Entgelt auf und versorgt sie, kann es sich durchaus um eine Einrichtung oder ein Heim im Sinne der Landesgesetze handeln. Das macht auch Sinn, da auch dort ein besonderer Schutzbedarf aus der Abhängigkeit zu der Familie, zu dem Haushalt gegeben ist.

Das Heimgesetz und die Landesgesetze gelten grundsätzlich immer dann, wenn für behinderte volljährige, ältere und pflegebedürftige Menschen ein Wohnangebot gemacht wird, das verkoppelt ist mit Betreuungs-, Verpflegungs- und Pflegeleistungen. Sehen die Verträge diese Koppelung vor, geht der Gesetzgeber davon aus, dass hier ein besonderes Schutzbedürfnis des Patienten/ Klienten gegeben ist. Auf die Größe der Einrichtung (ihre Konzeption) kommt es grundsätzlich nicht an.

Wiederholungsfragen

1. Fällt eine Einrichtung, die nur Wohnungen für ältere Menschen vermietet, ohne eine Betreuung anzubieten, unter die Geltung des Heimgesetzes und die der Landesgesetze?

---

6   Vgl. Klie, Th. und Schuhmacher, B. (2008): Demenzbetreuung im Freiburger Modell. Teilhabe sichern – Verantwortung teilen. Altenheim Jg. 48 (H. 05). 18-22.;

2. Kann auch eine Pflegefamilie, die pflegebedürftige Demenzkranke aufnimmt, ein Heim sein?

c) Mindestanforderungen

Sowohl das Heimgesetz als auch die Landesgesetze sehen bestimmte Mindestanforderungen vor, die die Heime erfüllen müssen.

Dazu gehört ganz allgemein, dass der allgemein anerkannte Stand medizinisch-pflegerischer, aber auch sozialpädagogischer und hauswirtschaftlicher Erkenntnisse in den Einrichtungen umgesetzt wird. Auch muss die Hygiene und die Arzneimittelsicherheit garantiert werden. Weiterhin sehen alle Gesetze vor, dass die Einrichtungen ein Qualitätsmanagement unterhalten und ein Beschwerdemanagement vorsehen, dass die wirksame Bearbeitung von Beschwerden der Bewohnerinnen und Bewohner garantiert.

Fall 142:
Die Bewohner des Heimes »Stille« (6 Bewohner) haben im Heim keine Möglichkeit zum Telefonieren, nur im Notfall können sie beim Heimleiter den Fernsprecher nutzen.

Bauliche Mindestanforderungen werden in allen Landesgesetzen respektive Verordnungen aufgestellt. Zimmer müssen eine bestimmte Mindestgröße aufweisen (nach der Heimmindestbau-Verordnung 12 qm für eine Person, 18 qm für ein Zweibettzimmer), die Einrichtungen müssen bestimmten Kriterien der Barrierefreiheit genügen, Aufenthaltsräume vorhalten und Pflegebäder müssen vorhanden sein, Rufanlagen sind ebenso vorgeschrieben wie die Möglichkeit ungestört telefonieren zu können. Die Länder sehen inzwischen unterschiedlich detailliert bauliche Mindestanforderungen vor: Am offensten formuliert die Verordnung zum Wohn- und Teilhabegesetz in Nordrhein-Westfalen die baulichen Mindestanforderungen.

Bauliche Mindestanforderungen
Heimmindestbau-Verordnung

Fall 143:

In Berlin wurden zahlreiche Krankenhausbetten aus dem Bereich der Geriatrie im Zusammenhang mit der Umsetzung des Pflegeversicherungsgesetzes in Heimplätze umgewandelt. Hier finden sich teilweise noch 6-Bett-Zimmer, auch genügt vielfach die Zimmergröße nicht den Vorschriften des Heimgesetzes.

Zum Standard sollten heute Einbettzimmer in Pflegeheimen gehören, auch wenn die Förderung von Heimen inzwischen Zweibettzimmer vermehrt vorsieht und auch die Sozialhilfeträger häufig verlangen, dass Sozialhilfebezieher in Zweibettzimmern »untergebracht« werden. Die großen Säle der vergangenen Jahre sind passé: 1984 gab es in Hamburg etwa noch 20-Betten-Säle in Pflegeheimen. Die Diskussion um Mehrbettzimmer ist aber unter ganz anderen Vorzeichen neu entbrannt. In den so genannten Oasen für Menschen mit Demenz, wird die Versorgung ganz bewusst in nicht voneinander abgetrennten Wohn- und Pflegeplätzen vorgesehen[7]. Die einen sehen in der Renaissance von Mehrbettzimmern allein finanzielle Hintergründe, andere sind davon überzeugt, dass für schwerst demenzerkrankte Menschen die Gemeinschaft und die soziale Geborgenheit wichtige Bausteine für eine gute Pflege und Begleitung sein können. Heimrechtlich sind Mehrbettzimmer über zwei Plätze hinaus grundsätzlich verboten. Oasen können nur unter ganz strengen Auflagen betrieben werden.

Mehrbettzimmer

Fall 144:

Im Heim »Sonnenschein« in S. sind für die 30 pflegebedürftigen BewohnerInnen eine examinierte Krankenschwester, die gleichzeitig Heimleiterin ist, sowie drei Pflegehelferinnen

---

7 Vgl. Alzheimerberatung e.V. und Seniorenzentrum Holle GmbH (2008). Pflegeoasen – ein mögliches Angebot für Menschen mit Demenz. Grundlagen – Umsetzung – Qualitative Anforderungen. Beispiele aus der Praxis für die Praxis.;
Dürrmann, P. und Sowinski, Ch. (2008): Sind Pflegeoasen ein sinnvolles Modell? Pro & Contra. Altenpflege Jg. 33 (H. 03). 40.;
www.isgos.de
www.sonnweid.ch

angestellt. Es ist wiederholt zu Beschwerden von Angehörigen gekommen, dass die BewohnerInnen unzureichend gepflegt seien und etwa Kontrakturen erlitten.

Die persönliche Eignung und fachliche Qualität der Leitung und der Mitarbeiter von Heimen werden seit eh und jeh im Heimrecht geregelt. Das Heimgesetz sieht für die Heimleitung bestimmte Eingangsberufe vor: Pflege, kaufmännische Erfahrung, Sozialarbeit und macht zur Voraussetzung eine mehrjährige Berufserfahrung in dem Arbeitsfeld. Es bedarf heute nicht mehr eines Heimleiters in einer klassischen Rolle wie die des Heimvaters oder der Heimmutter. Die Heimleitung kann auch von mehreren Personen wahrgenommen werden, die allerdings jeweils die Anforderungen an die Eignung und fachliche Qualifikation erfüllen müssen[8].

Qualität der Leitung

Auch an die Fachkräfte in der Pflege und Betreuung werden Anforderungen gestellt. Es muss sich jeweils um dreijährig ausgebildete Personen handeln, wenn sie denn als Fachkraft angesehen werden wollen. Die Heimpersonalverordnung geht davon aus, dass 50 % der Mitarbeiterinnen und Mitarbeiter, die in der Betreuung der Bewohner tätig sind, Fachkräfte sein müssen. Dabei werden nicht nur Pflegefachkräfte als solche gezählt, sondern auch Heilpädagogen, Sozialarbeiter und Fach-HauswirtschafterInnen. Eine bestimmte Personalausstattung wird in dem Heimgesetz und in den entsprechenden Landesgesetzen nicht vorgeschrieben. In jedem Fall muss aber sichergestellt sein, dass eine fachliche Betreuung und Pflege für alle Bewohner garantiert wird und dies Tag und Nacht. Für kleinere Einrichtungen, wie Wohngruppen, können flexible Lösungen gefunden werden, wie die Fachkraftsanforderungen erfüllt werden, etwa wenn es um die Sicherstellung der Nachtwache geht. Für eine Wohngruppe vorzuschreiben, es müsse immer eine Fachkraft anwesend sein, hieße Wohngruppen generell unmöglich zu machen. Sie würden schlicht zu teuer.

Anforderungen an Fachkräfte

Heimpersonalverordnung

---

8 Vgl. Klie, Th. (2009): Das Urteil Bayerische VGH, Urteil vom 22. 10. 2008, Az.: 12 B 07.383, Altenheim 2009, Nr. 3, S. 35

Fall 145:

Das Heim »Waldfrieden« mit insgesamt 8 Bewohnern hat Probleme mit der Heimaufsicht. Sie verlangt, dass rund um die Uhr immer eine Pflegefachkraft anwesend ist. Eine Rufbereitschaft lässt sie nicht ausreichen. Das kleine Heim, das von den Bewohnern sehr geschätzt wird muss schließen, wenn es die Anforderung der Heimaufsichtsbehörde erfüllen muss.

Fall 146:

In dem Heim »Luisengrund« kann jede Heimbewohnerin ihren Arzt wählen. Mit einer Ärztin hat das Heim vertraglich vereinbart, dass sie alle zwei Wochen an einer Dienstbesprechung der Pflegekräfte teilnimmt, sie die Befähigungsnachweise für Injektionen ausstellt (Spritzenschein) und bei Fragen der Zusammenarbeit zwischen Heim und behandelnden Ärzten berät.

Nicht nur die Sicherstellung der Pflege gehört zu den Verpflichtungen des Heimes. Auch die ärztliche und gesundheitliche Betreuung ist zu sichern. In diesem Zusammenhang spielt die ärztliche Versorgung eine große Rolle, die allerdings nicht überall zum Besten steht. Immer wieder wird berichtet, dass behandelnde Ärzte von Heimbewohnern nicht über die erforderlichen geriatrischen und gerontopsychiatrischen Kenntnisse verfügen. Große Qualitätsdefizite finden sich auch bei der Verordnung von Arzneimitteln. Heime, die um diese Schwächen der gesundheitlichen und medizinischen Versorgung ihrer Heimbewohner wissen, tun gut daran, sich selbst um die Qualitätssicherung der ärztlichen Behandlung zu bemühen. § 119b SGB V eröffnet hier neue Wege der Kooperation, s. S. 269. Hier kann ein Heimarzt eine wichtige Funktion übernehmen. Im Rahmen der Sicherstellung ärztlicher Versorgung ist es sinnvoll, einen »Heimarzt« vertraglich mit der

– Anleitung, Fortbildung und Überprüfung der Pflegekräfte in der Verrichtung ärztlicher Tätigkeiten,

- der Durchsicht und Überwachung der Arzneimittelbestände, insbesondere der Übervorräte,
- der Beratung des Heims in ärztlichen Fragen und Koordinierung der Ärzte untereinander

zu beauftragen.

Ärzte mit geriatrischen und gerontopsychiatrischen Spezialkenntnissen erscheinen hier als besonders geeignet.

d) Die Heimmitwirkung

»Jetzt werden Sie erstmal zuhören!« betonte er, »Wir verlangen von Ihnen die Zustimmung zu einer von uns Alten getragenen Selbstverwaltung. Wir fordern Kontrolle über die Verwendung der Gelder, unserer Gelder. Wir wollen Mitbestimmung bei der Einstellung der Mitarbeiter sowie bei baulichen Veränderungen. Außerdem wollen wir die Presse informieren.«
aus Strecker, Die Altenrepublik, Stuttgart 1988, S. 21

Dass Heimbewohner sich aktiv an der Gestaltung des Heimlebens beteiligen und auch in die Entscheidungen des Heimträgers mit einbezogen werden das ist Anliegen des Heimgesetzes gewesen, das in allen Landesgesetzen aufgegriffen wurde. Zu diesem Zweck wirken die HeimbewohnerInnen durch einen Heimbeirat in Angelegenheiten des Heimbetriebes mit. Die Mitwirkung soll sich auch auf die Fragen der Qualität der Betreuung im Heim beziehen, die Geschäftsführung und Wirtschaftsführung des Heimes gehört auch zu den Mitwirkungsbereichen. Die Heimbeiräte sind auch bei Pflegesatzverhandlungen und Entgelterhöhungen zu beteiligen. Der Heimbeirat kann sich durch fach- und sachkundige Personen seines Vertrauens beraten lassen und auch die Heimaufsichtsbehörde ist verpflichtet, die Heimbeiräte in ihrer Arbeit zu unterstützen.

Heimbeirat

Die Landesgesetze zum Heimrecht eröffnen nun die Möglichkeit, dass nicht nur Heimbewohner in den Heimbeirat gewählt werden können, sondern auch Angehörige, andere Personen des Vertrauens und insbesondere Mitglieder der örtlichen Seniorenver-

Landesgesetze

tretungen. Die Wahl ist weiterhin den Heimbewohnern vorbehalten. Auf diese Weise soll der Heimbeirat gestärkt werden. Es kann eine systematische Zusammenarbeit verabredet werden – wenn alle Beteiligten kooperationsbereit sind und mitmachen. Insbesondere durch Schulungsmaßnahmen ist es gelungen, in zahlreichen Heimen die Arbeit zu verbessern[9]. Leider ist es aber noch überhaupt nicht selbstverständlich, dass sich die örtlichen Seniorenvertretungen und andere Ehrenamtliche an der Heimbeiratsarbeit beteiligen. Auch besteht die Möglichkeit, andere Formen der Mitwirkung als durch einen Beirat mit Zustimmung der Aufsichtsbehörde zu erproben. Kann weder ein Beirat gewählt noch eine andere sinnvolle alternative Beteiligungsform gefunden werden, so bestellt die zuständige Aufsichtsbehörde einen sog. »Heimfürsprecher«, der die Aufgaben der Beiräte wahrnimmt.

Heimfürsprecher

Fall 147:
Der neue Heimleiter eines Pflegeheimes möchte die Öffnung des Heimes betreiben. In diesem Zusammenhang sollen beim diesjährigen Sommerfest Gäste aus der Nachbarschaft eingeladen werden. Der Heimleiter bespricht die Pläne mit dem Heimbeirat, der sich daraufhin einhellig gegen dieses Vorhaben ausspricht; es würde das schöne Sommerfest umfunktioniert, die Gäste würden den Bewohnern die Plätze wegnehmen und schließlich koste das alles zuviel Geld.

Aufgaben des Heimbeirates

Die Aufgaben des Heimbeirates waren in den §§ 25 ff. HeimMitwirkungsV beispielhaft, aber nicht vollständig, aufgeführt.

Zu Aufgaben des Heimbeirates gehören
- Maßnahmen des Heimbetriebes, die den BewohnerInnen der Einrichtung dienen, beim Leiter oder Träger der Einrichtung zu beantragen (z. B. Verteilung von Hausschlüsseln an alle Bewoh-

---

9   Vgl. BIVA Multiplikatorenschulung Modellprojekt Bund, Qualifizierung von Heimbeiräten und Heimfürsprechern durch ehrenamtliche Beraterinnen und Berater, Bonn 2001

nerInnen, Aufstellen von Sitzbänken, Veränderung der Essenszeiten),
- Anregungen und Beschwerden von BewohnerInnen entgegenzunehmen und erforderlichenfalls durch Verhandlungen mit dem Leiter oder in besonderen Fällen mit dem Träger auf ihre Erledigung hinzuwirken (ggf. unter Wahrung der Anonymität),
- die Eingliederung der BewohnerInnen in die Einrichtung zu fördern.

Fall 148:
Die Heimaufsicht hat die Anordnung getroffen, dass die Pflegebedürftigen künftig nicht mehr in der Zeit von 21 bis 6 Uhr gewaschen werden dürfen, nächtliches Waschen sei unzulässig. Hieraufhin muss der Dienstplan umgestellt werden. Heimbeirat und Betriebsrat werden an der Diskussion um die neue Dienstplangestaltung beteiligt.

Mitwirkungsrechte hat der Heimbeirat bei folgenden Entscheidungen des Leiters oder Trägers der Einrichtung:
- Aufstellung oder Änderung der Heimordnung,
- Maßnahmen zur Verhütung von Unfällen,
- Planung oder Durchführung von Veranstaltungen (s. *Fall 147*),
- Freizeitgestaltung,
- Betreuung, Pflege und Verpflegung (s. hierzu *Fall 148*),
- Erweiterung, Einschränkung oder Einstellung des Heimbetriebes,
- Zusammenschluss mit einer anderen Einrichtung,
- Änderung der Art und des Zweckes der Einrichtung oder ihrer Teile,
- umfassende bauliche Veränderungen oder Instandsetzungen der Einrichtung.

Mitwirkungsrechte

Haushalts- und Wirtschaftspläne

Die Mitwirkung des Heimbeirates erstreckt sich auch auf die Aufstellung von Haushalts- und Wirtschaftsplänen, wenn – über das Entgelt hinaus – Finanzierungsbeiträge an den Träger der Einrichtung geleistet wurden, d. h. nur dann hat der Heimbeirat Einsichtsrecht in die Haushaltspläne.

Keine Mitbestimmungsrechte

Der Heimbeirat hat nur mitwirkende Funktionen und keine Mitbestimmungsrechte wie etwa der Betriebsrat in manchen Fragen. Der Heimleiter kann sich also über ein Votum des Heimbeirates hinwegsetzen und anders entscheiden, als es der Heimbeirat empfiehlt. Heimbeirat und Träger können aber von Fall zu Fall in Verhandlungen und Absprachen außerhalb der gesetzlichen Regelung Mitbestimmungen für bestimmte Bereiche vereinbaren, etwa: Aufstellung der Heimordnung.[10]

Der Heimbeirat ist zwar das Mitwirkungsorgan der HeimbewohnerInnen gegenüber dem Träger. Heimbeirat und Träger können jedoch keine Vereinbarung treffen, die unmittelbar in die Rechte der einzelnen BewohnerInnen eingreifen, etwa in vertragliche. Allerdings sieht entgegen der alten Rechtslage das Heimgesetz vor, dass der Heimbeirat für die anderen Heimbewohner auch im Entgelterhöhungsverfahren beteiligt wird.

Vorbehalte gegenüber Heimbeirat

Schon in den 70er Jahren, als das Heimgesetz eingeführt wurde, machten mehrere Untersuchungen deutlich, dass Pflegekräfte häufig Vorbehalte gegenüber der Arbeit der Heimbeiräte haben[11], den Heimbeirat als etwas gegen sie Gerichtetes ansehen oder ihn für überflüssig halten. Eine evtl. ablehnende Haltung gegenüber der Mitwirkung der Heimbeiräte durch das Pflegepersonal kann bei den BewohnerInnen die Bereitschaft erschweren, wenn nicht ganz verhindern, sich für den Heimbeirat zu engagieren.

---

10 Vgl. Erfahrungsbericht der Bundesregierung, abgedruckt in: Dahlem/Giese/Igl/Klie, Das Heimgesetz – Kommentar, § 5 Rz. 10.
11 Vgl. Anthes, Institutionelle und personelle Hemmnisse bei der Realisierung von Mitwirkungsrechten der Altenheimbewohner, in: Aktuelle Gerontologie 1979, 323ff.

Vorschläge zur Arbeitsorganisation der Heimbeiräte

- Schulungsangebote für Heimbeiratsmitglieder (z. B. Volkshochschulkurse für Heimbeiräte),
- Betreuung und Beratung durch außenstehende Personen (ehrenamtliche Helfer, Sozialpädagogen, Angehörige, Vertreter des Seniorenbeirates),
- Beschränkung der Heimleitung auf Information des Heimbeirates,
- Erfahrungsaustausch mit anderen Heimbeiräten,
- Mitteilungsblatt des Heimbeirates für HeimbewohnerInnen (Heimzeitung),
- Beteiligung von Heimbeiratsmitgliedern an (Teilen von) Dienstbesprechungen, wenn Bewohnerbelange diskutiert werden,
- Bekanntmachen der Arbeit des Heimbeirats im Heim,
- Diskussion der Heimbeiratsbeschlüsse in den jeweiligen Funktionsbereichen (Küche, Raumpflege, Pflege; nicht nur auf der Leitungsebene),
- Beteiligung des Heimbeirates beim Heimeinzugsverfahren,
- Sitzungen des Heimbeirates in den verschiedenen Stationen (damit die BewohnerInnen merken, dass der Heimbeirat tagt),
- direkte Beteiligung der Heimbeiräte durch die zuständigen Behörden,
- Beteiligung des Heimbeirates an Sitzungen des Vorstandes/ Verwaltungsrates o. Ä.,
- Einrichtung eines Beratungszimmers mit festen Sprechzeiten für den Heimbeirat u.v.m.

Schulungsangebote für die Heimbeiratsarbeit

Die Mitarbeiter können die Aufgaben des Heimbeirates wesentlich unterstützen, indem sie ihn in sie beschäftigenden Fragen einschalten und den Heimbeirat als Teil einer anzustrebenden Selbstbestimmung der Bewohner ernst nehmen.

Wiederholungsfragen
1. Was sind die wichtigsten Aufgaben der Heimbeiräte?

2. Kann die Heimleitung die Mitglieder des Heimbeirates von sich aus bestimmen?
3. Handelt es sich bei der Arbeit des Heimbeirates um »Mitbestimmung« wie bei Betriebsräten oder nur um eine »Mitwirkung«?

Literaturhinweis:
BMFSFJ: Der Heimbeirat – Rechte und Pflichten von Heimbewohnerinnen und Heimbewohnern. Berlin 2004. www.bmfsfj.de

e) Geringwertige Aufmerksamkeiten[12]

Fall 149:

Das Heim »Sonnenschein« nimmt Bewohner nur dann auf, wenn sie dem Heimträger, der neben dem Heimbetrieb ein »Antiquitätengeschäft« betreibt, ihren gesamten Hausstand übereignen (aktenkundiger Fall).

Geschenke

Mitarbeitern von Heimen ist es untersagt, sich für zu erbringende Leistungen Vermögensvorteile versprechen oder gewähren zu lassen, soweit es sich nicht um geringwertige Aufmerksamkeiten handelt (§ 14 Abs. 2 HeimG; § 14 LHeimG BaWü).

Verbot der Annahme von Vermögensvorteilen

Sowohl dem Träger eines Heimes wie seinen MitarbeiterInnen ist es untersagt, in größerem Umfang Gelder von HeimbewohnerInnen entgegenzunehmen, dies gilt entsprechend für andere Vermögenswerte, s. *Fall 149*. Mit dem Verbot soll dem gelegentlich auftretenden Missstand entgegengewirkt werden, dass BewohnerInnen sich durch besondere Zuwendungen an das Personal Leistungen nochmal erkaufen müssen, die ihnen ohnehin geschuldet werden (amtl. Begründung). Für Spenden an den Träger kann bzw. muss die Heimaufsicht Ausnahmen zulassen.

---

12 Die Regelungen des § 14 HeimG werden von den meisten Bundesländern in ihren Landesgesetzen übernommen.

1 Als geringwertige Aufmerksamkeiten (für MitarbeiterInnen) werden angesehen:
- Tafel Schokolade,
- Packung Zigaretten,
- deren Geldwert als Trinkgelder, keine fortgesetzte Annahme (jeden Tag etwa)!

2 Für den Träger gelten einmalige Aufmerksamkeiten von bis zu € 25,– (€ 50,– im Jahr) als geringwertig. Geldleistungen von € 25,– bis € 250,– sollen unter Vorbehalt angenommen, in eine Liste eingetragen und in Zeitabständen von 6 Monaten der Heimaufsicht zur Genehmigung vorgelegt werden.

3 Zuwiderhandlungen stellen eine Ordnungswidrigkeit dar und können mit Bußgeld geahndet werden.

Geringwertige Aufmerksamkeiten

Sinnvoll ist in jedem Fall die Einrichtung von Stationskassen und eine klare Absprache bzw. schriftliche Aufzeichnung im MitarbeiterInnenkreis über den Umgang mit Aufmerksamkeiten der BewohnerInnen – möglichst auch in Absprache mit dem Heimbeirat. So kann Verdächtigungen und Unsicherheiten begegnet werden.

Stationskasse

Fall 150:
Die Pflegekraft A. war in dem kommunalen Heim S. als Altenpflegerin beschäftigt. Zu ihren Aufgaben gehörte die Betreuung der inzwischen verstorbenen Heimbewohnerin G. Diese hatte in einem notariellen Testament für die Pflegerinnen, die sie in den letzten sechs Monaten ihres Lebens versorgen und pflegen sollten, ein Vermächtnis in Gestalt eines Geldbetrages bestimmt. Die Vermächtnissumme belief sich auf € 19.150,–. An der Pflege der Erblasserin waren insgesamt 16 Pflegerinnen beteiligt, so dass rechnerisch auf jede von ihnen ein Betrag von rund € 1.196,– entfiel – so auch auf A. (BAG Urt. vom 17. 4. 1984 (3 AZR 97/82).

Annahme von Erbschaften

Die Annahme der Erbschaft eines Heimbewohners durch MitarbeiterInnen fällt grundsätzlich nicht unter das Verbot des § 14 Abs. 2 HeimG.[13]

Kenntnisse von Testamenten

Vermächtnisse und Erbschaften an Pflegekräfte und Heimträger dürfen jedoch dann nicht angenommen werden, wenn die betreffenden Pflegekräfte vor dem Erbfall von der testamentarischen Verfügung Kenntnis hatten bzw. das Testament mit Einverständnis des Heimträgers errichtet wurde[14]. Dann liegt i. d. R. ein Fall des »Sich-gewähren-lassens« vor. »Sich gewähren lassen« erfordert nicht, dass die »Vorteilszuwendung« auf einen Anstoß des Bedachten zurückgeht, es genügt ein Einvernehmen zwischen Geber und Bedachtem.

Wurde allerdings vorher eine Genehmigung durch die Heimaufsichtsbehörde eingeholt, dann kann die Erbschaft angenommen werden.[15]

Aber auch, wenn die Annahme von Erbschaften heimrechtlich zulässig ist, kann der Arbeitgeber gem. § 3 Abs. 2 TVöD, § 5 Abs. 4 AVR/Caritas die Annahme der Erbschaft untersagen: Belohnungen und Geschenke dürfen nur mit Zustimmung des Arbeitgebers angenommen werden, es sei denn, es handelt sich um geringwertige Aufmerksamkeiten.

Wiederholungsfragen

1. Was sind »geringwertige Aufmerksamkeiten« i. S. d. § 14 HeimG?
2. Dürfen Pflegekräfte Erbschaften von Heimbewohnern annehmen?
3. Welche Wünsche drücken Bewohner aus, wenn sie Geldgeschenke machen wollen?

---

13 Vgl. KG Berlin, Beschluss vom 29.10.79, AR (B) 103/79
14 BVerwG NJW 1990, S. 2268.
15 Vgl. Dornheim; Rochon, Die Testierfähigkeit des Pflegebedürftigen; Pflegerecht 1999, S. 243 – 252

f) Die »Heimaufsicht«

Nach der Föderalisierung des Heimrechtes, nachdem also die Länder für die Gesetzgebung zuständig sind, tragen nicht mehr alle »Heimaufsichtsbehörden« diesen Namen. Gleichwohl ist in allen Bundesländern eine Kontrolle der Heime durch »zuständige Behörde« vorgesehen. Alle Bundesländer sehen die Pflicht zu unangemeldeten und jährlichen Heimbegehungen vor. Auch sollen die Ergebnisse der Prüfungen von Heimen veröffentlicht werden. Die Heimaufsichtsbehörden haben eine Art Wächteramt über die Qualität in Heimen, die sie im Pflegeheimbereich gemeinsam mit dem MDK wahrnehmen. Ihre Rechte reichen weit. Ihnen obliegt die Überwachung des Heimbetriebes, sie können die Heime, ggf. auch unangemeldet, kontrollieren, Auskünfte verlangen. Sie sind verpflichtet, sich in der Wahrnehmung ihrer Aufsichtsaufgaben mit dem Medizinischen Dienst der Krankenversicherungen (MDK) abzustimmen. Sie haben überdies das Recht, gegenseitig Informationen auszutauschen, um so die Wirksamkeit der Aufsicht gegenüber den Heimen zu erhöhen. Nach den landesrechtlichen Regelungen ist die Heimaufsichtsbehörde grundsätzlich verpflichtet, jedes Jahr jedes Heim mindestens einmal zu prüfen. Auf diesen Turnus kann nur verzichtet werden, wenn der MDK dieselbe Einrichtung in dem betreffenden Jahr schon einmal einer Qualitätsprüfung unterzogen hat. Die Überprüfungen haben sich auf alle Bereiche des Heimbetriebes zu erstrecken. Insofern gehen die Rechte, aber auch die Pflichten der Aufsichtsbehörde wesentlich weiter als die des MDK. Die Heimaufsichtsbehörde hat zu prüfen, ob das Heim den gesetzlich niedergelegten Anforderungen auch gerecht wird.

Rechte der Heimaufsicht

Der Heimaufsicht können von BewohnerInnen und Personal Schwachstellen oder Missstände – ggf. anonym – jederzeit mitgeteilt werden. Diesen Hinweisen hat die Heimaufsicht nachzugehen.

Die Durchführung der Heimaufsicht unterscheidet sich von Bundesland zu Bundesland, aber auch von Kreis zu Kreis. Während einige Heimaufsichtsbehörden ihre Aufgaben sehr ernst nehmen können und neben einer strengen Aufsicht auch qualifizierte Beratung

Durchführung der Heimaufsicht

Kompetenzen der Heimaufsicht

anbieten, gibt es in der Bundesrepublik immer noch Bezirke, in denen nur vereinzelt Heimaufsicht durchgeführt wird. Zwischen den Heimaufsichtsbehörden bestehen teilweise unterschiedliche Rechtsauffassungen im Hinblick auf heimrechtliche Einzelfragen.[16]

Auch hinsichtlich der Kompetenzen der Heimaufsicht besteht Unsicherheit (Ist die Frage nach Vergütung der Mitarbeiter zulässig?). Insgesamt ist festzustellen, daß es der Heimaufsicht in vielen Fällen nicht gelingt, wirkungsvoll gegen Missstände vorzugehen.

Aufsicht über Heime

Aufsicht	Gesetz	Behörde
Heimaufsicht	Landesheimgesetze	Heimaufsichtsbehörde
Lebensmittelaufsicht	LMBG	Gesundheitsämter, Veterinärämter, Ordnungsämter
Seuchenhygienische Überwachung	IfSG	Gesundheitsämter
Aufsicht über Behandlung psychisch Kranker	PsychKG	Aufsichtskommission nach Landesunterbringungsgesetzen
Kontrolle durch Pflegekassen	SGB XI	MDK oder andere Sachverständige
Feuerschutzüberwachung	Feuerwehrgesetze	Feuerwehr
Stiftungsaufsicht	Landesrechtliche Vorschriften	Staatskanzlei, Senatsamt etc.
Gesundheitsüberwachung	ÖGDG	Gesundheitsämter

---

16 Vgl. ausführlich zur Praxis: Klie/Lörcher, Gefährdete Freiheit, Freiburg 1994, S. 26.

4. Qualitätssicherung und MDK

Fall 151:

Der MDK führt eine unangemeldete Qualitätsprüfung im Heim »Sonnenschein« durch und stellt dabei fest, dass drei Bewohner an einem Dekubitus leiden und fünf Bewohner ohne richterliche Genehmigung fixiert werden.
Der MDK hält in seinem Bericht über die Qualitätsprüfung die Mängel fest, der Landesverband der Pflegekassen erteilt dem Heimträger einen Bescheid, in dem mit Fristsetzung auf Abstellung der Mängel gedrungen wird. Sollten die Mängel nicht abgestellt werden wird die Kündigung des Versorgungsvertrages angedroht.

Seit Einführung der Pflegeversicherung ist der medizinische Dienst der Krankenversicherung, der MDK, zu einem wichtigen Player in der Qualitätssicherung in der Pflege geworden. Er ist verpflichtet, die Pflegedienste und Pflegeheime regelmäßig zu prüfen: Jedes Pflegeheim soll einmal im Jahr vom MDK »Besuch« erhalten. Dabei werden drei unterschiedliche Arten von Qualitätsprüfung unterschieden: Regelprüfungen, Anlassprüfungen oder Wiederholungsprüfungen. Bei Regelprüfungen handelt es sich turnusmäßigen Prüfungen, die jährlich durchgeführt werden sollen. Kommt es zu Beschwerden oder werden auf andere Weise Missstände festgestellt, etwa auch durch die Heimaufsicht, werden anlassbezogene Prüfungen durchgeführt. Wiederholungsprüfungen beziehen sich auf die Überprüfung der früher einmal festgestellten Mängel und ihre Abstellung.

Pflichten des MDK

Drei Arten von Qualitätsprüfung

> Nach § 114 Abs. 1 SGB XI sind Qualitätsprüfungen in Form von
> • Regelprüfungen,
> • Anlassprüfungen oder
> • Wiederholungsprüfungen
> durchzuführen.

Ja, die pflegerischen Maßnahmen bei folgenden Kriterien entsprachen den pflegerischen Standards
(Auswahl; Anteil der positiv bewerteten ambulanten Einrichtungen in Prozent)

Kriterium	2006	2003
Dekubitusprophylaxe und -therapie	57,5 %	50,8 %
Ernährung und Versorgung mit Flüssigkeit	70,4 %	62,8 %
Versorgung von Menschen mit Demenz	73,9 %	67,3 %
Inkontinenzversorgung	78,5 %	75,2 %

Nein, der Pflegezustand war nicht angemessen.
(Anteil der positiv bewerteten ambulanten Einrichtungen in Prozent)

Kriterium	2006	2003
Pflegezustand	5,7 %	8,8 %

Quelle: MDS 2007

Qualitätsprüfrichtlinien

Grundlage für die Prüfung sind die Grundsätze und Maßstäbe der Qualität gemäß § 113 SGB XI[17]. Hier sind Anforderungen an die Struktur-, Prozess- und Ergebnisqualität formuliert, die Pflegedienste und -einrichtungen einzuhalten haben. Die MDKs sind verpflichtet, sich an die Qualitätsprüfrichtlinien zu halten, die etwa für den stationären Bereich zuletzt am 15.12.2005 verändert wurden[18]. Die Qualitätsprüfung des MDKs beziehen sich bei ambulanten Diensten sowohl auf die Leistungen der häuslichen Pflege als auch die der häuslichen Krankenpflege (Behandlungspflege), im stationären

---

17 noch gelten die nach der alten Rechtslage vereinbarten Maßstäbe gemäß § 80 SGB XI.
18 Vgl. www.mds-ev.de

Ja, die pflegerischen Maßnahmen bei folgenden Kriterien entsprachen den pflegerischen Standards (Auswahl; Anteil der positiv bewerteten stationären Einrichtungen in Prozent)

Kriterium	2006	2003
Dekubitusprophylaxe und -therapie	64,5 %	50,8 %
Ernährung und Versorgung mit Flüssigkeit	65,6 %	59,0 %
Versorgung von Menschen mit Demenz	69,7 %	69,9 %
Inkontinenzversorgung	84,5 %	56,9 %

Nein, der Pflegezustand war nicht angemessen. (Anteil der positiv bewerteten stationären Einrichtungen in Prozent)

Kriterium	2006	2003
Pflegezustand	10,0 %	17,4 %

Quelle: MDS 2007

Bereich werden die allgemeine Pflege aber auch Leistungen der Unterkunft und Verpflegung mitgeprüft. Heimaufsicht und MDK sollen sich in ihren Prüfaktivitäten ergänzen und abstimmen.

Eine besonders große Rolle spielen bei den Qualitätsprüfungen des MDK die Expertenstandards in der Pflege und deren Einhaltung. Die Ergebnisse der Qualitätsprüfungen werden in Qualitätsberichten des MDS regelmäßig zusammengefasst. (vgl. nebenstehende Abbildung über die Ergebnisse der Prüfung im ambulanten und stationären Bereich aus dem zweiten Qualitätsbericht des MDS aus dem Jahr 2007.)

Ab 2009 sollen die Prüfergebnisse aller Prüfungen veröffentlicht werden, § 115 Abs. 1a SGB XI. Im Dezember 2008 hat man sich

Ergebnisse der Qualitätsprüfungen

auf die Bewertungskriterien für die Pflegequalität in stationären Pflegeeinrichtungen geeinigt, die in der folgenden Übersicht zusammengefasst sind[19].

Qualitätsbereich	Laufende Nummern (Anzahl der Kriterien)
1. Pflege und medizinische Versorgung	1 bis 35 (35)
2. Umgang mit demenzkranken Bewohnern [1][2]	36 bis 45 (10)
3. Soziale Betreuung und Alltagsgestaltung	46 bis 55 (10)
4. Wohnen, Verpflegung, Hauswirtschaft und Hygiene	56 bis 64 (9)
5. Befragung der Bewohner	65 bis 82 (18)
Zusammen	1 bis 82 (82)

[1] Da die Verwendung der geschlechtlichen Paarformen die Verständlichkeit und Klarheit der Vereinbarung erheblich einschränken würde, wird auf die Nennung beider Formen verzichtet. Die verwendeten Personenbezeichnungen gelten deshalb jeweils auch in ihrer weiblichen Form.
[2] Der Qualitätsbereich 2 hat zur besseren Lesbarkeit und Verständlichkeit die Bezeichnung „Umgang mit demenzkranken Bewohnern". Die Kriterien zielen aber auf den Umgang mit allen Bewohnern ab, die eine eingeschränkte Alltagskompetenz i. S. des §45 a SGB XI haben.

Noten für die Qualität

Pflegeheime und Pflegedienste erhalten Noten für die Qualität ihrer Pflege und Betreuung und sie werden differenziert nach Qualitätsbereichen und in einer Gesamtnote zusammengefasst, siehe nebenstehendes Muster einer Darstellung der Qualitätsergebnisse.

Die Qualitätsprüfungen können angemeldet und unangemeldet durchgeführt werden. Der MDK darf sich mit den pflegebedürftigen Bewohnern oder Kunden in Verbindung setzen, wenn diese dazu bereit sind. Mit ihrer Einwilligung kann auch Einblick in die Pflegedokumentation genommen und ihr gesundheitlicher Zustand untersucht werden.

---

19 Vgl. im Einzelnen: www.mds-ev.de

Hat der MDK eine Qualitätsprüfung durchgeführt, wird er seinen Bericht dem Pflegedienst oder dem Pflegeheim zusenden. Der hat dann die Gelegenheit Stellung zu nehmen, falls in dem Bericht aus der Sicht der Einrichtung unrichtige Feststellungen oder Wertungen enthalten sind. Heime werden die Berichte gut prüfen, da ein schlechter Qualitätsbericht negative Auswirkungen für Heime und Pflegedienste haben wird: Der Ruf leidet, möglicherweise geht die Nachfrage zurück.

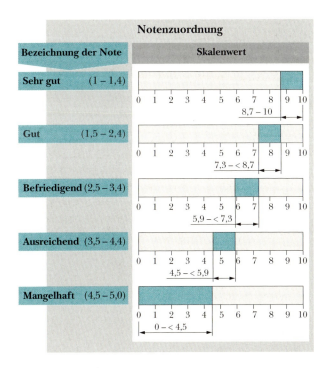

Um die Qualität in der Pflege weiter zu fördern und die Wissensbestände über gute Qualität allgemein bekannt zu machen sieht § 113 SGB XI vor, dass Expertenstandards zur Sicherung und Weiterentwicklung der Qualität in der Pflege entwickelt werden. Die Expertenstandards, die auf diese Weise zustande kommen, gelten als verbindlich und müssen von allen Pflegediensten und Pflegeeinrich-

Expertenstandards

tungen eingehalten werden. Es sind aber nicht nur diese »für verbindlich erklärten« Expertenstandards, an die sich Pflegedienste und Pflegeeinrichtungen halten müssen. Der gesamte allgemein anerkannte Stand der Pflege ist maßgeblich, nicht nur die Standards, die das Verfahren nach § 113 a SGB XI durchlaufen haben.

Die nicht abreißende Berichterstattung über Skandale in der Pflege, über Misshandlung Pflegebedürftiger hat die Bundes- und Landesregierung zu immer stärkeren Aktivitäten im Bereich der Qualitätssicherung veranlasst. In dem Thema Qualitätssicherung und Qualitätsmanagement wird inzwischen auch viel Geld verdient. Man darf das Hauptziel guter Pflege nicht aus den Augen verlieren: Die menschenwürdige Pflege, die Zufriedenheit Pflegebedürftiger und ihre individuelle Wertschätzung. Es darf nicht darum gehen, es den Aufsichtsbehörden recht zu machen, sondern dem jeweiligen Bewohner. Der Gefahr der Bürokratisierung der Pflege durch die vielen Qualitätssicherungsverpflichtungen muss man offen ins Auge sehen.

Gefahr der Bürokratisierung

Wiederholungsfragen:
1. Wie oft soll der MDK jedes Jahr in ein Pflegeheim zur Qualitätsprüfung kommen?
2. Unter welchen Voraussetzungen darf der MDK in eine Pflegedokumentation Einblick nehmen?
3. Für welche Bereiche erhält ein Pflegeheim nach einer Qualitätsprüfung Noten?

5. Heimvertrag und Verbraucherschutz

a) Verbraucherschutzrecht

Grundsätzlich gilt im deutschen und europäischen Recht die Vertragsfreiheit. Bürger können untereinander Verträge abschließen, wie es ihnen gefällt. Die Gefahr der Bürokratisierung wird aber begrenzt: Dort wo die Verhandlungsmacht des einen viel größer ist als die des anderen muss der Staat darauf achten, dass es fair zugeht.

Gefahr der Bürokratisierung

Der einzelne Bürger hat gegenüber der Telekom keine Möglichkeit, Einfluss auf die Vertragsbedingungen zu nehmen. Er kann allenfalls einen anderen Telefonanbieter wählen. Der Mieter ist häufig dem Vermieter ausgeliefert: Er ist existentiell auf die Wohnung angewiesen. So sieht das Mietrecht ganz verbindliche Mieterschutzregelungen vor, die auch bei der Vertragsgestaltung im Mietrecht beachtet werden müssen. Ähnliche Regelungen gelten für die Verträge zwischen Pflegediensten aber auch Heimen und ihren Bewohnern respektive Pflegebedürftigen. Auch hier gibt es bestimmte Mindestanforderungen um die Gestaltung der Verträge, die sicherstellen sollen, dass Pflegebedürftige nicht übervorteilt werden, dass sie keine überzogene Preise zahlen müssen, dass sie gute Leistung erhalten und sich im Falle von Qualitätsmängeln auch wehren können. Der Verbraucherschutz hat im Deutschen eine lange Tradition. Die Verbraucherzentrale und Verbraucherschutzverbände kümmern sich intensiv um einen wirksamen Verbraucherschutz. Sie haben auch das Recht, Heimträger und Pflegedienste abzumahnen, wenn sie Verträge verwenden, die nicht in Ordnung sind, die die Pflegebedürftigen übervorteilen. Sehen wir den Pflegebedürftigen immer mehr als Kunden von Dienstleistungen, der in seinen Rechten gestärkt werden soll, dann gewinnt auch das Verbraucherschutzrecht immer mehr an Bedeutung. Mit den Verträgen, die in Heimen, im betreuten Wohnen, aber auch bei Pflegediensten Verwendung finden, ist es nicht immer zum Besten bestellt. Stiftung Warentest und die Verbraucherschutzverbände haben immer wieder erhebliche Mängel feststellen müssen.

Die Zuständigkeit für das Verbraucherschutzrecht insbesondere auch für das Vertragsrechtliche liegt grundsätzlich beim Bund. Es war nach der Föderalisierung des Heimrechtes allerdings strittig, ob nicht auch die Länder das Recht hätten, ihre eigenen Heimvertragsregelungen in ihre Gesetze »zu packen«. Das haben manche Länder auch getan. Inzwischen hat man sich jedoch darauf verständigt, dass es keinen Sinn macht unterschiedliche Regeln für Heimverträge etwa auf Landesebene zu formulieren. So hat der Bundesgesetzgeber sich des Themas angenommen und wird demnächst (2009) das

Mindestanforderungen der Verträge

Verbraucherschutz

Zuständigkeit für das Verbraucherschutzrecht

Wohn- und Betreuungsvertragsgesetz verabschieden, in dem nicht nur Regelungen zum Heimvertrag enthalten sind[20].

> Die Überprüfung von 75 Heimverträgen zeigte zahlreiche Verstöße auf. Hauptkritikpunkte waren:
>
> | | |
> |---|---|
> | **Heimentgelt:** | Zu schlecht gegliedert |
> | **Kostenanstieg:** | Zu kurz befristet |
> | **Abwesenheit:** | Zu wenig erstattet |
> | **Todesfall:** | Zu lange kassiert |
>
> Aus: Stiftung Warentest: Mehr Rechte für Heimbewohner. In: Test 7/2004, S. 18–20

b) Heimvertrag

Für die Verträge zwischen Heimbewohnerinnen und Heimbewohnern und Heimen gelten besondere verbraucherschutzrechtliche Vorschriften, die bislang im Heimgesetz zusammengefasst waren und künftig in einem Wohn- und Betreuungsvertragsgesetz (WBVG) geregelt werden sollen. Dieses Gesetz soll auch Einrichtungen des betreuten Wohnens, Wohngruppen und andere Versorgungskonzepte einbeziehen. In diesem Kapitel wird auf das in den meisten Ländern noch unverändert geltende heimvertragsrecht des Heimgesetzes abgestellt. Der Ausgang des Gesetzgebungsverfahrens zum Wohn- und Bertreuungsvertragsgesetz ist noch ungewiss.

Wohn- und Betreuungsvertragsgesetz (WBVG)

Heimträger und Heimbewohner sind verpflichtet, einen Heimvertrag abzuschließen. Sinn und Zweck des Heimvertrages ist es, den Heimbewohner genau darüber zu informieren, welche Rechte und Pflichten er hat. Darüber hinaus wird er als Vertragspartner angesehen, nicht etwa als »Insasse«, der sich vorgegebenen Ordnungen im Heim zu unterwerfen hat.

Pflicht zum Abschluss eines Heimvertrages

---

20 Das Wohn- und Betreuungsvertragsgesetz war bei Drucklegung noch nicht verabschiedet und noch kräftig in der Diskussion. Aus diesem Grund werden noch im Wesentlichen die Regelungen zum alten Heimvertrag vorgestellt, die in dem Entwurf eines Wohn- und Betreuungsvertragsgesetzes beibehalten werden sollen.

Gemäß § 3 WBVG-E ist der künftige Heimbewohner vor Abschluss des Heimvertrages schriftlich über die zur Beurteilung des Vertrages erforderlichen Angaben zu informieren. Folgende Angaben sind erforderlich:

- *die Leistungen der Einrichtung*
  (hierzu gehört eine vollständige Aufzählung und Erläuterung der Leistung des Heims und die Benennung von Leistungsgrenzen (keine Wachkoma-Patienten etwa)),
- *die Ausstattung der Einrichtung*
  (hierzu gehören Angaben über Ausstattung der Wohnung, sachliche Gegebenheiten des Heimes, personelle Gegebenheiten),
- *die Rechte und Pflichten der BewohnerInnen*
  (hierzu gehören Hinweise auf entsprechende Bestimmungen im Heimvertrag und Heimordnung),
- *sonstige Angaben, die zur Beurteilung des Vertrages erforderlich sind*
  (hierzu gehören Hinweise auf Verkehrslage und Verkehrsverbindungen, Beschreibung unvermeidlicher Belästigungen, Verweise auf Leistungen Dritter, die für HeimbewohnerInnen erreichbar sind, Erklärung der Ziele, die der Träger mit dem Betrieb des Heimes verfolgt),
- *Ergebnisse von Qualitätsprüfungen.*

Vorvertragliche Informationspflicht

Bestandteil der schriftlichen Informationen sollen in der Regel je ein Exemplar des angebotenen Heimvertrages und der Heimordnung sein.

Der Heimvertrag wird zwischen künftigem Heimbewohner und Träger abgeschlossen, nicht mit Angehörigen, Sozialhilfeträger o. Ä., auch wenn diese teilweise oder ganz die Kosten für die Heimunterbringung aufbringen.

Vertragsabschluss Heimvertrag

Bei fehlender Geschäftsfähigkeit des künftigen Heimbewohners kann grundsätzlich nur der Betreuer als gesetzlicher Vertreter den Heimvertrag unterzeichnen. In Betracht kommt aber auch der Abschluss durch einen Bevollmächtigten.

Fehlende Geschäftsfähigkeit

Leistungs-beschreibungen	In dem Heimvertrag sind zunächst einmal die Leistungen des Heimes genau zu beschreiben: Welche Art von Wohnung oder Wohnplatz wird dem Bewohner zur Verfügung gestellt, welche Verpflegung wird ihm angeboten (Wahlmöglichkeiten?), welche Pflege- und Betreuungsleistungen bietet das Heim? Zu diesen Leistungen sind die entsprechenden Entgelte anzugeben. Handelt es sich um ein Pflegeheim, müssen die Leistungsbeschreibungen mit den Vorgaben der Pflegeversicherung übereinstimmen. Ähnliches gilt bei Behinderteneinrichtungen hinsichtlich der Pflegesatzvereinbarungen nach dem SGB XII.
Regelungsminimum	Im Heimvertrag müssen in jedem Fall aufgeführt sein: • genaue Bezeichnung, Lage, Größe und Bewohnerzahl der Wohnung oder des Zimmers, • Art der Ausstattung und der Möblierung des Heimplatzes, • Anzahl der Mahlzeiten (Voll- oder Teilverpflegung), • Angebot an Diäten (Leber-/Gallen-/Zuckerdiät), • Umfang und Häufigkeit der (Grund-)Reinigung der Wohnung oder des Zimmers, • Bereitstellung und Instandhaltung von Wäsche, • Umfang und Häufigkeit der Reinigung von Bett- oder Privatwäsche, • Art und Umfang der Pflege und Betreuung.
Abwesenheit des Bewohners	Bei längerer Abwesenheit ist in Alten- und Pflegeheimen (nicht dagegen in Altenwohnheimen) die Erstattung eines Teiles des Heimkostensatzes vorzusehen. Ihre Höhe hat sich nach den vom Träger tatsächlich ersparten Aufwendungen infolge der Abwesenheit des Bewohners zu bemessen (meist Verpflegungskosten).
Anpassung der Leistungen	Verschlechtert oder verbessert sich der Gesundheitszustand der BewohnerInnen, so hat das Heim seine Leistungen und das Entgelt anzupassen. Dies gilt sowohl, wenn BewohnerInnen pflegebedürftig werden, als auch, wenn Rehabilitationserfolge wieder eine größere Selbständigkeit ermöglichen, § 8 WBVG-E.

Fall 152:

Die HeimbewohnerInnen eines bayerischen Altenheims verlangten das Recht auf Einsicht in die geschäftlichen Unterlagen, um die Berechtigung der Entgelterhöhung nachprüfen zu können (vgl. Bayr. Oberstes Landesgericht, Altenpflege 1995, S. 181)

Seit 2001 steht Heimbewohnern ein so genanntes Minderungsrecht zu, wenn sie die vertraglich versprochenen Leistungen ganz oder teilweise nicht oder nur mangelhaft erhalten. Sie können dann für 6 Monate rückwirkend das Entgelt angemessen mindern. Handelt es sich um ein Pflegeheim, so wird die Pflegekasse beteiligt und entscheidet im Konfliktfall die Schiedsstelle. In einem Altenheim muss ggf. das Gericht entscheiden. Diese Vorschrift des § 10 WBVG-E ist nicht zu unterschätzen: Wird, etwa wegen Personalengpässen, nicht die Pflege geleistet, die geschuldet wird, so steht dem Heimbewohner grundsätzlich ein Minderungsrecht zu: Er kann ja nichts dafür, dass zu wenig Personal vorhanden ist.

Minderungsrecht

Die Landesheimgesetze stärken die Stellung des Heimbewohners auch dadurch, dass sie ihm ein Beschwerderecht einräumen und den Heimträger verpflichten, ihn schon bei Vertragsabschluss auf sein Recht hinzuweisen, sich beim Heim selber zu beschweren, die Heimaufsichtsbehörde einzuschalten oder andere zuständige Stellen zu kontaktieren. Das Heim hat den Bewohnern entsprechende Adressen und Telefonnummern von sich aus auszuhändigen.

Beschwerderecht

Kündigung des Heimvertrages

Fall 153:

Herr Müller ist Bewohner eines Apartments im Altenheim der Stadt L. Er wird immer pflegebedürftiger, das Heim möchte ihn in die Pflegestation »verlegen«.

Voraussetzungen der Kündigung	Detailliert geregelt sind im Heimvertragsrecht sowohl die Voraussetzungen für eine Kündigung des Heimvertrages als auch die hierfür maßgeblichen Fristen.
Wichtiger Kündigungsgrund	Das Heim kann den HeimbewohnerInnen jeweils nur aus wichtigem Grund kündigen. Ein wichtiger Grund liegt insbesondere vor,

- wenn das Heim seinen Betrieb aufgeben will oder große Umbaumaßnahmen vorhat, die nicht ohne Ausquartierung der BewohnerInnen möglich sind;
- wenn für BewohnerInnen im Heim eine fachgerechte Pflege nicht mehr möglich und zuzumuten ist;[21]
- wenn ein Bewohner seinen Zahlungsverpflichtungen dauerhaft nicht nachkommt, § 12 WBVG-E.

Im *Fall 153* könnte das Heim ggf. kündigen, da eine fachgerechte Betreuung nicht mehr möglich und ein Verbleiben des Bewohners dem Heim nicht zuzumuten ist. Eine »Verlegung«, richtiger Umzug, gegen den Willen des Bewohners ist dem Heim verboten. Entsprechende Klauseln in Heimverträgen sind unwirksam.[22]

Kündigungsfristen Der Heimträger kann bis zum dritten Werktag eines Kalendermonats für den Ablauf des nächsten Monats kündigen, § 12 WBVG-E Abs. 4, d. h. etwa am 3. April zum 30. Mai. In einigen Fällen ist jedoch auch eine fristlose Kündigung möglich, etwa bei verändertem Gesundheitszustand, bei erheblichen Entgeltrückständen oder sonstigen groben Verletzungen der Vertragspflichten durch den Heimbewohner. Bei dem wichtigen Kündigungsgrund des veränderten Gesundheitszustands hat das Heim jedoch einen geeigneten anderen Heimplatz nachzuweisen, in *Fall 153* etwa durch den Pflegeplatz auf der eigenen Pflegestation.

Kündigung durch Heimbewohner Die Bewohner eines Heimes können in einer kürzeren Frist als der Heimträger den Heimvertrag kündigen: Spätestens am 3. Werktag eines Kalendermonats für den Ablauf desselben Monats.

---

21 Das zusätzliche Merkmal »Zumutbarkeit« ergibt sich aus dem Zweck des Heimgesetzes, das eine weitgehende Förderung der Selbständigkeit und Selbstbestimmung des Heimbewohners verlangt. Das Selbstbestimmungsrecht des Bewohners beinhaltet auch das Recht, über Umfang und Ausmaß von Pflegeleistungen selbst zu entscheiden.

22 Vgl. OLG Düsseldorf. Urt. v. 13. 10. 89 Az 6U 289/87

Ohne Frist kann der Heimvertrag dann gekündigt werden, wenn dem Bewohner die Fortsetzung des Heimvertrages bis zum Ablauf der Frist nicht zuzumuten ist, etwa wenn er krankheitsbedingt umziehen muss und andernfalls zwei Heimentgelte zu zahlen hätte. Hat der Heimträger eine solche Kündigung provoziert, etwa durch Qualitätsmängel in der Pflege, so hat er auch die Umzugskosten in eine andere Einrichtung in angemessenem Umfang mit zu übernehmen.

Das WBVG sieht vor, dass der Bewohner in den ersten zwei Wochen auch fristlos kündigen kann.

Wiederholungsfrage
Was wird als wichtiger Grund bei der Kündigung eines Pflegeheimbewohners angesehen?

Heimordnung

Auszug aus einer Heimordnung: »Wer trotz Ermahnung den Frieden des Hauses stört oder seine Mitbewohner belästigt, wer unwahre Gerüchte über das Haus und seine Verwaltung verbreitet und wer in böswilliger Absicht die Hausordnung verletzt, passt leider nicht in unsere Gemeinschaft«.[23]

In Heimen können Heimordnungen aufgestellt werden. Heimordnungen legen Verhaltenspflichten der BewohnerInnen fest und regeln die »innere Ordnung« des Heimlebens. So enthalten sie häufig Bestimmungen über Essens-, Ruhe- und Besuchszeiten, Kleintierhaltung, Verhalten bei Krankheit etc. Wohl die meisten Heime haben von der Möglichkeit, eine solche Ordnung schriftlich festzulegen, Gebrauch gemacht. Einige Heime verzichten ganz bewusst auf die Aufstellung einer HeimO.

---
23 Beispiel aus Anthes/Karsch, Heimgemeinschaft, in: Altenpflege 1979, 132

Rechtsnatur von Heimordnungen

Bei den Heimordnungen handelt es sich stets um einen Bestandteil des Heimvertrages; z. T. werden die anderenorts in Heimordnungen enthaltenen Regelungen direkt in den Text des Heimvertrages aufgenommen.

Rechtlich gesehen handelt es sich bei Heimordnungen um Allgemeine Geschäftsbedingungen im Zusammenhang mit dem Heimvertrag. Das bedeutet:

1 Um Wirksamkeit gegenüber dem Heimbewohner zu entfalten, muss die Heimordnung ihm bei Vertragsunterzeichnung zur Kenntnis gebracht werden, und er muss sie akzeptieren. Geschieht dies nicht, so wird die Heimordnung nicht Vertragsbestandteil.

2 Heimordnungen unterliegen der Inhaltskontrolle gemäß §§ 305 ff. BGB. Regelungen, die einseitig die BewohnerInnen benachteiligen und mit wesentlichen Grundgedanken des Heimgesetzes nicht zu vereinbaren sind, sind unwirksam.

Grundsätze zur rechtlichen Beurteilung

Das Heimgesetz enthält keine klaren Kriterien zur Überprüfung von Heimordnungen. Vielmehr muss auf allgemeine Grundsätze und Vorschriften des Bürgerlichen Gesetzbuches und nicht zuletzt auf die Grundrechte des Grundgesetzes zurückgegriffen werden, s. *Fall 2* (s. S. 48). Als Orientierung hat zu gelten, dass in Heimordnungen eine Balance zwischen dem Anspruch des Heimbewohners auf Entscheidungs- und Bewegungsfreiheit und einem für das Zusammenleben in der Einrichtung notwendigen Minimums an Regeln anzustreben ist. Der Heimbewohner darf in seinen Freiheitsrechten nicht mehr eingeschränkt werden, als dies die Rücksicht auf andere Heimbewohner und die Aufrechterhaltung des Heimbetriebes gebietet. Notwendig mit dem Leben im Heim verbundene Einschränkungen hat der Heimbewohner zu akzeptieren. Was als »notwendige« Einschränkung anzusehen ist, darf nicht von dem Träger oder der Heimleitung willkürlich entschieden werden, sondern muss sich an den Interessen, Bedürfnissen und Möglichkeiten der HeimbewohnerInnen orientieren und mit ihnen besprochen werden.

Bestimmungen in Heimordnungen, die Verhaltensanforderungen enthalten, sind überflüssig. Soweit die Heimordnung dennoch Verhaltensanforderungen beinhaltet, dürfen diese den Heimbewohner nicht unnötigerweise bevormunden oder von einem Über- und Unterordnungsverhältnis zwischen ihm und der Heimleitung ausgehen.

Verhaltensanforderungen

Ein in der Heimordnung festgelegtes Recht der Heimleitung bzw. des Personals, jederzeit die Wohnungen der BewohnerInnen betreten zu dürfen, missachtet den auch für HeimbewohnerInnen geltenden Schutz der Privatsphäre und stellt eine unangemessene Einschränkung von Bewohnerrechten dar. Eine derartige Bestimmung ist nicht mit § 307 BGB i. V. m. Art. 13 GG vereinbar und daher unwirksam, auch der Heimbewohner hat ein Hausrecht an seinem Zimmer. Zulässig ist die Vereinbarung von Betretungsrechten, wenn nach vorheriger Ankündigung der Zustand der Räume festgestellt werden soll, pflegerische Maßnahmen durchgeführt und die Räumlichkeiten gereinigt werden sollen.

Betretungsrecht

Auch hinsichtlich Besuchszeiten ist eine Regelung in der Heimordnung nicht erforderlich. Finden sich Regelungen, so ist bei der Beurteilung zwischen den Heimtypen zu differenzieren. Lebt der Heimbewohner in einem eigenen Zimmer oder einer eigenen Wohnung (Alten- und Altenwohnheime), kann nur Rücksichtnahme zu den Ruhezeiten verlangt werden. Zumindest Angehörige haben das Recht – ebenso wie im Krankenhaus – jederzeit BewohnerInnen zu besuchen[24]. Auf Pflegestationen mit Mehrbettzimmern kann der Besuch zu den Ruhezeiten grundsätzlich untersagt werden.

Besuchszeiten

Vereinbarungen über die Haltung von Tieren können sowohl im Heimvertrag als auch in der Heimordnung getroffen werden. Sie sind jedoch nicht erforderlich.

Tierhaltung

Wird dieser Problemkreis geregelt, so darf die Tierhaltung nur untersagt werden, soweit dies im Interesse der Gesamtheit der HeimbewohnerInnen erforderlich ist. In Altenwohnheimen und Altenheimen mit Einzelzimmern darf unter diesen Voraussetzungen

---

24 Dies Recht folgt aus Art. 6 GG.

> **Zur Diskussion**
>
> Einem Heim, das Besuchszeiten festlegt, liegt nicht an der aktiven Einbeziehung von Angehörigen in die Pflege und der sozialen Integration der HeimbewohnerInnen in das Gemeinwesen.

die Haltung von Kleinvögeln und Zierfischen nicht untersagt werden, da sie kaum zu Störungen führen kann. Die Haltung von anderen Tieren kann dagegen untersagt oder von einer Erlaubnis abhängig gemacht werden. In Alten- und Pflegeheimen mit Mehrbettzimmern kann die Tierhaltung grundsätzlich ausgeschlossen werden.

Beherbergung von Gästen
Die vorübergehende Beherbergung von Gästen im Alten- und Pflegeheim kann grundsätzlich nicht ausgeschlossen werden, wenn diese ohne Beeinträchtigung anderer HeimbewohnerInnen möglich ist.

Freie Arztwahl
Bestimmungen in Heimverträgen und Heimordnungen, die die Behandlung nur durch einen Heimarzt vorschreiben, sind grundsätzlich unwirksam.[25]

Verlassen des Hauses
Bestimmungen in Heimordnungen, die das Recht auf Verlassen des Hauses einschränken oder gar verweigern, sind unwirksam. Der Bewohner hat darüber hinaus einen Anspruch auf einen Hausschlüssel.

»Verlegung« – richtig: Umzug
Das Recht zur jederzeitigen »Verlegung« in ein anderes Zimmer oder auf die Pflegestation ist unvereinbar mit § 305 c BGB, verstößt darüber hinaus gegen Art. 2 Satz 1 GG und ist gemäß § 134 BGB nichtig[26]. Der Heimbewohner kann die Frage der »Verlegung« unbeschadet anderer Bestimmungen in der Heimordnung oder im Heimvertrag durch die zuständige Heimaufsicht, einen Amtsarzt oder einen Arzt seines Vertrauens überprüfen lassen. Notfalls steht

---

25 Ausnahme: Einrichtung mit angestellten Heimärzten.
26 So: LG Koblenz, B. v. 26. 2. 81, Az. 3 S 30/81.

ihm auch die Möglichkeit zu, die Einstufung als »Pflegefall« gerichtlich überprüfen zu lassen.[27]

> ## Zur Diskussion
>
> Der Begriff »Verlegung« mag für Krankenhaus und Strafvollzug angemessen sein, nicht jedoch für den Wohn- und Lebensort Heim.

Die Verwendung des Begriffes »Verlegung« und die dahinterstehende Praxis ist heimrechtswidrig, da sie von einem Über-Unterordnungsverhältnis zwischen Heim und BewohnerInnen ausgeht.[28] Allein zulässig und zutreffend ist die Vereinbarung eines Umzuges innerhalb des Heimes, notfalls durch eine »Änderungskündigung« veranlasst.

An der Aufstellung und Änderung von Heimordnungen ist der Heimbeirat zu beteiligen. Hierdurch soll sichergestellt werden, dass die Belange der BewohnerInnen ausreichend Berücksichtigung finden. Eine ohne Mitwirkung des Heimbeirats erlassene Heimordnung ist von der Heimaufsichtsbehörde zu beanstanden.

Änderung von Heimordnungen

Was ist zu tun, wenn Zweifel an der Zulässigkeit von in Heimordnungen getroffenen Regelungen bestehen? Drei Möglichkeiten gibt es, um Heimordnungen (und Heimverträge) einer rechtlichen Überprüfung zuzuführen:

1 Beanstandung durch den Heimbeirat

Hält der Heimbeirat die Heimordnung für nicht »bewohnergerecht« und in einzelnen Passagen für unwirksam, so kann er von sich aus an den Heimträger herantreten und eine gemeinsame Überarbeitung der Heimordnung anregen.

Heimbeirat

---

27 Hierzu Fall des LG Koblenz a. a. O.
28 Vgl. Gutachten des Deutschen Vereins 55/86.

Heimaufsicht

2 Überprüfung durch Heimaufsicht

Der Heimträger hat der Heimaufsichtsbehörde bei Aufnahme des Betriebes ein Exemplar der Heimordnung vorzulegen. Das gleiche gilt bei Änderungen der Heimordnung. Die Heimaufsicht hat die vorgelegte Heimordnung auf ihre Zulässigkeit hin zu überprüfen. Sie wird dies auch dann tun, wenn sie von BewohnernInnen oder dem Heimbeirat auf zweifelhafte Regelungen hingewiesen wird.

Verbandsklage

3 Verbandsklage nach § 307 BGB

Gemäß § 307 BGB kann auf Antrag von Interessenverbänden durch das Landgericht eine Überprüfung der verwandten Allgemeinen Geschäftsbedingungen vorgenommen werden. Dies gilt auch für Heimordnungen. Eine sog. AGB-Kontrollklage können nur bestimmte Verbände erheben, sie müssen die »Sachbefugnis« vorweisen. Mietervereinen kommt beispielsweise die Sachbefugnis zu, Mietverträge überprüfen zu lassen, da ihre Hauptaufgabe in der Wahrnehmung von Mieterinteressen besteht. Als sachbefugte Verbände kommen hier etwa Verbraucherzentralen, Seniorenbeiräte oder Vereine, die sich satzungsgemäß mit der Wahrnehmung von Interessen älterer Menschen in Heimen befassen, wie z. B. Interessengemeinschaft der Heimbewohner e.V., in Betracht, sie müssen jeweils registriert sein. Zudem wurden im Jahre 2004 zahlreiche Heimverträge durch Verbraucherschutzvereine einer Kontrolle unterzogen. Auch hier wurden wie in der Vergangenheit zahlreiche Klauseln für rechtswidrig erklärt.. Nach einer Untersuchung der Stiftung Warentest waren 87 % der von der Stiftung geprüften Heimverträge mit rechtlichen – z. T. erheblichen – Fehlern versehen.[29]

Wiederholungsfragen

1. Wie kann ein Bewohner Entscheidungen über die Verlegung in die Pflegestation überprüfen lassen?
2. Darf die Heimleitung jederzeit die Zimmer der BewohnerInnen betreten?

---

[29] Vgl. Stiftung Warentest: Mehr Rechte für Heimbewohner; in: Zeitschrift Test 7/2004, S. 18 f.

3. Kann die freie Arztwahl in Heimen ausgeschlossen werden?

Literaturhinweis:
Leye, Matthias: Schutz pflegebedürftiger Verbraucher bei privatrechtlichen Hauspflege- und Heimverträgen. Halle 2004

c) Heimentgelt

Fall 154:
Bewohner Müller ist »Selbstzahler«, er hat für seinen Pflegeplatz € 1.200,– zu zahlen. In seinem Zimmer lebt auch Herr Lehmann, der Sozialhilfe in Anspruch nimmt. Der Sozialhilfeträger zahlt für ihn (bei gleicher Pflegestufe) nur € 1.100,–.

Ein Heim darf nur betrieben werden, wenn der Träger angemessene Entgelte verlangt. Das Heimgesetz und das geplante Wohn- und Betreuungsvertragsgesetz[30] möchten den Heimbewohner vor unangemessen hohen Entgelten schützen. In Pflegeheimen, die eine Vergütungsvereinbarung mit den Pflegekassen abgeschlossen haben, stellt sich in der Regel nicht die Frage der Angemessenheit des Heimentgeltes. Sie wird vorausgesetzt, wenn das Heim eine entsprechende Pflegesatzvereinbarung mit den Pflegekassen und dem Sozialhilfeträger abgeschlossen hat. Das Heim darf dann nicht zwischen sogenannten Selbstzahlern und sozialhilfeberechtigten Personen differenzieren. Allenfalls ein besonders großes Zimmer oder ein als Einzelzimmer genutztes Doppelzimmer kann Selbstzahlern erhöht in Rechnung gestellt werden. Die Frage der Angemessenheit eines Heimentgeltes stellt sich jedoch in Altenheimen, insbesondere in sog. »Seniorenresidenzen« der gehobenen Preisklasse. Wann sind die Preise des Augustinums oder der Tertianums oder anderer Anbieter im hochpreisigen Altenheimbereich angemessen? Wenn die Bewohner bereit sind, hohe Preise für ein Heim zu zahlen,

Angemessene Entgelte

---

[30] In dem Wohn- und Betreuungsvertragsgesetz sollen die Regelungen zum Heimvertrag bundeseinheitlich geregelt werden. Das Gesetz soll noch im Jahre 2009 verabschiedet werden.

Entgeltaufsplittung

kann dann die Heimaufsicht dennoch feststellen, es handle sich um ein unangemessenes Entgelt? Der Gesetzgeber versucht, die Frage der Angemessenheit dadurch »in den Griff« zu bekommen, dass er die Heimträger verpflichtet, nicht nur die Leistungen genau zu beschreiben, sondern auch die Entgelte aufzusplitten: es reicht nicht mehr nur ein Gesamtentgelt auszuweisen. Auf diese Weise erhält der Bewohner die Möglichkeit, die Entgelte für den Bereich der Unterkunft, der Verpflegung, der Betreuungs- und Pflegeleistungen, zur Kenntnis zu nehmen und ihre Angemessenheit zu beurteilen, bevor er einzieht. Ein Vergleich mit anderen Heimen wird dadurch leichter möglich, auch ein Vergleich mit Mietwohnungen oder Einrichtungen des Betreuten Wohnens. Allein diese Transparenz soll ihre verbraucherschützenden Wirkungen entfalten.

Entgelterhöhungen

Entgelterhöhungen sind gem. § 7 WBVG-E nur dann möglich, wenn sich die bisherige Berechnungsgrundlage verändert hat und sowohl die Erhöhung als auch das erhöhte Entgelt angemessen ist. Der Heimträger hat also nachzuweisen, dass sich seine Kalkulationsgrundlagen verändern, die Personalkosten erhöht und dass die geforderte Entgelterhöhung, bezogen auf die Veränderungen in diesen Grundlagen angemessen, d. h. nicht überzogen ist. Gleichzeitig muss das Entgelt insgesamt auch angemessen sein, d. h. es darf im Vergleich zu anderen vergleichbaren Einrichtungen nicht völlig überhöht sein.

Durch das Heimgesetz und das geplante Wohn- und Betreuungsvertragsgesetz soll insbesondere auch verhindert werden, dass BewohnerInnen unberechtigterweise zu zusätzlichen Leistungen an den Heimträger verpflichtet werden. Hier sind zu unterscheiden:

Sicherheitsleistungen

Als Sicherheitsleistungen sind aus dem Mietrecht die sog. »Kautionen« bekannt, § 550 b BGB. Der Heimträger kann in Altenwohn- und Altenheimen Kautionen als Mietsicherheit verlangen, muss sie jedoch zum üblichen Zinssatz, getrennt von seinem sonstigen Vermögen, anlegen. In Pflegeheimen dürfen Kautionen nicht verlangt werden, bisher § 14 Abs. 8 HeimG/§ 14 WBVK-E.

Insbesondere Seniorenresidenzen verlangen von HeimbewohnerInnen Geldleistungen als Beitrag zum Bau, zum Erwerb oder zur Instandsetzung des Heimes. Es handelt sich dabei um Darlehen, Vorauszahlungen etc. Diese Finanzierungsbeiträge, mit denen sich HeimbewohnerInnen »eingekauft« haben, dürfen nur für bestimmte Zwecke eingesetzt werden, müssen an die HeimbewohnerInnen zurückgezahlt oder mit dem monatlichen Entgelt verrechnet werden. Sie bedürfen einer besonderen Sicherung gegen etwaigen Vermögensverfall des Heimträgers (Absicherung durch Grundschulden am Grundstück etc.). Die Heimsicherungsverordnung[31] enthält eine Reihe von Detailabstimmungen, wie der Heimträger mit diesen Finanzierungsbeiträgen zu verfahren hat.

Finanzierungsbeiträge

Überwiegend als zulässig werden gesonderte Aufnahmegebühren angesehen, soweit es sich bei den Bewohner- und BewerberInnen nicht um sozialhilfeberechtigte Personen handelt. Meldet sich also ein Heimbewohner in einem Heim an, so kann das Heim ggf. eine entsprechende Bearbeitungsgebühr verlangen (nicht im Pflegeheim!).

Aufnahmegebühren

Als Zusatzleistungen werden Leistungen angesehen, die weder im Rahmen der Pflegeversicherung noch im Rahmen der Sozialhilfe »erstattet« werden können. Dabei handelt es sich um sog. »Gourmet-Leistungen«, die über den Standard hinausgehen, den ein Heimbewohner von den Pflegekassen oder Sozialhilfeträgern verlangen kann. Zusatzleistungen müssen im Heimvertrag genau aufgelistet und mit den entsprechenden Preisen versehen werden.

Zusatzleistungen

---

31 In den meisten Bundesländern noch in Kraft.

Fall 155:

Im Heim »St. Anton« wird den Heimbewohnern zusätzlich zum Heimentgelt monatlich ein Betrag von 20,00 € für die Verwaltung des Barbetrages in Rechnung gestellt. Der gesetzliche Betreuer der Heimbewohnerin Frau Müller hält es für rechtswidrig.[32]

Verwaltung von Barbeträgen

Die Verwaltung von Barbeträgen darf den Bewohnern nicht als Zusatzleistung in Rechnung gestellt werden. Sie ist regelmäßig im Pflegesatz enthalten soweit es die Rahmenverträge gemäß § 75 SGB XI vorsehen. Das Oberverwaltungsgericht Leipzig zählt die Barbetragsverwaltung mit zur sozialen Betreuung.

Wiederholungsfragen
1. Welche Leistungen schützt die HeimsicherungsVO?
2. Wann liegt ein Missverhältnis zwischen Entgelt und Leistung vor?

d) Pflegevertrag

Leistungsbeschreibung

Auch Pflegedienste sind verpflichtet, einen Pflegevertrag mit den Pflegebedürftigen schriftlich abzuschließen. Dies ergibt sich für die Leistungen der Pflegeversicherung aus § 120 SGB XI, künftig auch aus dem Wohn- und Betreuungsvertragsgesetz. In den Pflegevertrag müssen die angebotenen Leistungen geschrieben werden, sowohl diejenigen, die als Sachleistung der Pflege- und Krankenkassen angeboten werden als auch diejenigen, für die der Pflegebedürftige gesondert zahlen muss. Dabei kann es sich etwa um Leistungen gemäß § 45b SGB XI handeln: so genannte zusätzliche Betreuungsangebote. Es können aber auch andere Wahlleistungen sein, die über das Leistungsspektrum der gesetzlichen Kranken- und Sozial- und Pflegeversicherung hinaus angeboten werden: Botendienste, Spaziergänge etc. Die Verträge müssen eindeutige Regelungen zur

---

32 OVG Leipzig, Urt. v. 13.12.2005 Az: 4 B 886/04; Altenheim 2006, Heft 4, S. 28 f.

Kündigung enthalten, sie müssen die Zahlungsfristen, die Rechnungslegung kundenfreundlich vorsehen und dürfen den Pflegebedürftigen nicht dauerhaft an den Vertrag binden: er muss den Vertrag auch kurzfristig kündigen dürfen.

Für hauswirtschaftliche Dienste sind schriftliche Verträge nicht vorgeschrieben: Mit der Putzfrau etwa bedarf es keines schriftlichen Vertrages. Der Pflegebedürftige hat aber die Putzfrau, die er gegebenenfalls selbst beschäftigt bei der Sozialversicherung anzumelden. Ein Dunkelfeld ist die Beschäftigung von osteuropäischen Hilfskräften, die zumeist illegal erfolgt. Während Österreich hier inzwischen recht präzise Regelungen vorsieht bis hin zur Vertragsgestaltung wird in Deutschland das Thema noch nicht sachgerecht behandelt und aufgegriffen. Immerhin geht man davon aus, dass 100 000 bis 150 000 osteuropäische Pflegekräfte zumeist illegal in Deutschland arbeiten.

Hauswirtschaftliche Dienste

Osteuropäische Hilfskräfte

Glosse:

M: *Möchtest du noch ein Stück Kuchen?*

T: Ja! Wie du es immer noch schaffst, so einen guten Kuchen zu backen?

M: *Warum noch?*

T: Ja, ich mein ja nur!

M: *Mir macht das noch Spaß und er schmeckt viel besser als der, den du immer machst.*

T: Mutter, was hältst du davon, jetzt in deinem Alter vorsorglich ins Heim zu gehen?

M: *Wie kommst du denn darauf?*

T: Das habe ich neulich gelesen. Einige Politiker und Fachleute haben dafür plädiert.

M: *Sollen die doch gehen!*

T: Sei doch ernsthaft, Mutter! Diese Leute sind doch noch viel zu jung dafür.

M: *Was heißt hier zu jung? Im Fernsehen sehe ich viele alte...*

T: Was heißt viele Alte?

M: *Politiker meine ich.*
T: Ja, aber auch manche Fachleute sagen das.
M: *Mit welcher Begründung?*
T: Da kann man sich besser eingewöhnen, falls man es mal braucht.
M: *Und wann weiß man, wann man es braucht?*
T: Das weiß ich auch nicht, aber man hat dann Sicherheit.
M: *Welche Sicherheit?*
T: Falls mal was wäre, dann wäre jemand da.
M: *Ich möchte aber nicht. Außerdem ist das mir zu teuer. 1600 bis 2000 DM. Da bleibt mir ja nichts mehr.*
T: Aber viele Alte, die im Heim leben, haben gesagt, dass sie es besser gefunden hätten, wenn sie früher eingezogen wären, sie hätten sich dann besser eingewöhnt.
M: *Ja, heißt das, die haben es bis heute nicht geschafft?*
T: Bitte, Mutter, diskutiere doch sachlich!
M: *Außerdem sind die Zimmer dort so klein, 14 qm habe ich gelesen.*
T: Nein, Mutter, 16 qm mit Nasszelle und Küchenzeile.
M: *Mit was für einer Zelle und einer Zeile?*
T: Dusche, Waschbecken, Klo und Herdplatte.
M: *Was mache ich aber dann mit meinen ganzen Möbeln?*
T: Die stellen wir solange unter!
M: *Wie lange?*
T: Na, . . . ja bis sie wieder gebraucht werden.
M: *Aber ich brauche sie jetzt noch.*
T: Mutter, bitte, sei doch vernünftig!
M: *Ich will aber weiter kochen, auch saubermachen, meine Nachbarn treffen.*
T: Das kannst du ja alles weitermachen. Da gibt es jetzt Heime, in denen du alles weiter wie bisher machen kannst.
M: *Wie zu Hause?*
T: Ja, aber dort wird das so organisiert.

M: *Was wird organisiert?*
T: Deine Aktivitäten und deine Selbständigkeit.
M: *Na ja! Wie alt muss man sein, wenn man vorsorglich geht?*
T: Da gibt es keine Regel.
M: *Gott sei Dank, dann bleibe ich hier.*
T: Sei doch nicht so uneinsichtig. Ich wäre froh, wenn mir alles abgenommen würde.
M: *Dann gehe du doch vorsorglich ins Heim.*

H. Braun, Altenpflege 9/1990, S. 524

Checkliste zur Heimaufnahme

1. Information und Beratung
a) Bewerber wurde über das Heim informiert, § 5 HeimG/ § 3 WBVG-E
- über Leistungen der Einrichtung (Aufzählung und Erläuterung der Leistungen des Heimes),
- über die Ausstattung der Einrichtung (Ausstattung der Wohnung, personelle Gegebenheiten),
- über Rechte der BewohnerInnen (Aushändigung von Heimvertrag und Heimordnung),
- sonstige Angaben, die zur Beurteilung des Heimes erforderlich sind (Verkehrslage, Verkehrsverbindungen, Ziele des Trägers).
b) Der Heimbewohner erhielt schriftliches Informationsmaterial.
c) Der Bewohner nahm eine Beratung der »Altenhilfe«, § 71 SGB XII oder der Pflegekassen, § 7a SGB XI in Anspruch.
d) Der Bewohner wurde auf die Möglichkeit hingewiesen, einen Beistand für Fragen der Heimaufnahme zu benennen.
e) Der Bewerber macht sich ein realistisches Bild vom Heim.

2. Aufnahmekriterien der Einrichtung
a) Der Heimbewohner erfüllt die Aufnahmekriterien des Heimes (Einzugsbereich, Behinderung, Alter).
b) Die Heimleitung hält eine Heimaufnahme des Bewerbers für sinnvoll (für den Bewohner).

3. Vorrang ambulanter Pflege
a) Bewohner wurde auf Möglichkeiten ambulanter Betreuung hingewiesen.
b) Eine ambulante Betreuung ist für den Bewohner nicht möglich, beachte: § 9 SGB XII.
c) Der Medizinische Dienst der Krankenversicherung hat die Erforderlichkeit vollstationärer Pflege bejaht.

4. Persönliche Voraussetzungen des Bewerbers
a) Der Heimbewohner ist pflegebedürftig i. S. des § 14 SGB XI, ein entsprechendes Gutachten des MDK liegt vor.
b) Es ist keine Krankenhausbehandlung erforderlich.

5. Das Heim hat einen Versorgungsvertrag mit den Pflegekassen
a) Der Bewohner ist in der Lage, Hotelkosten und Investitionskostenanteile aus eigenem Einkommen zu bestreiten.
b) Es sind unterhaltspflichtige Angehörige vorhanden.
c) Der Bewohner ist beihilfeberechtigt.
d) Der Sozialhilfeträger übernimmt ggf. die nicht gedeckten Hotel- und Investitionskosten.

6. Heimvertrag
a) Der Bewerber ist mit dem Heimeinzug einverstanden.
b) Der Heimbewerber hat den Heimvertrag gelesen, verstanden und unterschrieben, § 4 WBVG-E.
c) Der Bewerber kann selbst nicht einwilligen (Krankheit, Behinderung).

- Es bestehen Bedenken hinsichtlich der Freiwilligkeit des Heimeinzugs.
- Muss eine Betreuung bestellt werden?
- Liegt eine Vollmacht vor?

7. Wohnungsauflösung
a) Handelt es sich um eine dauernde oder nur vorübergehende Heimunterbringung?
b) Möchte der Bewerber, dass seine Wohnung zunächst auf Kosten des Sozialhilfeträgers aufrechterhalten wird?[38]
c) Der Heimbewohner ist mit der Wohnungsauflösung einverstanden.
d) Er hat sich persönlich die Dinge/Möbel ausgesucht, die er mit in das Heim nehmen möchte.
e) Für die Frage der Wohnungsauflösung muss eine gesetzliche Betreuung eingerichtet und die Genehmigung der Wohnungsauflösung gemäß §1907 BGB durch das Vormundschaftsgericht eingeholt werden.

6. Allgemeines Gleichbehandlungsgesetz

Fall 156:
Die Haftpflichtversicherung des Versicherers B. schließt den Eintritt für Haftpflichtschäden dann aus, wenn der Versicherte Pflegebedürftig im Sinne des SGB XI geworden ist. Gleiches gilt für den Unfallversicherungsschutz, der auch für Menschen mit Demenz nach Vorliegen einer entsprechenden Diagnose nicht mehr gewährt wird.

Seit 2006 ist das Allgemeine Gleichbehandlungsgesetz in Kraft, das die Diskriminierung von Menschen mit Behinderung aber auch alter Menschen zu seinen Zielen zählt. Es richtet sich ganz wesentlich gegen Diskriminierung von Arbeitnehmerinnen und Arbeitnehmern. Es verbietet Benachteiligung, soweit sie an die Rasse, an die ethni-

Ziel des AGG

sche Herkunft, das Geschlecht, die Religion und Weltanschauung, eine Behinderung, Alter und sexuelle Identität geknüpft ist. Diskriminierung im Mietrecht, im Versicherungsrecht sind auch für pflegebedürftige Menschen Realität. Sie können sich mit Hilfe des AGG gegen derartige Diskriminierung wenden und sich dabei auch der Unterstützung von Betroffenenverbänden bedienen. Sie haben unabhängig von der gerichtlichen Durchsetzung ihrer Ansprüche die Möglichkeit, sich an die Antidiskriminierungsstelle mit Beschwerden und Fragen zu wenden[33].

Inzwischen haben bezogen auf **Fall 156** Versicherungsunternehmen ihre Versicherungspolicen zum Teil umgestellt und ihre diskriminierenden Praktiken modifiziert beziehungsweise zurückgenommen. Das gilt aber noch lange nicht für alle Branchen und auch noch lange nicht zufrieden stellen.

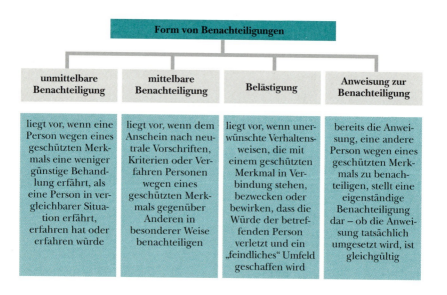

---

33 Vgl. www.antidiskriminierungsstelle.de

VI. Mietrecht

Das Ziel ist,

→ die Bedeutung der Wohnung für ältere Menschen und Grundzüge des deutschen Mietrechtes kennen zu lernen,

→ die in der ambulanten Pflege relevanten mietrechtlichen Fragen beantworten zu können.

1. Bedeutung des Mietrechts für alte Menschen

»wonen« (mhd) = »zufrieden sein«

Die eigene, häufig schon lange bewohnte Wohnung bildet für viele ältere Menschen Lebensmittelpunkt und Platz im Gemeinwesen. Dort haben sie sich eingerichtet, sind von Geschichte, Erinnerungen umgeben und mehr oder weniger eingebettet in ein soziales Netz aus Nachbarschaft, Geschäften etc. In ihrer ge**wohn**ten Umgebung zu bleiben, ist den meisten alten Menschen wichtig und in der Regel eine zentrale Voraussetzung für ihre Zufriedenheit und damit für ihre seelische Gesundheit (Grundbedeutung von »wonen« [mittelhochdeutsch]: »zufrieden sein«). Auch wenn angesichts der Entwicklung, dass immer mehr alte Menschen allein leben und gerade bei Krankheit und Hilfebedürftigkeit soziale Isolation droht, zu wünschen ist, dass auch alte Menschen neue (gemeinschaftliche) Wohnformen finden und entwickeln, so gebührt ihrer gewünschten, alten Wohnung der besondere Schutz. Nicht selten aber ist das Wohnen in der alten Wohnung bedroht:

- weil die Mieten so steigen oder nach Partnerverlust nicht mehr bezahlt werden können,
- weil insbesondere psychisch veränderte Mieter ihren Pflichten nicht mehr nachkommen können, zu verwahrlosen drohen, umherirren und deshalb von Kündigung bedroht sind.

Erschreckend viele »Alt-Mieter« kennen ihre Rechte und die Pflichten der Vermieter nicht. Nicht selten ist es in Betreuungssituationen angezeigt, für den »Alt-Mieter« Möglichkeiten des sozialen Mietrechts zu nutzen, das in seinen für die Altenpflege bedeutenden Grundzügen und in einigen Einzelfällen im Folgenden dargestellt werden soll.

2. Probleme während des Mietverhältnisses

a) Miethöhe

Fall 157:
Frau M. bewohnt seit 10 Jahren eine 2½-Zimmer-Wohnung in München-Schwabing. Bei Einzug 1996 zahlte sie € 250,– (damals 500 DM) Kaltmiete. 1999 wurde die Miete auf € 275,– (damals 550 DM) erhöht, 2001 verlangt der Vermieter unter Hinweis auf ortsübliche Vergleichsmiete eine Mieterhöhung von € 55,– auf dann insgesamt € 330,–.

Die Miethöhe wird bei Abschluss des Mietvertrags festgelegt. Handelt es sich nicht um preisgebundenen Wohnraum (Sozialwohnungen), so kann die Miethöhe frei vereinbart werden, solange nicht »Missbrauchsgrenzen« überschritten werden. So darf nach § 5 Wirtschaftsstrafgesetz die Miete nicht um mehr als 20 % über der ortsüblichen Vergleichsmiete liegen. Diese Grenze darf nur dann noch überschritten werden, wenn dies zur Deckung der laufenden Kosten des Vermieters unbedingt erforderlich ist. Aber auch hier sind Grenzen gesetzt: Die »Wuchergrenze« des § 291 StGB muss eingehalten werden.

Im Laufe des Mietverhältnisses kann der Vermieter unter bestimmten Voraussetzungen die Miete erhöhen, er darf aber nicht kündigen, um eine höhere Miete zu erzwingen, § 573 Abs. 1 S. 2 BGB. Die Vorschriften des Gesetzes zur Regelung der Miethöhe (MHG), die das Mieterhöhungsverfahren regelten, mit dessen Hilfe der Vermieter »gerechtfertigte« Mieterhöhungen durchsetzen konnte, sind zum 1.9.2001 in das BGB eingearbeitet worden, §§ 557 ff. BGB. Es gelten die Übergangsvorschriften des Art. 229 § 3 EGBGB. Die Voraussetzungen im Einzelnen:

- eine Mieterhöhung darf nicht vertraglich ausgeschlossen sein,
- die bisherige Miete muss seit 15 Monaten unverändert sein – egal, ob die Kosten im laufenden Jahr erneut gestiegen sind oder nicht,

Mieterhöhungsverfahren

- die neue Miete darf die sog. »ortsübliche Vergleichsmiete« nicht übersteigen. Der Vermieter kann sich dabei entweder auf die gemeindlichen Mietpreistabellen (Mietspiegel) beziehen oder mindestens drei Vergleichswohnungen, in denen höhere Mieten gezahlt werden, angeben oder auf ein Gutachten eines Sachverständigen verweisen,
- die Erhöhung darf nicht dazu führen, dass die Miete innerhalb von drei Jahren um mehr als 20% ansteigt, so aber im *Fall 157*.

Fristen

Das Mieterhöhungsverlangen ist immer schriftlich vorzulegen und zu begründen, § 558 a BGB. Hat der Mieter das Mieterhöhungsverlangen erhalten, so ist ihm eine Überlegungsfrist von zwei Monaten eingeräumt, § 558 b BGB. Erhält er etwa im Laufe des Januars das Schreiben, so kann er bis zum 31. März überlegen, ob er der Mieterhöhung zustimmen will. Stimmt er zu, muss er ab dem 1. April des Jahres bezahlen – d. h. mit Beginn des 3. Monats, der auf den Zugang des Mieterhöhungsverlangens folgt. Stimmt der Mieter nicht zu, hält aber die Erhöhung für gerechtfertigt und will oder kann die Miete nicht zahlen (Wohngeldanspruch bedenken!), steht ihm ein Sonderkündigungsrecht gemäß § 561 BGB zu. Hält er das Erhöhungsverlangen für ungerechtfertigt und stimmt deshalb nicht zu, so kann der Vermieter binnen drei Monaten nach Ablauf der Überlegungsfrist auf Zustimmung klagen, § 558 b Abs. 2 S. 2. Das Gericht befindet dann über das Mieterhöhungsverlangen.

b) Modernisierung

Fall 158:

Herr Z., 85 Jahre alt, lebt in einer 3-Zimmer-Altbau-Wohnung. Er ist auf Pflege angewiesen und stark sehbehindert. In seiner Wohnung findet er sich gut zurecht, weil alles auf seinem gewohnten Platz steht. Der Vermieter möchte die Wohnung modernisieren und ein Bad einbauen und zu diesem Zweck eines der Wohnzimmer verkleinern.

Will der Vermieter Modernisierungsmaßnahmen durchführen, die der Verbesserung der gemieteten Wohnung oder des Hauses dienen oder durch die Heizenergie eingespart wird, hat der Mieter dies grundsätzlich zu dulden, § 554 Abs. 1, Abs. 2 BGB. Dies gilt allerdings dann nicht, wenn die Modernisierung für den Mieter oder seine Familie eine Härte bedeuten würde, die auch unter Würdigung der berechtigten Interessen des Vermieters und anderer Mieter in dem Gebäude nicht zu rechtfertigen ist.

Modernisierung

Unter Modernisierung fallen z. B. Maßnahmen der Verbesserung des Schallschutzes, der Wasserversorgung, der Energieeinsparung und der sanitären Einrichtungen (so auch das Bad im *Fall 158*). Nicht unter Modernisierungsmaßnahmen fallen Instandhaltungsarbeiten sowie Maßnahmen, die nicht zu einer Verbesserung der Wohnsituation oder zur Energieeinsparung beitragen. So gilt beispielsweise der Einbau von Isolierglasfenstern dann nicht als Modernisierungsmaßnahme, wenn dadurch so viel zusätzliche Lüftung notwendig wird, dass eine Energieeinsparung nicht möglich ist.[1]

Instandhaltungsarbeiten

Eine Härte kann vorliegen, wenn
- die baulichen Folgen der Modernisierung so erheblich sind, dass eine »ganz neue Wohnung« entsteht, z. B. aus 2-Zimmer-Wohnung ohne Bad wird 1-Zimmer-Wohnung mit Bad, vgl. auch *Fall 158*,
- die vorzunehmenden Arbeiten dazu führen, dass die Wohnung über Wochen oder Monate nicht oder nur sehr eingeschränkt zu nutzen ist, dies gilt insbesondere bei kranken Mietern,
- die vorausgegangenen Anwendungen des Mieters, etwa Einbau einer Gas-Etagenheizung mit Zustimmung des Vermieters, durch die Modernisierungsmaßnahme des Vermieters, die eine zentrale Heizungsanlage vorsieht, entwertet werden,
- die zu erwartende Höhe des Mietzinses dazu führt, dass der Mieter die Miete nicht mehr zahlen kann (die zu erwartende Mieterhöhung stellt aber keine Härte dar, wenn die Mietsache

---

1 AG Hamburg-Altona, WuM 1986, S. 245.

lediglich in einen Zustand versetzt wird, wie er allgemein üblich ist; die Möglichkeit, Wohngeld in Anspruch zu nehmen, ist bei der Duldungspflicht zu berücksichtigen[2]).

Der Vermieter hat dem Mieter zwei Monate vor Beginn der Maßnahmen deren Art, Umfang, Beginn und voraussichtliche Dauer sowie die zu erwartende Erhöhung des Mietzinses mitzuteilen. Dem Mieter steht ein außerordentliches Kündigungsrecht zu, § 554 Abs. 3 BGB.

Nach Beendigung der Modernisierungsmaßnahmen kann der Vermieter 11 % der für die Wohnung aufgewendeten Kosten auf die Jahresmiete aufschlagen, § 559 BGB. Er kann aber auch die Miete nach § 558 BGB bis zur ortsüblichen Vergleichsmiete anheben, etwa wenn die Wohnung nach Modernisierung in eine neue Kategorie des Mietspiegels fällt.

Aufwendungen, die der Mieter infolge der Modernisierung machen muss, z. B. Reinigung, außerhalb essen, Erfordernis anderweitiger Unterbringung, hat der Vermieter dem Mieter zu ersetzen, § 554 Abs. 4 BGB. Auch ist der Mieter grundsätzlich zur Mietminderung berechtigt, wenn es sich nicht nur um unerhebliche Beeinträchtigungen durch die Modernisierungsmaßnahmen handelt.

c) Untervermietung

Fall 159:

Herr K. lebt seit dem Tod seiner Frau allein. Als er immer mehr pflegerischer Hilfen bedarf, nimmt er seine Nichte und deren Freund in seine Wohnung auf, die ihn abends und am Wochenende – ergänzend zu den Pflegekräften von der Sozialstation – betreuen.

---

2 KG RE WuM 1982, S. 293.

Wird die Wohnung nach Partnerverlust zu groß oder wird der Haushalt allein nicht mehr bewältigt, so kann sich bei alten Menschen die Frage nach der Untervermietung von Räumen stellen.

Die Rechtslage sieht hier vor, dass der Mieter seine Wohnung nur mit Zustimmung des Vermieters untervermieten darf, § 540 BGB. Er hat aber dann einen Anspruch auf die Erlaubnis des Vermieters, wenn nach Abschluss des Vertrags ein berechtigtes Interesse des Mieters entsteht, § 553 Abs. 1 S. 1 BGB. Es muss kein dringendes Interesse vorliegen[3], es genügen vielmehr einleuchtende wirtschaftliche und persönliche Gründe[4]. Hat der Mieter solch ein berechtigtes Interesse, etwa

- Aufnahme einer Pflegeperson, siehe *Fall 159* –
- Untervermietung an Studenten, um Wohnung weiter finanzieren zu können –

dann darf der Vermieter seine Erlaubnis nur dann verweigern, wenn in der Person des Untermieters ein wichtiger Grund vorliegt, der Wohnraum überbelegt würde oder aus anderen Gründen dem Vermieter die Untervermietung nicht zugemutet werden kann, § 553 Abs. 1 S. 2 BGB.

Keine Ablehnungsgründe stellen dar:
- Herkunft des Untermieters (Ausländer),[5]
- Entstehen einer Wohngemeinschaft.[6]

d) Tierhaltung

Fall 160:

Frau B. liebt Katzen und lebt inzwischen mit sieben Katzen in ihrer Wohnung. Der Vermieter hat dies nie genehmigt, aber duldet es seit fünf Jahren.

---

3   AG Friedberg, WuM 1981, S. 231.
4   BGH WuM 1985, S. 7.
5   LG Köln, WuM 1978, S. 50.
6   AG Frankfurt, WuM 1981, S. 39.

Bezugspersonen

Hunde und Katzen

Viele alte Menschen leben mit Haustieren in ihrer Wohnung, die oft auch zu wichtigen »Bezugspersonen« werden. Brauchen sie hierfür eine Genehmigung ihres Vermieters? Das Gesetz sagt nichts darüber, es kommt wesentlich auf den Vertrag an. Steht im Mietvertrag, dass der Mieter keine Hunde und Katzen halten darf, dann gilt dies. Er kann sich nicht auf das Grundrecht auf freie Entfaltung der Persönlichkeit berufen[7]. Ein uneingeschränktes Verbot jeglicher Tierhaltung, das auch Wellensittiche, Zierfische und Hamster erfasst, ist hingegen unwirksam[8]. Bei einer solchen unwirksamen Klausel darf der Vermieter eine Hunde- und Katzenhaltung nur dann verbieten, wenn er konkrete Störungen durch das Haustier nachweist. Steht im Mietvertrag: »Tierhaltung nur mit vorheriger Einwilligung des Vermieters erlaubt«, so steht dem Vermieter grundsätzlich frei, ob er Tierhaltung duldet oder nicht, eine solche Klausel ist wirksam[9]. Der Mieter kann aber bei solch einer Klausel davon ausgehen, dass der Vermieter seine Zustimmung erteilt, falls nicht gewichtige Gründe im Wege stehen[10]. Der Vermieter kann seine Zustimmung auch dadurch ausdrücken, dass er seit längerer Zeit Haustiere stillschweigend duldet, siehe *Fall 160*. Er kann dann seine Zustimmung nicht ohne Grund (z.B. nachgewiesene Störungen, etc.) wieder zurücknehmen, er muss berücksichtigen, dass der Mieter das Tier inzwischen »liebgewonnen« hat[11]. Übliches Hundegebell, Vogelzwitschern oder einmalige Unsauberkeit eines Hundes reichen für einen Widerruf nicht aus.[12]

Ist im Mietvertrag nichts geregelt, so ist es umstritten, ob die Haltung von Hunden und Katzen zum vertragsgemäßen Gebrauch einer Wohnung gehört oder der Erlaubnis des Vermieters bedarf. Bei Hunden wird überwiegend wegen der möglichen Belästigung und Störung der Nachbarn davon ausgegangen, dass sie nicht zum vertragsgemäßen Gebrauch gehören und daher die Erlaubnis des

---

7   BVerfG WuM 1981, S. 77.
8   BGH, NJW 2008, 218.
9   OLG Hamburg, FWW 1962, S. 478.
10 LG München, WuM 1985, S. 263.
11 LG Essen, WuM 1986, S. 117.
12 AG Frankfurt, WuM 1978, S. 127.

Vermieters erforderlich ist[13]. Eine Katze hingegen wird überwiegend für »nicht erlaubnispflichtig« gehalten[14]. In jedem Fall erlaubnisfrei sind:
- nicht störende Kleintiere, Zierfische, Ziervögel, Hamster usw.[15], dies gilt auch für Altenheime,
- Blindenhund eines Mieters.[16]

e) Schneefegen

Fall 161:
Frau B. lebt in einer Erdgeschosswohnung. Seit einem Jahr, nach einem Schlaganfall, ist sie stark gehbehindert. Sie kann der ihr lt. Mietvertrag auferlegten Pflicht, im Winter Schnee zu räumen, nicht mehr nachkommen und teilt dies rechtzeitig im Oktober ihrem Vermieter mit.

Der Grundstückseigentümer ist nach örtlichen Satzungen oder Landeswegegesetzen zur Reinigung des Bürgersteigs und zur Schneebeseitigung sowie zum Streuen verpflichtet. Er kann diese Pflicht vertraglich einem Mieter (häufig Mieter der Erdgeschoss-Wohnung) oder allen Mietern (turnusmäßig) übertragen. Es bedarf aber der vertraglichen Vereinbarung, durch einseitige Anordnung kann der Mieter nicht zur Schneebeseitigung verpflichtet werden[17]. Wer zur Erfüllung seiner Pflicht durch Alter, Krankheit oder Behinderung auf Dauer nicht mehr in der Lage ist, kann von seinem Vermieter verlangen, gänzlich freigestellt zu werden. Er muss in einem solchen Fall auch keine Ersatzkraft stellen[18], siehe *Fall 161*.

Freistellung

---

13 OLG Hamm, WuM 1981, S. 53.
14 LG Köln, WuM 1959, S. 103.
15 AG Köln, WuM 1984, S. 78.
16 AG Hamburg-Blankenese, WuM 1985, S. 256.
17 AG Köln, WuM 1957, S. 35.
18 AG Hamburg, WuM 1986, 84; AG Frankfurt, 1985, S. 19.

f) Umbaumaßnahmen des Mieters

Fall 162:

Herr B. ist nach einem Schlaganfall gehbehindert und pflegebedürftig. Er wohnt im 4. Stock eines Mietshauses. Er wird von seiner Frau gepflegt. Um sich mit dem Rollstuhl, auf den er angewiesen ist, sich in seiner Wohnung frei bewegen zu können, müssen die Türschwellen beseitigt und die Badezimmertür verbreitert werden. Der Vermieter versagt die Zustimmung zu diesen Umbaumaßnahmen, obwohl sie von der Pflegeversicherung mitfinanziert werden.

Mieter dürfen nur mit Zustimmung ihres Vermieters Umbaumaßnahmen in der angemieteten Wohnung vornehmen. Der Vermieter kann seine Genehmigung davon abhängig machen, dass der Mieter bei Auszug den ursprünglichen Zustand der Wohnung wieder herstellt. Durch die Mietrechtsreform 2001 wurden erstmals Rechte behinderter Menschen ins Mietrecht aufgenommen. Sie können bei berechtigtem Interesse vom Vermieter die Genehmigung für bauliche Veränderungen auf eigene Kosten verlangen, müssen allerdings auch für den Rückbau finanziell aufkommen, § 554 a BGB. In *Fall 162* hat der Vermieter nicht das Recht, die Umbaumaßnahmen abzulehnen. Gleiches gilt im Übrigen für den Einbau eines Treppenlifters in einem Mietshaus. Auch dem muss ggf. der Vermieter zustimmen.[19]

Wiederholungsfragen

1. Unter welchen Voraussetzungen kann der Vermieter eine Mieterhöhung verlangen?
2. Wann können sich Mieter gegen Modernisierungsmaßnahmen wehren?

---

19 Vgl. Rechtsdienst der Lebenshilfe (2) 2001, S. 85

3. Beendigung des Mietverhältnisses

a) Kündigung

Während der Mieter innerhalb der vorgesehenen Frist jederzeit ohne Grund kündigen kann, ist der Vermieter nur unter sehr eingeschränkten Voraussetzungen zur Kündigung berechtigt.
Die Kündigung des Mietverhältnisses bedarf in jedem Fall der schriftlichen Form, § 568 Abs. 1 BGB.

Fall 163:
Herr N., 91 Jahre alt, wohnt seit 25 Jahren in seiner Wohnung im Hamburger Stadtteil Hoheluft. Hier kennt er sich aus, wird von den Nachbarn im Krankheitsfall versorgt, seine Tochter wohnt in der Nähe. Der Vermieter kündigt ihm wegen Eigenbedarf.

Eine ordentliche Kündigung (Fristen gemäß § 573 c BGB) setzt ein berechtigtes Interesse des Vermieters voraus, § 573 BGB, das darin bestehen kann, dass

- der Mieter schuldhaft nicht unerheblich seine Vertragspflichten verletzt (unpünktliche Mietzahlungen, Beleidigungen etc.),
- der Vermieter die Wohnung für sich oder Personen seines Hausstands oder Familienangehörige benötigt (Eigenbedarf), siehe *Fall 163*,
- der Vermieter durch Fortsetzung des Mietverhältnisses an einer angemessenen wirtschaftlichen Verwertung des Grundstücks gehindert wird (äußerst seltener Fall).

Ordentliche Kündigung

Fall 164:
Der 85-jährige Mieter B litt an körperlichen und seelischen Schwächezuständen und brauchte entsprechend nachbarschaftliche Hilfeleistungen und regelmäßige ärztliche Betreuung. Eine Herausnahme aus seiner gewohnten Umgebung hätte er in psychischer Hinsicht nicht verkraftet.
Urteil Landgericht Stuttgart vom 10. 06. 1992, AZ: 5 S 48/92.

Sondermietschutz im Alter

Auch bei Vorliegen von Eigenbedarf können soziale Gesichtspunkte die Kündigung von älteren Mietern ausschließen und den Anspruch auf Vertragsfortsetzung auf unbestimmte Zeit begründen. Gerichte haben dies für folgende Situationen entschieden:

- der körperliche und seelische Schwächezustand eines alten Mieters, der nachbarschaftliche Hilfeleistung und regelmäßige ärztliche Betreuung erfordert (siehe *Fall 164*),
- bei Unzumutbarkeit der mit der Beendigung eines langfristigen Mietvertrages verbundenen erzwungenen Lebensumstellung,[20]
- bei konkreten Gefahren für das Leben des Mieters[21], bei Suizidgefahr gilt dies allerdings nicht auf Dauer,[22]
- während der Wartezeit auf einen freiwerdenden Platz in einer nahegelegenen Alteneinrichtung, trotz Möglichkeit, ein Zimmer in einer weiter entfernt gelegenen Altenwohnanlage zu beziehen.[23]

Kann der Vermieter ein berechtigtes Interesse nachweisen, wofür nach der Rechtsprechung vernünftige und nachvollziehbare Gründe erforderlich sind, heißt dies noch nicht, dass der Mieter auch ausziehen muss. Der Mieter hat das Recht, Widerspruch gegen die Kündigung des Vermieters zu erheben, »wenn die Beendigung des Mietverhältnisses für den Mieter, seine Familie oder einen anderen Angehörigen seines Haushalts eine Härte bedeuten würde, dies auch unter Würdigung der berechtigten Interessen des Vermieters nicht zu rechtfertigen ist. Eine Härte liegt auch vor, wenn angemessener Ersatzwohnraum zu zumutbaren Bedingungen nicht beschafft werden kann«, § 574 BGB. Ob die Beendigung des Mietverhältnisses für den Mieter eine Härte bedeutet, entscheidet im Zweifelsfall das Gericht. Entschieden wurde u. a., dass

---

20 LG Köln vom 1. 10. 1991, AZ: 12 S 181/91.
21 Vgl. Walker, Gruß, Räumungsschutz bei Suizidgefahr und altersbedingter Gebrechlichkeit, in: NJW 1996, S. 352 ff. m. W. N.
22 LG Bonn, NJW-RR 00, 8
23 LG Hamburg, Urteil vom 9. 10. 1990, AZ: 316 S 138/90.

Übersicht: Wohnraumkündigung

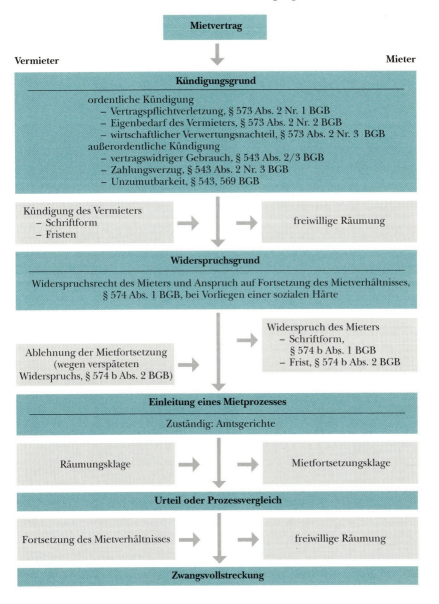

- sich der Mieter keinesfalls auf eine Unterbringung im Altersheim verweisen lassen muss,[24]
- die Verwurzelung alter Leute im Haus und in der Wohngegend zu berücksichtigen ist,[25]
- Erkrankung, Behinderung und hohes Alter zur »Härte« führen können.[26]
- Pflege eines Angehörigen in der Nachbarwohnung.[27]

Zu beachten ist, dass der Widerspruch schriftlich und fristgerecht, § 574 b BGB, eingelegt werden muss.

Der Widerspruch ist spätestens 2 Monate vor Beendigung des Mietverhältnisses einzulegen!

Fall 165:

Frau B. hat während eines Krankenhausaufenthalts vergessen, ihre Miete zu überweisen. Inzwischen ist sie mit zwei Monatsmieten im Rückstand, der Vermieter hat ihr zwischenzeitlich fristlos gekündigt.

Außerordentliche Kündigung

Unter bestimmten Voraussetzungen können beide Vertragsparteien das Mietverhältnis ohne Einhaltung einer Frist kündigen. Eine solche fristlose Kündigung ist nur zulässig, wenn sich der Vertragspartner so schwerwiegende Vertragsverletzungen zuschulden kommen lässt, dass dem anderen Teil die Fortsetzung des Mietvertrages nicht zugemutet werden kann (§§ 543, 569 BGB).

In Betracht kommt fristlose Kündigung wegen Zahlungsverzug, vertragswidriger Nutzung und aus wichtigem Grund.

Zahlungsverzug

Eine fristlose Kündigung wegen Zahlungsverzugs ist in zwei Fällen möglich:
- wenn der Mieter an zwei aufeinanderfolgenden Terminen mit mehr als einer Monatsmiete in Verzug ist, siehe *Fall 165*,

---

24 LG Karlsruhe, NJW 1970, S. 1746.
25 LG Hamburg, DWW 91, 189; LG Bremen WuM 03, 214.
26 BGH, NZM 05, 143.
27 AG Lübeck, WuM 03, 214

- wenn der Mieter in einem längeren Zeitraum mit einem Betrag in Höhe von zwei Monatsmieten in Verzug ist.

Bei fristloser Kündigung wegen Zahlungsverzugs kann der Mieter aber jederzeit bis zwei Monate nach Klageerhebung die Folgen der außerordentlichen Kündigung dadurch abwenden, dass er den gesamten rückständigen Mietzins bezahlt, § 569 Abs. 3 BGB, in *Fall 165* hätte Frau B. diese Möglichkeit.

Das Gleiche gilt, wenn sich eine öffentliche Stelle – etwa das Sozialamt – zur Zahlung verpflichtet. Aus diesem Grund erhält das Sozialamt von jeder Räumungsklage wegen Zahlungsverzugs vom Gericht automatisch eine Mitteilung.

Eine Kündigung aus wichtigem Grund gemäß §§ 543, 569 BGB kann insbesondere bei demenziell erkrankten Mietern in Betracht kommen, wenn sie die Nachbarn ständig stören oder gefährden durch Belästigungen oder eine unkontrollierte Feuerstelle[28]. Dies gilt allerdings nicht bei harmlosen Belästigungen durch verwirrte Bewohner[29], es muss sich bei krankheitsbedingten Störungen um solche handeln, die wiederholt höchstpersönliche Rechtsgüter, etwa Ehre, Eigentum oder Gesundheit, verletzen oder gefährden.[30]

Kündigung aus wichtigem Grund

Schließlich kann eine fristlose Kündigung wegen vertragswidrigen Gebrauchs der Wohnung ausgesprochen werden, etwa, wenn die Wohnung völlig verwahrlost und dadurch die Bausubstanz angegriffen wird, Ungeziefer von der Wohnung ausgeht etc. Durch behördliche Hilfen und soziale Dienste lässt sich in derartigen Fällen aber häufig eine Kündigung oder wenigstens eine Räumung abwenden.

Fall 166:
Herrn B., 80 Jahre alt, wurde gekündigt. Er hat keinen Widerspruch erhoben und sich auch nicht gegen die Räumungsklage gewehrt. Es droht die Zwangsvollstreckung, d. h. die

---
28 LG Köln, MDR 1974, S. 232.
29 OLG Karlsruhe MDR 00, 578
30 AG Hamburg ZMR 01, 898

Räumung der Wohnung durch den Gerichtsvollzieher, der Vermieter hat den Gerichtsvollzieher bereits mit der Räumung beauftragt. Herr B. ist derzeit schwer krank.

Unabhängig vom Kündigungsschutz des Mieters kann der gekündigte Mieter im Räumungsprozess »Räumungsschutz« geltend machen und eine – ggf. monatelang andauernde – Räumungsfrist beantragen, § 721 ZPO. Innerhalb der Räumungsfrist hat er sich um eine neue Wohnung zu bemühen und den Umzug durchzuführen. Soziale Aspekte sind bei der Einräumung einer Räumungsfrist von wesentlicher Bedeutung: etwa behutsame Vorbereitung älterer Menschen auf einen Umzug, Abklingen einer Krankheit, Abwarten einer Umzugsmöglichkeit in der Nähe der bisherigen Wohnung.

Kommt eine Verlängerung der Räumungsfrist nicht in Betracht oder wurde ein Antrag nicht rechtzeitig gestellt, so in *Fall 166*, so kann der Mieter Vollstreckungsschutz beantragen, § 765 a ZPO. Wenn im Einzelfall z. B. Leben und Gesundheit des Mieters durch den bevorstehenden Umzug gefährdet sind, so ist es durchaus möglich, dass deshalb der Vermieter auch für längere Zeit auf die Vollstreckung seines Räumungstitels verzichten muss[31], so auch *Fall 166*. Vollstreckungsschutz kann auch zur Vermeidung eines zweimaligen Umzugs gewährt werden[32]. Auch ist die drohende Einweisung in ein Obdachlosenasyl als unzumutbar anzusehen[33]. Gleiches kann im Einzelfall für die drohende (unfreiwillige) Einweisung in ein Pflegeheim gelten.

Vollstreckungsschutz

31 BVerfG, WuM 1980, S. 27; vgl. auch LG Köln, Urteil vom 15. 7. 1992, AZ: 10 S 119/92.
32 LG Siegen, WuM 1980, S. 186.
33 AG Köln, WuM 1970, S. 175.

b) Tod des Mieters
Fall 167:
Herr B. lebt mit seiner Partnerin, Frau A., in einer Wohnung, deren alleiniger Mieter er ist. Herr B. stirbt, Frau A. möchte gern in der Wohnung bleiben, der Vermieter aber lehnt die Fortsetzung des Mietverhältnisses mit ihr ab.

Lebte der Ehegatte oder sein Lebenspartner mit dem Verstorbenen in einem gemeinsamen Haushalt, so tritt er in den Mietvertrag ein, § 563 Abs. 1 BGB. In diesem Fall wird das Mietverhältnis so fortgesetzt, wie es zwischen Vermieter und dem verstorbenen Mieter bestanden hat. Möchte der Ehegatte nicht in den Mietvertrag eintreten, ist er gehalten, binnen eines Monats nach dem Tod des Mieters dies dem Vermieter mitzuteilen, § 563 Abs. 3 S. 1 BGB. Seit dem 01.09.2001 haben auch Personen das Recht, die Fortsetzung des Mietvertrages zu verlangen, die mit dem Mieter in einem »auf Dauer angelegten gemeinsamen Haushalt« leben, § 563 Abs. 2 S. 4 BGB, siehe *Fall 167*[34]. Dazu gehören auch gleichgeschlechtliche Paare.

Eintrittsrecht

Haben eintrittsberechtigte Personen gemeinsam gemietet, wird das Mietverhältnis beim Tode eines Mieters mit den überlebenden Mietern fortgesetzt, § 563 a BGB.

Treten beim Tod des Mieters keine Personen im Sinne des § 563 BGB in das Mietverhältnis ein, so wird es mit den Erben fortgesetzt, § 564 BGB. Sowohl der Vermieter als auch die Erben des Mieters können in diesem Fall außerordentlich mit der gesetzlichen Kündigungsfrist von drei Monaten kündigen. Dabei muss die Kündigung innerhalb eines Monats erfolgen, nachdem sie vom Tod des Mieters erfahren haben und wissen, dass niemand in den Mietvertrag eintritt oder ihn fortsetzt. Der Vermieter braucht für die Kündigung gegenüber dem Erben kein berechtigtes Interesse mehr, § 573 d BGB, da der nicht in der Wohnung lebende Erbe als nicht schutzbedürftig gilt.

---

34 Für Eintrittsrecht: LG Hannover, WM 1986, S. 18; dagegen: LG Karlsruhe, MJW 1982, S. 1884

Wiederholungsfragen
1. Nennen Sie Gründe für eine Kündigung durch den Vermieter!
2. Wie kann ein Mieter gegen eine Kündigung vorgehen?

4. Beratung für Mieter

Gerade im Mietrecht kann es erforderlich werden, juristischen Rat einzuholen. Hierfür stehen einerseits die örtlichen Mietervereine oder die Landesverbände des Deutschen Mieterbundes zur Verfügung. Es ist aber auch ohne hohe Kosten möglich, direkt anwaltliche Beratung über das Beratungshilfegesetz in Anspruch zu nehmen.

VII. Gesundheits-schutzrecht

Das Ziel ist,

→ die Bedeutung des Infektionsschutzgesetzes für die Pflege zu vermitteln,

→ die Bedeutung des Themas Arzneimittelsicherheit zu erkennen,

→ für erfahrene Praktiker Hinweise für eine moderne Gestaltung der Arzneimittelversorgung von Heimbewohnern und die damit verbundenen rechtlichen Fragestellungen zu bieten,

→ Hinweise auf Sorgfaltspflichten im Umgang mit Lebensmitteln zu erhalten.

1. Einleitung

In diesem Kapitel werden für die Altenpflege bedeutsame Rechtsfragen des Gesundheitsschutzes behandelt. Dabei stehen Fragen des Umgangs mit Arzneimitteln im Vordergrund. Darüber hinaus werden Probleme der Seuchenhygiene sowie des korrekten Umgangs mit Lebensmitteln im Heim behandelt.

Aufgaben der Gesundheitsämter

Zuständig für die Sicherstellung und Förderung der Gesundheit der Bevölkerung sind die Gesundheitsämter, denen, soweit spezialgesetzlich nicht andere Regelungen getroffen wurden, die öffentliche Gesundheitspflege übertragen ist. Hierzu gehört die

Aufsicht über Berufsausbildung von Pflegekräften

- Sicherstellung der personellen und institutionellen Versorgung im Gesundheitswesen (Zulassung zu Fachberufen des Gesundheitswesens, Aufsicht über die Berufsausübung von Ärzten, Pflegekräften etc., Aufsicht über [private] Krankenhäuser und Apotheken, Vorhaltung von Einrichtungen der vorbeugenden öffentlichen Gesundheitspflege, wie Beratungsstellen, Durchführung von Vorsorgeuntersuchungen),
- Sicherung des öffentlichen Gesundheitsschutzes (Infektionsschutz, Luft- und Wasserreinhaltung, Hygiene im Verkehr mit Lebensmitteln und Bedarfsgegenständen etc.).

Als gesetzliche Grundlage für die Aufgaben der Gesundheitsämter dienen neben dem 2001 in Kraft getretenen Infektionsschutzgesetz, das Lebensmittel-, Bedarfsgegenstände- und Futtermittelgesetzbuch (LFGB) von 2006, welches das Lebensmittel- und Bedarfsgegenständegesetz ablöst, sowie das Arzneimittelgesetz (AMG) nebst Spezialvorschriften die Landesgesundheitsdienstgesetze[1]. Hier sind die Zuständigkeiten für die Überwachung der Pflegekräfte ebenso geregelt wie Aufsichtsmaßnahmen der Gesundheitsämter gegenüber teilstationären und stationären Einrichtungen. In die Landeskompetenz würde auch fallen, die Aufsicht über die Pflegeberufe der Selbstverwaltung der Pflege zu überantworten, etwa durch so

---

1 Vgl. Synopse zu den Gesundheitsdienstgesetzen der Länder in: Klie/Stascheit (Hg.), Gesetze für Pflegeberufe, 9. Auflage, Baden-Baden 2005, S. 2 ff.

genannte Pflegekammern. In den Gesundheitsdienstgesetzen finden sich zum Teil auch Meldepflichten für Pflegekräfte, die im ambulanten Bereich tätig werden: Sie unterliegen einer Anzeigepflicht für die Aufnahme pflegerischer Tätigkeiten, so etwa im Saarland.

Wiederholungsfragen
1. Welche Aufgaben haben die Gesundheitsämter?
2. Welche Gesetze weisen den Gesundheitsämtern diese Aufgaben zu?

2. Arzneimittelrecht

a) Arzneimittelgesetz

Die Verabreichung von Arzneimitteln spielt in der Altenpflege eine erhebliche Rolle. Alte Menschen sind »Großabnehmer« von Arzneimitteln.

Arzneimittel sind wichtige, oft lebenswichtige Hilfsmittel, andererseits verbergen sich hinter dem erheblichen Arzneimittelkonsum alter Menschen nicht selten therapeutische Defizite in anderen Bereichen. Missbräuchliche oder fachlich zweifelhafte Vergabe von Arzneimitteln, gerade im Heimbereich, ist in erschreckendem Maße verbreitet.

Arzneimittel sind Stoffe und Zubereitungen aus Stoffen, die dazu bestimmt sind, durch Anwendung am oder im Menschen oder tierischen Körper

- Krankheiten, Leiden, Körperschäden oder krankhafte Beschwerden zu heilen, zu lindern, zu verhüten oder zu erkennen,
- die Beschaffenheit, den Zustand oder die Funktion des Körpers oder seelische Zustände erkennen zu lassen (Diagnostica),
- Körperflüssigkeiten oder Wirkstoffe des Körpers zu ersetzen.

Verbandstoffe, Desinfektionsmaterial und Pessare sind den Arzneimitteln gleichgestellt.

Was sind Arzneimittel?

Wichtige Gesetze	1 *Arzneimittelgesetz (AMG)*

Das Arzneimittelgesetz enthält Vorschriften über Herstellung, Zulassung und Abgabe von Arzneimitteln.

2 *Apothekengesetz (ApoG)*

Das Apothekengesetz regelt die Versorgung mit Arzneimitteln durch Apotheken.

3 *Betäubungsmittelgesetz (BtMG)*

Das Betäubungsmittelgesetz regelt den Umgang mit Betäubungsmitteln und soll den Missbrauch von Betäubungsmitteln verhüten.

Unterscheidung der Arzneimittel	Das Arzneimittelgesetz unterscheidet Arzneimittel im Hinblick auf ihre Abgabefähigkeit in freiverkäufliche, apothekenpflichtige und verschreibungspflichtige Arzneimittel.

1 Apothekenpflichtige Arzneimittel, § 43 AMG

Grundsätzlich dürfen Arzneimittel in der Bundesrepublik Deutschland nur in Apotheken von sachverständigen Personen abgegeben werden.

2 Freiverkäufliche Arzneimittel, § 44 AMG

Diese Arzneimittel dürfen auch außerhalb von Apotheken verkauft werden. Hierzu gehören etwa: Mineral- und Heilwasser, Brandbinden, Pflaster, Desinfektionsmittel, Pflanzen oder Pflanzenteile (Tees).

3 Verschreibungspflichtige Arzneimittel, § 48 AMG

Bestimmte Medikamente dürfen nur auf ärztliche Verordnung hin in Apotheken abgegeben werden, sie unterliegen der Rezeptpflicht. Die Verschreibung hat u. a. Name, Berufsbezeichnung, Anschrift und die eigenhändige Unterschrift des Arztes sowie Name des Patienten und Menge des Arzneimittels zu enthalten. Homöopathische Mittel sind von der Verschreibungspflicht ausgenommen.

Fall 168:
Für einen psychisch veränderten Bewohner auf der Pflegestation, der insbesondere nachts sehr unruhig wurde, hat der behandelnde Arzt Haldol® verschrieben. Die Flasche Haldol® stand im Arzneimittelschrank, war aber nicht mit dem Namen des Bewohners gekennzeichnet. Die Nachtwache hatte in einer »Vollmondnacht« eine Reihe von umtriebigen Bewohnern zu versorgen. Sie gab auch diesen eine Dosis Haldol® aus derselben Flasche.

Das alleinige Recht, Arzneimittel zu verordnen, hat der Arzt. Das Pflegepersonal hat dem Arzt die Entscheidung über notwendige Behandlung mit Arzneimitteln zu überlassen. Zulässig ist nur die Vergabe von Arzneimitteln zu therapeutischen Zwecken, nicht zur Fixierung von Patienten. Der Arzt in Pflegeheimen sollte die Verordnung nicht nur auf Rezepten vornehmen, sondern ebenso in der Pflegedokumentation eigenhändig abzeichnen.

Verordnung von Arzneimitteln

Jede Abgabe von verschreibungspflichtigen Arzneimitteln ohne ärztliche Verordnung und entgegen der zugelassenen Indikation stellt eine Straftat gem. §§ 48, 96 Arzneimittelgesetz (AMG) dar, vgl. *Fall 168*.

In *Fall 168* ergibt sich eine doppelte Strafwürdigkeit des Handelns: Das Arzneimittel war weder vom Arzt verordnet worden, noch wurde es für eine zugelassene Indikation vergeben: Zur Ruhigstellung, ohne therapeutisches Ziel, darf Haldol nicht abgegeben werden. Verordnet der Arzt ein entsprechendes Medikament eindeutig nur zur Ruhigstellung, darf eine Pflegefachkraft diese Verordnung nicht einfach ausführen: sie verstößt erkennbar gegen Straftatbestände.

Fall 169:
Im Stationszimmer einer Pflegestation wurden die Medikamente für die Bewohner zentral in einem Arzneimittelschrank aufbewahrt. Die Aufbewahrung erfolgte geordnet nach Arzneimittelgruppen. Wurde das Medikamententablett gestellt

Aufbewahrung von Arzneimitteln

und benötigten mehrere Bewohner das gleiche Medikament – etwa Digimerck® –, so wurden den Bewohnern aus derselben Packung die entsprechenden Tabletten zugeteilt. Ging der Vorrat zu Ende, so wurde einer der behandelnden Ärzte gebeten (umschichtig), für einen der Bewohner das Präparat neu zu verschreiben.

Die Packungsbeilagen von Arzneimitteln enthalten häufig Hinweise für eine besondere, angezeigte Lagerweise. In Pflegeheimen, in denen Medikamente zentral gelagert werden, hat dies in abschließbaren Schränken zu geschehen. Verschreibungspflichtige Medikamente, die vom Patienten, dem sie verschrieben wurden, nicht mehr benötigt werden, sind grundsätzlich zu vernichten. Das Anlegen eines umfangreichen Arzneimitteldepots aus nicht mehr benötigten verschreibungspflichtigen Medikamenten für Bedarfsfälle ist nicht zulässig und birgt darüber hinaus die Gefahr der eigenmächtigen Verabreichung von Arzneimitteln an Bewohner durch Pflegepersonal[2].

Patientenbezogene Aufbewahrung

In jedem Fall sind die Medikamente patientenbezogen aufzubewahren, d. h. mit Namensschild oder/und im Extrafach, s. **Fall 169**.

Grundsätze der Arzneimittelaufbewahrung im Pflegeheim

1 Alle vom Arzt verordneten Arzneimittel sind patientenbezogen aufzubewahren
   - mit Namensschild
   - und/oder in Extrafach, Schublade/Kästen im verschließbaren Schrank.
2 Übervorräte – d. h. Arzneimittel, die BewohnerInnen verordnet wurden, aber nicht mehr benötigt werden – sind grundsätzlich zu vernichten.

---

2 Vgl. KDA Kieschnick, Mybes, Organisation der Medikamentenversorgung für Bewohnerinnen von Altenpflegeheimen, Köln 1999

Das gilt insbesondere für
- alle Betäubungsmittel (§§ 3, 16 Abs. 1 BtMG)
- alle Nasen-, Ohren-, Augentropfen, Arzneimittel, die ein Bewohner sich selbst dargereicht hat (Säfte, Nitrospray, Salben),
- Salben, die von Pflegekräften auf offene Wunden aufgetragen werden.

Arzneimittel, die ausnahmsweise einer weiteren Verwendung zugeführt werden können, sind gesondert aufzubewahren und nur vom Arzt wieder in den Verkehr zu bringen.   *Heimaufsicht Hamburg*

Fall 170:
Eine Apotheke in Dresden hat mit einem Pflegeheim eine Vereinbarung getroffen, nach der die Apotheke das »Stellen« der Medikamente übernimmt, indem sie auf der Grundlage der jeweiligen ärztlichen Verordnung für jeden einzelnen Patienten im Pflegeheim die Tagesdosis an Medikamenten verblistert und dem Heim zur Verfügung stellt. Gleichzeitig überprüft die Apotheke anhand der sog. »gelben Liste«, ob die von den Ärzten verordneten Medikamente unerwünschte Wechselwirkungen verursachen können. Die Mitbewerber der Apotheke haben versucht, diesem aus Kanada importierten Dienstleistungsangebot der Apotheke einen Riegel vorzuschieben.[3]

Das »Stellen« von Medikamenten wird in aller Regel von den Pflegeheimen vorgenommen und dort zumeist von den Fachkräften. Manche Heimaufsichtsbehörden, aber zuweilen auch der MDK, verlangen, dass bei einem »Stellen« der Medikamente ausschließlich Fachkräfte eingesetzt werden. Einen besonderen rechtlichen und

»Stellen« der Medikamente

---

3   Vgl. LG Leipzig, Urt. v. 30.08.2000 in: Altenheim 2001, Heft 10, S. 10

rationalen Gehalt hat eine solche Anforderung nicht. Richtig ist, dass besondere Sorgfalt beim »Stellen« von Medikamenten angewandt werden muss, sorgfältig handeln können jedoch auch Nicht-Fachkräfte. Die Kontrolle der eingesetzten Kräfte, sie muss etwa durch die verantwortliche Pflegekraft in einem Heim sichergestellt und garantiert werden. Unter dieser Voraussetzung können auch Nichtfachkräfte, wenn sie denn zuverlässig (und nicht farbenblind) sind, beim »Stellen« der Medikamente eingesetzt werden. Aus dem Ausland importierte Verfahren sind in der Lage, die Pflegeheime in dem »Stellen« von Medikamente deutlich zu entlasten. So wurden auch in Deutschland inzwischen computergestützte Verfahren entwickelt, in denen Apotheken auf der Grundlage der Verordnungen der Ärzte und verbunden mit einem besonderen Qualitätssicherungsverfahren, das die Wechselwirkungen der verordneten Medikamente prüft, »verblistert«, siehe *Fall 170*. Diese Verfahren entlasten die Heime zeitlich und stellen einen erheblichen Zugewinn an Arzneimittelsicherheit in den Heimen her: Leider weisen die Verordnungen der behandelnden Ärzte von Heimbewohnern immer wieder fachliche Mängel auf und es ergeben sich zum Teil nicht unerhebliche unerwünschte Nebenwirkungen von nebeneinander verordneten Medikamenten. Diese werden auch beim Einsatz von Fachkräften beim »Stellen« der Medikamente nicht in jedem Fall entdeckt, durchaus aber mit Hilfe von Apotheken. Es bleibt abzuwarten, ob die Rechtsprechung in Zukunft, vor allem nach Wegfall der Zugabeverordnung, derartige Verfahren auch unter wettbewerbsrechtlichen Gesichtspunkten akzeptiert, was sehr zu begrüßen wäre.

Verabreichung von Arzneimitteln

Die Verabreichung von Arzneimitteln hat jeweils nur nach Verordnung des Arztes zu geschehen und ist jeweils in der Pflegedokumentation zu vermerken, d. h. Anlass, Uhrzeit, verabreichte Menge. Dies gilt im verstärkten Maße, wenn die Verordnung des Arztes keine regelmäßige, sondern eine Verabreichung in beschriebenen Bedarfsfällen (z. B. bei unkontrollierter Unruhe) vorsieht.

In Pflegeheimen üben Amtsapotheker Aufsicht über eine ordnungsgemäße Arzneimittelvergabe und -aufbewahrung aus, § 66 AMG[4].

Aufsicht durch Amtsapotheker

Fall 171:
Auf einer Station für gerontopsychiatrisch erkrankte Bewohner eines Pflegeheimes wird an 10 Bewohnern mit Zustimmung des »Heimarztes« ein neues Medikament »klinisch« erprobt. Weder Angehörige oder gesetzliche Betreuer noch die betroffenen Patienten sind informiert, aufgeklärt oder um Einwilligung gebeten worden. Eine Altenpflegekraft fragt, ob sie die verordneten Medikamente geben muss (Anfrage einer Altenpflegerin 1984).

Eine Erprobung von Arzneimitteln ist nur unter ganz bestimmten, im Gesetz genau festgelegten Voraussetzungen zulässig. In §§ 40, 41 Arzneimittelgesetz ist bestimmt, dass
- die Risiken überschaubar sein müssen,
- die Person, an der das Arzneimittel erprobt werden soll, über Wirkweise, Risiken des Medikaments und über Bedeutung und Tragweite der klinischen Prüfung aufgeklärt werden muss,
- die Prüfung von einem Arzt geleitet werden muss, der mindestens zwei Jahre Erfahrung in klinischen Prüfungen von Arzneimitteln vorweisen kann,
- der Betroffene seine Einwilligung zu erteilen hat (schriftlich!),
- wenn der Betroffene geschäftsunfähig oder in der Geschäftsfähigkeit beschränkt ist, dennoch seine Einwilligung erforderlich ist, soweit er die Bedeutung und Tragweite der klinischen Prüfung – laienhaft – übersehen kann. Darüber hinaus ist der Betreuer zur Einwilligung aufzufordern. Betreuer entscheiden allein bei fehlender Einsichtsfähigkeit,
- jede klinische Erprobung an Patienten unzulässig ist, die auf gerichtlichen Beschluss hin untergebracht sind.

Erprobung von Arzneimitteln

---

4 Es ist allerdings umstritten, ob sie in Heimen generell zuständig sind.

Da diese Voraussetzungen in *Fall 171* nicht vorliegen, muss sich die Pflegekraft weigern, die Medikamente zu geben – wobei sie sich sinnvollerweise um Unterstützung aus dem Kollegenkreis oder von außen bemühen sollte.

Wiederholungsfragen
1. Wonach werden Arzneimittel im Hinblick auf ihre Abgabefähigkeit unterschieden?
2. Wie sind Arzneimittel im Pflegeheim aufzubewahren?
3. Können aus den nicht mehr benötigten Arzneimitteln von Patienten Arzneimitteldepots im Pflegeheim angelegt werden?

b) Apothekengesetz

Grundsätzlich dürfen Arzneimittel nur in Apotheken abgegeben werden. Bis 1982 war es z. T. »Pflegeanstalten« nach entsprechender Genehmigung erlaubt, sog. Dispensieranstalten zu unterhalten, in denen Arzneimittel hergestellt und an die Anstalten abgegeben wurden. Dies ist nach dem Apothekengesetz nicht mehr möglich. Pflegeheime müssen die Arzneimittelversorgung ihrer Bewohner grundsätzlich den öffentlichen Apotheken überlassen[5].

Lediglich im Rahmen von sogenannten integrierten Versorgungsverträgen kann die Wahlfreiheit des Versicherten gegenüber seiner Apotheke eingeschränkt werden: dann beteiligt sich die Apotheke an einem Praxisnetzwerk und übernimmt exklusiv die Arzneimittelversorgung der Patienten.

Fall 172:

Die Rosenapotheke verfügt über gute Kontakte zum Altenheim »Zuflucht«. Alle Rezepte der BewohnerInnen – auch wenn sie selbst dies nicht wünschen – erhält die Rosenapotheke. Darüber hinaus deckt das Altenheim »Zuflucht« seinen

---

5 Ausnahme: Heime unter ständiger, verantwortlicher Leitung eines Arztes, §14 VI ApoG, § 1 AMPreisspannenVO.

gesamten übrigen medizinischen Bedarf ebenfalls in der »Rosenapotheke«. Die Apotheke zeigt sich entgegenkommend: üppige Weihnachtsgeschenke für die Heimleitung, Finanzierung von Ausfahrten und dann und wann Medikamente ohne entsprechendes Rezept.

Aus apotheken- und wettbewerbsrechtlichen Gründen ist eine wirtschaftliche Zusammenarbeit von Heimen mit Apotheken unzulässig, § 1 UWG.[6]. Folgende drei Grundsätze sind hier zu beachten[7].

Arzneimittelversorgung in Alten- und Pflegeheimen

1 Jedem Bewohner muss grundsätzlich die Möglichkeit gewährt werden, sich ärztliche Verordnungen selbst in einer Apotheke seiner Wahl zu besorgen.
2 Bei BewohnerInnen von Pflegestationen und anderen HeimbewohnerInnen, die nicht in der Lage sind, sich ihre Arzneimittel persönlich zu besorgen, obliegt der Heimleitung die Arzneimittelversorgung. Sie hat den Apotheken die Rezepte zuzuleiten.
3 Liegt ein Altenheim im Versorgungsbereich mehrerer Apotheken, so sollte die Heimleitung die Apotheken im Turnus gleichmäßig berücksichtigen oder Lieferbedingungen mit den Apotheken aushandeln, und die Wahl der Apotheken dem jeweiligen Bewohner überlassen, s. *Fall 172*.

Zu den Lieferbedingungen kann auch die Verblisterung der Medikamente gehören. Dabei hat nach geltender Rechtslage die Verblisterung grundsätzlich in Räumen des Pflegeheimes stattzufinden.

Wiederholungsfragen
1. Ist eine Zusammenarbeit von einem Heim mit nur einer Apotheke zulässig, wenn in der Umgebung des Altenheims auch mehrere andere Apotheken vorhanden sind?
2. Dürfen Apotheker Medikamente für Bewohner verblistern?

---

6 Vgl. BGH, NJW 1982, S. 1331 f.
7 Vgl. Pieck, Nur an eine Apotheke oder wechselweise Berücksichtigung mehrerer Apotheken?, in: Apotheker Zeitung 2000 (18), S. 2 ff.

c) Betäubungsmittelgesetz

Fall 173:
Die krebskranke Heimbewohnerin Frau L. erhielt kurz vor ihrem Tode gegen die unerträglichen Schmerzen hohe Dosen an Morphium. Nach ihrem Tode ist noch etwas von den Betäubungsmitteln vorhanden. Die Pflegekraft P. fragt, was damit zu geschehen hat.

Aufgabe des Betäubungsmittelgesetzes

Wegen der suchterregenden Wirkung von Betäubungsmitteln ist der Verkehr mit ihnen im Betäubungsmittelgesetz gesondert geregelt. Das Betäubungsmittelgesetz (BtMG) soll sicherstellen, dass alle suchterregenden Stoffe und deren Zubereitungen nur für medizinische und wissenschaftliche Zwecke verwendet werden. Gleichzeitig soll die Rauschgiftsucht bekämpft werden.

Unterscheidung von Betäubungsmitteln

Das Betäubungsmittelgesetz unterscheidet Betäubungsmittel in:

- *nicht verkehrsfähige Betäubungsmittel*
  (Heroin, LSD, Mescalin, Haschisch, Marihuana, PCP).
  Diese Betäubungsmittel sind nur illegal auf dem Markt.
- *verkehrsfähige, aber nicht verschreibungsfähige Betäubungsmittel*
  (Kokablätter, Kodein).
  Diese Betäubungsmittel dürfen vom Arzt nicht verschrieben werden.
- *verkehrsfähige und verschreibungsfähige Betäubungsmittel*
  (Amphetamin, Kokain, Fentanyl, Morphin, Opium, Dolantin, Polamidon, Barbital).
  Diese Betäubungsmittel können nach peinlich genau einzuhaltenden Vorschriften von Ärzten verschrieben und von Apotheken abgegeben werden.

Die Betäubungsmittel werden im bundesdeutschen Betäubungsmittelrecht nicht nach gefährlichen harten Drogen (z. B. Heroin) und weniger gefährlichen, weichen Drogen (z. B. Haschisch) unterschieden.

Für die Verschreibung von Betäubungsmitteln sind fälschungssichere Betäubungsmittelsonderrezepte eingeführt worden. Apotheken, ärztliche Praxen und Krankenhäuser haben über Abgaben und Verbleib von Betäubungsmitteln genauestens Buch zu führen (vgl. Betäubungsmittelverschreibungsverordnung von 1981).

Nicht vorschriftsmäßiger Umgang mit Betäubungsmitteln ist unter Bußgeld- und Strafandrohung gestellt.

Für Heime gelten grundsätzlich keine Sondervorschriften für die Aufbewahrung von Betäubungsmitteln, etwa Buchführungspflicht (anders: Krankenhäuser).

Es gelten die Ausführungen zur Arzneimittelaufbewahrung entsprechend (verschließbarer Medikamentenschrank, patientenbezogene Aufbewahrung), wobei Betäubungsmittel besonders sicher aufzubewahren sind.

Verschreibung und Abgabe von Betäubungsmitteln

Aufbewahrung von Betäubungsmitteln

Die Gesundheitsbehörde empfiehlt
»sofern in Alten- und Pflegeheimen Betäubungsmittel anfallen, die vom Träger bzw. von Pflegekräften vernichtet werden sollen, ... dass die Betreffenden einen Apotheker ihres Vertrauens bitten, **im Heim** behilflich zu sein **bei der Vernichtung** der betreffenden Arzneimittel.
Dabei wird es für angemessen gehalten, wenn Heimpersonal und Apotheker gemeinsam eine Niederschrift über die Vernichtung entsprechend der in § 16 BtMG genannten Niederschrift fertigen und aufbewahren.«
Aus: Apothekerkammer Hamburg, Rundschreiben 3/1988

Die Heimaufsicht kann ggf. zusätzliche Anordnungen treffen. Betäubungsmittel, die von BewohnerInnen nicht mehr benötigt werden oder von verstorbenen BewohnerInnen hinterlassen wurden, dürfen in keinem Fall für andere BewohnerInnen weiterverwendet werden (»In Verkehr bringen«). Sie sind vielmehr stets unverzüglich einer Vernichtung zuzuführen, die in aller Regel durch Abgabe bei einer öffentlichen Apotheke zu erfolgen hat, §16 Abs. 1 (BtMG). Jede

Vernichtung

andere Verfahrensweise, insbesondere die Weiterverwendung für andere Bewohner, ist strafbar (§ 3 Abs. 1 BtMG), s. *Fall 173*.

Wiederholungsfragen
1. Wonach werden im bundesdeutschen Betäubungsmittelrecht die Betäubungsmittel unterschieden?
2. Welche Einrichtungen dürfen Betäubungsmittel abgeben?
3. Wie sind Betäubungsmittel zu vernichten?

3. Infektionsschutz

Ziel des Infektionsschutzes ist es, übertragbaren Krankheiten bei Menschen vorzubeugen, Infektionen frühzeitig zu erkennen und ihre Weiterverbreitung zu verhindern. Die Prävention von Infektionen und ein wirksamer Gesundheitsschutz sind die Hauptintentionen des neuen Gesetzes, das auf die Eigenverantwortung aller Beteiligten setzt.

Infektionsschutzgesetz

Durch das Infektionsschutzgesetz wurde eine international anerkannte Infektionsepidemiologie eingeführt: Das Robert-Koch-Institut in Berlin hat die Aufgabe, Konzeptionen zur Vorbeugung übertragbarer Krankheiten sowie zur frühzeitigen Erkennung und Verhinderung der Weiterverbreitung von Infektionen zu entwickeln und sich dabei auch epidemiologischer Analysen sowie der Forschung zur Ursache, Diagnostik und Prävention übertragbarer Krankheiten zu widmen. Hier, beim Robert-Koch-Institut in Berlin, sind Informationen zum Infektionsschutz zu erhalten.

Infektionsepidemiologie

Meldepflichtige Krankheiten

In einer kurzen und übersichtlich gestalteten Liste der meldepflichtigen Krankheiten werden die Krankheiten aufgelistet, die bereits im Verdachtsfall meldepflichtig sind und einige wenige Krankheiten sind nur im Erkrankungs- und Todesfall meldepflichtig, § 6 IfSG. Wichtig sind die Regelungen zur Meldepflicht. Nicht nur Ärzte, Krankenhäuser und Gesundheitsämter sind meldepflichtig, sondern auch die Fachkräfte der Alten- und Krankenpflege, § 8

Abs. 1 Ziff. 5 IfSG. Eine eigenständige Meldepflicht besteht gem. § 8 Abs. 1 Ziff. 7 IfSG auch für die Leiter von Pflege- und ähnlichen Einrichtungen, soweit ein Arzt nicht hinzugezogen wurde.

Formblätter zur Erstattung der Meldung, auf denen auch eine Liste aller meldepflichtiger Krankheiten abgedruckt ist, sind beim zuständigen Gesundheitsamt erhältlich und sollten in jeder Einrichtung, d. h. auch im Pflegeheim und beim ambulanten Dienst, vorsorglich bevorratet werden.

Verstöße gegen die Meldepflicht sind mit einem Bußgeld von bis zu 25.000 Euro bewehrt, neben den fachlich-sachlichen Gründen ein finanzielles Argument, sich mit der Meldepflicht zu befassen.

Verstöße gegen die Meldepflicht

Neben Krankenhäusern haben auch Einrichtungen gem. § 1 HeimG Hygienepläne aufzustellen, die innerbetriebliche Verfahrensweisen zur Infektionshygiene festlegen. Alle diese Einrichtungen unterliegen auch der infektionshygienischen Überwachung durch das jeweils zuständige Gesundheitsamt. Hygienepläne wurden auch schon in der Vergangenheit erstellt, nun besteht aber die Verpflichtung zu solchen Plänen. Auch ambulante Pflegedienste haben Hygienepläne aufzustellen[8]. Hygienepläne sind nicht mit Desinfektionsplänen zu verwechseln, letztere stellen vielmehr nur einen kleinen Teil eines Hygieneplans dar. Dieser muss alle möglichen Fehler, bezogen auf die Hygiene, einbeziehen und hat dezidiert zu beschreiben, wie diese Fehler vermieden werden können.

»Lebensmittelpersonen«, d. h. MitarbeiterInnen in der Küche, aber auch Pflegekräfte, die Lebensmittel an Heimbewohner oder andere Pflegebedürftige abgeben, müssen durch das zuständige Gesundheitsamt oder eine beauftragte Ärztin über Krankheiten belehrt werden, von denen Gefahren für Lebensmittel ausgehen könnten, wie typischerweise die akute Gastroenteritis oder die Virushepatitis A- und E-Krankheiten. Diese Belehrung muss bei Tätigkeitsaufnahme vom Arbeitgeber in dessen Verantwortung und im jährlichen Rhythmus wiederholt werden. Diese Belehrungen sind zu dokumentieren und die entsprechenden Dokumentationen sowie

Belehrung

---

8 Vgl. Balis/Baumann, Infektionsschutzgesetz, Kommentar und Vorschriftensammlung, Stuttgart 2001

Ärztliches Zeugnis Heimbewohner	die primäre Belehrungsbescheinigung der »Lebensmittelpersonen« sind am Arbeitsplatz aufzubewahren und auf Verlangen dem zuständigen Gesundheitsamt vorzulegen.[9] Wie schon nach altem Recht müssen Personen, die in ein Heim i. S. d. Heimgesetzes aufgenommen werden, ein ärztliches Zeugnis darüber vorlegen, dass bei ihnen keine Anhaltspunkte für das Vorliegen einer ansteckungsfähigen Lungentuberkulose vorhanden sind.

Wiederholungsfragen
1. Was sind die Ziele des IfSG?
2. Nennen Sie einige Krankheiten, die meldepflichtig nach dem IfSG sind!
3. Bedarf das Personal vor Einstellung in einem Altenheim eines Gesundheitszeugnisses?

4. Lebensmittelrecht

Das Lebensmittel-, Bedarfsgegenstände- und Futtermittelgesetzbuch (LFGB) von 2006, welches das Lebensmittel- und Bedarfsgegenständegesetz ablöst, sowie eine Vielzahl von Einzelvorschriften befassen sich mit dem Verkehr mit Lebensmitteln.

Lebensmittel, Definition	Nach dem LFGB i.V.m. der Verordnung (EG) Nr. 178/2002 sind Lebensmittel alle Stoffe oder Erzeugnisse, die dazu bestimmt sind oder von denen nach vernünftigem Ermessen erwartet werden kann, dass sie in verarbeitetem, teilweise verarbeitetem oder unverarbeitetem Zustand von Menschen aufgenommen werden.
Bedarfsgegenstände	Unter Bedarfsgegenständen versteht das LFGB u.a. • Gegenstände, die beim Herstellen, Behandeln oder Inverkehrbringen von Lebensmitteln verwendet werden und mit Lebensmitteln in Berührung kommen,

---
9   Vgl. Schimmelpfennig, Markus, Was bringt das neue Infektionsschutzgesetz für die Pflege? Pflegebulletin, Heft 2/2001, S. 7 – 10

- Gegenstände, die dazu bestimmt sind, mit den Schleimhäuten des Menschen in Berührung zu kommen,
- Gegenstände, die zur Körperpflege bestimmt sind,
- Spielwaren, Scherzartikel, Reinigungs- und Pflegemittel für den häuslichen Bedarf, Bekleidungsgegenstände, Bettwäsche und Gegenstände, die am Körper getragen werden.

Ziel des LFGB ist in erster Linie der Schutz des Verbrauchers vor möglichen Gesundheitsschäden und vor Täuschung. So ist es insbesondere verboten, Lebensmittel herzustellen und in Verkehr zu bringen, die geeignet sind, die Gesundheit zu schädigen (z. B. durch Überschreitung der Höchstmengen von Pflanzenschutz- und Düngemitteln auf Lebensmittel, durch Überschreitung der Höchstmengen von Stoffen mit pharmakologischer Wirkung in tierischen Lebensmittelprodukten oder durch verdorbene Lebensmittel).

Ziel des LFGB

Am Beispiel des Lebensmittelrechtes kann gezeigt werden, wie groß die Bedeutung des Europarechtes inzwischen auch für Pflegeheime geworden ist. Die Lebensmittelverordnung beruht auf der Richtlinie der EU-Richtlinie 93/43 und schreibt vor, welche Maßnahmen in Heimen ergriffen werden müssen, um die Lebensmittelsicherheit soweit wie möglich sicherzustellen. Durch die Lebensmittelhygieneverordnungen werden Vorbeugungsmaßnahmen verbindlich gemacht, der Aufbau einer nachvollziehbaren Dokumentation über Hygienemaßnahmen verlangt sowie periodische interne Prüfungen ebenso zur Pflicht wie die Mitarbeiterschulung.[10]

Lebensmittelhygieneverordnung

Im Heimbereich sind besondere Vorschriften hinsichtlich des Umgangs mit Lebensmitteln und der Gestaltung der Küchen zu beachten.

Fall 174:
Die Heimaufsicht führt eine Begehung gemäß § 15 HeimG durch. In der fünfköpfigen Kommission ist auch ein Vertreter des Gesundheitsamtes. Die gesamte Kommission geht bei der

---

10 Vgl. Deutsche Gesellschaft für Ernährung e. V.: Lebensmittelhygieneverordnung und die Umsetzung in der Praxis, Bonn 2003, www.dge-medienservice.de

Heimbegehung auch in die Küche. Dort wird das Fehlen von Einmalhandtüchern sowie die Aufbewahrung von Hackfleisch in der Tiefkühltruhe beanstandet.

Vorschriften für den Heimbereich

Zu den Anforderungen, die durch lebensmittelrechtliche Vorschriften an Heime (bzw. deren Küchen) gestellt werden, gehören u. a.:
- Ungiftigkeit der Desinfektionsmittel (keine Mittel auf Phenol- oder Aldehydbasis),[11]
- Extrawaschplätze für Gefriergeflügel wegen hohen Salmonellengehalts,
- Fliegengitter vor Küchenfenstern,
- Kühl- und Vorratsräume für bestimmte Lebensmittelgruppen,
- kein Einfrieren von frischem Hackfleisch,
- kein Zutrittsrecht für Unbefugte zur Küche (hierzu gehört im Übrigen auch die Heimaufsichtskommission, siehe o. a. **Fall 174**.)

Lebensmittelüberwachung

Die Lebensmittelüberwachung erfolgt – landesrechtlich unterschiedlich geregelt – durch Ordnungsämter, Veterinärämter sowie durch die Gesundheitsämter. Zu diesem Zwecke können Begehungen durchgeführt und Essenproben gezogen werden.

Wiederholungsfragen
1. Was versteht das LFGB unter Lebensmitteln?
2. Wie erfolgt die Lebensmittelüberwachung?

---

11 Vgl. DGHM: Richtlinien für die Prüfung chemischer Desinfektionsmittel, Stand 2003. Liste erhältlich über: mhp-verlag, Marktplatz 13, 65183 Wiesbaden.

VIII. Erbrecht

Das Ziel ist,

→ die Grundzüge des Erbrechts zu vermitteln, um Fehler in der Beratung zu vermeiden und dem älteren Menschen und seinen Angehörigen Hinweise geben zu können.

Vorbemerkung

Die heute 30 – 60-Jährigen werden als so genannte Erbengeneration bezeichnet. Im ersten Jahrzehnt dieses Jahrhunderts stehen 1,4 Billionen Euro zur Vererbung an, in den 20er Jahren wird es noch einmal deutlich mehr Erben geben. Nur wenige profitieren wirklich[1]: 6 % erben nur auf dem Papier, 22 % erben nicht viel mehr als Erinnerungstücke, 29 % zwischen 13.000 – und 18.000 €: Nur die Hälfte aller Erbenhaushalte erhält einen bescheidenen Vermögensschub. Nur 2 % der Erbenhaushalte profitieren in großem Maße: über 150.000 €. Unabhängig von dem Volumen des Erbes beschäftigt viele ältere Menschen die Fragen, was sie wem hinterlassen. Dies gilt auch und gerade im Zusammenhang mit Pflegebedürftigkeit. Daher sollten Fachkräfte der Altenpflege auch über Grundzüge des Erbrechts informiert sein.

1. Grundsätze

Fall 175:
Die fürsorgliche und überaus ordentliche Schwester Mathilde möchte ihren HeimbewohnerInnen bei der Ordnung der »Letzten Dinge« behilflich sein. Mit ihrer kleinen Reiseschreibmaschine geht sie zu den BewohnerInnen, die ein Testament aufsetzen wollen, schreibt ihren »Letzten Willen« sauber mit Schreibmaschine, lässt die BewohnerInnen unterschreiben und vernichtet evtl. vorhandene handgeschriebene Testamente – »eins genügt!«

Erbrecht für AltenpflegerInnen

Es ist nicht Aufgabe von AltenpflegerInnen, Beratung in den zum Teil komplizierten erbrechtlichen Fragen zu erteilen. Kenntnisse der Grundzüge des Erbrechts sind jedoch notwendig, da AltenpflegerInnen häufig mit erbrechtlichen Fragen konfrontiert werden. Viele ältere Menschen wissen nicht, wie man ein Testament aufsetzt,

---

1 Vgl. Miegel: Erben in Deutschland, Bonn 2003

welche Formvorschriften beachtet werden müssen. Hier folgenschwere Fehler zu verhindern, kann auch Aufgabe von AltenpflegerInnen sein.

So hat der Bundesgerichtshof entschieden, dass ein Krankenhaus etwa, dessen MitarbeiterInnen Patienten in erbrechtlichen Fragen falsch beraten haben, darauf hinwirken muss, dass testierwillige Patienten ein wirksames Testament errichten. Ähnliches gilt für Einrichtungen der Altenpflege[2].

Zumindest sollten Fälle verhindert werden, die in der Praxis vorkamen, in denen gutwillige AltenpflegerInnen das Testament für BewohnerInnen selber geschrieben haben und damit die Erben um ihr Erbe brachten, s. *Fall 175*.

Das bundesdeutsche Erbrecht wird von zwei Grundsätzen geprägt:

Der Grundsatz der Testierfreiheit besagt, dass jeder zum Erben einsetzen kann,»wer ihm beliebt«. Ausprägung dieses Grundsatzes ist die Möglichkeit, in verschiedener Weise seinen letzten Willen in Testamenten festzulegen.

Testierfreiheit

»Das Erbe geht durch das Blut«. Dieser Grundsatz besagt, dass bei fehlendem Testament das Erbe in der Familie bleiben soll, d. h. die gesetzliche Erbfolge eintritt. Ausprägung dieses Grundsatzes ist auch die sog. Pflichtteilsregelung, die dem enterbten Familienangehörigen einen Teil der Erbschaft sichert.

»Das Erbe geht durch das Blut«

Die Erbschaft umfasst alle vermögensrechtlichen Positionen, d. h. sämtliche Vermögenswerte wie auch die Schulden des Verstorbenen.

Erbschaft

Wiederholungsfrage
1. Welche zwei Grundsätze bestimmen das deutsche Erbrecht?

---

2   BGH Urt. v. 8. 6. 89 Az III ZR 63/88.

2. Die gesetzliche Erbfolge

> Das Gesetz regelt die Erbfolge zugunsten Verwandter, Ehegatten, Staat.

Die Bestimmungen des Erbrechts finden sich in den §§ 1922 ff. des BGB.

Als gesetzliche Erben kommen in Frage:

Verwandte — Nach dem deutschen Erbrecht erben grundsätzlich nur Verwandte, also Personen, die gemeinsame Eltern, Großeltern, Urgroßeltern oder noch entferntere gemeinsame Vorfahren haben.

Nicht in diesem Sinne verwandt und daher von der gesetzlichen Erbfolge ausgeschlossen sind Verschwägerte, z. B. Schwiegermutter, Schwiegersohn, Stiefvater, Stieftochter, denn mit diesen hatte der Verstorbene (das Gesetz spricht vom »Erblasser«) keine gemeinsamen Vorfahren.

Adoptivkinder — Wie Verwandte werden Adoptivkinder behandelt. Durch die Annahme an Kindes Statt wird ein gesetzliches Verwandtschaftsverhältnis begründet.

Ehegatten — Neben den Verwandten besteht, obwohl regelmäßig nicht verwandt, ein eigenes gesetzliches Erbrecht für den Ehegatten (gilt nicht für Geschiedene).

Nichteheliche Kinder — Gesondert behandelt werden nichteheliche Kinder des Erblassers, wenn eheliche Kinder und/oder die Witwe des Verstorbenen vorhanden sind. Sind weder Verwandte noch Ehegatten vorhanden, so erbt der Staat.

Wiederholungsfragen
1. Steht der Schwägerin beim Tode des Bruders ihres Ehegatten ein eigenes gesetzliches Erbrecht zu?
2. Was versteht man im Erbrecht unter »verwandt«?

a) Gesetzliche Erbfolge bei Verwandten

Die gesetzliche Erbfolge richtet sich nach sog. Ordnungen:

Ordnungen

Zu den Erben 1. Ordnung gehören nur die Abkömmlinge des Erblassers, d. h. seine Kinder, Enkel und Urenkel.

Erben 1. Ordnung

Soweit es jemanden gibt, der zu dieser Gruppe der Abkömmlinge gehört, gehen alle entfernteren Verwandten leer aus und können nicht am Erbe teilhaben, es sei denn, es besteht ein anderslautendes Testament.

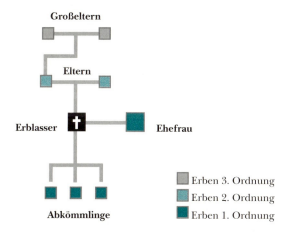

Der Erblasser hinterlässt einen Sohn und seine Eltern. Hier erben die Eltern nichts.

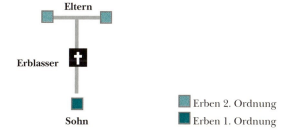

Die Kindeskinder – Enkel, Urenkel – können regelmäßig nur dann etwas erben, wenn ihre Eltern bereits verstorben sind oder selbst die Erbschaft nicht annehmen wollen.

Der Erblasser hinterlässt eine Tochter und drei Enkelkinder, die von einem bereits verstorbenen Sohn abstammen. Die Tochter erhält die Hälfte des Erbes, während die Enkelkinder sich die andere Hälfte, nämlich die Hälfte, die auf ihren Vater entfallen wäre, teilen müssen. Jedes Enkelkind erhält somit 1/6 des Erbes.

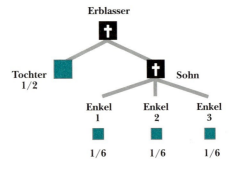

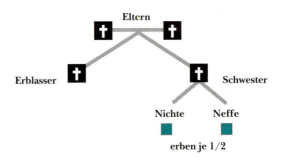

Erben 2. Ordnung

Erben 2. Ordnung sind die Eltern des Erblassers und deren Kinder und Kindeskinder, also Geschwister sowie die Nichten und Neffen des Verstorbenen. Auch hier gilt, dass die Kinder eines zunächst Erbberechtigten, der jedoch bereits verstorben ist, das Erbteil ihres verstorbenen Vaters oder ihrer Mutter übernehmen.

Verwandte der 2. Ordnung können nur dann erben, wenn kein näherer Verwandter der 1. Ordnung vorhanden ist.

Die 3. Ordnung umfasst die Großeltern und deren Kinder und Kindeskinder (Onkel, Cousin usw.), die 4. Ordnung die Urgroßeltern und deren Kinder und Kindeskinder.

Weitere Ordnungen

> **Immer gilt: Ist nur ein näher mit dem Verstorbenen Verwandter am Leben, schließt er alle möglichen Erben fernerer Ordnung aus!**

Wichtig

b) Erbrecht der Ehegatten

Das Erbrecht der Ehegatten steht außerhalb des Systems der Ordnungen. Der überlebende Ehegatte bekommt
- neben den Erben der 1. Ordnung, d. h. den Kindern und Enkeln, 1/4 des Erbes,
- neben den Erben der 2. Ordnung, d. h. den Eltern und Geschwistern usw. des verstorbenen Ehegatten, 1/2 des Erbes,
- neben den Erben der 3. Ordnung, d. h. den Großeltern des verstorbenen Ehegatten, 1/2 des Erbes.

Erbrecht der Ehegatten

Haben die Eheleute im »gesetzlichen Güterstand der Zugewinngemeinschaft« gelebt (dieser gilt immer dann, wenn kein anderer Güterstand in einem Ehevertrag zwischen Eheleuten vereinbart worden ist), so erhöht sich der gesetzliche Erbteil des überlebenden Ehegatten um 1/4 . Dies ist in aller Regel der Fall. Dann steht dem Ehegatten
- neben den Erben der 1. Ordnung 1/2 des Erbes,
- neben den Erben der 2. Ordnung 3/4 des Erbes,
- neben den Großeltern des Verstorbenen 3/4 des Erbes zu.

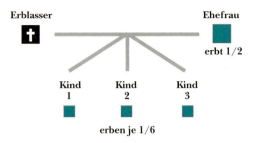

Fall 176:
Der Erblasser hinterlässt seine Ehefrau und drei Kinder. Die Eheleute lebten im gesetzlichen Güterstand der Zugewinngemeinschaft.
Hier erbt die Ehefrau 1/2 (1/4 als Ehegatte neben den Erben erster Ordnung, 1/4 Zugewinngemeinschaft), die Kinder erben je 1/6.

Die Witwe erhält zusätzlich den sogenannten »Großen Voraus«, der regelmäßig alle zum Haushalt gehörenden Gegenstände umfasst.
Geschiedenen und in Scheidung lebenden Ehegatten steht kein gesetzliches Erbrecht zu.

Wiederholungsfrage
Wieviel erbt die Ehefrau, wenn als sonstige gesetzliche Erben nur noch ein Bruder des verstorbenen Ehegatten lebt,
→ bei Güterstand der Zugewinngemeinschaft?
→ bei einem anderen extra vereinbarten Güterstand?

c) Erbrecht des nichtehelichen Kindes

Grundsatz Die erbrechtliche Stellung von nichtehelichen Kindern ist grundsätzlich dieselbe wie die eines ehelichen Kindes: Es zählt zu den gesetzlichen Erben 1. Ordnung.

3. Pflichtteil

Jeder kann seine nächsten Angehörigen enterben, indem er ein Testament macht. Es ist jedoch als ungerecht empfunden worden, wenn der Erblasser seinen Ehegatten, den Kindern und Kindeskindern oder den Eltern gar nichts zukommen lässt. Deshalb sichert das Gesetz diesem Personenkreis den sog. Pflichtteil zu.

Die Pflichtteilsberechtigten haben in jedem Fall einen Anspruch auf Geldzahlung in Höhe der Hälfte des Wertes des gesetzlichen Erbteils.

Fall 177:
Erblasser E. hinterlässt ein Erbe im Wert von € 10.000. Als gesetzlicher Erbe ist nur ein Sohn vorhanden. E. setzt in seinem Testament seine Freundin F. als Alleinerbin ein.

Da der Sohn ohne Testament Alleinerbe gewesen wäre, steht ihm als Pflichtteil die Hälfte des Erbes, also € 5.000, zu. Diesen Betrag muss F. an ihn auszahlen.

In ganz eng umgrenzten Fällen – z. B. bei körperlicher Misshandlung durch den Pflichtteilsberechtigten – kann im Testament auch der Pflichtteil entzogen werden.

Pflichtteilentziehung

Wiederholungsfrage
Wer gehört zur Gruppe der Pflichtteilberechtigten?

4. Testament

Ein Testament ist die schriftliche Darlegung des Letzten Willens, mit der der Erblasser über sein Vermögen verfügt.

Um gültig zu sein, muss ein Testament bestimmte Formvorschriften einhalten.

Es gibt unterschiedliche Arten von Testamenten. Das übliche Testament ist das eigenhändige Testament. Es muss vom Erblasser

Das eigenhändige Testament

Rechtskunde, Thomas Klie; © Vincentz Network GmbH & Co. KG, Hannover 2009; ISBN 978-3-86630-081-1

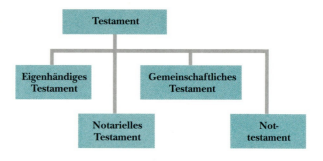

handschriftlich verfasst und unterschrieben sein. Bei Nichtbeachtung dieser Formerfordernisse ist es ungültig.

| Wichtig | **Ein mit Maschine geschriebenes oder von einem anderen als dem Erblasser geschriebenes Testament ist ungültig, es sei denn, es handelt sich um ein notarielles Testament, s. *Fall 175.*** |

Über die genannten unabdinglichen Formerfordernisse hinaus soll ein Testament Angaben über das Datum und den Ort, an dem es erstellt wurde sowie eine Kennzeichnung als »Testament« oder Letzten Willen enthalten.

Wer sichergehen will, bei der Abfassung des Testamentes keine Fehler zu machen oder nicht in der Lage ist, selbst ein Testament zu verfassen, kann ein öffentliches oder notarielles Testament errichten.

Öffentliches oder notarielles Testament

Dies geschieht in der Weise, dass der Letzte Wille
- mündlich gegenüber einem Notar erklärt oder
- selbst schriftlich abgefasst und dem Notar übergeben wird.

Der Notar ist zur Beratung verpflichtet. Das notarielle Testament wird immer in amtliche Verwahrung genommen. Für die Errichtung eines notariellen Testamentes wird entsprechend dem Wert des Erbes eine Gebühr entrichtet (z. B. Wert des Vermögens € 10.000,– Gebühr € 60,–).

Der Notar ist unter entsprechenden Umständen auch verpflichtet, in das Heim oder die Wohnung des Testierwilligen zu kommen.

Ehegatten genießen den Vorzug, ihren Letzten Willen in einem Testament gemeinsam niederlegen zu können. Hier schreibt z. B. ein Ehegatte den Letzten Willen beider handschriftlich auf und beide unterschreiben. Das gemeinschaftliche Testament kann i. d. R. von einem Ehegatten allein, insbesondere nach dem Tode des anderen, nicht widerrufen werden.

Das gemeinschaftliche Testament

In Ausnahmesituationen, wenn der Erblasser nicht mehr die Kraft hat, handschriftlich sein Testament selbst zu verfassen und wenn darüber hinaus die Gefahr besteht, dass ein herbeigerufener Notar nicht mehr rechtzeitig zur Stelle sein wird, kommt die Errichtung eines sog. Nottestamentes in Betracht.

Nottestament (Dreizeugentestament)

Es wird vom Erblasser mündlich zur Niederschrift durch den Bürgermeister oder den sonst gesetzlich vorgesehenen Beamten (in Hamburg sind die Standesbeamten zuständig) erklärt. Der Bürgermeister muss zur Beurkundung zwei Zeugen hinzuziehen.

Diese dürfen in dem zu errichtenden Testament nicht selbst bedacht worden sein. Besteht so ernste Todesgefahr, dass auch der Bürgermeister nicht mehr geholt werden kann, darf das Testament durch mündliche Erklärung vor drei Zeugen erklärt werden. Hinsichtlich der Zeugen (es dürfen keine Verwandten sein) und der anzufertigenden Niederschrift sind verschiedene Vorschriften zu beachten, die eine wirksame Errichtung eines Testamentes erschweren.

Ein Nottestament verliert seine Gültigkeit, wenn seit der Errichtung drei Monate vergangen sind und der Erblasser noch lebt. In aller Regel ist es angezeigt, in Notsituationen einen Notar zu holen. Dieser kann meist besser helfen. In der Praxis spielen Nottestamente kaum eine Rolle. Seinen Letzten Willen kann man schließlich auch in einem sog. Erbvertrag festhalten, der vor einem Notar zu schließen ist.

Erbvertrag

Wiederholungsfragen
1. Welche zwei Formvorschriften gelten für ein eigenhändiges Testament?
2. Was versteht man unter einem gemeinschaftlichen Testament?
3. Wann ist es angezeigt, ein notarielles Testament zu errichten?

a) Inhalt von Testamenten

In einem Testament kann abweichend von den gesetzlichen Erbfolgeregelungen grundsätzlich frei bestimmt werden, wer was unter welchen Umständen aus dem Vermögen bekommen soll.

Man kann
- abweichend von der gesetzlichen Erbfolge einen oder mehrere Erben bestimmen. Diese müssen nicht Menschen sein, es können auch wohltätige Organisationen, Vereine oder die Kirche eingesetzt werden,
- jemanden enterben, d.h. den gesetzlichen Erbanspruch zumindest auf den Pflichtteil begrenzen,
- für den Fall, dass der zum Erbe bestimmte vor dem Erblasser stirbt, einen Ersatzerben bestimmen,
- Vor- und Nacherben bestimmen, d.h. festlegen, dass nach dem Tode des Vorerben das verbliebene Erbe ein Nacherbe erhalten soll (häufige Regelung; Vorerbe ist die Ehefrau, Nacherben sind die Kinder),
- bei mehreren Erben bestimmen, wie der Nachlass geteilt werden soll, (z. B. Meine Tochter soll das Auto, mein Sohn das Ölgemälde erhalten),
- Vermächtnisse aussetzen, d. h. einer Person, die nicht Erbe ist, ganz bestimmte Gegenstände zuwenden, (z. B. Erben sind meine drei Kinder, die goldene Taschenuhr vermache ich meinem Patensohn Hugo). Die Erben sind dann verpflichtet, die goldene Taschenuhr – das Vermächtnis – dem Patensohn Hugo auszuhändigen.

Fall 178:
Frau Tierlieb sorgt sich um die Zukunft ihres letzten Lebensbegleiters, ihres Hundes Bello. Sie kann sich nicht vorstellen, dass ihr armer Hund nach ihrem Tod in ein Tierheim kommt. So legt sie in ihrem Testament fest: »Meinem Erben mache ich zur Auflage, meinen Hund Bello bis zu seinem Tod persönlich aufzunehmen, zu pflegen und zu versorgen«.

Es ist möglich, Auflagen zu machen, wie die Erben oder Vermächtnisnehmer sich in einer bestimmten Angelegenheit zu verhalten haben oder welche Pflichten sich aus der Annahme der Erbschaft ergeben, etwa die Pflege eines Hundes. Eine solche Auflage ist natürlich nur sinnvoll, wenn feststeht, dass die Erben ihrerseits auch Tierfreunde sind.

Wiederholungsfragen
1. Was ist der Unterschied zwischen einer Erbschaft und einem Vermächtnis?
2. Ist es notwendig, ein Testament zu errichten, wenn man mit der gesetzlichen Erbfolge einverstanden ist?

b) Widerruf von Testamenten und Testierfähigkeit

Der Erblasser kann ein Testament jederzeit – auch teilweise – widerrufen und ändern. Es bestehen hierbei drei Möglichkeiten:
- Widerruf durch ein neues Testament,
- Rücknahme aus der amtlichen Verwahrung. Ein öffentliches Testament wird auch dadurch außer Kraft gesetzt, dass es aus der amtlichen Verwahrung genommen wird,
- Ein Testament kann auch dadurch widerrufen werden, dass es vernichtet oder verändert wird (vom Erblasser).

Besonderheiten bestehen beim gemeinschaftlichen Testament. Dies kann von den Ehegatten gemeinsam jederzeit, von einem Ehepart-

Gemeinschaftliches Testament

Testierfähigkeit

ner allein nur durch eine notariell beurkundete Erklärung, nach dem Tode des Ehegatten gar nicht mehr widerrufen werden.
Grundsätzlich kann jede Person, die älter als 16 Jahre alt ist, ein Testament errichten.

Hiervon gibt es folgende Ausnahme, die auch in der Altenpflege von Bedeutung sein kann:
- Wer seine Angelegenheiten nicht mehr überblicken kann, im Gesetz heißt es: »Wer wegen krankhafter Störung der Geistesfähigkeit, wegen Geistesschwäche oder wegen Bewusstseinsstörung nicht in der Lage ist, die Bedeutung seiner Erklärung einzusehen und danach zu handeln«, § 2229 Abs. 4 BGB, kann kein Testament errichten. Der Erblasser soll sich über die Tragweite seiner Anordnungen ein klares Urteil bilden und danach frei von Beeinflussung durch etwa am Nachlass interessierte Dritte handeln können.
Diese Bestimmung bietet ein weites Feld, für Anfechtungen von Testamenten durch betroffene Dritte, wenn der Erblasser in deren Augen »verwirrt« war. Bei Streit über die Gültigkeit eines Testamentes trägt derjenige die Beweislast, der das Testament angreift[3].
- Steht der Betroffene unter Betreuung, so schließt dies nicht automatisch die Testierfähigkeit aus[4], auch hier richtet sich diese nach den o.g. Regeln. Die Testamentserrichtung unterliegt auch keinem Einwilligungsvorbehalt des Betreuers, § 1903 BGB.

Wiederholungsfragen
1. Nach dem Tode des Erblassers werden zwei Testamente gefunden. Das eine trägt das Datum 12. 4. 2001, ein anderes das Datum 23. 11. 2008. Welches Testament ist gültig?
2. Wie kann ein öffentliches Testament widerrufen werden?

---
3 Vgl. Zur Schweigepflicht des Arztes beim Streit um die Testierfähigkeit vgl. Bartsch, Die postmortale Schweigepflicht des Arztes, in: NJW 2001, S. 861 ff.
4 OLG Frankfurt a.M. FamRZ. 1996. 635

5. Was ist bei Todesfällen zu beachten?

> **Arzt: Welle von unnatürlichen Todesfällen in Altersheimen**
>
> Köln – Rechtsmediziner befürchten in der Bundesrepublik eine starke Zunahme unnatürlicher Todesfälle bei alten Menschen in Pflegeheimen und Krankenhäusern. Es gebe »genügend Anhaltspunkte, dass wir am Beginn einer solchen Entwicklung stehen«, sagte der Rechtsmediziner an der Universität des Saarlandes, Professor Hans-Joachim Wagner, in Köln zum Auftakt der 69. Jahrestagung der Deutschen Gesellschaft für Rechtsmedizin. *(Altenpflege 10/1990)*

Die Veranlassung der notwendigen Maßnahmen bei Todesfällen ist in Heimen Aufgabe der Heimleitung, ambulante Dienste haben nur eingeschränkt Pflichten.

Grundsätzliches

Was ist zu tun?
1. Benachrichtigung von Arzt (Leichenschau und Totenschein) sowie von Angehörigen.
   In allen Bundesländern ist die Leichenschau eine ärztliche Aufgabe und Pflicht, die vor der Bestattung zur Feststellung des Todes, der Todesart und der Todesursache durchgeführt wird. Niedergelassene Ärzte, Notärzte und Krankenhausärzte sind zu jeder Tages- und Nachtzeit sowie an Sonn- und Feiertagen zur Leichenschau verpflichtet. Zur Veranlassung der Leichenschau verpflichtet sind die Angehörigen, die Leiter von Heimen und ihre Vertreter. Die Leichenschau muss unverzüglich veranlasst werden, damit im Falle eines unnatürlichen Todes nicht wichtige Zeit verloren geht. Schwierigkeiten bereitet immer wieder die Ermittlung der Todesursache bei der Leichenschau. Hier wird gerade bei älteren Menschen nicht die Sorgfalt an den Tag gelegt, die geboten ist. Gerade nach dem Bekannt werden von Dekubitalgeschwüren bei Heimbewohnern in der Vergangenheit und darauf zurückzuführenden Todesfällen ist besondere

Arzt, Totenschein

Sorgfalt geboten. Aus der Sicht der ambulanten Pflegedienste und -heime ist auch eine sehr präzise Dokumentation des Todeseintrittes und seiner Umstände in der Pflegedokumentation dringend zu empfehlen.

Standesamt

2. Spätestens am auf den Todesfall folgenden Werktag ist das Standesamt zu informieren, in dessen Bereich die Person gestorben ist. Zur persönlichen und mündlichen Anzeige sind in aufgeführter Reihenfolge verpflichtet:
    - nächste Angehörige,
    - Personen, in deren Wohnung sich der Sterbefall ereignet hat (dazu gehören auch die Leiter von Heimen i. S. des Heimgesetzes),
    - jede Person, die beim Tod zugegen war oder vom Sterbefall aus eigener Kenntnis unterrichtet ist.

Unnatürliche Todesursache

3. Besteht der Verdacht, dass eine unnatürliche Todesursache vorliegt, ist die Staatsanwaltschaft zu benachrichtigen. Ein nicht natürlicher Tod liegt bei Tod durch Unfall oder Selbstmord und Tod durch eine strafbare Handlung oder sonstige Gewalteinwirkung vor.

Aufbahrung

4. Die Aufbahrung der Leiche kann zunächst in der Wohnung / im Heim erfolgen. Nach 36 Stunden (spätestens) muss die Leiche in die Leichenhalle (s. aber Landesrecht).

Nachlasssicherung

5. Nachlasssicherung, d. h. Aufnahme aller im Heim befindlichen Nachlassgegenstände, möglichst gemeinsam durch einen Angehörigen und einen Mitarbeiter des Hauses, sonst durch zwei MitarbeiterInnen.

Ablieferung

6. Ablieferung der Testamente an das Nachlassgericht. Hierzu ist jeder verpflichtet, der sich im Besitz eines Testamentes befindet. Das Nachlassgericht ist das zuständige Amtsgericht (in Baden-Württemberg: Notariat). Das Nachlassgericht klärt die Frage, welches Testament gültig ist, benachrichtigt die Erben und stellt den Erbschein aus.

Erbschein

7. Sind keine Angehörigen vorhanden, so ist das Nachlassgericht zu benachrichtigen, damit ein Nachlasspfleger bestellt werden kann, der sich um die Sicherung des Nachlasses kümmert; dies

gilt auch für den ambulanten Bereich (in Hessen kennt man die Besonderheit von sog. Ortsgerichten, die Ermittlungen anstellen, ob jemand da ist, der sich um den Haushalt kümmert, ob Testamente vorhanden sind, unversorgte Angehörige hinterlassen wurden etc.; in Berlin: Nachlassstelle der Polizei).

In keinem Fall ist das Heim oder ein Mitarbeiter einer Sozialstation berechtigt, das Sozialamt über den Inhalt des Nachlasses zu informieren. Dies gilt auch für einen angesparten Barbetrag! — Datenschutz

Bei umfangreicheren Nachlässen kann die Bestellung eines Testamentsvollstreckers in Betracht kommen.

In jedem Fall ist eine Inventarisierung des Nachlasses durch zwei Mitarbeiter angezeigt.

Die gesetzlichen Betreuer sind als solche nicht berechtigt, den Nachlass zu verwalten. Ihre Rechte und Pflichten enden mit dem Tod des Betreuten. Es ist daher häufig geboten, die gesetzlichen BetreuerInnen zu Nachlasspflegern bestellen zu lassen.

Das Heim ist nicht befugt, Nachlassgegenstände an andere – etwa als Andenken – zu verschenken, und zwar selbst dann nicht, wenn der Erblasser einen entsprechenden Wunsch geäußert hat. Diese Befugnis steht allein den Erben zu.

8. Sind keine Angehörigen vorhanden – und zwar nur dann – kann die Heimleitung die Beerdigung veranlassen. Über die Bestattungsart entscheiden, wenn keine Willenserklärung des Verstorbenen vorliegt, die Angehörigen. — Beerdigung

Die Vorschriften im Bestattungsrecht sind in jedem Bundesland etwas unterschiedlich. Zu den wichtigsten Regelungen gehören: — Bestattungsrecht
- Jede Leiche muss bestattet werden, in der Regel durch Erdbestattung oder Einäscherung.
- Leichen und Urnen müssen grundsätzlich in Friedhöfen beigesetzt werden, auch eine Seebestattung kann genehmigt werden.
- Für Art, Ort und Durchführung der Bestattung ist der Wille des Verstorbenen zu beachten.

- Für die Bestattung und die ihr vorausgehenden notwendigen Vorbereitungen haben die Angehörigen zu sorgen.

Wiederholungsfragen
1. Dürfen sich MitbewohnerInnen in Heimen, die vom Erblasser mit einem Vermächtnis bedacht wurden, den Gegenstand des Vermächtnisses eigenmächtig aus dem Zimmer holen?
2. Was ist zu tun, wenn man ein Testament des Erblassers findet?

Literaturhinweis
AG Verbraucherverbände: Ein Ratgeber in Bestattungsfragen, 15. Aufl., Bonn 2005.

6. Erbschaftsteuer

Für die Erben ist die Frage, ob sie zur Erbschaftssteuer herangezogen werden oder nicht von großer Bedeutung. Hier hat sich durch die Erbschaftssteuerreform zum 1.1.2009 einiges geändert. Zur Beruhigung: Kinder und Ehegatten sowie diejenigen, die keine großen Vermögenswerte erben zahlen in der Regel keine Erbschaftssteuer. Das deutsche Erbschaftssteuerrecht kennt 3 Steuerklassen, die sich danach richten, wie nahe der Erbe oder Beschenkte dem Erblasser gestanden hat. In der Klasse I finden sich Ehegatten oder Kinder, in der Klasse II Geschwister und in der Klasse III alle übrigen Personen. In der Klasse I gelten die niedrigsten Steuersätze und die höchsten Freibeträge, in der Klasse III die höchsten Steuersätze und niedrigsten Freibeträge.

Mit der Reform wurden die Freibeträge angehoben, zudem werden Immobilien künftig höher bewertet. Selbstgenutztes Wohneigentum bleibt für Ehegatten und Kinder steuerfrei, wenn diese nach dem Erbfall noch mindestens 10 Jahre lang dort wohnen. Die Steuersätze wurden jedoch in den Steuerklassen II und III durch die Erbschaftssteuerreform zum Teil deutlich angehoben.

Erbschaftssteuersätze

Wert des steuerpflichtigen Erwerbs bis EUR	Prozentsatz in der Steuerklasse		
	I	II	III
75.000	7	30	30
300.000	11	30	30
600.000	15	30	30
6.000.000	19	30	30
13.000.000	23	50	50
26.000.000	27	50	50
über 26.000.000	30	50	50

Steuerklasse und Freibeträge

Steuerklasse	Personen	Freibetrag (alt) in EUR	Freibetrag (neu) in EUR
I	Ehepartner	307.000	500.000
	Kinder; Enkel wenn die Eltern verstorben sind	205.000	400.000
	Enkel	51.200	200.000
	Eltern und Großeltern	51.200	100.000
II	Geschwister, Nichten und Neffen; Eltern und Großeltern (bei Schenkung)	10.300	20.000
III	Sonstige	5.200	20.000

IX. Arbeitsrecht

Das Ziel ist,

→ *Grundlagen des Arbeitsrechts, die Rechtsquellen im Arbeitsrecht und die wichtigsten Gesetze des kollektiven und Individualarbeitsrechtes kennen zu lernen,*

→ *arbeitsrechtliche Fragen aus dem Alltag der Pflege im Heim und in ambulanten Diensten zu erörtern,*

→ *das dem gesundheitlichen Schutz der Pflegekräfte dienende Arbeitsschutzrecht kennen und anwenden zu lernen.*

Rechtskunde, Thomas Klie; © Vincentz Network GmbH & Co. KG, Hannover 2009; ISBN 978-3-86630-081-1

1. Einleitung

Arbeitsrecht ist das Recht der unselbständig tätigen Arbeitnehmer, d. h. derjenigen Personen, die aufgrund eines Arbeitsvertrages einem anderen ihre Arbeitskraft schulden, in einem fremden Betrieb eingegliedert und an Weisungen der Vorgesetzten gebunden sind. Wer selbständig bestimmen kann, wie er seine Arbeit gestaltet – z. B. Rechtsanwalt, niedergelassener Arzt oder selbständig tätige Altenpflegerin –, ist nicht Arbeitnehmer. Auch Beamte, Richter und Soldaten gelten nicht als Arbeitnehmer; für letztere gilt das öffentliche Dienstrecht.

Der im Arbeitsrecht geregelte Lebensbereich »Arbeit« ist für den einzelnen von zentraler Bedeutung. Die Qualität unserer Rechtsordnung bestimmt sich deshalb auch entscheidend danach, welche Stellung der einzelne Bürger an seinem Arbeitsplatz im Betrieb besitzt.

Rechtsquellen des Arbeitsrechts

Das Arbeitsrecht der Bundesrepublik stammt aus verschiedenen Rechtsquellen; anders als in der ehemaligen DDR gibt es kein Arbeitsgesetzbuch, in dem die wesentlichen Regelungen zusammengefasst sind.

Einige zentrale Vorgaben für das Arbeitsrecht enthält das Grundgesetz.

Verfassung

1. So garantiert es die Freiheit der Berufswahl (Art. 12 GG) und verbietet eine Ungleichbehandlung von Mann und Frau am Arbeitsplatz (Art. 3 GG). Als speziell auf das Arbeitsrecht bezogene Aussage enthält das Grundgesetz nur in Art. 9 Abs. 3 GG die Garantie der Koalitionsfreiheit, d. h. das Recht der Arbeitnehmer, sich in Gewerkschaften zusammenzuschließen.

Gesetze

2. Als weitere Rechtsquellen dienen eine Reihe arbeitsrechtlicher Gesetze, z. B. das Bürgerliche Gesetzbuch mit Bestimmungen über den Dienstvertrag (§ 611 BGB), das Kündigungsschutzgesetz, das Tarifvertragsgesetz, das Bundesurlaubsgesetz etc.

Rechtsverordnungen

3. Keine allzu große Bedeutung besitzen Rechtsverordnungen im Arbeitsrecht, dennoch gibt es sie. Als Beispiel für eine arbeitsrechtliche Rechtsverordnung sei hier die Wahlordnung zum

Betriebsverfassungsgesetz genannt. Die Ermächtigungsvorschrift zu dieser Wahlordnung befindet sich in § 126 BetrVerfG.

4. Eine besondere Rechtsquelle im Arbeitsbereich ist der Tarifvertrag. Er ist eine Vereinbarung zwischen Gewerkschaften und einzelnen Unternehmern (sogenannter Haustarifvertrag) oder Arbeitgeberverbänden, die Rechtspositionen der Arbeiter und Angestellten selbst begründet. Dies ist dadurch möglich, dass nach § 4 des Tarifvertragsgesetzes die Rechtsnormen des Tarifvertrages unmittelbar und zwingend zwischen den beiderseits Tarifgebundenen, also den Mitgliedern der Gewerkschaft bzw. des Arbeitgeberverbandes, gelten.

Tarifvertrag

5. Betriebs- und Dienstvereinbarungen können in bestimmtem Umfang von Betriebs- oder Personalräten in den Betrieben mit dem Arbeitgeber oder Dienststellenleiter ausgehandelt und vereinbart werden. Allerdings ist nicht jede arbeitsrechtliche Frage in Betriebs- und Dienstvereinbarungen regelbar, es gilt die sog. Tarifüblichkeitssperre. So ist in § 77 Abs. 3 BetrVerfG festgelegt, dass Löhne und sonstige Arbeitsbedingungen, die durch Tarifvertrag geregelt sind oder üblicherweise geregelt werden, nicht Gegenstand einer Betriebs- bzw. Dienstvereinbarung sein können.

Betriebs- und Dienstvereinbarungen

6. Die »schwächste« Rechtsquelle des Arbeitsrechts ist der Arbeitsvertrag zwischen dem Angestellten und seinem Arbeitgeber. Er gilt nicht allgemein, d. h. für eine Vielzahl von Beteiligten, sondern lediglich individuell, d. h. nur zwischen den Parteien des Vertrags. Deshalb kann ein Arbeitsvertrag auch nicht wie ein Gesetz ausgelegt werden, vielmehr kommt es bei der Auslegung von arbeitsvertraglichen Bestimmungen immer auf den »wirklichen« Willen der Vertragsparteien an (§ 133 BGB).

Arbeitsvertrag

7. Immer größere Bedeutung für das Arbeitsrecht haben die europarechtlichen Regelungen. Sie beruhen letztlich auf den EU-Verträgen der Mitgliedsstaaten der Europäischen Union. Durch Richtlinien werden sie konkretisiert, haben starken Ein-

Europarecht

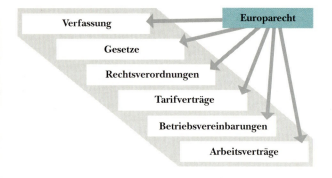

fluss auf das nationale Arbeitsrecht wie z. B. die Antidiskriminierungsrichtlinie.

Die Rechtsquellen stehen in der in der Übersicht wiedergegebenen Rangfolge, die im Wesentlichen dem Schutz des Arbeitnehmers dient. So sind etwa Arbeitsverträge unwirksam, die nur einen Urlaubsanspruch von 16 Werktagen gewähren, da gemäß § 3 Bundesurlaubsgesetz der gesetzliche Mindesturlaubsanspruch für jeden Arbeitnehmer 24 Werktage beträgt. Andererseits können Tarifverträge einen längeren Urlaub garantieren, etwa 25 Arbeitstage. Dies wird durch das Bundesurlaubsgesetz nicht ausgeschlossen. Im Hinblick auf das Verhältnis der sechs genannten Rechtsquellen zueinander lässt sich vereinfacht sagen, dass die Bestimmungen der jeweils ranghöheren vorgehen, es sei denn, die rangniedrigeren stellen den Arbeitnehmer besser (Günstigkeitsprinzip)[1].

Günstigkeitsprinzip
Arbeitsrecht

Das Arbeitsrecht lässt sich einteilen in zwei große Gruppen von Rechtsregeln:
- Individualarbeitsrecht,
- kollektives Arbeitsrecht.

Das Individualarbeitsrecht umfasst das Recht des Einzelarbeitsvertrages (Vertragsschluss, Urlaub, Kündigung, Entgeltfortzahlung)

---

1 Ausnahme: § 622 Abs. 4 BGB schafft die Möglichkeit, kürzere als die gesetzlichen Kündigungsfristen in Tarifverträgen zu vereinbaren.

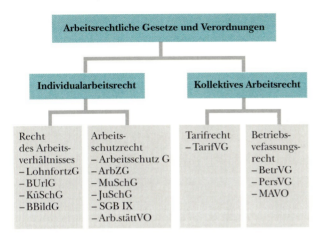

und das Recht des Arbeitsschutzes. Im Mittelpunkt steht der einzelne Arbeitnehmer.

Das kollektive Arbeitsrecht wird gekennzeichnet durch seine Gruppenbezogenheit. In ihm werden geregelt: die überbetrieblichen Zusammenschlüsse von Arbeitnehmern und Arbeitgebern in Gewerkschaften und Arbeitgeberverbänden, der Abschluss von Tarifverträgen, der Arbeitskampf sowie die Teilhabe der Arbeitnehmer an den Entscheidungen im Betrieb und in Unternehmen (Betriebsrat).

Wiederholungsfragen
1. Nennen Sie einige Rechtsquellen aus dem Arbeitsrecht!
2. In welche zwei großen Gruppen von Rechtsregeln lässt sich das Arbeitsrecht einteilen?

2. Arbeitsvertrag

Fall 179:
Altenpflegerin Susanne hat mit dem Altenheimleiter des Heims Burgfrieden mündlich vereinbart, dass sie zum 1. Februar eine Stelle als Stationsleiterin in seinem Heim antritt. Nach diesem Gespräch hört S. nichts vom Heim Burgfrieden.

Sie hat inzwischen eine noch günstigere Stelle gefunden. Hier sagt ihr die Atmosphäre mehr zu, und im übrigen verdient sie auch mehr Geld.

Da sie keinen schriftlichen Arbeitsvertrag vom Heim Burgfrieden erhalten hat, fühlt sie sich an die mündliche Vereinbarung nicht gebunden. Sie tritt den Dienst am 1. Februar nicht an. Nach einigen Tagen erhält sie ein Schreiben, in dem der Heimleiter Kosten für Aushilfskräfte und Stellenanzeigen von ihr ersetzt verlangt.

Inhalt von Arbeitsverträgen

Das Arbeitsverhältnis wird durch den Arbeitsvertrag begründet, § 611 BGB. Durch den Arbeitsvertrag versprechen sich Arbeitnehmer und Arbeitgeber gegenseitig Leistungen. Als Hauptpflicht wird der Austausch gegenseitiger Leistungen vereinbart: Vergütung und Sozialleistungen des Arbeitgebers, Arbeitsleistung des Arbeitnehmers. Daneben stehen eine Reihe von Nebenpflichten.

Form

Der Arbeitsvertrag ist grundsätzlich an keine Form gebunden. Er kann also auch mündlich oder stillschweigend abgeschlossen werden. Schriftform ist jedoch geboten und auch in den meisten Tarifverträgen vorgeschrieben. Der Arbeitnehmer ist aber verpflichtet, auch ohne schriftlichen Arbeitsvertrag nach entsprechenden mündlichen Verhandlungen das Arbeitsverhältnis anzutreten, s. **Fall 179**. Nach dem seit 1995 geltenden Gesetz über den Nachweis der für ein Arbeitsverhältnis wesentlichen Bedingungen (NachwG) hat allerdings der Arbeitgeber spätestens einen Monat nach dem vereinbarten Beginn des Arbeitsverhältnisses die wesentlichen Vertragsbedingungen schriftlich niederzulegen, die Niederschrift zu unterzeichnen und dem Arbeitnehmer auszuhändigen.

Einstellungsgespräche

Bei Einstellungsgesprächen stellt sich häufig die Frage, ob der Bewerber alle ihm gestellten Fragen wahrheitsgemäß beantworten muss. Da es keine gesetzliche Regelung darüber gibt, haben die Gerichte und die juristische Literatur folgende Grundsätze aufgestellt:

Es gibt zulässige Fragen, auf die ein Bewerber wahrheitsgemäß antworten muss. Lügt der Bewerber, hat der Arbeitgeber nachträglich die Möglichkeit, den Arbeitsvertrag wegen arglistiger Täuschung anzufechten (§ 123 BGB). Dagegen besteht bei unzulässigen Fragen ein Recht zur Lüge.

Es ist nach der Rechtsprechung erlaubt, Fragen nach folgenden Problemfeldern zu stellen:
* beruflicher Werdegang,
* chronische oder Berufskrankheit,
* Schwerbehinderteneigenschaft.

Folgende Fragen hingegen sind verboten, bei Falschbeantwortung darf es zu keinen negativen Konsequenzen für den Arbeitnehmer führen:
* Gewerkschaftszugehörigkeit,
* bevorstehende Heirat,
* Krankheiten allgemeiner Art,
* Religions- und Parteizugehörigkeit (bei Kirchen als Arbeitgebern kann die Frage nach der Religionszugehörigkeit jedoch gestellt werden),
* Schwangerschaft.[2]

Bedingt zulässig sind Fragen nach der vorherigen Gehaltshöhe, nach Vermögensverhältnissen und Vorstrafen. Die Frage nach der vorherigen Gehaltshöhe ist unzulässig, wenn die bisherige Vergütung für die erstrebte Stelle keine Aussagekraft hat. Bei Vertrauensstellungen darf die Frage nach den Vermögensverhältnissen gestellt werden. Vorstrafen dürfen nur dann erfragt werden, wenn die Vorstrafe für den jeweiligen Arbeitsplatz Bedeutung hat (z. B. Bestrafung wegen Unterschlagung, Missbrauch von Betäubungsmitteln). Ist die Straftat jedoch im Bundeszentralregister getilgt (§ 49 Bundeszentralregistergesetz), so kann sich der Betroffene wieder als »unbestraft« bezeichnen. Andernfalls würde der Resozialisierungszweck der Vorschriften des Bundeszentralregistergesetzes vereitelt.

---
2 BAG vom 15.10.1992, AP Nr. 8 zu § 611a BGB; EuGH 2000

Teilzeitbeschäftigungsgesetz
Befristete Arbeitsverhältnisse

Arbeitsverträge werden grundsätzlich unbefristet geschlossen. Wenn es Grundsätze gibt, so gibt es auch Ausnahmen. So regelt seit dem 01.01.2001 § 14 Abs. 1 Teilzeitbeschäftigungsgesetz (TzBfG):

- Arbeitsverhältnisse dürfen nur bei Vorliegen eines sachlichen Grundes befristet werden;
- erst, wenn der Arbeitnehmer bei Beginn des Arbeitsverhältnisses das 52. Lebensjahr vollendet hat, ist unter bestimmten Umständen der sachliche Grund entbehrlich;
- bei einer Neuanstellung ist eine Befristung auch ohne sachlichen Grund bis zur Gesamtdauer von 2 Jahren zulässig;
- bei Neueinstellung ist es ebenfalls zulässig, max. 3 befristete Arbeitsverhältnisse nacheinander abzuschließen, sofern hierdurch der Zweijahreszeitraum nicht überschritten wird;
- eine Befristung ist aber nur wirksam, wenn sie schriftlich vereinbart wurde. Eine unwirksame Befristung führt zur Existenz eines unbefristeten Arbeitsvertrages, § 16 TzBfG.

Ein Arbeitnehmer, der geltend machen will, eine Befristung sei unwirksam, muss innerhalb von drei Wochen nach Ablauf der vereinbarten Befristung eine »Entfristungsklage« beim Arbeitsgericht erheben, § 17 TzBfG.[3]

Teilzeitarbeit

In Betrieben mit mindestens 15 Arbeitnehmern haben Mitarbeiter, deren Arbeitsverhältnis länger als 6 Monate besteht, das Recht zu verlangen, dass ihre vertraglich vereinbarte Arbeitszeit verringert wird (Teilzeitarbeit), § 8 TzBfG. Er muss den Anspruch auf Verringerung seiner Arbeitszeit mindestens drei Monate im Voraus geltend machen. Es soll die Teilzeitarbeit auch unter familienpolitischen, aber auch unter Arbeitsmarktgesichtspunkten, fördern. Der Arbeitgeber muss der gewünschten Teilzeitarbeit zustimmen, soweit betriebliche Gründe dem nicht entgegenstehen. Das ist der Fall, wenn die Teilzeitarbeit die Organisation, den Arbeitsablauf oder die Sicherheit im Betrieb wesentlich beeinträchtigt oder unverhältnismäßige Kosten verursacht. Hierfür trägt aber der Arbeitgeber die Darlegungs- und

---

3 Vgl. Bruns, W.; Andreas, M.; Debong, B., Das neue Teilzeit- und Befristungsgesetz, Die Schwester/der Pfleger 2001 (Heft 2), S. 176 – 178

Beweislast: Zwei Teilzeitbeschäftigte sind nicht notwendigerweise teuerer als eine Vollzeitkraft.

Wird ein Arbeitnehmer mehrfach hintereinander ohne Unterbrechung befristet angestellt, so handelt es sich um einen Kettenarbeitsvertrag, der einen Anspruch auf unbefristete Einstellung begründen kann.

Fall 180:
Schwester Gisela erhielt zunächst einen Arbeitsvertrag für 13 Monate. Unmittelbar nach den 13 Monaten wurde ihr nochmals ein befristeter Vertrag von 12 Monaten angeboten, da sie sich gut eingearbeitet habe. Das Heim stellt der Schwester nach Ablauf der Monate wiederum einen befristeten Vertrag in Aussicht.

Um unbefristet eingestellt zu werden, müsste Schwester Gisela selbst beim Arbeitsgericht eine »Entfristungsklage« erheben.

Kettenarbeitsverträge sind dann grundsätzlich unzulässig, wenn auf diese Weise der Arbeitnehmer den zwingenden Kündigungsschutz verliert. Eine Unwirksamkeit der Befristung wegen Umgehung des Kündigungsschutzgesetzes kommt aber von vorneherein nur dann in Betracht, wenn das Kündigungsschutzgesetz anwendbar ist. Dies ist der Fall, wenn das Arbeitsverhältnis bereits sechs Monate besteht und im Betrieb mehr als zehn Arbeitnehmer beschäftigt sind.

Kettenarbeitsverträge

Die ersten sechs Monate (bei Auszubildenden: drei Monate) des Arbeitsverhältnisses gelten in der Regel als Probezeit, eine Verlängerung ist grundsätzlich nicht möglich. Es kann – außer bei Auszubildenden – auch eine kürzere Probezeit vereinbart oder ganz auf sie verzichtet werden. Die Vereinbarung einer Probezeit in normaler Länge ist unzulässig, wenn der Arbeitnehmer im Anschluss an eine erfolgreich abgeschlossene Ausbildung bei derselben Einrichtung eingestellt wird. Während der Probezeit kann das Arbeitsverhältnis von beiden Seiten kurzfristig ohne Angabe von Gründen gekündigt werden.

Probezeit

Fall 181:
Altenpflegerin Erika, die sich noch in der Probezeit befindet, erfährt in einer Dienstbesprechung von der geplanten Erweiterung des Heimbetriebes. Die Mitarbeiter wurden gebeten, auch im Hinblick auf die Konkurrenz über diese Pläne Stillschweigen zu bewahren. Sie erzählt auf dem nächsten Stammtisch den AltenpflegerInnen von den Neubauplänen und auch von anderen Interna des Heimbetriebes. Der Arbeitgeber, der davon Kenntnis erlangt, kündigt ihr darauf fristlos.

Nebenpflichten

Sowohl Arbeitnehmer als auch Arbeitgeber obliegen Nebenpflichten gegenüber dem jeweiligen Vertragspartner. Der Arbeitnehmer ist beispielsweise verpflichtet, bei Vorliegen besonderer betrieblicher Erfordernisse mehr zu arbeiten, als dies im Arbeitsvertrag vereinbart wurde (Überstunden), ggf. Bereitschaftsdienste zu leisten. Er ist verpflichtet, die Interessen des Arbeitgebers wahrzunehmen, Verschwiegenheit zu bewahren in dienstlichen Angelegenheiten (Verstoß in *Fall 181*, Störungen im Betriebsablauf oder drohende Schäden unverzüglich dem Arbeitgeber zu melden. Der Arbeitgeber darf Arbeitnehmer nicht ohne Grund ungleich behandeln, er hat Arbeitsschutzmaßnahmen zu treffen, und er hat die Arbeitnehmer auch tatsächlich zu beschäftigen.

Wiederholungsfragen
1. Können ohne besonderen Grund befristete Arbeitsverträge abgeschlossen werden?
2. Welche Sonderregeln gelten während der Probezeit?
3. Darf der Arbeitgeber im Einstellungsgespräch nach den Vermögensverhältnissen der Bewerber fragen?
4. Was versteht man unter Kettenarbeitsverträgen?
5. Was ist eine »Entfristungsklage«?

3. Tarifvertrag

Der Tarifvertrag ist ein schriftlicher Vertrag zwischen den Tarifvertragsparteien, d. h. einer Gewerkschaft auf der einen und einem oder mehreren Arbeitgeber(n) auf der anderen Seite. In Tarifverträgen werden geregelt:
- die Höhe der Löhne und Gehälter, Urlaub, Arbeitszeit,
- die Arbeitsbedingungen,
- die nähere Ausgestaltung der Mitbestimmung.

Bei den Tarifverträgen sind im Wesentlichen folgende Arten zu unterscheiden:
- die Mantel- oder Rahmentarifverträge; sie haben eine Laufzeit von 4 bis 6 Jahren und regeln im wesentlichen Arbeitsbedingungen (Arbeitszeit, Urlaub etc.),
- die Lohn- und Gehaltstarifverträge; sie haben in der Regel eine Laufzeit von einem Jahr, in ihnen werden Lohn und Gehalt festgelegt.

Jahrzehntelang galt der Bundesangestellten Tarifvertrag, der BAT, der 2005 durch den Tarifvertrag öffentlicher Dienst (TVöD) abgelöst wurde. Die Arbeitnehmerinnen und Arbeitnehmer, die bislang nach dem BAT vergütet wurden genießen, einen Vertrauensschutz in die auf der Grundlage des BAT für sie vereinbarten arbeitsvertraglichen Regelungen. Neueinstellungen müssen sich aber auf den TVöD einlassen.

Die Vorschriften des Tarifvertrages gelten unmittelbar und zwingend für alle Arbeitsverhältnisse zwischen Mitgliedern der Tarifvertragsparteien, d. h. für alle Arbeitgeber, die am Tarifabschluss beteiligt waren, und alle Arbeitnehmer, die Mitglieder der Gewerkschaft sind.

Geltung von Tarifverträgen

In der Praxis werden von den Arbeitgebern die Normen des Tarifvertrages meist auch auf gewerkschaftlich nicht organisierte Arbeitnehmer angewendet. Weiterhin kann ein Tarifvertrag durch den Bundesarbeitsminister für allgemeinverbindlich erklärt werden.

Häufig wird ein Tarifvertrag gegenüber nicht Tarifgebundenen durch Aufnahme in den Individualvertrag wirksam, etwa »in Anlehnung an TVöD«, »soweit in diesem Arbeitsvertrag nichts anderes vereinbart wird, gelten die Bestimmungen des TVöD«, »auf das Arbeitsverhältnis finden die Bestimmungen des TVöD Anwendung«.

Tarifverträge für AltenpflegerInnen

Fachkräfte der Altenpflege in kommunalen Einrichtungen aber auch in Einrichtungen der freien Wohlfahrtspflege werden meist nach dem TVöD oder vergleichbaren Regelungen bezahlt. Für private Pflegeheime und Pflegedienste gelten tarifliche Regelungen in der Regel nicht.

Sonderrolle der Kirchen und des Deutschen Roten Kreuzes

In den Einrichtungen der Kirchen, einschließlich der Caritas und des Diakonischen Werkes, gelten zumeist eigene arbeitsrechtliche Regelungen, die keine Tarifverträge sind. Die meist paritätisch mit Vertretern der Arbeitgeberseite und Vertretern der Arbeitnehmerseite besetzten Arbeitsrechtlichen Kommissionen vereinbaren sog. Arbeitsvertragsrichtlinien (AVR), die ähnliche Wirksamkeit erlangen wie Tarifverträge und im großen und ganzen dem TVöD entsprechen. Für den Bereich der Caritas gelten die »Richtlinien für Arbeitsverträge in den Einrichtungen des Deutschen Caritas-Verbandes« (AVR/Caritas). Für Einrichtungen des Diakonischen Werkes existieren die »Arbeitsvertragsrichtlinien für Einrichtungen, die dem Diakonischen Werk der evangelischen Kirche in Deutschland angeschlossen sind« (AVR/Diakonie). Ebenso wie die Kirchen hat auch das Deutsche Rote Kreuz Arbeitsvertragsrichtlinien (AVR/DRK) entwickelt. Bei der Darstellung arbeitsrechtlicher Einzelfragen werden im Folgenden vorrangig Vorschriften des TVöD und der AVR/Caritas berücksichtigt.

Wiederholungsfragen
1. Wer schließt Tarifverträge ab?
2. Was wird in Tarifverträgen geregelt?
3. Was sind sog. Arbeitsvertragsrichtlinien, und wo gelten sie?

4. Betriebliche Beteiligung

In allen Betrieben sollen die Arbeitnehmer an den sozialen, personellen und wirtschaftlichen Angelegenheiten beteiligt werden. Diese Beteiligung soll einen Interessenausgleich zwischen Arbeitnehmern und Arbeitgebern ermöglichen. Die Beteiligung der Arbeitnehmer geschieht durch Belegschaftsvertretung.

Allgemein regelt das Betriebsverfassungsgesetz die Belegschaftsvertretung. Nach § 1 BetrVerfG werden in Betrieben mit mindestens fünf ständig beschäftigten, wahlberechtigten Arbeitnehmern, von denen drei wählbar sind, Betriebsräte gewählt. Wahlberechtigt sind alle Arbeitnehmer, die das 18. Lebensjahr vollendet haben, wählbar sind alle Wahlberechtigten, die sechs Monate dem Betrieb angehören. Leitende Angestellte fallen nicht unter das Betriebsverfassungsgesetz.

Das Betriebsverfassungsgesetz gilt nicht überall und nicht überall uneingeschränkt.
1. Das Betriebsverfassungsgesetz findet keine Anwendung auf Betriebe des Bundes, der Länder, der Gemeinden und sonstigen Körperschaften, Anstalten und Stiftungen des öffentlichen Rechts (§ 130 BetrVerfG). Hier gelten die Landespersonalvertretungsgesetze, die teilweise weitgehende Mitwirkungsrechte einräumen (z. B. HmbPersVG).

Beispiel: Städtisches oder kommunales Pflegeheim. Hier gelten die Personalvertretungsgesetze der Länder. Die betriebliche Beteiligung geschieht durch Personalräte.

Betriebliche Mitwirkung und Mitbestimmung

Betriebsverfassungsgesetz

Geltungsbereich des Betriebsverfassungsgesetzes

Religionsgemein-
schaften,
karitative
Einrichtungen

2. Keine Anwendung findet das Betriebsverfassungsgesetz auf Religionsgemeinschaften und ihre karitativen Einrichtungen, unbeschadet deren Rechtsform (§ 118 Abs. 2 BetrVerfG). Den Kirchen ist verfassungsrechtlich garantiert, dass sie ihre Angelegenheiten innerhalb der Schranken der für alle geltenden Gesetze selbständig ordnen und verwalten (Art. 140 GG, Art. 137 Weimarer Verf.). In innerorganisatorischen Fragen unterliegen sie deshalb keiner staatlichen Reglementierung. Entsprechend dem Betriebsverfassungsgesetz haben die kirchlichen Einrichtungen Mitarbeitervertretungsordnungen (MAVO) geschaffen. Die MAVO entsprechen in ihrer Grundtendenz dem BetrVerfG, sehen aber im einzelnen weniger Mitwirkungsrechte vor. So fehlt beispielsweise die im BetrVerfG vorgesehene Weiterbeschäftigungspflicht bei Widerspruch des Betriebsrats gegen eine ordentliche Kündigung. Darüber hinaus schließen die MAVO die Gewerkschaften weitgehend von der betrieblichen Mitwirkung aus. So kommt den Gewerkschaften kein Vorschlagsrecht bei der Kandidatenaufstellung zu, sie haben kein Recht des Zutritts zu Mitarbeiterversammlungen etc.

Tendenzbetriebe

3. Eingeschränkte Geltung kommt dem BetrVerfG in sog. Tendenzbetrieben zu. Auf Betriebe, die unmittelbar und überwiegend karitativen Zwecken dienen, finden die Vorschriften des BetrVerfG keine Anwendung, soweit die Eigenart des Betriebes dem entgegensteht (§ 118 Abs. 1 BetrVerfG). Im einzelnen gilt:
- Zu den Tendenzbetrieben zählen Einrichtungen der freien Wohlfahrtsverbände (Heime, Sozialstationen).
- Auch in Tendenzbetrieben sind Betriebsräte zu bilden.[4]
- Der Betriebsrat ist, wie üblich, an den betrieblichen Entscheidungen zu beteiligen, soweit nicht karitative Zielrichtungen unmittelbar berührt werden.
- Der Betriebsrat hat auch in Tendenzbetrieben ein Recht auf Unterrichtung bei Einstellung, Eingruppierung, Umgruppie-

---
4 Vgl. BAG, NJW 1975, S. 1907.

rung und Versetzung (vgl. § 99 BetrVerfG). Ein entsprechendes Vetorecht steht ihm jedoch nicht zu.[5]
- Auch in Tendenzbetrieben kann der Betriebsrat eine innerbetriebliche Arbeitsplatzausschreibung verlangen (vgl. § 93 BetrVerfG).
- Auch bei der Kündigung von sog. Tendenzträgern steht dem Betriebsrat ein Interventions-, Anhörungs- und Beratungsrecht zu (vgl. § 102 BetrVerfG).
- Der Betriebsrat genießt das Recht auf Einsicht in Gehaltslisten.
- Die Mitwirkungsrechte des Betriebsrates sind in Tendenzbetrieben jedoch eingeschränkt, wenn der Arbeitgeber die Einstellung bzw. Weiterbeschäftigung von Pflegekräften von der Anerkennung und Beachtung der geistigen und ideellen Grundsätze des Trägers abhängig macht. Weiterhin ist der Arbeitgeber i. d. R. nicht verpflichtet, einen Wirtschaftsausschuss zu bilden (vgl. § 106 BetrVerfG).

Das Betriebsverfassungsgesetz enthält die Regeln für die betriebliche Mitbestimmung. Die Zahl der Betriebsräte wird in Betrieben mit mehr als 100 Arbeitnehmern erhöht, insgesamt setzt das novellierte Betriebsverfassungsgesetz auf Kooperation zwischen Arbeitnehmern und Arbeitgebern.

Rechte der Belegschaftsvertretungen

Die Rechte der Belegschaftsvertretungen sind in den meisten Punkten vergleichbar. Aus diesem Grunde werden die Mitwirkungs- und Mitbestimmungsmöglichkeiten gemeinsam dargestellt. Dabei ist allerdings zu beachten, dass die kirchlichen Mitarbeitervertretungen in einigen Punkten gegenüber den Betriebsräten schlechter gestellt sind.

Rechtsstellungen

1. Betriebsrat/Personalvertretung/Mitarbeitervertretung haben die Interessen der Belegschaft gegenüber dem Arbeitgeber geltend zu machen. Die Mitglieder der Belegschaftsvertretung bekleiden ein Ehrenamt, aus dessen Wahrnehmung ihnen

---

5 Vgl. BAG, BB 76, S. 134.

weder Vor- noch Nachteile erwachsen dürfen. Um ihre äußere Unabhängigkeit zu gewährleisten, unterliegen sie nicht der ordentlichen Kündigung (§ 15 KüSchG). Die Mitglieder der Arbeitnehmergremien dürfen bei der Ausübung ihrer Tätigkeit nicht behindert werden. Vielmehr hat der Arbeitgeber den Belegschaftsvertretungen Räume, Geschäftsbedarf (Schreibmaschine, ungestörte Fernsprechmöglichkeit, Gesetzestexte etc.) zur Verfügung zu stellen (§ 40 Abs. 2 BetrVerfG). Darüber hinaus hat der Arbeitgeber die Kosten der Betriebs-, Personal- und Mitarbeitervertretungsarbeit in angemessenem Umfang zu tragen. Arbeitsversäumnisse aufgrund der Tätigkeit für die Belegschaftsvertretung dürfen keine Lohn- oder Gehaltseinbußen zur Folge haben (§ 37 Abs. 2 BetrVerfG). Das gilt z. B. für die Teilnahme an Sitzungen während der Arbeitszeit, das Abhalten von Sprechstunden, die Teilnahme an Verhandlungen mit dem Arbeitgeber.

Aufgaben

2. Betriebsrat/Personalrat/Mitarbeitervertretung obliegen im Wesentlichen drei Aufgaben:

Soziale Angelegenheiten

- Mitwirkung in sozialen Angelegenheiten: Arbeitszeitregelung, Urlaubsplan, Unfall- und Arbeitsschutz,

Personelle Angelegenheiten

- Mitwirkung in personellen Angelegenheiten: Einstellung, Stellenausschreibung, Fortbildung, Kündigung (jede Kündigung ohne Anhörung des Betriebsrates ist unwirksam),

Wirtschaftliche Angelegenheiten

- Mitwirkung in wirtschaftlichen Angelegenheiten: Diesen Aufgaben kommt im gemeinnützigen Bereich geringe Bedeutung zu, da die Mitwirkung bei Tendenzbetrieben meist sehr eingeschränkt ist. Die Betriebsvereinbarung kann aber auch hier eine vermehrte Mitbestimmung zulassen. Dann wäre der Betriebsrat auch bei Neuanschaffungen und Diskussion der Pflegesätze zu beteiligen.

Beteiligungsformen

3. Die Beteiligungsformen der Belegschaftsvertretung sind vielfältig abgestuft. Sie reichen von Formen der einfachen Mitwirkung bis hin zur zwingenden Mitbestimmung. Siehe hierzu folgende Übersicht:

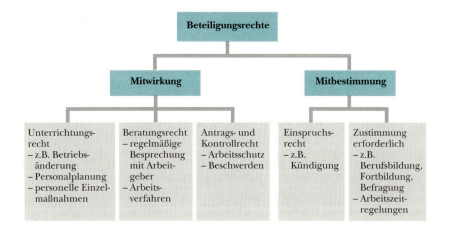

Wichtige Mitbestimmungsrechte der Belegschaftsvertretungen bestehen bei:

- Arbeitszeitregelungen (Beginn, Ende, Pausen, Verteilung der wöchentlichen Arbeitszeit [§ 87 BetrVerfG, § 32 MAVO]),
- Aufstellung von Urlaubsgrundsätzen, (§ 87 BetrVerfG),
- Änderung der Arbeitsplätze, Arbeitsabläufe, Arbeitsumgebung, bei Verletzung gesicherter arbeitswissenschaftlicher Erkenntnisse (§ 91 BetrVerfG [im kirchlichen Bereich nur Mitwirkung, § 34 MAVO]),
- Ausschreibung von Arbeitsplätzen (§ 93 BetrVerfG),
- betrieblichen Bildungsmaßnahmen (§ 98 BetrVerfG, § 32 MAVO),
- Einstellung, Eingruppierung, Umgruppierung und Versetzung von Mitarbeitern in Betrieben mit mehr als 20 Arbeitnehmern (§ 99 BetrVerfG, § 33 MAVO),
- Kündigungen (§ 103 BetrVerfG, § 33 MAVO).

Wichtige Mitbestimmungsrechte

Die Belegschaftsvertretungen können über Einzelfragen, die nicht tarifvertraglich geregelt sind, mit dem Arbeitgeber Betriebs- bzw. Dienstvereinbarungen abschließen (§ 77 BetrVerfG), die für beide Seiten verbindlich sind. Hierzu gehören: Vereinbarungen über Frei-

Betriebs- bzw. Dienstvereinbarungen

Betriebsräte in Nebenbetrieben

zeitausgleichsregelungen (etwa: 12 Arbeitstage, 4 Frei-Tage), Benutzung von betriebseigenen Freizeiteinrichtungen, die Vergabe von Essenmarken, Arbeitszeitregelungen.

In Nebenbetrieben oder Betriebsteilen kann bzw. muss ein eigenständiger Betriebsrat gewählt werden (§ 4 BetrVerfG, § 2 MAVO). Bei der Frage, ob es sich um selbständige Betriebsteile handelt, kommt es neben der räumlichen Entfernung auch auf die Eigenständigkeit des Nebenbetriebs nach Aufgabenbereich oder Organisation an. Gegen die Eigenständigkeit spricht vor allem, wenn der Leiter des Nebenbetriebes in Fragen personeller und sozialer Art keine oder nur geringfügige Kompetenzen hat.[6]

Wichtig

Ob ein Betriebsrat gebildet wird oder nicht, liegt in der Hand der Arbeitnehmer!

Wiederholungsfragen
1. Wie heißen die Belegschaftsvertretungen im öffentlichen Dienst, in kirchlichen Einrichtungen und in den sonstigen Betrieben?
2. Was sind Tendenzbetriebe?
3. Nennen Sie einige wichtige Mitbestimmungsrechte!

5. Vergütung

a) TVöD

Die Vergütung auf der Grundlage des TVöD hat sich gegenüber dem BAT grundlegend geändert, siehe Übersichten.

Der BAT unterschied die Grundvergütung und den Ortszuschlag. Grundvergütung setzte sich zusammen aus der Vergütungsgruppe, die sich aus dem Anforderungsprofil der Stelle ergab und der sogenannten Lebensalterstufe: Je älter man wurde, desto mehr Geld verdiente man. Hinzu kam der sogenannte Ortszuschlag, bei dem der Familienstand berücksichtigt wurde: etwa die Kinderzahl.

---
6 Vgl. BAG, Urt. v. 17. 2. 83, 6 ABR 64/81.

Vergütung nach dem BAT (alt)

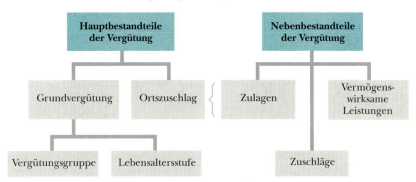

Vergütung nach dem TVöD (neu)

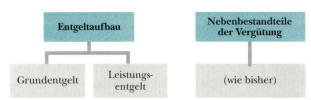

Der TVöD unterscheidet nun mehr zwischen einem Grundentgelt, das der bisherigen Vergütungsgruppe entspricht. Hier werden die Anforderungen der individuellen Arbeitsaufgabe als Ganzes sowie die stellenbezogene Berufserfahrung berücksichtigt. Hinzu kommt ein Leistungsentgelt, indem sowohl die individuelle Leistung, die Teamleistung oder gegebenenfalls auch die Leistung der Organisationseinheit berücksichtigt wird bzw. werden kann. Den Entgeltgruppen (früher Vergütungsgruppen) werden nun bis zu 6 Stufen zugeordnet. Die ersten beiden Stufen gehören zum Grundentgelt. Stufe 1 erhält die Berufsanfänger, Stufe 2 entspricht den bisherigen Bewährungsaufstieg. Die Stufen 3 bis 6 berücksichtigen die Leistungen des Arbeitnehmers oder der Arbeitnehmerin, wobei auch hier der Gedanke des Bewährungsaufstiegs Pate steht: Arbeitnehmerinnen und Arbeitnehmer, die lange dem Betrieb dienen und erfolgreich

Grundentgelt

Leistungsentgelt

in ihm arbeiten sollen die Perspektive haben, eine höhere Stufe in der Entgelttabelle zu erreichen. Die Stufenlaufzeit, d. h. die Frage, wann eine Arbeitnehmerin oder ein Arbeitnehmer die höheren Stufen erreicht, sie hängt von der Leistung ab und kann verkürzt oder verlängert werden. Eine betriebliche Kommission wacht über den Umgang mit den Leistungsentgeltbestandteilen.

Für die Pflege stellt sich die anspruchsvolle Aufgabe, wie denn die Leistung bewertet werden soll. Es kann nicht die Stückzahl sein wie etwa im produzierenden Gewerbe. Im Non-Profitbereich gelten in der Pflege andere Leistungskriterien, siehe folgende Übersicht:[7]

Es ist Sache jedes Pflegedienstes und jeder Pflegeeinrichtung, ein angepasstes Konzept der leistungsbezogenen Vergütung zu

Beurteilungsbogen für Mitarbeiter

Name: Datum:

Leistungs-merkmal	Untermerkmal	Stufung A	B	C	D	E	Punkt-zahl
Fach- und Methoden-kompetenz	Organisation	0	1	2	3	4	
	Kennen und Einhalten von Standards	0	1	2	3	4	
	Kenntnisse	0	1	2	3	4	
Sozial-kompetenz	Zusammenarbeit im Team	0	1	2	3	4	
	Umgang mit Heimbe-wohnern	0	1	2	3	4	
	Umgang mit • Angehörigen • Ärzten	0	1	2	3	4	
Wirksam-keit des Arbeits-einsatzes	Qualitätsverhalten	0	1	2	3	4	
	Räumliche und zeitliche Flexibilität	0	1	2	3	4	
Gesamtpunktzahl:							

---

7   Nach: Eyer: Der TVöD: Der Eintritt in flexible Leistungsvergütungssysteme. Vortrag im Rahmen der Altenheim Jahresgespräche 2006, Folie 6.

entwickeln. Dies soll dazu dienen, die Motivation der Mitarbeiterinnen und Mitarbeiter zu stärken, Leistungsbereitschaft zu honorieren und so insgesamt zu einer an den Prinzipien der Qualitätsentwicklung orientierten Arbeit zu unterstützen. Für Mitarbeiterinnen und Mitarbeiter, die aufgrund häuslicher Umstände (Kindererziehung), Krankheit oder Behinderung nicht in der Lage sind, die volle Leistung zu bringen, die von ihnen erwartet wird, ist die leistungsbezogene Vergütung mit Nachteilen verbunden.

Beispiel der Stufenbeschreibung Merkmal: »Zusammenarbeit im Team«[8]

Stufe **1**:
Nur auf Aufforderung bereit, andere zu unterstützen; Weitergabe von notwendigen Informationen unzureichend; Kritik wird nur selten angenommen.

Stufe **3**:
In der Regel bereit, andere zu unterstützen; Weitergabe von notwendigen und ergänzenden Informationen erfolgt in der Regel; Kritik wird in der Regel angenommen.

Stufe **5**:
Erkennt immer Unterstützungsbedarf und hilft in besonderem Maße Anderen im eigenen sowie in anderen Teams; sachdienliche Informationen werden immer zuverlässig innerhalb des Teams, aber auch an andere Informationsempfänger weitergegeben; Kritik wird als Hilfe akzeptiert und umgesetzt.

Neben dem Entgelt für die tatsächliche Arbeitsleistung werden Zeitzuschläge gewährt. Diese Zeitzuschläge betragen:
- Überstunden in den Entgeltgruppen 1 – 9: 30 %, in den Entgeltgruppen 10 – 15: 15 %,
- für Nachtarbeit 20 %,
- für Sonntagsarbeit 25 %,

Nebenbestandteile der Vergütung

Zeitzuschläge/ Ausgleich für Sonderformen der Arbeit

---

8   Nach: Eyer: a. a. O., Folie 19

- für Feiertagszuschlag ohne Freizeitausgleich 135 %, mit Freizeitausgleich 35 %,
- die Arbeit am 24. Dezember und am 31. Dezember jeweils ab 6.00 Uhr 35 %,
- für Arbeit an Samstagen von 13.00 – 21.00 Uhr, soweit diese nicht im Rahmen von Wechselschicht oder Schichtarbeit anfällt, 20 %

des auf eine Stunde entfallenen Anteils des Tabellenentgeltes der Stufe 3 der jeweiligen Entgeltgruppe.

Für die Rufbereitschaft wird eine tägliche Pauschale bezahlt (das Zweifache des tariflichen Stundenentgeltes), als Wechselschichtzulage werden 105 € monatlich gezahlt und die Schichtzulage beträgt monatlich 40 €. (§ 8 TVöD)

b) Mindestlohn in der Pflege

Im Januar 2009 hat der Bundestag die Einführung eines Mindestlohns in der Pflegebranche beschlossen. Hierzu musste das Arbeitnehmerentsendegesetz, welches sich auf überwiegend tarifgebundene Branchen bezieht sowie das Mindesarbeitsbedingungengesetz, welches in Branchen gilt, wo weniger als 50% der Beschäftigten an einen Tarifvertrag gebunden sind, geändert werden. Die Zustimmung des Bundesrates steht noch aus.

Eine Lohnuntergrenze soll gelten für Betriebe, die ambulante oder stationäre Pflegeleistungen anbieten, auch für ambulante Krankenpflegeleistungen, nicht jedoch etwa für Krankenhäuser.

Zweck des Mindestlohns soll sein, so die Bundesgesundheitsministerin, Dumpinglöhne zu verhindern, den Beschäftigten Sicherheit zu geben und gerade Altenpflegerinnen und Altenpflegern, die harte Arbeit leisteten, mehr Wertschätzung entgegenzubringen.[9]

Über die Höhe des Mindestlohns gibt es noch keine Entscheidung. Dieser wird von einer Kommission vorgeschlagen, die sich aus

---

9 Vgl. Pressemitteilung des BMG vom 22.01.2009, www.bmg.bund.de

Dienstgebern und –nehmern der Kirchen sowie aus Mitgliedern der Gewerkschaften und der nichtkirchlichen Arbeitgeber zusammensetzt. Dies trägt den Besonderheiten der Pflegebranche Rechnung, in der die größten Anbieter die Wohlfahrtsverbände der Kirchen sind. Für diese gilt jedoch nicht das Tarifrecht sondern eigene Regelungen, so dass das Aushandeln eines Mindestlohntarifvertrages im Gegensatz zu anderen Branchen nicht in Frage kommt.

Wiederholungsfragen
1. Wie ist der Entgeltaufbau im TVöD gegliedert?
2. Wonach richtet sich die Entgeltgruppe und wonach richten sich die Stufen?
3. Was sind Bewertungskriterien für die Leistung von Mitarbeiterinnen und Mitarbeitern in der Pflege?
4. Nennen Sie Beispiele für den »Ausgleich für Sonderformen der Arbeit«.

6. Urlaub und Arbeitsbefreiung

Fall 182:
Pflegekraft Marlies hat für 2006 noch Urlaubsanspruch für 10 Tage. Im August bekommt sie ein Kind und nimmt im Anschluss an den Mutterschutz Elternzeit und bezieht Elterngeld bis April 2007. Nach Rückkehr an den Arbeitsplatz will sie den Resturlaub 2007 nehmen.

Jeder Arbeitnehmer hat in jedem Jahr Anspruch auf bezahlten Urlaub. Sind durch Tarifvertrag, andere Vereinbarungen oder durch Einzelabrede keine günstigeren Regelungen bestimmt, richtet sich der Urlaub nach dem Bundesurlaubsgesetz und beträgt 24 Werktage. Der Urlaub soll der Erholung dienen. Vor diesem Hintergrund enthält das BUrlG ein an den Arbeitnehmer gerichtetes Verbot, während des Urlaubs Erwerbstätigkeit zu leisten, die dem Erholungszweck zuwiderläuft oder diesen vereiteln könnte. Bei einem Verstoß dagegen hat der Arbeitgeber einen Unterlassungsanspruch gegen

Urlaub

den Arbeitnehmer. Daneben kann die urlaubszweckwidrige Erwerbstätigkeit einen Kündigungsgrund darstellen. Die urlaubszweckwidrige Erwerbstätigkeit des Arbeitnehmers lässt weder den Anspruch auf Urlaubsvergütung entfallen, noch ermöglicht es dessen Kürzung (BAG Urt. v. 25.2.88; AP Nr. 3 zu § 8 BUrlG).

TVöD und AVR gehen über den gesetzlichen Mindesturlaub hinaus. Hiernach hat der in der 5-Tage-Woche beschäftigte Arbeitnehmer – abhängig von Lebensalter und Vergütungsgruppe – Anspruch auf mindestens 26 und höchstens 30 Arbeitstage (Arbeitnehmer über 58 Jahre erhalten zusätzlich 2 Arbeitstage) Erholungsurlaub (§ 26 TVöD).

Der volle Urlaubsanspruch entsteht nach sechs Monaten Beschäftigungszeit (§ 4 BUrlG). Bei Eintritt oder Ausscheiden im Laufe des Jahres hat der Arbeitnehmer Anspruch auf Teilurlaub von einem Zwölftel des Jahresurlaubs pro Beschäftigungsmonat, allerdings nur für volle Monate (§ 5 BUrlG). Der Urlaub muss normalerweise im entsprechenden Kalenderjahr genommen werden. Eine Übertragung auf die ersten drei Monate des Folgejahres ist jedoch möglich (§ 7 Abs. 3 BUrlG). Danach verfällt der Urlaubsanspruch grundsätzlich, auch wenn der Arbeitnehmer persönlich daran gehindert ist, den Urlaub zu nehmen[10], s. *Fall 182*. Eine Ausnahme besteht nur dann, wenn die Nichtgewährung des Urlaubs auf dem Verschulden des Arbeitgebers beruht.

Im *Fall 182* gilt jedoch eine Sonderregelung: Nach § 17 Abs. 2 Bundeselterngeld- und Elternzeitgesetz haben die Arbeitnehmer, auch wenn der Urlaubsanspruch sonst verfallen wäre, einen Anspruch auf Urlaubsgewährung.

Bei der Festlegung des Urlaubszeitpunktes sollen einerseits die Urlaubswünsche des Arbeitnehmers, andererseits aber auch dringende betriebliche Belange berücksichtigt werden. Urlaub, der wegen Beendigung des Arbeitsverhältnisses nicht mehr genommen werden kann, muss abgegolten werden, zuviel gezahltes Urlaubsentgelt darf nicht zurückgefordert werden (§ 5 Abs. 3 BUrlG).

---

10 BAG NJW 1987, S. 2399

Bei Zahlungen des Arbeitgebers im Zusammenhang mit dem Urlaub sind drei verschiedene Begriffe zu unterscheiden:
1. Das Urlaubsentgelt (auch Urlaubsvergütung): Das Urlaubsentgelt ist die im Urlaub wie üblich weiterzuzahlende Vergütung, die sich nach dem Durchschnittsverdienst, den der Arbeitnehmer während der letzten 13 Wochen vor Beginn des Urlaubs erhalten hat, bemisst. Überstunden gehen in die Berechnung grundsätzlich nicht mit ein (§ 11 Abs. 1 BUrlG), eine Ausnahme gilt nur bei anderslautenden Tarifverträgen.

Urlaubsentgelt

2. Das (zusätzliche) Urlaubsgeld: Viele Arbeitgeber zahlen aufgrund einzelvertraglicher, tarifvertraglicher oder betrieblicher Regelungen einen zusätzlichen Geldbetrag, entweder in Form einer Pauschale oder in einem prozentualen Zuschlag zum Urlaubsentgelt.

Urlaubsgeld

Das Urlaubsentgelt ist vor Antritt des Urlaubs fällig.

3. Die Urlaubsabgeltung: Hierunter versteht man den finanziellen Ausgleich für nicht gewährte Urlaubstage bei Beendigung des Arbeitsverhältnisses.

Urlaubsabgeltung

Nach den Bildungsurlaubsgesetzen einiger Bundesländer kann Arbeitnehmern innerhalb von 2 Jahren 10 Tage Bildungsurlaub gewährt werden, z. B. Sprachkurse, politische Bildung, Fachreisen.

Bildungsurlaubsgesetze

Der Arbeitnehmer kann nicht alle privaten Angelegenheiten außerhalb der Arbeitszeit erledigen. Deshalb hat er unter bestimmten Voraussetzungen Anspruch auf kurzfristige Arbeitsbefreiung unter Fortzahlung der Vergütung. Allgemein besteht dieser Anspruch bei einem in der Person des Arbeitnehmers liegenden Grund, den er nicht verschuldet hat (§ 616 BGB). Als Gründe kommen hier u. a. in Betracht:

Arbeitsbefreiung

- unaufschiebbare Arztbesuche,
- außerordentliche Vorkommnisse in der Familie (Todesfälle, Begräbnisse, Geburten, Silberhochzeit),
- schwerwiegende Erkrankungen naher Angehöriger, insbesondere von Kindern (bis zu 6 Tagen, § 29 TVöD).
- Wahrnehmung gerichtlicher Termine,

- Wahrnehmung gewerkschaftlicher Ämter,
- Stellensuche,
- Ausübung politischer, religiöser oder staatsbürgerlicher Pflichten.

§ 29 TVöD enthält eine Reihe von weiteren Arbeitsbefreiungstatbeständen.

Glosse:

Information für Mitarbeiter
Neue Richtlinien für den Krankheits- und Todesfall gültig ab 1. Januar 1995

1. Krankheitsfall
Krankheit ist ab sofort keine Entschuldigung mehr. Auch ein Attest Ihres Arztes ist für uns kein Beweis.
Wer in der Lage ist, einen Arzt aufzusuchen, kann auch zur Arbeit erscheinen.
2. Todesfall in der Familie
Ist ebenfalls keine Entschuldigung mehr.
Für den Verblichenen können Sie doch nichts mehr tun. Wenn Sie die Beerdigung auf den späten Nachmittag legen lassen, dann geben wir Ihnen evtl. eine Stunde früher frei, vorausgesetzt, Sie sind mit Ihrer Arbeit auf dem laufenden.
3. Eigener Todesfall
Sie dürfen mit unserem Verständnis rechnen, wenn Sie
   - uns mindestens zwei Wochen vor Ihrem Ableben Bescheid geben, damit wir uns nach einer Ersatzkraft umsehen können.
   - Sollte dies ausnahmsweise einmal nicht möglich sein, rufen Sie uns an Ihrem Todestage bis spätestens 8.00 Uhr an, damit wir noch eine Aushilfe einsetzen können.
   - Dies ist jedoch nur mit Ihrer Unterschrift und der des behandelnden Arztes möglich. Liegen diese nicht vor, wird Ihre Freizeit vom Jahresurlaub abgezogen.

4. Urlaubsgewährung wegen Operation
   Diese Unsitte kann nicht länger geduldet werden.
   Wir bitten Sie übrigens, sich Gedanken an eine Operation aus dem Kopf zu schlagen. Wir meinen, solange Sie bei uns beschäftigt sind, benötigen Sie alles, was Sie besitzen. Sie dürfen auf keinen Fall etwas entfernen lassen. Schließlich haben wir Sie eingestellt, so wie Sie sind. Entfernen eines Teils von Ihnen würde gegen den zwischen Ihnen und uns geschlossenen Arbeitsvertrag verstoßen.
5. Urlaubsgewährung wegen Vaterschaft
   Die Kleinigkeit, die Sie zur Erlangung einer Vaterschaft getan haben, berechtigt Sie nicht, dafür Urlaub zu beanspruchen.
   Außerdem ist die unbedeutende Anstrengung schon Monate her, sodass Sie sich bereits erholt haben dürften.

Wiederholungsfragen
1. Wie viele Tage Mindesturlaub sieht der TVöD für einen 25-jährigen Arbeitnehmer vor?
2. Was ist der Unterschied zwischen Urlaubsgeld, Urlaubsentgelt und Urlaubsabgeltung?
3. Nennen Sie einige Arbeitsbefreiungsgründe!

7. Entgeltfortzahlung im Krankheitsfall

Arbeitnehmer (= Arbeiter und Angestellte) können aufgrund §§ 1, 3 EntgeltfortzG nach vier Wochen einer Beschäftigung für die Dauer von bis zu sechs Wochen Entgeltfortzahlung in Höhe von 80 % im Krankheitsfall verlangen[11]. Die Rot-Grüne Koalition hatte die eingeschränkte Lohnfortzahlung im Krankheitsfall wieder abgeschafft: Alle Arbeitnehmer erhalten im Krankheitsfall und bei notwendigen Kuren 100 % ihres regelmäßigen Arbeitsentgeltes. Die bislang mögliche Anrechnung von Krankheitstagen auf den Urlaub entfällt.

---

11 Anschließend zahlt die Krankenkasse Krankengeld.

Fall 183:

Eine Krankenschwester, angestellt in einem städtischen Krankenhaus, nahm Urlaub, ließ sich nachträglich während ihres Urlaubs krankschreiben, arbeitete aber nachweislich während dieser Zeit als Nachtwache gegen Entgelt in einem Privathaushalt bei einem schwerpflegebedürftigen Mann.[12]

Jeder Arbeitnehmer muss im Krankheitsfall Folgendes beachten: Er ist verpflichtet,

Anzeigepflicht
- unverzüglich, d. h. ohne schuldhaftes Zögern, dem Arbeitgeber die Arbeitsunfähigkeit und deren voraussichtliche Dauer anzuzeigen (Anzeigepflicht) und

Nachweispflicht
- spätestens am 3. Kalendertag nach Beginn der Arbeitsunfähigkeit eine ärztliche Bescheinigung einzureichen (Nachweispflicht).

Eine Verletzung dieser Pflichten kann im Wiederholungsfall und bei entsprechender Abmahnung ggf. eine Kündigung rechtfertigen.

Verschuldete Arbeitsunfähigkeit

Keine Entgeltfortzahlungspflicht für den Arbeitgeber besteht bei vom Arbeitnehmer verschuldeter Arbeitsunfähigkeit.

In **Fall 183** wurde der Krankenschwester fristlos gekündigt. Sie hat in etwas dreister Weise sich im Urlaub krankschreiben lassen, d. h. eine Verlängerung ihres Urlaubes durchsetzen wollen und hatte gleichzeitig während dieser Zeit bei einem anderen Arbeitgeber gearbeitet: »Krank feiern kann Grund für eine fristlose Kündigung sein.«[13]

Pflegekrankengeld

Für maximal 10 Arbeitstage im Jahr kann bei Erkrankung eines Kindes Pflegekrankengeld in Anspruch genommen werden, § 45 SGB V.

---

12 Fall nach Hess. LAG, Urt. v. 07. Aug. 1997, Az. 12 Sa 297/97
13 Vgl. Bruns, W.; Debong, B.; Andreas, M., Krank feiern – Grund für eine fristlose Kündigung. Die Schwester/der Pfleger 1998 (Heft 3), S. 238

Wiederholungsfrage
Für welchen Zeitraum kann der Arbeitnehmer vom Arbeitgeber Lohnfortzahlung verlangen?

8. Beendigung des Arbeitsverhältnisses

Fall 184:
Altenpflegerin M. hat in letzter Zeit wiederholt in Stresssituationen Heimbewohnerinnen mit Ohrfeigen »gemaßregelt« und sie durch Stoßen und leichte Schläge ins Badezimmer oder auf die Toilette »getrieben«. Der Heimleiter kündigte ihr fristlos, als er davon erfuhr, um allen Mitarbeiterinnen deutlich zu machen, dass er so etwas nicht dulden kann.[14]

Ein Arbeitsverhältnis kann durch Aufhebungsvertrag, ordentliche (fristgemäße) oder außerordentliche (fristlose) Kündigung beendet werden. | Aufhebungsvertrag

Der Aufhebungsvertrag (einvernehmliche Auflösung des Arbeitsverhältnisses) kommt vor allem dann in Betracht, wenn der Arbeitgeber und der Arbeitnehmer sich über die Auflösung des Arbeitsverhältnisses einig sind und auf Kündigungsfristen verzichten oder sie verlängern wollen. Aufhebungsverträge werden jedoch darüber hinaus i. V. m. Abschlagszahlungen auch dafür genutzt, Kündigungsschutzbestimmungen zu umgehen, z. B. bei Schwerbehinderten.

Von einer ordentlichen – fristgerechten – Kündigung spricht man, wenn die durch Gesetz, Tarif- oder Einzelarbeitsvertrag vorgesehene Frist eingehalten wird. Nach TVöD und AVR/Caritas bestehen folgende Kündigungsfristen: | Ordentliche Kündigung

Kündigungsfristen

In der Probezeit: 2 Wochen zum Monatsschluss (TVöD),
                   1 Monat zum Monatsschluss (AVR/Caritas).

---

[14] ArbG Wesel hat eine Kündigung zur Abschreckung anderer Mitarbeiter für unzulässig erachtet, Altenpflege 1991, S. 248 ff., vgl. Hess. LAG Urt. v. 30. 3. 2000, Az. 5/8 Sa 1230/99

Bei einer Beschäftigungszeit von

bis zu 1 Jahr	1 Monat
mehr als 1 Jahr	6 Wochen
mindestens 5 Jahren	3 Monate
mindestens 8 Jahren	4 Monate
mindestens 10 Jahren	5 Monate
mindestens 12 Jahren	6 Monate

Die Kündigungsfristen nach dem BGB weichen von denen der Tarifverträge ab. Das Arbeitsverhältnis kann grundsätzlich in einer Frist von 4 Wochen zum 15. oder zum Ende eines Kalendermonats gekündigt werden. Bei längerer Betriebszugehörigkeit erhöhen sich diese Fristen um einen bis zu sieben Monate, § 622 BGB.

Außerordentliche Kündigung

Die außerordentliche – fristlose – Kündigung setzt einen wichtigen Grund voraus, der eine Fortsetzung des Arbeitsverhältnisses bis zum Ende der Kündigungsfrist als unzumutbar erscheinen lässt, z. B. vorgetäuschte Krankheit[15]. Wichtig dabei ist, dass die außerordentliche Kündigung nur innerhalb von 2 Wochen erfolgen kann (§ 626 Abs. 2 BGB); diese Frist beginnt grundsätzlich mit dem Zeitpunkt, in dem der Kündigungsberechtigte von den für die Kündigung maßgebenden Tatsachen Kenntnis erlangt.

Mit einer fristlosen Kündigung darf kein Exempel für andere MitarbeiterInnen statuiert werden, so dass die fristlose Kündigung in *Fall 184* vor dem Arbeitsgericht keinen Bestand hätte. In einem Fall, in dem eine Pflegekraft im Nachtdienst bei dem Versuch, eine Bewohnerin ins Bett zu bringen, diese regelrecht »verprügelt« hatte, hatte die fristlose Kündigung des Heimträgers vor dem Landesarbeitsgericht Bestand.[16]

---

15 BAG-Urteil 26. 1. 96 Az 2 AZR 849/94.
16 Hess. LAG, Urt. v. 30.03.2000, Az. 5/8 Sa 1230/99; vgl. auch Bruns, W.; Andreas, M.; Debong, B., Kündigung für prügelnde Pflegekraft, Die Schwester/der Pfleger 2000 (Heft 11), S. 968 – 970

Vor jeder Kündigung sind die Belegschaftsvertretungen zu beteiligen. Eine ohne entsprechende Anhörung ausgesprochene Kündigung ist unwirksam (§ 102 Abs. 1 BetrVerfG, § 33 MAVO).[17]

Beteiligung des Betriebsrates

Unter bestimmten Voraussetzungen findet das Kündigungsschutzgesetz auf ordentliche Kündigungen durch den Arbeitgeber Anwendung. Voraussetzung dafür sind:

Kündigungsschutzgesetz

- das 6monatige Bestehen des Arbeitsverhältnisses, § 1 Abs. 1 KSchG,
- die Beschäftigung von mehr als 10 Arbeitnehmern ausschließlich der Auszubildenden in der betreffenden Einrichtung (§ 23 Abs. 1 S. 2 KSchG).[18]

Eine ordentliche Kündigung kann danach innerhalb von 3 Wochen nach Zugang der Kündigung mit einer Klage beim Arbeitsgericht angegriffen werden, § 4 KüSchG. Die Klage kann mündlich bei der Rechtsantragsstelle eines Arbeitsgerichts erhoben werden. Man kann sie aber auch schriftlich (mindestens 2fach), etwa mit folgendem Wortlaut, an das zuständige Arbeitsgericht senden:

Kündigungsschutzklage

»Ich erhebe Klage gegen das Altenheim/die Sozialstation … (genaue Bezeichnung des Arbeitgebers mit Postanschrift) mit dem Antrag, festzustellen, dass das Arbeitsverhältnis zwischen den Parteien durch die Kündigung vom … nicht aufgelöst wurde.

Begründung:

Ich bin seit … bei der/dem Beklagten als … beschäftigt. Am … hat der/die Beklagte das Arbeitsverhältnis zum …/fristlos gekündigt. Gründe, die diese Kündigung rechtfertigen, liegen jedoch nicht vor.

Die ordnungsgemäße Betriebsratsanhörung bestreite ich.

Unterschrift:……………

---

17 Bei außerordentlichen Kündigungen steht den Mitarbeitervertretungen jedoch kein Mitbestimmungsrecht zu, § 33 Abs. 5 MAVO.
18 Die Neuregelung gilt ab dem 01. 01. 2004, Übergangsregelungen s. § 23 KüSchG
Teilzeitbeschäftigte werden auf Vollzeitstellen umgerechnet: bis zu 10 Std. 25 %, bis zu 20 Std. 50 %, bis zu 30 Std. 75 %

Weiterbeschäftigung — Widerspricht der Betriebsrat einer ordentlichen Kündigung, so ist der Arbeitgeber verpflichtet, den Arbeitnehmer bis zum rechtskräftigen Abschluss des Rechtsstreits weiterzubeschäftigen, § 102 Abs. 5 BetrVerfG (die Weiterbeschäftigungspflicht besteht nicht nach der MAVO). Im gerichtlichen Kündigungsschutzverfahren kann der Arbeitgeber gemäß § 9 Abs. 1 S. 2 KüSchG einen sog. Auflösungsantrag stellen, wenn eine den Betriebszwecken dienliche Zusammenarbeit zwischen Arbeitgeber und Arbeitnehmer nicht zu erwarten ist.

Auflösungsantrag — Den Auflösungsantrag kann auch der Arbeitnehmer stellen, wenn ihm die Fortsetzung des Arbeitsverhältnisses nicht zuzumuten ist.

Der Arbeitgeber hat in beiden Fällen eine Abfindung zu zahlen, deren Höhe sich nach § 10 KüSchG richtet.

Besonderer Kündigungsschutz — Über den allgemeinen Kündigungsschutz hinaus genießen folgende Personengruppen einen besonderen Kündigungsschutz:

- Betriebsräte, Personalräte, Mitglieder der Mitarbeitervertretungen; ihnen kann nur außerordentlich und nur mit Zustimmung der Belegschaftsvertretung gekündigt werden.
- Werdende Mütter; ihnen darf nur gekündigt werden, wenn zuvor das Gewerbeaufsichtsamt die beabsichtigte Kündigung für zulässig erklärt hat.
- Schwerbehinderte; ihnen darf durch den Arbeitgeber nur noch nach vorheriger Zustimmung der Hauptfürsorgestelle gekündigt werden (§ 12 SchwerbehindertenG).
- Angestellten im öffentlichen und kirchlichen Dienst kann nach Vollendung des 40. Lebensjahres und einer Beschäftigungszeit von 15 Jahren nur aus wichtigem Grund gekündigt werden (§ 34 TVöD, § 30 Abs. 15 AVR/Caritas).

Kündigungsgründe — Arbeitnehmer können stets ohne Angabe von Gründen unter Einhaltung der Fristen kündigen. Die Arbeitgeber hingegen bedürfen jeweils, soweit Kündigungsschutz nach dem KüSchG besteht, eines

besonderen Kündigungsgrundes. Eine Kündigung kann gerechtfertigt sein, wenn sie
- durch Gründe, die in der Person des Arbeitnehmers liegen (personenbedingte Kündigung) oder
- durch Gründe, die im Verhalten des Arbeitnehmers liegen (verhaltensbedingte Kündigung) oder
- durch dringende betriebliche Erfordernisse, die einer Weiterbeschäftigung in der Einrichtung entgegenstehen, bedingt ist (betriebsbedingte Kündigung).
- Auch bei Kleinbetrieben bedarf es eines sachbezogenen und anerkennungsfähigen Grundes. Willkürliche Kündigungen sind unzulässig.

Wichtigster Fall der personenbedingten Kündigung ist die Kündigung aus Anlass einer Krankheit. Häufigere oder lang andauernde Fehlzeiten infolge von Krankheit können dann den Arbeitgeber zu einer Kündigung berechtigen, wenn der Arbeitnehmer dauernd berufsunfähig ist, der Genesungszeitpunkt in ungewisser Ferne liegt oder ein Arbeitnehmer Jahr für Jahr einige Monate krankheitshalber ausfällt.[19]

Personenbedingte Kündigung

Verhaltensbedingte Kündigungen werden zumeist auf die Verletzung arbeitsvertraglicher Pflichten gestützt. Hierzu kann die Misshandlung von PflegeheimbewohnerInnen gehören[20], wie in *Fall 184*, die Entwendung geringwertiger Sachen[21] oder der Kirchenaustritt eines bei einer kirchlichen Einrichtung beschäftigten Arbeitnehmers.[22]

Verhaltensbedingte Kündigungen

---

19 Vgl. zu häufigen Erkrankungen als Kündigungsgrund: BAG, NJW 1984, S. 1417; zu jährlichen Lohnfortzahlungskosten als Soziale Rechtfertigung: BAG Urt. v. 29. 7. 93, AZ: 2 AZR 155/93.
20 Vgl. ArbG Berlin, BB 1983, S. 1478, vgl. Anm. 1.
21 Vgl. BAG, Urt. v. 6. 6. 84, 7 AZR 458/82.
22 Vgl. Stahlhacke/Preis, Kündigung und Kündigungsschutz im Arbeitsverhältnis, RN 708, München 2005

Fall 185:

Der Leiter des Heimes »Sonnenschein« kündigt zwei Hilfskräften im Hinblick auf die Heim-Mindest-Personalverordnung. Dort wurde verlangt, dass er 50 % Fachkräfte beschäftige. Er könne den Anforderungen nur dadurch gerecht werden, dass er zwei Hilfskräften kündigt und eine Fachkraft einstellt.[23]

Betriebsbedingte Kündigung

Als betriebsbedingte Kündigung kommt eine Kündigung in Betracht, wenn Arbeitsplätze wegfallen, sei es aufgrund von Auftragsmangel oder Rationalisierungsmaßnahmen.

Die veränderte Rechtslage hat das Arbeitsgericht Detmold im *Fall 185* nicht als Kündigungsgrund für die Rechtfertigung einer betriebsbedingten Kündigung gelten lassen.

Ordentliche Kündigungen gegenüber Arbeitnehmern (Kündigungsschutz gem. § 1 KüSchG, s.o.) sind nur dann rechtswirksam, wenn sie sozial gerechtfertigt sind, d. h. bei allen Kündigungsgründen muss abgewogen werden, ob der Anlass eine Kündigung verhältnismäßig erscheinen lässt. Dies ist etwa dann nicht der Fall, wenn
- die Verfehlung geringfügig war,
- die Erkrankung des Arbeitnehmers vorübergehend ist,
- andere Weiterbeschäftigungsmöglichkeiten für den Arbeitnehmer vorhanden sind,
- gerade dieser Arbeitnehmer sozial besonders hart von einer Kündigung betroffen ist.

Wiederholungsfragen
1. Welche Möglichkeiten einer Beendigung des Arbeitsverhältnisses gibt es?
2. Was ist der Unterschied zwischen einer ordentlichen und einer außerordentlichen Kündigung?

---

23 Vgl. Arbeitsgericht Detmold, Urteil vom 21. 9. 93, AZ: 2 Ca 1467/92 Altenheim 1994, S. 553.

3. Für wen gilt der Kündigungsschutz?
4. Was versteht man unter einem Auflösungsvertrag?
5. Nennen Sie Kündigungsgründe!

9. Arbeitszeugnis

Jeder Arbeitnehmer hat Anspruch auf ein Arbeitszeugnis (§ 630 BGB). Die Pflicht, Arbeitszeugnisse zu erstellen, gilt auch für Probearbeits- und Aushilfsarbeitsverhältnisse. Der Arbeitgeber hat nicht nur bei der Beendigung eines Arbeitsverhältnisses ein Arbeitszeugnis auszustellen, vielmehr kann der Arbeitnehmer in gewissen Fällen auch ein sog. Zwischenzeugnis verlangen.

Zwischenzeugnis

Sinnvoll kann ein derartiges Zeugnis für bestimmte Fortbildungsaktivitäten eines Mitarbeiters sein oder bei der Bemühung um einen anderen Arbeitsplatz.

Grundsätzlich lassen sich zwei Zeugnisarten unterscheiden:
- das einfache Arbeitszeugnis, das sich nur auf Fakten, wie Personalien, Art und Dauer der Tätigkeit, Aufgabengebiet und evtl. zugeteilte Kompetenzen erstreckt, jedoch keine Bewertung erbrachter Leistungen und keine Aussagen über soziales Verhalten beinhaltet,
- das qualifizierte Arbeitszeugnis, das über die Fakten hinaus auch das Leistungs- und Sozialverhalten des ausgeschiedenen Mitarbeiters bewertet.

Der Mitarbeiter genießt ein Wahlrecht zwischen diesen beiden Zeugnisarten (§ 630 BGB).

Bei der Erstellung qualifizierter Arbeitszeugnisse sind bestimmte Grundsätze zu beachten:

Grundsätze

1 *Grundsatz der Zeugniswahrheit und Zeugnisklarheit.*
Danach müssen die getroffenen Zeugnisaussagen objektiv sein und alle wesentlichen Tatsachen und Bewertungen enthalten, die für eine Gesamtbeurteilung des Bewerbers bedeutsam und für den künftigen Arbeitgeber von Interesse sind.

2 *Grundsatz der Wahrung des Interesses Dritter.*
Unwahre Aussagen, die einen künftigen Arbeitgeber über bestimmte Eigenschaften des Arbeitnehmers täuschen können, müssen unterbleiben. Andernfalls kann sich der Zeugnisaussteller schadensersatzpflichtig machen.

3 *Grundsatz der Wahrung des Interesses des Mitarbeiters.*
Zeugnisse dürfen das berufliche und wirtschaftliche Fortkommen eines Mitarbeiters nicht behindern. Darüber hinaus sind Zeugnisaussagen zwar objektiv, jedoch wohlwollend geprägt zu fassen.

Arbeitszeugnisse enthalten häufig verschlüsselte Aussagen für die Umschreibung der vom Arbeitnehmer erbrachten Leistungen.

Formulierungsskala

Formulierungsskala der Arbeitsgemeinschaft selbständiger Unternehmer:
Diese Skala sieht für sämtliche Leistungskategorien bestimmte verschlüsselte Aussagen vor, bezieht sich jedoch nicht auf soziale Verhaltsweisen:

sehr gute Leistungen: . . .
. . . hat die ihm übertragenen Aufgaben ständig zu unserer vollsten Zufriedenheit erledigt.

gute Leistung: . . .
. . . hat die ihm übertragenen Aufgaben stets zu unserer vollen Zufriedenheit erledigt.

befriedigende Leistung: . . .
. . . hat die ihm übertragenen Aufgaben zu unserer vollen Zufriedenheit erledigt.

ausreichende Leistung: . . .
. . . hat die ihm übertragenen Aufgaben zu unserer Zufriedenheit erledigt.

mangelhafte Leistung: . . .
. . . hat die ihm übertragenen Aufgaben im großen und ganzen zu unserer Zufriedenheit erledigt.

> nicht genügende Leistung: . . .
> . . . hat sich bemüht, die ihm übertragenen Aufgaben zu unserer Zufriedenheit zu erledigen.

Wiederholungsfragen
1. Zwischen welchen Zeugnisarten kann ein Arbeitnehmer wählen?
2. Welche Grundsätze sind bei der Errichtung von Zeugnissen zu beachten?

Literaturhinweis
List, Karl-Heinz: Arbeitszeugnisse für Pflegepersonal, Vincentz Network, Hannover 2006

10. Direktionsrecht

Fall 186:
Der Heimleiter verlangt von einer Pflegefachkraft, dass sie sich regelmäßig an den Reinigungsarbeiten auf der Station beteiligt, auch mal den Flur wischt. Die Pflegefachkraft weigert sich, diese Aufgaben zu übernehmen.

Der Arbeitgeber kann nach pflichtgemäßem Ermessen die Einzelheiten der Arbeitsleistung der Arbeitnehmer nach Ort, Art und Zeit bestimmen. Der Arbeitnehmer hat die Anweisungen des Arbeitgebers grundsätzlich zu befolgen. Dieses aus dem Wesen des Arbeitsverhältnisses entspringende ungeschriebene Recht des Arbeitgebers ist für Auszubildende in § 9 BBildG festgeschrieben.

Das Direktionsrecht des Arbeitgebers gilt nicht unbeschränkt. *Grenzen des Direktionsrechts*
1 *Die Anweisungen dürfen nicht gegen Gesetze verstoßen.*
   Anweisungen, die erkennbar zur Verletzung von Strafgesetzen führen, dürfen von Arbeitnehmern nicht ausgeführt werden, z. B. Verabreichung von Psychopharmaka gegen den Willen von

Patienten (§§ 223, 239 StGB). Ebenso sind sicherheitswidrige Anweisungen, die zur Umgehung von Arbeitsschutzgesetzen führen, nicht zu befolgen (vgl. § 14 A-UVV).

2   *Die Anweisungen dürfen nicht gegen Tarifverträge verstoßen.*
Anweisungen in tarifgebundenen Betrieben, die Regelungen im Tarifvertrag verletzen, sind nichtig, z. B. Anordnung von Überstunden entgegen § 7 TVöD.

3   *Die Anweisungen dürfen Beteiligungsrechte von Belegschaftsvertretungen nicht unterlaufen.*
Anweisungen, die den Wechsel des Arbeitsplatzes (Umsetzung) im Betrieb betreffen, dürfen nicht ohne Mitwirkung der Belegschaftsvertretung getroffen werden.

4   *Anweisungen müssen sich im Rahmen des Arbeitsvertrages halten.*
Arbeitnehmern dürfen nicht auf Dauer andere Aufgaben übertragen werden, als im jeweiligen Arbeitsvertrag festgelegt wurde.

5   *Die Ausführung der Anweisung muss für den Arbeitnehmer möglich und zumutbar sein.*
Die Anweisungen des Arbeitgebers müssen tatsächlich ausführbar sein. Anordnungen dürfen nicht schikanösen Charakter haben; z. B. Anordnung von Überstunden am Geburtstag.

Verhalten des Arbeitnehmers im Betrieb

Der Arbeitgeber kann nicht nur die Einzelheiten der Arbeitsleistung, sondern auch das Verhalten des Arbeitnehmers und die Ordnung im Betrieb – unter entsprechender Beteiligung der Belegschaftsvertretungen – bestimmen. Dazu gehören etwa:

- Vorschriften über Dienstkleidung,
- Meldewesen (Krankheitsmeldung, Gefahrenmeldung),
- Kontrolle über Anwesenheit (Stechuhren),
- Bestimmung über gegenseitige Vertretungen im Krankheits- oder Urlaubsfall,
- Rauch- und Alkoholverbot.

Die Änderung der regelmäßigen täglichen Arbeitszeit (Dienstzeitenregelung) ist ohne Beteiligung der Belegschaftsvertretung nicht zulässig (§ 87 Abs. 1, Nr. 2 BetrVG, § 75 BPersVG, § 32 MAVO).

Arbeitszeit

Eine Anordnung des Arbeitgebers, Patienten bzw. BewohnerInnen gegen ihren Willen zu fixieren, ohne dass ein Notfall vorliegt oder sonst ein Rechtfertigungsgrund eingreift, ist nicht zu befolgen, da sonst gegen Strafgesetze verstoßen würde (s. S. 181 f.).

Fixierungen

AltenpflegerInnen können sich weigern, i.m.- und i.v.-Injektionen durchzuführen, wenn ein sachlicher Grund für ihre Weigerung vorliegt, etwa Gefährlichkeit der Maßnahmen, Überforderungsgefühl, fehlende Sicherstellung der ärztlichen Anleitung. Die Weigerung, auf entsprechende Anordnung zu handeln, darf arbeitsrechtlich keine Konsequenzen nach sich ziehen (s. S. 110 f.).

Injektionen

Arbeitnehmer haben grundsätzlich auch das Recht, so, wie im Arbeitsvertrag und in einer Stellenbeschreibung beschrieben, eingesetzt zu werden. So kann sich die Pflegefachkraft in **Fall 186** grundsätzlich schon dagegen zur Wehr setzen, für Aufgaben eingesetzt zu werden, für die sie nicht eingestellt wurde, ohne dass hierfür ein sachlicher Grund vorliegt. Allerdings hat eine Pflegekraft nicht das Recht, sich generell gegen Reinigungsarbeiten, die gerade anfallen, zu verwehren.[24]

Bei Anordnungen des Arbeitgebers, die aus der Sicht des Arbeitnehmers unzumutbar sind, gegen Strafgesetze verstoßen oder andere gesetzliche Vorschriften verletzen würden, sind folgende Verhaltensregeln zu beachten:

Verhalten bei »zweifelhaften« Anordnungen

1   Der Arbeitnehmer sollte die Anordnung durch den Vorgesetzten erklären lassen.
2   Der Arbeitnehmer sollte seine Bedenken ggf. der Belegschaftsvertretung vortragen mit der Bitte um Beratung.
3   Jeder Arbeitnehmer hat das Recht, seine Zweifel an der Zulässigkeit der Anordnung persönlich dem Arbeitgeber vorzutragen (§ 82 BetrVerfG).

---

24   Vgl. Böhme, Forum aktuell, in: Pflegerecht (4), 2001, S. 173

4   Die Ansicht des Arbeitnehmers, eine Anordnung sei nicht zweckmäßig oder nicht plausibel, gibt für sich noch keine Berechtigung zur Arbeitsverweigerung.[25]

5   Können die Bedenken trotz Anhörung und Beratung nicht ausgeräumt werden – etwa durch Rücknahme oder Modifizierung der Anordnung –, so hat der Arbeitnehmer bei Überzeugung der Unzulässigkeit das Recht, die Anordnung zu verweigern. Er sollte unbedingt die Sachlage schriftlich festhalten und von Kollegen bestätigen lassen, um in späteren Auseinandersetzungen Beweismittel zur Verfügung zu haben.

Wiederholungsfragen
1. Wodurch wird das Direktionsrecht des Arbeitgebers begrenzt?
2. Was sollte bei zweifelhaften Anordnungen beachtet werden?

11. Arbeitsschutz

Der Arbeitsschutz wurde 1996 in einem neuen Arbeitsschutzgesetz zusammengefasst. Das Arbeitsschutzgesetz orientiert sich an den Vorgaben der EU-Rahmenrichtlinien – ein Beispiel dafür, wie bedeutsam das europäische Recht für das deutsche Recht wird.

Das Arbeitsschutzgesetz formuliert eine Reihe von Grundsätzen, die insbesondere für den Arbeitgeber verbindlich sind: Die Arbeit ist so zu gestalten, dass eine Gefährdung für Leben und Gesundheit möglichst vermieden und die verbleibende Gefährdung möglichst gering gehalten wird.

- Die Gefahren sind an ihrer Quelle zu bekämpfen; individuelle Schutzmaßnahmen sind nachrangig zu anderen Maßnahmen.
- Bei den Maßnahmen sind der Stand der Technik, Arbeitsmedizin und Hygiene sowie sonstige gesicherte arbeitswissenschaftliche Erkenntnisse zu berücksichtigen.

---

25 Vgl. AG Bamberg, in Böhme, Haftungsrecht, Stuttgart 1996, S. 170.

- Maßnahmen sind mit dem Ziel zu planen, Technik, Arbeitsorganisation, sonstige Arbeitsbedingungen, soziale Beziehungen und Einfluss der Umwelt auf den Arbeitsplatz sachgerecht zu verknüpfen.
- Spezielle Gefahren für besonders schutzbedürftige Beschäftigungsgruppen sind zu berücksichtigen.
- Mittelbar oder unmittelbar geschlechtsspezifische Sonderregelungen sind nur zulässig, wenn dies aus biologischen Gründen zwingend geboten ist.

Damit sind hohe Ansprüche im Arbeitsschutzgesetz niedergelegt, die mitnichten in der Praxis überall ihren Niederschlag gefunden haben. Dies gilt auch für die Pflege, in der längst nicht alle arbeitsmedizinischen Erkenntnisse bei der Gestaltung der Arbeitsabläufe berücksichtigt werden.

Neben diesen Grundsätzen wird im Arbeitsschutzgesetz eine Gefährdungsbeurteilung und Dokumentationspflicht niedergelegt. Der Arbeitgeber muss die für die Beschäftigten mit ihrer Arbeit verbundenen Gefährdungen ermitteln und dies schriftlich niederlegen. Diese Gefährdungen sind, gegebenenfalls unter Hinzuziehung von Checklisten der Unfallversicherungsträger, zu dokumentieren. Der Arbeitgeber ist weiterhin verpflichtet, die Arbeitnehmer zu unterweisen, d. h. auf Gefahren hinzuweisen und Möglichkeiten aufzuzeigen, wie man die Risiken geringhalten kann.

Das Arbeitsschutzgesetz enthält aber nicht nur Pflichten der Arbeitgeber, sondern auch solche der Beschäftigten. Sie müssen sich einerseits den Arbeitsschutzanordnungen des Arbeitgebers entsprechend verhalten. Weiterhin haben sie ihrerseits Gefahren für Sicherheit und Gesundheit unverzüglich zu melden, § 16 ArbSchG. Das Arbeitsschutzgesetz enthält keine Detailregelungen, etwa zur Ausstattung der Räumlichkeiten, zu speziellen Unfallverhütungsmaßnahmen. Diese bleiben in Spezialgesetzen geregelt, die im folgenden dargestellt werden.[26]

---

26 Vgl. Das neue Arbeitsschutzgesetz, NJW 1996, S. 2753 ff.

Fall 187:

Schwester Erika wird vom ambulanten Pflegedienst »Herz und Verstand« zu der schwer pflegebedürftigen Martha S. geschickt. Sie benötigt Hilfe beim Aufstehen und Waschen sowie bei der Toilette. Sie schläft in ihrem alten Ehebett, auf das sie keinesfalls verzichten möchte. Schwester Erika versteht dies und müht sich jeden Morgen, Frau S. aus dem Bett zu bekommen. Es ist ihr kaum möglich, dabei rückenschonend zu arbeiten. Entweder es würde eine zweite Hilfe eingesetzt, oder aber Frau S. würde ein Pflegebett akzeptieren, nur auf diese Weise wäre eine rückenschonende Pflege möglich.

Im Bereich des Arbeitsschutzes klaffen an den meisten Arbeitsplätzen Recht und Wirklichkeit weit auseinander. In kaum einem Betrieb werden die Arbeitsschutzbestimmungen einigermaßen exakt eingehalten.

Personelle Unterbesetzung, Erwartung hoher Motivation, Schicht- und Nachtarbeit, schweres Heben und psychische Beanspruchung machen die Altenpflege zu einer sehr belastenden Tätigkeit, bei der Arbeitsschutzgesichtspunkte häufig vernachlässigt werden.

a) Die wichtigsten Arbeitsschutzregelungen

Mutterschutzgesetz

Das Mutterschutzgesetz enthält für werdende Mütter besondere Schutzvorschriften.

Jugendarbeitsschutzgesetz

Noch nicht 18-Jährige fallen unter die Schutzvorschriften des Jugendarbeitsschutzgesetzes.

Vorschriften SGB IX

Personen, die körperlich, geistig oder seelisch behindert sind und infolge ihrer Behinderung in ihrer Erwerbstätigkeit eingeschränkt sind, fallen unter den Schutz der Vorschriften des SGB IX. Sie genießen besondere Mitwirkungsrechte und einen besonderen Kündigungsschutz.

Im Arbeitszeitgesetz von 1994 wurden allgemein verbindliche Höchstgrenzen für die regelmäßige tägliche Arbeitszeit festgelegt.

In Unfallverhütungsvorschriften legen Berufsgenossenschaften fest, welche Sicherheitsvorkehrungen in Betrieben getroffen werden müssen.

Die Arbeitsstättenverordnung stellt verbindliche Anforderungen an Einrichtung und Ausstattung von Arbeitsräumen sowie Pausen-, Bereitschafts- und Sanitärräumen auf (z. B. Einrichtung von Umkleideräumen, Festlegung der Raumtemperatur, Nichtraucherschutz).

Arbeitszeitgesetz

Unfallverhütungsvorschriften

Arbeitsstättenverordnung

Arbeitsschutzgesetze und -vorschriften

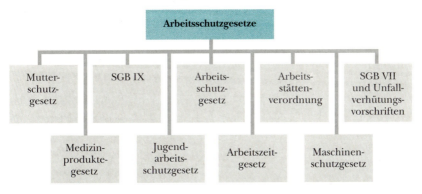

Krankentragen, Lifter und andere technische Hilfsmittel müssen den speziellen Sicherheitsbestimmungen des Maschinenschutzgesetzes entsprechen.

Das Medizinproduktegesetz, das die Medizingeräte-Verordnung von 1986 in Umsetzung europäischer Richtlinien ersetzt, dient der Risikoerkennung und –minimierung bei Medizinprodukten. Dies soll dem Schutz von Mitarbeitern und Patienten beim Einsatz medizinisch-technischer Geräte, bei welchen immer wieder Mängel auftreten, zugute kommen.

Maschinenschutzgesetz

Medizingeräte-Verordnung

Wiederholungsfragen
1. Was ist die Aufgabe des Arbeitsschutzes?
2. Nennen Sie einige Arbeitsschutzgesetze!

b) Arbeitszeit und Zeitzuschläge

In Tarifverträgen und Arbeitsvertragsrichtlinien ist in der Regel eine durchschnittliche Arbeitszeit von 39 Stunden in der Woche (ausschl. Pausen) festgelegt (§ 6 TVöD). Die Berechnung des Durchschnitts erfolgt auf der Basis eines Zeitraumes von bis zu einem Jahr.

Fall 188:
Monika ist in der Sozialstation beschäftigt. Sie wohnt 3 km von der Sozialstation entfernt. Ihr erster morgendlicher Einsatz ist bei einer Patientin, die 10 km von ihrem Wohnort wohnt. Für ihren Arbeitsvertrag gilt der TVöD.

Beginn der Arbeit

In Pflegeheimen muss festgelegt werden, wann die Arbeitszeit beginnt: bei Betreten des Heimes oder nach dem Umziehen. Im ambulanten Bereich gilt Folgendes: Fährt die Mitarbeiterin der Sozialstation von der Sozialstation zur Patientin, so gilt auch die Fahrt zur Patientin als Arbeitszeit. Fährt sie hingegen direkt von ihrem Wohnort zur Patientin, so beginnt grundsätzlich der Dienst beim Betreten der Wohnung der Patientin. Liegt die Wohnung der Patientin jedoch weiter vom eigenen Wohnort entfernt als die Sozialstation, so dürfte der »Mehrweg« als Arbeitszeit anzusehen sein.[27]

Arbeitszeitrecht

1994 wurden die gesetzlichen Rahmenbedingungen des Arbeitszeitrechts neu geregelt. Einerseits sollte ein besserer Gesundheitsschutz für die ArbeitnehmerInnen gewährleistet, andererseits eine stärkere Flexibilisierung der Arbeitszeiten ermöglicht werden. Darüber hinaus wurden im Vergleich zu der alten Rechtslage Sonderregelungen für Frauen und Männer aufgehoben.

---

27 Vgl. ausführlich: Markus, Rechtsfragen in der Altenarbeit, in: Altenpflege 1992, S. 51 f., die mit Recht darauf hinweist, dass in den Arbeitsverträgen Regelungen zu den Wegezeiten aufgenommen werden sollten.

Die gesetzliche maximale Arbeitszeit beträgt nach dem Arbeitszeitgesetz acht Stunden pro Werktag, § 8 ArbZG. Sie kann auf zehn Stunden pro Tag verlängert werden, wenn Ausgleich der Stunden innerhalb von sechs Monaten stattfindet und so die Gesamtzeit von acht Stunden pro Arbeitstag nicht überschritten wird.

Höchstarbeitszeit

Fall 189:
Altenpflegerin Birgit hat Schaukeldienst: Heute Spätdienst, morgen Frühschicht. Die Ruhezeit geht von 20.00 bis 6.00.

Zwischen den jeweiligen Arbeitsschichten sind Ruhezeiten einzuhalten, die mindestens 11 Stunden betragen, siehe **Fall 189**.

Als Nachtarbeit gilt der Zeitraum von 23.00 Uhr bis 6.00 Uhr (anders als im TVöD hinsichtlich der Zeitzuschläge, vgl. S. 545). Es können acht bzw. maximal zehn Stunden pro Nacht gearbeitet werden, wenn die Arbeitszeit innerhalb von vier Wochen wieder ausgeglichen wird.

Nachtarbeit

Fall 190:
Altenpflegerin Yvonne hat von 20.00 Uhr bis 6.00 Uhr Nachtwache. Sie ist allein für die zwei Pflegestationen und das Altenheim zuständig.[28]

Die Arbeit ist durch im voraus feststehende Ruhepausen zu unterbrechen, § 4 ArbZG. Vorgeschrieben sind nach sechs Stunden bis zu maximal neunstündiger Arbeit 30 Minuten, bei mehr als neunstündiger Arbeit 45 Minuten Pause. Im **Fall 190** hat Altenpflegerin Yvonne keine Möglichkeit, eine richtige Pause zu machen, da sie nicht völlig frei von Arbeit ist. Dies ist aber nach der Rechtsprechung des Bundesarbeitsgerichts Voraussetzung für das Vorliegen einer Pause. Bei Nachtwachen, die allein wachen oder zu zweit, aber im Bereitschaftsdienst, sind Zeiten der Arbeitsunterbrechung nicht als Pausen zu qualifizieren[29]. »Völlig frei von Arbeit« heißt auch, dass

Pausen

---

28 Vgl. zu Pausen und Nachtwache: Weiss, Altenpflege 1998, S. 46 ff.
29 BAG Urteil v. 5.5.1988.

der Arbeitnehmer während der Pausenzeiten seinen Arbeitsplatz verlassen kann, Pausenregelungen wie die im Folgenden abgedruckte sind unzulässig.

Das Bundesarbeitsgericht hat allerdings entschieden, dass vom Arbeitnehmer verlangt werden darf, während der Pause auf dem Gelände des Betriebes zu bleiben.[30]

Originalformulierung:

Sehr geehrte Frau Maier,
lt. Schreiben vom 3. Mai 2003 an alle Nachtschwestern wurde der Nachtdienst neu geregelt.
Durch das gemeinsame Gespräch am 13. Oktober 2004 wurde auch der Wunsch gebilligt, dass die Ruhezeit sich auf eine volle Stunde verlängert mit Wirkung vom 1. 1. 2005.
Die Dienstzeit wurde insoweit geändert, dass sie nun um 20.00 Uhr beginnt und 7.00 Uhr endet, gesamt 10 Stunden.
Ihre Forderung, nun diese 1 Stunde Ruhezeit außerhalb des Hauses zu verbringen, entspricht nicht den Gepflogenheiten unseres Altenpflegeheimes. Die Verantwortung unseren Heimbewohnern gegenüber gebietet es uns, diesen Dienst wie bisher durchzuführen.

Außergewöhnliche Pflichten

Bei Ihrer Einstellung wussten Sie, welche außergewöhnlichen Pflichten Sie übernehmen, denn es dreht sich um hilfe- und pflegebedürftige Menschen.
Ungeachtet dessen, steht Ihnen nach den Richtlinien des AVR zu, Ihre Pausen außerhalb des Hauses zu verbringen.

Sonn- und Feiertagsarbeit

Nach dem Arbeitszeitgesetz bleibt an Sonn- und Feiertagen die Arbeit – wie bisher – generell untersagt. Selbstverständlich wurde eine Reihe von Ausnahmeregelungen geschaffen, die auch für den gesamten Bereich der Pflege gelten. 15 Sonntage pro Jahr müssen

---

30 Die bis zur 6. Auflage vertretene Auffassung, während der Pause könne in jedem Fall auch der Betrieb verlassen werden, musste angesichts dieser Rechtsprechung aufgegeben werden. BAG, Urt. v. 21. 8. 2000, Az. 1 AZR 597/98

jedoch in jedem Fall arbeitsfrei bleiben, und die Arbeitszeit des Sonntags muss unter der Woche ausgeglichen werden, so dass eine wöchentliche Ruhezeit von mindestens 35 Stunden erhalten bleibt. vgl. §§ 9 bis 11 ArbZG.

Überstunden sind die auf Anordnung geleisteten Arbeitsstunden, die über die im Rahmen der regelmäßigen Arbeitszeit für die Woche dienstplanmäßig festgelegten Arbeitsstunden hinausgehen (§ 7 TVöD/§ 9 a AVR/Caritas), es findet hierbei grundsätzlich keine Aufrundung der anteiligen Überstunden statt (etwa 15 Min. auf 30 Min., 45 auf 60 Minuten). Bei der Anordnung von Überstunden haben die Belegschaftsvertretungen ein Mitbestimmungsrecht.

Überstunden

Jeder Beschäftigte sollte dafür Sorge tragen, dass in seiner Einrichtung/Station ein Überstundenbuch geführt wird bzw. selbst ein Überstundenbuch führen und die Eintragungen vom Vorgesetzten gegenzeichnen lassen.

Für Arbeitsverhältnisse, denen die Bestimmungen des TVöD oder von AVR zugrunde liegen, werden für Überstunden, Sonn- und Feiertagsarbeit und Nachtdienst zuzügl. zur Vergütung Zeitzuschläge gewährt.

Zeitzuschläge

Bei Zusammentreffen mehrerer Zuschläge wird der jeweils höchste gezahlt. Die Zuschläge für Nachtarbeit und Arbeit an Samstagen werden nicht gewährt, wenn entsprechende andere Entschädigungen geleistet werden. Im Krankenpflegebereich (incl. Pflegeheime) werden teilweise höhere Zulagen gezahlt.

Durch ein Urteil des Europäischen Gerichtshofs vom 03.10.2000 wurde der Bereitschaftsdienst, den Ärzte in Form von persönlicher Anwesenheit im Krankenhaus leisten müssen, vollständig als Arbeitszeit i. S. der einschlägigen Bestimmungen angesehen[31]. Damit sind bisher verbreitete »Tricks« in der Nachtdienstgestaltung rechtlich ausgeschlossen: Künftig ist die Beschäftigung von Arbeitnehmern über 10 Stunden je Tag auch dann unzulässig, wenn diese Beschäftigung ganz oder teilweise in Bereitschaftsdienst besteht. Auch können in der Nacht nicht mehr anstelle der notwendigen

Bereitschaftsdienst

---

31 EuGH, Urt. v. 03.10.2000, NZA 2000, S. 1227

Pausen Zeiten eines Bereitschaftsdienstes vorgesehen werden. Die Rechtsprechung des EuGH hat erhebliche Auswirkungen, auch in finanzieller Hinsicht, in Krankenhäusern und Pflegeheimen.[32]

Wiederholungsfragen
1. Was ist der Unterschied zwischen regelmäßiger und Höchstarbeitszeit?
2. Was sind Überstunden nach TVöD und AVR/Caritas?
3. Wann liegt eine Pause vor?
4. Wieviel Ruhezeit muss zwischen Arbeitsende und -beginn liegen?

c) Mutterschutz und Elternzeit

Fall 191:
Altenpflegerin Andrea ist im 5. Monat schwanger. Sie wird wie üblich im Frühdienst allein zum Waschen, Umlagern und Heben der BewohnerInnen eingeteilt.

Arbeitsschutz

Das Mutterschutzgesetz (MuSchG) enthält für Frauen, die in einem Arbeitsverhältnis stehen, Vorschriften zu ihrem besonderen Schutz als werdende Mutter und als Wöchnerin. Die Vorschriften betreffen zum einen die Ausübung der Arbeit selbst und gewähren zum anderen finanzielle Leistungen.

Bei Arbeiten, bei denen die werdende Mutter ständig stehen oder gehen muss, sind Sitzgelegenheiten zum kurzen Ausruhen bereitzustellen; bei Arbeiten, bei denen sie ständig sitzen muss, muss Gelegenheit zur Arbeitsunterbrechung gegeben sein. Den werdenden und stillenden Müttern sind Liegeräume bereitzustellen (§ 2 MuSchG).

Beschäftigungsverbot

6 Wochen vor der Entbindung und 8 Wochen nach der Entbindung darf die Mutter keiner Beschäftigung nachgehen. Gleiches

---
32 Vgl. Burger, E., Ist Bereitschaftsdienst Arbeitszeit? PKR 2001 (2), S. 41 – 46

gilt, wenn nach ärztlichem Zeugnis vorher Leben oder Gesundheit des Kindes gefährdet ist (§ 3 MuSchG).

Werdende Mütter dürfen nicht schwere körperliche Arbeit verrichten, insbesondere sind Arbeiten verboten, bei denen regelmäßig Lasten von mehr als 5 Kilo oder gelegentlich Lasten von mehr als 10 Kilo von Hand gehoben oder befördert werden müssen. Für Pflegekräfte heißt dies, dass die meisten pflegerischen Arbeiten während der Mutterschaft eingestellt werden müssen (§ 4 MuSchG, s. *Fall 191*).

Relatives Beschäftigungsverbot

Werdende und stillende Mütter dürfen nicht zwischen 20 und 6 Uhr beschäftigt werden (§ 8 MuSchG).

Nachtarbeit

Im Anschluss an die 8wöchige Freistellung können Elternteile Elternzeit bis zu 36 Monaten beanspruchen. Während dieser Zeit besteht Kündigungsschutz (§ 18 BEEG).

Elternzeit

Die Elternzeit kann zeitlich begrenzt werden, muss also nicht im vollen Umfang angetreten werden. Auch kann seit 2001 die Elternzeit »gesplittet« werden. Die Begrenzung ist im Antrag auf Elternzeit zu nennen. Während der Elternzeit besteht kein Arbeitsverbot, vielmehr ist eine Teilzeitbeschäftigung beim bisherigen Arbeitgeber bis zu 30 Wochenstunden möglich (bei entsprechender Kürzung des Elterngeldes).

Werdende und stillende Mütter genießen einen besonderen Kündigungsschutz. Ihnen darf auch während des Mutterschaftsurlaubs nicht gekündigt werden (§ 9 MuSchG).

Kündigungsschutz

In Ergänzung zum Mutterschutzgesetz werden in einer Reihe von Tarifverträgen Zusatzleistungen gewährt. (Gesetzestexte nachzulesen z. B. unter: www.gesetze-im-internet.de)

Wiederholungsfragen
1. Welche Arbeiten sind werdenden und stillenden Müttern verboten?
2. Darf einer Mutter während ihres Mutterschaftsurlaubs gekündigt werden?

d) Jugendarbeitsschutz

Das Jugendarbeitsschutzgesetz (JuArbSchG) schützt Kinder und Jugendliche bis zum 18. Lebensjahr vor Arbeit, die zu früh beginnt, zu lange dauert, zu schwer ist, die sie gefährdet oder ungeeignet für sie ist. Hierdurch soll die Gesundheit und Entwicklung von Jugendlichen geschützt werden.

Kinderarbeit ist verboten

Das Mindestalter für eine Beschäftigung beträgt 15 Jahre.

Jugendliche dürfen höchstens 8 Stunden täglich und 40 Stunden wöchentlich arbeiten (§ 8 JuArbSchG). Ausnahmen: Wird an einzelnen Werktagen (z. B. am Freitag) die Arbeitszeit auf weniger als acht Stunden verkürzt, so dürfen Jugendliche an den übrigen Werktagen derselben Woche bis zu 8 ½ Std. beschäftigt werden (§ 8 Abs. 2 a JuArbSchG). Eine weitere Sonderregelung besteht im Zusammenhang mit Feiertagen (§ 8 Abs.1 JuArbSchG).

Pausen

Bei einem Arbeitstag von mehr als 6 Stunden stehen Jugendlichen Ruhepausen von insgesamt 60 Minuten zu (§ 11 JuArbSchG).

Jugendliche dürfen grundsätzlich nicht in der Zeit zwischen 20 bis 6 Uhr beschäftigt werden (§ 14 JuArbSchG). Ausnahmen gelten für Jugendliche über 16 Jahre u. a. in mehrschichtigen Betrieben.

5-Tage-Woche

Für Jugendliche gilt generell die 5-Tage-Woche (§15 JuArbSchG).

Samstags-, Sonn- und Feiertagsarbeit

Wochenend- und Feiertagsarbeit ist für Jugendliche grundsätzlich untersagt. Dies gilt allerdings nicht in Krankenhäusern und Pflegeheimen. Arbeiten Jugendliche an den genannten Tagen, so steht ihnen ein arbeitsfreier Tag in derselben Woche zu. Insgesamt müssen im Monat zwei Wochenenden arbeitsfrei sein (§§ 16 ff. JuArbSchG).

Urlaub

Der jährliche Erholungsurlaub beträgt entsprechend dem Alter der Jugendlichen 30 Werktage für 15-Jährige, 27 Werktage für 16-Jährige und 25 Werktage für 17-Jährige (§ 19 JuArbSchG).

Gefährliche Arbeiten

Gefährliche Arbeiten dürfen Jugendlichen nicht übertragen werden. Dies gilt auch für Tätigkeiten, die ihre Leistungsfähigkeit

übersteigen oder mit besonderen Unfallgefahren verbunden sind (§ 22 JuArbSchG).
Jugendlichen ist eine ununterbrochene Freizeit von mindestens 12 Stunden zwischen Arbeitsende und Arbeitsbeginn zu gewähren.

Wiederholungsfragen
1. Wovor schützt das Jugendarbeitsschutzgesetz Jugendliche?
2. Dürfen Jugendliche Nachtdienst leisten?

e) Unfallverhütung

Fall 192:
Altenpflegerin Erika versorgt einen 83jährigen bettlägerigen Mann, der 80 kg wiegt, in dessen Wohnung. Zum Waschen und Betten muss sie ihn umlagern und heben. Hebevorrichtungen sind in der engen Wohnung nicht einsetzbar. Einen Bettgalgen kann der Patient nicht bedienen, Familienangehörige oder Nachbarn kommen für Hilfeleistungen nicht in Betracht.

Neben dem staatlichen Arbeitsschutz obliegt den Unfallversicherungsträgern, z. B. den Berufsgenossenschaften die Aufgabe, den Gesundheitsschutz der Mitarbeiterinnen und Mitarbeiter zu fördern und Unfallverhütung zu betreiben. Gerade in den körperlich sehr beanspruchenden Arbeitsfeldern der Pflege ist aktiver Gesundheitsschutz von großer Bedeutung. Pflegekräfte sind überdurchschnittlich stark gesundheitlich gefährdet, das gilt auch für ihre psychische Gesundheit (Burn Out). Viele leiden unter Haut- und Wirbelsäulenerkrankungen. Die Belastungen steigen, die Qualitätsanforderungen nehmen zu und gleichzeitig haben sich in den letzten Jahren die Arbeitsbedingungen weiterhin verschlechtert. Siehe hierzu folgende

Übersicht zur Arbeitsbelastung in der ambulanten und stationären Pflege.[33]

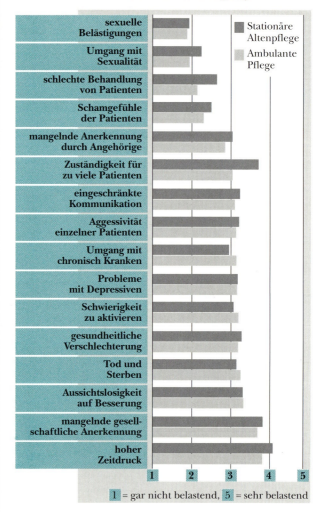

33 Aus: BGW Themen: Aufbruch Pflege. Moderne Prävention für Altenpflegekräfte. Hamburg 2006, S. 15, www.bgw-online.de

Hatten die Berufsgenossenschaften früher vor allem ihre Aufgabe darin gesehen, zahlreiche Unfallverhütungsvorschriften zu erlassen, in denen detailliert geregelt ist, wie mit Schutzkleidung umzugehen ist, wie man Patienten richtig zu heben hat, wie mit unruhigen Patienten umzugehen ist, so setzt der moderne Versicherungsschutz heute auf Prävention, auf Beratung der Unternehmen und ihrer Arbeiter und »Präventionsmanagement«. Es gibt nichts wichtigeres für Betriebe als gesunde MitarbeiterInnen. So setzt etwa die Berufsgenossenschaft für Gesundheitsdienste und Wohlfahrtspflege auf Qualitätsmanagement zur Wahrnehmung ihrer Präventionsaufgaben[34]. Es werden Betriebe beraten, wie sie den Personaleinsatz intelligenter gestalten können, wie betriebliche Gesundheitsförderung in Rahmen der Personalentwicklung betrieben werden kann und wie sich der Arbeitsschutz in das betriebliche Qualitätsmanagement integrieren lässt.

Fall 193:
Im Heim »Elisabeth« wird den Mitarbeitern Dienstkleidung gestellt (Kittel); Schutzkleidung wie Schürzen hingegen nicht. Die PDL ist der Ansicht, Kittel seien als Schutzkleidung ausreichend.

Die Berufsgenossenschaften halten weiterhin zahlreiche Informationen etwa zum aktiven Rückenschutz, zu Umgang mit aggressiven Patienten und pflegebedürftigen[35], die gesunde Haut durch Schutz und Pflege[36] vor. Auf diese Weise wird den Beschäftigten in der Pflege Material zur Verfügung gestellt, die dem aktiven Gesundheitsschutz dienen. Der früher vor allen Dingen üblichen Aufsicht durch die technischen Aufsichtsbeamten folgt heute Beratung. In sinnvoller Weise hat man sich verabschiedet von einem engen Verständnis der Unfallverhütung und ein gutes Heim sorgt nicht nur für

Schutzkleidung

---
34 Vgl. a. a. O.
35 BGW-Themen: Gewalt und Aggressionen in Betreuungsberufen, Hamburg 2005
36 BGW-Themen: Gesunde Haut durch Schutz und Pflege. Tipps und Information für die Beschäftigten in der Altenpflege, Hamburg 2005

die Bewohnerinnen und die Bewohner sondern genauso für die Pflegekräfte.

Fall 194:
Auf der Pflegestation steht eine Trittleiter zur Verfügung, die laufend benötigt wird, um einige hochgelegene Wäscheregale zu erreichen. Seit Wochen wackelt eine Stufe der Leiter. Als Schwester Gisela wieder einmal die Leiter besteigt, bricht die Stufe aus. Schwester Gisela stürzt und bricht sich ein Bein.

Prävention

Neben diesen modernen Ansätzen der Gesundheitsförderung gibt es weiterhin BGW-Vorschriften, die früheren Unfallverhütungsvorschriften. Hier ist von besonderer Bedeutung die BGV/A 1: Die Grundsätze der Prävention. Hier werden die Arbeitgeber verpflichtet, Maßnahmen zu einem aktiven Gesundheitsschutz für ihre Mitarbeiterinnen und Mitarbeiter zu ergreifen. Auf einer konkreteren Ebene finden sich die sogenannten BG-Regeln, etwa zum Einsatz von Schutzhandschuhen (BGR 192 vom 01.10.2004), zum Einsatz von Schutzkleidung (BGR 189 vom 01.10.2004) sowie zur Benutzung von Hautschutz (BGR 197 vom 01.04.2001). Sie lassen den Betrieben vergleichsweise viel Gestaltungsspielraum und setzen darauf, dass die Unternehmen und ihre Mitarbeiter von sich aus Gesundheitsschutzregeln als sinnvoll erachten.

Wiederholungsfragen
1. Welche Berufsgenossenschaft ist für Einrichtungen wie Altenheime und Sozialstationen zuständig?
2. Welche Aufgaben hat der Sicherheitsbeauftragte?

f) Medizingeräte-Verordnung

Fall 195:

Das Heim »Waldfrieden« verfügt über so genannte Fixiergurte für unruhige Patienten im Bett. Sie sollen bei Frau B. eingesetzt werden. Nach entsprechender Beratung mit dem behandelnden Arzt, beantragt der gesetzliche Betreuer die Genehmigung durch das Amtsgericht. Nachdem diese vorliegt wird der Gurt angelegt. Es erfolgt jedoch anders als in den Herstellerhinweisen empfohlen keine 3-Punkt-Fixierung. Die Pflegekraft war nicht unterwiesen worden in dem Umgang mit den Fixiergurten.

Auch in der Pflege alter Menschen werden immer mehr technische Hilfsmittel für die Behandlung von Pflegebedürftigen eingesetzt, seien es Infusionspumpen, Inhalationsgeräte, Injektionsnadeln, Infusionsgeräte oder Fixiergurte. Das Medizinproduktegesetz regelt die Pflichten von Herstellern, Betreibern (Krankenhäuser, Heime) und Anwendern (Pflegekräfte, Ärzte). Die Betreiber müssen die Mitarbeiter/innen in der Anwendung der Medizingeräte entsprechend unterweisen. Die Anwender ihrerseits dürfen Geräte nicht anwenden, wenn sie nicht über die entsprechenden Qualifikationen verfügen. Weiterhin sind sie verpflichtet, sich jeweils vor Einsatz des Gerätes von dessen Funktionstüchtigkeit zu überzeugen. Im *Fall 195* war gegen die Medizingeräteverordnung verstoßen worden.

Wiederholungsfragen

1. Worin bestehen die Pflichten für Heime und Sozialstationen bei Einsatz von medizinischen Geräten?
2. Worin bestehen die Pflichten der Pflegekräfte bei Einsatz von medizinischen Geräten in der Pflege alter Menschen?

g) Arbeitsunfall

Fall 196:

Schwester Gisela, Gemeindekrankenschwester, betreut Frau A., 85 Jahre, in ihrer Wohnung. Einmal in der Woche hilft Schwester Gisela Frau A. beim Baden. Eines Tages rutscht Frau A. beim Versuch, die Wanne zu verlassen, aus. Schwester Gisela will sie halten, verhebt sich dabei und zieht sich einen schmerzhaften Bandscheibenvorfall zu. Schwester Gisela hatte bislang keine Rückenbeschwerden.

BG-Vorschriften/ Unfallverhütung

Pflegekräfte sind am Arbeitsplatz vielen Gefahrensituationen ausgesetzt. Unfälle am Arbeitsplatz sind keine Seltenheit – nicht zuletzt, weil Unfallverhütungsvorschriften nicht beachtet werden. Die meisten Unfälle werden von den Pflegekräften einfach hingenommen, »die gehören zum Berufsrisiko«. Später aus Schnittwunden, Verheben oder Umknicken resultierende ernsthafte Beeinträchtigungen und Krankheiten können aber nur dann einen Anspruch auf Leistungen der Unfallversicherung auslösen, wenn die Zwischenfälle als Arbeitsunfall gemeldet wurden.

Was ist ein Arbeitsunfall?

Ein Arbeitsunfall ist gemäß SGB VII eine durch plötzliche äußere Einwirkung verursachte Schädigung der Gesundheit in Form einer Verletzung oder des Todes, die ursächlich auf die Beschäftigung oder eine unfallversicherte Tätigkeit zurückzuführen ist.

Beispiele:

- Sturz von einer Leiter,
- Schnittverletzungen bei Aufschneiden von Ampullen,
- Verätzungen mit Desinfektionsmitteln,
- Verheben bei Lagerung von BewohnerInnen/ PatientInnen,
- Unfall bei Spaziergang mit BewohnerInnen/ PatientInnen,
- Unfall bei Betriebsausflug oder innerbetrieblicher Fortbildung.

Die Verletzungsfolgen eines Arbeitsunfalls lösen nur dann die Leistungsansprüche gegenüber der Unfallversicherung aus (Heilbehandlung, Übergangsgeld, Rehabilitation, Umschulung, Rente,

Pflegegeld ...), soweit sie auf den Unfall zurückzuführen sind. Treten bei einem Arbeitsunfall infolge schon vorhandener Verschleißerscheinungen (z. B. Veränderung der Wirbelsäule, Gelenkabnutzung, Degeneration von Sehnen) Schmerzen etc. auf, die auch aus einem privaten Anlass aufgetreten wären, so ist die Unfallversicherung nicht verpflichtet, Entschädigung zu leisten (sog. Gelegenheitsursache). Die Verletzungsfolgen müssen auch aus medizinischer Sicht, sei es auch nur zum Teil, auf den Arbeitsunfall zurückgeführt werden können.

Im *Fall 196* könnte der Bandscheibenvorfall nur dann Versicherungsansprüche auslösen, wenn nachgewiesen wird, dass die berufliche Tätigkeit (Mit-) Ursache für die Verletzungsfolgen ist. Ggf. sind ärztliche Gutachten einzuholen. Ebenfalls sind regelmäßige arbeitsmedizinische Vorsorgeuntersuchungen anzuraten, um ggf. die beruflichen Ursachen für Wirbelsäulenschäden etc. nachweisen zu können. Wichtig ist die Meldung von Bandscheibenzwischenfällen etc., weil Schädigungen der Wirbelsäule nicht als Berufskrankheit anerkannt werden (s. unten).

Fall 197:

Kommt eine Arbeitnehmerin auf dem Weg von der Arbeit nach Hause von der Fahrbahn ab und wird die Situation für sie dadurch unüberblickbar, weil ihr mitfahrender Hund zwischen ihre Füße geraten ist, so muss für den nachfolgenden Unfall die Berufsgenossenschaft geradestehen, wenn sie nicht nachweisen kann, dass der Hund nicht auch schon für das Abkommen von der Fahrbahn »ursächlich« war (Urteil LSG Rheinland-Pfalz, AZ: L 3 U 79/94).

Als Arbeitsunfall gilt auch der Unfall, der sich auf dem (direkten) Weg nach und von der Arbeitsstätte ereignet hat. Dabei kommt es nicht darauf an, von wo aus der Weg zur Arbeitsstätte angetreten wird (Wohnung, Freund, Kaufhaus).

Wegeunfall

Im Einzelnen gilt:
- Es ist egal, wie der Weg zurückgelegt wird (Autounfall gilt ebenso wie Umknicken mit dem Fuß als Wegeunfall).
- Auch der Weg zum Abheben eines Geldbetrages von einem Geldinstitut beim erstmaligen Abheben eines Geldbetrages nach Ablauf eines Gehaltszahlungszeitraumes ist versichert.
- Fahrgemeinschaften stehen auf der gesamten Wegestrecke unter dem Versicherungsschutz.
- Besorgungen von Genuss- und Nahrungsmitteln in einer Arbeitspause, die anschließend gegessen werden sollen, sind versichert.
- Gleiches gilt für Wege zur Kinderunterbringung für die Zeit der Arbeit.[37]

Berufskrankheit

Als Arbeitsunfall gilt ferner die Berufskrankheit. Berufskrankheiten sind nicht alle Krankheiten, die durch eine versicherte Tätigkeit verursacht worden sind, sondern nur bestimmte Krankheiten, die in der Berufskrankheitenverordnung (BKVO) aufgeführt sind (sog. Listenerkrankungen), und die der Betroffene infolge der Ausübung seiner beruflichen Tätigkeit erleidet. In die Liste der BKVO werden nur solche Krankheiten aufgenommen, die nach Erkenntnissen der medizinischen Wissenschaft durch besondere Einwirkungen verursacht worden sind, denen bestimmte Berufsgruppen durch ihre Arbeit in erheblich höherem Grad als die übrige Bevölkerung ausgesetzt sind. Für die Pflegekräfte kommen folgende Berufskrankheiten in Betracht:
- Erkrankungen der Sehnenscheiden,
- Infektionskrankheiten, schwere oder wiederholt rückfällige Hauterkrankungen.

Eine tatsächlich vorliegende Listenerkrankung ist aber nicht allein deswegen eine Berufskrankheit, weil sie in der Liste aufgeführt ist.

---
37 BSG NJW 1987, S. 518.

Sie muss auch nachweisbar durch die Berufstätigkeit verursacht worden sein.

Der Arbeitgeber ist verpflichtet, jeden Arbeitsunfall in seinem Betrieb (bei mehr als 3 Tagen Arbeitsunfähigkeit) innerhalb von 3 Tagen der Versicherung (Berufsgenossenschaft) und bestimmten anderen Behörden zu melden. Der Arbeitnehmer kann dies auch selbst tun und seine Ansprüche gegenüber der Versicherung geltend machen. Bei Berufskrankheiten hat jeder Arzt, der den begründeten Verdacht hat, dass bei einem Versicherten eine Berufskrankheit besteht, dies der Berufsgenossenschaft unverzüglich anzuzeigen. Über die Frage, ob ein Arbeitsunfall oder eine Berufskrankheit vorliegt, entscheidet der Versicherungsträger mit Bescheid, gegen den ggf. Widerspruch möglich ist.

Meldepflicht

Wiederholungsfragen
1. Was versteht man unter einem Arbeitsunfall?
2. Wann liegt eine Berufskrankheit vor?
3. Wie erlangt die Berufsgenossenschaft Kenntnis von einem Arbeitsunfall?

Nur Gesunde können Gesunde fördern
Die zunehmende Belastung von Pflegekräften in ihrer Arbeit wird zu immer größeren psychischen und physischen Beanspruchung am Arbeitsplatz, die zu dauerhaften Erkrankungen und vermehrten Berufsabwanderungen führen. Von daher kommt der Prävention vor Gesundheitsschädigung am Arbeitsplatz gerade in der Pflege eine besondere Bedeutung zu. Die Berufsgenossenschaft für Gesundheitsdienst und Wohlfahrtspflege hat in einer Konsensuskonferenz Empfehlungen für den Gesundheitsschutz in der Altenpflege formuliert.[38]

---

38 Vgl. BGW-DAK, Gesundheitsreport 2001, Altenpflege, Hamburg 2001

X. Berufsrecht

Das Ziel ist,

→ die Geschichte des Altenpflegeberufes darzustellen,

→ die Bemühungen um die Formulierung eines Berufsbildes sowie die wesentlichen Inhalte des Altenpflegegesetzes vorzustellen,

→ berufliche Perspektiven für Altenpflegerinnen, bis hin zu Pflegestudiengängen vorzustellen.

Rechtskunde, Thomas Klie; © Vincentz Network
GmbH & Co. KG, Hannover 2009; ISBN 978-3-86630-081-1

1. Entstehung des Berufs »AltenpflegerIn«

Gegen Ende der fünfziger Jahre entstand in der Bundesrepublik der Beruf »AltenpflegerIn«. Der Bedarf an Pflegekräften mit einer gewissen Qualifikation war gewachsen, Krankenpflegekräfte waren nicht ausreichend verfügbar, darüber hinaus zu teuer. Vom Personal der damaligen »Alten- und Siechenheime«, das sich überwiegend aus Frauen zusammensetzte, wurde zunächst keine fachliche Spezialisierung verlangt, sondern bestimmte »menschliche Eigenschaften«. Das Berufsbild »Altenpflegerin« sollte dem Typus »der lebenserfahrenen, seelisch ausgeglichenen, tatkräftigen und doch gütigen Pflegerin« entsprechen. Die Altenpflege als Beruf wurde nicht nur hauptsächlich von Frauen ausgeübt, sondern als »typischer Frauenberuf« definiert, sog. »typisch« weibliche Eigenschaften wurden zur Beschreibung des Berufs benutzt, und zwar als »unbefragte und unbezahlte« Voraussetzungen für die Ausübung.

Noch heute äußern sich manche Politiker in dieser Tradition: »Pflegen kann doch jede(r) mit Erfahrungen in Kindererziehung und Haushalt und dem Herz auf dem rechten Fleck.«

Unter dem Druck der zunehmenden sozialen Probleme älterer Menschen wurde relativ bald die Notwendigkeit einer speziellen Ausbildung für AltenpflegerInnen erkannt. So hieß es 1958: »Die Schulung und Bestellung von speziellen Helfern für die Altenpflege wird heute unumgänglich, nicht nur für die Alten- und Pflegeheime, sondern auch für die große Zahl alleinstehender Alter in den Städten. Doch ist es wichtig, die pflegerischen Kenntnisse in möglichst breiten Kreisen von Mädchen und Frauen zu vermitteln. Oft genug hemmen Unfähigkeit und Unkenntnis in pflegerischen Diensten die Versorgung alter Menschen durch nächste Angehörige.[1]«

Erste Ausbildungsstätten für die Schulung von AltenpflegerInnen entstanden bereits Ende der fünfziger Jahre, anfangs im konfessionellen Bereich, später auch bei den Kommunen.

---

1   Vgl. Balluseck, Die Pflege alter Menschen, Berlin 1980, S.142

Übersicht zur Entwicklung der Altenpflege in Deutschland

1950er Jahre	Lehrgänge für Frauen für die Pflege in Alten- und Siechenheimen Erste einrichtungsinterne Ausbildungen: Caritas, Schwesternschaft Köln, Elisabethenstift Darmstadt und Henriettenstift in Hannover
1960er Jahre	Deutscher Verein entwirft Ausbildungskonzeption für Altenpflege: 46 Unterrichtswochen mit 2.070 Unterrichtsstunden, Ausbildungs- und Prüfungsordnungen in den Ländern
1970er Jahre	Gründung des Deutschen Berufsverbandes für die Altenpflege. Zweijährige Ausbildung in fast allen Bundesländern.
1980er Jahre	Formulierung eines Berufsbildes für staatlich anerkannte AltenpflegerInnen durch den DBVA. Erweiterung der Ausbildungskonzeption des Deutschen Vereins. Verabschiedung einer Rahmenvereinbarung über die Ausbildung und Prüfung von AltenpflegerInnen. 1989 Baden-Württemberg nach Hamburg das zweite Bundesland mit einer dreijährigen Ausbildung. 1989 Einbeziehung der AltenpflegerInnen in den Vergütungstarif des BAT.
1990er Jahre	Novellierung der Ausbildungs- und Prüfungsordnungen in einigen Bundesländern.
2000	Verabschiedung des Gesetzes über die Berufe in der Altenpflege im Deutschen Bundestag.

Inzwischen ist aus dem Beruf der Altenpflege ein anerkannter Pflegeberuf geworden, der sich durch sein sozialpflegerisches Profil in besonderer Weise auszeichnet. Die Pflege alter Menschen rückt immer mehr in den Blickwinkel von Politik und Wissenschaft. Der Beruf der Altenpflege hat in den letzten Jahrzehnten wesentlich dazu beigetragen, dass sich ein ganzheitliches Pflegeverständnis in der Pflege alter Menschen durchgesetzt hat, dass Pflegeheime sich mehr an Prinzipien des Wohnens als am Vorbild der Klinik orientieren. Auch hat die Altenpflege mit dazu beigetragen, dass sich ein weiter Pflegebegriff, der nicht nur Behandlungspflege, sondern die Pflege des ganzen Menschen im Blick hat, durchgesetzt hat.

Im Alltag ist Altenpflege mit vielen Herausforderungen konfrontiert: Eine zum Teil hochproblematische Personalsituation, eine

Personalsituation

sich immer mehr verdichtende Pflegearbeit, eine nur begrenzte Anerkennung eines fachpflegerischen Pflegeverständnisses durch die Pflegeversicherung. Die zum Teil hohe Arbeitsbelastung lässt viele Altenpflegekräfte nach einigen Jahren Berufstätigkeit den Beruf wechseln oder aufgeben[2]. Viele Altenpflegerinnen sind auch nicht allein aus »Berufung« in der Altenpflege gelandet, vielmehr hat die Agentur für Arbeit sie in dieses Berufsfeld hineinqualifiziert und vermittelt. Gleichzeitig gibt es sehr viele Altenpflegerinnen und Altenpfleger, die mit ihrem Wissen und Können und mit ihrer Persönlichkeit dem Beruf der Altenpflege in der Öffentlichkeit Ansehen und in der Fachwelt Profil geben.[3]

Bundesaltenpflegegesetz

Nach langen Auseinandersetzungen auf Bundes- und auf Landesebene wurde im Jahre 2000 das Bundesaltenpflegegesetz vom Bundestag und Bundesrat verabschiedet. Es war bis zum Schluss umstritten. Es stellt jetzt inzwischen Grundlage für ein gemeinsames Berufsbild und eine bundesweit vereinheitlichte Ausbildung in der Altenpflege dar.

Pflegeweiterentwicklungsgesetz

Im Jahre 2008 wurde mit dem Pflegeweiterentwicklungsgesetz die Möglichkeit geschaffen, in Modellvorhaben Aufgaben und Kompetenzen der Pflegeberufe, sowohl der Kranken als auch der Altenpflege und damit auch das Leistungsspektrum ambulanter Dienste zu erweitern. Sie sollen eigenständig Verbandsmittel und Pflegehilfsmittel verordnen können und die inhaltliche Ausgestaltung der häuslichen Krankenpflege einschließlich deren Dauer vornehmen, § 63 SGB V. Damit wird der Weg geebnet, dass Pflegekräfte auch unabhängig von Ärzten im bereich der ambulanten Versorgung kranker und pflegebedürftiger Menschen tätig werden können – eine Entwicklung die aus Ausland schon lange bekannt ist.

So besteht in England ein entsprechendes Verordnungsrecht und in Australien können etwa so genannte »Extended Nurses« eigenständig im heilkundlichen Bereich tätig werden.

---

2   Vgl. bgw-themen: Aufbruch Pflege, Hamburg 2006
3   Vgl. Reschl-Rühling, Gerda, Erwartungen an die Ausbildung und den Beruf des Altenpflegers, Frankfurt 1998

Im europäischen Vergleich nimmt der Beruf der Altenpflegerin und des Altenpflegers eine gewisse Sonderstellung ein. Es gibt bislang kaum vergleichbare Ausbildungen im europäischen Ausland. Einige Länder schaffen nach deutschem Vorbild vergleichbare Ausbildungsgänge und Berufe, so etwa Österreich. Im anglo-amerikanischen Bereich kennt man eher Spezialisierungen im Bereich der gerontologischen Pflege für ausgebildete Pflegekräfte, die sich spezialisieren möchten.

Zu den Trends der letzten Jahre gehört es, dass die Bundesländer unterschiedliche Qualifikationsangebote für sogenannte Assistenzberufe entwickeln: Sozialassistenz, Pflegeassistenz, Haus-

Assistenzberufe

Region	Personal in Pflegeheimen			
	Jahr (Jahre aufsteigend)			
	2005	2003	2001	1999
Deutschland	546.397	510.857	475.368	440.940
Schleswig-Holstein	26.350	23.150	22.925	20.730
Hamburg	10.086	10.051	9.849	9.623
Niedersachsen	61.761	57.316	53.521	50.079
Bremen	4.718	4.475	3.871	3.840
Nordrhein-Westfalen	133.135	125.317	118.918	111.588
Hessen	35.136	33.420	32.419	30.357
Rheinland-Pfalz	25.805	24.693	23.067	21.698
Baden-Württemberg	69.097	65.411	57.742	55.484
Bayern	81.306	76.969	71.036	63.018
Saarland	7.030	6.682	5.838	5.392
Berlin	17.178	16.840	16.027	14.581
Brandenburg	12.497	10.838	9.969	8.974
Mecklenburg-Vorpommern	9.458	8.745	8.139	7.602
Sachsen	26.296	23.386	20.732	19.155
Sachsen-Anhalt	14.252	12.356	11.160	9.869
Thüringen	12.292	11.208	10.155	8.950

Quelle: www.gbe-bund.de

haltsassistenz. Diese Assistenzberufe sollen im Pflege- und Hauswirtschaftsbereich tätig werden und eng mit den professionellen Pflegefachkräften zusammenarbeiten.[4]

Die Zahlen der Entwicklung der Pflegeberufe weisen einen Zuwachs aus, wie die vorherige Tabelle zeigt. Der künftige Bedarf an Pflegefachkräften wird aber angesichts der demographischen Entwicklung das »Angebot« an Pflegefachkräften, insbesondere in der Altenpflege übersteigen. Altenpflege wird so zu einem nachgefragten Beruf werden. Der Fachkräftemangel bezieht sich in der Zukunft auch und gerade auf die Pflege. Dies wird im Übrigen dazu führen, dass immer mehr Pflegekräfte aus dem Ausland in Deutschland tätig werden.

Personal in Pflegediensten und Pflegeeinrichtungen nach ausgewählten Berufsabschlüssen, 2005

	Personal in ambulanten Pflegediensten	Personal in stationären Pflegeeinrichtungen	Personal gesamt
Staatlich anerkannte/r Altenpfleger/in	17,0 %	22,4 %	20,9 %
Staatlich anerkannte/r Altenpflegehelfer/in	2,3 %	3,0 %	2,8 %
Krankenschwester, Krankenpfleger	33,3 %	11,2 %	17,4 %
Krankenpflegehelfer/in	4,1 %	3,4 %	3,6 %
Abschluss einer pflegewissenschaftlichen Ausbildung an einer Fachhochschule/Universität	0,3 %	0,3 %	0,3 %
Ohne Berufsabschluss/noch in Ausbildung	8,1 %	20,7 %	17,2 %
Weitere Berufsabschlüsse	34,9 %	39,0 %	37,8 %

Quelle: Statistisches Bundesamt (2007): Pflegestatistik 2005 – Pflege im Rahmen der Pflegeversicherung – Deutschlandergebnisse

---

4 Vgl. Guerra/Klie: Synopse zu Service-, Assistenz- und Präsenzberufen, unv. Manuskript, Freiburg 2006

Personal in ambulanten Pflegediensten

Region	Jahr (Jahre aufsteigend)			
	2005	2003	2001	1999
Deutschland	214.307	200.897	189.567	183.782
Schleswig-Holstein	7.672	6.948	7.368	7.375
Hamburg	8.324	8.004	8.427	8.472
Niedersachsen	22.044	20.715	18.909	17.925
Bremen	3.025	2.974	2.836	2.749
Nordrhein-Westfalen	43.222	40.392	39.096	39.616
Hessen	14.329	13.803	12.891	12.833
Rheinland-Pfalz	8.369	7.883	7.920	7.928
Baden-Württemberg	23.451	23.192	20.022	19.216
Bayern	28.425	26.087	25.305	24.562
Saarland	2.524	2.346	2.258	2.281
Berlin	14.574	12.951	11.904	11.648
Brandenburg	7.713	6.865	6.228	5.827
Mecklenburg-Vorpommern	4.662	4.358	3.870	3.341
Sachsen	13.762	12.987	12.050	10.405
Sachsen-Anhalt	6.398	5.839	5.320	4.832
Thüringen	5.813	5.553	5.163	4.772

Quelle: www.gbe-bund.de

2. Berufsbild

Was hatten Sie für ein Bild von der Altenpflege, als Sie diesen Beruf wählten?

Unter Berufsbild wird die systematische Darstellung aller spezifischen Merkmale eines bestimmten Berufs einschließlich des Ausbildungsweges, seiner Anforderungen an den Einzelnen und seiner Stellung im sozialen Gefüge verstanden.

Aussagen zum Berufsbild der AltenpflegerInnen haben unterschiedliche Funktionen:

- Sie dienen dazu, der Ausbildung eine Richtung und Kriterien für die Zusammengehörigkeit und Vollständigkeit eines Berufs zu geben (»Wir AltenpflegerInnen«).
- Mit ihm wird versucht, auf die gesellschaftliche Bewertung des Altenpflegeberufs einzuwirken (»Image für AltenpflegerInnen!«).
- Mit Berufsbildern wird der Marktwert eines Berufs beeinflusst (»AltenpflegerInnen sind für die Pflegeheime, Sozialstationen . . . die geeignetsten Fachkräfte«).

An der Entstehung des Berufsbildes der AltenpflegerInnen sind unterschiedliche Akteure beteiligt:
- die Bundesregierung mit der Verabschiedung des Altenpflegegesetzes, die zuständigen Bundesministerien durch den Erlass der Ausbildungs- und Prüfungsverordnung,
- die Pflegewissenschaft,
- die Wohlfahrtsverbände als Träger von Altenhilfeeinrichtungen und Ausbildungsstätten,
- die Berufsverbände und Gewerkschaften,
- die Bundesanstalt für Arbeit.

Berufsbild für AltenpflegerInnen

Schon 1965 entwarf der Deutsche Verein für öffentliche und private Fürsorge (DV) ein einheitliches Berufsbild für AltenpflegerInnen. Dem neuen Beruf sollten dadurch »die berufliche Anerkennung und tarifliche Einordnung« gesichert werden (was bis heute noch nicht abschließend gelungen ist). Die Ausbildung zur Altenpflegekraft sollte nach Meinung des DV auf die speziellen Bedürfnisse des alten Menschen zugeschnitten sein, sowohl hinsichtlich medizinisch-pflegerischer als auch sozialer Betreuung. Der Beruf der Altenpflegekraft wurde damit im Bereich der Altenhilfe verankert und als

Sozialpflegerischer Beruf

sozialpflegerischer Beruf[5] definiert. Hierdurch unterscheidet er sich von der Krankenpflege – die Abgrenzung erfolgte auch unter arbeitsmarktpolitischen Gesichtspunkten: Altenpflegekräfte sollten

---
5 Vgl. hierzu ausführlich: Große-Bölting, Was heißt »sozialpflegerisch«?, in: Altenpflege 1985, S. 366,

nicht aus der Altenhilfe, etwa in Krankenhäuser, abwandern können[6]. Aus der Formulierung des Berufsbildes ergab sich auch eine Erweiterung der Aufgaben der Altenpflegekraft. Ein recht umfassendes, von den Altenpflegekräften anzustrebendes Berufsbild wurde vom Deutschen Berufsverband staatlich anerkannter Altenpflegerinnen und Altenpfleger e.V. (DBVA) 1980 erarbeitet. Diesem Berufsbild liegt ein Verständnis von Altenpflege zugrunde, das von einer ganzheitlichen Sicht des alten Menschen ausgeht, die Individualität und konkrete Situation des einzelnen Menschen in den Mittelpunkt der Berufspraxis stellt und ganzheitliche Hilfe in gegenseitiger Ergänzung sozialer, therapeutischer und pflegerischer Maßnahmen fordert. Es wurde inzwischen überarbeitet:

Die Aufgabe staatlich anerkannter Altenpflegerinnen und Altenpfleger ist es, alte Menschen bei der Gestaltung des täglichen Lebens fachkompetent zu begleiten, zu pflegen und zu beraten. Sie wirken einer Einengung und Verarmung des Lebensraumes entgegen, um Lebensqualität und Lebensfreude auch bei gesundheitlicher Beeinträchtigung zu erhalten.

Alte Menschen werden sowohl in ihrer Wohnung als auch in stationären Altenhilfeeinrichtungen und Tageseinrichtungen begleitet, unterstützt, beraten und gepflegt. Der Altenpfleger/die Altenpflegerin arbeitet selbstständig und eigenverantwortlich. Er/sie steht im unmittelbaren Kontakt zum alten Menschen und stellt gegebenenfalls Kontakte zu anderen fachlich Zuständigen her. Im Pflegeteam werden Pflege- und Betreuungsmaßnahmen geplant und koordiniert. Für den Hausarzt des Pflegebedürftigen ist er/sie ein/e kompetente/r Berater/in. Sie/er ist verantwortlich für die Anleitung von pflegerischen Hilfskräften und pflegenden Angehörigen.

Aufgaben im Einzelnen:
- Anregung und Ermutigung alter Menschen zur eigenverantwortlichen Gestaltung ihres Lebens entsprechend ihrer eigenen

---
[6] a. a. O., S. 144.

Bedürfnisse; Hilfe zur Erhaltung der Gesundheit und der eigenständigen Lebensführung; Förderung von Kontakten im Wohnumfeld, der eigenen Wohnung oder des Heimes; Arbeit mit Gruppen;
- Gestaltung eines altengerechten Lebensraumes/Wohnumfeldes;
- Erkennen der Stärken alter Menschen; Fähigkeiten einbeziehende und die Selbstständigkeit fördernde Pflege (ressourcenorientierte Pflege); pflegerische Versorgung schwer kranker und sterbender alter Menschen;
- Mitwirkung bei der Prävention und Rehabilitation bei vorhandener oder drohender körperlicher, sozialer, geistiger oder psychischer Beeinträchtigung; Begleitung dementer Menschen;
- Betreuung und Beratung alter sowie kranker Menschen und pflegender Angehöriger in ihren persönlichen und sozialen Angelegenheiten; Motivierung und Anleitung der Familien, z.B. in Pflegetechniken und dem Gebrauch von Hilfsmitteln; Initiierung von Nachbarschaftshilfe; Mitwirkung bei der Behandlung kranker alter Menschen und Ausführung ärztlicher Verordnungen;
- Begleitung des alten Menschen bei Verlusterfahrungen; ein Milieu zum Sterben schaffen; Begleitung Sterbender;
- Ermittlung des Hilfebedarfs (Stellen von Pflegediagnosen); Planung des individuellen Pflegeprozesses; Pflegedokumentation;
- Zusammenarbeit im mulitprofessionellen Team;
- Kontakt herstellen zu TherapeutInnen, SeelsorgerInnen etc.;
- Reflexion der eigenen beruflichen Befindlichkeit und beruflicher Beziehungen; Pflege der eigenen Persönlichkeit; Teamarbeit;
- Mitwirkung als PraxisanleiterIn bei der Ausbildung von AltenpflegerInnen;
- Anleitung von Pflegehilfskräften und pflegenden Angehörigen;

- Erarbeitung von und Orientierung an geriatrischen, gerontopsychiatrischen und therapeutischen Pflegekonzepten;
- Mitwirkung an qualitätssichernden Maßnahmen in der Begleitung, Pflege und Lebensraumgestaltung.

Ein solches Verständnis von Altenpflege verlangt eine entsprechende Qualifikation und Ausbildung der Pflegekräfte. Nicht nur moderne Grund- und Behandlungspflege mit den dazu erforderlichen medizinischen und therapeutischen Fächern sind dabei erforderlich, sondern auch entsprechender Unterricht in sozialwissenschaftlichen sowie juristischen Fächern, um die sozialen, psychischen, kulturellen und rechtlichen Probleme älterer Menschen verstehen und entsprechend intervenieren zu können.

Noch lange nicht überall ist eine derartige »Professionalisierung« des Berufs Altenpflege erreicht:

Zur Professionalisierung eines Berufs gehört neben einer fundierten, auf wissenschaftlichen Erkenntnissen basierenden Ausbildung eine eigene Berufsethik, Forschung sowie dem Beruf eindeutig zugeordnete Rechte und Pflichten.[7]

Professionalisierung

Durch das Altenpflegegesetz wird die Anerkennung des Altenpflegeberufs in der Öffentlichkeit weiter gefördert. Darüber hinaus schafft das Altenpflegegesetz die Basis für ein bundeseinheitliches Berufsbild, das für die Zukunft der Altenpflege von großer Bedeutung ist. Es ist wichtig für:

Altenpflegegesetz

- eine klare Zuordnung von Kompetenzen und Qualifikationen,
- Einsatzfelder in der stationären, teilstationären und ambulanten Pflege,
- die tarifliche Eingruppierung,
- Aufstiegsmöglichkeiten und Weiterbildungsperspektiven inkl. weiterführender Studiengänge,
- die gesellschaftliche Anerkennung.

---

7   Vgl. zur Professionalisierung: Deutsche Gesellschaft für Gerontologie und Geriatrie, Professionelle Pflege alter Menschen, Positionspapier 2. Auflage 1996.

Gestritten wird darum, ob es nicht sinnvoller wäre, die Altenpflege in eine einheitliche Konzeption für die Pflegeberufe zu integrieren, mit gemeinsamer Grundausbildung, gemeinsamen berufsständischen Organisationen und allen offenstehenden Spezialisierungs- und Weiterbildungsmöglichkeiten.

Integrierte Pflegeausbildung

In Projekten zur sogenannten Integrierten Pflegeausbildung werden gute Erfahrungen mit der gemeinsamen Grundausbildung gesammelt.[8]

3. Ausbildung

Fall 198:

Christa hat die Hauptschule erfolgreich absolviert. Sie möchte nun eine Ausbildung zur Altenpflegerin beginnen. Christa ist 15 Jahre alt.

Durch das Altenpflegegesetz wurde die Grundlage für eine einheitliche Ausbildung für Altenpflegeberufe geschaffen. Das Altenpflegegesetz schafft ähnlich wie das Krankenpflegegesetz, einen bundeseinheitlichen Rahmen für die Ausbildung, aber auch die Prüfungen. Bislang lag es in Händen der Länder, die Ausbildung eigenverantwortlich zu regeln. Entsprechend unterschiedlich waren die Ausbildungskonzepte, die Ausbildungsinhalte, aber auch die Organisation der Ausbildung[9]. Die Einführung des alten Pflegegesetzes hat an vielen Standorten zu Problemen und auch zu einer Reduzierung der Ausbildungsplätze geführt. Durch die Entscheidung des Bundesverfassungsgerichtes vom 22. Mai 2001[10] wurde die Kompetenz des Bundes für die Regelung der alten Pflegehilfeausbildung (genauso wie für die Krankenpflegehilfe) in Frage gestellt. Insofern sind die bundesrechtlichen Regelungen für die Altenpflegehilfe für verfassungswidrig erklärt worden und nicht in Kraft getreten. Es ist

---

8 Vgl. www.gemeinsame-pflegeausbildung.de
9 Vgl. Klie, Altenpflegegesetz. Einführung, Gesetzestexte, Materialien, Hannover 2001
10 Urt. v. 22. Mai 2001, Az 2 BvQ48/00

**Berufsfeld Altenpflege im Überblick
Altenpflegeausbildung und Kompetenzen**

4.
Altenpflege als Beruf (240 Std.)

3.
Rechtliche und institutionelle Rahmenbedingungen
altenpflegerischer Arbeit (180 Std.)

1.5
Bei der medizinischen Diagnostik und Therapie
mitwirken (200 Std.)

1.3
Alte Menschen personen- und
situationsbezogen pflegen (720 Std.)

2.
Unterstützung alter Menschen bei der
Lebensgestaltung (200 Std.)

„Theoriegeleitete Pflegeprozesssteuerung"
1.1
Theoretische Grundlagen in das altenpflegerische
Handeln einbeziehen
1.2
Pflege alter Menschen planen, durchführen,
dokumentieren und evaluieren
1.4
Anleiten, beraten und Gespräche führen

(280 Std.)

nun Sache der Länder, wie sie die Ausbildung für Hilfsberufe regelt.[11]

Zu den wesentlichen Inhalten des Altenpflegegesetzes gehören:

- Es regelt die Ausbildung und die Zulassung zu den Berufen der Altenpflege und lehnt sich in seiner Struktur an das Krankenpflegegesetz an.

---

11 Drei Bundesländer haben sich bereits von der alten Pflegehilfeausbildung verabschiedet und sehen nun die Ausbildung von sogenannten Assistenzberufen vor (s.o.).

Ausbildungsziele	• Es legt die Ausbildungsziele für die Altenpflegeausbildung einheitlich fest. Sie sind auf eine ganzheitliche Pflege ausgerichtet. Die konkreten Ausbildungsinhalte sind in einer bundeseinheitlichen Ausbildungs- und Prüfungsordnung gesondert geregelt.
• Die Ausbildung zur Altenpflegerin und zum Altenpfleger dauert in der Regel drei Jahre. Dies gilt grundsätzlich auch für Umschulungen.
• Die Ausbildung besteht aus theoretischem und fachpraktischem Unterricht und einer praktischen Ausbildung, wobei die Ausbildung in der Praxis überwiegt. Die Möglichkeit zur Teilzeitausbildung wird eröffnet.
Praktische Ausbildung	• Die praktische Ausbildung erfolgt in stationären Pflegeeinrichtungen und in ambulanten Diensten. Darüber hinaus können einzelne Ausbildungsabschnitte in anderen Einrichtungen, insbesondere in der Geriatrie und Gerontopsychiatrie, auch in teilstationären Einrichtungen stattfinden.
Altenpflegeschule	• Die Altenpflegeschule trägt die Gesamtverantwortung für die Ausbildung, es sei denn, das Landesrecht regelt dies anders. Sie führt den theoretischen Unterricht durch und stellt die Praxisbegleitung sicher. Die Regelung der Strukturen und die Finanzierung der schulischen Ausbildung bleibt eine Angelegenheit der Länder.
Zugangsvoraussetzung	• Zugangsvoraussetzung zur Ausbildung in der Altenpflege ist der Realschulabschluss oder ein als gleichwertig anerkannter Bildungsabschluss. Personen mit Hauptschulabschluss werden nur dann zugelassen, wenn sie eine anderweitige zweijährige Berufsausbildung nachweisen.
Ausbildungsvergütung	• Die Schülerin/der Schüler hat einen Anspruch auf Ausbildungsvergütung während der gesamten Ausbildungszeit. Diese Ausbildungsvergütung ist umlagefähig, kann also in den Leistungsentgelten für Heimbewohner und Empfänger ambulanter Pflegedienstleistungen berücksichtigt werden.
Berufsbezeichnungen	• Die Berufsbezeichnungen »Altenpflegerin«/»Altenpfleger« werden gesetzlich geschützt. Berufsausübungsregelungen sind

dem deutschen Pflegerecht bisher fremd, so bleibt es auch bei der Altenpflege bei einem Berufsbezeichnungsschutz.

Nach der Konzeption der Altenpflegeausbildung hat Christa in *Fall 198* kaum eine Chance, unmittelbar nach der Hauptschule die Altenpflegeausbildung zu beginnen. Hätte sie die Realschule abgeschlossen, wäre dies möglich, auch in ihrem Alter. Die ursprünglich vorgesehene Altersgrenze von 17 wurde, wie im Krankenpflegegesetz auch, fallengelassen.

Fall 199:
Die Altenpflegerin Erika leitet einen ambulanten Pflegedienst und möchte von den Krankenkassen für die Versorgung von Patienten im Rahmen der häuslichen Krankenpflege zugelassen werden. Die Krankenkassen lehnen den Antrag mit der Begründung ab, die Altenpflegerin Erika würde aufgrund ihrer Ausbildung nicht die notwendige Qualifikation für die Durchführung sog. »behandlungspflegerischer« Aufgaben mitbringen.[12]

Die Ziele der Ausbildung in der Altenpflege werden im Altenpflegegesetz recht umfassend beschrieben. Die Ausbildung in der Altenpflege soll Kenntnisse, Fähigkeiten und Fertigkeiten vermitteln, die zur selbständigen und eigenverantwortlichen Pflege einschließlich der Beratung, Begleitung und Betreuung alter Menschen erforderlich sind. Zu den Kompetenzen, die in der Altenpflegeausbildung vermittelt werden sollen, gehören insbesondere:

- die sach- und fachkundige, den allgemein anerkannten pflegewissenschaftlichen, insbesondere den medizinisch-pflegerischen Erkenntnissen entsprechende, umfassende und geplante Pflege,
- die Mitwirkung bei der Behandlung kranker alter Menschen einschließlich der Ausführung ärztlicher Verordnungen,

Ziele der Ausbildung

---

12 Vgl. OLG Düsseldorf, Urteil vom 8. Juni 1993, Az: ZCU (Kart) 28/92

- die Erhaltung und Wiederherstellung individueller Fähigkeiten im Rahmen geriatrischer und gerontopsychiatrischer Rehabilitationskonzepte,
- die Mitwirkung an qualitätssichernden Maßnahmen in der Pflege, der Betreuung und der Behandlung, die Gesundheitsvorsorge einschließlich der Ernährungsberatung, die umfassende Begleitung Sterbender,
- die Anleitung, Beratung und Unterstützung von Pflegekräften, die nicht Pflegefachkräfte sind,
- die Betreuung und Beratung alter Menschen in ihren persönlichen und sozialen Angelegenheiten.
- die Hilfe zur Erhaltung und Aktivierung der eigenständigen Lebensführung einschließlich der Förderung sozialer Kontakte und
- die Anregung und Begleitung von Familien- und Nachbarschaftshilfe und die Beratung pflegender Angehöriger, § 3 Altenpflegesetz.

Medizinisch-pflegerischer Bereich

Im Vergleich zu den bisherigen Ausbildungskonzepten wird ein deutlicherer Akzent auf den medizinisch-pflegerischen Bereich gelegt. Dies geschah u. a. deshalb, um eine weitgehende Gleichstellung mit den Krankenschwestern und Krankenpflegern in den Arbeitsfeldern der Pflege alter Menschen zu erlangen. Fragen wie in *Fall 199* sollen nach Möglichkeit der Vergangenheit angehören. Der neue Akzent auf den medizinisch-pflegerischen Inhalten erklärt sich aber auch daraus, dass der Beruf der Altenpflege als Heilberuf qualifiziert werden sollte, auch um die Gesetzgebungszuständigkeit des Bundes abzusichern. Insgesamt bleibt es aber bei einem sozialpflegerischen Profil. Die vorausgesetzten Fähigkeiten in der Beratung, die Ausbildungsinhalte im Bereich der psychosozialen Begleitung pflegebedürftiger alter Menschen unterstreichen dies. Insgesamt ist die Altenpflege darauf angewiesen, mit anderen Berufen zusammenzuarbeiten, mit Ärzten, mit Therapeuten, mit Sozialarbeitern und Hauswirtschafterinnen: Nur gemeinsam lässt sich die Lebenssituation älterer Menschen in fachlich befriedigender Weise meistern. Heute und in der Zukunft wird die Altenpflege ohne eine förderliche Zusammenarbeit mit Angehörigen, aber auch freiwilligen Helfern, nicht auskommen können.[13]

Die Ausbildungs- und Prüfungsverordnung sieht vor, dass die Ausbildung sich insgesamt an einem pflegewissenschaftlichen Konzept orientiert, und weniger als dies bisher der Fall war, Fachdisziplinen wie Psychologie, Medizin und Ethik mit eigenen Fächern und Prüfungsinhalten eine starke, wenn nicht sogar dominante, Rolle in der Ausbildung zuweist.

Ausbildungs- und Prüfungsverordnung

Fall 200:
Erika hat wegen einer Schwangerschaft ihre Altenpflegeausbildung nach zwei Jahren abgebrochen. Nach einigen Jahren möchte sie wieder berufstätig werden. Pflegekräfte sind gefragt. Sie inseriert in einer Tageszeitung: »Altenpflegerin übernimmt Ihre häusliche Pflege. Anfragen unter ...« Die zuständige Behörde verhängt gegen sie ein Bußgeld von 800 €.[14]

Nach Abschluss der Altenpflegeausbildung haben die erfolgreichen Absolventen das Recht, die Berufsbezeichnung »Altenpflegerin« oder «Altenpfleger« zu führen. Diese Berufsbezeichnung ist geschützt. Wer sie unrechtmäßig führt, d. h. ohne einen entsprechenden Berufsabschluss, begeht eine Ordnungswidrigkeit, die von der zuständigen Behörde, wie in *Fall 200*, geahndet werden kann. Das Altenpflegegesetz vermittelt, ebenso wie das Gesundheits- und Krankenpflegegesetz, einen Berufsbezeichnungsschutz bzw. das Recht, die entsprechende Berufsbezeichnung zu führen. Das Altenpflegegesetz vermittelt aber ebenso wenig wie das Gesundheits- und Krankenpflegegesetz das exklusive Recht, bestimmte Berufstätigkeiten auszuführen. Einen Berufsausübungsschutz und Vorbe-

Berufsbezeichnung

---

13 Vgl. Klie, Die Zukunft der Pflege. Zwischen Mythos und Modernisierung; In: Dr. med. Mabuse, Nr. 130, März/April 2001; 26. Jg .
14 Fall nach Mürbe: Berufs-, Gesetzes- und Staatsbürgerkunde, 8. Aufl., München 2006.

haltsaufgaben für die Pflege kennt das deutsche Pflegerecht derzeit nicht.[15]

4. Ausbildungsvergütung

Fall 201:
Die Altenpflegeschülerin Sabine besuchte in den 80er Jahren eine Altenpflegeschule in Niedersachsen. Die Schule verlangte seinerzeit Schulgeld. Sabine weigert sich, das Schulgeld zu zahlen und forderte darüber hinaus eine Ausbildungsvergütung.

Lange Zeit mussten Altenpflegeschülerinnen ihre Ausbildung aus eigener Tasche finanzieren und ggf. sogar noch Schulgeld zahlen, siehe *Fall 201*[16]. Das Altenpflegegesetz schafft nun in § 17 AltPflG einen Anspruch auf Ausbildungsvergütung, soweit der Schülerin oder dem Schüler kein Anspruch auf Unterhaltsgeld nach dem SGB lll oder Übergangsgeld im Rahmen der beruflichen Rehabilitation zusteht. Damit wird die Altenpflegeausbildung weitgehend den Berufen der Gesundheits- und Krankenpflege gleichgestellt. Wie allerdings der Anspruch auf Ausbildungsvergütung realisiert wird, liegt in der Hand der Länder und der Träger. Das Land muss mit der Schulorganisation die Rahmenbedingungen schaffen, die Träger müssen hier ihre Bereitschaft unter Beweis stellen, dass sie ihre Verantwortung für die Ausbildung in der Altenpflege mit zu übernehmen bereit sind. Inzwischen sinkt die Bereitschaft von Heimen, Ausbildungsplätze anzubieten. Vielerorts könnten Schulen viel mehr Schüler aufnehmen, wenn eine ausreichende Anzahl von Heimen ausbilden würde.

---

15 Vgl. Igl, Gerhard, Öffentlich-rechtliche Grundlagen für das Berufsfeld Pflege im Hinblick auf vorbehaltene Aufgabenbereiche, Eschborn 1998
16 So: AG Hameln, Urt. v. 23. 7. 82, vgl. Altenpflege 1983, S. 471; in NRW wurde 1988 Schulgeldfreiheit eingeführt

Wiederholungsfrage
Worauf beruht in Ihrem Bundesland der Anspruch auf Ausbildungsvergütung?

5. Ausübungs- und Aufstiegsmöglichkeiten

Fall 202:
Altenpflegerin muss 500 € Geldbuße an Seniorin zahlen
Die 100-jährige Seniorin wurde in ihrer Wohnung von der Pflegekraft grob behandelt.
Die Altenpflegerin gab vor dem Amtsgericht Frankfurt zu, nach verbalen und körperlichen Attacken durch die 100-jährige Seniorin, diese am Arm festgehalten zu haben. Diese Behandlung führte zu Blutergüssen und Ablederungen am Unterarm.
Nach Auskunft der aerztezeitung muss eine Altenpflegerin nach der groben Behandlung einer 100-Jährigen 500,- € an die Frau zahlen. Das Amtsgericht Frankfurt stellte dafür das Strafverfahren wegen Körperverletzung gegen die Pflegekraft ein.
Die mittlerweile 102 Jahre alte Seniorin hatte nach dem Vorfall bei der Polizei die Altenpflegerin angezeigt und behauptet, im April 2007 in ihrer Wohnung von der Pflegekraft geschlagen worden zu sein. Diese gab lediglich zu, die Seniorin am Arm festgehalten zu haben. Dies sei aber lediglich ihre Reaktion auf vorangegangene verbale und körperliche Attacken durch die 100-Jährige gewesen.
Die Betreuerin hatte die Seniorin im Verfahren vor dem Amtsgericht als »vehement« und »sehr beherrschend« beschrieben. Zudem leide sie an »dementiellen Aussetzern und alterstypischem Misstrauen«.
Der Arzt, der die Frau behandelte, erinnerte Blutergüsse und »Ablederungen am Unterarm«. Dies könne nach seiner

Ansicht bei alten Menschen auch durch leichte Berührungen schnell geschehen.

AltenpflegerInnen sind grundsätzlich befähigt, in einem Arbeitsfeld in der stationären, teilstationären sowie der ambulanten Altenpflege und -hilfe zu arbeiten.

Arbeitsfelder für die Altenpflege

Entsprechende Qualifikationen vorausgesetzt, können AltenpflegerInnen in den nachstehend genannten Arbeitsfeldern und in den genannten Funktionen tätig werden.

Fachkraft

AltenpflegerInnen haben in den Arbeitsfeldern der Pflege alter Menschen grundsätzlich als »Fachkraft« zu gelten. Der Begriff »Fachkraft« ist jedoch kein einheitlich verwandter Terminus, vielmehr sprechen die Sozial- und Ordnungsgesetze in unterschiedlicher Weise von geeigneten Pflegekräften oder Fachkräften.

Pflichten

Mit der Übernahme von Verantwortung als Pflegefachkraft ist auch eine Reihe von Pflichten verbunden. So schuldet eine Pflegefachkraft die sorgfältige Durchführung der Pflege nach den jeweils anerkannten Regeln des Berufsstandes. Sie kann sich nicht darauf berufen, bestimmte Kenntnisse und Fähigkeiten in der Ausbildung nicht erlernt zu haben, wenn diese in der Ausbildungs- und Prüfungsordnung vorgesehen waren. Sie trägt selbst dafür Verantwortung, daß sie sich stets fort- und weiterbildet und durch Lektüre der einschlägigen Fachzeitschriften »auf dem laufenden hält«. Der Arbeitgeber ist zwar verpflichtet, die Fort- und Weiterbildung zu fördern, die berufliche Fortbildung ist jedoch zunächst Aufgabe einer jeden Pflegefachkraft selbst. Wie **Fall 202** zeigt, kann eine Altenpflegerin strafrechtlich zur Verantwortung gezogen werden, etwa wenn sie eine Bewohnerin misshandelt.

Übersicht über Ausübungs- und Aufstiegsmöglichkeiten
Funktion
    AltenpflegerIn,
    AltenpflegerIn als PDL
    AltenpflegerIn als Heimleitung
    AltenpflegerIn als LeiterIn einer Wohngruppe

UnterrichtsaltenpflegerIn
AltenpflegerIn als LeiterIn einer Altentagesstätte
selbständige(r) AltenpflegerIn
AltenpflegerIn als selbständige(r) Pflegeberaterin
Sachverständige
Case Management
Pflegediagnostik
verantwortliche Pflegefachkraft

Arbeitsfeld
Altenheim
Wohngruppen
Pflegeheim
Geriatrische und gerontopsychiatrische Klinik oder
    Abteilung eines Krankenhauses
Tagespflege/Nachtpflege
Altenwohnheim/Altenwohnhaus
Ambulante Pflegedienste, Sozialstation, Caritas-/
    Diakoniestation, Gemeindepflegestation, Pflegeinitiative
Einzelpflege/Privathaushalt
Altenerholung
Altenkuren
Altentagesstätte/-begegnungsstätte
Behörden, Wohlfahrtsverbände
Altenpflegeschule
Medizinischer Dienst der Krankenversicherung
Krankenkasse/Pflegekasse
Pflegestützpunkte
Heimaufsicht
Rehabilitation
palliative Care

Am 01. Juli 2009 tritt das neue Aufstiegsfortbildungsförderungsgesetz, besser bekannt unter dem Namen »Meister-BAföG« in Kraft. Durch dieses Gesetz werden grundsätzlich Fortbildungen, die den beruflichen Aufstieg unterstützen, gefördert. Durch eine Gesetzes-

Begriff	Gesetz	Bedeutung für die Altenpflege
AltenpflegerIn	§ 1 AltPflG	Berechtigung zur Führung der Berufsbezeichnung, verbunden mit der Erwartung an die AltenpflegerIn, den jeweiligen allgemein anerkannten Stand in der Altenpflege in der praktischen Berufstätigkeit eigenverantwortlich und selbstständig zu garantieren.
Fachkraft	§ 6 HeimPersVO	AltenpflegerInnen gelten als Fachkräfte im Sinne der Heimpersonalverordnung.
geeignete Pflegekräfte	§ 37 SGB V	AltenpflegerInnen kommen bei entsprechender Qualifikation in Fragen der „Behandlungspflege" als geeignete Pflegekräfte für die Durchführung der häuslichen Krankenpflege in Betracht. Verfügen sie zusätzlich über entsprechende Leitungsverantwortung und die Qualifikationen in der Anleitung und Kontrolle von Pflegekräften bei der Durchführung behandlungspflegerischer Maßnahmen, so können sie auch als leitende Pflegekraft im Rahmen der häuslichen Krankenpflege fungieren.
Pflegefachkraft	§ 7a, 18, 37, 40, 71, 74, 92c, 106a SGB XI	AltenpflegerInnen kommen für die Pflegeberatung, für die Begutachtung der Pflegebedürftigkeit, für Pflegeberatungsbesuche, für die Beratung über Pflegehilfsmittel, in der Funktion einer verantwortlichen Pflegefachkraft in Einrichtungen und Diensten, für die Mitarbeit in Pflegestützpunkten in Betracht und werden als Adressaten von Rechten und Pflichten im SGB XI benannt.
Ausgebildete Pflegefachkraft	§ 71 SGB XI	AltenpflegerInnen kommen bei entsprechender Weiterbildung (Pflegedienstleitung oder Weiterbildung in Pflegeprozessplanung, Anleitung, Pflegeevaluation) als Pflegefachkräfte in Betracht, denen die ständige Verantwortung für die Pflege in einer Pflegeeinrichtung übertragen werden kann.
Geeignete Pflegekraft	§ 8, 15, 34, 36, 37, 77 SGB XI	Der Begriff der Pflegekraft wird im SGB XI nicht definiert. Er wird allerdings im SGB XI vielfach erwähnt, siehe unter Gesetze. Für AltenpflegerInnen besonders relevant sind Erbringung der Pflegesachleitung und der häuslichen Pflege durch Einzelpersonen durch „Pflegekräfte" und die Benennung von Pflegekräften in den gemeinsamen Grundsätzen zur Qualität gemäß § 112 SGB XI.
Geeignete einzelne Pflegekraft	§ 77 SGB XI	AltenpflegerInnen haben grundsätzlich als geeignete einzelne Pflegekraft zu gelten.
Pflegeperson	§ 19 SGB XI	Pflegepersonen sind Personen, die nicht erwerbsmäßig einen Pflegebedürftigen in seiner häuslichen Umgebung pflegen. Der Begriff „Pflegeperson" wird im SGB XII zur Abgrenzung gegenüber berufsmäßig tätigen Pflegekräften verwendet.
Besondere Pflegekraft	§ 65 SGB XII	AltenpflegerInnen haben regelmäßig die Qualifikation als besondere Pflegekraft.

änderung ist dies nun erstmals auch für die Altenpflege möglich. Im Bereich der ambulanten und der stationären Altenpflege wird die Teilnahme an Fortbildungen förderfähig, wenn bei Präsenzlehrgängen die fachlich zuständige Landesbehörde am Sitz des Trägers bestätigt, dass die Fortbildung inhaltlich im Wesentlichen einer Fortbildungsregelung eines anderen Bundeslandes in diesem Bereich entspricht. Mit diesem Länder-Vergleich ist nun auch eine Förderung in Ländern möglich, in denen bislang keine entsprechenden landesrechtlichen Regelungen im Bereich der Aufstiegsfortbildung bestehen. Bei der Förderung werden zu den bisherigen staatlichen Zuschüssen von 30,5 Prozent zum Maßnahmebeitrag bei Beginn des Lehrgangs nun zusätzlich bei Bestehen der Prüfung 25 Prozent auf das anfallende Restdarlehen – Lehrgangs- und Prüfungsgebühren – gewährt.

Vorraussetzung für den Erhalt dieses »Meister-BAföGs« ist eine abgeschlossene, mindestens zweijährige Ausbildung.

Zu den heute geltenden Standards in der Pflege gehört es insbesondere, dass die Pflege sach- und fachkundig geplant wird, dass die rehabilitativen Möglichkeiten ausgeschöpft werden und dass der Patient/Pflegebedürftige sowie auf seinen Wunsch hin seine Angehörigen und sonstige ihm nahestehenden Personen an den Entscheidungen über die Pflege beteiligt werden.

Zu den Berufspflichten der AltenpflegerInnen gehört auch, dass sie dafür Sorge tragen, dass die Rechte der Pflegebedürftigen gewahrt und beachtet werden und dass die Pflegebedürftigen darin unterstützt werden, ihre Rechte auch wahrzunehmen. Jede Pflegekraft trägt für sich die Verantwortung dafür, dass die zu beachtenden Rechtsregeln im Umgang mit Pflegebedürftigen auch eingehalten werden. Anordnungen von Vorgesetzten berühren nicht die alleinige Handlungsverantwortung der Pflegefachkraft für die Durchführung der einzelnen Pflegehandlungen.

Berufspflichten Rechte der Pflegebedürftigen

Inzwischen sind die Standards in der Pflege, an die sich Pflegekräfte zu halten haben nicht mehr so vage wie noch vor einigen Jahren behauptet. Sowohl das Deutsche Netzwerk für Qualitätsentwicklung in der Pflege (www.dnqp.de) als auch Qualitätsniveaus der

BUKO (www.buko-qs.de) geben vor, was Pflegekräfte zu beherzigen haben, wenn sie auf dem Stand der Künste und qualitätsgesichert mit anderen Berufsgruppen zusammenarbeiten wollen.

Wiederholungsfragen
1. Nennen Sie einige Arbeitsfelder und Funktionen, in denen AltenpflegerInnen tätig werden können.
2. Was versteht man unter einer ausgebildeten Pflegefachkraft i. S. des § 71 SGB XI und was unter einer geeigneten Pflegekraft i. S. des § 37 SGB V?

6. Perspektiven der Pflegeberufe

Grundausbildung
Spezialisierung

Seit einigen Jahren wird darüber diskutiert, ob nicht eine gemeinsame Grundausbildung für die Pflegeberufe eingeführt werden soll mit späterer Spezialisierung und Qualifizierung für die unterschiedlichen Arbeitsfelder, zu denen dann die Pflege alter Menschen gehört. Dies würde im wesentlichen den internationalen Ausbildungskonzepten entsprechen und würde so einen Beitrag zur Harmonisierung der Ausbildung in Deutschland mit den übrigen europäischen Ländern darstellen. Hiergegen wird eingewandt, der Altenpflegeberuf als sozialpflegerisch profilierter Beruf würde hierdurch sein besonderes Profil verlieren und unter die Dominanz medizinisch-pflegerischer Sichtweisen (zurück-)fallen.

Mit der zunehmenden Professionalisierung der Pflege und der Übertragung von immer mehr Verantwortungsbereichen auf die Pflegeberufe wird darüber diskutiert, ob den Pflegeberufen bestimmte Aufgaben zur alleinigen Durchführung übertragen werden sollen. Hierzu gehören eher nicht bestimmte grund- und behandlungspflegerische Aufgaben in der Pflege. Diese können grundsätzlich von fast allen Personen übernommen werden, die entsprechend eingewiesen wurden. Die Aidshilfe hat gezeigt, dass sogar die »Portversorgung« durch Freunde und Angehörige möglich ist, wenn denn die Anleitung stimmt. Die Pflege bezieht sich auf Tätigkeiten, die grundsätzlich jeder Mensch an sich selbst oder an ihm nahestehenden Personen durchführt. Pflegeberufe haben hierbei die Aufgabe, ggf. auch Nichtausgebildete in die Lage zu versetzen, pflegerische Tätigkeiten selbst durchzuführen, soweit sie dazu in der Lage und bereit sind. Als sog. »Vorbehaltsaufgaben«, d. h. allein Pflegefachkräften zu übertragende Aufgaben, werden nun folgende diskutiert:

- die Durchführung der Pflegeanamnese und -diagnostik,
- die individuelle Pflegeprozessplanung,
- die Pflegeaufsicht und -anleitung,
- die Pflegeevaluation,[17]
- Case Management,
- Advanced Nurse Practice.[18]

	Aufgaben professioneller Pflege
Pflegehandlung/ -interaktion	• Grundpflege • Qualifizierte Behandlungspflege • Rehabilitative Pflege • Pflege in komplexen Pflegesituationen Rahmenverträge gem. § 75 SGB XI
„Steuerung" von Pflegeprozessen	• Pflegeanamnese • Pflegediagnose • Pflegeprozessplanung • Pflegeevaluation § 112 SGB XI
Pflegeberatung	• Pflegeberatung • Anleitung • Schulung • Care management §§ 37 Abs. 3, 45 SGB XI

---

17 Vgl. DGGG, Professionelle Pflege alter Menschen, Positionspapier, 2. Auflage, 1996
18 Bei der im englischsprachigen Bereich bekannten »Advanced Nursing Practice« handelt es sich um eine erweiterte Pflege, die durch speziell ausgebildete Pflegekräfte ausgeführt wird. Dazu gehört das Case Management, die Diagnostik, die Organisationsentwicklung. (vgl. DBfK e.V. Positionspapier. Advanced Nursing Practice: Eine Chance für bessere Gesundheitsversorgung in Deutschland, Essen 2007)

Bei diesem Konzept der Vorbehaltsaufgaben würde es sich eher um Aufgaben der Anleitung, der Steuerung und der Verantwortung für den Pflegeprozess, die als die Kernaufgaben der Fachpflege anzusehen wären, handeln. Es gibt Bestrebungen, entsprechende Vorbehaltsaufgaben im Krankenpflegegesetz zu verankern.

Mit der Professionalisierung der Pflege wird auch darüber diskutiert, ob die Pflegeberufe – ähnlich wie Ärzte und Anwälte – sog. 'Pflegekammern' bilden, die ihnen die Selbstverwaltung ihres Berufsstandes ermöglichen, inkl. einer eigenen Berufsgerichtsbarkeit, der selbständigen Abnahme von Prüfungen, der Durchführung von Fort- und Weiterbildungsveranstaltungen etc. Von den Befürwortern der Pflegekammern wird die »Verkammerung« der Pflegeberufe als wesentlicher Schritt zur Selbständigkeit und Emanzipation gegenüber anderen Berufsgruppen, insbesondere der Ärzteschaft, gewertet.[19]

Inzwischen spricht sich auch Igl für die Verkammerung der Pflegeberufe aus. (vgl. Igl, Gerhard, weitere öffentlich-rechtliche Regulierung der Pflegeberufe und ihrer Tätigkeit. Voraussetzungen und Anforderungen. München 2008)

Ziele und Aufgaben einer Pflegekammer

Das Hauptziel einer Kammer für Pflegeberufe ist die Sicherstellung einer sachgerechten professionellen Pflege für Bürgerinnen und Bürger des Landes Nordrhein-Westfalen entsprechend aktueller pflegewissenschaftlicher Erkenntnisse.

Die Förderung des gesundheitlichen Wohls der Bevölkerung ist eine hoheitliche Aufgabe. Zur Sicherstellung kann der Staat diese Aufgabe an eine parteipolitisch- und interessenunabhängige Kammer delegieren.

---

19 Vgl. Fraktion BÜNDNIS 90/GRÜNE im Abgeordnetenhaus Berlin, Pflegekammer, Gutachten für die rechtlichen Probleme und Möglichkeiten bei Einrichtung einer Pflegekammer auf Landesebene, Berlin, Juni 1994 (vorgelegt von Markus Plantholz). Sielaff, Pflegekammern als Instrument zur Professionalisierung der Pflege? In: PflegeRecht (2) 2001, S. 58-67.

Die Ziele im Einzelnen sind:
- Förderung der Qualitätssicherung in der Pflege,
- Nutzung pflegewissenschaftlicher Erkenntnisse,
- Erhöhung der Transparenz im Berufsgeschehen,
- Förderung der Identifizierung der Kammermitglieder mit ihrem Beruf,
- Leistungsdarstellung der Pflegeberufe in unserer Gesellschaft.

Kammern haben die Aufgabe, im Rahmen des Gesetzes die beruflichen Belange ihrer Angehörigen unter Beachtung der Interessen der Allgemeinheit wahrzunehmen.

Dadurch ergeben sich folgende Aufgaben einer Pflegekammer:
1. Verankerung und Durchsetzung einer einheitlichen Berufsethik und Berufsordnung,
2. Registrierung aller Angehörigen der Pflegeberufe sowie Vergabe von Lizenzen,
3. Förderung, Überwachung und Anerkennung der beruflichen Fort- und Weiterbildung, Abnahme von Prüfungen,
4. Regelung der Gutachtertätigkeit und Benennung von Sachverständigen,
5. Schiedstellentätigkeit zur Beilegung von Streitigkeiten, die sich aus der Berufsausübung zwischen den Mitgliedern oder diesen und Dritten ergeben,
6. Disziplinierung und Sanktionierung bei Missachtung der Berufsethik und der Berufsordnung,
7. Information der Kammermitglieder,
8. Erhebung und Auswertung berufsrelevanter Daten,
9. Beratung des Gesetzgebers, Beteiligung bei Gesetzgebungsverfahren und Kooperation mit der öffentlichen Verwaltung,
10. Kooperation und Kontaktpflege mit anderen nationalen und internationalen Institutionen im Gesundheitsdienst.

Quelle: Förderverein zur Errichtung einer Pflegekammer in NRW e. V., Geschäftsstelle Lemgo. www.pflegekammer-nrw.de

Pflegestudiengänge

In fast allen Bundesländern wurden oder werden in den 1990er Jahren Pflegestudiengänge eingerichtet, die entweder als Weiterbildungsstudium für Pflegemanagement- und Pflegepädagogikaufgaben ausbilden oder als grundständiges Studium für unterschiedlichste Arbeitsfelder in der Pflege, sei es im Begutachtungsverfahren, in der Leitung, in der Planung, in den Ministerien qualifizieren. Diese Studiengänge stehen grundsätzlich auch AltenpflegerInnen offen, wenn sie die entsprechenden hochschulrechtlichen Voraussetzungen mitbringen, d. h. in der Regel fachgebundene Hochschulreife oder Absolvierung einer entsprechenden Eignungsprüfung[20]. Die Pflege alter Menschen gewinnt in den Pflegestudiengängen zunehmend eine größere Bedeutung[21]. Darüber hinaus besteht für Pflegefachkräfte mit entsprechendem Hochschulabschluss die Möglichkeit an einem Masterprogramm teilzunehmen, etwa zur Angewandten Gerontologie oder Pflegewissenschaft. Mit den Pflegestudiengängen werden Pflegekräften erstmals in Deutschland sowohl berufsspezifische Aufstiegsmöglichkeiten in den Feldern von Management und Ausbildung eröffnet, als auch in dem Sektor der Wissenschaft. Inzwischen haben sich die Pflegestudiengänge in Deutschland etabliert, Absolventen der ansprechenden Hochschulen werden stärker nachgefragt. Es besteht für AltenpflegerInnen auch die Möglichkeit, sich weiter zu qualifizieren in anderen Berufsgängen, wie der Sozialen Arbeit, der Gerontologie oder des Case Managements sowie im Bereich Palliativ Care. Die Bildungslandschaft wird immer vielfältiger.[22]

---

20 Vgl. Albrecht, Jens: Rechtliche und soziologische Grundlagen einer Kammer für Pflegeberufe, in: Kinderkrankenschwester 2000, S. 323.
21 Vgl. Brandenburg/Klie: Gerontologie und Pflege. Hannover 2003.
22 (Vgl. Zu Möglichkeit Gerontologie zu studieren, Backes, Klie, Lasch, Vera (2007): Stand der Entwicklung der gerontologischen Studienangebote. Bolognaprozess, Profile und Besonderheiten. In: Zeitschrift für Gerontologie und Geriatrie, Heft 6 Dezember 2007, S. 402–416)

Wiederholungsfragen
1. Welche Pflegefachaufgaben werden derzeit als Vorbehaltsaufgaben für die Fachpflege diskutiert?
2. Diskutieren Sie Vor- und Nachteile einer gemeinsamen Grundausbildung für die Kranken- und Altenpflege.
3. Welche Aufgabenfelder eröffnen Pflegestudiengänge an den Fachhochschulen in Deutschland den Pflegeberufen?
4. In welcher Zeit und aus welchem Anlass entstand der Beruf der Altenpflegerin?
5. Worin unterscheidet sich das Berufsbild der Altenpflege von dem der Krankenpflege?
6. Woran entzündet sich die Kritik im Altenpflegegesetz?

Literaturhinweis
Büker, Altenpflege als Beruf, 3. Auflage Hannover 2004.

Literaturverzeichnis

AG Verbraucherverbände: Ein Ratgeber in Bestattungsfragen, 15. Aufl., Bonn 2005.

Aichelin/Feist/Herzog/Lindner/Pöhlmann: Tod und Sterben – Deutungsversuche, Gütersloh, 2. Aufl. 1979.

Albrecht, Jens: Rechtliche und soziologische Grundlagen einer Kammer für Pflegeberufe, in: Kinderkrankenschwester 2000, S. 323.

Alternativkommentar-Bearb.: Reihe Alternativkommentare zum Bürgerlichen Gesetzbuch, Familienrecht, Neuwied u.a., 1990

Andreas/Siegmund-Schulze: Haftungsfreistellung bei gefahrgeneigter Arbeit, in: Die Schwester/Der Pfleger 1984, 497.

Anthes/Karsch: Heimgemeinschaft, in : Altenpflege 1979, 95ff. u. 131 ff.

Anthes: Institutionelle und personelle Hemmnisse bei der Realisierung von Mitwirkungsrechten der Altenheimbewohner, in: aktuelle Gerontologie 1979, 323 ff.

Arbeitsgemeinschaft der Spitzenverbände der Freien Wohlfahrtspflege des Landes Nordrhein-Westfalen: Rechtsgutachterliche Stellungnahme zur strafrechtlichen Verantwortung und zivilrechtlichen Schadenshaftung bei der Durchführung von Injektionen, Blutentnahmen, Infusionen und Transfusionen durch Pflegepersonen in Heimen und Sozialstationen, Münster 1980.

Arbeitsgemeinschaft Verbraucherverbände: Ein Ratgeber in Bestattungsfragen, Bonn, 12. Aufl. 2001.

Baecker/Steffen: Alterssicherung in der Zukunft, Hamburg 1988.

Balis/Baumann: Infektionsschutzgesetz, Kommentar und Vorschriftensammlung, Stuttgart 2001

Balluseck, von: Die Pflege alter Menschen – Institutionen, Arbeitsfelder und Berufe, Berlin 1980.

Barth: Laxe Handhabung in der Praxis – Rechtliche Aspekte medizinisch-theoretischer Hilfstätigkeiten im Pflegebereich, in: Altenpflege 1994, 109 ff.

Bartsch: Die postmortale Schweigepflicht des Arztes, in: NJW 2001, S. 861 ff.

Bauer/Birk/Klie/Rink: Heidelberger Kommentar zum Betreuungs- und Unterbringungsrecht, Loseblattsammlung Stand 2005

Becker/Husser/Mehne: Der alte Mensch in der heutigen Familie, unveröff. Manuskript, Köln o.J. (ca. 1981).

Bein: Falsches Mitleid – tödliche Konsequenzen, in: Dr. med. Mabuse 2004 (Heft 149), S. 43 – 48.

Benicke EG Wirtschaftsrecht und die Einrichtungen der freien Wohlfahrtspflege. In: ZfSH/SGB 1998 S. 22 – 35

Besselmann u. a.: Aspekte der Versorgung psychisch veränderter älterer Menschen, Frankfurt 2000, S. 11 ff.

BGW-DAK: Gesundheitsreport 2001, Altenpflege, Hamburg

BGW Themen: Aufbruch Pflege. Moderne Prävention für Altenpflegekräfte. Hamburg 2006.

BGW-Themen: Gesunde Haut durch Schutz und Pflege. Tipps und Information für die Beschäftigten in der Altenpflege, Hamburg 2005

BGW-Themen: Gewalt und Aggressionen in Betreuungsberufen, Hamburg 2005

Bieback: Qualitätssicherung der Pflege im Sozialrecht, Heidelberg 2004.

BIVA: Multiplikatorenschulung Modellprojekt Bund, Qualifizierung von Heimbeiräten und Heimfürsprechern durch ehrenamtliche Beraterinnen und Berater, Bonn 2001.

Blinker/Klie: Expertise für die Enquête-Kommission Demographischer Wandel beim Dt. Bundestag, 2001.

Blinker/Klie: Solidarität in Gefahr? Hannover 2004.

BMFSFJ: Der Heimbeirat – Rechte und Pflichten von Heimbewohnerinnen und Heimbewohnern. Berlin 2004.

Böhme (Hrsg.): Arbeitsgestaltung und Arbeitsschutz insb. Dienstplangestaltung im Krankenhaus – Recht und Wirklichkeit, Schwäbisch Gmünd, 2. Aufl. 1981.

Böhme: Aufsichtspflicht gegenüber verwirrten Heimbewohnern, in: Altenheim 1985, 16 ff.

Böhme: Das Recht des Krankenpflegepersonals, Teil II: Haftungsrecht, Stuttgart u.a. 4. Aufl. 1996.

Böhme: Pfleger mißhandelt Heimbewohner: Kündigungsgrund? in: Altenheim 1984, 82 f.

Böhme: Umgang mit Verwirrten in der ambulanten Pflege, in: Altenpflege 1988, 452 ff.

Böhme: zur Abgrenzung der Leistungsverpflichtung bei Hilfsmittelversorgung in Pflegeheimen. In: PKR 1/2005, S. 18 – 21.

Bojack: Die wichtigsten Grundsätze zur Katheterisierung und Katheterpflege. Teil 1 und 2 in: Pflegen ambulant 1/1999, S. 46–48, 2/1999, S. 45–48.

Boll: Ambulant betreute WGs. Innerhalb oder außerhalb des Heimgesetzes? In: Altenheim 5/2006, 32 – 35 .

Böning/Jäger: Berufsunfälle bei der Altenpflege, in: Altenheim 1987, 141 ff.

Borchert: Renten vor dem Absturz? Frankfurt 1993, 71 ff.

Borutta: Pflege zwischen Schutz und Freiheit, Hannover 2001.

Brandenburg/Klie: Gerontologie und Pflege. Hannover 2003.

Brandt/Dennebaum/Rückert (Hrsg.): Stationäre Altenhilfe, Freiburg 1987.

Braun/Halisch: Pflegeplanung als Arbeitsstil, Hannover 1988.

Breitscheitel: Abgezockt und totgepflegt. Alltag in deutschen Pflegeheimen. Berlin 2005.

Brendebach: Gewalt gegen alte Menschen in der Familie, Bonn 2000

Brenner/Adelhardt: Rechtskunde für das Krankenpflegepersonal, Stuttgart u.a., 2.Aufl. 1983.

Brucker: Qualität in der Pflege: Schwachstelle Management in: Die BKK 2001 (1), S. 14 ff.

Bruns/Andreas/Debong: Das neue Teilzeit- und Befristungsgesetz, Die Schwester/der Pfleger 2001 (Heft 2), S. 176 – 178«

Bruns/Andreas/Debong: Im Irrgarten der Pflegezulagen, Die Schwester/der Pfleger 2001 (5), S. 436 – 438«

Bruns/Andreas/Debong: Krank feiern – Grund für eine fristlose Kündigung. Die Schwester/der Pfleger 1998 (Heft 3), S. 238«

Bruns/Andreas/Debong: Kündigung für prügelnde Pflegekraft, Die Schwester/der Pfleger 2000 (Heft 11), S. 968 – 970

Bundesministerium für Arbeit und Soziales: Ratgeber für behinderte Menschen, Berlin 2005

Büker: Altenpflege als Beruf, 3. Auflage Hannover 1995

Caritasverband für die Diözese Mainz e. V. (Hrsg.): »Rechtsfragen des Einsatzes ausländischer Pflegekräfte in der ambulanten Pflege«, Mainz, Juni 2005, www.dicvmainz.caritas.de/575.asp

Dahlem/Giese/Igl/Klie: Das Heimgesetz – Kommentar, Loseblattsammlg., Köln, Stand: 2004.

Dahlem: Planwirtschaft oder Planung im Heimbereich? in: Altenheim 1983, 242 ff.

DAK: Qualität in der Häuslichen Pflege, Hamburg 1999.

Deutsche Gesellschaft für Ernährung e. V.: Lebensmittelhygieneverordnung und die Umsetzung in der Praxis, Bonn 2003.

Dettmering: Das Vermüllungssyndrom. Theorie und Praxis, Eschborn 2001.

Dieck: Gewalt gegen alte Menschen, in: Altenpflege 1988, 557 ff.

Dieck: Zur Sozialamtspraxis: Wohnungsauflösung bei Heimunterbringung alter Menschen, in: TuP 1990, 352 ff.

Diehl, M.: Vom Sinn und Unsinn von Teilungsabkommen, VDAB – Durchblick, Heft 4/2004, S. 31

Dilkrath/Worm: Katheterisierung mit System, in: Altenpflege 1987, 220 ff.

Dölling: Suizid und unterlassene Hilfestellung, in: NJW 1986, 1011 ff.

Dörbrandt: Häusliche Krankenpflege als Leistung der gesetzlichen Krankenversicherung, St. Augustin 2000

Dörner/Ploog: Irren ist menschlich oder Lehrbuch der Psychiatrie/Psychotherapie, Loccum 1996.

Dornheim/Rachon: Die Testierfreiheit des Pflegebedürftigen, Pflegerecht 1999, S. 243 – 252.

Düllings u. a.: Einführung der DRGs in Deutschland, Heidelberg 2001.Dürr: Persönliche Hilfen und rechtlicher Schutz. Zur Weiterentwicklung des geltenden Rechts der Vormundschaft und Pflegschaft, in: ZRP 1983, 273 ff.

Dürr: Persönliche Hilfen und rechtlicher Schutz. Zur Weiterentwicklung des geltenden Rechts der Vormundschaft und Pflegschaft, in: ZRP 1983, 273 ff.

EG Wirtschaftsrecht und die Einrichtung der freien Wohlfahrtspflege: Benecke, Christoph, ZfSH/SGB 1998 S. 22 – 35

Erdmann: Immunkompetenz im Alter, in: Onkologie 1984, 113 ff.

Erman/Bearb.: Handkommentar zum BGB, 9. Aufl. 1993.

Ertl: Verständnis löst Konflikte. Kulturelle Sensibilität ist das Nadelöhr zur individuellen Pflege. In: Diakonie, 4/2001, S. 10 – 12.

Eser/Koch: Lexikon Medizin-Ethik-Recht, Freiburg 1989

Evertz: Altersverwirrte Menschen in Heimen. Die Einwilligung in die Verletzung der Rechte der körperlichen Unversehrtheit und der Freiheit der Person bei der Heimaufnahme von altersverwirrten Menschen, in: NDV 1983, 200 ff.

Eyer: Der TVöD: Der Eintritt in flexible Leistungsvergütungssysteme. Vortrag im Rahmen der Altenheim Jahresgespräche 2006.

Fahnenstich: Vom Begriff der Häuslichkeit, Häusliche Pflege 2004 (6), S. 29 f.

Fahnenstich: Kein Einsichtsrecht für Kassen in Pflegedokumentationen in: Häusliche Pflege (1) 2/2004 S. 32 – 34.

Finzen: Medikamentenbehandlung bei psychischen Störungen. Bonn 1998.

Finzen: Medikamentenbehandlung bei psychischen Störungen – Leitlinien für den psychiatrischen Alltag, Loccum 1979.

Fraktion Bündnis 90/Grüne im Abgeordnetenhaus Berlin, Pflegekammer: Gutachten für die rechtlichen Probleme und Möglichkeiten bei Einrichtung einer Pflegekammer auf Landesebene, Berlin 1994 (vorgelegt von Markus Plantholz)

Friedrich: Wie erhalte ich Prozeßkostenhilfe? NJW 1995, 617 ff.

Fussek: »Manchmal kann ich einfach nicht mehr – dann ... « Häusliche Pflege 1997, S. 40

Gastiger: Freiheitsrecht und Haftungsrecht in der stationären und ambulanten Altenhilfe, Freiburg 1989.

Gernhuber: Der Senior und sein Zwangsvermögenspfleger, in: FamRZ 1976, 189 ff.

Gernhuber: Lehrbuch des Familienrechts, München, 5. Aufl. 2005.

Gerster: Der Fall Michaela Röder – Tödliche Spritzen als radikale Form der Abwehr von Angst und Bedrohung, in: Altenpflege 1989, 571 ff.

Giercke/Klie/Schmidt: Deutsche Pflegepolitik – zwischen Besitzständen und europäischen Impulsen. In: Entzian, Giercke, Klie, Schmidt (Hg.), Soziale Gerontologie, Frankfurt a. M. 200, S. 32-58.

Giese: Neue Betreuungs- und Wohnformen und Heimgesetz. In: RsDE, 59/2005, S. 71 – 74.

Glinski-Krause: Viele erhalten das Falsche über zu lange Zeit. In: Altenheim 1/2006, S. 34–37.

Gössling/Knopp: Handkommentar zum Heimgesetz, Hannover, 2. Aufl. 1980.

Grand: Pflegebedürftigkeit ist neu zu bewerten, in: Altenpflege 1991, 49 ff.

Greueĺ: Neue Steuerungsansätze im Gesundheitswesen durch integrierte Versorgung, BtMan 1/2005, S. 10 – 14.

Grieshaber: Dekubitusprophylaxe, Forum Sozialstation 2000 (Heft 103)

Große-Bölling: Was heißt »sozialpflegerisch«? in: Altenpflege 1985, 366 ff.

Grünberger: Beschäftigungsförderungsgesetz, in: NJW 1994, 3194 ff.

Guerra/Klie: Synopse zu Service-, Assistenz- und Präsenzberufen im Gesundheitswesen, unv. Man. Freiburg 2006.

Hahn: Verabreichung von Injektionen durch nichtärztliche Mitarbeiter, in: DMW 1984, 23 ff.

Händel: Ausübung des Wahlrechts in Altenheimen, in: Altenheim 1984, 152 ff.

Harrant/Hemrich: Risikomanagement in Projekten, München 2004

Harris/Klie/Ramin: Heime zum Leben, Hannover 1995

Hartmann: Sozialhilfebedürftigkeit und »Dunkelziffer der Armut«, Stuttgart 1981

Hauck/Haines: Sozialgesetzbuch SGB V Kommentar (Loseblattsammlung).

Hauck/Noftz: Sozialgesetzbuch SGB XII (Lose Blatt Sammlung), Berlin 2005.

Heim: Milieutherapie, Berlin 1985

Heinze/Jung jun.: Die haftungsrechtliche Eigenverantwortlichkeit des Krankenpflegepersonals in Abgrenzung zur ärztlichen Tätigkeit, in: MedR 1985, 62 ff.

Hendel: Die Gebrechlichkeitspflegschaft – eine taugliche Ersatzform für die Entmündigung? in: FamRZ 1982, 1058 ff.

Hesse: Kritische Anmerkungen zum Niedersächsischen Gesetz über Hilfen für psychisch Kranke, in ZfF 1979, 78 ff.

Heusinger/Gürtler: Recht und medizinische Betreuung, Berlin 1987.

Hoffmann: Heime – Einrichtungen der psychiatrischen Entsorgung? in: Altenheim 1984 189ff.

Hoffmann: Hilfe zur persönlichen Entfaltung, in: Altenpflege 1984, 185 ff.

Hoffmann/Klie: Freiheitsentziehende Maßnahmen in Betreuungsrecht und Betreuungspraxis, Heidelberg 2004.

Hoffmann/Ruff/Schurwanz: Steuerratgeber für Behinderte, München 1994.

Hummel: Öffnet die Altersheime! Weinheim u.a. 4. Aufl.1991.

Hümmerich: Der Austausch personenbezogener Daten zwischen öffentlicher Verwaltung und freien Trägern, in: Mörseberger (Hrsg.), Datenschutz im sozialen Bereich, Frankfurt a.M. 1981.

Huye: Gratwanderungen – Aus dem Alltag einer Gebrechlichkeitspflegerin, in: Schmidt/Stephan (Hrsg.). Der dementiell erkrankte ältere Mensch, Berlin 1984.

Igl, Gerhard, Öffentlich-rechtliche Grundlagen für das Berufsfeld Pflege im Hinblick auf vorbehaltene Aufgabenbereiche, Eschborn 1998

Igl: Rechtsbeziehungen zwischen Sozialleistungsberechtigtem und Heimträger, in: NDV 1979, 218 ff.

Information für Ärzte, in: Geriatrie Praxis 1991, 68 ff.

Informationsdienst des Union Versicherungsdienstes GmbH Nr. 2, 1982, 2

Jens/Küng: »Menschenwürdig Sterben«, München 1995.

Kämmer u.a.: Qualitätssicherungssysteme im Überblick, Hannover 2001.

KDA (Hrsg.): Kurzzeitpflege, Köln1995

KDA: Gutachten über die stationäre Behandlung von Krankheiten im Alter und über die Kostenübernahme durch die gesetzlichen Krankenkassen, Köln o.J.

Kieschnick/Mybes: Organisation der Medikamentenversorgung für Bewohnerinnen von Altenheimen, Köln 1999

Klein: Der Heimeintritt im Alter, in: SF 1994, 44 ff.

Klie: Der Vorrang von Rehabilitation vor Pflege – nicht eingelöster Programmsatz oder programmatische Neuausrichtung des Leistungsrechtes? In: PflegeRecht 10/2005, München: Luchterhand Verlag. 439 – 448.

Klie: »15plus?« Zum Diskussionsentwurf der Heimmindestbauverordnung, in. Altenheim 2001 (7), S. 23 – 25

Klie: Altenpflegegesetz. Einführung, Gesetzestexte, Materialien, Hannover 2001, S. 164

Klie: »Anordnungen des Heimarztes ist Folge zu leisten«, in: Altenheim 1986, 320 ff.

Klie: Anspruch auf medizinische Hilfsmittel in Pflegeheimen, PflegeRecht 7. Jg., 2/2003, S. 47 – 55.

Klie: Arzneimittelversorgung in Altenheimen, in: Altenheim 1982, 225 ff.

Klie: Aufsichtspflicht in Alten- und Pflegeheimen, in: Altenheim 5/2002, S. 14 ff.

Klie: Das Urteil. In: Altenheim 10/2000, S. 11 f.; Giese: Neue Betreuungs- und Wohnformen und Heimgesetz. In: RsDE 59/2005, S. 71–74; Klie: Verwaltungsgericht Aachen stellt Wohngemeinschaften unter Heimgesetz. In: Altenheim 5/2006, S. 28 f.

Klie: Das Urteil: Sozialgericht München legt komplizierte Behandlungspflege in die Verantwortung des Heimes. In: Altenheim 11/2004.

Klie: Das Urteil. Bundesgerichtshof: Pflegeheime dürfen sich nicht über den Patientenwillen hinwegsetzen. In: Altenheim 10/2005, S. 27–28

Klie: Demenz – ethische und juristische Aspekte in: Dt. Alzheimer Gesellschaft, Brücken in die Zukunft, Berlin 2001, S. 671 – 686

Klie: Der Begriff der Pflegebedürftigkeit im Entwurf des Pflegeversicherungsgesetzes, in: Braun et al.: Zukunft der Pflege,Melsungen 1994, 427-436

Klie: Der neue Heimvertrag, Köln 1994

Klie: Die Zukunft der Pflege. Zwischen Mythos und Modernisierung; In: Dr. med. Mabuse, Nr. 130, März/April 2001; 26. Jg.

Klie: Durchbruch in Sicht?, Altenpflege 1996, S. 610 ff.

Klie: Heim und Arzt – Delegation ärztlicher Tätigkeiten an Pflegekräfte, in: Altenpflege 1985, 102 ff.

Klie: Heimaufsicht – Praxis, Probleme, Perspektiven, Hannover 1988.

Klie: Heimaufsicht nach dem Heimgesetz – Zwischen Machtfülle und Ohnmacht, in RsDE 1988, Heft 3, 27 ff.

Klie: Krankenkassenleistungen im Heim, in: Altenheim 1995, 76 ff.

Klie: Leistungspflicht der Krankenkassen im Heim, in: Altenpflege 1988, 550 ff.

Klie: Mehrkosten bei ambulanter Pflege, in: Forum Sozialstation 1992, Heft 59, 31 ff.

Klie: Menschenwürde als ethischer Leitbegriff in: Blonski, Harald (Hg.), Ethik in der Gerontologie und Altenpflege, Hagen 1998.

Klie: Nachtwachen und Ruhepausen, in: Altenpflege 1989, 393 ff.

Klie: Pflegeberatung oder Pflegekontrolle? in: Häusliche Pflege 1996, 161 ff.

Klie: Pflegende Angehörige und Pflegeversicherung, in: Ev. IMPULSE 1994, Heft 2, 21 f.

Klie: Pflegepflichteinsätze nach dem 1. Änderungsgesetz, in: Forum Sozialstation 1996 (Heft 83), 28 ff.

Klie: Pflegeversicherung, 7. Auflage 2005, S. 58 – 65.

Klie: Qualitätssicherung im Streit, Pflegerecht 2000 (10), S. 326 – 332

Klie: Recht der Altenhilfe, Hannover 2000

Klie: Rechtliche Legitimation, in: Altenpflege 2/2006, 74 f.

Klie: Rechtliche Rahmenbedingungen für den Einsatz und das Profil von Fachkräften in Einrichtungen und Diensten der Pflege. In: PflegeRecht, 3/2004, S. 99 – 108.

Klie: REHA – wer erfüllt den hohen Anspruch? in: Forum Sozialstation 1994, Heft 71, 17 ff.

Klie: Rehabilitation vor Pflege in: Pflegerecht 2005, S. 439.

Klie: Riskmanagement in der Altenpflege, Altenheim 6/2005.

Klie: Steuerrecht: Erleichterungen für Pflegebedürftige, in: Altenpflege 1987, 91 ff.

Klie: Taschengeld und Meldepflicht des Heimträgers, in: Altenheim 1985, 12 f.

Klie: Und plötzlich ist die Wohnung weg..., in: Geriatrie Praxis 4/1994, S. 62–64.

Klie: Unfallverhütung – Recht und Realität, in: Altenpflege 1984, 565 ff.

Klie: Vergabe von Psychopharmaka, in: Altenpflege 1984, 84 ff.

Klie: Verhinderungspflege gemäß § 39 SGB XI, Häusliche Pflege 1999 (8), S. 35 – 39.

Klie: Verordnungsfähigkeit von Inkontinenzhilfsmitteln, in: Geriatrie Praxis 1991, 70 ff.

Klie: Was ist eine Einrichtung? in: Altenheim 1988, 56 ff.

Klie: Wohngruppen für Menschen mit Demenz, Hannover 2002

Klie: Zur Verrechtlichung sozialer Pflege- und Betreuungsverhältnisse in Heimen für Volljährige, in: BldWPfl. 1985, 86 ff.

Klie: Zwischen Aufsichtspflichtverletzung und Freiheitsberaubung, in: Altenpflege 1983, 546 ff.

Klie/Klein: Der Einsatz von Sensormatten als Hilfsmittel in Pflege und Betreuung unter haftungs-, betreuungs-, und heimrechtlichen Gesichtspunkten, Pflegerecht 04/2006, S. 152.

Klie/Krahmer: LPK-SGB XI, S. 1235 – 1266, 3. Aufl., Baden-Baden 2009

Klie/Lörcher: Gefährdete Freiheit, Freiburg 1994

Klie/Lörcher: Qualitätssicherung in der ambulanten und stationären Altenhilfe, Freiburg 1995

Klie/Pfundstein: Münchener Studie: Freiheitsentziehende Maßnahme in Münchener Pflegeheimen. In: Hoffmann/Klie, a. a. O., Heidelberg 2004, S. 75 – 130.

Klie/Pfundstein/Nirschl: Risiko-Management in der stationären Pflege. Ein Leitfaden zu Methodik und Praxis im Umgang mit Risiken. Reihe vorgestellt, Nummer 76 Köln: KDA 2006.

Klie/Rapp/Riedel: Dokumentierte Pflege, Stuttgart 1994

Klie/ Schmidt: Die neue Pflege alter Menschen, Bern 1999.

Klie/ Spermann (Hg.): Persönlich Büdgets – Aufbruch oder Irrweg?, Hannover 2004.

Klie/Stascheit (Hg.): Gesetze für Pflegeberufe, 11. Auflage, Baden-Baden 2008.

Klie/Spatz: Autonomie am Lebensende? Die Wirklichkeit von Behandlungsabbrüchen im klinischen Alltag. In: Mr. med. Mabuse, 155 2005, S. 48 – 51.

Klie/Student: Die Patientenverfügung, Freiburg 2007.

Klie/Titz: Heimaufsicht im Aufbruch, Frankfurt 1993

Koneberg/Voges: Weder einheitlich noch eigenständig, in: Altenpflege 1984, 162 ff. und 200 ff.

Krahmer: Zum Einbezug von Pauschalzuschüssen beim Kostenvergleich nach § 3 Abs. 2 Satz 3 BSHG, zwischen neuen Pflegehilfeeinrichtungen und etablierten Sozialstationen im Rahmen ambulanter Pflegehilfe, in: ZfSH/SGB 1987, 131. (s. S. 343 RN nach 33!)

Kratz: Altenpflege Fachschulausbildung, in: Altenpflege 1984, 707 ff.

Krause: Empfiehlt es sich, soziale Pflege- und Betreuungsverhältnisse gesetzlich zu regeln? Gutachten E zum 52. Deutschen Juristentag, Wiesbaden 1978, München 1978.

Kreft/Münder: Soziale Arbeit und Recht, Weinheim, 4. Aufl. 1994.

Krohwinkel: AEDL-Modell, in: Forum Sozialstation 1993, 28 ff.

Krohwinkel: Fördernde Prozesspflege – Konzepte, Verfahren und Erkenntnisse; in: Internationaler Pflegetheorienkongress, Nürnberg 1998.

Küfner: Vertragliche Pflegerechte im Sozialhilferecht, in: ZfSH/SGB 1985, 66 ff.

Kuhlmann: Einwilligung in die Heilbehandlung alter Menschen, Frankfurt 1996.

Kunz/Ruf/Wiedemann: Heimgesetz Kommentar, München, 8. Aufl. 1998.

Lackner: Strafgesetzbuch mit Erläuterungen, München, 24. Aufl. 2001.

Lammich: Die ärztliche Pflicht zur Bewahrung des Lebens im DDR-Recht, in: MedR 1987, 90 ff.

Legler: Hygienische Maßnahmen in Altenheimen – Begründung und Bedeutung, in: Forum Städte-Hygiene 1982, 2 ff.

Leye: Schutz pflegebedürftiger Verbraucher bei privatrechtlichen Hauspflege- und Heimverträgen, Halle 2004.

Lotze: Die optimale Betreuung Alters-Verwirrter, in: Altenheim 1984, 185 ff.

Luber: Fundstellen- und Inhaltsnachweis Arbeits- und Sozialrecht, Percha, Stand 1. 7. 1992.

Lutterbeck: Bettsturz einer Patientin während der Morgenpflege, PKR 2000 (Heft 3), S. 67 f.

Lutterbeck: Brauchen Pflegekräfte eine Berufshaftpflichtversicherung? in: Die Schwester/der Pfleger 2000 (4) S. 284 – 286

Manos: Materialien für eine Soziallehre für Altenpfleger(innen), unveröff. Manunskript, Hamburg 1984.

Markus: Rechtsfragen in der Altenarbeit, Bonn, 2. Aufl. 1995

Mayer-Maly/Löwisch: Bemerkungen zur neueren Rechtsprechung zum Tendenzschutz, in: BB 1983, 913 ff.

Mayer: Ratgeber Versicherung, Hamburg, 2. Aufl. 1983.

Medicus: Bürgerliches Recht, Köln, 18. Aufl. 1999.

Miegel: Erben in Deutschland, Bonn 2003.

Ministerium für Arbeit, Gesundheit und Sozialordnung BW: Qualitätssicherung und betreutes Wohnen, Stuttgart 1995.

Molter-Bock: Psychopharmakologische Behandlungspraxis in Münchener Altenpflegeheimen. Dissertation, LMU München: Medizinische Fakultät 2004.

Mörsberger (Hrsg.): Datenschutz im sozialen Bereich, Frankfurt 1981.

Mörsberger: Datenschutz; Prüfstein für die soziale Arbeit, in: TuP 1987, 221 ff.

Münch, von/Bearb.: Grundgesetz Kommentar, München, 5. Aufl. 2001.

Münder/Bartel/Frenz/Grieser/Jordan/Kern/Kreft/Lauer/Zimmermann: Frankfurter Kommentar zum Gesetz für Jugendwohlfahrt, Weinheim u.a., 4. Aufl. 1998.

Mürbe: Berufs-, Gesetzes- und Staatsbürgerkunde. Prüfungswissen für Pflegeberufe, 8. Auflage, München 2006.

Naegele: Sozialpolitik für ältere Menschen, in: BldWPfl. 1984, 242 ff.

Narr: Ärztliches Berufsrecht, Köln, 2. Aufl. 1987.

Neumann: § 1906 Abs. 4 BGB analog in der ambulanten Pflege? Pflegerecht 9/2000, S. 286 – 293

Neumann: Das Wunsch- und Wahlrecht des Sozialhilfeberechtigten auf Hilfe in einer Anstalt, einem Heim oder einer gleichartigen Einrichtung, in: RsDE 1988, Heft 1, 1 ff. (s.S. 343 RN nach 33!!)

Niemann/Renn: Der Barbetrag zur persönlichen Verfügung, Münster 1987.

Oertzen, von: Zwischen Therapie und Haftung, in: Schmidt/Stephan, Der dementiell erkrankte ältere Mensch, Berlin 1984.

Oeschger: Zum Sommer wird es kommen – Betreuungsrechtsänderungsgesetz verabschiedet. BtMan 1/2005, S. 34 f.

Palandt/Bearb.: Bürgerliches Gesetzbuch, Kommentar, München, 65. Aufl. 2006.

Phillipp: Hospizfinanzierung zwischen SBG V, SBG XI und ehrenamtlichen Leistungen, RsDE 2000 (42), S. 1 – 22

Pieck: Nur eine Apotheke oder wechselweise Berücksichtigung mehrerer Apotheken?, in: Apotheker Zeitung 2000 (18), S. 2 ff.

Plantholz/Ludwig: § 37 Abs. 3 SGB V – ein Nebenschauplatz der Häuslichen Krankenpflege in: Pflegerecht 1999 (8 – 9), S. 198 – 205

Plantholz: Aktuelle leistungsrechtliche Probleme der häuslichen Krankenpflege in: Pflegerecht 2005, S. 3 – 12.

Poser: Geriatrika, in: Therapiewoche 1981, 45 ff.

Probst/Knittel: Gesetzliche Vertretung durch Angehörige, in: ZRP 2001, S. 55 – 60

Püschl, K. u. a., Epidemiologie des Dekubitus im Umfeld der Sterbephase: Analyse im Rahmen der Leichenschau, Jahreserhebung 1998. Forschungsbericht im Auftrag der Hamburger Behörde für Arbeit, Gesundheit und Soziales, Hamburg 1999

Putz, W.: Zur Einstellung der künstlichen Ernährung, in BT-Mann, 2005, S. 165 – 168,

Raack/Thar: Leitfaden Betreuungsrecht, Köln 2005.

Redaktionsgruppe Psychiatrie-Ratgeber: Psychiatrie und Recht, Freiburg, 2. Aufl. 1985.

Rehnelt: Die Pauschalisierung der einmaligen Hilfen zur Beschaffung von Bekleidung, Wäsche und Schuhen in Duisburg, in: NDV 1986, 216 f.

Reinhart u.a.: Qualitätsmanagement, Berlin, Heidelberg 1996. S. 293 ff.

Renn: Zum Unfallversicherungsschutz in Betreuungsheimen. In: BTMan 2005, S. 157 f.

Renn: Datenschutz im Heim, in: Altenpflege 1988, 113.

Renn: Sozialrechtliche Absicherung der Pflegebedürftigkeit. Momentane Situation und alternative Lösungsmodelle, in: BldWPfl. 1984, 247 ff.

Reschl-Rühling: Erwartungen an die Ausbildung und den Beruf des Altenpflegers, Frankfurt 1998

Rieger: Zur ärztlichen Behandlungspflicht in Selbstmordfällen, in: DMW 1984, 1738 ff.

Rober: Lehrbuch der Altenpflege – Ernährung im Alter, Hannover, 3. Aufl. 1987.

Rolshoven: Pflegebedürftigkeit und Krankheit im Recht, Berlin 1978.

Roßbruch: Das Schweigerecht des Pflegepersonals, Teil 1 in: Pflegerecht 1997 (1), S. 4 – 7 und Teil 2 in: Pflegerecht 1997 (2), S. 34 – 43.

Roßbruch, Die Pflegedokumentation aus haftungsrechtlicher Sicht. PflegeR 1998 (6), S. 126-130

Ruf/Klie: Taschengeld und Meldepflicht des Heimträgers, in: Altenheim 1985, 12 f.

Saage/Göppinger: Freiheitsentziehung und Unterbringung, München, 4. Aufl. 2001.

Saffé/Straßner: Die Delegation ärztlicher Tätigkeiten auf nichtärztliches Personal aus haftungsrechtlicher Sicht (Teil 1-2), PflegeRecht, 1997, S. 98 –103; 1998, S. 30 – 37, 226 – 230

Sax: Anmerkung zu BGHSt.13, 197, in: JZ 1959, 779.

Schell: Injektionsproblematik aus rechtlicher Sicht, Hagen 1995.

Schellhorn/Jirasek/Seipp: Kommentar zum Bundessozialhilfegesetz, Neuwied, 11. Aufl. 1984.

Schimmelpfennig: Was bringt das neue Infektionsschutzgesetz für die Pflege? Pflegebulletin, Heft 2/2001, S. 7 – 10

Schmid: Über den notwendigen Inhalt ärztlicher Dokumentation, in: NJW 1987, 681 ff.

Schmidt: »Intelligente Mischungen« – neue Formen der Dementenbetreuung, Evangelische Impulse 2000 (14), S. 20 – 22

Schmitz-Elsen: Soziale Pflege- und Betreuungsverhältnisse, Referat, gehalten auf dem 52.DJT 1978, Bd. N 11 ff., München 1978.

Schneekloth/Potthoff: Hilfe- und Pflegebedürftige in privaten Haushalten, Schriftenreihe des Bundesministeriums für Familie und Senioren, Band 20.2, Stuttgart u. a. 1993.

Schneider: Gewaltfreiheit als Prozeß, in: Altenheim 1994, 8 ff.

Schoch: Handbuch Barbetrag im Sozialhilferecht? Baden-Baden 1999.

Schoch: Sozialhilfe – Ein Ärgernis für Bürger und Staat, in: TuP 1982, 348.

Schulte: Entmündigung wohin? in: Dörner (Hrsg.). Die Unheilbaren – Was machen Langzeitpatienten mit uns – und was machen wir mit ihnen? Loccum 1983.

Schwarzenau: Altenhilfe, Diskussionspapier der Gewerkschaft ÖTV, in: Altenpflege 1984, 607.

Schwerdt: Eine Ethik für die Altenpflege, Bern 1998.

Sigmund-Schulze: Arztrecht 1974.

Soergel/Siebert/Bearb.: Kommentar zum Bürgerlichen Gesetzbuch, 13. Aufl., Stuttgart 2001.

Sörgel: Das Bundesdatenschutzgesetz: Inhalt und Relevanz für Pflegeeinrichtungen. In: Pflegen ambulant 9/2005, S. 48–53.

Sowinski/Gennrich/Schmidt: Organisation und Stellenbeschreibungen in der Altenpflege, Forum 36, Kuratorium Dt. Altershilfe, Köln 1999

Stahlhacke/Preis: Kündigung und Kündigungsschutz im Arbeitsverhältnis, München, 9. Aufl. 2005.

Starck: Die Grundrechte des Grundgesetzes, in: JuS 1981, 237 ff.

Staudinger/Bearb.: Kommentar zum Bürgerlichen Gesetzbuch, 12. und tw. 11. Aufl.

Stecker: Die Altenrepublik, Stuttgart 1988

Stiftung Warentest: Mehr Rechte für Heimbewohner, in: Test 7/2004, 18 ff.

Störck: Erfahrungen mit der Heimaufsicht, Stuttgart 1982.

Stösser: Pflegestandards, Berlin 1994.

Student (Hg.): Das Hospizbuch, 5. Aufl., Freiburg 1999

Student: Sterben, Tod und Trauer. Freiburg 2004.

Tesic: Heimkosten und Sozialhilfe. Die Selbstfinanzierungsanteile alter Menschen in Einrichtungen an den Sozialhilfearten Anstaltspflege und Hilfe zum Lebensunterhalt, in: BldWPfl. 1984, 245 ff.

Thorwart: Berufliche Verschwiegenheit. München 1998.

Traub: Überschreitung des gesetzlichen Freibetrages durch angesparte Barbeträge, in: DW Sozialpolitische Information, Nr. 6/83.

Trenk-Hinterberger/Thust: Recht der Behinderten, Weinheim u.a., 1993.

Voges/Koneberg: Berufsbild Altenpfleger/Altenpflegerin, Augsburg 1982.

Vogl: Das neue Arbeitsschutzgesetz, in: NJW 1996, 2753 ff.

Walker/Gruß: Räumungsschutz bei Suizidgefahr und altersbedingter Gebrechlichkeit, in: NJW 1996, 352 ff.

Wallrafen-Dreisow: Ich bin Altenpfleger/-in, Hannover 1990.

Weber: Infektionen, Infusionen, Blutentnahme, in: PKR 2000 (Heft 3), S. 90 – 94

Welkening/Kunz: Sterben im Pflegeheim, Göttingen 2003.

Wendte: Selbstverwaltete Wohn- und Betreuungsgemeinschaften. Was eine ambulant betreute Wohngemeinschaft wirklich von einem Heim unterscheidet. In: Blätter der Wohlfahrtspflege 1/2006, S. 11 – 14

Wesel: Juristische Weltkunde, Eine Einführung in das Recht, Frankfurt, 10. Aufl. 2000.

Wilhelm: Übergabe-, Altenteils- und Schenkungsverträge in der Sozialhilfe; in: NDV 6/1998, S. 171 – 178.

Wilke: Soziales Entschädigungsrecht, Köln, 6. Aufl. 1987.

Wojnar: Problemfälle der geriatrischen Pflege, in: 2. VGT (Hrsg.) München 1991.

Zeller: Rückenschmerzen in der Altenpflege, in: Altenpflege 1987, 7 ff.

Web-Adressen

www.bgw-online.de

www.bmfsfj.de

www.BUKO-QS.de

www.dge-medienservice.de

www.dhqp.de

www.dicvmainz.caritas.de/575.asp

www.dnqp.de

www.dnqp.de (vgl. zu den nationalen Pflegestandards)

www.dza.de/download/ErgebnisserunderTischArbeitsgruppeIV.pdf

www.g-ba.de/cms/upload/pdf/abs5/beschluesse/ 2005-02-15-Psychiatrisch-Begruendung.pdf

www.g-ba.de/cms/upload/pdf/richtlinien/ RL_Sozio.pdf

www.g-ba.de/cms/upload/pdf/richtlinien/ RL_Sozio.pdf

www.g-ba.de/cms/upload/pdf/richtlinien/RL-Haeusliche-2005-02-15.pdf

www.g-ba.de/cms/upload/pdf/richtlinien/RL-Haeusliche-2005-02-15.pdf

www.gemeinsame-pflegeausbildung.de

www.leitlinien.de

www.nationalerethikrat.de

Abkürzungsverzeichnis

a.A.	=	anderer Ansicht	Bay ObLG	=	Bayerisches Oberstes Landesgericht
a.a.O	=	am angeführten Ort			
a.E.	=	am Ende	BB	=	Zeitschrift »Betriebsberater«
Abs.	=	Absatz	BBildG	=	Berufsbildungsgesetz
AFG	=	Arbeitsförderungsgesetz	Bd	=	Band
AG	=	Amtsgericht	BDSG	=	Bundesdatenschutzgesetz
AGBG	=	Gesetz zur Regelung des Rechts der Allgemeinen Geschäftsbedingungen	BErzGG	=	Bundeserziehungsgeldgesetz
			BfA	=	Bundesversicherungsanstalt für Angestellte
allg.	=	allgemein	BGB	=	Bürgerliches Gesetzbuch
Altenheim	=	Zeitschrift »Altenheim«, Hannover	BGH	=	Bundesgerichtshof
			BGHSt	=	Entscheidung des BGH in Strafsachen
Altenpflege	=	Zeitschrift »Altenpflege«, Hannover			
			BGW	=	Berufsgenossenschaft für Gesundheitsdienst und Wohlfahrtspflege
AltPflG	=	Altenpflegegesetz			
AMG	=	Arzneimittelgesetz			
Anm.	=	Anmerkung	BhV	=	Beihilfevorschriften
AOK	=	Allgemeine Ortskrankenkasse	BKindGG	=	Bundeskindergeldgesetz
AP	=	Zeitschrift »Arbeitsrechtliche Praxis«	BKVO	=	Berufskrankheitenverordnung
			BldWPf	=	Zeitschrift »Blätter der Wohlfahrtspflege«
ApoG	=	Apothekengesetz			
ArbstättVO	=	Arbeitsstättenverordnung	Bln PflegG	=	Berliner Pflegegesetz
ArbZG	=	Arbeitszeitgesetz	BMFSFJ	=	Bundesministerium für Familie, Senioren, Frauen und Jugend,
Art.	=	Artikel			
ASMK	=	Arbeits- und Sozialministerkonferenz	BMG	=	Bundesministerium für Gesundheit
AVR	=	Arbeitsvertragsrichtlinien	BMT	=	Bundesmanteltarifvertrag
AWO	=	Arbeiterwohlfahrt	BPA	=	Bundesverband Privater Alten- und Pflegeheime
Az	=	Aktenzeichen			
			BSG	=	Bundessozialgericht
B	=	Beschluss	BSGE	=	Bundessozialgericht Entscheidungssammlung
BAG	=	Bundesarbeitsgericht			
BAGE	=	Bundesarbeitsgericht Entscheidungssammlung	BSHG	=	Bundessozialhilfegesetz
			BtmG	=	Betäubungsmittelgesetz
BAGFW	=	Bundesarbeitsgemeinschaft der Freien Wohlfahrtspflege	BUKO	=	Bundeskonferenz im Gesundheits- und Pflegewesen e. V.
BAT	=	Bundesangestellten-Tarif-Vertrag	BUrlG	=	Bundesurlaubsgesetz
Bay	=	Bayerisch	BVerfG	=	Bundesverfassungsgericht

BVerfGE	=	Bundesverfassungsgericht Entscheidungssammlung
BVerwG	=	Bundesverwaltungsgericht
BVG	=	Bundesversorgungsgesetz
BW	=	Baden-Württemberg
DBVA	=	Deutscher Berufsverband staatlich anerkannter Altenpfleger und Altenpflegerinnen
DGGG	=	Deutsche Gesellschaft für Gerontologie und Geriatrie
DJT	=	Deutscher Juristentag
DKZ	=	Zeitschrift »Deutsche Krankenpflegezeitschrift«, Stuttgart
DMW	=	Zeitschrift »Deutsche Medizinische Wochenschrift«
DNQP	=	Deutsches Netzwerk für Qualitätssicherung in der Pflege
DOK	=	Zeitschrift »Die Ortskrankenkasse«
DPWV	=	Deutscher Paritätischer Wohlfahrtsverband
DRK	=	Deutsches Rotes Kreuz
DRV	=	Deutsche Rentenversicherung
DSozV	=	Die Sozialversicherung
DV	=	Deutscher Verein für öffentliche und private Fürsorge
DVO	=	Durchführungsverordnung
DW	=	Diakonisches Werk
E	=	Entscheidungen
EBM	=	Einheitlicher Bewertungsmaßstab
EhVO	=	Eingliederungshilfeverordnung
EStG	=	Einkommensteuergesetz
et al.	=	et aliter
EuGH	=	Europäischer Gerichtshof
EvKGD	=	Kirchengesetz über den Datenschutz
FAB	=	Freie Altenhilfe auf Bundesebene (Verband)
FamRZ	=	Zeitschrift »Zeitschrift für das gesamte Familienrecht«
FEVG	=	Freiheitsentziehungsverfahrensgesetz
FEVS	=	Fürsorgerechtliche Entscheidungen der Verwaltungs- und Sozialgerichte
ff.	=	folgende Seiten
FGG	=	Gesetz über die Angelegenheiten der Freiwilligen Gerichtsbarkeit
FW	=	Fachliche Weisung (Hamburger Verwaltungsvorschriften)
FWW	=	Zeitschrift »Die Freie Wohnungswirtschaft«
GAL	=	Gesetz über eine Altershilfe für Landwirte
GdB	=	Grad der Behinderung (früher MdE)
GewO	=	Gewerbeordnung
GG	=	Grundgesetz
ggf.	=	gegebenenfalls
HÄB	=	Zeitschrift »Hamburger Ärzteblatt«
HeimBuchVO	=	Heimbuchführungsverordnung
HeimG	=	Heimgesetz
HeimMindBauVO	=	Heimmindestbauverordnung
HeimPersVO	=	Heimpersonalverordnung
HeimMitwirkungsVO	=	Heimmitwirkungsverordnung
HGB	=	Handelsgesetzbuch
HH	=	Hamburg
HKBUR	=	Heidelberger Kommentar zum Betreuungs- und Unterbringungsrecht
HmbBzVerwG	=	Hamburger Bezirksverwaltungsgesetz
HmbPersVG	=	Hamburger Personalvertretungsgesetz
HzL	=	Hilfe zum Lebensunterhalt
i.d.R.	=	in der Regel
i.E.	=	im Einzelnen
IfSG	=	Infektionsschutzgesetz
IKK	=	Innungskrankenkasse
i.m.	=	intramuskulär

i.S.d.	=	im Sinne des
i.v.	=	intravenös
i.V.m.	=	in Verbindung mit
i. W.	=	im Wesentlichen
JuS	=	Zeitschrift »Juristische Schulung«
JuArbSchG	=	Jugendarbeitsschutzgesetz
JZ	=	Zeitschrift »Juristische Zeitung«
KDA	=	Kuratorium Deutsche Altershilfe
KDO	=	Anordnung über den Kirchlichen Datenschutz
KJHG	=	Kinder- und Jugendhilfegesetz
KG	=	Kammergericht
KGST	=	Kommunale Gemeinschaftsstelle für Verwaltungsvereinfachung, Köln
KK-Verb.	=	Krankenkassenverband
KOV	=	Kriegsopferversorgung
Krankenhaus	=	Zeitschrift »Das Krankenhaus«, Stuttgart
KüSchG	=	Kündigungsschutzgesetz
LG	=	Landgericht
LMBG	=	Lebensmittel- und Bedarfsgegenständegesetz
LSG	=	Landessozialgericht
LVA	=	Landesversicherungsanstalt
MAVO	=	Mitarbeitervertretung im kirchlichen Dienst
MDR	=	Zeitschrift »Monatsschrift für Deutsches Recht«
MedR.	=	Zeitschrift »Medizinrecht«
m.E.	=	meines Erachtens
MHRG	=	Gesetz zur Regelung der Miethöhe
Mitt. zur Altenhilfe	=	Zeitschrift »Mitteilungen zur Altenhilfe«
MM	=	Zeitschrift: »Berliner Mietermagazin«
MuSchG	=	Mutterschutzgesetz
m.w.N.	=	mit weiteren Nachweisen

NDV	=	Zeitschrift »Nachrichtendienst des Deutschen Vereins«
NJW	=	Zeitschrift »Neue Juristische Wochenschrift«
NWPsychKG	=	Nordrhein-Westfälisches Gesetz über Hilfen und Schutzmaßnahmen bei psychischen Krankheiten
NZA	=	Neue Zeitschrift für Arbeitsrecht
OEG	=	Opferentschädigungsgesetz
OLG	=	Oberlandesgericht
OVG	=	Oberverwaltungsgericht
p.a.	=	per anno
Palandt/ Bearb.	=	Kommentar zum BGB, von Palandt
PersVG	=	Personalvertretungsgesetz
PQSG	=	Pflegequalitätssicherungsgesetz
RE	=	Rechtsentscheid in Mietsachen
RdE	=	Runderlaß
RGSt	=	Entscheidung des Reichsgerichtes in Strafsachen
RhPf	=	Rheinland-Pfalz
R&P	=	Zeitschrift »Recht und Psychiatrie«
RN	=	Randnummer
RsDE	=	Beiträge zum Recht der sozialen Dienste und Einrichtungen (Zeitschrift)
RSVO	=	Regelsatzverordnung
RVO	=	Reichsversicherungsordnung
Rz.	=	Randziffer
s.	=	siehe
SAPV	=	spezialisierte ambulante Palliativversorgung
SchwerbG	=	Schwerbehindertengesetz
SF	=	Zeitschrift »Sozialer Fortschritt«
SG	=	Sozialgericht
SGB	=	Sozialgesetzbuch

SH	=	Schleswig-Holstein
SHR	=	Sozialhilferichtlinien
StGB	=	Strafgesetzbuch
str.	=	strittig
s.u.	=	siehe unten
TarifVG	=	Tarifvertragsgesetz
TuP	=	Zeitschrift »Theorie und Praxis der sozialen Arbeit«
TVöD	=	Tarifvertrag des Öffentlichen Dienstes
u.U.	=	unter Umständen
Urt.	=	Urteil
UVV	=	Unfallverhütungsvorschriften
u.v.m.	=	und vieles mehr
UWG	=	Gesetz gegen unlauteren Wettbewerb
VerGr	=	Vergütungsgruppe
VermStG	=	Vermögensteuergesetz
VersR	=	Zeitschrift »Versicherungsrecht«
VG	=	Verwaltungsgericht
VGT	=	Vormundschaftsgerichtstag
v.H.	=	vom Hundert
VLA	=	Verband der Leiter von Altenheimen
VO	=	Verordnung
VSSR	=	Vierteljahrschrift für Sozialrecht
VwV	=	Verwaltungsvorschriften
WohnGG	=	Wohngeldgesetz
WM	=	Zeitschrift »Wohnungswirtschaft und Mietrecht«
WSI	=	Wirtschafts- und Sozialwissenschaftliches Institut
ZDG	=	Zivildienstgesetz
ZfF	=	Zeitschrift »Zeitschrift für das Fürsorgewesen«
ZfSH	=	Zeitschrift »Zeitschrift für Sozialhilfe und Sozialgesetzbuch«
ZPO	=	Zivilprozeßordnung
ZRP	=	Zeitschrift »Zeitschrift für Rechtspolitik«

Stichwortverzeichnis

A

Abszess 115
Abwesenheit des Bewohners 450
Achtsamkeit 198
Aktive Sterbehilfe 156
Aktivierende Pflege 307
Alkoholverbot 562
Allgemeines Gleichbehandlungsgesetz 412, 467
Altenhilfe 375
Altenpflege 586
Altenpflegegesetz 595, 596
AltenpflegerIn 111, 586
Altenteilverträge 401
Altersruhegeld 28
Alterssicherung der Pflegeperson 371
Altersstufen im Recht 27
Amtsgericht 42
Andere Verrichtungen 369
Anscheinsbeweis 115
Antidepressiva 191
Apothekengesetz 496
Arbeitsbefreiung 547, 550
Arbeitsgericht 42
Arbeitsrecht 525
Arbeitsrechtliche Haftung 64
Arbeitsschichten 569
Arbeitsschutz 564
Arbeitsschutzgesetz 564
Arbeitsstättenverordnung 567
Arbeitsunfähigkeit 552, 583
Arbeitsunfall 580, 582
   Bandscheibenvorfall 581
   Sturz 580
Arbeitsverhältnis 530
   befristet 532
   Nachweis 530
Arbeitsvertrag 527, 529
Arbeitsvertragsrichtlinien 536
Arbeitszeit 568
   Zeitzuschläge 568
Arbeitszeitgesetz 567
Arbeitszeitregelungen 541
Arbeitszeugnis 559
   einfaches 559
   qualifiziertes 559
Arzneimittel 271, 489
   apothekenpflichtig 490
   Erprobung 495
   freiverkäufliche 490
   verschreibungspflichtige 490
Arzneimittelaufbewahrung 492
Arzneimitteldepots 492
Arzneimittelgesetz 489
Arzneimittelrecht 489
Ärztliche Behandlung 268
Ärztliche Tätigkeiten 112
Assistenzberufe 589
Aufbahrung 520
Aufhebungsvertrag 553
Aufklärung 254
Aufnahmegebühren 461
Aufsichtspflicht 197
Aufstiegsmöglichkeiten 603
Aufwendungen der Pflegeperson 370
Ausbildung 596
Ausbildungsstätten 586
Ausbildungs- und Prüfungsverordnung 601
Ausbildungsvergütung 598, 602
Ausgehverbot 48

Auskunft 254
Auskunftsrecht über gespeicherte Daten 146
Auslegung 25
Ausschreibung von Arbeitsplätzen 541
Aussetzung 87
Austrocknungen 133
Auszubildende 112

B

Barbetrag 386
   Einwilligungsvorbehalt 386
Barbetragsverwaltung 386
Barbetrag zur persönlichen Verfügung 381
Bauchgurt 182
Bedarfsgegenstände 502
Bedarfssteuerung 341
Beerdigung 521
Beförderung im Personenverkehr 395
Beihilfen für Beamte 399
Beistand 210
Beratung 254
Beratungshilfe 407
Bereitschaftsdienste 534
Berufsabwanderungen 583
Berufsausübungsschutz 601
Berufsbezeichnung 598, 601
Berufsbild 591
Berufshaftpflichtversicherung 163
Berufskrankheitenverordnung 582
Berufspflichten 607
Berufsrecht 66, 585
Beschäftigungstherapie 274

Stichwortverzeichnis **627**

Beschwerderecht 451
Bestattungsrecht 521
Besuchszeiten 455
Betäubungsmittel 92
Betäubungsmittelgesetz 498
Betäubungsmittelsonderrezepte 499
Betreuer, gesetzliche 210
Betreutes Wohnen 325
Betreuung 215
Betreuungsverfügung 217
Betriebliche Beteiligung 537
Betriebshaftpflichtversicherung 163
Betriebsrat 538, 539
Betriebsteile 542
Betriebs- und Dienstvereinbarungen 527
Betriebsverfassungsgesetz 537
Bevollmächtigte 212
Beweislastumkehr 102
Bildungsmaßnahmen 541
Bildungsurlaubsgesetze 549
Blinde 365
Blutentnahmen 113
Briefgeheimnis 46, 90, 138
Brief-, Post- und Fernmeldegeheimnis 226
Bundesaltenpflegegesetz 588
Bundesgesetze 24
Bundeskanzler 41
Bundesstaat 37
Bundesversammlung 41
Bundesversorgungsgesetz 253
Bürgerrechte 43
Bürgerschaftliches Engagement 37

D

Datenschutz 145
Datenschutzgesetze 138

Delegation ärztlicher Tätigkeiten 103
Deliktfähigkeit 27, 76
Demokratie 36
Deutscher Berufsverband staatlich anerkannter Altenpflegerinnen und Altenpfleger 593
Deutsche Rentenversicherung Bund 299
Deutscher Verein für öffentliche und private Fürsorge 592
Dienstanweisung 26
Dienstaufsicht 128
Dienst- und Fachaufsicht 128
Direkte Demokratie 37
Direktionsrecht 561
Dispensieranstalten 496
Durchführungsverantwortung 118

E

Eigener Haushalt 326
Eingliederungshilfe 365
Einkommen, Einsatz von 388
Einstellungsgespräche 530
Einwilligung 72
Entgeltfortzahlung 551
Entmündigung 210
Erben 510
Erbfolge, gesetzliche 507
Erblasser 509
Erbrecht 505
Erbrecht der Ehegatten 511
Erbrecht des nichtehelichen Kindes 512
Erbschaft 438
Erbschaftsteuer 522
Erbschein 520
Ernährungstechnik 117
    enterale 117
    parenterale 117
Erwerbsminderungsrente 300

Europäischer Gerichtshof 52
Europäischer Rechnungshof 52
Europäisches Parlament 52
Europäische Verfassung 52
Europäische Zentralbank 52
Euthanasie 153
Exekutive 38

F

Fachkraft 604
Fachpflegekraft 322
Fachzeitschriften 604
Fahrlässige Tötung 87
Fahrlässigkeit 76, 79, 80
Fahrtkosten 293
Familiäre Fürsorge 244
Familienentlastende Hilfe 372
Familienrechtliche Unterbringung 232
Finanzgericht 42
Finanzierungsbeiträge 461
Fixieren 132
Fixieren mit Pflegehemd 182
Fixierungen dokumentieren 185
Freibetrag für Schwerbehinderte 395
Freiheitsberaubung 89, 180
Freiheitsentziehung 181, 229
Freiheitsrechte 43
Freiheitsrechte psychisch Kranker 178
Freitod 156
Freiwillige Gerichtsbarkeit 42
Freiwilliges Versicherungsverhältnis 260

G

Garantenstellung 203
Gefahrgeneigte Arbeit 98
Gemeinschaftliches Testament 515

Geringfügig Beschäftigte 299
Geringfügige Beschäftigungen 260
Gerontologische Pflege 589
Geschäftsfähigkeit 27
Geschäftsführung ohne Auftrag 133
Gesetzgebung 38
Gesetzgebungsverfahren 38
Gesetzgebungszuständigkeit 600
Gesundheit 266
Gesundheitsämter 488
Gesundheitsschutz 488, 583
Gewaltenteilung 38
Gleichbehandlungsgebot 26
Gleichheitsgrundsatz 45
Gleichheitsrechte 43
Grundgesetz 43
Grundrechte 43, 47
Grundsicherung 298, 355
Grundsicherung im Alter 305

H

Haftpflichtversicherungen 162
Haftung aus Delikt 94
Haftung aus Vertrag 94
Handlungsverantwortung 118
Harninkontinenz 277
Härtefälle 294
Hausbesuche 270
Hausfriedensbruch 90
Haushalt 286
Haushaltshilfe 293
Häusliche Krankenpflege 284
Häusliche Pflege 319
Hausnotrufanlagen 327
Hausrecht 455
Hausschlüssel 456
Hauterkrankungen 582
Heilbehandlung 350

HeilerziehungspflegerInnen 342
Heilmittel 273
Heimarzt 456
Heimbeirat 431
Heimentgelt 459
Heimfürsprecher 432
Heimordnung 48, 453
 Überprüfung 457
Heimpflege 337
Heimrecht 65
Heimsicherungsverordnung 461
Heimvertrag 449
Hilfe in besonderen Lebenslagen 364
Hilfe zur Pflege 367
Hilfsmittel 275
Hospize 283
Hotelkosten 338
Hundesteuer 398

I

Individualarbeitsrecht 528
Infektion 132
Infektionsepidemiologie 500
Infektionskrankheiten 582
Infektionsschutz 500
Informationen 449
Injektionen 113
Injektionstechnik 114
Institutionelle Garantien 43
Integrierte Ausbildung 596
Integrierte Versorgung 295
Intravenöse Infusionen 115
Investitionsförderung 339

J

Jugendarbeitsschutz 574
Jugendarbeitsschutzgesetz 566

K

Katheter 116
Kautionen 460
Kettenarbeitsverträge 533
Kfz-Haftpflichtversicherung 166
Kindergeld 253
Koalitionsfreiheit 46
Kollektives Arbeitsrecht 529
Kommission 51
Kontrakturen 132
Konzeption für die Pflegeberufe 596
Körperverletzung 88
Kraftfahrzeugsteuer 395
Krankengymnastik 274
Krankenhauspflege 282
Krankenkasse 260
Krankenpflegegesetz 596
Krankenunterlagen 279
Krankenversicherung 259
Krank feiern 552
Krankheit 264
Krebsvorsorgeuntersuchung 263
Kündigung 553
 betriebsbedingte 558
 personenbedingte 557
 verhaltensbedingte 557
Kündigung des Heimvertrages 451
Kündigungsschutz 556
 Betriebsräte 556
 Schwerbehinderte 556
 Werdende Mütter 556
Kündigungsschutz des Mieters 484
Kündigungsschutzverfahren 556
Kurzzeitpflege 337

L

Landesunterbringungsgesetze 235
Landgericht 42

Lebensmittelrecht 502
Lebensmittelüberwachung 504
Leichenschau 519
Leistungen 369
Listenerkrankungen 582
Lungenentzündung 132

M

Magensonden 117
Maschinenschutzgesetz 567
MDK 439
Medikamente 493
Medizingeräte-Verordnung 579
Medizinische Hilfsmittel 279
Meldepflicht, IfSG 500
Menschenrechte 43
Menschenwürde 44
Miethöhe 471
Mietrechtsreform 2001 478
Mietspiegel 472
Mietverhältnis 479
  Kündigung 479, 482
Mietvertrag 471
Mindestlohn 546
Ministerrat 51
Misshandlung Schutzbefohlener 88
Mitarbeitervertretung 539
Mitarbeitervertretungsordnungen 538
Modernisierung 472
Monitor 48
Mord 87
Mutterschutz 572
Mutterschutzgesetz 566, 572

N

Nachlassgericht 520
Nachlasssicherung 520
Nachlassstelle der Polizei 521
Nachtarbeit 569
Nachtpflege 329
Negativ-Katalog 113
Neuroleptika 191
Nichtsesshafte 366
Nichtvermögensdelikte 87
Nothilfe 70
Nötigung 89
Notstand 71
Nottestament 515
Notwehr 70

O

Objektives Recht 23
Öffentliches Recht 30
Offizialdelikte 82
Opfer von Gewalttaten 352
Örtliche Träger 360
Ortsgerichte 521

P

Palliativversorgung, spezialisierte ambulante 292
Paroditis 132
Pause 569
Personalausweis 28
Personalsituation 587
Personalvertretung 539
Pflegeanamnese 314
Pflegebedürftigkeitsbegriff 311
Pflegeberatung 348
Pflegeberuf 587
Pflegebudget 335
Pflegedienst 342
Pflegefachkraft 342, 604
Pflegefehler 130
Pflegegeld 323, 351
Pflegehilfsmittel 279
Pflegekammern 610
Pflegekonzept 342
Pflegekräfte, osteuropäische 344
Pflegekurse 332
Pflegeleistungen 351
Pflegemarkt 341
Pflegepersonen 331
Pflegesatzvereinbarungen 378
Pflegestudiengänge 612
Pflegestützpunkte 348
PflegeTÜV 325
Pflegeversicherung 306
Pflegeweiterentwicklungsgesetz 333
Pflegezeitgesetz 332
Pflichtteil 513
Pflichtversicherte 260
Prävention 262
Privatrecht 30
Professionalisierung 595, 608
Prozesskostenhilfe 407
Psychiatrie 236
Psychisch-Kranken-Gesetz 235
Psychopharmaka 188, 225

Q

Qualifikation 109
  formelle 109
  materielle 109
Qualitätssicherung 413

R

Räumungsschutz 484
Rechtsfähigkeit 27
Rechtsprechung 38
Rechtsquellen 23
Rechtsschutz 403
Rechtsschutzversicherung 166
Rechtsstaatlichkeit 36
Rechtsverordnungen 24, 40, 526
Reform des Betreuungsrechts 228
Regress 97

Rehabilitation 351
Reha-Klinik 283
Religionsmündigkeit 28
Rentenberechnung 304
Rentenversicherung 296
Richterrecht 26
Risikomanagement 59, 167, 168
Robert-Koch-Institut 500
Rollstühle 279
Ruhepausen 569

S

Sachleistungsprinzip 261
Sachverhalt 68
Satzungen 24
Schiedsstelle 343
Schlüsselverlustrisiko 163
Schneefegen 477
Schöffen 28
Schuldfähigkeit 76
Schweigepflicht 90, 139
Schwerbehindertenausweis 396
Selbstbeschaffte Pflegekraft 290
Selbsthilfegruppen 262
Seniorenvertretungen 431
Seuchenhygiene 488
Sicherheitsgurt am Stuhl 182
Sonderwahlbezirk 55
Sozialdatenschutz 138, 148
Soziale Entschädigung 252
Sozialer Ausgleich 252
Soziales Entschädigungsrecht 352
Sozialgericht 42, 403
Sozialhilfe 355
Sozialhilfe in Heimen 377
Sozialrecht 249
Sozialstaat 37
Sozialversicherungen 255
Sozialwahlen 259

Soziotherapie 291
Spenden 436
Spitzfuß 132
Spritzenlähmung 114
Spritzenschein 124
Staatsform 36
Staatshaftungsrecht 65
Standards in der Pflege 607
Stand der Pflege in Wissenschaft und Technik 131
Stationskassen 437
Stechuhren 562
Stellenbeschreibung 563
Steuererleichterung 398
Strafmündigkeit 28
Strafrechtliche Haftung 64
Strafzumessung 80
Sturzrisiko 170
Subjektives Recht 22

T

Tagespflege 329
Tagesklinik 282
Tarifvertrag 527, 535
Taschengeld 223
Tatbestand 68
Teilzeitarbeit 532
Teilzeitbeschäftigungsgesetz 532
Tendenzbetrieben 538
Testament 514, 516
Testamentsvollstrecker 521
Testierfähigkeit 517
Testierfreiheit 507
Tierhaltung 48, 475
Tod des Mieters 485
Todesfälle 519
Todesursache, unnatürliche 520
Totenschein 519
Totschlag 87
Tötung auf Verlangen 87

Tranquilizer 191
Trickschlösser 182
TVöD 542

U

Überörtliche Träger 359
Überstunden 534, 571
    Zuschläge 571
Überstundenbuch 571
Überwachung 439
Überwachung der Bewohner 48
Umbaumaßnahmen des Mieters 478
Unfallverhütung 575
Unfallverhütungsvorschriften 567
Unfallversicherung 350
Unterbringung 235
Unterbringungsgesetze 235
Unterbringungsrecht 229
Unterbringungsverfahren 240
Unterhaltspflichtiger 393
Untermieter 475
Untervermietung 474
Unverletzlichkeit der Wohnung 47, 226
Urlaub 547
Urlaubsgrundsätze 541

V

Verbandsklage nach § 13 AGBG 458
Verbesserung des »individuellen Wohnumfeldes« 328
Verblisterung 497
Verbraucherschutz 411
Verbrennungen 132
Verdienstausfall 371
Verfahrenskosten 215
Verfahrenspfleger 214
Verfahrensrechte 43
Vergleichsmiete 472

Vergütung 343, 542
 leistungsgerecht 343
Verhaltensanforderungen 455
Verhinderung der Pflegeperson 326
Verkehrssicherungspflicht 201
Verlegung 456
Verletztengeld 351
Verletztenrente 351
Vermögen 392
Vermögen, Einsatz von 388
Vermögensbetreuer 223
Vermögensdelikte 86
Verordnungsverantwortung 121
Verrichtungen des täglichen Lebens 314
Verschwiegenheit 138
Verschwiegenheitspflicht 143
Versicherungskarte 270
Versicherungsrecht 65
Verträge 25
Verwaltungsgericht 42
Verwaltungsvorschriften 26
Vollstreckungsschutz 484
Vorbehaltsaufgaben 601, 609
Vorsatz 76
Vorsorge 251

W

Wahlen im Pflegeheim 54
Wahlrecht 28
Weigerungsrecht 110
Weiterbildungsmöglichkeiten 596
Widerspruch 403
Wohngeld 353
Wohn- und Betreuungsvertragsgesetz (WBVG) 448
Wohnung 470
Würde 178

Z

Zahnersatz 281
Zahnuntersuchungen 262
Zivilrecht 30
Zivilrechtliche Haftung 63
Zulagen 571
Zusatzleistungen 338
Zusätzliches Pflegegeld 369